lonely planet

# San Francisco

„Hat man sich erst einmal zum Reisen entschlossen, ist das Wichtigste auch schon geschafft.

**Also, los geht's!**"

TONY WHEELER, GRÜNDER VON LONELY PLANET



Ashley Harrell, Alison Bing,
Greg Benchwick, Celeste Brash, Adam Karlin

# Inhalt

JEJIM / SHUTTERSTOCK ©

## CORONA-PANDEMIE

Wir haben für jeden im Buch genannten Betrieb überprüft, ob er nach Ausbruch der Coronavirus-Pandemie noch geöffnet ist. Die Pandemie wird jedoch langfristige wirtschaftliche und gesellschaftliche Auswirkungen haben, und Betriebe, Dienstleistungen und Veranstaltungen könnten weiteren Beschränkungen unterliegen. Betriebe könnten zeitweise schließen, Öffnungszeiten und Angebote ändern oder Reservierungen erfordern; andere könnten dauerhaft geschlossen bleiben. Wir empfehlen, vor einem Besuch die aktuelle Lage direkt bei den jeweiligen Örtlichkeiten zu checken.

(links) **Columbus Tower S. 116**

(rechts) **Rainbow Honor Walk S. 176**
Castro würdigt seine LGBTIQ-Helden.

JU.HROZIAN / SHUTTERSTOCK ©

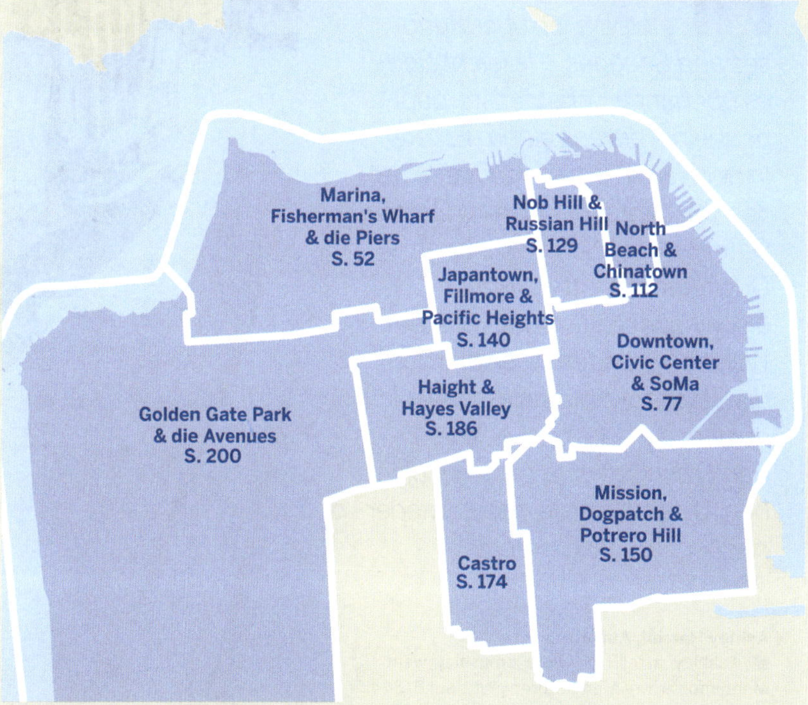

LUNAMARINA/SHUTTERSTOCK ©

Rechts: Cable Car in der Hyde Street

## WILLKOMMEN IN

# San Francisco

*Egal, wohin ich in San Francisco gehe, stets stolpere ich über Kurioses und Schönes. Vielleicht sind es überlange Schaufensterpuppenbeine, die aus einem Fenster in der Haight St ragen. Oder eine Feentür, hinter der sich im Golden Gate Park ein Schatz verbirgt. Oder eine Freiluft-Rollschuhdisco mit exzentrischen Skatern. Welche Veränderungen auch auf die Stadt zukommen mögen – ich glaube, die schräge Seele von San Francisco wird sich treu bleiben. Und ich werde immer wieder hierher zurückkommen!*

**Ashley Harrell, Autorin**
@ashleyharrell3 where_smashley_went
Mehr Infos zu unseren Autoren gibt's auf S. 344.

# Top-Erlebnisse in San Francisco

## 1 STADT DER GEGENSÄTZE

Mit Museen von Weltrang, einer berühmten Brücke und einem grausigen alten Gefängnis ist San Francisco ein echter Augenöffner. Man sollte sich also Zeit für die wichtigen Sehenswürdigkeiten nehmen, aber auch unbekanntere Ecken erkunden: In San Francisco weiß man schließlich nie, was einen um die Ecke an Kuriosem erwartet.

LUCIANO MORTULA/SHUTTERSTOCK ©

## Golden Gate Bridge

Auch andere Hängebrücken sind eine technische Meisterleistung, doch keine stellt sich so effektvoll zur Schau wie die Golden Gate Bridge. An sonnigen Tagen verzaubert sie ganze Menschenmassen mit ihrem Leuchten – dank 28 wagemutigen Anstreichern, die sie stets frisch in die Farbe International Orange tauchen. S. 58

JEWHYTE/GETTY IMAGES ©

AKROPOT/GETTY IMAGES ©

## Alcatraz

Von den Anfangszeiten im 19. Jh. bis zur Schließung 1963 war Alcatraz das berüchtigtste Gefängnis der USA. Kein Gefangener soll je einen Fluchtversuch überlebt haben – doch wenn man die Einzelzellen im D-Block sieht, während auf der anderen Seite der Bucht das Leben pulsiert, kann man nachvollziehen, dass ein Fluchtversuch durch 2 km Wasser eine verlockende Idee sein kann. S. 54

## Golden Gate Park

Im Golden Gate Park können die Bewohner der Stadt das tun, was ihnen im Blut liegt: zu Musik skaten, Seesterne streicheln, an Orchideen schnuppern und mit einer Büffelherde Richtung Pazifik stürmen. Kaum zu glauben, dass diese üppigen 411 ha einst struppige Sanddünen waren und dass San Francisco sich diese Grünfläche seit 1866 bewahrt hat. S. 202

# 2 KUNSTGENUSS

In San Francisco fällt Kunst aus den Rahmen: Von der Straße schwappen Wandbilder, Streetart und provisorische Bürgersteigaltäre direkt in die Galerien. Absperrbänder würden den Installationen und der Neue-Medien-Kunst nur im Weg stehen. Hier ist die Kunst oft provokant, aber nie auf Abstand bedacht. Die Eigengewächse der Stadt wie Beat-Collagen der 50er, psychedelische Kunst der 60er, Punk der 70er, Graffiti der 80er, Skater-Grafik der 90er und Neue-Medien-Kunst der Nullerjahre sorgen allesamt dafür, dass die Kunstszene lebendig bleibt.

## Streetart in Mission

Mit seinen über 400 Wandbildern ist Mission ein grandioses Museum urbaner Kunst. Einige der ältesten Bilder befinden sich in der Balmy Alley, während in der 24th St und am Women's Building politischer Protest zum Ausdruck gebracht wird. S. 152

TANER MUHLIS KARAGUZEL/SHUTTERSTOCK ©

KURLIN_CAFE/SHUTTERSTOCK ©

ENRIQUE MORAN/500PX ©

## SFMOMA

Das 1935 eröffnete San Francisco Museum of Modern Art (Foto oben links) war seiner Zeit stets voraus. Schon früh investierte es in Kunstformen wie Fotografie, Wandbilder, Film und Installationen. Seitdem hat es seine Fläche verdreifacht und widmet Neuen Medien, Gemälden und futuristischem Design ganze Flügel. S. 82

## Dogpatch

Junge Kreative haben in Dogpatch (Foto oben), einer neuen Kunstenklave, Lagerhäuser am Wasser übernommen. Hier befinden sich jetzt Studentenateliers des San Francisco Art Institute, das Museum of Craft & Design, die renommierten Galerien des Minnesota Street Project und die Workshop Residence mit gemeinschaftlichen Räumen für Künstler. S. 156

# 3 PARTY TIME

San Franciscos erste Brauerei entstand 1849, also noch vor der Stadt selbst, und die Barkeeper mixen noch wie zu Goldrauschzeiten starke Drinks in täuschend zarten alten Gläsern. Handwerk hat hier goldenen Boden: Barkeeper brauen sich ihre eigenen Liköre und DJs entwickeln ihre eigene Software. Die Bars und Clubs der Stadt haben alles in petto: kalifornische Weine, Spirituosen aus der Bay Area und alles dazwischen.

ALISA_CH/SHUTTERSTOCK ©

OVERSNAP/GETTY IMAGES ©

## SoMa

Die Partyzentrale der Stadt ist SoMa (Foto oben): Hier verteilen sich die Clubs über ein ausgedehntes Gebiet. Am Wochenende tanzt der Bär vor allem um die 11th und Folsom St. S. 96

## Castro

Willkommen im stolzesten Schwulenviertel der Welt: Hier wandelt man auf den Spuren von Trans-Pionieren, süffelt in Schwulenkneipen und genießt im Juni einen Monat lang die Pride-Feiern. S. 181

## Barbary Coast

Heute stellt der listige Wirt Shanghai Kelly keine Gefahr mehr dar und die Gäste können sich in den einst berüchtigten Barbary-Coast-Saloons in North Beach einfach entspannen. S. 124

# 4 WEITE FREIRÄUME



PATRICK CIVELLO/SHUTTERSTOCK ©

PAUL AAHP93/SHUTTERSTOCK ©

FRANKIE WO/SHUTTERSTOCK ©

Parks sind wichtig in San Francisco: Vor ein paar Jahren wurde die Stadt die erste der USA, in der von jedem Wohnhaus innerhalb von zehn Gehminuten ein Park erreichbar war. Das Highlight ist zwar der Golden Gate Park, doch es gibt auch andere grüne Juwele, ob auf Hügeln, in versteckten Gärten oder in POPOs, öffentlichen Flächen in Privatbesitz.

## Dolores Park

Im Dolores Park (Foto links oben) sind die Rasenflächen am Hang der hohen Kunst des Abhängens gewidmet, während weiter unten Frisbee gespielt, demonstriert und Sport getrieben wird. Und für Abkühlung sorgt der Eiswagen. S. 153

## Lands End

Lands End (Foto oben) zwischen Golden Gate Park und Presidio verströmt ein Ende-der-Welt-Flair. Von Wanderwegen aus bieten sich hier Ausblicke aufs Meer und die Golden Gate Bridge sowie die Ruinen der Sutro Baths. S. 205

## Crissy Field

Hier wurde ein Militärflugfeld in ein Naturschutzgebiet mit tollen Ausblicken und Gezeitenmarschen verwandelt. Statt geheimen Armeemissionen gibt's hier nun Jogger am Strand und Fair-Trade-Kaffee in der Warming Hut. S. 59

# 5 JAGDFIEBER

Originell und vielfältig: Das ist der Stil von San Francisco und den gibt's nicht in einem einzelnen Laden. All die stilvoll eingerichteten Wohnungen, gut sortierten Gewürzregale und kreativen Outfits fallen nicht vom Himmel! Als Besucher sollte man den Spaß an der Jagd genießen, z. B. auf Bauernmärkten, in alteingesessenen Buchläden und in den Boutiquen. Das perfekte Andenken zu finden ist eine hohe Kunst!

## City Lights

Hier *muss* man quasi ausführlich rumstöbern – das vom City-Lights-Gründer und Dichter Lawrence Ferlinghetti gestaltete Schild beschreibt den Laden als „eine Art Bücherei, in der Bücher verkauft werden". S. 115

TOM AUZINS/SHUTTERSTOCK ©

## Ferry Building

Hier nehmen globale Essenstrends ihren Ausgang. Im Ferry Building kann man schon heute die Speisekarten von morgen durchprobieren. Und nicht den samstäglichen Bauernmarkt versäumen! S. 104

## Valencia Street

Zwischen der 14th und der 26th St bietet die Valencia St (Foto rechts) Essen, Boutiquen und Leutegucken vom Feinsten – und das wissen mittlerweile auch die Touristen. S. 169

# 6 GLÜCKSGEFÜHLE

Diese wilde Stadt ist dafür bekannt, dass sie bei Leuten, die dazu neigen, ein Gefühl der Euphorie auslöst, sei es mit umwerfenden Ausblicken, rasanten Cable-Car-Fahrten oder manchmal zu starken Cannabis-Gummibärchen. Abenteuerlustige nehmen alles mit, nur Vorsicht vor Papageien im Tiefflug – und keine Körperteile aus dem Cable Car strecken!

Oben: Coit Tower und Downtown San Francisco

## Coit Tower

Die wilden Papageien machen sich darüber lustig, wie man sich den Telegraph Hill hochschleppt: An kleinen Gärten vorbei führen die Filbert Street Steps zum Coit Tower, einem Monument des freien Denkens. S. 114

## Cable Cars

Bei einer Zeitreise per Cable Car landen Neulinge schon mal auf dem Schoß von Fremden, doch Eingeweihte klammern sich an die Lederriemen und genießen wie Surfer die Schussfahrten die Hügel hinab. S. 110

## Marihuana-Shops

Da in Kalifornien Marihuana für Erwachsene ab 18 Jahren für medizinische und private Zwecke erlaubt ist, gibt's das Gras jetzt auch in zahlreichen Shops wie dem Mission Cannabis Club. S. 172

# Was gibt's Neues?

*Eine nicht enden wollende Pandemie, mehr Verbrechen und extremes Wetter waren echt die Pest. Doch der (sprichwörtliche) Nebel lichtet sich: Die Straßen der Stadt werden fußgängerfreundlicher, es gibt immer mehr Parklets und das Eigengewächs Kamala Harris wurde Vizepräsidentin. Wie auch die Cable Cars bietet die Stadt eine wilde Achterbahnfahrt.*

## Restaurantszene

2021 schlossen in San Francisco mehr als 100 Restaurants, doch über 4000 blieben geöffnet und überstanden die harten Zeiten. Sie boten Essen zum Mitnehmen, errichteten schöne Außenflächen und prüften am Eingang Impfausweise. Auch Tiefkühlpizza erlebte einen Boom und renommierte Restaurants wie die Pizzeria Delfina und das Tony's bieten auch jetzt noch gefrorene Pizzen an.

## Der Great Highway

Während der Pandemie wurde die 5,6 km lange Asphaltpiste am Ocean Beach am Westrand San Franciscos für den Autoverkehr gesperrt und verwandelte sich in die neueste Promenade der Stadt. Radfahrer, Skater und Familien freuten sich und nahmen die Fläche gleich in Beschlag, Verkehrsaktivisten forderten noch weitere autofreie Straßen. Eines Tages, so hoffen sie, wird sich diese Straße in den Great Walkway verwandeln.

## Espresso Martinis

Starke Kaffee-Cocktails sind ein Bestandteil der DNA San Franciscos. Doch in letzter Zeit ist der Turbo-Drink noch beliebter geworden. Im Balboa Cafe mussten die Espressotini vom Fass gezapft werden, um der Nachfrage Herr zu werden. Im 15 Romolo nutzten die Barkeeper die Aromen der dunklen Espressoröstung des Caffe Trieste als Cold Brew und fügten Vanille, Minze, Zimt, Orangenzeste, Sternanis und Kakao hinzu.

## Crosstown Trail

Der neue 27 km lange Weg verbindet über Parks, Treppen, Gemeinschaftsgärten und

**INSIDERWISSEN**

### WAS IST LOS IN SAN FRANCISCO?

*Ashley Harrell, Lonely Planet Autorin*

Fangen wir mit den guten Neuigkeiten an. Die tolle Restaurantszene San Franciscos ist zurück, ebenso wie die Sportveranstaltungen, Musikfestivals, Dragshows, BDSM-Events usw. In der ganzen Stadt sind hübsche Parklets entstanden, fußgängerfreundliche Straßen sind voll angesagt und im Homeoffice zu arbeiten ist sicher besser, als in den Staus zu stehen, die es leider auch wieder gibt. Trotz all dieser Fortschritte hat die Pandemie mit all ihren Varianten den Graben zwischen den Wohlhabenden und den Obdachlosen der Stadt vertieft – zuweilen hat es den Anschein, als gäbe es nur noch diese beiden Gruppen. Die Zahl der Schaufenstereinbrüche ist gestiegen, ebenso wie die Hasskriminalität gegenüber asiatischstämmigen US-Amerikanern, und das Tenderloin-Viertel im Herzen der Stadt wirkt so wenig einladend wie selten zuvor. Staatsanwalt Chesa Boudin versuchte sich an einer Reform des Justizwesens, aber wurde abgewählt. Die frühere Staatsanwältin Kamala Harris hat sich auf jeden Fall einen guten Zeitpunkt ausgesucht, stattdessen Vizepräsidentin zu werden.

anderes Grünland den Südosten mit dem Nordwesten der Stadt. Man kann ihn gehen, laufen oder radeln; angelegt wurde er von engagierten Freiwilligen. Zu den Parks am Weg zählen u. a. der John McLaren Park, das Presidio und Lands End.

## Mehr Fähren

Drei neue Fährstrecken sind in Betrieb genommen worden: zwischen San Francisco und Alameda, zwischen San Francisco und Oakland und zwischen dem Ferry Building und Treasure Island. Einige Verbindungen, die während der Pandemie stillgelegt worden waren, sind jetzt preisgünstiger zu nutzen und es verkehren mehr Boote.

## Die Skyline wird dichter

In der Skyline haben sich in letzter Zeit Bürohochhäuser von Technologie-Unternehmen und Luxuswohntürme breitgemacht, darunter das höchste Gebäude der Stadt, der 1 Mrd. $ teure Salesforce Tower. Als wenn der Bau nicht schon genug Aufmerksamkeit auf sich ziehen würde, gibt's an den obersten neun Stockwerken einen runden Bildschirm mit 11 000 LED-Lampen: Er zeigt Bilder, die auf der ganzen Welt aufgenommen wurden. Diese Monstrosität nennt sich Day for Night. (S. 276)

## Neue LGBTIQ-Kulturbezirke

Der erste Transgender Cultural District der USA befindet sich im Stadtteil Tenderloin, wo 1966 Transgender-Gäste der Compton's Cafeteria gegen Schikanen seitens der Polizei protestierten und so die Bewegung für die Bürgerrechte von Transgender-Personen einläuteten. Und auf der anderen Seite der Market St dient der LGBTIQ+ Leather District in SoMa schon seit den 1960er-Jahren als Zufluchtsort und Community-Zentrum. (S. 38)

## Cannabiszentrale

Da in Kalifornien Erwachsene über 18 ja inzwischen Cannabis für medizinische Zwecke und den Privatgebrauch legal nutzen dürfen, erschnuppert man in San Francisco hier und da vielleicht die eine oder andere Graswolke – obwohl es eigentlich nur in privaten Innenräumen geraucht werden soll. Also auf die Nachbarn Rücksicht nehmen und Marihuana nur bei lizenzierten Ausgabestellen wie dem Apothecarium, Sparc oder Mission Cannabis Club kaufen oder von zugelassenen Diensten wie HelloMD (www.hellomd.com) und Eaze (www.eaze.com) liefern lassen.

### HÖREN, SEHEN & FOLGEN

Inspiration und aktuelle Neuigkeiten bietet www.lonelyplanet.com/usa/san-francisco#latest-stories.

**SFGATE** (www.sfgate.com) Nachrichten und Kultur.

**SFist** (www.sfist.com) Digitale Nachrichtenseite.

**FuncheapSF** (www.sf.funcheap.com) Cityführer.

**The Bold Italic** (www.thebolditalic.com) Online-Kulturmagazin.

### KURZ & BÜNDIG

**Essenstrend:** Tiefkühlpizza zum Mitnehmen

**Zahl der Sternerestaurants 2021** 34

**Durchschnittlicher Hauspreis** 1 542 347 $

**Einwohner** 873 965

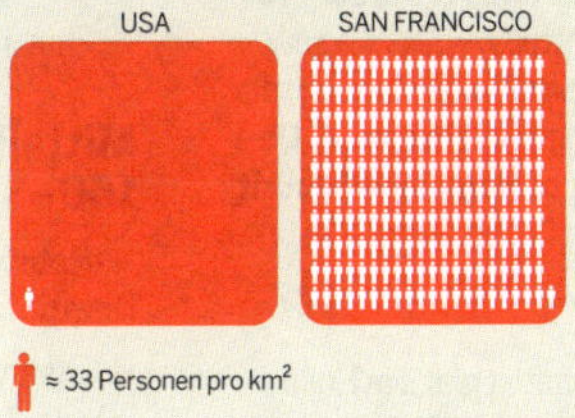

# Gut zu wissen

Weiteres siehe Praktische Informationen (S. 296)

### Währung
US-Dollar ($)

### Sprache
Englisch

### Einreise
Im Rahmen des Visa Waiver Program (VWP) können Bürger aus 38 Ländern ohne Visum in die USA einreisen – siehe Website von **US Customs & Border Protection** (https://www.cbp.gov/travel/international-visitors); die Anmeldung erfolgt beim **US Department of Homeland Security** (https://esta.cbp.dhs.gov/esta).

### Geld
Geldautomaten gibt's in Hülle und Fülle, und fast überall werden Kreditkarten angenommen. An vielen Marktständen und Foodtrucks und in einigen Bars muss bar gezahlt werden. Fürs Trinkgeld in Cafés, Bars und Hotels kleine Scheine bereithalten!

### Handy
Zur Handynutzung in den USA erkundigt man sich am besten bei seinem Mobilfunkanbieter.

### Zeit
Pacific Standard Time (neun Stunden früher als MEZ)

### Touristeninformation
**SF Visitor Information Center** (www.sanfrancisco.travel/visitor-information-center) Muni-Karten, Rabatte und Eventkalender.

## Tagesbudget

### Budget: bis 150 $
- Dormbett: 33–60 $
- Burrito: 6–9 $
- Foodtruck-Mahlzeit: 5–15 $
- Mission-Wandbilder: kostenlos
- Livemusik oder Comedy in North Beach: gratis bis 15 $
- Film im Castro Theatre: 12 $

### Mittelklasse: 150–350 $
- Hotel/Privatzimmer in Downtown: 130–195 $
- Essen im Ferry Building: 20–45 $
- Essen im Mission District: 25–50 $
- Ermäßigte Karten für die Symphony: 25 $
- Muni Passport: 29 $

### Gehoben: über 350 $
- Boutiquehotel: 195–390 $
- Probiermenü: 90–260 $
- City Pass (Muni, Cable Cars plus vier Attraktionen): 94 $
- Alcatraz-Abendtour: 45,50 $
- Opern-Parkettplatz: 90–150 $

## Vor der Reise

**Zwei Monate vorher** Im Benu, Chez Panisse oder French Laundry einen Tisch reservieren; für den Aufstieg auf den Coit Tower und Mission-Kneipentouren trainieren.

**Drei Wochen vorher** Alcatraz-Tour, Chinatown History Tour oder Precita Eyes Mission Mural Tour buchen.

**Eine Woche vorher** Tickets fürs American Conservatory Theater, die SF Symphony, die SF Opera und die Dragshows im Oasis besorgen – und nachschauen, was sonst so los ist.

## Websites

**SFGate** (www.sfgate.com) Nachrichten und Veranstaltungskalender des *San Francisco Chronicle*.

**48 Hills** (https://48hills.org) Nachrichten und Kultur aus San Francisco.

**7x7** (www.7x7.com) Angesagte Restaurants und Bars sowie trendiges Design.

**Craigslist** (http://sfbay.craigslist.org) Infos zu Jobs, Dates und kostenlosem Ramsch.

**Lonely Planet** (www.lonelyplanet.com/san-francisco) Infos über die Stadt, Hotelbuchungen, Traveler-Forum und mehr.

## REISEZEIT

Juni und Juli bringen Nebel und kühles Wetter (13 °C) nach San Francisco; August bis Oktober bieten warmes Wetter, Straßenfeste und Erntegerichte.

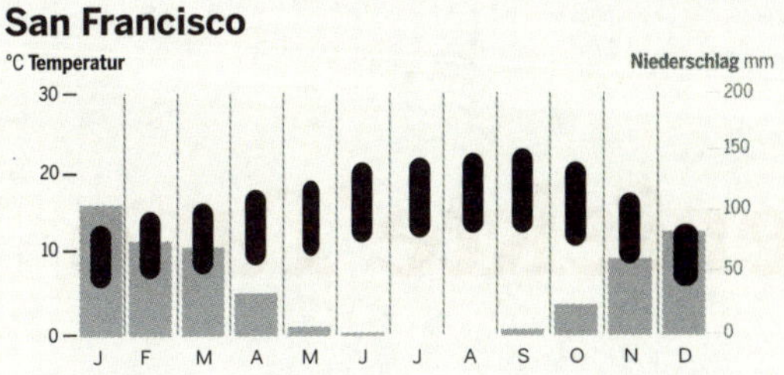


## Ankunft in San Francisco

**San Francisco International Airport (SFO)** Schnelle Verbindungen nach Downtown mit der BART kosten 9,65 $; Fahrdienste kosten 35 bis 60 $ plus Trinkgeld; Shuttles von Tür zu Tür kosten 19 bis 25 $ plus Trinkgeld; der SamTrans-Expressbus zum Salesforce Transit Center kostet 2,50 $; ein Taxi kostet 50 bis 65 $ plus Trinkgeld.

**Oakland International Airport (OAK)** Mit der BART vom Flughafen nach Downtown (10,95 $); ein Shuttle nach Downtown kostet 25 bis 47 $, ein Taxi oder Mitfahrdienst zu verschiedenen Zielen in San Francisco 40 bis 80 $ plus Trinkgeld.

**Salesforce Transit Center** Greyhound-Busse nutzen den Busbahnhof in Downtown.

**Amtrak-Bahnhof Emeryville (EMY)** Den Bahnhof außerhalb von Oakland steuern Züge von der Westküste und aus den restlichen USA an; Amtrak bietet kostenlose Shuttles vom/zum Ferry Building, Caltrain, Civic Center und zur Fisherman's Wharf in San Francisco.

Mehr zum Thema **Anreise** S. 288

## Unterwegs vor Ort

Die San Franciscoer gehen zu Fuß, fahren mit dem Rad oder der Muni oder buchen einen Mitfahrdienst, statt das Auto oder ein Taxi zu nehmen. Der Verkehr ist schlimm, Parken eine Katastrophe. Ins Auto sollte man erst steigen, wenn man die Stadt verlässt. Verkehrsinfos für die Bay Area gibt es unter 511 und auf www.511.org. Die *Muni Street & Transit Map* kann man sich aus dem Internet herunterladen.

**Cable Cars** Häufig, langsam und schön, täglich von 6 bis 0.30 Uhr. Die einfache Fahrt kostet 8 $; wer öfter fährt, sollte sich einen Muni Passport (24 $ pro Tag) besorgen.

**Muni-Straßenbahn und -Bus** Einigermaßen schnell, doch die Fahrpläne variieren je nach Linie; nach 21 Uhr nicht mehr so oft. Eine Fahrt kostet bar 3 $, mit der wiederaufladbaren Clipper Card 2,50 $.

**BART** Schnelle Verbindungen zur East Bay, zur Mission St, zum Flughafen und nach Millbrae, wo Anschluss an den Caltrain besteht.

**Taxi** Etwa 3 $ pro Meile, Grundgebühr 3,50 $.

Mehr zum Thema **Unterwegs vor Ort** S. 290

## Schlafen

Die Hotelpreise in San Francisco zählen zu den höchsten weltweit. Für Schnäppchen lange im Voraus buchen!

### Websites

**BedandBreakfast.com** (www.bedandbreakfast.com) B&Bs und Pensionen in Privatbesitz.

**HotelTonight** (www.hoteltonight.com) Hotelsuche-App mit vergünstigten Last-Minute-Buchungen.

**Lonely Planet** (www.lonelyplanet.com/usa/san-francisco/hotels) Hotelkritiken und Online-Buchungsservice.

Mehr zum Thema **Schlafen** S. 243

# Perfekte Tage

## 1. Tag

### North Beach & Chinatown (S. 112)

Gut festhalten im Powell-Mason Cable Car, es geht auf und ab! Am **Washington Square Park** feuern einen die Papageien beim Aufstieg zum mit Wandbildern und tollem Rundumblick lockenden **Coit Tower** an. Über die **Filbert Street Steps** geht's anschließend runter zum **Embarcadero** und über die Fog Bridge zum unheimlichen Tactile Dome im **Exploratorium**.

**Mittagessen** Austern und Taschenkrebse im Ferry Building (S. 79)

### Marina, Fisherman's Wharf & die Piers (S. 52)

Mit der vorausgebuchten Fähre geht's rüber nach **Alcatraz**, wo einem der D-Block Gänsehaut bereitet. Aber man kann ja wieder weg und auf der Rückfahrt die Ausblicke auf die **Golden Gate Bridge** genießen. Weiter geht's mit dem Powell-Mason Cable Car nach North Beach mit der berühmten Buchhandlung **City Light Books** und einer Huldigung an die Freigeister der Stadt im **Beat Museum**.

**Abendessen** Die beste Pasta in North Beach im Cotogna (S. 89) oder ein Festschmaus bei Mister Jiu's (S. 123)

### North Beach & Chinatown (S. 112)

Gerade erst dem Knast entronnen, ist man jetzt gewappnet für die hautnahe Begegnung mit Comedians im **Cobb's Comedy Club**. Auf die wildesten Nächte im Westen kann man im **Comstock Saloon** mit kräftigen Pisco Sours oder im **Li Po** mit chinesischen Mai Tais anstoßen.

## 2. Tag

### Golden Gate Park & die Avenues (S. 200)

Die N Judah bringt einen zum Golden Gate Park: Hier genießen fleischfressende Pflanzen im **Conservatory of Flowers** ihr Insektenfrühstück und glitzern im **Dahlia Garden** taufeuchte Dahlien. Andy Goldsworthys kunstvolle Gehweg-Bruchlinien führen zu ozeanischen Masken und tollen Ausblicken im **de Young Museum**, dann begibt man sich in der Regenwaldkuppel der **California Academy of Sciences** auf einen Wildnisbummel. Der **Japanese Tea Garden** bietet Entspannung bei grünem Tee, das Sahnehäubchen ist schließlich der geheime Redwood-Hain im **San Francisco Botanical Garden**.

**Mittagessen** Mit Surfern, Grillkäse und Bio-Suppe im Outerlands (S. 209)

### Golden Gate Park & die Avenues (S. 200)

Über den **Ocean Beach** geht's zum **Beach Chalet** mit Wandbildern aus den 1930er-Jahren, die dem Golden Gate Park huldigen. Der **Coastal Trail** führt vorbei an den **Sutro Baths** und Lands End zu Ausblicken auf die Golden Gate Bridge und zu Papierkunst in der **Legion of Honor**.

**Abendessen** Mit Fisch und Meeresfrüchten im Wako (S. 207)

### Nob Hill &Russian Hill (S. 129)

Psychedelische Plakate und Top-Acts sorgen im **Fillmore** für legendäre Rock-Nächte.

BONDROCKETIMAGES / SHUTTERSTOCK ©

Legion of Honor (S. 205)



# 3. Tag

## North Beach & Chinatown (S. 112)

Mit dem **California St Cable Car** geht's zur Grant St und einer **Red Blossom**-Teeprobe sowie der spannenden Geschichte von Chinatown in der **Chinese Historical Society of America**. Über den von Tempeln gesäumten **Waverly Place** und durch die kunstaffine **Ross Alley** führt der Weg zur **Golden Gate Fortune Cookie Company**.

**Mittagessen** Mit Servierwagen voller Dim Sum im City View (S. 123)

## Marina, Fisherman's Wharf & die Piers (S. 52)

Das Powell-Hyde Cable Car fährt vorbei an der gezackten **Lombard Street** zum **San Francisco Maritime National Historical Park**, wo man sich anschauen kann, wie es war, auf einem Schoner anzuheuern. Im **Musée Mécanique** kann man die Welt vor Space Invaders bewahren oder man schaut sich ein echtes U-Boot aus dem Zweiten Weltkrieg an, die **USS Pampanito**. Bei Sonnenuntergang tummeln sich am **Pier 39** die Seelöwen, später steigt man in die historische Straßenbahn der Linie F.

**Abendessen** Mit toller, überraschender NorCal-Küche im Rich Table (S. 193)

## Haight-Ashbury & Hayes Valley (S. 186)

Vor einem Konzert der **San Francisco Symphony** oder im **SFJAZZ Center** schaut man noch durch die Läden in Hayes Valley, und als Absacker gönnt man sich noch ein Gläschen im **Smuggler's Cove**.

# 4. Tag

## Mission, Dogpatch & Potrero Hill (S. 150)

Über die 24th St geht's an bunten Bodegas vorbei zur **Balmy Alley**, der Keimzelle der *murals* von Mission. Nach einem Stopp bei **Humphry Slocombe** mit einem Secret-Breakfast-Eis geht's die Valencia hoch zu den **Ritual Coffee Roasters**. Das **826 Valencia** wartet mit Piratenzubehör und dem Fish Theater auf; die **Clarion Alley** ist die Freiluftgalerie von Mission. Das erste Gebäude San Franciscos ist die **Mission Dolores**; ein Denkmal erinnert an die Ohlone-Indianer, die sie erbauten.

**Mittagessen** Frisch gebackene Wunderwerke in der Tartine Manufactory (S. 158)

## Haight-Ashbury & Hayes Valley (S. 186)

Rund um den **Alamo Square** verzücken bunte viktorianische Häuser; danach locken die **Boutiquen von NoPa**. Nach einem Bummel durch den Panhandle-Park zur Stanyan St geht's auf der geschichtsträchtigen **Haight Street** vorbei an Platten- und Vintageläden, Drag-Designern und dem **Bound Together Anarchist Book Collective**.

**Abendessen** Am frühen Abend sensationell im Frances dinieren (S. 181)

## Castro (S. 174)

Im fabelhaften **Castro Theatre** kann man vor den Vorstellungen bei auf der mächtigen Wurlitzer-Orgel gespielten Stücken mitsingen. Clubkids zieht's ins **440 Castro**, der Rest genießt ein Gläschen im **Last Rites**.

# Monat für Monat

### TOP-EVENTS

**Pride Parade**, Juni

**Lunar New Year Parade**, Februar

**San Francisco International Film Festival**, April

**Bay to Breakers**, Mai

**Outside Lands**, August

**Hardly Strictly Bluegrass**, Oktober

## Februar

**Löwentanz, ungewöhnlich warme Tage und Alternative-Rock-Shows sind tolle Lichtblicke im Februarniesel.**

### Noise Pop

Weg mit dem Winterblues: Das Festival Noise Pop bietet neue Indie-Bands, Premieren von Rock-Dokus und tolle Pop-up-Events; letzte Woche im Februar.

### Lunar New Year Parade

Ein 60 m langer Drache, jede Menge Löwentänzer und die Wahl der Miss Chinatown während der Feiern des Lunar New Year.

## April

**Vernünftige Zimmerpreise und Wochenenden voller Kulturevents künden vom Frühling.**

### Cherry Blossom Festival

Im April blüht Japantown: Das Cherry Blossom Festival (S. 43) steht im Zeichen von *taiko*-Trommeln und hausgemachtem Hip-Hop sowie Yakitori-Ständen und Anime-Kostümen.

### San Francisco International Film Festival

Das älteste Filmfestival (S. 36) der USA ist mit Hunderten von Filmen sowie Regisseuren und hochkarätigen Premieren ein echter Hit. Die zwei Wochen mit Vorführungen im Castro Theatre, Alamo Drafthouse Cinema und Roxie Cinema wollen gut geplant sein.

### Art Market SF

Bei dieser Messe (S. 43) stellen im Fort Mason Galerien Gegenwartskunst aus und in Motels und auf Parkplätzen im Marina-Viertel entstehen eigene kleine Kunstmessen.

## Mai

**Im Landesinneren wird's wärmer, doch die Bay Area hüllt sich in Nebel – das hat den nackten Joggern aber bisher nichts ausgemacht.**

### Bay to Breakers

Beim Bay to Breakers (S. 46) geht's kostümiert oder nackt vom Embarcadero zum Ocean Beach. Auch als Lachse verkleidete Jogger sind unterwegs. Am dritten Sonntag im Mai.

### Carnaval

Echt brasilianisch oder doch nur vorgetäuscht mit Wachs und Sonnenbräune? Beim Carnaval kann man in Mission durch den unvermeidlichen Nebel tanzen. Am letzten Maiwochenende.

## Juni

**Seit 1970 hat sich das Pride Festival zu einem einmonatiges Spektakel mit Filmpremieren und Straßenpartys sowie der Pride Parade als Höhepunkt gemausert.**

### Haight Ashbury Street Fair

Musik für lau und Batikklamotten ohne Ende – der Summer of Love erlebt seit 1977, als die erste Haight Ashbury Street Fair (S. 43) stattfand, jedes Jahr Mitte Juni eine Neuauflage.

### Frameline Film Festival

Das seit 1976 bestehende Frameline LGBTIQ+ Film Festival (S. 36) ist das älteste und größte queere Filmfestival weltweit, mit bis zu 150 Streifen aus 40 Ländern. Zwei Wochen Ende Juni.

### Pride Parade

Am letzten Sonntag im Juni lässt das queere San Francisco zur LGBTIQ Pride die Sau raus, mit 1,2 Mio. Leuten, sieben Bühnen und jeder Menge Glitzerzeug bei der Pride Parade. Bejubelt werden Pioniere der Schwulenrechtsbewegung, Schwule in Uniform und Drag im Zeichen der Regenbogenflagge.

### SF Jazz Festival

Beim SF Jazz Festival (www.sfjazz.org) blasen einen die Jazz-Größen um und Neulinge aus aller Welt spielen für ihre Karriere entscheidende Konzerte. Im SFJAZZ Center (S. 196) und an anderen Spielstätten.

## Juli

**An kühlen Sommertagen ist Einmummeln angesagt, doch Grillpartys sowie Wohltätigkeitswanderungen, kostenlose Konzerte und Feuerwerk sollte man sich trotzdem nicht entgehen lassen.**

### AIDS Walk

Von der 10-km-Wohltätigkeitswanderung AIDS Walk durch den Golden Gate Park profitieren verschiedene Aids-Organisationen. In 30 Jahren sind so 90 Mio. $ zusammengekommen; am dritten Sonntag im Juli.

### Stern Grove Festival

Das Stern Grove Festival (S. 35) bietet seit 1938 Musik unter Redwoods und Eukalyptus, mit kostenlosen Konzerten von Hip-Hop und Weltmusik bis Jazz, doch am größten sind die Aufführungen von San Francisco Ballet, Symphony und Opera; Juli und August sonntags um 14 Uhr.

## August

**Der Nebel lichtet sich und vom Ocean Beach aus ist der Sonnenuntergang zu bestaunen, rechtzeitig für einen letzten Sommerspaß im Golden Gate Park und ein Erntefest im Fort Mason.**

### Outside Lands

Beim Outside Lands (S. 35) im Golden Gate Park darf in den Wine Lands, den Beer Lands und an von Kochstars betriebenen Foodtrucks geschlemmt werden. Dies ist eins der Top-Musik- und Comedy-Festivals der USA. Die Tickets sind Monate vorher ausverkauft.

### Eat Drink SF

Den Gürtel lockern für drei Tage, an denen das kalifornische Füllhorn gefeiert wird (S. 29); Höhepunkt ist das Grand Tasting im Fort Mason.

## September

**Schließlich wird's doch noch warm und die Stadt treibt dazu ihre Possen mit öffentlichen Züchtigungen und Shakespeare'schen Liebesbekundungen.**

### Folsom Street Fair

Bondage-Enthusiasten strömen aus aller Welt zu San Franciscos wildester Straßenparty an der Folsom St, mit Leder, Bier und öffentlichen Spankings für wohltätige Zwecke. Am letzten Sonntag des Monats.

### SF Shakespeare Festival

Beim Shakespeare Festival (S. 36) wird an sonnigen Septemberwochenenden im Presidio gratis unter freiem Himmel Theater geboten. Für kleine Dichter gibt's Kindertheaterworkshops, mit Aufführungen in der gesamten Bay Area zum Abschluss.

## Oktober

**Der goldene Oktober, San Franciscos eigentlicher Sommer, lockt mit kostenloser Musik und Literatur.**

### Litquake

Literatur-Festival (S. 36) in der zweiten Oktoberwoche mit mittäglichen Lesungen und dem legendären Lit Crawl.

### Hardly Strictly Bluegrass

Kostenloser Bluegrass (S. 36) und Roots Music im Golden Gate Park mit drei Tagen voller Konzerte auf sieben Bühnen. Anfang Oktober.

## November

**Die Toten erwecken und den Planeten retten: San Francisco feiert sein mexikanisches Erbe und seinen Erfindergeist.**

### Día de los Muertos

Zombie-Bräute und aztekische Tänzer im Federschmuck feiern am Día de los Muertos, als ob es kein Morgen gäbe, und erweisen am 2. November an Altären an der Prozessionsroute in Mission den Toten die Ehre.

### West Coast Craft

Beim West Coast Craft (S. 43) mit mehr als 100 Produzenten kann man sich hip mit handgemachten Klamotten ausstaffieren, ohne selbst einen Finger zu rühren.

## Dezember

**Tagsüber ist es vielleicht bedeckt, aber abends funkeln die Lichter und in der ganzen Stadt locken jede Menge Events.**

### Kung Pao Kosher

Kung Pao Kosher, eine Feiertagstradition in San Francisco, die es mit dem *Nussknacker* des San Francisco Ballet aufnehmen kann, ist ein jüdischer Weihnachts-Comedy-Marathon in einem chinesischen Restaurant.

Oben: Karnevalsumzug (S. 20)

Unten: Hardly Strictly Bluegrass (S. 21)

THETAHOEGUY / SHUTTERSTOCK ©

EDDIEHERNANDEZPHOTOGRAPHY / SHUTTERSTOCK ©

# Mit Kindern

*In San Francisco gibt's pro Kopf die wenigsten Kinder aller US-Städte – und Tausende mehr Hunde als Kids. Doch viele Bewohner verdienen sich ihr Geld mit Kinderbelustigung, von Pixar-Animatoren bis zu Videospiel-Designern, und die Stadt strotzt vor Attraktionen für den kleinen und großen Nachwuchs.*

SABRINA DALBESIO / LONELY PLANET ©

Karussell im Children's Creativity Museum (S. 85)

## Alcatraz & die Piers

Alcatraz-Touren (S. 54) sind ein faszinierendes Erlebnis für Kinder; ältere Kinder genießen die gespenstischen Abendtouren. Danach lockt das Exploratorium (S. 64) mit Exponaten z. B. zur Wissenschaft des Skateboardens und zu in der Dunkelheit leuchtenden Tieren. Im Musée Mechanique (S. 62) können die Kids die Welt vor Space Invaders retten, am Pier 39 (S. 61) die Seelöwen anbellen und auf dem alten Karussell ein Einhorn besteigen.

## Für lau

Ein Stück San-Francisco-Geschichte präsentiert das Cable Car Museum (S. 131). Im Wells Fargo History Museum (S. 83) können Kids auf mechanischen Ponys reiten und alte Kutschen inspizieren. Ältere Kinder zieht es sicher in die 24th St zu den Wandbildern in der Balmy Alley sowie zu den Skatern im Potrero del Sol/La Raza Skatepark (S. 46). Das kostenlose Randall Junior Museum (S. 176) bietet Kids eine Einführung in die Tierwelt der Stadt und die Geowissenschaften sowie die Golden-Gate-Modellbahn. Wagemutige können die Seward-Street-Betonrutschbahnen (S. 183) in Castro, Betonrutschen auf dem Spielplatz im Golden Gate Park (S. 202) und die Winfield-Street-Rutschen in Bernal Heights erobern. Mittags gibt's kostenlose Konzerte in Old St. Mary's (S. 117) und im Sommer in den Yerba Buena Gardens (S. 86) und auf der **Justin Herman Plaza** (Karte S. 325, C2; www.sfrecpark.org; Ecke Market St & Embarcadero; 🚌2, 6, 7, 9, 14, 21, 31, 32, Ⓑ Embarcadero, Ⓜ Embarcadero). Beim Ferry Building (S. 79) können Kids umsonst Essen probieren, im 826 Valencia (S. 153) gibt's als Lohn für ein Lied, eine Zeichnung oder ein Gedicht ein Spielzeug.

## Naturfreunde

Im Golden Gate Park (S. 202) sind Pinguine, Büffel und ein Albino-Alligator zu Hause und in der California Academy of Sciences (S. 203) kann man in der Regenwaldkuppel Schmetterlinge jagen, im Streichelzoo Seesterne berühren oder den Eel Garden erkunden. Im Conservatory

**GUT ZU WISSEN**

**Windeln wechseln** Die besten Einrichtungen gibt's im **Westfield San Francisco Centre** (Karte S. 318, C5; www.westfield.com/sanfrancisco; 865 Market St; ⌚Mo–Sa 10–20.30, So 11–19 Uhr; 🚸; 🚋Powell-Mason, Powell-Hyde, Ⓜ Powell, Ⓑ Powell) und in der San Francisco Main Library (S. 88). Anderswo kann es an Sauberkeit mangeln.

**Notfälle** San Francisco General Hospital (S. 298).

**Kinderwagen und Autositze** Selbst mitbringen oder z. B. bei **Cloud of Goods** (☎415 634 9141; www.cloudofgoods.com; 100 Produce Ave) leihen.

**Kindergerichte** Meist in Cafés und Diners in Downtown; bei Ernährungsbeschränkungen vorher anrufen. Meist bestellen Kinder von derselben Karte wie ihre Eltern.

of Flowers (S. 204) sind fleischfressende Pflanzen zu bestaunen, im Aquarium of the Bay (S. 62) muss man sich durch den Haitunnel trauen. Der San Francisco Zoo (S. 207) lockt mit Affen und Giraffen.

## Cable Cars & Boote

Wenn kleine Technikfreaks wissen wollen, wie die Cable Cars funktionieren: Die Antwort liefert das Cable Car Museum (S. 131). Mit dem Powell-Hyde Cable Car geht's dann zur Fisherman's Wharf: Hier können sie ein U-Boot, die USS Pampanito (S. 63), inspizieren und im Maritime National Historical Park (S. 62) auf Schoner und Dampfschiffe klettern. Kleine Kapitäne freuen sich am Wochenende über Modellbootregatten auf dem Spreckels Lake im Golden Gate Park (S. 202).

## Warme Tage

An sonnigen Sonntagen – dann ist der Golden Gate Park größtenteils für den Verkehr gesperrt – kann man sich für den Stow Lake (S. 204) Paddelboote und bei Golden Gate Park Bike & Skate (S. 213) Rollschuhe leihen. Crissy Field (S. 59) und das südliche Ende des Baker Beach (S. 60) sind für Kids besser geeignet als der Ocean Beach, wo Nebel und starke Strömungen das Sandburgenbauen schnell beenden können; hier ertrinken immer wieder Menschen und selbst ins Wasser zu waten gilt als Risiko – also die Schilder beachten und auf die Kleinen aufpassen! Chinatown wartet mit den Chinatown Alleyway Tours (S. 125) und den Glückskeksen der Golden Gate Fortune Cookie Company (S. 128) auf.

## Museen & interaktive Aktivitäten

Im Children's Creativity Museum (S. 85) können zukünftige Technikbarone ihre eigenen Videospiele und Animationen kreieren; im Exploratorium (S. 64) können Kids Nebelsignale senden und optische Täuschungen erkunden. Im Walt Disney Family Museum (S. 66) erfahren die Kinder etwas über die Animatoren ihrer Lieblingsfiguren, die die Figuren zum Leben erweckten. San Francisco möchte den Nachwuchs dazu animieren, Kunst zu entdecken: Im Asian Art Museum (S. 81), im SFMOMA (S. 82), in der Legion of Honor (S. 205), im de Young Museum (S. 202), Museum of the African Diaspora (S. 85) und Contemporary Jewish Museum (S. 85) haben Kinder unter zwölf Jahren freien Eintritt. Das Spielwarengeschäft Paxton Gate (S. 172) bietet Schattenspielfiguren und Bio-Knete für eigene Kreationen.

## Spielplätze

**Golden Gate Park** (S. 202) Schaukeln, Klettergerüste, Spielburgen, Rutschen und ein Karussell.

**Dolores Park** (S. 153) Klettergerüst, Maya-Pyramide und Picknicktische.

**Yerba Buena Gardens** (S. 86) Spielplatz mit Rasenfläche in Downtown inmitten von Museen, Kinos und kinderfreundlichen Esslokalen.

**Huntington Park** (S. 134) Toller Spielplatz in noblem Hügelpark.

**Portsmouth Square** (S. 117) Chinatowns Freiluft-Spielstätte.

**Old St Mary's Square** (S. 117) Skateboarder und Spielausrüstung.

# Unbekanntes San Francisco

*San Francisco hat schon immer viele Touristen angezogen. Diese drängeln sich meist um Attraktionen wie die Lombard St und die Fisherman's Wharf. Doch es gibt so viel mehr zu sehen! Wer andere Gegenden erkundet, unterstützt außerdem einen nachhaltigen Tourismus.*

ESB PROFESSIONAL/SHUTTERSTOCK©

Downtown San Francisco von den Twin Peaks

## Abgelegenere Stadtviertel

Wer in weniger touristischen Stadtvierteln übernachtet, hat die Möglichkeit, am Alltag der Bewohner teilzuhaben, die kleinen Geschäfte der Stadt zu unterstützen und den eigenen Blick auf San Francisco zu weiten.

Statt ein Zimmer in einem teuren Kettenhotel in Downtown zu buchen, kann man sich die Privatzimmer in den Avenues beim Golden Gate Park anschauen. Je weiter draußen, desto mehr fühlt es sich wie das alte San Francisco an, und am Wochenende kann man Surfern und Radfahrern raus zum Ocean Beach und zum Great Highway folgen, der am Wochenende für den Autoverkehr gesperrt ist.

Ein weiteres gutes Viertel für eine Übernachtung ist Japantown mit seinen einzigartigen Boutiquehotels und tollen und vielfältigen Möglichkeiten zum Shoppen und Essengehen. Wer lieber irgendwo absteigt, wo es weniger Nebel, aber dafür mehr Sonnenschein gibt, könnte es mit dem aufstrebenden Viertel Dogpatch mit seinen avantgardistischen Galerien und Weinbars probieren.

## Interessante Alternativen

San Francisco ist berühmt für seine Hügel und nicht so sehr für die versteckten Treppen, die auf sie hinaufführen. Die **16th Avenue Tiled Steps** (www.16thavenuetiledsteps.com; 1700 16th Ave, Ecke Moraga St; ⏲Sonnenauf- bis Sonnenuntergang; 🚌66) auf der Westseite der Twin Peaks bestehen aus 163 Stufen mit Mosaikkacheln, geschaffen von Künstlern und 300 Anwohnern. Von oben eröffnet sich ein atemberaubender Ausblick auf die Stadt.

Unabhängige Kinos haben es überall schwer, doch in San Francisco halten sich ein paar wunderschöne sehr wacker. Vielleicht schaut man sich im **Roxie Cinema** (☎415-863-1087; www.roxie.com; 3117 16th St; normale Vorführungen 12–13 $, Matineen 10 $; 🚌14, 22, 33, 49, Ⓑ16th St Mission) einen altmodischen Streifen an oder man legt seine Reise so, dass man zum Filmfestival im **Balboa Theatre** (☎415-221-8184; www.balboamovies.com; 3630 Balboa St; Erw./Kind 12,50/10 $, Matineen 10 $; 🚌5, 18, 31, 38) vor Ort ist.

# Essen gehen

*Andere Städte der USA protzen mit bedeutenderen Sehenswürdigkeiten, doch San Francisco hat mehr Aroma. Köchin Alice Waters legte 1971 im Chez Panisse den Grundstein für eine nachhaltige, saisonale Bioküche und heute findet man auf den multikulturellen Karten der Bay Area jede Menge Fleisch von glücklichen kalifornischen Kühen und Bio-Zutaten. Gut gewählt: Einen besseren Ort zum Essengehen gibt's wohl kaum!*

Chez Panisse (S. 221) in Berkeley

## GUT ZU WISSEN

### Preise

Die Preise gelten für ein Hauptgericht ohne Getränke, Steuern und Trinkgeld:

**$** unter 15 $

**$$** 15–25 $

**$$$** über 25 $

### Trinkgeld

Mit Steuern und Trinkgeld wird das Essen 25 bis 35 % teurer. Es gelten die in den USA üblichen Trinkgeldstandards: 20 bis 25 % sind großzügig, 15 % sind das Minimum – es sei denn, der Service war wirklich miserabel.

### Aufschläge

Einige Restaurants erheben einen Aufpreis von 4 bis 5 % für die vorgeschriebene Gesundheitsversorgung ihrer Angestellten. Wem es nicht gefällt, dass die Restaurants ihre Betriebskosten auf die Gäste abwälzen, sollte nicht der Bedienung die Schuld geben, die vielleicht noch nicht mal von dem Aufschlag profitiert.

### Öffnungszeiten

Viele Restaurants sind die ganze Woche geöffnet, einige haben jedoch sonntag- und/oder montagabends zu. Frühstück gibt's von 8 bis 10 Uhr, Mittagessen meist von 11.30 bis 14.30 Uhr, Abendessen unter der Woche von 17.30 bis etwa 21 oder 21.30 Uhr und am Wochenende bis 22 Uhr. Wochenendbrunch ist von 10 bis 14 Uhr.



## Bauernmärkte

Nordkalifornische Idealisten, die sich in den 1970er-Jahren aufs Land zurückzogen, waren die Vorreiter des Biolandbaus der USA. Heute ist San Francisco die Stadt mit den meisten Bauernmärkten pro Kopf.

**Ferry Plaza Farmers Market** (S. 80) Starköche, alte Obst- und Gemüsesorten und am Wochenende Foodtrucks.

**Mission Community Market** (S. 157) Gemeinnütziger Markt mit 30 Händlern, die farmfrische Zutaten und fertige Mahlzeiten anbieten.

**Heart of the City Farmers Market** (S. 94) Preisgünstiger, von Bauern betriebener Markt im Zentrum mit gesunden, frischen Lebensmitteln u. a. aus Kalifornien sowie Foodtrucks.

**Alemany Farmers Market** (http://sfgsa.org; 100 Alemany Blvd; ⌚Sa Sonnenauf- bis Sonnenuntergang) Kaliforniens erster Bauernmarkt (seit 1943) mit günstigen Lebensmitteln aus Kalifornien sowie fertigen Mahlzeiten.

**Castro Farmers Market** (S. 185) Regionale Erzeugnisse und feine Lebensmittel zu moderaten Preisen sowie schön schräge Volksmusikgruppen.

### SELBST KOCHEN

Frische Zutaten aus Kalifornien besorgt man sich am besten auf den Bauernmärkten, bei Rainbow Grocery (S. 172) und bei Bi-Rite (S. 170). In Downtown gibt's mehrere praktische Filialen von Whole Foods (www.wholefoodsmarket.com) und Trader Joes (www.traderjoes.com).

## Gehobene Küche

In beliebten Restaurants muss man auf jeden Fall reservieren – je eher, desto besser. Bei den meisten Restaurants kann man über die Website reservieren oder auch über OpenTable (www.opentable.com), doch wenn hier keine freien Tische mehr angezeigt werden, kann man auch direkt im Restaurant anrufen – vielleicht hält es ein paar Plätze für telefonische Reservierungen oder frühe Gäste zurück, oder jemand hat abgesagt oder es gibt ein Plätzchen an der Theke. Für Top-Läden wie das Chez Panisse (S. 221) und kleine Bistros wie Benu (S. 93), Rich Table (S. 193), State Bird Provisions (S. 145) und Frances (S. 181) sollte man einen Monat im Voraus buchen.

Ohne Reservierung sind Gegenden mit vielen Restaurants am besten, wie die 24th oder Valencia St (in Mission), Japantown, die Polk St (in Russian Hill), die Avenues (besonders um die 9th Ave), Hayes Valley, Chinatown oder North Beach – entweder früh (gegen 17 Uhr) oder spät (nach 21 Uhr).

Der Service ist fachkundig und freundlich, nie von oben herab. Wenn auf der Karte nichts über die Herkunft der Zutaten steht, einfach fragen – die Bedienung sollte wissen, woher sie stammen! Lebensmittelunverträglichkeiten sollten bei der Reservierung erwähnt werden. Gute Jeans sind okay und ein freundlicher Ton ist stets willkommen.

## Foodtrucks & Imbisskarren

Hungrige und Abenteuerlustige sind hier goldrichtig! Und wer auf die an den Trucks und Wagen anzubringenden Genehmigungen achtet, kann davon ausgehen, fachgerecht zubereitete Speisen zu verzehren.

Die größte Ansammlung von Foodtrucks ist Off the Grid (S. 67) mit mehreren Events pro Woche. Sonntags findet im Presidio das OTG Picnic statt und freitags stehen im Fort Mason über 30 Trucks. An den Trucks und Wägelchen muss meist bar bezahlt werden und an beliebten Wagen muss man oft zehn bis 20 Minuten warten.

Das beste Angebot an Essen auf die Hand bieten die Stände am und im Ferry Building (S. 79) sowie der samstägliche Bauernmarkt. Toll für eine Stärkung vor dem Besuch der Clubs in SoMa ist der **SoMa StrEat Food Park** (Karte S. 322; http://somastreatfoodpark.com; 428 11th St; Gerichte 5–12 $; ⌚Mo–Fr 11–15 & 17–21, Sa 11–21, So bis 17 Uhr; 📶; 🚌9, 27, 47): Hier stehen auf einem Parkplatz über ein Dutzend Trucks und es gibt Picknicktische, Bier und DJs.

Gourmetspeisen zum Mitnehmen sind etwa die Empanadas von **El Sur** (☎415-530-2803; www.elsursf.com; Empanadas 3,50–5 $), Brötchen mit Ente und Mango vom **Chairman** (www.hailthechairman.com; Brötchen 3,75–6 $, Bowls 7–9 $), Grillhähnchen aus Freilandhaltung mit Kräutern von **Roli Roti** (www.roliroti.com; Hauptgerichte 8–11 $) und Desserts von **Kara's Cupcakes** (Karte S. 316; ☎415-563-2253; www.karascupcakes.com; 3249 Scott St; Cupcakes 2,50–3,75 $; ⌚So–Do 10–20, Fr & Sa bis 21 Uhr; 🚌28, 30, 43) 🌿.

Den Foodtrucks folgen kann man auf Roaming Hunger (www.roaminghunger.com/sf/vendors) und Twitter (@MobileCravings/sf-food-trucks, @streetfoodsf). Für das SF Street Food Festival (www.sfstreetfoodfest.com) im Oktober hungert man am besten jetzt schon mal ein bisschen. Von den Gewinnen werden Ausbildung und Küchen für gastronomische Unternehmer mit wenig Kapital finanziert.

## Pop-up-Restaurants

Um Restaurantprojekte oder neue kulinarische Konzepte auszuprobieren, übernehmen Köche manchmal Bars, Cafés und Restaurants mit kreativen Pop-up-Speisekarten. Die gemeinnützige Food-Organisation 18 Reasons (S. 173) bietet Veranstaltungen, bei denen Köche Kochtipps mit Gästen teilen. Ein dreitägiges kulinarisches Fest ist das **Eat Drink SF** (☎415-781-5348; www.eatdrink-sf.com; ⌚letztes Wochenende im Aug.).

### EINE ECHTE LEIDENSCHAFT: DIM SUM

Da jeder dritte Bewohner von San Francisco asiatische Wurzeln hat, gibt's an schnellem Essen nicht nur Burger und Pizza, sondern auch Kimchi, Tandoori und vor allem Dim Sum. Dim Sum ist kantonesisch für das, was auf Mandarin *xiao che* („kleine Speisen") heißt; manchmal heißen sie auch *yum cha* („Tee trinken"). In traditionellen Dim-Sum-Läden wie Yank Sing (S. 92) und City View (S. 123) rollt die Bedienung Wägelchen mit Dampfkörben mit Klößchen, Tellern mit Knoblauchgemüse und schließlich knusprigen süßen Sesambällchen an den Gästen vorbei.

Oder man bestellt im Good Mong Kok (S. 123) in Chinatown an der Theke Teigtaschen direkt aus dem Dampfgarer. In traditionellen Dim-Sum-Hotspots in Chinatown und an Geary und Clement St sowie für Gourmet-*bao* (Brötchen) beim Foodtruck Chairman muss man wahrscheinlich Schlange stehen.

Bei den neuen noblen Dim-Sum-Spezialisten wie China Live (S. 121), Dragon Beaux (S. 207) und Hakkasan (S. 91) gibt's saftige Entenklößchen, die auch bei edlen Degustationsmenüs nicht fehl am Platz wären. Dim Sum mit kalifornischem Einschlag servieren Fusionssensationen wie State Bird Provisions (S. 145) und Mister Jiu's (S. 123).

Über aktuelle Pop-up-Events informieren EaterSF (http://sf.eater.com), Grub Street San Francisco (http://sanfrancisco.grubstreet.com) und Inside Scoop (http://insidescoopsf.sfgate.com) – früh da sein und Bargeld mitnehmen, da meist keine Kreditkarten genommen werden und beliebte Gerichte schnell weg sind.

### Spitzenköche

San Francisco ist ein Magnet für preisgekrönte Köche – und viele davon sind Frauen wie Traci des Jardins vom Mijita (S. 89), James-Beard-Preisträgerin Nancy Oakes vom Boulevard (S. 93), Sterneköchin Dominique Crenn vom Petit Crenn (S. 194) und Melissa Perello vom Frances (S. 181).

## Essen nach Stadtvierteln

**Downtown, Civic Center & SoMa** (S. 89) Vietnamesisches und günstiges Essen im Tenderloin; Kneipenhäppchen, Probiermenüs und Sandwiches in SoMa; Business Lunch und spätabendliche Dinner in Downtown.

**North Beach & Chinatown** (S. 120) Dim Sum, scharfe Sichuan-Küche und Festmahle in Chinatown; Pizza, Pasta und Brunch in North Beach.

**Mission, Dogpatch & Potrero Hill** (S. 155) Tacos, innovative kalifornische Küche, vegetarisch und asiatisch.

**Marina, Fisherman's Wharf & die Piers** (S. 67) Fusionskost in Marina; Meeresfrüchte und Fastfood an der Fisherman's Wharf; Foodtrucks und vegetarische Kost im Fort Mason.

**Castro** (S. 177) Laute Bistros, skandinavischer Brunch und Thai-Essen.

**Haight-Ashbury & Hayes Valley** (S. 191) Marktfrisches Essen, Brunch und Desserts in Hayes Valley; Brunch und trendige Bistros in NoPa.

**Japantown, Fillmore & Pacific Heights** (S. 142) Multikulti-Soulfood in Fillmore und Pacific Heights; Sushi, Ramen und *izakaya* in Japantown.

**Golden Gate Park & die Avenues** (S. 207) Dim Sum, Surferkost und Backwaren ohne Ende in den Avenues.

**Nob Hill & Russian Hill** (S. 135) Leckereien auf den Hügeln und experimentierfreudige Küche in Russian Hill.

JESSICA RUSCELLO / GETTY IMAGES ©

Dim Sum

## Top-Tipps

**Benu** (S. 93) Edle Küche und DJ-Styling bei genialen Remixes von Klassikern und den besten Zutaten aus dem Westen.

**Rich Table** (S. 193) Köstliche, kreative kalifornische Küche mit französischer Finesse.

**1760** (S. 135) Koreanische Aromen, italienische Akzente und französische Zubereitungsarten – ein kalifornischer Traum!

**Californios** (S. 161) Sonnige kalifornische Küstenaromen und das lateinamerikanische Erbe von Mission.

**In Situ** (S. 82) Die Galerie der zeitgenössischen Küche im SFMOMA serviert die besten Gerichte von Top-Köchen aus aller Welt.

**Tartine Manufactory** (S. 158) Das Beste der Saison auf herzhaftem frischem Brot.

## Nordkalifornische Küche

**Rich Table** (S. 193) Jede Menge umwerfende saisonale Speisen.

**Al's Place** (S. 158) Hier werden kalifornische Träume geteilt, mit fantasievollen Platten mit feinsten Meeresfrüchten und saisonalen Spezialitäten.

**Chez Panisse** (S. 221) Alice Waters' Bistro in Berkeley weist schon seit 1971 den Weg mit fabelhafter regionaler, nachhaltiger Kost.

**Mister Jiu's** (S. 123) Erstklassige Zutaten und wilde Kreativität in historischem Bankettsaal in Chinatown.

## Unter freiem Himmel

**Boulette's Larder** (S. 90) Sonniger Lunch aus marktfrischen Zutaten im Ferry Building.

**Greens** (S. 68) Am Tresen Schwarzbohnen-Chili und Champignon-Panini mitnehmen und mit Blick auf die Golden Gate Bridge genießen.

**Beach Chalet** (S. 210) Beim Brunch im beheizten Hinterhof des Golden Gate Park mit Schampus auf die Büffel anstoßen.

**La Palma Mexicatessen** (S. 157) Frische Tamales an Außentischen inmitten der Wandbilder in Mission.

**Mission Cheese** (S. 158) Sich an der Auswahl an kalifornischem Ziegenkäse weiden und auf der Mission St die neueste Mode entdecken.

**Off the Grid** (S. 67) Erster Gang: Empanadas; nächster Gang: Schweinebauch-Brötchen; Nachspeise: Cupcakes.

## Bio-Fusionsküche

**1760** (S. 135) Globale Küche mit exquisiten Gerichten.

**Cala** (S. 194) Meeresfrüchte aus Alta California trifft auf Aromen aus Baja California.

**Mr. Pollo** (S. 155) Von Reisen inspirierte Probiermenüs mit Meeresfrüchten sowie kolumbianische *arepas* mit Sake.

**Kaiyo** (S. 68) Eine neue Lieblingsküche: japanisch-peruanisch-kalifornisch.

**Noosh** (S. 144) Orientalische Mezze mit Wildwestflair und superfrischen Zutaten.

NICK OTTO / ALAMY STOCK PHOTO / GETTY IMAGES ©

Smuggler's Cove (S. 194)

# Cafés, Bars & Clubs

*Egal, wonach einem der Sinn steht: Die Bars, Cafés und Clubs von San Francisco haben es. Sie verwöhnen ihre Gäste mit kalifornischen Weinen, Spirituosen aus der Bay Area und in der Stadt gerösteten Bohnen. Die örtlichen Kneipiers, die mit starken Drinks in alten Gläsern wieder an die Geschichte der Goldrausch-Saloons anknüpfen, fördern die Experimentierfreudigkeit und die Baristas der Stadt nehmen ihre Kaffeekunst sehr ernst.*

## Cocktails

Hier wird gefeiert wie 1899! Zu erkennen sind die Drink-Historiker an ihrem Old-Tom-Gin-Angebot und ihrer Theke mit altem Tiki-Gedöns. Die ganze Authentizitätsmasche in Sachen Cocktails wirkt vielleicht etwas aufgesetzt, doch nach ein paar starken Drinks in alten Saloons, Tikibars und Flüsterkneipen ist das wohl den meisten egal.

Die Tiki-Hotspots der Stadt sind Pagan Idol (S. 95), Louie's Gen-Gen Room im Liholiho Yacht Club (S. 91), Last Rites (S. 181), Smuggler's Cove (S. 194) und Zombie Village (S. 99), doch bei den altmodischen Tikibars sind der Tonga Room (S. 137) und Trad'r Sam (S. 210) nach wie vor top.

Tolle Spirituosen aus San Francisco sind z. B. die Gins St. George und Anchor Old Tom, der Rum von Sutherland Distilling, der Schlehengin Spirit Works, der klare Roggenwhiskey 1512 Barbershop, der Wodka Hangar One, der Roggenwhiskey Workhorse, der Whiskey Old Potrero und der Absinth Emperor Norton.

Happy-Hour-Drinks und solche mit minderwertigen Zutaten kosten 7 bis 10 $, Drinks aus hochwertigen Spirituosen 10 bis 15 $. Wer 1 bis 2 $ pro Drink Trinkgeld gibt, bekommt

## GUT ZU WISSEN

### Öffnungszeiten

Bars in Downtown und SoMa laden von 16 bis 19 Uhr zur Happy Hour. Ansonsten ist in den Bars gegen 21 Uhr am meisten los; letzte Runden unter der Woche zwischen 22.30 und 23.30 Uhr, am Wochenende um 1.30 Uhr. In den Clubs geht's gegen 22 Uhr los; viele schließen um 2 Uhr.

### Rauchen

Drinnen verboten, einige Bars wie Rye (S. 100) und Irish Bank (S. 96) sowie El Rio (S. 163), Wild Side West (S. 166) und Zeitgeist (S. 162) in Castro haben draußen Raucherbereiche – ansonsten qualmt man auf dem Bürgersteig. Gras ist legal in San Francisco, doch andere Gäste wollen sich noch immer nicht vollqualmen lassen. Über E-Zigaretten macht man sich eher lustig.

### Websites

Über Events informieren SF Weekly (www.sfweekly.com) und Funcheap SF (http://sf.funcheap.com) sowie SF Station (www.sfstation.com), UrbanDaddy (www.urbandaddy.com/home/sfo) und Thrillist (www.thrillist.com).

bei der nächsten Runde garantiert großzügiger eingeschenkt.

## Wein

Gute Tröpfchen gibt's nicht nur aus der Flasche oder gleich im Wine Country. Die Restaurants, Weinbars und Kellereien der Stadt bieten immer mehr erstklassige kalifornische Weine im Glas oder *alla spina* (vom Fass). In den meisten Restaurants sind außerdem Weine aus ökologischem, nachhaltigem oder gar biodynamischem Anbau erhältlich.

In der **Bluxome Street Winery** (Karte S. 322; ☎415-543-5353; www.bluxomewinery.com; 53 Bluxome St; Weinproben 16–20 $; ⏲13–20 Uhr; Ⓜ N, T) und in Dogpatch, wo die besten Trauben gemischt und im Lagerhausambiente kredenzt werden, kann man schön aufs Stadtleben anstoßen. Kult-Weinhandlungen wie Bi-Rite (S. 170), Ferry Plaza Wine Merchant (S. 95), Dig (S. 156) und California Wine Merchant (S. 72) verkaufen schwer aufzutreibende Weine zu vernünftigen Preisen.

Um zum Wein das beste Streetfood San Franciscos zu genießen, kann man im Twitter-Feed oder auf der Facebook-Seite der jeweiligen Bar nachschauen: Viele Weinbars informieren über aktuelle Foodtruck-Besuche und Pop-ups.

Ins Napa oder Sonoma Valley fährt man am besten im Spätherbst: Dann kann man neuen Wein probieren und vielleicht ein Ernte-Schnäppchen einheimsen.

## Bier

Die erste Brauerei (1849) entstand hier sogar vor der Stadtgründung und seitdem ist Bier Grundnahrungsmittel. Trinken unter freiem Himmel kann man im Biergarten (S. 191), Zeitgeist (S. 162), Beach Chalet (S. 210) und Wild Side West (S. 166). Die Anchor Brewing Company (S. 173), die 21st Amendment Brewery (S. 92), der Magnolia Brewpub (S. 156) und das **Social** (Karte S. 342; ☎415-681-0330; www.socialkitchenandbrewery.com; 1326 9th Ave; ⏲Mo–Do 17–24, Fr bis 1, Sa 11.30–1, So 11.30–23 Uhr; 🚌6, 7, 43, 44, Ⓜ N) kredenzen vor Ort gebrautes Bier – regionaler geht's nicht! Ein Pint Craftbier vom Fass kostet 4 bis 7 $, ein Pabst Blue Ribbon (PBR) 2 bis 3 $ – plus 1 $ Trinkgeld.

Noch nicht genug? Bei der SF Brewers' Guild (www.sfbrewersguild.org) kann man Gleichgesinnte treffen, im City Beer Store & Tasting Room (S. 97) werden Tipps ausgetauscht und der **Workshop** (Karte S. 338; ☎415-874-9186; www.workshopsf.org; 1798 McAllister St; Workshops 42–125 $; 🚌5, 7, 21, 24, 43) bietet Brauunterricht.

## Cafés

Wenn sich in San Francisco Paare trennen, ist das heißeste Thema: Wer kriegt das Café? Die Bewohner der Stadt sind ihren Röstungen und Baristas sehr treu – besonders in Mission, Hayes Valley und North Beach – und die meisten Internet-Dates finden auf neutralem Caféterrain statt. Wer in Cafés das kostenlose WLAN nutzt, sollte etwa jede Stunde etwas bestellen, Unterbrechungen klaglos hinnehmen und seinen Laptop nicht aus den Augen lassen. SMS sind okay, aber viele Baristas hassen Handytelefonate.

Ein Filterkaffee kostet 2,50 bis 4 $, Kaffees auf Espressobasis 3,50 bis 5 $. Besonders wer eine Weile bleibt, sollte sich für Espressogetränke mit 1 $ fürs Trinkgeldglas erkenntlich zeigen.

Beach Chalet (S. 210)

## Clubs

In den Clubs von San Francisco geben die DJs den Takt vor und bringen alle, ob homo oder hetereo, gleichermaßen zum Tanzen.

Die meisten Clubs verlangen 10 bis 25 $ Eintritt. Billiger ist es vor 22 Uhr oder wenn man sich in die Internet-Gästeliste des Clubs einträgt – nach einem VIP- oder RSVP-Link schauen. In den teureren Clubs sind Sitzplätze mit Bedienung vielleicht reserviert. Um in einen Club hineinzukommen, wartet man gemeinhin nicht länger als 15 Minuten – nur Betrunkene müssen draußen bleiben.

San Francisco ist recht leger, doch Leute mit Flipflops, Shorts oder T-Shirts – es sei denn, sie sind schick – kommen besonders bei Retro-Abenden und in Salsa-Clubs nicht hinein.

In vielen Clubs kann unter der Woche gegen 23.30 Uhr und am Wochenende gegen 1.30 Uhr die letzte Runde bestellt werden. Viele Clubs schließen etwa um 2 Uhr, einige auch um 4 Uhr. In manchen Clubs wie dem EndUp (S. 97) wird bis zum Morgengrauen weitergefeiert.

## Ausgehen & Nachtleben nach Stadtvierteln

**Marina, Fisherman's Wharf & die Piers** (S. 70) Heterobars mit Burschenschaftsflair in Marina.

**Downtown, Civic Center & SoMa** (S. 95) Kneipen, schicke Lounges und altmodische Schwulenkneipen in Civic Center und im Tenderloin, Clubs, Dragshows und Lederbars für Männer in SoMa.

**North Beach & Chinatown** (S. 124) Barbary-Coast-Saloons, historische Kneipen, Cafés und Déco-Lounges.

**Mission, Dogpatch & Potrero Hill** (S. 161) Kaffeeröstereien, Hipster-Saloons, freundliche Weinbars, Salsa-Clubs, hetereofreundliche LGBTIQ-Clubs in Mission.

**Castro** (S. 181) Schwulenbars und -clubs.

**Haight-Ashbury & Hayes Valley** (S. 194) Bierkneipen und schicke Lounges in Haight-Ashbury; Weinbars und Kaffeekioske in Hayes Valley.

**Golden Gate Park & die Avenues** (S. 209) Irish Pubs und Tikibars in Richmond; Kaffee und Bier im Sunset District.

## Top-Tipps

**Stookey's Club Moderne** (S. 137) In der 1930er-Art-déco-Bar auf das Ende der Prohibition anstoßen; dazu gibt's Entertainment und coole Stammgäste.

**Specs** (S. 124) In der Merchant-Marine-Kneipe zusammen mit Seebären krugweise Anchor-Steam-Bier süffeln.

**Comstock Saloon** (S. 124) Alter Wildwestsaloon mit starken Drinks im alten Stil und delikaten Häppchen.

**Pagan Idol** (S. 95) Echter Südsee-Stil: Rum-Drinks à la Hemingway aus Schädeln und Vulkanausbrüchen.

**Trick Dog** (S. 161) Die ultimative Mottobar wechselt alle paar Monate Getränke und Einrichtung im Einklang mit den Marotten der Stadt: Wandbilder, Horoskope, Verschwörungstheorien …

## Retro-Cocktails

**Stookey's Club Moderne** (S. 137) Art-déco-Bar mit Barkeepern, die die stärksten Corpse-Reviver-Cocktails der Stadt mixen.

**Comstock Saloon** (S. 124) Authentische Cocktails wie ein Martinez in Saloon von 1907.

**Bourbon & Branch** (S. 99) Seit der Prohibitionszeit waren geheime Passwörter und Gin-Fachkunde nie so nützlich.

**Bon Voyage** (S. 163) Würden Weltreisende aus den 1950ern in dieser Bar aufwachen, könnten sie direkt weiterfeiern, wie sie es gewohnt sind.

**Aub Zam Zam** (S. 195) Bohème-Lasterhöhle seit 1960 – die original persische Jazz-Martini-Bar in Haight-Ashbury.

## Bier

**Specs** (S. 124) In der Bar mit Seefahrtdeko einen Krug Anchor Steam bestellen.

**Zeitgeist** (S. 162) Mürrische Barkeeperinnen zapfen 40 Craft-biere, die man im Biergarten herunterstürzen kann.

**City Beer Store & Tasting Room** (S. 97) Experten leiten Verkostungen und geben Brau- und Kombiniertipps.

**Wild Side West** (S. 166) Das 1977 zur Abschreckung von lesbischem Partyvolk in den Biergarten geworfene Badezimmerinventar dient heute als Blumenkübel.

## Wein

**Ungrafted** (S. 163) Sich wie ein Profi treiben lassen – hier ist jeder ein Sommelier.

**20 Spot** (S. 163) Das Unerwartete erwarten: ungewöhnliche Weine und *deviled eggs* (scharf gewürzte gefüllte Eier) in ehemaligem Punkplattenladen.

## Cafés

**Sightglass Coffee** (S. 96) Die SoMa-Rösterei sieht zwar industriell aus, serviert aber in kleinen Mengen geröstete Bohnen von Familienplantagen.

**Blue Bottle Coffee Kiosk** (S. 196) Der Seitenstraßen-Schuppen war Vorreiter der Kaffeerösterei-Manie.

**Trouble Coffee Co** (S. 210) Stühle aus Treibholz, Espresso in Steinguttassen und über Kokosnüsse gebeugte Surfer.

**Andytown Coffee** (S. 209) Snowy-Plover-Eis und Espresso-Kombis für Tage am Ocean Beach.

## Tanzclubs

**EndUp** (S. 97) Epische 24-Stunden-Tanzsessions in legendärem SoMa-Schwulenclub seit 1973.

**El Rio** (S. 163) In Mission das Tanzbein schwingen und im Hinterhof international flirten.

**Rickshaw Stop** (S. 100) Fabelhafter kleiner Club mit Beats für alle Altersklassen und sexuellen Orientierungen.

**Madrone Art Bar** (S. 195) Die Kunstinstallationen beiseiteschieben und die Tanzfläche freimachen für den Prince/Michael-Tanzwettkampf.

## Tikibars

**Pagan Idol** (S. 95) Südseebar mit im Pseudo-Bauch eines Segelschiffs servierten Rumgetränken.

**Tonga Room** (S. 137) Seit 1945 suchen in der klassischen Tikibar alle 20 Minuten Taifune die Stadt heim.

**Smuggler's Cove** (S. 194) In dieser Barbary-Coast-Schiffswrackbar in Grog schwimmen.

**Last Rites** (S. 181) In Flugzeug-Wrackteilen mit Rumdrinks auf knappes Entkommen vor düsterem Schicksal anstoßen.

**Zombie Village** (S. 99) Bis zur Apokalypse oder letzten Bestellung – was auch immer zuerst kommen mag – in Hütten aus Schädeln trinken.

# Showtime

*Bei der Zahl der Kreativen liegt San Francisco unter den ersten fünf aller US-Städte. Zwar gibt's auch ein weltberühmtes Orchester, eine Oper, ein Jazz-Zentrum, ein Filmfestival, Theater und Ballett, doch es dreht sich nicht alles um große Namen: Zum Preis eines IMAX-Films werden hier Tanz, Comedy und Musik am Puls der Zeit geboten.*

## Oper & klassische Musik

Zwischen den Spielzeiten der San Francisco Opera (S. 100) kann man sich mit Opern des Zwölfmannchors **Chanticleer** (www.chanticleer.org) und der **Pocket Opera Company** (www.pocketopera.org; ⌚Feb.–Juni) trösten.

Seit 2020 ist Esa Pekka-Salonen Chefdirigent der Grammy-dekorierten San Francisco Symphony (S. 100). **San Francisco Performances** (www.performances.org) veranstaltet klassische Konzerte im Herbst Theater. Das Revolution Cafe (S. 168) präsentiert im Rahmen von Classical Revolution Kammermusik im Mission District.

Die Orchester- und Opernspielzeiten dauern meist von September bis Juni; Termine auf SF Classical Voice (www.sfcv.org).

Die San Francisco Opera verkauft die billigsten Operntickets der USA (ab 10 $), bei der San Francisco Symphony gibt's *rush tickets* und SoundBox-Probenvorstellungen (20–35 $). Beim **Stern Grove Festival** (www.sterngrove.org; Stern Grove; ⌚Juni–Aug.) bieten San Francisco Opera und Symphony Gratisvorstellungen. In Old St. Mary's (S. 117) finden dienstagmittags regelmäßig Konzerte statt; weitere Konzerte, bei denen lediglich um eine Spende gebeten wird, sind auf http://noontimeconcerts.org zu finden.

## Livemusik

Die verschiedenen Clubs warten mit Funk, Reggae, Bluegrass und Punk auf – Termine auf den jeweiligen Websites.

Bluegrass, die Musik des Goldrauschs, ist beim Festival **Hardly Strictly Bluegrass** (www.hardlystrictlybluegrass.com; ⌚Okt.) und im Freight & Salvage Coffeehouse (S. 223) in Berkeley zu hören. Moderator Peter Thompson beweist sein enzyklopädisches Wissen in der Bluegrass-Sendung des Senders KALW, Bluegrass Signal (www.kalw.org; 91,7 FM).

Bei Funk und Hip-Hop hat Oakland den tafferen Rap und die schnelleren Beats, doch San Francisco gibt sich in Mezzanine (S. 104) und Independent (S. 197) locker und funky. Legenden des Psychedelic Rock spielen im Fillmore Auditorium (S. 146), Alternative Rock erobert die Bühnen beim **Outside Lands** (www.sfoutsidelands.com; 3-Tages-Pass Standard/VIP 375/795 $; ⌚Aug.), im Warfield (S. 102) und in der Great American Music Hall (S. 100). Der Punk lebt noch in Bottom of the Hill (S. 167), Edinburgh Castle (S. 100) und **Slim's** (Karte S.322; ☎415-255-0333; www.slimspresents.com; 333 11th St; Karten 15–30 $; ⌚Kasse an Konzerttagen ab 17 Uhr; 🚌9, 12, 27, 47).

Bekannte Jazz-Musiker spielen das ganze Jahr über im SFJAZZ Center (S. 196). Im Revolution Cafe (S. 168), Chapel (S. 168), Café Royale (S. 102), Club Deluxe (S. 197) und Stookey's Club Moderne (S. 137) treten regelmäßig Jazz-Ensembles auf.

## Theater

Bevor sie Tonys und einen Pulitzer-Preis gewannen, wurden die *Angels in America* im American Conservatory Theater (S. 101) flügge und im Strand Theater (S. 102) des ACT kann man schon heute die Renner von morgen sehen. Im Sommer bietet die **San Francisco Mime Troupe** (www.sfmt.org) im

## GUT ZU WISSEN

### Kulturkalender

**The Do List von KQED** (www.kqed.org/arts/program/the-do-list) bietet eine ausgezeichnete Auswahl an anstehenden Kulturveranstaltungen.

### Ermäßigungen

Wer sich bei **Gold Star Events** (www.goldstarevents.com) registriert, erhält Ermäßigungen auf Comedy, Theater, Konzerte und Oper. Am Ticketschalter von **TIX Bay Area** (Karte S. 318; ☎415-433-7827; http://tixbayarea.org; 350 Powell St; Powell-Mason, Powell-Hyde, B Powell, M Powell) am Union Square sind billige Karten für Veranstaltungen am selben oder nächsten Tag erhältlich

Dolores Park kostenlos politische Satire und im Presidio findet das **SF Shakespeare Festival** (www.sfshakes.org; Sept.) statt.

Eine Übersicht über das Theatergeschehen in der Bay Area bietet Theatre Bay Area (www.theatrebayarea.org). Infos zu Broadway-Shows gibt's bei SHN (www.shnsf.com).

Normale Theaterkarten kosten 35 bis 150 $, aber oft sind Tickets für Vorstellungen am selben Tag zum halben Preis erhältlich. In den kleinen Theatern kosten Karten 10 bis 35 $.

## Comedy & Lesungen

Wer lachen möchte, probiert die Drag-Comedy im Oasis (S. 102), das Marsh (S. 168), HBO-Headliner im Cobb's Comedy Club (S. 127) und Punch Line (S. 102) – oder man stellt sich bei den Comedy-Workshops von BATS Improv (S. 72) selbst auf die Bühne.

Diese Stadt weiß Geschichten zu erzählen ... – und hören kann man sie jedes Jahr beim **Litquake** (www.litquake.org; Mitte Okt.) sowie bei Lesungen in der San Francisco Main Library (S. 88) und bei Booksmith (S. 196). Wilde Lesungen gibt's bei Writers with Drinks im Make-Out Room (S. 168), Geschichtenerzähl-Slams bei Public Works (S. 103), Pint-Sized Plays im PianoFight (S. 101) und Mortifieds Teenager-Tagebuchauszüge in der DNA Lounge (S. 103).

## Tanz

San Francisco verfügt über das älteste Ballettensemble der USA, das San Francisco Ballet (S. 101), sowie zahlreiche unabhängige Ensembles im Yerba Buena Center for the Arts (S. 102). Experimentelle Stile bieten das Oberlin Dance Collective (S. 101) sowie die **Joe Goode Performance Group** (Karte S. 326; ☎415-561-6565; www.joegoode.org; 401 Alabama St; Karten 18–38 $; Shows 19 oder 20 Uhr; 22, 33) und bei der Dance Mission (S. 173) kann man seinen eigenen Stil kreieren. Einen umfassenden Überblick über Tanzveranstaltungen bietet die Dancers' Group (www.dancersgroup.org).

## Kino

Filmfreunde freuen sich über die alten Filmpaläste der Stadt wie Roxie (S. 168), Castro (S. 183) und Balboa (S. 211). Wichtige neue Filme und neu ausgegrabene Kultstreifen bei Drinks und Dinner bietet das Alamo Drafthouse (S. 167). Ausländische Produktionen und preisverdächtige Streifen laufen im **Embarcadero Center Cinema** (Karte S. 325; ☎415-352-0835; www.landmarktheatres.com; 1 Embarcadero Center, Promenade Level; Karten 11–14 $; M Embarcadero, B Embarcadero), Anime-Filme und Premieren beim Asian American Film Festival im New People Cinema (S. 147) und IMAX-Blockbuster im AMC Metreon 16 (S. 103). Kinokarten kosten meist 10 bis 16 $, für Matineen unter der Woche um die 8 $.

Neben dem **SF International Film Festival** (www.sffs.org; April) finden in der Stadt ein **LGBTIQ-Filmfestival** (www.frameline.org; Karten 10–35 $; Juni), das **Green Film Festival** (www.greenfilmfest.org; Sept.) sowie Festivals des asiatisch-amerikanischen (https://caamedia.org), jüdischen (https://jfi.org/film-festival) und arabischen Films (https://arabfilminstitute.org) statt.

## Unterhaltung nach Stadtvierteln

**Downtown, Civic Center & SoMa** (S. 100) Sinfonien, Oper, Theater, Punk, Jazz, Rock und Comedy.

**North Beach & Chinatown** (S. 127) Comedy, Jazz, Folk, Blues und Lesungen.

**Mission, Dogpatch & Potrero Hill** (S. 167) Tanz, Alternative Rock, Punk, Bluegrass, experimentelles Theater und Lesungen.

**Golden Gate Park & die Avenues** (S. 210) Festivals und kostenlose Konzerte.

## Top-Tipps

**San Francisco Symphony** (S. 100) Klassische Musik im modernen Gewand mit dem innovativen Chefdirigenten Esa Pekka-Salonen und Gästen wie Metallica.

**SFJAZZ Center** (S. 196) Top-Musiker spielen neue Varianten von Standardstücken und schaffen neue, von Mariachis, Skatern, Dichtern, Joni Mitchell und Angela Davis inspirierte Werke.

**San Francisco Opera** (S. 100) Diven wie Renée Fleming bringen das Haus mit Klassikern und modernen Werken wie *The (R)evolution of Steve Jobs* zum Beben.

**American Conservatory Theater** (S. 101) Wagemutiges Theater z. B. mit Opern von Tom Waits und William Kentridge und brisanten Theaterstücken von Lauren Yee, dazu experimentelles Theater im Strand Theater.

**Castro Theatre** (S. 183) Orgelouvertüren und Kultklassiker mit enthusiastischer Publikumsbeteiligung im Art-déco-Filmpalast.

## Comedy

**Oasis** (S. 102) Wahnsinnig komische Drag-Comedy-Varieté-Acts.

**Cobb's Comedy Club** (S. 127) Hier testen Comedians gern neues Material.

**Punch Line** (S. 102) Hier verdienten sich wegweisende Comedians wie Ellen Degeneres, Chris Rock und Margaret Cho ihre ersten Lorbeeren.

## Theater & Tanz

**American Conservatory Theater** (S. 101) Berühmtes Theater mit Uraufführungen von Stücken wichtiger Dramatiker und wegweisenden Inszenierungen.

**San Francisco Ballet** (S. 101) Eleganter Tanz und wunderschöne Inszenierungen des ältesten Ballettensembles der USA.

**Oberlin Dance Collective** (S. 101) Stil und Gehalt fein austariert bei kraftvollen, bedeutungsschwangeren Choreografien.

**Yerba Buena Center for the Arts** (S. 102) Moderne Tanztruppen präsentieren topaktuellen Tanz.

**Magic Theatre** (S. 72) Stücke von bedeutenden Dramatikern in umgebautem Militärstützpunkt.

## Livemusik

**San Francisco Symphony** (S. 100) Grammy-dekoriertes Orchester, das sein Publikum immer wieder verzaubert.

**SFJAZZ Center** (S. 196) Jazz-Legenden aus aller Welt treten hier auf.

**San Francisco Opera** (S. 100) Zeigt Welturaufführungen mit unglaublichen Kostümen und Kulissen.

**Fillmore Auditorium** (S. 146) Rocklegende seit den 1960ern, mit psychedelischen Plakaten als Beweis.

**Great American Music Hall** (S. 100) Auftritte bekannter Künstler in historischem kleinem Saal, der einst ein Bordell beherbergte.

## Kino

**Castro Theatre** (S. 183) Sowohl neue Streifen als auch Klassiker, eingeleitet von der Wurlitzer-Orgel, sowie extrem beliebte Drag-Nachstellungen von Kultfilmen und Mitsing-Musicals.

**Alamo Drafthouse Cinema** (S. 167) Filmpremieren bei Bier und Pizza sowie Abende mit Filmflops und Motto-Cocktails.

**Roxie Cinema** (S. 168) Kultklassiker, Uraufführungen von Dokumentarfilmen und unabhängige Streifen ohne Verleih in altem Filmtheater.

**Balboa Theatre** (S. 211) Art-déco-Kino mit Premieren und Arthouse-Filmen sowie Familienmatineen.

## Gratis

**Hardly Strictly Bluegrass** (S. 35) Bluegrass-Größen wie Alison Krauss neben Leuten wie Elvis Costello, Patti Smith und Dwight Yoakam – für lau.

**Stern Grove Festival** (S. 35) SFJAZZ-Legenden und klassische Solokünstler spielen unter freiem Himmel.

**San Francisco Mime Troupe** (S. 35) Satire, Kabuki und Musik-Comedy im Dolores Park.

**SF Shakespeare Festival** (S. 35) Bei nebligen Aufführungen im Presidio wärmt sich das Publikum am *Wintermärchen*.

**Amoeba Music** (S. 197) Kostenlose Ladenkonzerte von Rock- und Alternative Pop-Radiofavoriten sowie ausgefallene und Kultbands.

Teilnehmer an der Pride Parade in San Francisco

# LGBTIQ+ in San Francisco

*Egal, woher man kommt oder wen man liebt: Wer queer ist, kann sich in San Francisco ganz zu Hause fühlen. Dies ist die LGBTIQ-freundlichste Stadt der USA, und auch wenn einige Leute sie das Altenheim der Jugend nennen – hier werden die Bürgersteige eher früh hochgeklappt –, ist hier nichts einfacher, als offen zu seiner sexuellen Orientierung zu stehen.*

Brava Theater (S. 167), geführt von Frauen für Frauen

## LGBTIQ-Szene

In San Francisco muss man nicht in den Eingeweiden der Stadt nach einer Schwulenszene suchen. Die Kreuzung 18th und Castro St ist das historische Zentrum der Schwulenwelt, Tanzwütige und Trans-Clubkids zieht's jedoch in die Clubs von SoMa. Dragshows sind hier schon seit dem 19. Jh. an der Tagesordnung, aber nicht nur Profis haben die freie Wahl: Neben Baseball ist das Spiel mit dem Gender der beliebteste Volkssport der Stadt.

Wo sind also all die Frauen, die Frauen lieben? Sie sonnen sich auf der Terrasse des Wild Side West (S. 166) oder El Rio (S. 163), zeigen Dokumentarfilme im Roxie Cinema (S. 168), tummeln sich zur Happy Hour im Jolene's (S. 163), erfinden in den Hackerspaces neue Technologien, toben sich auf den Dancefloors im Rickshaw Stop (S. 100) oder The Cafe (S. 182) aus oder ziehen in Noe Valley und Bernal Heights Kinder auf.

Das Top-Viertel für alle möglichen Leute aus dem gesamten Spektrum des queeren Regenbodens ist Mission. In San Francisco muss man sich beim Geschlecht nicht festlegen – selbst die Autozulassungsbehörde akzeptiert offiziell trans-queere Gender.

## Partyplanung

In den 1950er-Jahren fanden in den Kneipen der Stadt sonntags schwule Vergnügungsstunden statt, verschämt „Tanztee" genannt – und Sonntagnachmittage sind noch immer eine beliebte Ausgehzeit, besonders in der Eagle Tavern (S. 98), doch die meisten Partys finden Donnerstag- bis Sonntagabend statt. Comfort & Joy (http://playajoy.org), das queere Burning-Man-Kollektiv, bietet eine Übersicht über Tanzpartys und kreative Events.

## GUT ZU WISSEN

### News & Events

In San Francisco erscheinen zwei LGBTIQ-Zeitungen sowie ein Hochglanz-Nightlife-Magazin.

**The Bay Area Reporter** (www.ebar.com) Jeden Mittwoch seit 1971; News und Events

**San Francisco Bay Times** (http://sfbaytimes.com) News und Veranstaltungskalender

**Gloss Magazine** (www.glossmagazine.net) Nightlife und Partys

### Hilfe & Aktivismus

**LYRIC** (https://lyric.org) Für queere Jugendliche

**GLBT History Museum** (S. 176) Liefert Hintergründe

**Transgender Law Center** (www.transgenderlawcenter.org) Bürgerrechtsaktivismus und Hilfe

**Homobiles** (S. 295) Gemeinnütziger LGBTIQ-Taxiservice

**Strut** (www.sfaf.org) PrEP vor der Party

### Einrichtungen für Frauen

**Women's Building** (S. 152) Wahrzeichen mit Wandbildern und neun Frauenorganisationen

**Lyon-Martin Women's Health Services** (http://lyon-martin.org) Gesundheit und Hilfe.

**Brava Theater** (S. 167) Kulturveranstaltungen

## Ehe für alle in San Francisco

San Francisco erkannte 2004 als erste Stadt offiziell gleichgeschlechtliche Ehen an– doch 4036 Flitterwochen endeten jäh, als der Bundesstaat Kalifornien die Ehen für ungültig erklärte. Es folgten gerichtliche Auseinandersetzungen und knapp votierten die Wähler dafür, dass eine Ehe nach dem Gesetz eine zwischen Mann und Frau sein müsse.

## HEIRATEN IN SAN FRANCISCO

Wer in San Francisco den Bund der Ehe schließen möchte, dem sei zuerst gesagt: Glückwunsch! Die Stadt fühlt sich geehrt. Man macht also einen Termin in der City Hall (Rathaus), um sich die Heiratserlaubnis zu besorgen – Pass oder Geburtsurkunde mitnehmen und etwa 200 $ Gebühren berappen. Man muss kein Einwohner Kaliforniens oder der USA sein und die Brautleute können jeglichen Geschlechts sein. Ausgestattet mit der Heiratserlaubnis kann man noch am selben Tag heiraten. Wirklich!

Die San Francisco City Hall ist eine Art Wahrzeichen für die Ehe für alle und außerdem ein romantisches und sehr fotogenes Örtchen für die Eheschließung. Die Rotunda ist lichtdurchflutet und hat eine Doppeltreppe, die auch sehr viel hermacht. Man kann sich standesamtlich von einem Angestellten der Stadt trauen lassen oder auch von jeder Person, die als Friedensrichter eingetragen ist. In Kalifornien kann sich jeder auf www.themonastery.org/ordination ordinieren lassen.

Sämtliche Anforderungen und Einzelheiten zur Eheschließung in San Francisco findet man auf der offiziellen Website der Stadt: https://sfgov.org/countyclerk/marriage. Möge euch eine lange Ehe beschieden sein und dass ihr oft nach San Francisco zurückkehrt!

Doch für die Paare aus San Francisco gab's trotzdem ein Happy End. Es wurde weiter geklagt und 2013 bestätigte der Supreme Court der USA die Beschlüsse kalifornischer Gerichte zugunsten des Schutzes der Bürgerrechte – richtungsweisend für die gesamten USA. Außerdem erklärte der Supreme Court 2015 alle Gesetze, die eine gleichgeschlechtliche Ehe verboten, für verfassungswidrig. Am Tag der Entscheidung ließen sich viele Paare in der City Hall vermählen – einige zum zweiten oder dritten Mal mit derselben Person.

## LGBTIQ+ nach Stadtvierteln

**Downtown, Civic Center & SoMa** Tanzclubs, Lederbars, Dragshows und Sexclubs für Männer in SoMa; Bars, Trans-Läden und queeres Varieté im Tenderloin.

**Mission, Dogpatch & Potrero Hill** Frauen- und trans-queere Bars, Kulturstätten und Einrichtungen im Mission District.

**Castro** Schwulengeschichte, Aktivismus, Cruising-Bars für Männer, Dragnächte und queere Clubs.

## Top-Tipps

**Pride** (S. 266) Die höchst extravagante Feier endet mit dem Dyke March, der Pink Party und der Pride Parade mit 1,2 Mio. Teilnehmern.

**Castro Theatre** (S. 183) Filmpalast von 1929 mit Kultklassikern, Dragnächten und LGBTIQ-Filmfestivalpremieren.

**Rainbow Honor Walk** (S. 176) Beim Bummel durch Castro LGBTIQ-Ikonen kennenlernen.

**Oasis** (S. 102) Drag-Theater und Comdey – originell, respektlos und witzig.

**GLBT History Museum** (S. 176) Historische Hintergründe und Einblicke in die Schwulengemeinde.

## Tanzen

**Aunt Charlie's Lounge** (S. 99) Absolut top für Gender-übergreifende Shows und verrückten Tanz in winzigem Laden.

**El Rio** (S. 163) Weltmusik, Salsa, House, Livebands und die sexyste Terrasse der Stadt.

**Stud** (S. 98) Jeden Abend Shows und DJs plus das verführerische Aroma von Bourbon, Eau de Cologne und Testosteron.

**Powerhouse** (S. 98) DJs an den meisten Abenden, außerdem Go-go-Tänzer und starke Drinks in klassischer SoMa-Aufreißbar.

**EndUp** (S. 97) Am Samstagabend seinen Groove finden und bis Montag durchmachen.

## Frauen

**Jolene's** (S. 163) Frauen auf der Tanzfläche, an der Bar, auf den Tapeten und auch sonst überall.

**Wild Side West** (S. 166) Mit geschichtsträchtigem Skulpturengarten.

**Rickshaw Stop** (S. 100) Partys für alle Altersklassen sowie jede Menge Östrogen beim halbmonatlichen Cockblock.

**Women's Building** (S. 152) Community-Einrichtung mit wunderbaren Wandbildern.

**Brava Theater** (S. 167) Originelle Shows von, für und über Frauen queere und Trans-Personen.

## Tagsüber

**Dolores Park** (S. 153) Sonne und Stadtpanoramen am „Schwulenstrand" am Hügel, außerdem politische Demos.

**Baker Beach** (S. 60) Nur Baker-Beach-Stammgäste wissen, dass man auch *dort* eine Gänsehaut kriegen kann.

**Cafe Flore** (S. 183) Tolle Schwulen- und Lesbenszene mit Blind Dates, Eltern mit LGBTIQ-Kids und manchmal Hunden im Fummel.

**El Rio** (S. 163) Die wunderbare Transvestitenwelt beim Daytime Realness am Sonntag.

**Eagle Tavern** (S. 98) Bei der Biersause am Sonntagnachmittag trinken Leder-Daddys neben schwulem Szenevolk.

## Übernachtung

**Parker Guest House** (S. 254) Top für Komfort und Stil.

**Inn on Castro** (S. 254) Altes viktorianisches Haus mit einer Einrichtung aus der Disco-Ära.

**Beck's Motor Lodge** (S. 254) Modernisierte Motelzimmer im Herzen von Castro.

**Inn San Francisco** (S. 254) Schickes B&B im Herzen von Mission.

## Interessant für Trans- & nicht binäre Personen

**Compton's Transgender Cultural District** (S. 89) Der weltweit erste offizielle Transgender-Bezirk mit dem Ort, an dem 1966 die Bewegung für Bürgerrechte von Trans-Personen begann.

**Tenderloin Museum Walking Tours** (S. 108) Bei Führungen auf den Spuren von Trans-Pionieren wandeln.

**AsiaSF** (S. 103) Freche Kellnerinnen servieren Drinks – das nicht so geheime Geheimnis: Es handelt sich um Transgender.

**Homobiles** (S. 295) Sichere Taxifahrten sind nur eine Textnachricht entfernt.

**Transgender Law Center** (S. 39) Wichtig: die eigenen Rechte kennen!

## LGBTIQ-Wegbereiter

**Castro Theatre** (S. 183) LGBTIQ-Filmfestivalpremieren, Mitsing-Kinoabende und Drag-Versionen von Kultklassikern.

**Rainbow Honor Walk** (S. 176) Tafeln zu Ehren von LGBTIQ-Helden säumen die Market und die Castro St.

**GLBT History Museum** (S. 176) Stolze Augenblicke und historische Herausforderungen für die Nachwelt festgehalten.

**Oasis** (S. 102) Der Top-Dragladen der Stadt mit den Drag-Ikonen Heklinka und D'Arcy Drollinger.

Rare Device (S. 197)

# Schatzsuche

*Für all die toll eingerichteten Wohnungen, gut bestückten Gewürzregale und originellen Klamotten klappern die Bewohner von San Francisco die ganze Stadt ab. Der typische Stil der Stadt ist bunte Originalität und die gibt's nicht in einem einzelnen Laden. Doch die Jagd macht Spaß: Beim Shoppen kann man sich Fischtheater anschauen, Schokolade verkosten und mit professionellen Dragqueens Modetipps austauschen.*

## Shopping-Abenteuer

Unabhängige Designer und Vintage-Läden bieten auf den folgenden Straßen schrägen Stil: Haight, Divisadero, Valencia, Hayes, Grant, Fillmore, Union und Polk Street. Alternatives Shoppen bieten außerdem die West Coast Craft und der Art Market San Francisco.

### STILTIPPS

**Polk Street** Vintage, Kunst, unabhängige Designer und clevere Geschenke.

**Valencia Street** In San Francisco gefertigte Andenken, Westküstenstil und -düfte, Piratenausstattung.

**Haight Street** Vintage, Drag-Glamour, Steampunk-Klamotten und jede Menge Hüte – plus anarchistische Comics, Schallplatten und Skateboards.

**Hayes Valley** Örtliche Designer, Feinschmeckerläden, Wohnaccessoires.

**Fillmore Street** Makeup-Bars, Nobeldesigner, Second-Hand-Boutiquen.

**Powell Street** Flagshipstores und billiger Glamour von Gap, Uniqlo, H&M und Urban Outfitters.

**Union Square** Umgeben von Kaufhäusern und großen Ketten wie Neiman Marcus, Macy's, Saks und Apple.

## Verkaufsevents

Darf's ein bisschen mehr sein? Die Bewohner von San Francisco sind ein feierfreudiges Völkchen mit sehr unterschiedlichen Interessen – was man also auch sucht, in San Francisco gibt's für alles ein Event.

**Art Market San Francisco** (http://artmarketsf.com; Fort Mason Center; ⌚letztes Wochenende im April) Auf der Kunstmesse im Fort Mason finden Kuratoren neue Stücke für ihre Museen, aber hier gibt's auch erschwingliche Werke für nur 80 $. Mehr Kunst wird auf unabhängigen Messeablegern auf Parkplätzen beim Fort Mason und in nahen Motels geboten.

**West Coast Craft** (http://westcoastcraft.com; Fort Mason Center; ⌚Mitte Juni & Mitte Nov.) Für den legeren, naturwüchsigen kalifornischen Look ist schon ein bisschen Handarbeit nötig – oder man schaut sich bei den Profis bei der Messe West Coast Craft mit über 100 unabhängigen Produzenten um.

**Litquake** (S. 36) Das Leben schreibt die besten Geschichten: Das schräge Literaturfest lockt seit 2019 auch mit der Lit Crawl Book Fair.

**Haight Ashbury Street Fair** (www.haightashburystreetfair.org; ⌚Mitte Juni) Kostenlose Musik auf zwei Bühnen, dazu Makramee, Batik und Grasschwaden an der Haight bis hoch zur Masonic St – seit 1977, als u. a. dank Harvey Milk die erste Haight Street Fair stattfand, feiert der Summer of Love jedes Jahr ein Comeback in Haight.

**Cherry Blossom Festival** (www.nccbf.org; ⌚April) Beim Kirschblütenfest in Japantown gibt's *taiko*-Trommeln, Kunstgewerbeausstellungen, Essensstände und Anime-Cosplay. Die größte Feier japanischer Kultur an der Westküste lockt seit 1968 eine Woche lang zu allen möglichen Veranstaltungen 220 000 Besucher an; das Ganze endet mit der bunten Grand Parade am Sonntag.

## GUT ZU WISSEN

### Öffnungszeiten

Die meisten Geschäfte sind täglich von 10 bis 18 oder 19 Uhr geöffnet, samstags oft von 11 bis 20 und sonntags von 11 bis 18 Uhr. Die Läden in Mission und Haight-Ashbury öffnen meist später und haben unregelmäßige Öffnungszeiten. In Downtown haben viele Geschäfte bis 20 Uhr geöffnet.

### Mehrwertsteuer

Mit der Mehrwertsteuer der Stadt San Francisco und des Staates Kalifornien wird der Einkauf insgesamt um 8,75 % teurer. Die Steuern sind nicht erstattungsfähig.

### Umtausch & Rückgabe

Vor dem Kauf anprobieren und nachfragen, wie's mit Umtausch und Rückgabe aussieht. Bei vielen Geschäften kann man Sachen nur gegen einen Gutschein fürs Geschäft zurückgeben – wer also bei einem Geschenk nicht sicher ist, sollte vielleicht besser einen Gutschein kaufen: Die sind in Kalifornien ewig gültig und oft kann man sie auch im Internet eintauschen.

### Websites

**Urban Daddy** (www.urbandaddy.com) informiert über Geschäftseröffnungen und Pop-up-Läden, **Thrillist** (www.thrillist.com) über alle möglichen Dinge und **Refinery 29** (www.refinery29.com) über Sales und Trends.

## Shoppen nach Stadtvierteln

**Marina, Fisherman's Wharf & die Piers** (S. 72) Klamotten fürs Date, Accessoires, Wein und Design in Marina.

**Downtown, Civic Center & SoMa** (S. 104) Kaufhäuser, große Marken, Discountläden und Apples Flagshipstore.

**Japantown, Fillmore & Pacific Heights** (S. 147) Wohndesign, Schreibwaren, Spielzeug, Accessoires und Anime in Japantown; Second-Hand-Haute-Couture, Designer und Deko in Pacific Heights.

**Nob Hill & Russian Hill** (S. 138) Unabhängige Designer, Vintage und Kunst in Russian Hill.

**Mission, Dogpatch & Potrero Hill** (S. 169) Ortsansässige Kunsthandwerker, Buchhandlungen, unabhängige Kunstgalerien, feine Lebensmittel, Dandy-Stil, Vintage in allen Formen.

**Haight-Ashbury & Hayes Valley** (S. 197) Designerläden, Deko, Lebensmittel und Kaffee in Hayes Valley; schräge Geschenke und Accessoires in NoPa; Kifferläden, Musik, Vintage und Skatersachen in Haight-Ashbury.

**Castro** (S. 184) Designer-Wohnaccessoires, Herrenmode und Geschenke für Coming-Out-Partys.

## Top-Tipps

**City Lights Books** (S. 115) Wenn man das Nirwana oben im Poetry Chair nicht finden kann, kann man es im Untergeschoss auf den Lost Continents suchen.

**826 Valencia** (S. 153) Freundlicher Laden für Piratenausstattung sowie Verlagshaus; mit den Einnahmen werden Schreibprojekte für Jugendliche gefördert.

**Gravel & Gold** (S. 171) Gute kalifornische *vibrations* mit Wohlfühlkleidung aus San Francisco und Strandschuppen-Wohnaccessoires.

**Bi-Rite** (S. 158) Die beste Auswahl der Stadt an Schokolade, Wurst und Wein von kleinen Weingütern.

**Park Life** (S. 211) Kunst, Bücher, Aesthetics-Team-T-Shirts und Designobjekte lassen San Francisco außergewöhnlich talentiert erscheinen.

**Apothecarium** (S. 184) Wunderland der Cannabis-Esswaren für einen Vorgeschmack auf Kalifornien.

## Feinschmecker-Mitbringsel

**Bi-Rite** (S. 158) Foodie-Mekka mit Schokowand, Wein und Käse aus der Region und altarähnlicher Feinkosttheke.

**Rainbow Grocery** (S. 172) Riesige Auswahl an Kaffee, Käse und Bio-Flugzeugsnacks aus Nordkalifornien.

**Recchiuti Chocolates** (S. 104) Nostalgische Gourmet-*s'mores*, Karamellbonbons mit Meersalz und zum Whiskey passende Pralinen.

**Apothecarium** (S. 184) Schönster Marihuana-Laden der USA mit breitem Angebot an Cannabis.

**Heath Ceramics** (S. 104) Lieblingsgeschirr vieler Top-Köche San Franciscos, handgefertigt im Atelier in Mission.

**Omnivore** (S. 184) Seltene alte Kochbücher sowie Veranstaltungen mit Starköchen.

## Mode aus San Francisco

**Gravel & Gold** (S. 171) Kaliforniens Hippie-Ökobewegung, ausgedrückt in Kleidung und Haushaltswaren.

**Paloma** (S. 198) Retro-Motorradgang-Schals, Billardkugel-Cocktailringe und handgemachte Ledertaschen, vor Ort hergestellt.

**Nooworks** (S. 171) New-Wave-Designs der 80er, neu erfunden mit avantgardistischer Kunstgrafik.

**Amour Vert** (S. 197) Wohlfühlmode: schmeichelnde Silhouetten aus umweltfreundlichen Stoffen.

**Paul's Hat Works** (S. 211) Hut ab vor dem Hutmacher, der seit den 1930er-Jahren San Franciscoer Köpfe bedeckt.

## Für Leute, die schon alles haben

**826 Valencia** (S. 153) Exzentrischer Laden für Piratenbedarf mit Augenklappen, Ferngläsern und McSweeney's-Literaturzeitschriften.

**Good Vibrations** (S. 138) Allerlei Spielzeug für Erwachsene, fachkundiges Personal.

**New People** (S. 147) Ninja-Schuhe, Grufti-Unterröcke und Kittel mit Grafikkunstaufdruck in Japantown.

**Bound Together Anarchist Book Collective** (S. 197) Bücher zum Biolandbau, radikale Comics und Knastliteratur.

**Foggy Notion** (S. 211) Presidio-Wanderwegdüfte, Shampoo-Pulver für Ocean-Beach-Haare und andere Beauty-Geheimwaffen aus San Francisco.

## Deko

**Rare Device** (S. 197) Handgefertigte Keramik, Spielzeug und originelle Einrichtungsgegenstände.

**Adobe Books & Backroom Gallery** (S. 169) Frisch vom Artist-in-Residence vor Ort angefertigte Kunst, vergriffene Bücher und jede Menge Zeitschriften.

**San Francisco Rock Posters** (S. 127) Psychedelische Original-Fillmore-Plakate verleihen jeder Bude sofort ein San-Francisco-Flair.

**Cliff's Variety** (S. 184) Discokugeln, Gläser mit Gumminonnen und andere wichtige Dekoartikel für San-Francisco-Mottopartys.

**Workshop Residence** (S. 156) Haushaltswaren, Deko u. v. m. in begrenzter Stückzahl in Zusammenarbeit von Künstlern und Herstellern.

CAN BALCIOGLU / SHUTTERSTOCK ©

Kitesurfen in der San Francisco Bay

# San Francisco aktiv

*Die Bewohner von San Francisco lieben die Natur und dank ihrem Engagement in vergangenen Zeiten sind Parks, Strände und Wälder für die Allgemeinheit bewahrt worden. Diese Stadt lebt für sonnige Tage, an denen man an der Bucht radeln und skaten oder auf dem Wasser surfen und Boot fahren kann. An nebligen Tagen widmet man sich Kunstprojekten, abends geht man tanzen oder schaut ein Spiel der Giants.*

## Zuschauersport

Im Giants Stadium (S. 102) tragen die Giants ihre Heimspiele aus. Vielleicht kann man auf der Embarcadero-Promenade auch gratis ein bisschen Baseball-Action mitbekommen. Die Golden State Warriors kehrten 2019 zurück nach San Francisco, in ein neues Stadion. American Football der 49ers (S. 46) gibt's im Levi's Stadium in Santa Clara eine Autostunde südlich von San Francisco zu sehen.

Karten bekommt man auf den Websites der Teams oder bei Ticketmaster (www.ticketmaster.com). Wenn Spiele ausverkauft sind, kann man auf www.craigslist.org unter „Tickets" suchen. Der *San Francisco Chronicle* (www.sfgate.com) berichtet über alle Sportarten, doch auch im *Examiner* (www.sfexaminer.com) gibt's Spielergebnisse.

## Outdooraktivitäten

An sonnigen Wochenenden lässt San Francisco Drachen steigen oder ist beim Surfen oder Radeln. Selbst an Nebeltagen die Sonnencreme nicht vergessen!

### RADFAHREN

Jedes Wochenende überqueren Tausende Radler die Golden Gate Bridge Richtung

Marin Headlands und Mt Tamalpais. Seit den 1970er-Jahren ist der „Mt Tam" das ultimative Mountainbikerevier der Bay Area.

In San Francisco verfügen viele Straßen über Radwege und auch in den großen Parks gibt's welche. Am sichersten radelt man im Golden Gate Park (sonntags autofrei), am Embarcadero und im Presidio. Die beliebteste Straßenroute ist der flache Radweg zwischen der Market St und dem Golden Gate Park, der Wiggle (www.sfbike.org/our-work/street-campaigns/the-wiggle).

Die San Francisco Bicycle Coalition (S. 294) produziert den *San Francisco Bike Map & Walking Guide*; der Guide zeigt auch, wie man Verkehr und Hügel umgehen kann. Mit dem San Francisco Bike Route Planner (http://amarpai.com/bike map) lässt sich per Smartphone die perfekte Strecke suchen.

## JOGGEN

Das Crissy Field (S. 59) bietet eine 4 km lange Joggingstrecke und im Golden Gate Park führen 5 km Wege vom Panhandle zum Ocean Beach. Im Presidio (S. 60) wehen Meeresbrisen durch Eukalyptusbäume. Ein echtes Fest sind die großen Läufe der Stadt wie das **Bay to Breakers** (www.baytobreakers.com; Teilnahme ab 65 $; 3. So im Mai).

## SKATEN & SKATEBOARDEN

San Francisco ist das Zuhause der Rollschuhdisco und des Skateboard-Magazins *Thrasher*. Freitagabends sind am Embarcadero Inliner unterwegs, sonntags wird im Golden Gate Park zu Musik geskatet. Bei gutem Wetter verleiht Golden Gate Park Bike & Skate (S. 213) Rollschuhe.

Der **Potrero del Sol/La Raza Skatepark** (Karte S. 326; Ecke 25th & Utah St; 8–21 Uhr; 9, 10, 27, 33, 48, B 24th St Mission) wartet mit Rampen für Kids und Bowls für Könner auf; ein rauerer Park unter dem Freeway ist der **SoMa West Skatepark** (Karte S. 326; 415-551-3000; https://sfrecpark.org/destination/soma-west-skate-park; 1369 Stevenson St; 9–21 Uhr; M F). Die Haight St stellt einen tollen Hindernisparcours für Skater dar, besonders zwischen Baker und Pierce St.

Skateboards und Ausrüstung bieten Mission Skateboards (S. 172) und **FTC Skateboarding** (Karte S. 338; 415-626-0663; www.ftcsf.com; 1632 Haight St; 11–19 Uhr; 6, 7, 33, 37, 43, M N), Skating-Mode und Grafikkunst gibt's bei **Upper Playground** (Karte S. 338; 415-861-1960; www.upperplayground.com; 220 Fillmore St; 11–19 Uhr; 6, 7, 22, M N).

## GOLF & MINIGOLF

Die besten öffentlichen Plätze der Stadt bieten mildes Wetter, gepflegte Greens und wundervolle Aussichten: der Lincoln Park Golf Course (S. 206) und der Golden Gate Municipal Golf Course (S. 212). Minigolf bieten Urban Putt (S. 173) und Stagecoach Greens (S. 108).

## SAN FRANCISCO 49ERS

Die **49ers** (415-656-4900; www.sf49ers.com; Levi's Stadium, Santa Clara; Karten 48–570 $; Caltrain-Bahnhof Santa Clara) waren von 1981 bis 1994 das Dreamteam der National Football League: Sie gewannen fünf Super-Bowl-Titel. Nachdem sie jahrzehntelang in relativ erfolglosen Spielen der Kälte und den schlechten Sichtverhältnissen im nebligen Candlestick-Park-Stadion zu trotzen versucht hatten, zogen sie 2014 nach Santa Clara ins **Levi's Stadium** um. Einige Fans meinten, die Mannschaft müsse sich nun umbenennen, weil Santa Clara ganze 61 km von San Francisco entfernt liegt. Man hoffte, der Umzug würde die Pechsträhne beenden, aber auch als das Levi's Stadium 2016 den Super Bowl 50 austrug, verlor das Team. Im selben Jahre erregte das Team öffentliche Aufmerksamkeit, als Quarterback Colin Kaepernick damit begann, sich aus Protest gegen den Umgang mit Minderheiten in den USA zur Nationalhymne hinzuknien. Daraufhin verließ Vizepräsident Mike Pence demonstrativ ein Spiel der 49ers.

Um zum Stadion zu gelangen, fährt man mit dem Caltrain von San Francisco eine Stunde in südlicher Richtung bis zum Bahnhof Santa Clara und steigt dort in den an Spieltagen verkehrenden Shuttlebus um. Da das Levi's Stadium im Silicon Valley liegt, ist es mit allen technischen Finessen ausgestattet, darunter ein Solardach zur Energiegewinnung und Imbissstände mit WLAN. Und vielleicht gibt's noch Hoffnung: Um von der eindrucksvollen Erfolgsbilanz der San Francisco Giants zu profitieren, die vor allem dem bärtigen Pitcher Brian Wilson zugeschrieben wird, trägt das brotliebende Maskottchen der 49ers, Sourdough Sam, jetzt einen Bart.

## Wassersport

### SEGELN

Fürs Segeln sind die Monate April bis August am besten; Unterricht und Leihboote gibt's bei Spinnaker Sailing (S. 109) und City Kayak (S. 108). Neulinge fühlen sich vielleicht auf einem Katamaran von Adventure Cat (S. 75) wohler oder gar bei einer Sauftour mit der Red & White Fleet (S. 75).

Die Hauptzeit für die Walbeobachtung ist Mitte Oktober bis Dezember: Dann sind die Meeresgiganten vom Point Reyes aus zu sehen. Walbeobachtungstouren bucht man über Oceanic Society Expeditions (S. 74).

### SURFEN & WINDSURFEN

Santa Cruz rund 90 Autominuten südlich von San Francisco ist sowohl für Anfänger als auch Könner das Top-Surferziel in Nordkalifornien. In San Francisco surfen Einheimische bei Tagesanbruch im Winter am Ocean Beach (S. 206), doch diese Wellen sind nichts für Anfänger. Jedes Jahr im Februar findet in der Half Moon Bay eine halbe Stunde südlich von San Francisco der Surfwettbewerb Mavericks (http://titansofmavericks.com) statt – nur für echte Cracks!

Sicherer ist das Windsurfen in der Bay und das Bodysurfen am Strand von Crissy Field (S. 59). Besondere Boards gibt's bei Mollusk (S. 213), Leihausrüstung beim Aqua Surf Shop (S. 213). Bevor man loslegt, sollte man sich den Brandungsbericht (☎415-273-1618) anhören.

### SCHWIMMEN

Der Ocean Beach (S. 206) eignet sich eher zum Spazierengehen – die Strömung hier ist gefährlich und jedes Jahr ertrinken hier Menschen. Und dem Pazifik sollte man nie den Rücken zukehren: Manchmal reißen in Nordkalifornien trügerische Wellen arglose Spaziergänger raus ins Meer. Hartgesottene Schwimmer stürzen sich im Aquatic Park (S. 63) oder am Baker Beach (S. 60), dessen Nordende FKK-Gebiet ist, ins kühle Wasser der Bucht.

**Schwimmbäder** Das Embarcadero YMCA neben dem Harbor Court Hotel (S. 251) verfügt über einen gepflegten Pool. Die Öffnungszeiten der städtischen Bäder findet man auf http://sfrecpark.org.

**Alcatraz Sharkfest Swim** 2,5 km von Alcatraz zum Aquatic Park, Teilnahme 275 $, Infos bei Envirosports (www.envirosports.com).

## Sport & Aktivitäten nach Stadtvierteln

**Marina, Fisherman's Wharf & die Piers** (S. 74) Joggen, Radeln, Windsurfen, Kajakfahren, Skaten und Yoga in Marina.

**Mission, Dogpatch & Potrero Hill** (S. 173) Tanz, Skateboarden und Yoga im Mission District.

**Haight-Ashbury & Hayes Valley** Skateboarden und Radfahren.

**Downtown, Civic Center & SoMa** (S. 107) Schwimmen, Kajakfahren und Segeln in SoMa.

**Golden Gate Park & die Avenues** (S. 211) Surfen, Radeln, Bogenschießen, Golf, Discgolf und Rasenbowling in den Avenues.

## Top-Tipps

**Golden Gate Park** (S. 202) Rasenbowling, Skaten und Radeln, besonders am autofreien Sonntag.

**Potrero del Sol/La Raza Skatepark** Für Anfänger und Könner.

**Stow Lake** (S. 204) Über den See paddeln.

**Urban Putt** (S. 173) Minigolf mit San Franciscoer Wahrzeichen.

**Spinnaker Sailing** (S. 109) Segeln auf der Bucht.

**Crissy Field** (S. 59) Kitesurfen mit Blick auf die Golden Gate Bridge.

# San Francisco erkunden

OFFSTOCK / SHUTTERSTOCK ©

## TOP-ERLEBNISSE IN SAN FRANCISCO

# Die Stadtviertel im Überblick

## ❶ Marina, Fisherman's Wharf & die Piers S. 52

Seit dem Goldrausch reisen über diesen Hafen Neuankömmlinge ein und mit seinen Seelöwen und Booten nach Alcatraz ist er noch immer eine Attraktion. Marina bietet dort, wo früher Kühe weideten, schicke Boutiquen und Biorestaurants. Im Presidio, einem alten Militärstützpunkt, gibt's heute Shakespeare im Freien und Nackte in der Sonne.

## ❷ Downtown, Civic Center & SoMa S. 77

Downtown hat alles: Kunstgalerien, Nobelhotels, Theater, Malls und Entertainment-Komplexe. Civic Center ist gut durchmischt: großartige Bühnen und asiatische Kunstschätze auf der einen Seite der City Hall, Kneipen und Suppenküchen auf der anderen. South of Market (SoMa) lockt mit High-Tech, Kunst und wildem Nachtleben.

## 3 North Beach & Chinatown S. 112

In Chinatown werden unter Pagodendächern Teigtaschen und Tees serviert; die Gassen sind erfüllt vom Räucherwerk der Tempel und vom Klappern der Mah-Jongg-Steine. In North Beach kreisen Papageien über italienischen Cafés und Szenekneipen: Hier wird genügend Espresso für ein Revival der Beat-Dichtung geschlürft.

## 4 Nob Hill & Russian Hill S. 129

Oben auf den beiden Hügeln San Franciscos schweben alle über den Wolken, ob Milliardäre oder arme Poeten, ob Rockstars oder Promiköche, ob Wanderer oder spirituell Erleuchtete. Einfach das eigene Glück suchen – bei einer Happy Hour in einer Tikibar, bei einem Orgelkonzert oder beim Betrachten der funkelnden Lichter der Bay Bridge.

## 5 Japantown, Fillmore & Pacific Heights S. 140

Von den viktorianischen Villen in Pacific Heights und den Edelboutiquen sollte man sich nicht täuschen lassen: Dieses Viertel hat es in sich. Seit über 100 Jahren sind hier japanische US-Amerikaner zu Hause; heute tummeln sich bei Anime-Premieren die Cosplay-Kids. Fillmore ist seit den Glanzzeiten des Jazz in den 1940ern ein Zentrum des Nachtlebens.

## 6 Mission, Dogpatch & Potrero Hill S. 150

Mission mit zahllosen Wandbildern und einem Mix aus Kreativen, Technik-Nerds und Skatern lässt sich am schönsten mit einem Buch und einem Burrito genießen. Pendler ins Silicon Valley bevorzugen Potrero Hill. In Dogpatch kann man fürstlich brunchen, sich unter die Weintrinker mischen oder in umgemodelten Lagerhäusern am Wasser mit Investoren und Künstlern plaudern.

## 7 Castro S. 174

Regenbogenflaggen begrüßen Club-Kids, Berufsaktivisten, Leder-Daddys und Dragqueens in Castro, dem weltweit beliebtesten LGBTIQ-Reiseziel. Auf den Bürgersteigen informieren Plaketten darüber, auf wessen Spuren man hier wandelt.

## 8 Haight-Ashbury & Hayes Valley S. 186

In Haight-Ashbury blüht der Hippie-Idealismus in Straßenmusik, anarchistischer Comicliteratur und psychedelischen Wandbildern. Gourmets sollten in Hayes Valley stöbern gehen, wo Zen-Mönche und Jazzlegenden durch die Straßen streifen.

## 9 Golden Gate Park & die Avenues S. 200

In den Avenues um den Golden Gate Park treffen Surfer und Kulinarikabenteurer aufeinander. Dies ist ein relaxtes globales Dorf mit Bluegrass und koreanischem Barbecue, Discgolf und Tiki-Cocktails, französischem Gebäck und Kultfilm-Matineen.

# Marina, Fisherman's Wharf & die Piers

MARINA & COW HOLLOW | FISHERMAN'S WHARF & DIE PIERS | PRESIDIO

## Highlights

**1 Golden Gate Bridge** (S. 58) Wenn sich der Nebel gerade lichtet über die Brücke laufen und den Blick über die Segelboote unten und bis Downtown schweifen lassen.

**2 Alcatraz** (S. 54) Die Nase in den kühlen Wind halten und sich ausmalen, wie elend der Gefängnisalltag wohl war – oder auch, wie man von der Insel flüchten könnte.

**3 Pier 39** (S. 61) Über die Späße der heulenden und bellenden Seelöwen schmunzeln und dann die Kirmesattraktionen, Krimskramsläden und kitschigen Restaurants in der Nähe erkunden.

**4 Exploratorium** (S. 64) In dem interaktiven Museum zu Naturwissenschaften, Kunst und Wahrnehmung der Neugier freien Lauf lassen. Dabei den Tactile Dome nicht versäumen!

**5 Musée Mécanique** (S. 62) Über eine Sammlung mechanischer Unterhaltungs- und Spielautomaten aus dem 19. Jh. staunen.

Details s. Karten S. 313, 314, 315 und 316

## Rundgang: Marina, Fisherman's Wharf & die Piers

Fisherman's Wharf ist San Franciscos Touristenviertel und nur für Besucher gedacht und gemacht. Zwei Stunden bis ein halber Tag sollten reichen, um alles anzuschauen – die Boote der letzten verbliebenen Fischer sind nahe dem Pier 47 vertäut. Am Wochenende wird es in der zweiten Tageshälfte voll. Der Sommernebel lichtet sich meist mittags (falls überhaupt), deshalb ist der frühe Nachmittag die beste Zeit für einen Besuch der Golden Gate Bridge. Gegen 16 Uhr zieht bereits wieder Nebel auf. Eine Jacke mitnehmen und lange Hosen tragen, wenn nicht gerade eine Hitzewelle herrscht. (Einheimische erkennen Touristen an ihren Shorts!) Die meisten Besucher legen weitere Strecken zurück als geplant, deshalb bequeme Schuhe anziehen und Sonnencreme auftragen. In Cow Hollow und im Marina District locken gute Boutiquen, Bars und Restaurants. Die erkundet man am besten nach Feierabend, um zu Geschäftsschluss noch einen Blick auf die Schickimicki-Einwohnerschaft von Marina werfen zu können.

## Lokalkolorit

**Frischluftfanatiker** Die Einheimischen sind gern in der freien Natur: Jogger und Hundebesitzer zieht es auf die Uferpfade am Crissy Field und in die Hügel des Presidio mit Waldwegen und Kunstinstallationen.

**Kneipentour** Die Bars auf der Fillmore St im Marina District, zwischen der Union und der Chestnut St, sind das Revier partyfreudiger Verbindungstudentinnen und ihrer Verehrer, den Sportskanonen aus den College-Mannschaften. Nicht alle Anwohner sind begeistert.

**Stadtpanoramen** Ein toller Blick auf Fisherman's Wharf und Skyline bietet sich von Bord einer Fähre ab Pier 41 – plus eine Auszeit von den Menschenmassen.

## Anfahrt

**Straßenbahn** Die historischen Straßenbahnen der Linie F folgen der Market St bis zum Embarcadero und diesem dann bis Fisherman's Wharf. Die Linie E folgt dem Embarcadero am Wasser entlang bis zur Wharf.

**Cable Car** Powell-Hyde- und Powell-Mason-Linie fahren die Powell St hoch ins Wharf-Viertel. Die Mason ist schneller, mit der Hyde geht's mehr auf und ab.

**Bus** Wichtige Linien von Downtown nach Fisherman's Wharf und/oder Marina sind die 19, 30, 47 und 49. Der kostenlose PresidiGo-Shuttle (S. 60) fährt vom Presidio Transit Center (S. 60) aus eine Schleife durchs Presidio.

**Fähre** Fähren (S. 75) fahren ab Pier 41 und Ferry Building nach Sausalito, Tiburon, Larkspur, Angel Island, Oakland, Alameda und Vallejo. Der Anleger wird ständig weiter ausgebaut.

### Top-Tipp

Keine Lust auf Menschenprozessionen? Vom Ghirardelli Sq aus zum Aquatic Park laufen oder radeln und dem Uferweg nach Westen folgen, vorbei am Fort Mason zum Marina Green. Die Piere erkunden, dabei zur Orientierung die schaukelnden Masten im Sporthafen am Marina Blvd im Blick behalten. Schließlich kommt das Sahnehäubchen: die Golden Gate Bridge.

### Schönster Blick aufs Wasser

- Golden Gate Bridge (S. 58)
- Warming Hut (S. 59)
- Crissy Field (S. 59)
- Aquatic Park (S. 63)
- Pier 39 (S. 61)

### Gut essen

- Gary Danko (S. 69)
- Atelier Crenn (S. 69)
- Kaiyo (S. 68)
- Off the Grid (S. 67)
- Greens (S. 68)

Mehr dazu S. 67

### Schön ausgehen

- Interval Bar & Cafe (S. 70)
- Buena Vista Cafe (S. 70)
- Pier 23 (S. 72)
- Atalena Vinoteca (S. 70)

Mehr dazu S. 70

FIJPHOTO / SHUTTERSTOCK ©

TOP-ERLEBNIS
# FLUCHT NACH ALCATRAZ

**Alcatraz – seit mehr als 150 Jahren lässt der Name Unschuldige schaudern und Schuldige ins Schwitzen geraten. Jahrzehntelang war es ein Militärgefängnis, wurde später zum Hochsicherheitsgefängnis und schließlich zum Zankapfel zwischen amerikanischen Ureinwohnern und Regierung. Der erste Schritt, den man auf „the Rock" (den Felsen) setzt, tönt wie der Auftakt zu einer unheilvollen Melodie …**

## Die Anfänge

Alles begann ganz harmlos 1775, als der spanische Leutnant Juan Manuel de Ayala auf der „San Carlo" an einer 9 ha großen Insel vorübersegelte, die er Isla de los Alcatraces (Insel der Pelikane) taufte. 1859 mauserte sich ein neuer Stützpunkt auf Alcatraz zum ersten Fort an der US-amerikanischen Westküste, in dem schon bald Bürgerkriegsdeserteure, Befehlsverweigerer und vom Militärgericht Angeklagte einsaßen. Unter den Gefangenen waren auch indianische *scouts* (Aufklärer) und sogenannte *unfriendlies* („Unfreundliche"), darunter 19 Hopi-Indianer, die ihre Kinder nicht auf Regierungsinternate schicken wollten, wo die Verwendung der Hopi-Sprache und das Praktizieren ihrer Religion mit Schlägen geahndet wurde. 1902 waren die Holz-„Käfige" in den vier Zellenblöcken so verfault und die hygienischen Zustände so miserabel, dass eine Unterbringung von US-amerikanischen Soldaten, die wegen Kriegsverbrechen auf den Philippinen verurteilt worden waren, nicht mehr angemessen erschien. 1909 begann der Bau eines neuen Militärgefängnisses, doch die Instandhaltung war teuer und bald schon hatten die USA ganz andere Probleme: den Ersten Weltkrieg, den Staatsbankrott und die sozialen Umwälzungen der 1920er-Jahre.

### NICHT VERSÄUMEN

- Informationsfilme und Audioguide
- Einzelhaftzellen im D-Block
- Wechselausstellungen
- Blick aufs Wasser vom (saisonal geöffneten) Agave Trail

### PRAKTISCH & KONKRET

- Karte S. S. 228, H4
- Alcatraz Cruises 415-981-7625
- www.alcatrazcruises.com
- Führungen Erw./Kind 5–11 tagsüber 38,35/23,50 $, abends 45,50/27,05 $
- Call Center 8–19 Uhr, Abfahrt der Fähren vom Pier 33 8.45–15.50 Uhr alle 30 Min., Abendtouren 17.55 & 18.30 Uhr

## Gefängnisalltag

1920 wurde mit dem 18. Zusatzartikel zur Verfassung der Vereinigten Staaten die Prohibition eingeführt. Rebellische Jazz Ager (die wilden 20er wurden auch als „Jazz-Zeitalter" bezeichnet) zeigten sich jedoch gänzlich unbeeindruckt und allerlei Gangster sorgten für hochprozentigen Nachschub. Die Behörden waren entschlossen, an den Köpfen der organisierten Kriminalität ein Exempel zu statuieren. Ab 1934 verwaltete das Federal Bureau of Prisons (Bundesamt für Gefängnisse) Alcatraz und demonstrierte dort ein rigoroses Vorgehen gegen Gesetzesbrecher. Im Schnitt waren nie mehr 264 Personen gleichzeitig inhaftiert, doch ihre Namen lesen sich wie eine Liste der meistgesuchten Verbrecher Amerikas. Zu den bekanntesten Insassen gehörten Al „Scarface" Capone aus Chicago, der Kidnapper George „Machine Gun" Kelly, der hitzköpfige Mafioso und Dichter „Bumpy" Johnson aus Harlem und Morton Sobell, ein sowjetischer Agent, der gemeinsam mit Julius und Ethel Rosenberg wegen Spionage verurteilt wurde.

Heute gibt ein toller Audioguide mit Berichten aus erster Hand einen Einblick in den Alltag auf der Gefängnisinsel. Setzt man die Kopfhörer kurz ab, vernimmt man die Geräusche der Stadt am anderen Ufer. Sie verleiteten Inhaftierte zu Fluchtversuchen, den gefährlichen Strömungen zum Trotz. Alcatraz galt als ausbruchssicher, doch 1962 legten die Anglin-Brüder und Frank Morris Attrappen in ihre Betten und entkamen auf einem behelfsmäßigen Floß. Sie wurden nie gefasst. Sicherung und Instandhaltung von „The Rock" erwiesen sich als horrend teuer, weshalb das Inselgefängnis 1963 aufgegeben wurde.

## Ureinwohner besetzen Alcatraz

In den 60ern erklärten amerikanische Ureinwohner die Insel zu ihrem Territorium – die Ohlone hatten Alcatraz lange als spirituellen Rückzugsort genutzt. Doch die Bundesbehörden lehnten den Vorschlag, die Insel in ein Studienzentrum umzufunktionieren, ab. Am Vorabend von Thanksgiving 1969 fuhren 79 uramerikanische Aktivisten nach Alcatraz und brachten die Insel unter ihre Kontrolle. In den folgenden 19 Monaten kamen mehrere tausend Native Americans vorbei. Der Rückhalt in der Bevölkerung war so groß, dass Präsident Nixon 1970 den Erhalt des indianischen Territoriums verkündete und das Recht der Ureinwohner auf Selbstbestimmung förderte. Seit 1975 findet an Thanksgiving auf Alcatraz eine „Un-Thanksgiving"-Protestzeremonie statt, die den Entschluss der Häuptlinge und Unterstützer von damals, den Lauf der Kolonialgeschichte umzukehren, wach hält. Als Alcatraz wieder unter der Kontrolle der Regierung war, erklärte man das Eiland zum Nationalpark. 1973 hatte es sich bereits zu einem Touristenmagneten gemausert, zu dessen Attraktionen Graffiti aus der Besetzungszeit ebenso gehören wie seltene Wildtiere.

### ZU FUSS

Ein Alcatraz-Besuch geht mit einigen Fußmärschen einher. Die Fähre setzt einen unten an dem 40 m hohen Hügel ab, auf dem sich der Zellentrakt befindet. Der 400 m lange Weg ist gepflastert, wer aber nicht ganz fit ist, wird, oben angekommen, ganz schön schnaufen. Für körperlich eingeschränkte Besucher fährt zweimal pro Stunde am Dock eine Tram ab. Festes Schuhwerk tragen, wenn man auch die unbefestigten Pfade zur Vogelbeobachtung ablaufen möchte.

**Den meisten reichen drei bis vier Stunden, wer länger bleiben möchte, sollte sich ein Picknick mitbringen. Hinweis: Essen ist nur am Fähranleger erlaubt. Auf der Insel ist das Angebot begrenzt, es gibt nur Wasserflaschen, Kaffee und Nüsse.**

### ANFAHRT

Eine Fähre von **Alcatraz Cruises** (Karte S. 314; ☎415-981-7625; www.alcatrazcruises.com; Pier 33; Touren tagsüber Erw./Kind/Familie 38,35/23,50/115,70 $, abends Erw./Kind 45,50/27,05 $; Ⓜ E, F) ist die einzige Möglichkeit, zur Insel zu gelangen. Eine Reservierung mit genauer Abfahrtszeit ist nötig – am besten mindestens eine Woche im Voraus.

# Alcatraz

## EINE HALBTAGESTOUR

Fähren ab Pier 33 fahren 2,4 km über die Bay, wo Amerikas berüchtigtstes Gefängnis auf Erkundung wartet. Schon die Überfahrt, die tolle Blicke auf die Skyline der Stadt bietet, ist das Geld wert. Am **1 Fähranleger & Pier** beginnt ein 530 m langer Weg zum höchsten Punkt der Insel und dem Gefängnis. Für körperlich eingeschränkte Besucher fährt zweimal stündlich eine Tram hinauf.

Beim Aufstieg zum **2 Guardhouse** spürt man die starke Steigung. Vor seiner Zeit als Gefängnis war Alcatraz eine Festung. In den 1850er-Jahren überformte das Militär die felsigen Ufer zu nahezu vertikalen Klippen. Schiffe konnten so nur noch an einem einzigen Hafen anlegen, der durch einen Schleusenbereich (Zugbrücke und Graben) von den Hauptgebäuden getrennt war. Drinnen kann man durch den Bodenrost in das ursprüngliche Gefängnis linsen.

Freiwillige pflegen die hübschen **3 Officer's Row Gardens**. Sie bilden einen ordentlichen Kontrast zum verwilderten Rosengestrüpp, das die ausgebrannte Hülle des **4 Warden's House** umgibt. Oben auf dem Hügel, an der Eingangtür zum **5 Hauptzellentrakt**, eröffnen sich herrliche Blicke, so auch auf die **6 Golden Gate Bridge**. Man beachte die **7 historischen Parolen & Graffiti** über der Haupttür des Verwaltungsgebäudes, bevor man das dunkle, kalte Zuchthaus betritt. Dort befindet sich auch die einstige Zelle des berühmtesten Ausbrechers von Alcatraz, die **8 Frank Morris Cell**.

### TOP-TIPPS

- Tagesbesuche mindestens einen Monat vorab buchen, nächtliche Führungen früher. Infos zu Gartentouren unter www.alcatrazgardens.org.
- Auf Fußmärsche einstellen, ein steiler Pfad führt vom Fähranleger zum Zellentrakt. Die meisten Besucher verbringen zwei bis drei Stunden auf der Insel. Reservieren braucht man nur die Hinfahrt.
- Vor Ort gibt's nichts zu essen (nur Wasser), aber am Fähranleger darf man picknicken. Im Zwiebellook anziehen, das Wetter ändert sich schnell und meist ist es windig.

ADRIEN_G/SHUTTERSTOCK ©

**Historische Parolen & Graffiti**
Bei ihrer Besetzung 1969–71 hinterließen amerikanische Ureinwohner den Schriftzug: „Home of the Free – Indian Land" auf dem Wasserturm. Und wer genau hinschaut, kann im Adler-und-Flagge-Wappen über der Tür des Zellentrakts die manipulierten rot-weißen Streifen als das Wort „Free" lesen.

DOPTIS/SHUTTERSTOCK ©

**Warden's House**
Während der Besetzung durch amerikanische Ureinwohner gingen das Haus des Gefängnisdirektors und andere Gebäude in Flammen auf. Die Regierung machte die Ureinwohner dafür verantwortlich, diese beschuldigten dagegen Provokateure, die die Nixon-Regierung beauftragt habe, um die öffentliche Solidarität zu untergraben.

**Officer's Row Gardens**
Im 19. Jh. brachten Soldaten Muttererde mit, um die Insel mit Gärten zu verschönern. Später gärtnerten vertrauenswürdige Gefangene – Elliott Michener war überzeugt, dass ihn das psychisch gesund hielt. Heute wählen Historiker, Ornithologen und Archäologen die Pflanzen aus.

FRANK VAN DEN BERGH / GETTY IMAGES ©

## Hauptzellentrakt

Mitte des 20. Jhs. beherbergte das Hochsicherheitsgefängnis die berüchtigtsten Unruhestifter der damaligen Zeit, darunter Al Capone und Robert Stroud, genannt „Birdman of Alcatraz" (der seine ornithologischen Studien allerdings zuvor in Leavenworth betrieb).

FRANCKREPORTER / GETTY IMAGES ©

## Blick auf die Golden Gate Bridge

Die Golden Gate Bridge erstreckt sich quer über den Horizont. Die beste Aussicht bietet sich von der Eagle Plaza oben auf der Insel, nahe dem Eingang zum Zellentrakt, und auf Meereshöhe entlang des Agave Trail (nur von September bis Januar).

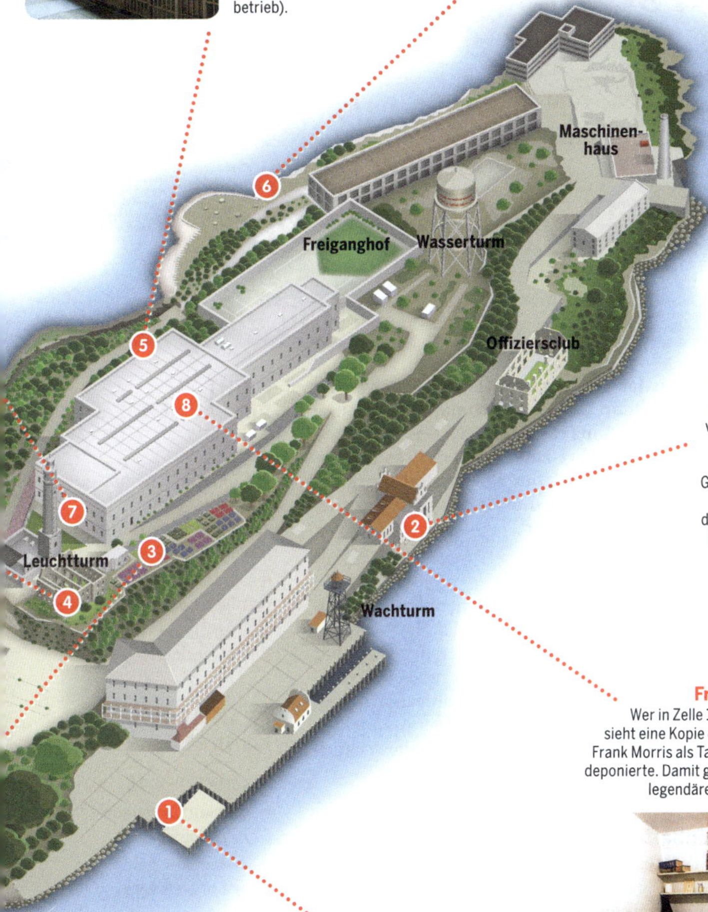


## Guardhouse

Das älteste Gebäude von Alcatraz stammt von 1857 und umfasst Reste der einstigen Zugbrücke und des Grabens. Während des Bürgerkriegs wurde das Untergeschoss als Militärverlies genutzt – so wurde Alcatraz zum Gefängnis.

## Frank Morris Cell

Wer in Zelle 138 im B-Block späht, sieht eine Kopie der Kopfattrappe, die Frank Morris als Tarnung in seinem Bett deponierte. Damit gelang ihm 1962 seine legendäre Flucht aus Alcatraz.

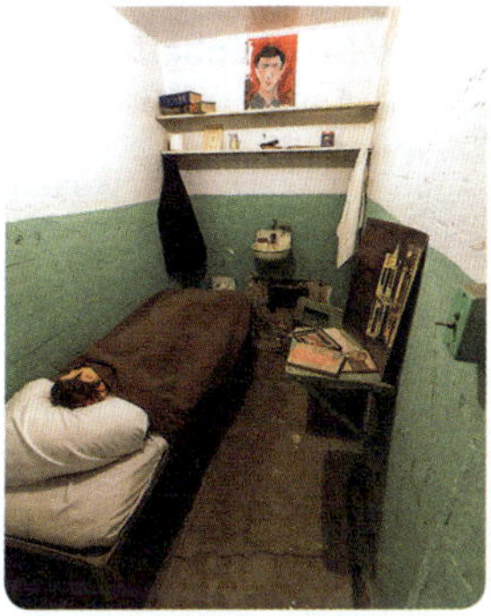

OSCITY/SHUTTERSTOCK ©

STEVE ROSSET/SHUTTERSTOCK ©

## Fähranleger & Pier

Eine riesige Wandkarte hilft bei der Orientierung. Im nahegelegenen Building 64 informieren Kurzfilme und Exponate über die Geschichte des Gefängnisses und die Besetzung durch amerikanische Ureinwohner.

MICHAEL LAWENKO DELA PAZ / GETTY IMAGES ©

TOP-ERLEBNIS

# DIE GOLDEN GATE BRIDGE WÜRDIGEN

**Das Wahrzeichen der Stadt erhebt sich 80 Stockwerke hoch über dem Golden Gate, der schmalen Meerenge zwischen Pazifik und San Francisco Bay. Das nördliche „Tor" San Franciscos führt zunächst ins Presidio, einen Armeestützpunkt, der zum Nationalpark erklärt wurde. Die bewaldeten Pfade und Gehwege haben sich seit dem 19. Jh. kaum verändert.**

## Brücke mit Kultcharakter

Die berühmte Hängebrücke ist in sogenanntem International Orange gestrichen und wäre von der Navy beinahe zugunsten von Betonpfeilern und gelben Streifen abgelehnt worden. Joseph B. Strauss erntete verdientermaßen die Lorbeeren als Ingenieursgenie hinter dem kultigen Wunderwerk, doch ohne den ästhetische Feinschliff der Architekten Gertrude und Irving Murrow und die unglaublich schnellen, waghalsigen Arbeiter wäre das Wahrzeichen (1937) vielleicht nur ein Verkehrsnadelöhr wie viele andere geworden.

### Der Brückenbau

Erst Anfang der 1920er-Jahre stellte die Stadt San Francisco ernsthafte Nachforschungen an, ob ein Brückenbau über die tückische, windumtoste Meerenge möglich war. Das Kriegsministerium besaß das Land zu beiden Seiten des Golden Gate und wollte keinerlei Risiken eingehen: Sicherheit und Stabilität hatten oberste Priorität. Doch der Gegenvorschlag von Strauss und den Murrows bekam grünes Licht; er sah den Bau einer „schlanken" Hängebrücke vor, die sich harmonisch in die natürliche Umgebung einfügen würde. Bevor das Ministerium auf seinem unansehnlichen Entwurf bestehen konnte, brachten die Brückenarbeiter das Projekt 1933 auf den Weg. Nur vier Jahre später balancierten sie bereits auf den Tragseilen und stellten die

## NICHT VERSÄUMEN

- Fort Point
- Querschnitt eines Tragseils, hinterm Besucherzentrum Bridge Pavilion
- Die Brückentürme in Nebelschwaden
- Municipal Pier hinter der Warming Hut

## PRAKTISCH & KONKRET

- Karte S. 228, F5
- Mautinformation 877-229-8655
- www.goldengatebridge.org/visitors
- Hwy 101
- in nördlicher Richtung frei, in südlicher 7–8 $
- 28, alle Golden-Gate-Transit-Busse

zum damaligen Zeitpunkt längste Hängebrücke der Welt (3 km) fertig. Ihre 227 m hohen Brückentürme sind höher als jedes Bauwerk westlich von New York.

### Die Brücke überqueren

Infos vor Ort liefert das **Bridge Pavilion Visitor Center** (Karte S. 315; ☎415-426-5220; www.ggnpc.org; Golden Gate Bridge Toll Plaza; ⌚9–18 Uhr).

Fußgänger queren die Brücke auf der Ostseite. Warm anziehen! Vom Parkplatz und der Bushaltestelle (beim Lincoln Blvd) führt ein Weg an der Toll Plaza (Mautstation) vorbei, von dort sind es knapp 3 km auf die andere Seite. Wem 5,5 km (hin & zurück) zu viel sind, der kann mit einem Bus des Golden Gate Transit auf die Nordseite fahren und zu Fuß zurückgehen (Infos auf www.goldengatebridge.org/visitors). Im Sommer haben Fußgänger von 5 bis 21 Uhr Zugang zur Brücke, im Winter nur bis 18.30 Uhr.

Mit dem Rad fährt man vom Parkplatz an der Toll Plaza Richtung Roundhouse und folgt den Schildern zur Fahrradspur auf der Westseite der Brücke. (Achtung: Einheimische fahren schnell!) Radler dürfen die Brücke rund um die Uhr überqueren, zu bestimmten Zeiten müssen sie aber die Ostseite benutzen; mehr dazu unter www.goldengatebridge.org.

Von der Toll Plaza sind es 7 km bis Sausalito. Von dort aus geht's mit der Golden Gate Ferry (S. 75); nach Downtown) oder der Blue & Gold Fleet (S. 75; nach Fisherman's Wharf) zurück in die Stadt. An Bord der Fähren dürfen Räder transportiert werden.

Muni-Bus 28 fährt ab Fort Mason (Ecke Marina Blvd und Laguna St) nach Westen zum Parkplatz an der Brücke, biegt dann nach Süden auf die 19th Ave ab und kreuzt die Judah St (Umstieg zur N-Judah-Metro-Linie). Busse des Golden Gate Transit mit Ziel Marin County (10, 70/71 und 101; einfache Fahrt 4,25 $) sind die schnellste und komfortabelste Transportmöglichkeit ab Downtown; an der Toll Plaza *kurz vor* der Brücke aussteigen (dem Fahrer Bescheid geben). Nur sonntags fährt Muni-Bus 76 ab Downtown zur Brücke, quert sie und kurvt dann durch die Marin Headlands.

An der Toll Plaza gibt's nur sehr wenige Parkplätze, evtl. findet sich westlich am Lincoln Blvd etwas.

## Crissy Field

**Crissy Field** (Karte S. 315; ☎415-561-4700; www.nps.gov; 1199 East Beach; 🚌30, PresidiGo-Shuttle) ist ein Naturschutzgebiet. Wo früher Militärmaschinen beim Landeanflug knapp über dem Boden schwebten, verstecken sich jetzt Vogelbeobachter in den Binsen einer wiedergewonnenen Salzmarsch. Der Blick auf die Meerenge Golden Gate ist umwerfend! Jogger schnaufen auf den Strandwegen und Spaziergänger führen ihre Hunde aus. An nebligen Tagen lohnt ein Halt in der **Warming Hut** (Karte S. 315; ☎415-561-3042; www.parksconservancy.org/visit/eat/warming-hut.html; 983

### FÜHRUNGEN

**City Guides** (☎415-557-4266; www.sfcityguides.org) GRATIS bietet sonntags und donnerstags um 11 Uhr kostenlose Brückenführungen an. Treffpunkt ist die Statue von Joseph Strauss neben dem Besucherzentrum auf der Stadtseite der Brücke. Empfohlenes Trinkgeld: 5 $ pro Person.

**An besonders nebligen Tagen ziehen stündlich bis zu 3,8 Mio. Liter Wasser in Gasform durch die Golden Gate Bridge.**

### TOP-TIPPS

➡ Hitchcock hat richtig gesehen: am Fort Point erzeugt der Anblick der Brücke von unten ein schauriges Gefühl von Vertigo (Schwindel; Höhenangst).

➡ Eine bessere Aussicht gewähren die Landspitzen südwestlich der Mautstation. Auf den hohen Ufern wachsen Wildblumen.

➡ Nebelliebhaber geben viel auf die Aussicht am Vista Point in Marin, auf der sonnigeren Nordseite der Brücke. Noch besser ist aber der Blick von oben – einfach zu den Marin Headlands hochlaufen.

➡ Von Crissy Field aus bekommt man die ganze Brücke aufs Bild – samt Wind- und Kitesurfern.

Marine Dr; Imbissportionen 4–9 $; ⌚9–17 Uhr; 🅿👶; 🚌PresidiGo-Shuttle) 🍃, um durch Bücher zur regionalen Flora und Fauna zu blättern und Fairtrade-Kaffee zu trinken. Der Küstenstreifen ist bei Wind- und Kitesurfern sehr beliebt.

## Fort Point

Das dreistöckige **Fort Point** (Karte S. 315; ☎415-504-2334; www.nps.gov/fopo; Marine Dr; ⌚Fr–So 10–17 Uhr; 🅿; 🚌28) GRATIS, ein Ziegelsteinbau, diente als Festung zum Küstenschutz. Es war mit 126 Kanonen bestückt und wurde 1861 fertiggestellt – gerade rechtzeitig, denn im Bürgerkrieg war eine Invasion der Bucht nahezu gewiss ... aber eben nur nahezu, wie sich herausstellte. Ohne dass ein einziger Schuss abgefeuert worden war, überließ man Fort Point 1900 seinem Schicksal. Um es zu bewahren, erhielt die Brücke einen zusätzlichen Bogen. Alfred Hitchcock drehte hier die berühmte Szene aus *Vertigo*, in der Kim Novak vom Aussichtspunkt in die Bucht und damit in den sicheren Tod springt ... Heute beherbergt das Fort eine Ausstellung zum Bürgerkrieg. Die Aussichtsterrassen bieten einen sensationellen Blick.

Von März bis Oktober zeigen die Mitarbeiter am Pier an jeweils einem Samstag im Monat, wie man Krebse fängt. Die Tickets dafür werden verlost (siehe Website). Von November bis Februar gibt es eine Gruselführung bei Kerzenschein (samstagabends; nur mit Reservierung).

## Baker Beach

Der eine Meile lange **Baker Beach** (Karte S. 315; ☎10–17 Uhr 415-561-4323; www.nps.gov/prsf; ⌚Sonnenauf- bis Sonnenuntergang; 🅿; 🚌29, PresidiGo-Shuttle) lädt zum Picknicken zwischen windzerzausten Kiefern, Angeln oder hüllenlos Sonnenbaden mit tollem Blick auf die Brücke ein. Am Wochenende kann es voll werden, vor allem an klaren Tagen (früh kommen!). FKK-Fans (meist Hetero-Frauen und schwule Männer) machen sich zum Nordende auf, (bekleidete) Familien bleiben am Südende des Strands, näher am Parkplatz. Achtung: Strömungen und k-k-kaltes Wasser.

## Presidio Base

Das spanische Fort (1776) errichteten Zwangsarbeiter aus dem Stamm der Ohlone, heute ist es eine Schatzkiste voller kleiner Überraschungen, gelegen im Nationalpark Presidio of San Francisco (S. 65).

Zuerst im Besucherzentrum (S. 65) am Paradeplatz Karten und Shuttle-Fahrpläne besorgen und dann den Officers' Club (kostenlos; S. 66) besuchen. Hier kann man sich über die bewegte Geschichte des Presidio informieren und an kühlen Nebeltagen auf den Sofas am Kamin aufwärmen. Mickey-Maus-Fans gehen ins Walt Disney Family Museum (S. 66), Liebhaber des Makabren spazieren zum **Pet Cemetery** (Tierfriedhof) an der Crissy Field Ave mit handgefertigten Grabsteinen für verstorbene Hamster und Kätzchen. Östlich des Paradeplatzes, Richtung Palace of Fine Arts, liegt der **Letterman Campus**, wo sich Non-Profit-Organisationen und *Star Wars*-Schöpfer George Lucas' Firma Lucas Arts (gehört inzwischen Disney) befinden – die Büros sind nicht öffentlich zugänglich, doch der Yoda-Statue draußen kann jeder seine Aufwartung machen. Von April bis Oktober stellt Off the Grid (S. 67) sonntagnachmittags Imbisswagen auf dem Paradegelände auf.

Man kann auch herrlich wandern und spazieren. Karten vom **Presidio Trust** (Karte S. 315; ☎415-561-5300; www.presidio.gov; Montgomery St, Gebäude 103; ⌚Mo–Fr 8–17 Uhr; 🚌PresidiGo-Shuttle) helfen, schöne Aussichtspunkte und Skulpturen des Umweltkünstlers Andy Goldsworthy zu finden (gratis im Besucherzentrum erhältlich).

Die kostenlosen Shuttles von **PresidiGo** (☎415-561-2739; www.presidio.gov/shuttle) kreisen auf zwei Routen durch den Park. Abfahrt ist wochentags alle 30 Minuten von 5.45 bis 20 Uhr und am Wochenende von 9 bis 18.30 Uhr am **Presidio Transit Center** (Karte S. 315; www.presidio.gov/places/presidio-transit-center; 215 Lincoln Blvd). Es werden auch Fahrten nach Downtown angeboten (am Wochenende sowie unter der Woche zu bestimmten Zeiten ebenfalls kostenlos). Karten, Fahrpläne und Ticketinfos sind als Downloadmaterial auf der PresidiGo-Website verfügbar.

SQUARE BOX PHOTOS / SHUTTERSTOCK ©

TOP-ERLEBNIS

# FRISCHE BRISE AN DER FISHERMAN'S WHARF

**Fisherman's Wharf ist nicht „das echte San Francisco" – die wenigen Fischer, die noch hier ankern, sind schwer auszumachen zwischen all den Leuchtreklamen und Souvenirläden –, aber die Gegend ist lebendig und immer für eine Überraschung gut. Am besten bleibt man an der Uferpromenade, wo Seelöwen brüllen, Straßenkünstler ahnungslose Passanten erschrecken und ein Aquarium und ein Karussell für Kinder locken.**

## Pier 39

Dreh- und Angelpunkt von Fisherman's Wharf sind das Karussell sowie die Jahrmarktattraktionen, Läden und Lokale am **Pier 39** (siehe Foto; Karte S. 313; ☎415-705-5500; www.pier39.com; Ecke Beach St & Embarcadero; P 👪; 🚌47, 🚋Powell-Mason, M E, F). Der Pier entstand in den 70ern und sollte den Tourismus wiederbeleben. Eigentlich ist er eine riesige Freiluft-Shoppingmall; täglich kommen Tausende Besucher. Im Besucherzentrum mit Gepäckaufbewahrung können Kinderwagen geliehen und Handys kostenlos aufgeladen werden.

Der Hauptgrund für einen Besuch des Piers sind die berühmten **Seelöwen** (Karte S. 313; ☎415-623-4734), die dieses begehrte Areal am Wasser 1989 eroberten. Die ungehobelten „Landbesetzer" zeigen sich der Öffentlichkeit seither völlig ungeniert und sind mittlerweile die beliebtesten Maskottchen der Stadt. Bis zu 1000 Tiere bevölkern die teuren Bootsliegeplätze von Januar bis Juli. Den Schildern entlang der Westseite des Piers folgen, die Kolonie ist nicht zu übersehen.

### San Francisco Carousel

Das in Italien gebaute **Karussell** (Karte S. 313; 1 Fahrt 5 $, 3 Fahrten 10 $; ⏰So–Do 10–21, Fr & Sa bis 22 Uhr; 👪) ist mit 1800 Lampen versehen und handbemalt. Motive sind die Wahrzeichen der Stadt wie die Golden Gate Bridge und Alcatraz. Das Karussell steht auf der zur Bucht gelegenen Seite des Pier 39.

### NICHT VERSÄUMEN

- Seelöwen am Pier 39
- Musée Mécanique
- San Francisco Maritime National Historical Park
- Aquatic Park

### PRAKTISCH & KONKRET

- Karte S. 313, C2
- www.fishermanswharf.org
- Eintritt frei
- 👪
- 🚌19, 30, 47, 49, 🚋Powell-Mason, Powell-Hyde, M F

## RESTAURANTS AM WASSER

In den Restaurants an der Uferpromenade sollte man trotz toller Aussicht nicht mehr als eine Kleinigkeit zu sich nehmen, da sie generell überteuert sind und das Essen nicht mit dem Angebot in anderen Stadtvierteln ringsum mithalten kann. Einfach lautet die Devise – wie wär's z. B. mit einer Schüssel *chowder* bei den Fischhändlern am Anfang der Taylor St?

**In der Bucht schlagen sich noch ein paar alteingesessene Fischer durch. Man findet sie nahe dem Pier 47. Um die Einbußen aufgrund schwindender Fischpopulationen aufzufangen, zapfen einige die neue Haupteinnahmequelle der Stadt an (Touristen) und bieten Ausflüge auf ihren Booten an.**

### Aquarium of the Bay

Oben ziehen Haie ihre Kreise, Mantarochen gleiten vorüber und dazwischen schweben Algen. Im **Aquarium of the Bay** (Karte S. 313; ☎415-623-5300; www.aquariumofthebay.org; Erw./Kind/Fam. 27,95/17,95/75 $; ⌚Ende Mai–Anfang Sept. 10–20 Uhr, sonst kürzer; 👪) wandeln die Besucher durch Glasröhren, umgeben von den Bewohnern der San Francisco Bay. Die Fischperspektive versetzt Groß und Klein in Staunen. Der Nachwuchs liebt zudem die „Streichelbecken" oben sowie die neue Virtual-Reality-Attraktion.

## Musée Mécanique

Das **Musée Mécanique** (Karte S. 313; ☎415-346-2000; www.museemecanique.com; Pier 45, Shed A; ⌚10–20 Uhr; 👪; 🚌47, 🚋Powell-Mason, Powell-Hyde, Ⓜ E, F) birgt eine umwerfende Sammlung altmodischer mechanischer Spielautomaten. Schon seit mehr als hundert Jahren packt Kinder angesichts des gruseligen, sommersprossigen Laughing Sal das kalte Grauen, doch dieser merkwürdige Kerl sollte einen auf keinen Fall davon abhalten, eine der besten Spielhallen westlich von Coney Island zu erkunden. Für einen Quarter kann man eine Schlägerei in einem Saloon anfangen, durch ein Mutoskop Bauchtänzerinnen beobachten oder einen Bericht über die schädliche Wirkung des Opiumrauchens hören.

## San Francisco Maritime National Historical Park

Der **Maritime National Historical Park** (Karte S. 313; ☎415-447-5000; www.nps.gov/safr; 499 Jefferson St, Hyde St Pier; 7-Tages-Ticket Erw./Kind unter 16 J. 15 $/frei; ⌚Okt.–Mai 9.30–17 Uhr, Juni–Sept. bis 17.30 Uhr; 👪; 🚌19, 30, 47, 🚋Powell-Hyde, Ⓜ F) ist die authentischste Attraktion im Wharf-Viertel. Fünf historische Schiffe liegen als schwimmende Museen entlang des Hyde-St-Piers. Am interessantesten sind der Schoner *Alma* (1891), der im Sommer Segeltörns anbietet, das große Dampfschiff *Eureka* (1890) und die *Balclutha*, die Kohle nach San Francisco brachte. Der Zutritt zum Pier ist frei.

### National Park Visitors Center

San Francisco wuchs ausgehend von den Schiffsdocks. In dem 900 m² großen **Besucherzentrum** (Karte S. 313; ☎415-447-5000; www.nps.gov/safr; 499 Jefferson St; ⌚Okt.–Mai 9.30–17 Uhr, Juni–Sept. bis 17.30 Uhr; 👪; 🚌19, 30, 47, 🚋Powell-Hyde, Ⓜ E, F) GRATIS des nahen Maritime National Historical Park wird anhand der Darstellung der Uferpromenade im 19. Jh. gezeigt, wie das genau vonstattenging. Daneben sind viele nautische Gegenstände ausgestellt, etwa eine riesige Leuchtturmlinse aus den 1850ern und Modelle von Schonern aus dem 19. Jh. Kinder lieben das Besucherzentrum wegen seiner Größe – viel Platz zum Toben!

Ranger geben Karten aus und informieren über Wanderwege in der Umgebung sowie über Nationalparks und National Monuments im Westen der USA.

## USS Pampanito

Die **USS Pampanito** (Karte S. 313; 415-775-1943, Tickets 855-384-6410; www.maritime.org/pamphome.htm; Pier 45; Erw./Kind/Fam. 20/10/45 $; 9–20 Uhr, evtl. saisonal unterschiedlich; ; 19, 30, 47, Powell-Hyde, E, F), ein U-Boot der US Navy aus dem Zweiten Weltkrieg, absolvierte sechs Feindfahrten, versenkte sechs japanische Schiffe, kämpfte gegen drei weitere und kehrte wohlbehalten in den Heimathafen zurück. Die Berichte der Besatzung über kritische Momente im Tarnkappenmodus verschlagen den Zuhörern den Atem und all die coolen Messingknöpfe und mysteriösen Hydraulikventile lassen die Technologie des 21. Jhs. langweilig erscheinen.

## SS Jeremiah O'Brien

Es ist kaum zu fassen, dass Schiffsbauer den historischen 10 000-Tonner **SS Jeremiah O'Brien** (Karte S. 313; 415-554-0100; www.ssjeremiahobrien.org; Pier 45; Erw./Kind/Fam. 20/10/45 $; 10–16 Uhr; ; 19, 30, 47, Powell-Hyde, E, F) in weniger als acht Wochen fertigstellten. Noch weniger vorstellbar ist, wie er auf einer Mission zur Versorgung alliierter Streitkräfte am D-Day den U-Booten entkommen konnte. Von den 2710 Liberty-Schiffen, die während des Zweiten Weltkriegs vom Stapel liefen, ist einzig dieses noch voll funktionstüchtig. Termine für vierstündige Bootsfahrten stehen auf der Website.

## Aquatic Park

Die Exzentrizität von Fisherman's Wharf ist größtenteils inszeniert; auf den **Aquatic Park** (Karte S. 313; 415-561-7000; www.nps.gov/safr; ; 19, 30, 47, Powell-Hyde) GRATIS trifft das nicht zu. Extremschwimmer tauchen im Winter in die eiskalten Fluten der Bucht, während ältere Herren unbeirrt ihre Angelleinen auswerfen und dabei Sportübertragungen im Radio lauschen. Der Park ist nicht nur San Franciscos Badestrand Nummer eins (inkl. Toiletten, exkl. Rettungsschwimmer), sondern auch der perfekte Ort, um Leute zu beobachten und Sandburgen zu bauen. Wer die Wharf-Promenade mal aus einer anderen Perspektive betrachten will, läuft den langen Municipal Pier am Ende der Van Ness Ave hinunter.

## Maritime Museum

Das **Maritime Museum** (Aquatic Park Bathhouse; Karte S. 313; www.maritime.org; 900 Beach St; 10–16 Uhr; ; 19, 30, 47, Powell-Hyde) GRATIS entstand 1939 im Auftrag der Works Progress Administration (WPA), einer Arbeitsbeschaffungsbehörde aus der Zeit der großen Depression. Es diente zunächst als Casino und öffentliches Badehaus. Bildschön restaurierte Wandbilder zeigen das sagenumwobene Atlantis und Mu und es gibt ein paar Ausstellungen mit Dioramen und mehr. Man beachte die Schiefergravuren des gefeierten afroamerikanischen Künstlers Sargent Johnson am Eingang und Beniamino Bufanos Skulpturen auf der hinteren Veranda.

## Ghirardelli Square

Willy Wonka hätte seinen Hut gezogen vor Domingo Ghirardelli, der 1893 die größte Schokoladenfabrik im Westen der USA besaß. Nach dem Umzug des Unternehmens an die East Bay wurde das Fabrikgelände 1964 zu einem Einkaufszentrum mit Eissalon umgebaut. Jetzt führt der **Ghirardelli Square** (Karte S. 313; 415-775-5500; www.ghirardellisq.com; 900 North Point St; 10–21 Uhr; 19, 30, 47, Powell-Hyde) sein drittes Leben als vornehmer Einkaufs- und Spa-Komplex mit Geschäften, Restaurants und Räumlichkeiten für Weinverkostungen. Mit seinen Boutiquen und natürlich dem Eissalon **Ghirardelli Ice Cream** (Karte S. 313; 415-474-3938; www.ghirardelli.com; 900 North Point St, Ghirardelli Sq; Eiscreme 11–16 $; So–Do 8.30–23, Fr & Sa bis 24 Uhr; ; 19, 30, 47, Powell-Hyde) macht das Areal einen ziemlich schicken Eindruck.

TOP-ERLEBNIS

# IM EXPLORATORIUM DIE SINNE SCHÄRFEN

**Ist Skateboardfahren eine Wissenschaft? Stimmt es, dass das Wasser in Australien im Uhrzeigersinn abläuft? Das Exploratorium ist Kunst und Naturwissenschaften zum Anfassen und hinterfragt dabei, woher wir eigentlich unser Wissen nehmen. Der ca. 4 ha große Pier mit Glaswänden ragt in die San Francisco Bay hinein; weitläufige Außenbereiche dürfen kostenlos erkundet werden.**

Auf 30 000 $m^2$ (drinnen und draußen) verteilen sich über 600 Ausstellungen. Vor Ort fertigten Künstler und Wissenschaftler die Knöpfe, Hebel, Kurbeln und Skalen, die von Besuchern gedrückt, justiert und gedreht werden. Mit statischer Elektrizität kann man sich eine wilde Punkerfrisur stylen oder aber man wird zum „Zeiger" einer Sonnenuhr. Im **Tactile Dome** (Karte S. 314; ☎415-528-4444; www.exploratorium.edu; Pier 15; Eintritt tagsüber/abends 15/10 $; ⏲Di–So 10–17 Uhr, im Sommer Fr & Sa länger, Do 18–22 Uhr nur ab 18 J.; 👪; Ⓜ E, F) tasten sich, rutschen und klettern die Besucher in völliger Dunkelheit durch ein Labyrinth.

2013 bezog das Exploratorium die mit Solarenergie betriebene Ausstellungsfläche, die in Zusammenarbeit mit diversen Wissenschaftszentren geplant wurde. Die Wetterbehörde National Oceanic and Atmospheric Administration (NOAA) z. B. versah den Pier mit Sensoren, die Echtzeitdaten zu Wetter, Wind, den Gezeiten und der Bucht liefern.

Frank Oppenheimer gründete das Exploratorium 1969. Seine Physikerkarriere – er war, wie sein älterer Bruder, während des Zweiten Weltkriegs am Manhattan-Projekt beteiligt – endete in der McCarthy-Ära. Oppenheimer wurde Highschool-Lehrer. Das Exploratorium ist sein Vermächtnis.

## NICHT VERSÄUMEN

- Tactile Dome (nur mit Reservierung)
- Visualizing the Bay
- Tinkering Studio
- Plankton-Ausstellung
- Everyone Is You and Me (Spiegel)

## PRAKTISCH & KONKRET

- Karte S. 314, A5
- ☎415-528-4444
- www.exploratorium.edu
- Pier 15/17
- Erw./Kind 29,95/19,95 $, Do 18–22 Uhr 19,95 $
- ⏲Di–So 10–17 Uhr, Do 18–22 Uhr ab 18 J.
- 🅿 👪
- Ⓜ E, F

# SEHENSWERTES

**Die Sehenswürdigkeiten von Fisherman's Wharf sind ausschließlich für Touristen – vor allem Familien – gedacht. Angesichts der vielen Ablenkungen fällt es schwer, sich loszureißen. Unser Tipp: Am Wasser bleiben und nirgends Halt machen. Westlich der Van Ness Ave sind die Einheimischen wieder in der Überzahl und man bekommt einen besseren Einblick in den Alltag am Pazifik. Achtung: Die Distanzen zwischen den Attraktionen sind größer, als man denkt.**

## Marina & Cow Hollow

### FORT MASON CENTER — KULTURAREAL

Karte S. 316 (☎415-345-7500; www.fortmason.org; Ecke Marina Blvd & Laguna St; P; 🚌22, 28, 30, 43, 47, 49) San Francisco hat einen Heidenspaß daran, militärischen Einrichtungen neue Verwendungszwecke angedeihen zu lassen. Fort Mason, einstige Werft und militärischer Frachtumschlagplatz während des Zweiten Weltkriegs, ist heute ein riesiges Kulturzentrum, Veranstaltungsort und Treffpunkt für gemeinschaftliches Essen und Trinken. Es lohnt sich, entlang des Ufers nach den Kunst- und Wissenschaftsinstallationen des Exploratorium Ausschau zu halten.

Die alte Kantine ist heute das von einer Zen-Gemeinde betriebene veganerfreundliche Restaurant Greens und die Long Now Foundation stellt fesselnde Ausstellungen auf die Beine. In den Lagerhallen wird im Magic (S. 72) avantgardistisches Theater geboten und bei BATS Improv (S. 72) stehen Impro-Comedy-Workshops auf dem Programm. Im Herbst Pavilion steigen große Kunstevents, Modenschauen und mehr – weitere Infos auf der Website. „Versteckte" Kunstwerke gibt's auch, z. B. den Wasserspender „Tasting the Tides" gleich neben der Feuerwache, der per Knopfdruck Kostproben des Buchtwassers mit variierendem Salzgehalt ausgibt.

### CARTOON ART MUSEUM — MUSEUM

Karte S. 313 (☎415-227-8666; http://cartoonart.org; 781 Beach St; Erw./Kind 10/4 $; ⏲Do–Di 11–17 Uhr; 🚌19, 30, 47, 🚋Powell-Hyde) Das Museum verdankt seine Existenz einer Schenkung der Bay-Area-Cartoon-Legende Charles M. Schultz, des Schöpfers der *Peanuts*, und hat keine Angst vor dem Düsteren, Politischen oder Anzüglichen. Ein Beispiel dafür sind Robert Crumbs Zeichnungen aus den 1970er-Jahren und eine Retrospektive politischer Karikaturen aus dem *Economist* von Kevin „Kal" Kallaugher. Bei Vorträgen und Vernissagen hat man die seltene Gelegenheit, sich unter Comic-Prominenz, Pixar-Studios-Leute und leidenschaftliche Sammler zu mischen.

### WAVE ORGAN — BAUWERK

Karte S. 316 (www.exploratorium.edu/visit/wave-organ; Bootsanleger Marina Small Craft Harbor; ⏲tagsüber; 👪; 🚌22, 30) GRATIS Die „Wellenorgel" ist ein Projekt des Exploratorium. Die Klangskulptur auf der Spitze des Sporthafenanlegers besteht aus PVC- und Betonrohren sowie Marmorgestein von San Franciscos altem Friedhof. Je nach Wellengang, Wind und Gezeiten erinnert die Geräuschkulisse an das nervöse Summen eines Chefkochs beim Zubereiten des Abendessens oder an das schwere Atmen eines anonymen Anrufers in einem Horrorfilm.

## Fisherman's Wharf & die Piers

### FISHERMAN'S WHARF — PIER

Siehe S. 61

### EXPLORATORIUM — MUSEUM

Siehe S. 64

## Presidio

### GOLDEN GATE BRIDGE — BRÜCKE

Siehe S. 58

### ALCATRAZ — HISTORISCHE STÄTTE

Siehe S. 54

### PRESIDIO OF SAN FRANCISCO — PARK

Karte S. 315 (☎415-561-4323; www.nps.gov/prsf; ⏲Sonnenauf- bis Sonnenuntergang; P; 🚌28, 43) Wenn man sich den grünen Fleck auf der Karte zwischen Baker Beach und Crissy Field genauer ansieht, stößt man auf Paradeplätze, Meister Yoda, eine jahrhundertealte Lehmziegelmauer und einige faszinierende Kunstprojekte. Das frühere spanische Fort, 1776 von zwangsverpflichteten Ohlone-Indianern erbaut, hat heute etwas von einem Schnitzeljagdparcours mit

ABSTECHER

## TREPPEN MIT AUSBLICK

Um die herrlichen Aussichten San Franciscos zu genießen, ist ein Aufstieg auf die Hügel der Stadt notwendig. Klar, mit den Cable Cars ist das ganz einfach, aber dann versäumt man all die großartigen Treppen, die sich hinter Hecken und Gärten mit Kaskaden aus duftenden Blumen verbergen. Ordentliches Schuhwerk ist angesagt!

Im Folgenden eine Hitliste unserer Lieblingstreppen. Wer einige in die Besichtigung einbezieht, wird mit umwerfenden Aussichten (und kräftigen Schenkeln) belohnt. Vorsicht ist an feuchten Tagen geboten, wenn nasse Blätter einige Treppen rutschig werden lassen. Unterwegs nach den berühmten wilden Papageien, die zwischen den Hügeln umherschwirren, Ausschau halten – sie sind zu hören, noch bevor sie zu sehen sind.

**Filbert Street Steps** (S. 114)

**Francisco Street Steps** (Karte S. 332; 🚌30, 🚋Powell-Mason)

**Lyon Street Steps** (Karte S. 315; Lyon St)

**Baker Street Steps** (Karte S. 316; Baker St; 🚌3)

**Vallejo Street Steps** (S. 133)

**16th Avenue Tiled Steps** (Karte S. 342; www.16thavenuetiledsteps.com; 1700 16th Ave, Ecke Moraga St; ⏲Sonnenauf- bis Sonnenuntergang; 🚌66)

vielen Überraschungen. Im **Besucherzentrum** (Karte S. 315; ☎415-561-4323; www.presidio.gov; 210 Lincoln Blvd; ⏲10–17 Uhr; 🚌PresidiGo-Shuttle) am Main Post gibt es Karten, dort kann man sich auch über die Kunstwerke von Andy Goldsworthy informieren.

### WALT DISNEY FAMILY MUSEUM — MUSEUM

Karte S. 315 (☎415-345-6800; www.waltdisney.org; 104 Montgomery St; Erw./Stud./Kind 25/20/15 $; ⏲Mi–Mo 10–18 Uhr, letzter Einlass 17 Uhr; P 👪; 🚌43, PresidiGo-Shuttle) Eine Militärbarracke aus den 1890er-Jahren im Presidio beherbergt heute zehn Galerien, die die laaange Geschichte von Walt Disney in chronologischer Reihenfolge erzählen.

Das Museum eröffnete 2009 und erhält Bestnoten für das Design: Der fast 2000 m² große moderne Ausstellungsbereich aus Glas und Stahl fügt sich harmonisch in das Originalgebäude aus dem 19. Jh. Der Inhalt richtet sich an Erwachsene – die meisten Kinder langweilen sich spätestens nach einer Stunde, da es einfach zu viel zu lesen gibt.

### PRESIDIO OFFICERS' CLUB — HISTORISCHES GEBÄUDE

Karte S. 315 (☎415-561-4400; www.presidio.gov/officers-club; 50 Moraga Ave; ⏲Di–So 10–17 Uhr; 🚌PresidiGo-Shuttle) GRATIS Das älteste Gebäude im Presidio stammt aus dem späten 18. Jh. und wurde 2015 vollständig renoviert. Dadurch kam die traumhafte spanisch-maurische Adobe-Architektur zum Vorschein.

Die kostenlose **Heritage Gallery** widmet sich der Geschichte des Presidio, von den Zeiten der amerikanischen Ureinwohner bis in die Gegenwart. Außerdem finden hier Ausstellungen statt. 2019 erkundete eine z. B. die Rolle, die das Presidio bei der Internierung von 120 000 japanischstämmigen US-Amerikanern im Zweiten Weltkrieg spielte.

### PALACE OF FINE ARTS — BAUWERK

Karte S. 315 (☎510-599-4651; www.lovethepalace.org; Palace Dr; ⏲24 Std.; 🚌28, 30, 43) GRATIS Die neu-römische Ruine ist ein hübsches Andenken an die Panama-Pacific International Exposition von 1915.

Das Original war ein Entwurf des gefeierten Berkeley-Architekten Bernard Maybeck und bestand aus Holz, Sackleinen und Gipsmörtel und wurde später verstärkt. In den 60ern setzte jedoch der Verfall ein, weshalb das Gebäude schließlich abgerissen und neu errichtet wurde, dieses Mal aus Beton, damit auch zukünftige Generationen etwas von Säulengang und Rotunde hätten. Ein wunderbarer Ort für einen Spaziergang, bei Tag und am Abend.

### SWEDENBORGIAN CHURCH — KIRCHE

Karte S. 315 (☎415-346-6466; www.sfswedenborgian.org; 2107 Lyon St; ⏲Mo–Fr 10–18 Uhr,

Messe So 11–12 Uhr; 🚌3, 43) Radikale Ideen verpackt in außergewöhnliche Gebäude mutieren in San Francisco gern zu innig geliebten Wahrzeichen. Diese Kirche von 1894 ist ein wunderbares Beispiel dafür. Sie ist das Gemeinschaftswerk einer Gruppe progressiver Denker des 19. Jhs. aus der Bay Area, unter ihnen der Naturforscher John Muir und die Architekten Bernard Maybeck, ein Anführer des Arts and Crafts Movement in Kalifornien, und Arthur Page Brown.

Den Innenraum beherrschen Naturmaterialien wie das Ahornholz der Bestuhlung und die gewaltigen Stämme des Amerikanischen Erdbeerbaums, die das Dach tragen. An den Wandbildern mit nordkalifornischen Landschaftsszenen arbeitete William Keith über 40 Jahre.

## ESSEN

**Von Mitte November bis Juni ist Kalifornischer Taschenkrebs *(Dungeness crab)* die Spezialität schlechthin. Leckermäuler sollten sich vor dem Mittagessen umschauen (von Westen nach Osten laufen; wer mit dem Cable Car fährt, nimmt die Powell-Hyde-Linie) und dann zum Ferry Building gehen; zu Fuß braucht man 20 Minuten, sonst fährt auch eine Straßenbahn (F-Market-Linie) direkt dorthin. Gute Adressen in Marina sind die Chestnut St (der Abschnitt zwischen Fillmore und Divisadero St) und die Union St (zwischen Fillmore St und Van Ness Ave). Preisgünstige internationale Küche bieten viele Restaurants an der Lombard St – man muss allerdings ein wenig suchen. Greens (S. 68) rechtfertigt den Weg nach Fort Mason.**

### ★GIO GELATI — EISCREME

Karte S. 316 (☎415-867-1306; https://giogelati.com; 1998 Union St; Eiscreme ab 4,50 $; ⏱So–Do 10–22, Fr & Sa bis 23 Uhr; 🚌22, 41, 45) Eiscreme-Patissière Patrizia Pasqualetti war in Italien für den Eissalon ihrer Familie bekannt. Hier in San Francisco lässt sie die bewährten Aromen wiederaufleben, jedoch mit Obst, Milchprodukten und Nüssen aus der Region. Das Ergebnis sind cremige Köstlichkeiten; besonders hervorzuheben unter den 30 Geschmacksrichtungen sind Sauerkirsch-Crunch und portugiesische Milch mit karamellisierten Feigen.

### VEGAN PICNIC — VEGAN $

Karte S. 316 (☎415-323-3043; www.veganpicnic.com; 1977a Union St; Hauptgerichte 7–14 $; ⏱Mo–Fr 8–18.30, Sa & So ab 9 Uhr; 🌱; 🚌22, 41, 45) Wenn alle veganen Buletten und Sandwiches mit Pseudo-Knusperhähnchen oder nachgemachter Salami so gut schmecken würden, könnten sich Kühe, Hühner und Schweine einfach ihres Lebens freuen. Na gut, vielleicht nicht ganz, auf jeden Fall bekommt dieses Lokal Fleischaromen bestens hin. Das Personal könnte netter nicht sein – und das nicht nur, weil es einem kostenlose köstliche Kostproben serviert.

### LUCCA DELICATESSEN — DELI $

Karte S. 316 (☎415-921-7873; www.luccadeli.com; 2120 Chestnut St; Sandwiches 8–15 $; ⏱Mo–Fr 9–18.30, Sa & So bis 18 Uhr; 🚌28, 30, 43) Das klassische italienische Deli öffnete seine Pforten 1929. Hier bekommt man alle Zutaten für ein Picknick auf dem Marina Green. Neben Prosciutto und Salami, nussigen Käsesorten und fruchtigen Chiantis gibt's frisch belegte Sandwiches mit frisch gebackenem Acme-Brot (die *meatball subs* – mit Fleischbällchen – sind köstlich!). Zwischen 11 und 15 Uhr wird heiße hausgemachte Suppe serviert.

### OFF THE GRID — FOODTRUCKS $

Karte S. 316 (☎415-339-5888; www.offthegridsf.com; 2 Marina Blvd, Fort Mason Center; Imbissportionen 6–15 $; ⏱März–Okt. Fr 17–22 Uhr; 👪; 🚌22, 28) Von Frühling bis Herbst versammeln sich freitagabends am Fort Mason Center ca. 30 Foodtrucks – das größte mobile Festgelage der Stadt. Sonntags trifft sich das Aufgebot von 11 bis 16 Uhr zum **Picnic at the Presidio** auf dem Rasen des Main Post. Früh da sein, dann ist die Auswahl am besten und die Schlangen sind noch nicht so lang. Nur Barzahlung.

### ITALIAN HOMEMADE — ITALIENISCH $

Karte S. 316 (☎415-655-9325; www.italianhomemadecompany.com; 1919 Union St; Hauptgerichte 13–16 $; ⏱So–Mi 11–22, Do–Sa bis 23 Uhr; 👪; 🚌22, 41, 45) Frischere Pasta geht nicht – die Gäste können den Köchen beim Teigausrollen zusehen (das finden vor allem Kids total spannend!). Die Bedienungsanleitung ist denkbar simpel: Pasta aussuchen, Sauce wählen. Der Favorit ist die Bolognese und da der Besitzer aus Bologna stammt, ist die Qualität top. Fusilli und Penne gibt's auch glutenfrei.

INSIDERWISSEN

## FOODTRUCKS AN DER FISHERMAN'S WHARF

An der Ecke Jones und Jefferson St stellen zwei Foodtrucks die perfekte Alternative zu den überteuerten Restaurants an der Wharf dar:

**Codmother** (Karte S. 313; 415-606-9349; www.codmother.com; 496 Beach St; Hauptgerichte 7–13 $; Mo & Mi–Fr 11–17, Sa & So 11.30–18 Uhr; 47, Powell-Mason, F) serviert perfekte Fish and Chips sowie Fischtacos im Baja-Stil.

**Tanguito** (Karte S. 313; 415-577-4223; 2850 Jones St; Gerichte 4–13 $; Di–Fr 11.30–18.30, Sa 12–19.30, So bis 18 Uhr; 47, Powell-Mason, F) bietet argentinische Empanadas mit Hühnchen oder Steak, herausragenden Safranreis und sogar Paella (Wartezeit 45 Min.).

Achtung: Hier ist früh Feierabend! Und man kann nur draußen sitzen.

### ROOSTER & RICE — THAILÄNDISCH $

Karte S. 316 (415-776-3647; www.roosterandrice.com; 2211 Filbert St; Hauptgerichte 11–14 $; Mo–Sa 11.30–20 Uhr; 22, 41, 45) In diesem kleinen Schnellimbiss wird genau ein Gericht zubereitet (wahlweise auch vegetarisch): *khao mun gai* (Hühnchen nach thailändischer Art und mit Reis) mit pochiertem Bio-Huhn, weißem oder braunem Reis und einer leckeren Chilisauce. Gemüse kostet 2 $ extra. Ein Wermutstropfen: die begrenzte Sitzplatzanzahl – vielleicht besser direkt zum Mitnehmen bestellen.

### FISHERMAN'S WHARF CRAB STANDS — FISCH & MEERESFRÜCHTE $

Karte S. 313 (Taylor St; Hauptgerichte 5–22 $; F) Am Ende der Taylor St, dem Epizentrum von Fisherman's Wharf, rühren Frauen und Männer mit hochgekrempelten Ärmeln in mehreren aneinander angrenzenden Imbissen in dampfenden Kesseln voller Taschenkrebse aus dem Pazifik *(Dungeness crab)*. Die Krebssaison dauert gewöhnlich von Winter bis Frühling, Shrimps und andere Meeresfrüchte sind das ganze Jahr über erhältlich.

### BLUE BARN GOURMET — SANDWICHES $

Karte S. 316 (415-896-4866; www.bluebarngourmet.com; 3344 Steiner St; Salate & Sandwiches 12–17 $; Mo–Do 11–20.30, Fr–So bis 20 Uhr; 22, 28, 30, 43) Schnöde 08/15-Salate in die Tonne! Hier kann man sich für 13,95 $ Berge aus Bio-Grünzeug mit sechs Extrazutaten basteln, darunter handwerklich hergestellter Käse, alte Tomatensorten, kandierte Pekannüsse und Granatapfelkerne. Bio-Fleisch und Meeresfrüchte vom Grill kosten extra. Wer etwas Warmes braucht, ist mit dem Grilled Cheese mit *soppressata* (Salami), Manchego (Käse) und Feigenmarmelade gut beraten. An wärmeren Tagen kann man schön auf der Terrasse sitzen.

### IN-N-OUT BURGER — BURGER $

Karte S. 313 (800-786-1000; www.in-n-out.com; 333 Jefferson St; Gerichte unter 10 $; So–Do 10.30–1, Fr & Sa bis 1.30 Uhr; 30, 47, Powell-Hyde) Die Gourmetburger-Welle hat auch San Francisco erfasst, doch dieser Laden mischt schon seit über 60 Jahren mit. Das Alleinstellungsmerkmal: erstklassige Pattys aus Rinderhals, vor Ort durch den Fleischwolf gedreht. Hinzu kommen Fritten und Shakes mit Zutaten, deren Namen man problemlos aussprechen kann, und die von Angestellten serviert werden, die tatsächlich von ihrem Lohn leben können. Unsere Empfehlung: die Zubereitung „Animal style" – in Senf gekocht und mit gegrillten Zwiebeln.

### ★KAIYO — FUSIONSKÜCHE $$

Karte S. 316 (415-525-4804; https://kaiyosf.com; 1838 Union St; kleine Speisen 12–28 $, Speisen zum Teilen 19–28 $; Di, Mi & So 17–22, Do & Sa bis 23, Sa & So 10.30–15 Uhr; 41, 45) Wer tief in die Küche der japanisch-peruanischen Diaspora eintauchen möchte, sollte das verspielteste und innovativste neue Restaurant von Cow Hollow ansteuern: Hier sind die Pisco- und Whiskey-Cocktails nach Animefiguren benannt und eine Wand des Speiseraums im Stil einer *izakaya* ist eine neongrün bemoost. Das wahre Abenteuer ist dennoch das Essen.

### ★GREENS — VEGETARISCH, KALIFORNISCH $$

Karte S. 316 (415-771-6222; www.greensrestaurant.com; Fort Mason Center, 2 Marina Blvd, Gebäude A; Hauptgerichte 18–28 $; Mo 17.30–21, Di–Do 11.30–14.30 & 17.30–21, Fr 11.30–14.30

& 17–21, Sa & So 10.30–14.30 & 17–21 Uhr; ; 22, 28, 30, 43, 47, 49) Jede Wette: Selbst Fleischfans werden in dem herzhaften Schwarze-Bohnen-Chili das Tier nicht vermissen. Das Greens zaubert vegetarische Küche voller Geschmack unter Verwendung von Zutaten von einer Zen-Farm in Marin. Und was für eine Aussicht dazu: Die Golden Gate Bridge wächst gleich vor den Fenstern des Speisesaals in den Himmel. Im Café vor Ort bekommt man Mittagessen zum Mitnehmen, wer sich setzen möchte (z. B. beim Samstags- und Sonntagsbrunch), sollte reservieren.

**BALBOA CAFE** GASTROPUB **$$**

Karte S. 316 (415-921-3944; www.balboacafe.com/san-francisco; 3199 Fillmore St; Hauptgerichte mittags 14–25 $, abends 14–33 $; Küche So–Mi 11.30–22, Do–Sa bis 23 Uhr, Bar bis 2 Uhr; 22, 28, 30, 43) Das Balboa ist zu gleichen Teilen Bar und Grillrestaurant und wird von lokalen Größen frequentiert. Es ist eine verlässliche Anlaufstelle für klassische Küche in einem Pub, das schon seit 1913 in Betrieb ist. Das Dekor ist ebenfalls stilecht: Die Bar besteht aus Eichenholz, die Wände sind holzverkleidet und hie und da blitzt ein Messingelement. Das geeignete Ambiente für gelungene Cocktails und Gerichte wie Krebsküchlein, Caesar's Salad, Steaks und Burger. Der Brunch ist gut. Besser reservieren!

**ARGUELLO** MEXIKANISCH **$$**

Karte S. 315 (415-561-3650; www.arguellosf.com; 50 Moraga Ave; Hauptgerichte 18–25 $; Di 11–16, Mi–Fr bis 21, Sa 11–15 & 17–21, So 11–16 Uhr; ; 43, PresidiGo-Shuttle) Der quirlige Mexikaner im Officers' Club des Presidio gehört Traci Des Jardins, Gewinnerin eines James Beard Award. Jeden Monat werden Speisen und Zubereitungsarten aus einem anderen mexikanischen Bundesstaat präsentiert. Es gibt kleine Gerichte, die sich gut zum gemeinsamen Probieren eignen, und mehrere Hauptgerichte wie die hervorragende marinierte Schweineschulter.

**BELGA** BELGISCH **$$**

Karte S. 316 (415-872-7350; http://belgasf.com; 2000 Union St; Hauptgerichte 12–26 $; Mo–Fr 11–21.30, Sa & So 10–22 Uhr; 22, 41, 45) Angesagt und mondän präsentiert sich das Belga wie eine europäische Brasserie. Die Tischchen stehen nebeneinander vor roten Lederbänken und auf den Tellern werden nordfranzösische und belgische Spezialitäten wie *Moules frites* (Muscheln mit Pommes), Braten aus dem Holzofen und Würstchen, Spätzle und Kohl, Gratins und *carbonnades* (Schmorfleischeintopf) arrangiert, zubereitet auf etwas leichtere, kalifornische Art. Reservierung empfohlen.

**BRAZEN HEAD** PUBFOOD **$$**

Karte S. 316 (415-921-7600; http://brazenheadsf.com; 3166 Buchanan St; Hauptgerichte 16–30 $; 16–2 Uhr; 22, 28, 30) Man muss schon wissen, wo man den Brazen Head, einen winzigen Pub mit schummriger Beleuchtung und behaglichen Sitznischen, suchen muss, um ihn zu finden. Zuverlässig gut sind hier die Zwiebelsuppe und die Steaks. Die Küche hat bis 1 Uhr geöffnet – eine Seltenheit in San Francisco, wo man eher früh zu Bett geht.

**ROSE'S CAFÉ** ITALIENISCH, KALIFORNISCH **$$**

Karte S. 316 (415-775-2200; www.rosescafesf.com; 2298 Union St; Hauptgerichte mittags 10–17 $, abends 17–30 $; Mo–Fr 8–16.30, Sa & So bis 16 Uhr; ; 22, 41, 45) Das sonnige Eckcafé ist der perfekte Ort zum Auftanken, wenn einen der Bummel durch die Boutiquen an der Union St hungrig gemacht hat. Im Anschluss an einen Salat oder eine hausgemachte Suppe gibt's Bio-Polenta mit Gorgonzola und Thymian bzw. einen Burger mit Fleisch vom Weiderind und hinterher einen Espresso oder Tee. Anschließend ruhig weitershoppen, aber zur Happy Hour (Wein sowie Bier vom Fass zum halben Preis) von 16 bis 18 Uhr wieder da sein!

**★ATELIER CRENN** FRANZÖSISCH **$$$**

Karte S. 316 (415-440-0460; www.ateliercrenn.com; 3127 Fillmore St; Probiermenü 335 $; Di–Sa 17–21 Uhr; 22, 28, 30, 43) Die Karte kommt als Gedicht und wird gefolgt von Kugeln aus weißer Schokolade und mit Apfelcidrefüllung, die das Markenzeichen des Restaurants sind. Wem das schon als eher merkwürdiger Auftakt für ein Mahl vorkommt, der sollte erst mal das Elefantenrüsselmuschel-Reisküchlein in einer mit flüssigem Stickstoff gefrosteten Glaskuppel sehen oder die rund ein Dutzend anderen Gerichte, die von der Kindheit der Chefköchin Dominique Crenn in der Bretagne inspiriert sind.

**GARY DANKO** KALIFORNISCH **$$$**

Karte S. 313 (415-749-2060; www.garydanko.com; 800 North Point St; 3-/5-Gänge-Menü 92/

134 $; 17.30–22 Uhr; 19, 30, 47, Powell-Hyde) Für seine makellose kalifornische Haute Cuisine räumt Gary Danko seit Jahren James Beard Awards ab. Den Rauchglasfenstern sei Dank stolpern die Passanten nicht über ihre beim Anblick der bildhübsch angerichteten Speisen heraushängenden Zungen. Zu nennen wären z. B. glasierte Austern mit Osetra-Kaviar, Lachsmedaillons mit Meerrettichkruste, eine dekadente Käseauswahl und Kastanien-*crémeux* mit würzigem Honigkuchen. Ohne Reservierung geht nichts.

**A16** ITALIENISCH $$$

Karte S. 316 (415-771-2216; www.a16sf.com; 2355 Chestnut St; Pizza 18–22 $, Hauptgerichte 18–38 $; mittags Fr–So 11.30–14.30, abends Mo–Do 17.30–22, Fr & Sa 17.30–23, So 17–22 Uhr; 28, 30, 43) Selbst bevor das A16 mit einem James Beard Award ausgezeichnet wurde, war es schwer, hier einen Tisch zu ergattern, man muss einfach dranbleiben: Die hausgemachte *burrata*, die Pizza aus dem Holzofen und die 15-seitige Karte mit italienischen Weinen lohnen die Mühe allemal. Die eher durchschnittlichen Nachspeisen sollte man zugunsten der besonderen Vorspeisen wie der hausgemachten *salumi* (Wurstwaren) ignorieren und da einfach doppelt zuschlagen.

**IZZY'S STEAKS & CHOPS** STEAK $$$

Karte S. 316 (415-644-5330; www.izzyssteaks.com; 3345 Steiner St; Hauptgerichte 20–35 $; Mo–Fr 17–21.30, Sa & So ab 16 Uhr; 22, 28, 30, 43) Die ungezwungene Atmosphäre im Gastraum die Saloons der Barbary Coast wiederaufleben. Andenken und Trophäen zieren die Wände. Izzy's ist das lockerste Steakhaus von San Francisco, es gibt keine Kleiderordnung. Zu essen gibt's die üblichen Verdächtigen wie Ribeye-Steak mit Rahmspinat. Reservieren!

**SCOMA'S** FISCH & MEERESFRÜCHTE $$$

Karte S. 313 (415-771-4383; www.scomas.com; Pier 47; Hauptgerichte 28–40 $; Fr & Sa 11.30–22, So bis 21.30, Mo–Do 12–21.30 Uhr; P; Powell-Hyde, M F) Lust auf eine Zeitreise in die 60er? Hier tragen die Kellner weiße Sakkos, an den mit Kiefernholz verkleideten Wänden hängen Fotos samt Autogrammen längst vergessener Berühmtheiten und durch die Fenster überblickt man die Docks. Das Scoma's ist seit Urzeiten die Adresse für Meeresfrüchte in Fisherman's Wharf. Hier ändert sich kaum etwas, von den Preisen mal abgesehen. Auf der Karte stehen Klassiker wie Cioppino (kalifornischer Meeresfrüchteeintopf) und Krebs Thermidor. Spitzenklasse ist es nicht, aber immer gut.

## AUSGEHEN & NACHTLEBEN

**Die Bars in Fisherman's Wharf sind beinahe gänzlich auf Touristen zugeschnitten und teuer, können aber durchaus Laune machen. Wer im Wharf-Viertel Quartier genommen hat, aber lieber ausgehen will wie die Einheimischen, läuft einfach die Polk St etwa eine Meile hinunter. Die von Armistead Maupin als *breeder bars* (sinngemäß: Abschleppschuppen) titulierten Kneipen um die Fillmore und die Greenwich St in Marina sind bei Verbindungsstudenten sehr beliebt.**

**★ INTERVAL BAR & CAFE** BAR

Karte S. 316 (www.theinterval.org; 2 Marina Blvd, Fort Mason Center, Gebäude A; 10–24 Uhr; 10, 22, 28, 30, 47, 49) Das Interval ist wie gemacht für Gespräche über Philosophie und Kunst, eine unserer Lieblingsadressen in Marina für Cocktails und Konversation. Die Bar in der Long Now Foundation zieren Bücherregale vom Boden bis unter die Decke, die den gesamten Kanon westlicher Literatur umfassen. Diese und der Prototyp einer mechanischen Uhr, die für die nächsten 10 000 Jahre die Zeit zeigen soll, sind ein gediegener Rahmen für einen Daiquiri, Gimlet oder Tom Collins bzw. einen sortenreinen Kaffee, Tee und Snacks.

**★ BUENA VISTA CAFE** BAR

Karte S. 313 (415-474-5044; www.thebuenavista.com; 2765 Hyde St; Mo–Fr 9–2, Sa & So 8–2 Uhr; ; 30, 45, 47, Powell-Hyde) Die Flossen an einem hübschen kleinen Kelchglas mit Irish Coffee aufwärmen, der genau hier seine USA-Premiere feierte, – einfach herrlich. Damals wurde die Bar vor allem von Seefahrern und Fabrikarbeitern angesteuert, heute fühlen sich in dem viktorianischen Ambiente sowohl Zecher wie auch Familien wohl, die an runden Gemeinschaftstischen mit Blick auf die Cable-Car-Drehscheibe am Victoria Park hocken.

# Fahradtour
## Auf zwei Rädern über die Brücke

**START** MARITIME MUSEUM
**ZIEL** PIER 41
**LÄNGE/DAUER** 13 KM; 2–4 STUNDEN

Das **1 Maritime Museum** (S. 63), 1939 im Stil der Stromlinien-Moderne errichtet, hat etwas von einem Art-Déco-Ozeandampfer. Dahinter liegt der Sandstrand des Aquatic Park – Zehen ins eiskalte Wasser stecken!

Auf dem **2 Marina Green** wird gejoggt und Frisbee gespielt, in der Luft flattern Drachen. Die Tour führt rechts zwischen zwei Bootshäfen hindurch zur kuriosen Wave Organ an der Spitze einer Landzunge. Der **3 Palace of Fine Arts** (S. 66) katapultiert einen in die Zeit der Panama-Pacific International Exposition von 1915. Innen kann man seinem Echo lauschen, Kindern beim Schwänescheuchen zusehen oder unter den pseudo-antiken Bogen für ein Foto posieren.

Beim **4 Crissy Field** (S. 59) stürzen sich Wind- und Kitesurfer an einem der windigsten Strände der Stadt in die Fluten. Die Golden Gate Promenade führt um das Feld herum Richtung Fort Point. Für ein Päuschen mit Bio-Sandwiches und Kaffee bietet sich das **5 Warming Hut** (S. 59) an. Danach zur Long Ave zurückkehren und rechts dem sehr steilen Lincoln Blvd zur Brücke folgen.

Da auf der **6 Golden Gate Bridge** (S. 58) alle die Hälse recken, kommt es hier häufig zu Kollisionen. Also auch auf die Mitmenschen achten! Vor der Brückenüberquerung im Besucherzentrum vorbeischauen. Wenn urplötzlich Nebel aufzieht, sind eine Mütze und ein Windbreaker Gold wert.

Auf der anderen Seite angekommen, biegt man links in die Conzelman Rd und macht sich auf den Weg in die **7 Marin Headlands**. Von der Battery Spencer, einem Bunker aus dem Zweiten Weltkrieg, kann man die Brücke von oben betrachten. Dazu den großen Hügel hinauf strampeln oder stapfen – oder ihn ignorieren und einfach die Aussicht genießen. Das mondäne **8 Sausalito** mit Galerien und tollen Blicken auf die Bucht ist einen Bummel wert, aber besser erst mal am Dock die Fahrzeiten der Fähre checken.

Mit der Fähre zurück zum **9 Pier 41** in Fisherman's Wharf schippern.

**RADHAUS** BIERHALLE

Karte S. 316 (☎415-445-4556; http://radhaussf.com; 2 Marina Blvd, Fort Mason Center, Gebäude A; ⏰11–22 Uhr; 🚌10, 22, 28, 30, 47, 49) Die Bierhalle im bayrischen Stil ist seit 2018 in Fort Mason ansässig und hier fühlt man sich wie auf dem Oktoberfest. Geboten werden neun deutsche Biere vom Fass, dazu Wein, Kombucha und Cidre, passend zu diversen Würstchen oder auch zum Hähnchenschnitzel.

**WEST COAST WINE & CHEESE** WEINBAR

Karte S. 316 (☎415-376-9720; www.westcoastsf.com; 2165 Union St; ⏰Mo & Di 17–22, Mi 17–24, Do & Fr 16–24, Sa 14–24, So 14–22 Uhr; 🚌22, 41, 45) Ein Regal mit über 700 Flaschen füllt die Wand dieser nüchtern-eleganten Weinbar, in der ausschließlich Tropfen aus Kalifornien, Oregon und Washington ausgeschenkt werden. Dazu gibt's köstliche kleine Häppchen (8–16 $), z. B. hausgemachte Wurst- und Käseplatten.

**CALIFORNIA WINE MERCHANT** WEINBAR

Karte S. 316 (☎415-567-0646; www.californiawinemerchant.com; 2113 Chestnut St; ⏰So–Mi 11–24, Do–Sa bis 1 Uhr; 🚌22, 30, 43) Der kleine Laden und Weinclub an der geschäftigen Chestnut St ist halb Geschäft, halb Bar und lockt die Weinliebhaber in der Umgebung mit einem regelmäßig wechselnden Aufgebot von 50 offenen Sorten in die gute Stube. Früh da sein, um noch einen Sitzplatz zu ergattern, oder stehenbleiben und mit den Leuten von nebenan plaudern. Unter der Woche ist von 12 bis 18 Uhr Happy Hour.

## ☆ UNTERHALTUNG

**MAGIC THEATRE** THEATER

Karte S. 316 (☎415-441-8822; www.magictheatre.org; Fort Mason Center, Gebäude D, 2. OG (3rd floor) Ecke Marina Blvd & Laguna St; Karten 30–85 $; 🚌22, 28, 30, 43, 47, 49) Das Magic Theatre ist bekannt für gewagte Produktionen und bringt gern provokative Stücke von sowohl aufstrebenden als auch etablierten Autoren auf die Bühne. Interesse an neuer Dramatik und einem Einblick in die Theaterszene der Bay Area? Dann ist das Magic der richtige Anlaufpunkt. Veranstaltungsprogramm online.

**PIER 23** LIVEMUSIK

Karte S. 314 (☎415-362-5125; www.pier23cafe.com; Pier 23; ⏰Shows Mi 18–21, Do 16–21, Fr & Sa 19–22, So–Di 17–20 Uhr; Ⓜ E, F) GRATIS Das alte Restaurant am Wasser sieht aus wie eine Surferbude. Regelmäßig treten (Soft-)Rock-, R&B- und Reggae-Musiker, Latino-Bands oder auch Jazzpianisten auf und es gibt eine *silent disco*, bei der alle die Musik über kabellose Kopfhörer hören. Auf der Veranda kann man den Blick auf die Bucht genießen. Die Abendkarte wird der Pier-Lage mit Austern im Backteig und gebratenem Krebs gerecht.

**BATS IMPROV** THEATER

Karte S. 316 (☎415-474-6776; www.improv.org; Fort Mason Center, Gebäude B, 2. OG (3rd floor) Ecke Marina Blvd & Laguna St; Karten 17–20 $; ⏰Shows Fr & Sa 20 Uhr; 🚌22, 28, 30, 43) Bay Area Theater Sports wagt sich an alles, bei dem es etwas zu improvisieren gibt, angefangen bei Stichworten aus dem Publikum bis hin zu abgefahrenen Musicals im Rahmen komplett aus dem Stehgreif inszenierter Wochenendshows. Wer mag, kann selbst einmal auf der Bühne stehen – einmal pro Woche werden im Rahmen eines sechswöchigen Grundkurses dreistündige Improvisations-Workshops angeboten. Nicht lang grübeln: Die Plätze sind rasch ausgebucht. Die Eintrittspreise variieren je nach Vorführung/Workshop.

**LOU'S FISH SHACK** LIVEMUSIK

Karte S. 313 (☎415-771-5687; http://lousfishshacksf.com; 300 Jefferson St; ⏰Shows Fr & Sa 19–23, So 16–20 Uhr; 👪; 🚌30, 47, 🚋Powell-Mason, Ⓜ F) GRATIS Live-Blues am Freitag- und Samstagabend sowie sonntagnachmittags! Eigentlich ist Lou's ein Restaurant, doch es gibt ein paar Bartische und eine kleine Tanzfläche. Ein guter Plan B für alle, die in der Nähe nächtigen und Lust auf Livemusik haben, aber nicht weit fahren/laufen wollen. Außerdem sind hier, anders als in „echten" Bluesbars, Kinder willkommen.

## 🛍 SHOPPEN

**Wer in Fisherman's Wharf shoppen geht, kehrt unweigerlich mit T-Shirts, Kühlschrankmagneten und Mini-Cable Cars zurück – Letztere machen sich prima als Mitbringsel (am besten aus Holz oder Metall). Netter einkaufen kann man auf der Polk St (Russian Hill) und in Marina. Die Top-Adresse ist Cow Hollow: In der Union St (zwischen der Gough und der**

**Fillmore St) drängen sich unabhängige Boutiquen sowie Filialen edler Ladenketten.**

**★SUI GENERIS ILLA** KLEIDUNG

Karte S. 316 (☎415-800-7584; www.suigenerisconsignment.com; 2147 Union St; ⊙Mo–Sa 11–19, So bis 17 Uhr; 🚌22, 41, 45) *Sui generis* ist Lateinisch und bedeutet einzigartig. Der Name verspricht nicht zu viel. In dem edlen Designerladen für Konsignationsware findet man angesagte Looks, Abendkleider (Unikate) und ein paar Stücke von bedeutenden Modeschöpfern der letzten Jahrzehnte. Keine Jeans, keine Hosen – höchstens aus Leder oder unverschämt glamourös. Das Ganze hat seinen Preis, ist aber günstiger als im Einzelhandel.

**★ATYS** HAUSHALTSWAREN

Karte S. 316 (☎415-441-9220; www.atysdesign.com; 2149b Union St; ⊙Mo–Sa 11–18.30, So 12–18 Uhr; 🚌22, 41, 45) Dieses „Designerschaufenster" in einem Hof lässt an einen Museumsladen denken, in dem außergewöhnliche, ästhetische Haushaltsartikel ausgestellt sind, z. B. eine wiederaufladbare Taschenlampe, die aus einem Weinglas eine Lichtquelle macht, und ein solarbetriebenes Spielzeugflugzeug. Schickes, modernes Design von bester Qualität, das man nirgendwo sonst bekommt.

**EPICUREAN TRADER** LEBENSMITTEL & GETRÄNKE

Karte S. 316 (☎415-780-1628; www.theepicureantrader.com; 1909 Union St; ⊙So–Mi 7.30–21, Do–Sa bis 22 Uhr; 🚌22, 41, 45, 47, 49) 🍃 Ein Muss für anspruchsvolle Barkeeper und alle, die sich für den Trend „Rückkehr zur traditionellen Lebensmittelherstellung" interessieren, ist diese Mischung aus Supermarkt, Spirituosenhändler und Deli. Das Sortiment besteht aus Kleinserienprodukten, viele lokal gefertigt, wobei der Schwerpunkt auf Barbedarf liegt: Hat zufällig irgendjemand Lust auf Gin mit Grasgeschmack und Elderflower Tonic? Im Deli werden wunderbare Paninis mit Tartine-Brot gezaubert, zum Nachtisch gibt's Humphry-Slocombe-Eiscreme.

**ANOMIE** MODE & ACCESSOIRES

Karte S. 316 (☎415-872-9943; www.shopanomie.com; 2149 Union St; ⊙11–19 Uhr; 🚌22, 41, 45) Bei einem Einkaufsbummel auf der Union St darf dieser Laden nicht fehlen. Das Anomie ist auf Kleinserien legerer, dezent trendiger Damenbekleidung von unabhängigen Designern spezialisiert. Dazu gibt's ein wechselndes Angebot an Accessoires, Schmuck, Kerzen und Badutensilien. Viele Stücke findet man auch im Online-Shop, sodass man schon vor der Fahrt nach Marina ein Gespür für die vertretenen Designer bekommen kann.

**FLAX ART & DESIGN** DESIGN

Karte S. 316 (☎415-530-3510; http://flaxart.com; 2 Marina Blvd, Gebäude D; ⊙Mo–Sa 10–18.30, So bis 18 Uhr; 🚌22, 28, 30, 43) Das beste Geschäft für Künstlerbedarf in der Stadt hat einen erstaunlichen Vorrat an Tusche, Farben, Rahmen, (Blei-)Stiften, Markern, Klebstoffen und mehr, führt unzählige Sorten Papier – zum Geschenke einschlagen oder Briefe schreiben –, Mal- und Zeichenblöcke sowie Zeichen-Tablets. Eine Pilgerstätte für Designer und Künstler.

**AMBIANCE** MODE & ACCESSOIRES

Karte S. 316 (☎415-923-9796; www.ambiancesf.com; 1858 Union St; ⊙So–Fr 11–19, Sa ab 10 Uhr; 🚌41, 45) Die Dependance auf der Union St. ist eine von vier in San Francisco. Auf drei Stockwerken sind Designer-Kreationen aus dem mittleren Preissegment zu finden. Der Mix aus angesagten und klassischen Schnitten von Jeans, Kleidern, Oberteilen und Schuhen ist gut. Außerdem: lokal gefertigter Schmuck. Auf der Hälfte der Ladenfläche wird Sale-Ware angeboten – mindestens 20 % Preisnachlass!

**ELIZABETHW** PARFÜM

Karte S. 313 (☎415-441-8354; www.elizabethw.com; 900 North Point St; ⊙Mo–Do 10–19, Fr & Sa bis 21, So bis 20 Uhr; 🚌19, 30, 47, 🚋Powell-Hyde) Das lokale Label elizabethW kreiert verführerische Düfte passend zu den wechselnden Jahreszeiten. Sweet Tea riecht nach einer Veranda in Georgia im Sommer, Vetiver nach dem Herbst in Maine. Wer das Aroma von San Francisco schnuppern möchte, liegt mit Leaves richtig – der Duft ist so saftgrün wie der Golden Gate Park im Januar. Führt außerdem Badeartikel und Körperpflegeprodukte.

**SPORTS BASEMENT** SPORT & OUTDOOR

Karte S. 315 (☎415-934-2900; www.sportsbasement.com; 610 Old Mason St; ⊙Mo–Fr 9–21, Sa & So 8–20 Uhr; 🚌30, 43, PresidiGo-Shuttle) Das 7400 m² große Kaufhaus birgt eine Unmenge von Sportartikeln und Campingbedarf zu Ausverkaufspreisen. Darüber hinaus ist dies die beste Adresse zum Ausleihen von Neoprenanzügen für einen Besuch im Aquatic Park, Ausrüstung für Spontantrips in den Yosemite National Park oder Fahrrädern für die Überquerung der nahen Golden Gate Bridge. Kostenlose Parkplätze (Leihwagen abstellen und aufs Leihrad schwingen!).

**PLUMPJACK WINES** WEIN

Karte S. 316 (☎415-346-9870; www.plumpjackwines.com; 3201 Fillmore St; ⏲Mo–Sa 11–20, So bis 18 Uhr; 🚌22, 28, 30, 43) Gavin Newsom, Gouverneur von Kalifornien, ist Gründer dieser Weinboutique, in der man viele neue kalifornische Tropfen für weniger als 25 $ entdecken kann. Das nötigt sogar Anhängern der Green Party Respekt ab. Schwer vorstellbar, dass man irgendwo in San Francisco kundigere Angestellte finden wird – sie schlagen Weine vor, die auf der nächsten Dinnerparty garantiert wie eine Bombe einschlagen werden. Es gibt noch eine Filiale in Noe Valley.

**FOG CITY LEATHER** KLEIDUNG

Karte S. 316 (☎415-567-1996; http://fogcityleather.com; 2060 Union St; ⏲Mi–So 11.30–18 Uhr; 🚌22, 41, 45) Nichts repräsentiert den Stil von San Francisco besser als ein neues Leder-Outfit, wie es Hillary Clinton trug, als sie zum ersten Mal nach der Wahlniederlage wieder eine öffentliche Rede hielt. Kleidung von Fog City ist ein Statement. Der Laden führt zwar auch praktische Motorradjacken, aber die eigentlichen Highlights sind die Fashion Styles, butterweich und in allen Farben des Regenbogens.

**SF SALT CO** HAUSHALTSWAREN

Karte S. 313 (☎800-480-4540; www.sfsalt.com; Pier 39; ⏲Okt.–April 10–21 Uhr; 🚌47, 🚋Powell-Mason, Ⓜ E, F) Das ist mal ein wirklich ungewöhnliches Mitbringsel: SF Salt gewinnt Salz aus dem Wasser der Bucht und macht daraus unter Zugabe von ätherischen Ölen und/oder Düften (und sonst nichts) Badesalz – ein Stück San Francisco Bay zum Mitnehmen. Das *detox soak* (Entgiftungsbad) aus Lavendelöl und Seetang ist besonders fein.

**HOUDINI'S MAGIC SHOP** SPIELZEUG

Karte S. 313 (☎415-433-1422; www.houdini.com; Pier 39; ⏲10–21 Uhr; 👪; 🚌47, 🚋Powell-Mason, Ⓜ E, F) Houdini's hat alle klassischen Scherzartikel (Gummihühnchen, Platzpatronen, gezinkte Karten, Entfesselungs-Handschellen und mehr) für ambitionierte Witzbolde auf Lager, dazu eine erstaunliche Auswahl an historischer und aktueller Literatur zum Thema Zauberei und Magie. In der Zurückgezogenheit einer *magic-teaching booth* zeigen die Angestellten – selbst Zauberer – den Kunden, wie die neusten Tricks funktionieren.

**BOOKS INC** BÜCHER

Karte S. 316 (☎415-931-3633; www.booksinc.net; 2251 Chestnut St; ⏲Mo–Sa 10–22, So bis 21 Uhr; 🚌22, 28, 30, 43) Einer der besten unabhängigen Buchläden, die es in der Stadt noch gibt. Books Inc hat Neuerscheinungen vorrätig, prima Belletristik, eine umfassende Magazinauswahl und Reiseliteratur. Am Schwarzen Brett werden Lesungen und andere literarische Events angekündigt.

**Y & I BOUTIQUE** MODE & ACCESSOIRES

Karte S. 316 (☎415-202-0775; www.shopyandi.com; 2101 Chestnut St; ⏲Mo–Mi & Fr 10.30–19, Do bis 20, Sa 10–19, So bis 18 Uhr; 🚌22, 30, 43) Wenn Mädels aus Marina ein erschwingliches Outfit brauchen, kaufen sie im Y & I ein. Die niedlichen Kleider von Everly, Yumi Kim und anderen liegen zwischen 50 und 200 $, die originellen Sandalen und Schuhe bei unter 100 $. Außerdem gibt's eine große Auswahl an handgefertigtem Schmuck bereits ab 20 $ sowie Haushaltswaren.

**TOPDRAWER** GESCHENKE & SOUVENIRS

Karte S. 316 (☎415-771-1108; www.topdrawershop.com; 1840 Union St; ⏲11–19 Uhr; 🚌41, 45) Die erste Boutique der japanischen Marke Itoya in Übersee präsentiert geniale Reiseutensilien und Spielereien, von denen man nie gedacht hätte, dass man sie unterwegs brauchen könnte. Dazu gehören ein Mini-Luftbefeuchter fürs Hotelzimmer, Hausschuhe, die man auch auf links gedreht tragen kann, „knautschbare" Flaschen, Reisewecker und natürlich Taschen und Beutel, in denen man seine Einkäufe nach Hause transportieren kann. In der Bay Arena haben noch drei weitere Läden aufgemacht, u. a. einer im Mission District.

## SPORT & AKTIVITÄTEN

**★OCEANIC SOCIETY EXPEDITIONS** WALBEOBACHTUNG

Karte S. 316 (☎415-256-9604; www.oceanicsociety.org; 3950 Scott St; Walbeobachtung 135 $ pro

## DIE BUCHT VOM BOOT AUS ERKUNDEN

Die schönsten Aussichten auf San Francisco eröffnen sich vom Wasser aus. Bei gutem Wetter heißt es nichts wie aufs Boot! Seit 2020 fährt übrigens jede Fähre und jedes Tourboot in der Bucht mit erneuerbarem Diesel aus Fett und Pflanzenöl. Folgende Touren und Fähren bringen Besucher hinaus in die Bucht. Das verheißt tolle Fotomotive! Warnung: Auf der Bay ist es immer mindestens fünf Grad kälter als in der Stadt. Jacke anziehen.

**Bootsfahrten** Am schnellsten kommt man in den Genuss schöner Buchtpanoramen an Bord der Schiffe, die für kommentierte einstündige Touren unter der Golden Gate Bridge hindurchschippern. Die **Red & White Fleet** (Karte S. 313; 415-673-2900; www.redandwhite.com; Pier 43½; Erw./Kind 33/23 $; ; 47, E, F) befährt verschiedene Routen; die **Blue & Gold Fleet** (Karte S. 313; 415-705-8200; www.blueandgoldfleet.com; Pier 41; Erw./Kind 60-min. Fährtour 33/22 $, 30-min. Schnellbootfahrt 30/21 $; 9–18.30 Uhr, saisonal unterschiedlich; ; 47, E, F) bietet auch halbstündige Touren auf dem schnellen *Rocketboat* an (Achtung: Die Alcatraz-Tour von Blue & Gold führt nicht zur, sondern *rund um* die Insel.).

**Segelboottouren** Wer lieber segelt, statt mit der Fähre zu fahren, geht zu Adventure Cat. Zwischen den beiden Rümpfen des Katamarans ist ein Trampolin gespannt! 90 Minuten geht's durch die Bucht, eine Fahrt bei Sonnenuntergang wird auch angeboten. Alternativ ein privates Segelboot von Spinnaker Sailing (S. 109) chartern (mit oder ohne Skipper).

**Paddeln** Die ruhige Ostküste der Bucht lässt sich auch in einem Kanu oder Kajak von City Kayak (S. 108) erkunden. Das Unternehmen stellt Guides, organisiert Vollmond-Ausflüge und verleiht Ausrüstung an erfahrene Paddler.

**Walbeobachtung** Exkursionen jenseits des Golden Gate auf dem offenen Ozean veranstaltet die Oceanic Society. Exzellent!

**Alcatraz** Nur Alcatraz Cruises (S. 55) darf die berüchtigte Insel ansteuern; die Touren müssen reserviert werden. Die anderen Reedereien fahren nur an der Insel vorbei.

**Sausalito und Tiburon** Von San Francisco aus gelangt man mit den Fähren von **Golden Gate Ferry** (511, 415-455-2000; www.goldengateferry.org) und Blue & Gold Fleet schnell und günstig in die Nachbarorte auf der anderen Seite der Meerenge.

**Angel Island** Auf dieser Insel mitten in der Bucht, heute ein State Park, kann man einen Tag mit Wandern und Picknick verbringen. Anfahrt mit der Blue & Gold Fleet.

**Oakland** Fähren kommen am Jack London Sq an. Dort kann man im historischen Heinold's First & Last Chance Saloon am Wasser einkehren, wo seit 1883 Bier über die Theke geht. Die San Francisco Bay Ferry (S. 294) nehmen.

**Alameda** Der kleine Nachbarort von Oakland ist mit der San Francisco Bay Ferry zu erreichen. Dort kann man Wein und Spirituosen verkosten. Die Rosenblum Cellars liegen gleich beim Fähranleger. Oder man nimmt ein Fahrrad mit und radelt zu Weingütern und Brennereien ein bisschen weiter landeinwärts.

Pers.; Büro Mo–Fr 9–17 Uhr; 30) Die Oceanic Society organisiert während der beiden Walsaisons am Wochenende erstklassige, von Naturforschern begleitete Ganztagestouren auf dem Pazifik, manchmal zu den Farallon Islands. Abfahrt ist am Jachthafen. Mindestalter: 10 Jahre. Nur mit Reservierung; ermäßigte Preise für Gruppen und private Touren.

### ADVENTURE CAT
BOOTSTOUREN

Karte S. 313 (415-777-1630; www.adventurecat.com; Pier 39, Dock J; Erw./Kind 45/25 $, Bootstour bei Sonnenuntergang 60 $; ; 47, E, F) Nirgendwo ist der Blick auf San Francisco schöner als vom Wasser aus, insbesondere an klaren Tagen bei Sonnenuntergang. Adventure Cat setzt Katamarane mit windgeschützter Innenkabine und einem Trampolin zwischen den beiden Rümpfen (für kribbelige Kids) ein. Von März bis Oktober gibt es täglich drei Abfahrten, im November sind die Touren aufs Wochenende beschränkt.

**FLYER** RUNDFLÜGE

Karte S. 313 (www.theflyer-sanfrancisco.com; Pier 39; Erw./Kind bis 12 J. 25/16 $; ⏲10–20 Uhr; 👪; 🚌49, 🚋Powell-Mason, Ⓜ E, F) Der neueste Gag am Pier 39 ermöglicht es Besuchern, virtuell über der Golden Gate Bridge und der ganzen Stadt zu schweben, in 3-D vorbei an all den Wahrzeichen sowie über den Redwood National Forest. Diese Reise dauert nur ein paar kurze Minuten, doch das Bildmaterial, aufgenommen mit Dronen und Hubschraubern und mithilfe von Computeranimation zusammengeführt, wird die Kids ganz sicher beeindrucken. Und natürlich auch die Erwachsenen!

**CHEESE SCHOOL OF SAN FRANCISCO** KOCHEN

Karte S. 313 (☎415-346-7530; www.thecheeseschool.com; 900 North Point St; ⏲11–20 Uhr; 🚌19, 30, 47, 🚋Powell-Hyde) Die eleganten Räumlichkeiten auf zwei Etagen erfüllen vier Aufgaben: Sie sind Schule, Veranstaltungsort, Café und Käsehandlung. Die Besucher experimentieren damit, Mozzarella selbst herzustellen, und lernen, das perfekt passende Glas Wein oder Bier zum Käse auszusuchen. Infos über Kurse und Verkostungen sind auf der Website zu finden.

**FIRE ENGINE TOURS** TOUR

Karte S. 313 (☎415-333-7077; http://sanfranciscofireenginetours.com; 650 Beach St; Erw./Kind 59/39 $; ⏲Touren 11, 13 & 15 Uhr) Brandheiß: eine 90-minütige Tour in einem offenen alten Feuerwehrwagen über die Golden Gate Bridge. Warm anziehen! Los geht's an der Cannery in der Beach St.

**PLANET GRANITE** KLETTERN

Karte S. 315 (☎415-692-3434; https://planetgranite.com/sf/; 924 Mason St; Tageseintritt Erw. 20–25 $, Kind 16 $; ⏲Mo–Fr 6–23, Sa 8–20, So bis 18 Uhr; 🚌28) In dieser 2300 $m^2$ großen Kletterhalle von Crissy Field genießen die Sportler dank der Glaswände umwerfende Blicke auf die Bucht, während sie sich 14 m hohe Toprope-Routen hinaufhangeln, um sich auf Outdoor-Abenteuer im Yosemite o. Ä. vorbereiten. Daneben kann man seine Kraft auch an riesigen „Felsblöcken" erproben oder sich vertikale Risse hinaufschieben. Anschließend geht's zum Stretching in den Fitnessbereich oder zum Yoga … Kurspläne auf der Website.

**BLAZING SADDLES** RADFAHREN

Karte S. 313 (☎415-202-8888; www.blazingsaddles.com/san-francisco; 2715 Hyde St; Leihfahrrad 8–15 $ pro Std., 32–88 pro Tag, E-Bikes 48–88 $ pro Tag; ⏲8–20 Uhr, im Winter kürzer; 👪; 🚋Powell-Hyde) Blazing Saddles ist ganz klar ein Angebot für Touristen. Die Hauptfiliale ist auf der Hyde St, in Fisherman's Wharf befinden sich sechs Verleihstationen – praktisch, wenn man den Embarcadero hinunterfahren oder die Golden Gate Bridge überqueren will. Die Leihradflotte umfasst auch Tandems und E-Bikes. Die Räder können rund um die Uhr zurückgegeben werden, ein echter Vorteil. Bei Onlinebuchung bekommt man 20 % Rabatt. In der Leihgebühr sind Extras wie Spanngummi und Packtaschen inbegriffen.

**PRESIDIO GOLF COURSE** GOLF

Karte S. 315 (☎415-561-4661; www.presidiogolf.com; Ecke Arguello Blvd & Finley Rd; 18 Löcher Gäste 125–145 $; ⏲Sonnenauf- bis Sonnenuntergang; 🚌33) Wie wäre es mit ein paar militärisch-präzise abgeschlagenen Bälle auf Gelände, das einst den US-Truppen vorbehalten war? Der Presidio-Golfplatz wird inzwischen von Touchstone Golf betrieben, zählt zu den besten des Landes und gewährt einen Blick über die Bucht. Auf der Website kann man bis zu sieben Tage im Voraus reservieren. Die App des Presidio Golf Course führt manchmal besondere Angebote auf. Das Golfcart ist inklusive.

**HOUSE OF AIR** TRAMPOLIN

Karte S. 315 (☎415-965-2470; https://houseofair.com; 926 Old Mason St; 1 Std. 15–19 $; ⏲So & Mo 10–20, Di–Do 14–21, Fr & Sa 10–21 Uhr; 👪; 🚌28) Wer noch immer einen Groll auf den alten Sportlehrer hegt, der einen nie lang genug auf dem Trampolin herumhopsen ließ, kann sich seinen lang gehegten Kindheitstraum im fantastischen Trampolinpark von Crissy Field erfüllen. In verschiedenen „Hüpfbereichen" springen die Besucher gegen Wände, an die Decke und zurück auf die 42 befestigten Trampoline. Für Kinder stehen gesonderte Areale zur Verfügung. Lieber reservieren, am besten drei Tage im Voraus, besonders am Wochenende.

# Downtown, Civic Center & SoMa

FINANCIAL DISTRICT & JACKSON SQUARE | UNION SQUARE | SOMA | CIVIC CENTER & TENDERLOIN

## Highlights

❶ **Ferry Building** (S. 79) Bei fabelhafter Aussicht auf die Bucht an den Ständen der Lebensmittelhändler und Biobauern aus der Bay Area das kulinarische Angebot Nordkaliforniens erforschen.

❷ **San Francisco Museum of Modern Art** (S. 82) Installationskunst im neuen, größeren SFMOMA bewundern und anschließend beim Essen im In Situ darüber diskutieren.

❸ **San Francisco Symphony** (S. 100) Erleben, wie Impresario Michael Tilson Thomas ein Beethovenkonzert des Grammy-prämierten Sinfonieorchesters dirigiert.

❹ **Asian Art Museum** (S. 81) Dank der unvergleichlichen Schätze des Museums bis auf die andere Seite des Pazifik schauen.

❺ **Embarcadero** (S. 102) Richtung Süden schlendern, um tagsüber Leute zu beobachten oder einen Blick auf ein Giants-Match zu erhaschen; abends die Bay Lights genießen.

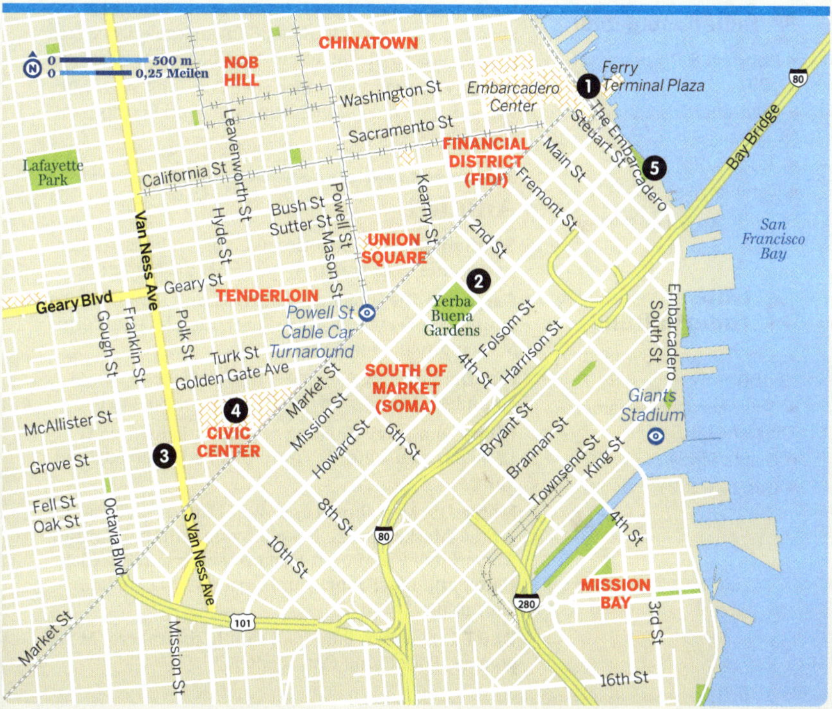


Details s. Karten S. 318, 320, 322 und 325

## Top-Tipp

Die meisten Touristen besteigen das Cable Car in der Powell St. Sie stehen dafür an der Drehscheibe Ecke Powell und Market St oft in Warteschlangen, wo sie Schnorrern und lauten Straßenkünstlern ausgeliefert sind. Entweder vor 12 Uhr da sein oder die weniger genutzte, ältere Linie auf der California St nahe dem Embarcadero nehmen.

## Gut essen

- Ferry Building (S. 79)
- Benu (S. 93)
- Cotogna (S. 89)
- Liholiho Yacht Club (S. 91)
- Yank Sing (S. 92)

Mehr dazu S. 89

## Schön ausgehen

- Bourbon & Branch (S. 99)
- Aunt Charlie's Lounge (S. 99)
- Stud (S. 98)
- Zombie Village (S. 99)

Mehr dazu S. 95

## Gute Unterhaltung

- San Francisco Symphony (S. 100)
- American Conservatory Theater (S. 101)
- Giants Stadium (S. 102)
- Oasis (S. 102)

Mehr dazu S. 100

## Rundgang: Downtown, Civic Center & SoMa

Die monumentalen Gebäude und Plätze um die City Hall bilden das Civic Center. Nach einem Besuch im Asian Art Museum (S. 81) stärkt man sich an einem der zahlreichen Imbissstände auf dem Heart of the City Farmers Market (S. 94) oder in der Markthalle im Twitter-Gebäude (S. 87). Nördlich und östlich von Civic Center liegt das zwielichtige Viertel Tenderloin, um das Neuankömmlinge eher einen Bogen machen sollten – unerschrockene Kunstliebhaber wagen sich jedoch in die Market St zwischen 8th und 6th zu den innovativen Kunstgalerien. Mit der Linie F geht's dann zur Powell St zum Shoppen um den Union Sq oder weiter zur Montgomery, um die prächtige Architektur der mächtigen Geldtempel des Financial District zu entdecken. Abends locken die Bars, Clubs und Drag-Shows in SoMa. Wer Karten für die SF Symphony oder die Oper hat, fährt mit dem California Cable Car bis Van Ness und spaziert runter zur Vorstellung.

## Lokalkolorit

**Märkte** Die Bauernmärkte im Ferry Building und Civic Center locken mit alten Gemüsesorten, Selbstgemachtem und Gratisproben Feinschmecker an.

**Kunsterwachen** Die Straßenzüge von SoMa und Market St westlich der Powell St sind zwar etwas schäbig, aber voller kreativer Einfälle: Gemeindegalerien zeigen provokante Ausstellungen in einst baufälligen Kneipen.

**Happy Hour** Ob Wein, Bier oder Cocktails: Auswahl gibt's in Downtown reichlich – und werktags locken Getränke-Specials.

## Anfahrt

**Straßenbahn** Die historische Linie F fährt zwischen Castro und Fisherman's Wharf über die Market St.

**Cable Car** Die Linien Powell-Hyde und Powell-Mason fahren von Downtown bis Wharf, die Linie California St steil hinauf zum Nob Hill.

**Bus** Die Linien 2, 5, 6, 7, 14, 19, 21, 27, 30, 31, 38, 41, 45 und 47 decken Downtown und/oder SoMa ab.

**Fähre** Vom Ferry Building schippern Fähren nach Larkspur, Sausalito, Tiburon, Oakland, Alameda und Vallejo.

**Metro** Die Metrolinien J, K/T, L, M und N fahren unter der Market St, die N weiter zum Bahnhof Caltrain. Sie verbindet SoMa mit Haight-Ashbury und Golden Gate Park. Die T fährt von Downtown via SoMa mit Halt in der 3rd St.

**BART** Downtown-Bahnhöfe sind Embarcadero, Montgomery, Powell und Civic Center.

TOP-ERLEBNIS

# IM FERRY BUILDING DIE AROMEN DER STADT KOSTEN



**San Francisco zeigt seine Liebe zum Essen an vorderster Front im Ferry Building. Der einst stolze Hafen wurde in den 1950er-Jahren mit einer Autobahnüberführung verunziert, die beim Erdbeben von Loma Prieta 1989 zusammenbrach. Das Ferry Building blieb erhalten und wurde zum Symbol des neuen San Francisco und des kulinarischen Pionierlands Amerikas.**

## Ferry Building

Der 73 m hohe Turm des Ferry Building begrüßte ab 1898 zu Anfang täglich Dutzende von Fähren. Doch mit der Eröffnung der Bay Bridge und der Golden Gate Bridge nahm der Fährverkehr in den 1930er-Jahren ab. Außerdem wurde eine Hochstraße gebaut, die die stattliche Fassade des Gebäudes verschattete. Durch die Auspuffgase wurde sie immer schwärzer. Erst nach dem Erdbeben von 1989 erkannten die Stadtplaner, was sie übersehen hatten: Mit seinen großen Sälen und dem Ausblick auf die Bucht war das Ferry Building perfekt geeignet für eine öffentliche Nutzung.

Heute verleitet die prächtige Ankunftshalle die Pendler dazu, die Fähre sausenzulassen und stattdessen auf den neuesten kulinarischen Trend-Zug aufzuspringen. Drinnen gibt's Espresso aus in der Stadt gerösteten Bohnen, Käse und Wurst aus handwerklicher Herstellung sowie Bio-Eiscreme mit den dazu passenden Aromen wie vietnamesischer Kaffee, Käse und Prosciutto. Weinbars und preisgekrönte Restaurants bieten Anlass, hier zu verweilen und auf San Francisco anzustoßen.

### NICHT VERSÄUMEN

- Picknick an der Bucht mit Zutaten vom Ferry Plaza Farmers Market
- Lebensmittelgeschäfte in der noblen Ankunftshalle des Ferry Building
- Blick auf die Bay Bridge von der Promenade Embarcadero

### PRAKTISCH & KONKRET

- Karte S. 325, D2
- ☎415-983-8000
- www.ferrybuilding marketplace.com
- Ecke Market St & Embarcadero
- ⏲Mo–Fr 10–19, Sa 8–18, So 11–17 Uhr
- 👪
- 🚌2, 6, 9, 14, 21, 31, Ⓜ Embarcadero, Ⓑ Embarcadero

## TOP-TIPPS

- Am Ferry Building legen noch immer Fähren ab und an sonnigen Tagen ist eine Fahrt über die glitzernde Bucht eine tolle Sache. Die Golden Gate Transit Ferries (S. 294) steuern Larkspur, Tiburon und Sausalito an, die **San Francisco Bay Ferry** (☎415-705-8200; https://sanfranciscobayferry.com) Oakland und Alameda; ohne Auto ins Napa Valley geht's mit der Vallejo Ferry (S. 294).
- Oder man macht San Franciscos Lieblingsbummel vom Ferry Building die Uferpromenade Embarcadero entlang Richtung Süden bis zum Giants Stadium (S. 102).

**Das Ferry Building ist ein Mekka für Foodies, von Foodtrucks und dem Ferry Plaza Farmers Market auf der Südseite bis zu Austern und Schampus bei der Hog Island Oyster Company (S. 90).**

## ANFAHRT

- Die historische Straßenbahnlinie F hält am Ferry Building.
- Zum Bahnhof Embarcadero fahren die BART und die Muni.
- Wer mit dem California-St-Cable-Car unterwegs ist, steigt am Endhaltepunkt Downtown aus und geht zwei Blocks zu Fuß.

## Farmers Market

Schon bevor das Ferry Building 2003 fertig saniert war, fand draußen auf dem Bürgersteig der Ferry Plaza Farmers Market statt. Bald verlagerte er sich auf den Platz am Wasser, mit 50 bis 100 Händlern, die dreimal pro Woche ihre Waren anbieten. Zwar meckern die Einheimischen manchmal, dass die Preise höher sind als anderswo, doch so oder so bietet der Markt auf der Ferry Plaza saisonale, nachhaltige, handgefertigte Köstlichkeiten und Spezialitäten, die man sonst nirgends findet.

Man geselle sich also zu den zahllosen professionellen Köchen und semiprofessionellen Genießern und probiere Ziegenkäse, frisch gepresstes Olivenöl aus Kalifornien, Wildschwein und Bio-Pluots. Besonders am Samstagvormittag kann man auf dem **Bauernmarkt** (Karte S. 325; ☎415-291-3276; www.cuesa.org; Imbiss 3–12 $; ⏲Di & Do 10–14, Sa ab 8 Uhr; 🖉 👪) außerdem wunderbar das allgemeine Treiben beobachten – doch wer einkaufen möchte, sollte früh da sein, bevor die nervigen Kandidaten von *Top Chef* die besten Sachen wegschnappen.

## Bay Bridge Lights

Die gewaltige Bay Bridge südlich des Ferry Building ist unübersehbar und in der Vorstellung der Bewohner der Stadt geradezu unüberwindbar. Die Scheu davor, die Brücke zu überqueren, gilt unter den Einheimischen als akzeptierte Ausrede, um sich vor gesellschaftlichen Verpflichtungen in Berkeley und Oakland zu drücken – und wer an einem Freitagabend bei einem Bummel über den Embarcadero sieht, wie der Verkehr zäh über die Brücke kriecht, wird den Leuten Recht geben (Tipp: die BART nehmen!). Einige sind außerdem noch immer erschüttert von der Erinnerung an das Loma-Prieta-Erdbeben von 1989, bei dem der Ostteil der Brücke einstürzte. Die Reparatur kostete die Steuerzahler 6,4 Mrd. $ und dauerte zwölf Jahre.

Doch allmählich gewinnt die Bay Bridge dank einer genialen Idee doch noch die Zuneigung der Bewohner von San Francisco. 2013 brachte der Lichtkünstler Leo Villareal an den vertikalen Seilen auf der Westseite 25 000 LED-Lampen an und verwandelte die Brücke so in eine 3 km lange Lichtskulptur. Am Abend blinken die **Bay Lights** blinken in stets wechselnden Mustern – mal wie schäumender Champagner, dann wie ein Lavalampenwald oder wie Springbrunnenfontänen. Die Installation war nur für kurze Zeit gedacht, ist aber dank begeisterter Spender seit 2016 eine feste Einrichtung.

ZUMA PRESS, INC. / ALAMY STOCK PHOTO ©

TOP-ERLEBNIS

# ÜBER DIE SCHÄTZE DES ASIAN ART MUSEUM STAUNEN

**Die umfangreichste Sammlung asiatischer Kunst außerhalb Asiens deckt 6000 Jahre und eine gewaltige Fläche ab. Ein Gang durch die verschiedenen Abteilungen erschließt zahllose Schätze, von kompromisslosem japanischem Minimalismus und hinreißenden hinduistischen Tempelreliefs bis zu schimmernder chinesischer Jade. Aber Vorsicht – auf keinen Fall die unbezahlbaren Ming-Vasen umrennen!**

## Vorschlag für einen Rundgang

Das Konzept des Museums sieht vor, der Entwicklung asiatischer Kunst von West nach Ost Richtung San Francisco über buddhistische Pilgerwege und Handelsrouten zu folgen. In etwa zwei, drei Stunden sollte man die Highlights abklappern können, aber wer nur wenig Zeit hat, steuert vielleicht schnurstracks die Sonderausstellungen im Erdgeschoss an oder folgt dem markierten Pfad, der zu den Meisterwerken führt. Für Kinder gibt es eine Explorer Card, die den Weg zu Lieblingstieren und -figuren in den Galerien weist.

Startpunkt für die Runde durchs Wunderland Asiens ist das 2. OG *(3rd floor)* mit hinduistischen Tempelreliefs und indischen Juwelen (siehe Foto). Anschließend bietet sich ein Abstecher zu den iranischen Kacheln und javanischen Schattenpuppen sowie (um die Ecke) tibetischen Gebetsmühlen an. Weiter geht's mit Jade und Riechfläschchen aus China. Im 2. OG *(3rd floor)* sind chinesische Kalligrafien, meergrüne koreanische Schalen und ein vollständiges japanisches Teezeremonie-Zimmer ausgestellt. Sehenswert sind auch die Werke von Gegenwartskünstlern, die sich mit Stücken aus den Sammlungen auseinandersetzen, sowie die Vorführungen von Künstlern in der Samsung Hall.

### NICHT VERSÄUMEN

- Südasiatische und persische Miniaturen
- Japanische Teehausartefakte
- 3000 Jahre alter chinesischer Bronze-Weinkelch in Nashorngestalt
- Zeitgenössische asiatische Kunst
- Von Künstlern geleitete Donnerstagabendevents

### PRAKTISCH & KONKRET

- Karte S. 320, B5
- ☎415-581-3500
- www.asianart.org
- 200 Larkin St
- Erw./Stud./Kind 15/10 $/frei, 1. So im Monat frei
- ⏲Di, Mi & Fr–So 10–17, Do bis 21 Uhr Ⓜ Civic Center, Ⓑ Civic Center

EQROY / SHUTTERSTOCK ©

TOP-ERLEBNIS

# DER MODERNE AUF DER SPUR IM SAN FRANCISCO MUSEUM OF MODERN ART

**Das SFMOMA wurde auf großartige Weise um fast das Dreifache erweitert, um auf sieben Etagen Platz für eine ausufernde Sammlung moderner und zeitgenössischer Meisterwerke zu schaffen. Ohnehin sprengt es seit seiner Gründung 1935 Grenzen. Das visionäre Museum hat schon früh auf damals neue Kunstformen wie Fotografie, Installationen, Video, Aktionskunst und Industriedesign gesetzt.**

## Vorschlag für einen Rundgang

Es gibt zwar kostenlose Führungen, aber allein loszuziehen ist spannender und lässt Raum für Entdeckungen, die ja den Reiz des SFMOMA ausmachen. Der folgende Rundgang führt in zwei bis vier Stunden zu den Highlights der Sammlungen. Startpunkt ist der 2. OG *(3rd floor)* mit der herausragenden Fotogalerie und Sonderausstellungen. Im 3. OG *(4th floor)* warten im Agnes-Martin-Raum Gemälde von heiterer Stille, während in den angrenzenden Sälen abstrakte Kunst lockt. Im 4. OG *(5th floor)* harren die Pop-Art-Werke von Andy Warhol.

Im 5. OG *(6th floor)* gibt's eine Ausstellung mit deutscher Kunst ab 1960, im 6. OG *(7th floor)* avantgardistische zeitgenössische Kunst und faszinierende Medienkunst-Installationen. Wieder nach unten und zurück zu den Anfängen des SFMOMA geht es über das Atrium. Im 1. OG *(2nd floor)* bewundern schillernde Persönlichkeiten aus SF andere schillernde Persönlichkeiten auf Gemälden von Diego Rivera, Frida Kahlo und Henri Matisse.

Sonnige Tage sind ideal für einen stärkenden Kaffee und ein Panino im Dachcafé mit Skulpturengarten.

### NICHT VERSÄUMEN

- Fotosammlung
- Video- und Medienkunst-Installationen
- Wandbild von Julie Mehretu
- Gegenwartskunst im 6. OG *(7th floor)*
- Restaurant In Situ

### PRAKTISCH & KONKRET

- SFMOMA
- Karte S. 322, E3
- ☎415-357-4000
- www.sfmoma.org
- 151 3rd St
- Erw. 19–24 J./unter 18 J. 25/19 $/frei
- ⏲Fr–Di 10–17, Do bis 21 Uhr, Atrium Mo–Fr ab 8 Uhr
- 👪
- 🚌5, 6, 7, 14, 19, 21, 31, 38, Ⓜ Montgomery, Ⓑ Montgomery

# SEHENSWERTES

**Der Financial District konzentriert sich um die Montgomery St – die „Wall Street" des Westens – und erstreckt sich bis zum Jackson Square, dem ältesten Viertel der Stadt mit niedrigen Backsteinhäusern und teuren Antiquitätengeschäften. Die Bezeichnung Union Square bezieht sich auf den Platz und die Geschäfte und Hotels in der Umgebung. Technologie- und Biotech-Firmen bilden in South of Market (SoMa) ein zweites Downtown. Museen und Galerien säumen die 3rd und Mission St, aber ansonsten sind die langen, gewerblich geprägten Straßenzüge von SoMa trostlos und langweilig. Civic Center ist die Gegend um die City Hall und wird im Norden und Osten vom heruntergekommenen Stadtteil Tenderloin begrenzt, der ohne triftigen Grund und Ortskenntnisse besser gemieden werden sollte.**

## Financial District & Jackson Square

### FERRY BUILDING — WAHRZEICHEN

Siehe S. 79.

### DIEGO RIVERAS FRESKO ALLEGORY OF CALIFORNIA — ÖFFENTLICHE KUNST

Karte S. 325 (www.sfcityguides.org; 155 Sansome St; Führungen kostenlos ⏲Führungen mit Reservierung bei SF City Guides 1. & 3. Mo im Monat 15 Uhr; Ⓑ Montgomery, Ⓜ Montgomery) GRATIS Im Turm der Börse von San Francisco verbirgt sich ein unbezahlbarer Schatz: Diego Riveras Fresko *Allegory of California* von 1930/31. Das Fresko über zwei Stockwerke in einem Treppenhaus (zwischen dem 10. und 11. Stock) stellt Kalifornien als eine gigantische goldene Göttin dar, die erntefrisches Obst darreicht, während sich darunter Goldsucher abrackern und Ölraffinerien im Hintergrund auftürmen. Riveras *Allegory* ist glorifizierend, aber warnt auch: Während kalifornische Arbeiter, Erfinder und Träumer ahnungslos ihren Beschäftigungen nachgehen, bewegt sich der Druckmesser an der linken Seite dem roten Bereich zu.

### TRANSAMERICA PYRAMID & REDWOOD PARK — SEHENSWERTES GEBÄUDE

Karte S. 325 (www.thepyramidcenter.com; 600 Montgomery St; ⏲Mo–Fr 10–15 Uhr; Ⓜ Embarcadero, Ⓑ Embarcadero) Die Pyramide von 1972 ist das prägende Kennzeichen der Skyline San Franciscos. Bei den Bauarbeiten wurde auf dem Gelände das Wrack eines während des Goldrauschs aufgegebenen Walfängerschiffes entdeckt. Vor der Pyramide erstreckt sich auf 2000 m² ein Redwood-Wäldchen an der Stelle, wo Mark Twains Lieblingskneipe und die Zeitungsredaktion standen, in der Sun Yat-sen seine Proklamation der Republik China verfasste. Die hierher verpflanzten Redwoods haben zwar flache Wurzeln, aber ihre verflochtene Struktur ermöglicht es ihnen, unglaubliche Höhen zu erreichen – Twain selbst hätte keine perfektere Metapher für San Francisco schreiben können.

### WELLS FARGO HISTORY MUSEUM — MUSEUM

Karte S. 325 (☎415-396-2619; www.wellsfargohistory.com/museums; 420 Montgomery St; ⏲Mo–Fr 9–17 Uhr; 👪; Ⓜ Montgomery, Ⓑ Montgomery) GRATIS Weil die Goldgräber einen Ort brauchten, wo sie ihr Geld aufbewahren und verschicken konnten, gründete Wells Fargo 1852 an dieser Stelle ein Geldinstitut. Heute befasst sich das Museum mit Neuerungen aus der Goldrauschzeit wie dem Postdienst Pony Express, dem transkontinentalen Telegramm- und dem kalifornienweiten Postkutschendienst. Um 1866 war Wells Fargo das weltweit größte Postkutschenunternehmen. Besucher können in eine alte Postkutsche steigen und sich Pioniergeschichten anhören und Kinder kostenlos auf einem mechanischen Pony reiten. Abgesehen von der unverblümten Werbung für Wells Fargo sind die Ausstellungen gut recherchiert, faszinierend und kostenfrei.

## Union Square

### PALACE HOTEL — HISTORISCHES GEBÄUDE

Karte S. 318 (☎415-512-1111; www.sfpalace.com; 2 New Montgomery St; Ⓑ Montgomery, Ⓜ Montgomery) Das Palace, ein echter Überlebenskünstler San Franciscos, wurde 1875 eröffnet, brannte aber während des Erdbebens von 1906 aus. Der Opernstar Enrico Caruso wurde durch das Beben hier aus seinem Bett geworfen, floh aus San Francisco und kehrte nie wieder zurück. Das Palace wurde 1909 wiedereröffnet, zehn Jahre später hielt hier der damalige US-Präsident Woodrow Wilson seine Rede zum Völkerbund. Bei einem Besuch tagsüber ist die Buntglasdecke im Garden Court schön zu sehen, ein Blick lohnt sich auch auf das Wandbild *Pied Piper* von Maxfield Parrish in der **Pied Piper Bar**.

**49 GEARY** GALERIE

Karte S. 318 (www.sfada.com; 49 Geary St; Di–Sa 11–18 Uhr; 5, 6, 7, 9, 21, 31, 38, M Powell, B Powell) GRATIS Die Sammler, die in kargen Galerien in Chelsea schweigsam Endivienblätter mümmeln, sind nur zu bedauern – bei den First-Thursday-Vernissagen im 49 Geary gibt's überraschende Kunst, Popcorn und Besucher, die kein Blatt vor den Mund nehmen. In den zwei Dutzend Galerien über vier Stockwerke werden herausragende internationale und amerikanische Werke ausgestellt, darunter Fotos in der Fraenkel Gallery und der Scott Nichols Gallery, Installationen von Ai Weiwei in der Haines Gallery und Christian Maychacks wilde plastische Gebilde in der Gregory Lind Gallery. Wer lieber in relativer Ruhe genießt, kommt besser an einem Werktag hier her.

## TIMOTHY PFLUEGERS UMWERFENDE WOLKENKRATZER

Wenn ein Wolkenkratzer in Downtown einen zwingt stehenzubleiben, zu starren und den Hals zu verrenken, liegt das wohl an Timothy Pflueger. San Franciscos produktiver und ideenreicher Architekt war von 1925 bis 1948 für die meisten atemberaubenden Gebäude in Downtown verantwortlich, von opulentem Art-déco bis zu monumentalem Minimalismus. Cineasten und Architekturfans sollten sich mit der F-Linie zu Pfluegers prunkvollem Castro Theatre begeben, einem Filmpalast in mexikanischem Barock, und anschließend mit dem BART nach Oakland fahren, um das funkelnde, mosaikreiche Art-déco-Gebäude des Paramount Theatre anzuschauen, das als Vorbild für die Kulisse der Smaragdstadt im Film *Der Zauberer von Oz* diente. Zunächst aber kann man die folgenden Meisterwerke Pfluegers in Downtown bewundern:

**Pacific Telephone & Telegraph Company Building** (Karte S. 322; 140 New Montgomery St; 14, B Montgomery, M Montgomery) Mit dem hohen, schnittigen Gebäude von 1925, das eine Art-déco Lobby aus schwarzem Marmor hat und innen jüngst gülden restauriert wurde, machte sich der Architekt Timothy Pflueger seinen Namen. Winston Churchill tätigte hier 1929 seinen ersten transatlantischen Telefonanruf, pikanterweise scheint das Hochhaus heute aber den Handyempfang zu beeinträchtigen. Bemerkenswert sind die kabelähnlichen Linien, die auf der Fassade nach oben an stilisierten Sendemastisolatoren vorbei bis hoch zu grimmigen Steinadlern verlaufen. Heute ist es der Firmensitz des Empfehlungsportals Yelp, außerdem befindet sich hier das modern-marokkanische Restaurant Mourad (S. 93).

**450 Sutter St** (Karte S. 318; 450 Sutter St; 38, Powell-Mason, Powell-Hyde) In dem 26-stöckigen Wolkenkratzer im modernen Maya-Stil sind überwiegend Zahnarztpraxen untergebracht. Die Lobby ist von oben bis unten mit Schlangen aus Gussbronze (Symbole für Heilkraft), Figuren mit verzogenen Gesichtern, die offensichtlich einen Zahnarzt brauchen, und Paneelen voller rätselhafter Zeichen bedeckt – vielleicht frühe Versicherungsformulare? Das von Timothy Pflueger entworfene Wahrzeichen mit seinen umgedrehten Pyramidenlampen lässt eine Zahnbehandlung wie ein spirituelles Erlebnis erscheinen.

**I. Magnin Building** (Karte S. 318; Ecke Stockton & Geary St; 38, Powell-Mason, Powell-Hyde) Als Timothy Pfluegers radikales Design 1948 am Union Sq eingeweiht wurde, war die Gesellschaft San Franciscos schockiert: Das führende Bekleidungskaufhaus der Stadt schien völlig nackt zu sein. Pfluegers avantgardistischer, schmuckloser Block aus weißem Marmor sorgte für Bestürzung – bis Christian Dior ihn höchstpersönlich als *magnifique* bezeichnete. Heute birgt er eine Reihe von Luxusboutiquen mit neuer Innenausstattung. Pfluegers gewagtes Gebäude ist nach wie vor das zeitloseste Fashion Statement am Union Sq und es war sein letztes Werk vor seinem verfrühten Tod durch Herzinfarkt im Alter von 54 Jahren. Zu Pfluegers Vermächtnis gehören Dutzende andere Wahrzeichen in der Bay Area, auch die Bay Bridge und das San Francisco Museum of Modern Art (S. 82), das er mitbegründete.

### JAMES FLOOD BUILDING
HISTORISCHES GEBÄUDE

Karte S. 318 (Ecke Market & Powell St; M Powell, B Powell) Das Steingebäude von 1904 überstand das Erdbeben von 1906 und behielt seinen ursprünglichen Charakter bei, trotz des Flagship-Stores von Gap im Erdgeschoss. Die marmornen Flure mit Mattglastüren in den oberen Etagen wirken wie eine Kulisse aus einem Film Noir. Kein Zufall: 1921 stellte das San-Francisco-Büro der berüchtigten Pinkerton Detective Agency einen jungen Ermittler namens Dashiell Hammett ein, Autor des Krimiklassikers *Der Malteser Falke* von 1930.

## SoMa

### SAN FRANCISCO MUSEUM OF MODERN ART
MUSEUM

Siehe S. 82.

### CONTEMPORARY JEWISH MUSEUM
MUSEUM

Karte S. 322 (415-655-7856; www.thecjm.org; 736 Mission St; Erw./Stud./Kind 14/12 $/frei, Do nach 17 Uhr 5 $; Mo, Di & Fr–So 11–17, Do bis 20 Uhr; ; 14, 30, 45, B Montgomery, M Montgomery) Der hochkant gestellte Block aus blauem Stahl, der über dem Contemporary Jewish Museum scheinbar gegen die Gesetze der Schwerkraft auf einer Ecke balanciert, ist genau passend für eine Institution, die konventionelle Ideen über Kunst und Religion auf den Kopf stellt. Der Entwurf des Architekten Daniel Libeskind soll das Museum als rational, monumental und mystisch zugleich darstellen. Aber erst die dort ausgestellte zeitgenössische Auftragskunst haucht dem Gebäude Leben ein.

### MUSEUM OF THE AFRICAN DIASPORA
MUSEUM

Karte S. 322 (MoAD; 415-358-7200; www.moadsf.org; 685 Mission St; Erw./Kind/Stud. 10 $/frei/5 $; Mi–Sa 11–18, So 12–17 Uhr; P ; 14, 30, 45, M Montgomery, B Montgomery) Das MoAD lässt Menschen aus aller Welt die epische Geschichte der Diaspora erzählen, beispielsweise in einem bewegenden Video mit Sklavenberichten, gesprochen von Maya Angelou. Die Ausstellungen wechseln vierteljährlich, herausragend waren u. a. eine Hommage an die New-Wave-Ikone der 1980er-Jahre Grace Jones, Fotos von modernen afrikanischen Wahrzeichen des Architekten David Adjaye und Alison Saars Skulpturen von Gestalten, die von der Geschichte geprägt wurden. Zum Veranstaltungsprogramm gehören Poetry-Slams, spirituelle Musik der Yoruba sowie Vorträge, die sich z. B. damit beschäftigen, was aus dem kostenlosen, von den Black Panthers eingerichteten Schulfrühstück wurde.

### SPUR URBAN CENTER GALLERY
KULTURZENTRUM

Karte S. 322 (415-781-8726; www.spur.org; 654 Mission St; 9–17 Uhr; 12, 14, B Montgomery, M Montgomery) GRATIS Städte sind das, was man aus ihnen macht, und das gemeinnützige Stadtplanungszentrum SPUR lädt dazu ein, sich San Francisco (und die eigene Stadt) mit Ausstellungen zum urbanen Lebensraum, von Klanglandschaften bis zu Seniorenwohnungen, neu vorzustellen. Die Ausstellungen lokaler und internationaler Künstler sind kostenlos, anregend und visuell ansprechend. Eine tolle Schatzsuche bietet SPURs interaktiver Stadtplan und Führer zu in Privatbesitz befindlichen öffentlichen Räumen (genannt POPOs, *privately owned public-open spaces*) – auf der Website nach „POPO San Francisco" suchen oder die App herunterladen.

### CHILDREN'S CREATIVITY MUSEUM
MUSEUM

Karte S. 322 (415-820-3320; http://creativity.org/; 221 4th St; 12,95 $; im Sommer Di–So 10–16 Uhr, sonst Mi–So; ; 14, M Powell, B Powell) Hier gibt's keine Absperrungen und Bitte-nicht-berühren-Schilder: Das Museum bietet Kindern Hightech-Exponate, die sie dazu auffordern, Musikvideos und Knetanimationsfilme herzustellen und Spielburgen zu bauen. Zudem können sie an Live-Rollenspielen in Videospielen und an Workshops mit Superstar-Animatoren, Technikgenies und Roboterbauern teilnehmen. Ein einfacheres Vergnügen ist eine Fahrt draußen auf dem traditionellen **Looff Carousel** von 1906, das täglich von 10 bis 17 Uhr in Betrieb ist; das Ticket für 4 $ gilt für zwei Fahrten (1 $ Ermäßigung mit dem Museumseintritt).

### CALIFORNIA HISTORICAL SOCIETY
MUSEUM

Karte S. 322 (415-357-1848; www.californiahistoricalsociety.org; 678 Mission St; Erw./Kind 10 $/frei; Galerie & Laden Di–So 11–17 Uhr, Bibliothek Mi–Fr 13–17 Uhr; ; M Montgomery, B Montgomery) Ein Schatz an Informationen zu Kalifornien wartet in diesem Museum mit

INSIDERWISSEN

### DACHGÄRTEN IN DOWNTOWN

Über den wuseligen Gehwegen liegt eine heitere Welt nicht ausgewiesener, aber öffentlicher Dachgärten, die einen Blick in die Hochhausschluchten Downtowns gewähren. Sie werden *privately owned public-open spaces* (POPOs; öffentliche Freiräume in Privatbesitz) genannt. Der gemeinnützige Stadtplanungsverein SPUR (S. 85) hat eine App, auf der alle verzeichnet sind.

Die beliebtesten Dachgärten sind:

Die **One Montgomery Terrace** (Karte S. 318; 1 Montgomery St; Mo–Sa 10–18 Uhr; M Montgomery, B Montgomery) bietet von der Market St einen großartigen Ausblick auf das alte und das neue San Francisco. Zugang ist über die Crocker Galleria, dort mit dem Aufzug bis ganz nach oben und dann über eine Treppe aufs Dach, oder über Wells Fargo im One Montgomery und mit dem Fahrstuhl bis „R".

Auf der **Sun Terrace** (Karte S. 325; 343 Sansome St; Mo–Fr 10–17 Uhr; M Embarcadero, B Embarcadero) auf einem schlanken Art-déco-Wolkenkratzer genießt man sensationelle Blicke über den Financial District und die Transamerica Pyramid. Zu erreichen mit dem Aufzug; in den 14. Stock *(15th floor)* fahren.



thematisch gegliederten Ausstellungen, die aus den über einer Million Fotos, Gemälden und Alltagsgegenständen der Sammlung zusammengestellt sind. Zuletzt gab es Ausstellungen, für die Weinetiketten aus der Prohibitionszeit ausgegraben wurden, Protestposter aus dem Summer of Love 1967 und Anleitungen der Tanzpionierin Anna Halprin von 1971, sich per Ausdruckstanz durch San Francisco zu bewegen. Die Veranstaltungen bieten seltene Gelegenheiten, Underground-Comics aus den 1970er-Jahren, Schwulenbars im San Francisco der 1940er-Jahre und das Standardangebot in Kneipen der Goldrauschzeit (Whiskey, Opium und Tamales) zu diskutieren.

**YERBA BUENA GARDENS** PARK

Karte S. 322 (415-820-3550; www.yerbabuenagardens.com; Ecke 3rd & Mission St; 6–22 Uhr; ; M Montgomery, B Montgomery) Hier in der üppig grünen Oase im Betondschungel von SoMa zwischen dem Yerba Buena Center for the Arts und dem Unterhaltungskomplex Metreon lässt sich endlich tief durchatmen. Hier kann man wunderbar picknicken, im Sommer kostenlosen Mittagskonzerten lauschen (s. Website) oder heimlich hinter dem Brunnen knutschen. Der Martin Luther King Jr Memorial Fountain ist eine Wasserwand, auf der die unsterblichen Worte des Pastors stehen: „ … bis Gerechtigkeit sich wie Wasser ergießt und Rechtschaffenheit wie ein mächtiger Strom".

**CROWN POINT PRESS** GALERIE

Karte S. 322 (415-974-6273; www.crownpoint.com; 20 Hawthorne St; Mo 10–17, Di–Sa bis 18 Uhr; 14, B Montgomery, M Montgomery) GRATIS Vermutlich hielt niemand für möglich, dass irgendwer Chuck Closes gigantische Porträts, Robert Bechtles hyperrealistische Straßenszenen oder Kiki Smiths akribische Wandbilder auf Papier reproduzieren könnte – aber weit gefehlt. Die Grafiker von Crown Point Press arbeiten mit internationalen Künstlern zusammen, um einmalige Visionen in großformatige, limitierte Holzschnitte und Radierungen zu übertragen. Wenn die Grafiker bei der Arbeit sind, werden Besucher oft zum Zuschauen eingeladen, und wer Lust bekommt, es selbst auszuprobieren, kann sich hier Ratgeberbücher und Gerätschaften kaufen.

**SF ARTS COMMISSION GALLERY** GALERIE

Karte S. 320 (415-252-2255; www.sfartscommission.org; 401 Van Ness Ave, Suite 126, War Memorial Veterans Bldg; Di–Sa 11–18 Uhr; M Van Ness) Die kommende Kunstströmung San Franciscos kann man in dieser Galerie für lokale Talente gleich in ihren Anfängen erleben, ob Susan O'Malleys Siebdrucke mit Ratschlägen von San Franciscoern oder die berühmten Aufnahmen von Jimi und Janis des Rockfotografen Jim Marshall. Außer in der Galerie stellt das Kunstamt auch in der City Hall und in einem leeren Laden in der 155 Grove St aus.

## Civic Center & Tenderloin

**ASIAN ART MUSEUM** MUSEUM

Siehe S. 82.

### LUGGAGE STORE GALLERY
GALERIE

Karte S. 320 (415-255-5971; www.luggagestoregallery.org; 1007 Market St; Mi–Sa 12–17 Uhr; 6, 7, 9, 21, M Civic Center, B Civic Center) Die tapfere gemeinnützige Galerie hat wie ein Löwenzahn, der sich durch Spalten auf dem Gehweg zwängt, für einen Hoffnungsschimmer in einem der seit zwei Jahrzehnten härtesten Straßenzüge des Tenderloin gesorgt. Der Luggage Store bot den Straßenkünstlern San Franciscos eine Plattform und machte den Graffiti-Star Barry McGee, den Wandmaler Rigo und die Straßenfotografin Cheryl Dunn bekannt. Eine Tür voller Graffiti weist den Weg zur Galerie im 1. OG *(2nd floor)*, die sich zwar oberhalb der Straße befindet, aber den Bezug zu ihr nie verloren hat.

### GLIDE MEMORIAL UNITED METHODIST CHURCH
KIRCHE

Karte S. 320 (415-674-6090; www.glide.org; 330 Ellis St; Gottesdienste So 9 & 11 Uhr; ; 38, M Powell, B Powell) Wenn der Gospelchor der Kirche in seinen Regenbogenroben loslegt, bricht die über 2000-köpfige Gemeinde in Jubel, Umarmungen und Tanz aus. Die ausgelassenen Gottesdienste am Sonntag präsentieren San Francisco von seiner offensten und positivsten Seite, da sie das ganze Spektrum von kultureller und sozialer Zugehörigkeit, Geschlecht, Orientierung und Befähigung umspannen. Nach Ende der Gottesdiensten engagieren sich die Gemeindemitglieder auch weiter in diesem Sinne: Sie servieren pro Tag 2000 kostenlose Mahlzeiten und bieten obdachlosen Personen und Familien Unterkunft und emotionale Unterstützung – freiwillige Helfer sind jederzeit willkommen.

### SF CAMERAWORK
GALERIE

Karte S. 320 (415-487-1011; www.sfcamerawork.org; 1011 Market St, 1. OG (2nd floor); Di–Fr 12–18, Sa bis 17 Uhr; 6, 7, 9, 21, B Civic Center, M Civic Center) GRATIS Die gemeinnützige Kunsteinrichtung vertritt seit 1974 experimentelle Fotokunst jenseits klassischer Schwarz-Weiß-Bilder und digitaler Schnappschüsse. Seit dem Umzug in diese großen Räumlichkeiten in der Market St reiste die Galerie mit Straßenfotografinnen um die Welt, überschritt mit Flüchtlingen Grenzen, dokumentierte nach Waldbränden die Rückkehr von Menschen in ihre Häuser und ging auf imaginäre Reisen mit Diashows aus Ferienfotos, die in der städtischen Abfallentsorgung entdeckt wurden.

### TENDERLOIN NATIONAL FOREST
PARK

Karte S. 320 (831-318-0253; www.luggagestoregallery.org/tnf; Ellis St, zw. Leavenworth & Hyde St; 12–17 Uhr; 27, 31, 38, B Powell, M Powell) GRATIS Ein Stück malerisches Landleben inmitten des urbanen Verfalls in einem der rauesten Karrees im Tenderloin. Die Sackgasse Cohen Alley, einst von Spritzen und Abfall vermüllt, wurde von einem gemeinnützigen Künstlerkollektiv neu gestaltet. Jetzt wächst hier ein Wäldchen, Betonmauern sind mit Wandbildern lokaler Künstler bedeckt und der Asphalt wurde durch Mosaikwege und Koi-Teiche ersetzt. Wer Lust hat – und wer hätte die nicht – kann sich mit Gartengeräten an der Pflege von San Franciscos kleinstem Naturwunder beteiligen.

### TWITTER HEADQUARTERS
WAHRZEICHEN

Karte S. 320 (Western Furniture Exchange & Merchandise Mart; https://about.twitter.com/company; 1355 Market St; 6, 7, 21, M Civic Center, B Civic Center) Das umwerfende Art-déco-Gebäude von 1937 mit Maya-Anklängen wurde für 300 Möbelgroßhändler gebaut, aber vor rund zehn Jahren waren nur noch knapp 30 übrig. Die Stadt bot Twitter Steuererleichterungen für einen Umzug des Firmensitzes von **South Park** (Karte S. 322; S Park St; M N, T) hierher an. Nach einem 1,2 Mio. $ teuren Umbau (mit dem Energie- und Umweltzertifikat LEED) einschließlich Dachbepflanzung ließ sich Twitter hier nieder. Nur Twitter-Angestellte haben Zugang zur Videospielhalle und zur Cafeteria Birdfeeder, aber **The Market** auf über 2000 m² im Erdgeschoss mit heimischen Feinkostlebensmitteln steht allen offen.

### ROOT DIVISION
GALERIE

Karte S. 322 (415-863-7668; www.rootdivision.org; 1131 Mission St; Spenden erwünscht; Galerie Mi–Sa 14–18 Uhr, außerdem nach Vereinbarung; ; 6, 9, 71, F, B Civic Center, M Civic Center) GRATIS Die gemeinnützige Galerie veranstaltete schon Ausstellungen zu Themen wie Gartenkunst oder Kalligrafien mit Menschenhaarpinseln. Root Division sorgt auch für weitere Inspirationen, indem es Künstlern subventionierte Ateliers im Gegenzug für kostenlose Kunstkurse anbietet, z. B. Filzskulpturen oder elektronische Kunst. Das Workshop-Programm für Jugendliche und Erwachsene steht auf der Website.

INSIDERWISSEN

## SOMAS ERFINDERGEIST

Kaum einem Besucher San Franciscos ist klar, dass die meisten Technologien, die sie täglich benutzen, innerhalb von 80 km um diese Stadt erfunden wurden – all diese praktischen Suchportale, Websites und Apps sowie die Smartphones, -brillen und -uhren. Aber noch weniger Menschen wissen, wie viele der meistgenutzten Apps innerhalb der 1,3 km² des Viertels SoMa erfunden wurden, z. B. Instagram, Twitter, Pinterest und Airbnb.

Ist da was im Wasser in SoMa? Nein, aber vielleicht im Bier. Wer sich unter die Techniknerds in den Feierabendtreffpunkten der Start-ups in SoMa mischt, erhascht vielleicht einen inoffiziellen Einblick in die nächste große Technologie. Mehrere der wichtigsten Silicon-Valley-Gründerzentren für Start-ups befinden sich in SoMa, darunter RocketSpace (http://rocketspace.com), PARISOMA (www.parisoma.com) und Impact Hub (https://bayarea.impacthub.net). Auf den Websites sind die Happy Hours, Treffen und Verkaufspräsentationen angekündigt, bei denen etwas über Technologieneuheiten erfahren ist und den künftigen Top oder Flop auf dem Markt testen kann.

Wer von seinem eigenen technologischen Durchbruch träumt – doch, passiert jedem irgendwann in San Francisco – ist am richtigen Ort, um ihn zu verwirklichen. In San Francisco gibt es mehrere Hackerspaces, wo man bei Schaltkreisen mit Leuten kommunizieren kann, die wahrscheinlich jedes Bankkonto hacken könnten, aber stattdessen freundlich Tipps geben. Zwei Hackerspaces, die Events auch für Nichtmitglieder veranstalten, sind der rein weibliche Hackerspace Double Union (https://www.doubleunion.org; online sind Termine für öffentliche Hack-Sessions und Workshops zu erfahren) und der anarchisch kreative Hackerspace Noisebridge (https://www.noisebridge.net; Spenden willkommen), beide gemeinnützig und in Mission.

Wenn es mit der eigenen Erfindung nicht wie geplant läuft, ist das kein Grund zum Aufgeben. Wie es im Silicon Valley so schön heißt: Wenn's beim ersten Mal daneben geht, geht's beim nächsten Mal eben besser daneben. Die meisten Technologien sind irgendwann sowieso überholt – manche schneller als andere. An Freitagnachmittagen bietet das Internet Archive (S. 205) in einem umgebauten neoklassischen Tempel von 1927 im Richmond District einen Einblick in längst vergangene Blogs und in das Innenleben der Wayback Machine.

Was könnte noch in San Francisco erfunden werden? Zeitmaschinen wären gut. Im Interval Bar & Cafe (S. 70) kann man auf die Zukunft anstoßen und sich am Dienstagabend bei Vorträgen über Kunst, Design, Geschichte, Natur, Technik und die Zeit informieren.

Lohnend sind auch Events wie die jährliche Misfit Maker Factory mit Künstlern, die verkäufliche Werke direkt vor Ort schaffen.

### SAN FRANCISCO MAIN LIBRARY
KULTURZENTRUM

Karte S. 320 (☎415-557-4400; www.sfpl.org; 100 Larkin St; ⏲Mo & Sa 10–18, Di–Do 9–20, Fr 12–18, So 12–17 Uhr; 👪; 🚌5, 6, 7, 19, 21, 31, Ⓑ Civic Center, Ⓜ Civic Center) GRATIS Ein prächtiges Oberlicht beleuchtet die Lieblingslektüre San Franciscos: Gedichte in der Robert Frost Collection, Bürgerrechte im Hormel LGBTQIA Center, Musikmagazine im Little Maga/Zine Center und Witziges in der Schmulowitz Collection of Wit and Humor.

Sehenswert ist die Tapete vom 2. bis in den 4. Stock, die aus alten Zettelkatalogen gefertigt wurde – die Künstlerinnen Ann Chamberlain und Ann Hamilton forderten 200 San Franciscoer auf, mehrsprachige Kommentare auf etwa 50 000 Kärtchen zu schreiben.

### CITY HALL
HISTORISCHES GEBÄUDE

Karte S. 320 (☎Infos zu Führungen 415-554-6139; http://sfgov.org/cityhall/city-hall; 400 Van Ness Ave; ⏲Mo–Fr 8–20 Uhr, Führungen 10, 12 & 14 Uhr; 👪; Ⓜ Civic Center, Ⓑ Civic Center) GRATIS Das Wahrzeichen im Beaux-Arts-Stil, das aus der Asche des Erdbebens von 1906 wiederauferstanden ist, steckt voller Geschichte. Demonstranten, die 1960 gegen die Anhörungen des Kommunistenhassers McCarthy protestierten, wurden mit Wasser aus Feuerwehrschläuchen zersprengt – gleichwohl war das erste Sit-in Amerikas erfolgreich.

Der erste offen schwule Stadtrat in den USA, Harvey Milk, wurde hier 1978 zusammen mit dem Bürgermeister George Moscone ermordet. 2004 wurden hier jedoch auch 4037 gleichgeschlechtliche Paare legal getraut. In jüngerer Zeit machte die City Hall durch ihre Genehmigung von innovativen Umweltinitiativen und den stadtweiten Status als „Sanctuary" (Zufluchtsort) für Trump-Verfolgte Schlagzeilen.

**COMPTON'S TRANSGENDER CULTURAL DISTRICT** STADTVIERTEL

(www.facebook.com/pages/category/community-organization/comptons-transgender-cultural-district-1601956093204763) Das weltweit erste gesetzlich anerkannte Transgender-Viertel wurde geschaffen, um das Andenken an historische Stätten zu erhalten und gleichzeitig gemeinnützige Organisationen, Geschäfte und Einrichtungen des Nachtlebens und damit die Community insgesamt zu stärken.

Das Viertel umfasst das Gebiet nördlich der Market St zwischen Taylor und Jones St, südlich der Ellis St zwischen Mason und Taylor St, nördlich der Ellis St zwischen Taylor und Jones St sowie einen Korridor an der 6th St zwischen Market und Howard St.

# ESSEN

**Downtown und South of Market (SoMa) sind für ihre Nobelrestaurants (reservieren!) berühmt, aber es gibt hier auch Esslokale, die auf Büroangestellte ausgerichtet sind und Mittagstisch für rund 12 bis 15 $ anbieten. Im Financial District herrscht abends tote Hose, nur Lokale der mittleren und gehobenen Kategorie sind dann noch geöffnet. Das Tenderloin (westlich der Powell St, südlich der Geary St, nördlich der Market St) ist grenzwertig und heruntergekommen, aber wie immer in San Francisco belohnen preisgünstige Restaurants die Wagemutigen. Einige billige Lokale im Tenderloin schließen früher als sie offiziell angeben.**

## Financial District & Jackson Square

**MIJITA** MEXIKANISCH $

Karte S. 325 (415-399-0814; www.mijitasf.com; 1 Ferry Bldg, Ecke Market St & Embarcadero; Gerichte 4–10 $; Mo–Do 10–19, Fr bis 20, Sa 9–20, So 9–15 Uhr; 2, 6, 9, 14, 21, 31, M Embarcadero, B Embarcadero) Über den Straßentischen an der Bucht kreisen Möwen, die neidisch die nachhaltigen Fisch-Tacos und den herben Yambohnen- und Grapefruitsalat beäugen. Die mit dem James Beard Award ausgezeichnete Küchenchefin Traci Des Jardins würdigt in dieser sonnigen Taqueria die Kochkunst ihrer mexikanischen Großmutter. Die Quesadilla nach Mexiko-Stadt-Art ist mit *epazote* (Mayakräutern) gewürzt und das *agua fresca* (Obstpunsch) besteht aus frisch gepresstem Saft.

**GOLDEN WEST** SANDWICHES $

Karte S. 318 (415-216-6443; http://theauwest.com; 8 Trinity Alley; Mittagessen 9–12 $; Mo–Fr 8–14 Uhr; 3, 8, 30, 45, B Montgomery, M Montgomery) Heureka! Zwischen Maklerfirmen und dem leuchtenden Schild mit der Aufschrift Au (das Zeichen für Gold) findet sich eine seltene Entdeckung im FiDi: ein unvergessliches Mittagsmahl aus erstklassigen kalifornischen Zutaten, das kein Vermögen kostet.

Das Angebot richtet sich nach der Saison, aber lohnenswert sind Rippchensandwiches mit karamellisierten Zwiebeln und hausgemachter Mayonnaise oder scharfer Hühnchensalat mit Mango, Bioblattgemüse und Kürbiskernen.

**EL PORTEÑO EMPANADAS** ARGENTINISCH $

Karte S. 325 (415-513-4529; www.elportenosf.com; 1 Ferry Bldg, Ecke Market St & Embarcadero; Empanadas 6,50 $; Mo–Sa 7.30–20.15, So 8–19.15 Uhr; B Embarcadero, M Embarcadero) Im Porteño gibt's für das Kleingeld, das vom Einkauf auf dem Bauernmarkt übrig ist, schmackhaft gefüllte Empanadas. Vegetarische Versionen wie *acelga* (Biomangold und Gruyère) und *humita* (Brentwood-Mais und karamellisierte Zwiebeln) sind genauso lecker wie die klassische Füllung *jamon y queso* (Schinken und Fontina-Käse). Etwas Platz sollte noch für *dulce de leche alfajores* (mit Karamellcreme gefüllte Doppelkekse) bleiben.

**COTOGNA** ITALIENISCH $$

Karte S. 325 (415-775-8508; www.cotognasf.com; 490 Pacific Ave; Hauptgerichte 19–38 $; Mo–Do 11.30–22.30, Fr & Sa bis 23, So 17–21.30 Uhr; 10, 12) Der Besitzer und Koch Michael Tusk heimst James Beard Awards für einen sehr italienischen kulinarischen Balanceakt ein: Er schafft das ideale Verhältnis zwischen wenigen ursprünglichen Zutaten in rustikalen Pastagerichten, Pizza aus dem Holzofen und Wolfsbarsch in Salzkruste. Reservieren ist ein Muss, besonders für das preisgünstige mehrgängige Menü am Sonntagabend (69 $) mit Wein-Pairing (35 $). Ohne Reservierung klappt ein spätes Mittag- oder frühes Abendessen. Das italienische Weinangebot ist supergünstig (Flaschen ab 50 $).

### BOULETTE'S LARDER & BOULIBAR MEDITERRAN, KALIFORNISCH $$

Karte S. 325 (☎415-399-1155; www.boulettes larder.com; 1 Ferry Bldg, Ecke Market St & Embarcadero; Hauptgerichte 18–24 $; ⊙Larder Di–Sa 8–10.30 & 11.30–15, So 10–14.30 Uhr, Boulibar Di–Fr 11.30–15 & 18–21.30, Sa 11.30–15 & 16.30–20 Uhr; MEmbarcadero, BEmbarcadero) Eine Dinnershow hat keine Chance gegen Brunch am Gemeinschaftstisch im Boulette's, der wirkungsvoll in einer Küche zwischen herumwirbelnden Köchen und Blick auf die Bay Bridge platziert ist. In der benachbarten Boulibar werden an Picknicktischen pikante orientalische Mezze, wunderbar blasige Pizza aus dem Holzofen und Fladenbrot serviert – perfekt, um Leute zu beobachten, trotz der manchmal gehetzten Bedienung. Kücheninspiration liefern die Gewürzmischungen von Larder.

### SLANTED DOOR VIETNAMESISCH $$

Karte S. 325 (☎415-861-8032; www.slanteddoor.com; 1 Ferry Bldg, Ecke Market St & Embarcadero; Hauptgerichte 18–42 $; ⊙Mo–Sa 11–14.30 & 17.30–22, So 11.30–15 & 17.30–22 Uhr; 🚌2, 6, 9, 14, 21, 31, MEmbarcadero, BEmbarcadero) 🍃 Traumhaften Genuss bietet dieses Bistro am Wasser mit Blick auf die funkelnde Bucht, wo vietnamesisch inspirierte Gerichte mit kalifornischen frischen Zutaten serviert werden. Der Besitzer und Koch Charles Phan, der in Chinatown aufwuchs, wurde mit dem James Beard Award ausgezeichnet und ist ein lokaler Held, weil er sich für Zutaten aus kalifornischem Anbau einsetzt. Zu seinen typischen Gerichten zählen knoblauchiges Geschnetzeltes vom Weiderind oder Taschenkrebse auf Glasnudeln. Eine Reservierung ist Wochen im Voraus nötig, andernfalls gibt's auch Essen zum Mitnehmen.

### HOG ISLAND OYSTER COMPANY FISCH & MEERESFRÜCHTE $$

Karte S. 325 (☎415-391-7117; www.hogislandoysters.com; 1 Ferry Bldg, Ecke Market St & Embarcadero; 6 Austern 19–21 $; ⊙11–21 Uhr; 🚌2, 6, 9, 14, 21, 31, MEmbarcadero, BEmbarcadero) 🍃 Nachhaltige Meeresfrüchte der North Bay mit Blick auf die East Bay werden in dieser Austernbar angeboten. Es gibt sie roh, gegrillt mit Chipotle-Bourbon-Butter oder à la Rockefeller (mit Spinat, Pernod und Sahne gekocht). Die Austern sind nicht gerade die billigsten, aber durchgehend die besten, und das Weinangebot ist exzellent. Samstags von 8 bis 14 Uhr betreibt Hog Island einen Marktstand.

### KUSAKABE SUSHI, JAPANISCH $$$

Karte S. 325 (☎415-757-0155; http://kusakabe-sf.com; 584 Washington St; 8-Gänge-Probiermenü 98 $, 11-Gänge-Probiermenü 168 $; ⊙17–22.45 Uhr, letzte Platzierung 20.45 Uhr; 🚌8, 10, 12, 41) Keine Bange beim *omakase* (Probiermenü) von Küchenchef Mitsunori Kusakabe. Am Tresen lässt sich beobachten, wie der Koch dem Thunfisch mit der Innenseite eines *shiso*-Blatts einen Hauch Kräuteraroma verleiht. Nach dem Verspeisen des Menüs – meist mit den Händen, „um Aromen freizusetzen" – kann man noch zusätzlich Seeigel aus Hokkaido bestellen, den der Koch mit der Außenseite des *shiso*-Blatts aromatisiert. Sojasauce wird nicht gereicht – ist auch nicht nötig. Es ist auch eine Wein- (130 $) und eine Sake-Begleitung (160 $) erhältlich.

### QUINCE KALIFORNISCH $$$

Karte S. 325 (☎415-775-8500; www.quincerestaurant.com; 470 Pacific Ave; 10-Gänge-Probiermenü 295 $, Weinbegleitung 275 $, Kurzmenü 180 $, Weinbegleitung 150 $; ⊙Mo–Do 17.30–21, Fr & Sa 17–21.30 Uhr; 🚌3, 10) 🍃 Chefkoch Michael Tusks Probiermenü aus dem reichen nordkalifornischen Angebot ist ein Abenteuer und ziemlich teuer. Wen dieses saisonale Angebot nicht überzeugt, der kann stattdessen im Salon Gerichte von der Karte bestellen (siehe Website). Sie sind etwas erschwinglicher, aber nicht weniger edel. Es gibt einige saisonale Gerichte mit Kaviar, wie das herausragende Acquerello-Risotto mit Kaviar vom Weißen Stör, Meyer-Zitronen und Crème fraîche.

### KOKKARI GRIECHISCH $$$

Karte S. 325 (☎415-981-0983; www.kokkari.com; 200 Jackson St; Hauptgerichte 25–56 $; ⊙Mo–Do 11.30–14.30 & 17.30–22, Fr 11.30–14.30 & 17.30–23, Sa 17–23 Uhr; ✎; 🚌8, 10, 12, 41) Ein griechisches Restaurant zum Tellerschlecken. Es bietet Vorspeisen wie Tintenfisch vom Holzkohlengrill mit einem Schuss Zitrone und Oregano und das berühmte reichhaltige Moussaka mit Lammfleisch, Aubergine und Joghurt. Wer nicht warten will, sollte reservieren oder kann sich an der angesagten Bar mit deftigen mediterranen Vorspeisen den Bauch vollschlagen.

## Union Square

**SUSHIRRITO** JAPANISCH, FUSIONSKÜCHE $

Karte S. 318 (415-544-9868; www.sushirrito.com; 226 Kearny St; Gerichte 10–14 $; Mo–Fr 10–20, Sa ab 11, So 12–16 Uhr; ; 30, 45, B Montgomery, M Montgomery) Schon mal Appetit auf Sushi gehabt, aber hungrig genug für einen Burrito gewesen? Dann ab ins Sushirrito, wo frische südländische und asiatische Zutaten in Reis und Nori-Blätter gerollt und dann praktischerweise mit Alufolie umwickelt werden. Pazifische Aromen kommen im Geisha's Kiss mit geangeltem Gelbflossen-Thunfisch und Piquillo-Paprika und im vegetarischen Buddha Belly mit pikanter japanischer Aubergine, Grünkohl und Avocado zur Geltung.

**EMPORIO RULLI** CAFÉ $

Karte S. 318 (www.rulli.com; Union Sq; Backwaren 4–8 $; 8–19 Uhr; ; M Powell, B Powell) In dem Glaspavillon oben am Union Sq ist das Essen (an der Theke bestellen) weniger wichtig als das Leute beobachten, am besten von einem der Straßentische. An sonnigen Tagen eignet sich das Café wunderbar für eine Pause bei Eis, italienischem Gebäck oder Croissants mit Schinken oder Prosciutto sowie starkem Espresso oder Wein. Im Winter gibt es direkt neben dem Café eine Schlittschuhbahn.

**★LIHOLIHO YACHT CLUB** HAWAIISCH, KALIFORNISCH $$

Karte S. 320 (415-440-5446; http://lycsf.com; 871 Sutter St; Gerichte 11–37 $; Mo–Do 17–22.30, Fr & Sa bis 23 Uhr; 2, 3, 27, 38, California) Wer braucht schon eine Jacht zum Glück? Die herb-säuerlichen Cocktails und die kreativen kalifornisch-hawaiischen Gerichte sorgen für reichlich Aloha. Zu den garantierten Stimmungsaufhellern gehören pikantes Rinderzungen-*bao*, Entenleber-Mousse mit eingelegter Ananas auf Brioche und vietnamesischer Krautsalat mit zarten Tintenfischen und knusprigen Kutteln. Reservierungen sind schwer zu ergattern; wer an der Bar essen will, sollte früh oder spät eintreffen oder kann sich nach unten in die Kneipe Louie's Gen-Gen Room begeben und dort sündhaft leckere Waffeln mit Knochenmarkbutter essen.

INSIDERWISSEN

### FREILUFTRESTAURANTS IN DOWNTOWN

Bei den seltenen Hitzewellen in San Francisco, wenn es zu heiß ist, ohne Klimaanlage (die ohnehin niemand hat) im Haus zu bleiben, und warm genug, um draußen zu essen, sind zwei Straßen beliebte Ziele, um genau das zu tun: der Belden Place (www.belden-place.com) und die Claude Lane. Beide sind Fußgängersträßchen mit Restaurants im europäischen Stil und kontaktfördernden Straßentischen. Das Essen ist in der Claude Lane ein wenig besser, besonders im Cafe Claude. Der Belden Place ist sonniger und fröhlicher – die Restaurants hier machen mittelmäßige französische Küche mit strahlendem Lächeln und großen Weingläsern wieder wett.

**CAFE CLAUDE** FRANZÖSISCH $$

Karte S. 318 (415-392-3505; www.cafeclaude.com; 7 Claude Lane; Hauptgerichte 15–26 $; 11.30–22 Uhr; 30, 45, M Montgomery, B Montgomery) Das schicke Café mit Zinkbar, Straßentischen unter Sonnenschirmen und Angestellten, die *en français* parlieren, ist eine kleine französische Zuflucht in einer Gasse in San Francisco. Mittagessen wird den ganzen Tag über serviert und zum Abendessen spielen donnerstags bis sonntags Jazz-Combos. Auf der Karte stehen Klassiker wie Coq au Vin und Escargots mit einem Hauch von Knoblauch, immer gut, wenn auch nicht großartig – aber Wein und Romantik sorgen für einen unvergesslichen Abend.

**HAKKASAN** DIM SUM $$$

Karte S. 318 (415-829-8148; http://hakkasan.com; 1 Kearny St; Hauptgerichte 20–38 $; Di–Fr 11.30–14 & 17–22, Sa 11.30–15 & 17–22 Uhr; M Montgomery, B Montgomery) Internet-Start-ups und Risikoinvestoren gleichermaßen schätzen im Hakkasan das dreigängige Mittagsmenü (31 $) oder das elegante Dim Sum (empfehlenswert: Teigtäschchen mit Jakobsmuscheln in altem Brandy oder mit Garnelen und Schnittlauch gefüllt). Geburtstage und Börsengänge können hier stilvoll mit großzügig eingeschenkten Getränken und himmlischen Hauptgerichten wie Pekingente mit nachhaltigem Kaviar gefeiert werden. Abends wird erwartet, dass man pro Person zwei bis drei Gerichte bestellt; ein Parkplatz kostet 15 $.

## SoMa

### SENTINEL SANDWICHES $

Karte S. 322 (415-769-8109; www.thesentinelsf.com; 37 New Montgomery St; Sandwiches 9–12 $; Mo–Fr 7–14.30 Uhr; 12, 14, M Montgomery, B Montgomery) Der Koch Dennis Leary revolutionierte das schlichte Sandwich mit Zutaten der Saison: Lamm-Gyros wird mit Pesto und Aubergine aufgepeppt und Corned Beef verbindet sich mit Schweizer Käse und hausgemachter russischer Sauce. Auf der Website stehen die jeweiligen Tagesgerichte. Man kann telefonisch bestellen oder muss zehn Minuten warten: Die Sandwiches werden nach Wunsch zubereitet. Gegessen wird in den benachbarten Yerba Buena Gardens.

### YANK SING DIM SUM $

Karte S. 322 (415-781-1111; www.yanksing.com; 101 Spear St; Dim Sum 6–14 $; Mo–Fr 11–15, Sa & So 10–16 Uhr; 6, 9, 14, 21, 31, B Embarcadero, M Embarcadero) San Franciscos berühmtestes Dim-Sum-Lokal hat sich seinen Ruhm redlich verdient und ist immer noch die Top-Adresse für Shanghai-Teigtaschen, gefüllt mit heißer Brühe und Schweinefleisch, und unvergleichliche, in Scheiben geschnittene Peking-Ente.

Die Bedienung vom Servierwagen ist effizient und makellos und das freundliche Personal spricht u. a. fließend Englisch, Kantonesisch und Mandarin. Zu allen Zeiten geht ohne Reservierung gar nichts.

### TONY BALONEY'S SANDWICHES $

Karte S. 322 (415-863-1514; 1098 Howard St; Sandwiches 3–7 $; Mo–Fr 6–18, Sa 6.15–16 Uhr; 12, 14, 19) Das alteingesessene altmodische Deli lockt mit überaus freundlicher Bedienung und Sandwiches, die noch immer weniger als 7 $ kosten. Perfekt für Picknicks – das Hühnchen-Pesto-Sandwich ist legendär. Beim Brot wählt man am besten das Dutch Crunch.

### VIVE LA TARTE CAFÉ $

Karte S. 322 (415-643-5444; https://vivelatarte.com; 1160 Howard St; Hauptgerichte 9–18 $; 8–17 Uhr; 12, 14, 19) Was als Cateringservice mit einem VW-Westfalia-Bulli begann, hat sich über die Jahre in ein beliebtes Café mit belgisch-kalifornischer Bäckerei verwandelt, heutzutage untergebracht in hellen Räumlichkeiten im Industrieschick, mit hohen Decken und offener Küche.

Zu den Glanzlichtern auf der Karte zählen unterschiedliche Focaccias und andere Backwaren, Quiches und sättigende Frühstücksgerichte, doch die größte Versuchung ist der Käsekuchen mit belgischer Ingwer-Biskuitkruste.

### DOTTIE'S TRUE BLUE CAFÉ AMERIKANISCH, FRÜHSTÜCK $

Karte S. 320 (415-885-2767; 28 6th St; Hauptgerichte 9–17 $; Do, Fr, Mo & Di 7.30–15, Sa & So bis 16 Uhr; B Powell, M Powell) Glücklich kann sich schätzen, wer weniger als eine halbe Stunde warten muss und nur einmal angeschnorrt wird. Aber wer bei Dottie's Geduld hat, wird mit frischen Backwaren belohnt.

Pfannkuchen mit Zimt und Ingwer, gegrilltes Maisbrot mit Chili und Cheddar, Rührei mit Whiskey-Fenchel-Wurst und andere Frühstücksklassiker kommen bewährt und waschecht aus Dotties Pfanne.

### 21ST AMENDMENT BREWERY AMERIKANISCH $$

Karte S. 322 (415-369-0900; http://21st-amendment.com; 563 2nd St; Hauptgerichte 10–20 $; Küche Mo–Sa 11.30–22, So 10–22 Uhr, Bar bis 24 Uhr; ; 10, M N,T) Das 21st Amendment in perfekter Lage vor einem Spiel der Giants braut herausragendes IPA und das Weizenbier Hell or High Watermelon.

Das vegetarierfreundliche Speisenangebot – Pizza, vegetarische und Rindfleischburger sowie die Hausspezialität *tot-chos* (*tater-tot nachos*; Kartoffel-Nachos) – hält den Schwips in Grenzen, aber in dem riesigen Raum herrscht solcher Lärm, dass ohnehin niemand merkt, wenn man laut wird. Kinder kriegen Eiscreme-Soda aus hausgemachter Kräuterlimonade.

### ZERO ZERO PIZZA $$

Karte S. 322 (415-348-8800; www.zerozerosf.com; 826 Folsom St; Pizza 13–20 $; So–Do 11.30–22, Fr & Sa bis 23 Uhr; M Powell, B Powell) Der Name verspricht echte Pizza: Italienisches Mehl vom Typ „00" ist das Geheimnis für knusprige neapolitanische Pizza mit weichem Rand und hier wird das Versprechen gehalten – samt kalifornischem Belag.

Die Pizza Geary ist ein multikulturelles Abenteuer mit Venusmuscheln, Schinken und kalabrischen Chilis, aber am beliebtesten ist die Pizza Castro, die dick mit hausgemachter Wurst belegt ist.

**★BENU** KALIFORNISCH, FUSIONSKÜCHE **$$$**

Karte S. 322 (☎415-685-4860; www.benusf.com; 22 Hawthorne St; Probiermenü 310 $; ⏲Di–Do 17.30–20.30, Fr & Sa bis 21 Uhr; 🚌10, 12, 14, 30, 45) San Francisco steht seit 150 Jahren an vorderster Front der asiatischen Fusionsküche, aber die pazifische Innovation, die der Küchenchef Corey Lee auf den Teller zaubert, ist umwerfend, z. B. mit Foie gras gefüllte Teigtäschchen in Suppe.

Taschenkrebse und getrüffelte Eiercreme geben der „falschen" Haifischflossensuppe so viel Aroma, dass man schwören könnte, es wäre tatsächlich ein Hai darin. Ein Essen im Benu ist sehr teuer, aber die genialen Wein-Pairings (210 $) des Starsommeliers Yoon Ha lohnen die Investition.

**BOULEVARD** KALIFORNISCH **$$$**

Karte S. 322 (☎415-543-6084; www.boulevardrestaurant.com; 1 Mission St; Hauptgerichte mittags 16–30 $, abends 29–54 $; ⏲Mo–Do 11.30–14 & 17.30–21.30, Fr bis 22, Sa 17.30–22, So 17.30–21.30 Uhr; Ⓜ Embarcadero, Ⓑ Embarcadero) Im Audiffred Building von 1889 im Stil der Belle Époque war einst die Coast Seamen's Union untergebracht, aber seit über 20 Jahren schreibt hier nun die mit dem James Beard Award ausgezeichnete Köchin Nancy Oakes kulinarische Geschichte.

Unter den verlässlich leckeren, mühelos eleganten Gerichten sind saftige, im Holzofen gebratene Koteletts vom Berkshire-Schwein, wilder Heilbutt mit Jakobsmuschel-Klößchen und knusprige kalifornische Wachteln sowie himmlische, nostalgisch stimmende Kuchen und Eiscreme. Und der Service ist der beste in ganz San Francisco.

**1601 BAR & KITCHEN** KALIFORNISCH, FUSIONSKÜCHE **$$$**

Karte S. 322 (☎415-552-1601; http://1601sf.com; 1601 Howard St; Hauptgerichte 23–29 $; ⏲Di–Do 17.30–22, Fr & Sa bis 23 Uhr; 🚌9, 12, 47, Ⓜ Van Ness) 🍃 Ein Starkoch wird geboren: Brian Fernandos sri-lankische Inspirationen werden von Kaliforniern begeistert aufgenommen.

Samtzartes Heilbutt-Ceviche in Kokosnussmilch macht sofort süchtig, Schmortopf aus Ziegenfleisch von den Marin Sun Farms mit rotem Basmatireis für zwei Personen ist perfekt für ein Date und den hausgeräucherten Kurkuma-Lachs und die Pommes frites mit Bockshornklee-Chili-Essig will man glatt nochmal zum Frühstück. Das Restaurant bietet Raffinesse ohne Anmaßung und dazu ein fabelhaftes Probiermenü (110 $). Das Angebot wechselt täglich.

**MOURAD** MAROKKANISCH, MEDITERRAN **$$$**

Karte S. 322 (☎415-660-2500; http://mouradsf.com; 140 New Montgomery St; Hauptgerichte 19–40 $, Platten 75–165 $, Probiermenü 155 $; ⏲Mo–Fr 11.30–14 & 17.30–22, Sa & So 17–22 Uhr; 🚌12, 14, Ⓑ Montgomery, Ⓜ Montgomery) 🍃 Im historischen Gebäude von Pacific Telephone & Telegraph mit herrlicher Art-déco-Lobby aus schwarzem Marmor kreiert der *Iron Chef*-Star Mourad Lahlou spannende Gerichte wie Couscous mit Pastinaken, Safran und Maitake-Pilzen.

Zu den marokkanischen Platten werden viele verschiedene Beilagen gereicht – sie sind eine echte Geschmackssensation und reichen für zwei bis sechs Personen, vorausgesetzt, man kann sich auf eine Proteinzutat einigen; Tipp: die Lammschulter.

## Civic Center & Tenderloin

**ARIA KOREAN TAPAS** KOREANISCH **$**

Karte S. 320 (☎415-292-6914; https://ariasf.com; 932 Larkin St; 10 Stücke Huhn 9 $, Hauptgerichte 9–11 $; ⏲11.30–15 & 16.30–21 Uhr; 🚌19, 38, 47, 49) Die Räumlichkeiten sind beengt, schäbig und mit Streetart, darunter einige Graffiti-Hühner, überzogen. Doch die koreanischen „Tapas" sind himmlisch. Das Aria ist berühmt für seine köstlichen gebratenen Bio-Hühnerkeulen, glasiert mit Knoblauch-Sojasauce oder einer süß-pikanten Sauce. Beliebt sind aber auch die *kimbap* (koreanische Sushi-Röllchen mit mariniertem Ribeye-Steak oder Gemüse) und die *tteokbokki* (pikante Reisküchlein).

Der in einem klitzekleinen Laden im Tenderloin ansässige, familiengeführte Imbiss ist ein wahrer Champion des koreanischen Streetfood.

**SAIGON SANDWICH SHOP** VIETNAMESISCH **$**

Karte S. 320 (☎415-474-5698; 560 Larkin St; Sandwiches 4–5 $; ⏲7–17.30 Uhr; 🚌19, 31) Die Straßenszenen im Tenderloin sollten beim Warten nicht ablenken – man muss allzeit bereit sein für seine Bestellung für das *banh mi* (vietnamesisches Sandwich), wenn die Saigoner Chefin „Next!" ruft, um nicht übergangen zu werden.

INSIDERWISSEN

### HEART OF THE CITY FARMERS MARKET

Als die Landwirtschaftspioniere Nordkaliforniens in den 1970er-Jahren zurück aufs Land strömten, legten sie den Grundstein für die Ökolandbaubewegung in den USA.

Die daraus resultierenden hervorragenden Erzeugnisse lassen sich heute in ganz San Francisco probieren, der Stadt mit den meisten Bauernmärkten pro Einwohner im ganzen Land.

An den Ständen des gemeinnützigen, von Farmern organisierten **Market** (Karte S. 320; www.hotcfarmersmarket.org; United Nations Plaza; Mi 7–17.30, So bis 17 Uhr; ; 6, 7, 9, 21, M Civic Center, B Civic Center) werden seit 1981 auf den Betonplatten im Stadtzentrum frische Erzeugnisse verkauft. Seine Mission ist es, einkommensschwache Innenstadtbewohner mit regionalen, bezahlbaren und gesunden Lebensmitteln zu versorgen.

Zum Angebot gehören je nach Saison Beeren von Yerena Farms, Buddhas Finger (eine Zitrusart) von De Santis Farms und Tomaten und Obst aus Wasser sparendem Trockenfeldanbau von Miramonte Farms Organics. Alles zu Schnäppchenpreisen!

Wer schnell reagiert, wird mit einem Baguette dick belegt mit Schweinebraten, Huhn, Pâté, Fleischklopsen oder Tofu nach Wahl belohnt. Dazu gibt's eingelegte Möhren, Koriander, Jalapeños und Zwiebelringe.

### GOLDEN ERA — VEGAN $

Karte S. 320 (415-487-8687; https://goldeneravegan.com; 395 Golden Gate Ave; Hauptgerichte 10–13 $; 10.30–20.30 Uhr; ; M Civic Center, B Civic Center) Um das helle und freundliche vegane Lokal zu betreten, muss man eventuell über eine schlafende Person ohne festen Wohnsitz steigen, aber auch das gehört zu San Francisco. Die erschwinglichen asiatischen Suppen, Salate, Nudelgerichte, Currys und pfannengerührten Gemüsegerichte sind die Unbill auf jeden Fall wert. Besonders beliebt sind die Speisen mit Fleischersatz; sie passen auch bestens zu den Tees und Obstsäften.

### Z ZOUL — SUDANESISCH $

Karte S. 320 (415-757-0187; https://zzoulcafe.com; 295 Eddy St; Hauptgerichte 7–17 $; Mo–Fr 10.30–21.30, Sa bis 20.30 Uhr; ; 5, 6, 7, 21, 31, Powell-Mason, Powell-Hyde, B Powell, M Powell) Wie wär's mit ein bisschen humanitärem Engagement zum Lammschenkel? Im zwielichtigen Tenderloin befindet sich San Franciscos einziges sudanesisches Restaurant, betrieben vom ehemaligen Flüchtling Aref Elgaali. „Zoul" bedeutet Freund. Die Rezepte für die Speisen, die er anbietet, werden von Generation zu Generation weitergereicht.

Der talentierte Koch und Erzähler teilt seine Geschichte und seine traditionellen Gerichte gern. Zu den interessantesten zählen *kisra* (dünnes fermentiertes Brot) mit Pfeffer-Relish, *theeli* (pürierter Spinateintopf) und *jabana*-Kaffee. Die Kaffeebohnen wachsen in Äthiopien in der Nähe eines Lagers für sudanesische Flüchtlinge, das Aref mit Stolz unterstützt; den Kaffee würzt er mit Kardamom und Ingwer.

### RED CHILLI — NEPALESISCH $

Karte S. 320 (415-931-3529; www.redchillisf.com; 522 Jones St; Hauptgerichte 8–11 $; 11.30–22.30 Uhr; 2, 3, 27, 38) Der Mount Everest ist was für Amateure – Gourmetabenteurer wagen sich in die schäbigen Straßen des Tenderloin, um sich im Red Chilli supergünstiges Butterhuhn, Kathmandu-Brötchen (Wraps) und Lamm-*achar* mit Essigsauce reinzuziehen.

Fällt die Wahl schwer? Dann bestellt man einfach Reis mit verschiedenen kleinen Beilagen, aber die *momos* (nepalesische Teigtäschchen) sollten unbedingt dazugehören. Der Familienbetrieb ist freundlich, zauberhaft kitschig und liegt günstig vor oder nach den Cocktails im Bourbon & Branch (S. 99) – ansonsten wird auch außer Haus geliefert.

### ESAN CLASSIC — NORDTHAILÄNDISCH $$

Karte S. 320 (415-800-7646; https://esanclassic.com; 739 Larkin St; Hauptgerichte 10–36 $; 11–16 & 17–24 Uhr; ; 19, 31, 38, 47, 49) In diesem angesagten jüngeren Schwesterrestaurant des nahen **Lers Ros** (Karte S. 320; 415-931-6917; www.lersros.com/larkin; 730 Larkin St; Hauptgerichte 10–22 $; 11–24 Uhr; 19, 31, 38, 47, 49) sollte man nicht versuchen, ein *pad thai* zu bestellen: Die 120 Gerichte umfassende Karte lehnt sich an die Küche der weniger bekannten Region Isan in Nordostthailand an.

Man bewundert also den Motorrad-Oldtimer am Empfangstresen, blickt tief in die Augen der übergroßen Anime-Mädels an den Wänden und bestellt dann die Hühncheninnereien mit Basilikum.

**BRENDA'S FRENCH SOUL FOOD** KREOLISCH $$

Karte S. 320 (☎415-345-8100; www.frenchsoulfood.com; 652 Polk St; Hauptgerichte 13–19 $; ⏲Mo & Di 8–15, Mi–Sa bis 22, So bis 20 Uhr; 🚌19, 31, 38, 47, 49) Die Besitzerin und Köchin Brenda Buenviaje verbindet kreolische New-Orleans-Rezepte mit französischen Zubereitungsarten und kreiert somit „französisches Soul Food".

Geboten werden modernisierte Klassiker wie Langusten-Beignets mit Cayennepfeffer, fluffige Buttermilchbrötchen, einwandfreies Hangtown Fry (Eier, Speck und Austern in Maismehlpanade) und Brathuhn mit Blattkohl und scharfem Paprikagelee. Lange Wartezeiten in einer zwielichtigen Straße sind unvermeidlich. Es ist aber auch möglich, Essen zum Mitnehmen zu bestellen.

## AUSGEHEN & NACHTLEBEN

**In SoMa gibt es die meisten Clubs, aber sie verteilen sich über ein weitläufiges Gelände, hochhackige Schuhe sind also nicht so geeignet. Die größte Dichte an Bars und Clubs befindet sich um die 11th und die Folsom St. Am Wochenende geht es in SoMa rund, aber werktags ist meist weniger los. Die Bars im Financial District sind mittwochs bis freitags zwischen 17 und 20 Uhr proppenvoll, leeren sich dann plötzlich und schließen um Mitternacht. Großkotzige Macho-Programmierer und Büroangestellte in Feierabendlaune machen die Stimmung kaputt, freitags wird es richtig ätzend. Billigere Drinks gibt's im Tenderloin, wo Hipster, Freigeister und notorische Trinker einen heben. Richtung Financial District wird's immer teurer, östlich der Powell St kostet ein Drink schon über 12 $.**

### Financial District & Jackson Square

**IMPERIAL TEA COURT** TEEHAUS

Karte S. 325 (☎415-544-9830; www.imperialtea.com; 1 Ferry Bldg, Ecke Market St & Embarcadero; Tee 6–12 $; ⏲Mo–Fr 10–19, Sa 8–18.30, So 10–17 Uhr; Ⓜ Embarcadero, Ⓑ Embarcadero) Man betritt das Teehaus durch das traditionelle Mondtor, geht unter den chinesischen Laternen entlang und nimmt dann an einem der Rosenholztische Platz, wo man die Qual der Wahl aus über 100 Loseblatttees hat, die perfekt zu einer Schüssel handgezogener Nudeln passen. Besonders eindrucksvoll ist die Auswahl an Oolong-Tees. Jeder Tee wird im Rahmen einer Gaiwan-Zeremonie in Porzellanschälchen serviert, die einen an die Ming-Dynastie denken lassen.

**BIX** BAR

Karte S. 325 (☎415-433-6300; www.bixrestaurant.com; 56 Gold St; ⏲Bar Mo–Do 16.30–22, Fr 11.30–24, Sa 17.30–24, So 17.30–22 Uhr; 🚌1, 8, 10, 12, 41) In einer Gasse am Jackson Square verbirgt sich das Bix, ein Supper Club wie eine Flüsterkneipe, in der Barkeeper in weißen Jacketts an der Mahagoni-Bar Martinis schütteln. Das Restaurant ist mittags von 11.30 bis 14.30 Uhr und abends ab 17.30 Uhr geöffnet, aber eigentlich lockt einen vor allem die Bar, in der jeden Abend Pianospieler oder Jazzcombos auftreten.

**FERRY PLAZA WINE MERCHANT** WEINBAR

Karte S. 325 (☎415-391-9400; www.fpwm.com; 1 Ferry Bldg, Ecke Market St & Embarcadero; ⏲Mo 11–19, Di 10–20, Mi–Fr 10–21, Sa 8–20, So 10–19 Uhr; Ⓜ Embarcadero, Ⓑ Embarcadero) Ob man sich nun introvertiert oder flirtbereit fühlt, bei mindestens 25 Weinen, die im 60-ml-Glas probiert oder im 150-ml-Glas bestellt werden können, findet sich mit Hilfe des sachkundigen Personals der Bar bestimmt die richtige Sorte für die eigene Gemütslage.

Samstags ist die Bar ziemlich voll, aber sonst nehmen sich die Mitarbeiter Zeit, spannende neue kalifornische Weine vorzustellen.

### Union Square

**PAGAN IDOL** LOUNGE

Karte S. 318 (☎415-985-6375; www.paganidol.com; 375 Bush St; ⏲Mo–Fr 16–2, Sa ab 18 Uhr; Ⓑ Montgomery, Ⓜ F, J, K, L, M) Alle halbe Stunde bricht im Pagan Idol ein Vulkan aus. Dann bestellt man eben einen Cocktail und macht sich auf die Wirkung gefasst – diese Tiki-Drinks haben es in sich. Schön gefährlich ist ein Hemingway Is Dead: Rum, Bitterlikör und Grapefruit, serviert in einem Schädel. Gruppen von vier bis sechs Personen können online eine Tiki-Hütte reservieren.

**LOCAL EDITION** BAR

Karte S. 318 (415-795-1375; www.localeditionsf.com; 691 Market St; Mo–Do 17–2, Fr ab 16.30, Sa ab 19 Uhr; M Montgomery, B Montgomery) Neueste Nachrichten zur Cocktailszene San Franciscos gibt es in dieser Bar im Keller des historischen Verlagshauses Hearst.

Die Beleuchtung ist so gedämpft, dass mancher sich an Schreibmaschinen stößt. Aber das ist keine Entschuldigung dafür, sich um einen Good Question zu drücken, einen Cocktail aus Hibiskus-Sherry, Genever, Thymian, Salz, Pfeffer und noch irgendwas Geheimnisvolles. Für Abende mit schwungvoller Livemusik muss ein Tisch bestellt werden.

**PACIFIC COCKTAIL HAVEN** COCKTAILBAR

Karte S. 318 (PCH; www.pacificcocktailsf.com; 580 Sutter St; Mo 17–21, Di–Do 17–2, Fr & Sa 16–2 Uhr; 1, Powell-Mason, Powell-Hyde, California) Ganz bequem auf einem Barhocker in Downtown kann man sich hier quer durch den pazifischen Raum süffeln.

Südpazifisch wird's mit dem Lime in da Coconut (Wodka, Kokosnuss, gesalzene Pistazien, Limette und zerstoßenes Eis) und ab in den Sonnenuntergang geht's mit dem Eastern Promises (Bombay Sapphire East Gin, rosa Pfeffer und Zitronengras-Bitter), der nicht auf der Karte steht.

**GASPAR BRASSERIE & COGNAC ROOM** BAR

Karte S. 318 (415-576-8800; http://gasparbrasserie.com; 185 Sutter St; Bar im OG Mo–Fr 17.30–22 Uhr, Restaurant Mo–Fr 11.30–14 & 17.30–22 Uhr; B Montgomery, M Montgomery) Als die Goldsucher fündig und reich wurden, ersetzten sie den Fuselwhiskey durch edlen französischen Cognac – und jetzt wiederholt sich die Geschichte allabendlich im Gaspar's.

Zur größten Auswahl an Cognac-Cocktails San Franciscos gehört der umwerfend leckere Corpse Reviver #1 (Cognac, Calvados, Wermut, Orange – steht nicht auf der Karte). Ob Boom oder Pleite, unbedingt lohnenswert ist die Happy Hour werktags von 16.30 bis 18.30 Uhr, zu der die Austern 1,50 $ und Wein und Cocktails 8 $ kosten.

**RICKHOUSE** BAR

Karte S. 318 (415-398-2827; www.rickhousebar.com; 246 Kearny St; Mo 17–2, Di–Fr 15–2, Sa 18–2 Uhr; 8, 30, 45, M Montgomery, B Montgomery) Im langen, schmalen Rickhouse stapeln sich vom Boden bis zur Decke alte Whiskeyfässer aus Kentucky und die Regale hinter der Bar stammen aus einem Nonnenkloster in den Ozarks, das einst heimlich Fusel gebrannt hat. Cocktails werden oft mit Whiskey und Bourbon gemixt, aber der Californio mit Goldstaub-Bitterlikör ist eine klasse Mischung mit Roggenwhiskey.

Um die große Schüssel Admiral's Whiskey Punch zu leeren, versammelt man am besten ein paar trinkfeste Mitstreiter.

**IRISH BANK** PUB

Karte S. 318 (415-788-7152; www.theirishbank.com; 10 Mark Lane; 11.30–2 Uhr; 2, 3, 30, 45, M Montgomery, B Montgomery) Perfekt gezapfte Pints und dicke Pommes frites mit Malzessig sind Standard in dem gemütlichen Irish Pub in einer Gasse in der Nähe des Tors nach Chinatown.

In den Nischen verspeisen die Leute saftige Burger, Bratwurst und alles, was es so gibt, immer mit ordentlich viel Senf. Die Tische draußen unter den Markisen sind ideal, um ins Gespräch zu kommen und eine zu rauchen, ohne böse Blicke zu ernten – selten in Kalifornien.

## SoMa

**COIN-OP** BAR

Karte S. 322 (628-444-3277; http://coinopsf.com; 508 4th St; Mo–Fr 16–2, Sa & So ab 14 Uhr; 30, 45, 47, M N, T) Endlich eine Bar, in der Introvertierte und Extrovertierte trinken, beim Jakkolospiel scheu flirten und gemeinsam böse Ninjas bekämpfen können. Flippermagier wetteifern um hohe Treffer, andere spielen alte Videospiele wie Street Fighter, Tron und Super Mario Brothers zu Preisen wie in den 1980er-Jahren.

Toll sind auch die Bar aus alten Fernsehgeräten und die Auswahl kalifornischer Craftbiere zur Happy Hour (tgl. die ersten beiden Stunden der Öffnungszeit).

**SIGHTGLASS COFFEE** CAFÉ

Karte S. 322 (415-861-1313; www.sightglasscoffee.com; 270 7th St; 7–19 Uhr; 12, 14, 19, B Civic Center, M Civic Center) Der Duft von Kaffee führt in dieses Lagerhaus in SoMa, wo hochwertiger Kaffee aus familienbetriebenen Plantagen täglich frisch geröstet wird.

Kenner trinken unten den Owl's Howl Espresso oder begeben sich direkt in die Affogato Bar im Zwischengeschoss, um zu diesem Espresso auch noch ein Eis zu bestellen. Experimentierfreudige sollten den moussierenden Kaffee probieren, eine Brause aus Kaffeekirschen.

### BLOODHOUND BAR

Karte S. 322 (☎415-863-2840; www.bloodhoundsf.com; 1145 Folsom St; ⏲16–2 Uhr; 🚌12, 14, 19, 27, 47) Der auf die Decke gemalte Krähenschwarm ist ein Omen: Die Nächte im Bloodhound nehmen oft mythische Proportionen an. Wikinger würden sich zwischen den Geweihkronleuchtern gleich zu Hause fühlen, Alkoholschmuggler würden die Bretterwände und den erstklassigen Fusel schätzen, der in Einweckgläsern serviert wird. Der Rest kann Poolbillard spielen oder auf den Ledersofas chillen bis die richtige Musik aus der Jukebox tönt.

### ENDUP SCHWULE, CLUB

Karte S. 322 (☎415-646-0999; www.facebook.com/theendup; 401 6th St; Eintritt 10–60 $; ⏲Fr 23–Sa 8, Sa 22–Mo 4 Uhr; 🚌12, 19, 27, 47) Von wegen Golden Gate Bridge – erst wer am Ende der Nacht von der Hinterhofoase dieses ausgelassenen Tanzclubs mit begrüntem Wasserfall den Sonnenaufgang über der Auffahrt des Freeway 101 gesehen hat, ist wirklich in San Francisco angekommen.

Tanzen wird hier zum Marathon, dank der 24-Stunden-Konzession des EndUp, Samstagnacht wird also irgendwie immer zum Montagmorgen. Die Toiletten sind ein Witz, nicht jedoch die strengen Kontrollen auf Waffen und Drogen.

### CAT CLUB CLUB

Karte S. 322 (☎415-703-8965; www.sfcatclub.com; 1190 Folsom St; Eintritt frei–12 $; ⏲Di–Sa 21–3, So bis 24 Uhr; 🚌12, 19, 27, 47, Ⓜ Civic Center, Ⓑ Civic Center) Man kennt seine Freunde erst richtig, wenn man sie beim Mitgrölen von A-has *Take on Me* beim Class of '84 erlebt hat. Diese Retro-Tanzparty findet jeden Donnerstag im Cat Club statt, und die euphorische Bi-/Hetero-/Schwulen-/Wasauchimmerszene dort wirkt wie ein Ausschnitt aus einem Film von John Hughes. Dienstags gibt's Karaoke (kostenlos), mittwochs Bondage-a-Go-Go, freitags Goth und samstags Power-Pop der 1980er- und 1990er-Jahre – entsprechend anziehen und abrocken.

### CITY BEER STORE & TASTING ROOM BAR

Karte S. 322 (☎415-503-1033; www.citybeerstore.com; 1148 Mission St; ⏲12–24 Uhr; 🚌12, 14, 19) Der beste Bierladen San Franciscos bietet Probierschlückchen von hervorragenden heimischen und belgischen Bieren aus Kleinbrauereien in Gläsern von 180 ml und 600 ml an. Ein Sechserpack Stout und/oder Ale zum Mitnehmen lässt sich beliebig zusammenstellen, gleich trinken geht auch, z. B. Craftbier des Tages vom Fass. Brauereien veranstalten hier informative Verkostungen – als Trinkgrundlage gibt's ein Carpaccio von der geräucherten Forelle oder ein Sandwich mit langsam geröstetem Lammfleisch.

### 111 MINNA BAR, CLUB

Karte S. 322 (☎415-974-1719; www.111minnagallery.com; 111 Minna St; Eintritt frei–20 $; ⏲Mo–Do 19.30–21, Fr bis 2, Sa 22–2 Uhr; Ⓜ Montgomery, Ⓑ Montgomery) Die Minna St ist nach einer Puffmutter der Goldrauschzeit benannt, heute widmet sich das 111 Minna an dieser Straßenecke drei Geschäftszweigen: Kunstgalerie-Café (werktags 7–17 Uhr), Happy-Hour-Szene (werktags 15.30–21 Uhr) und Club am Wochenende. Ein Hit sind die Abende mit Hip-Hop der 1990er-Jahre und Trap x Art, wenn die Kunstpartyszene sich auf leeren Leinwänden verewigt und abtanzt.

### HOUSE OF SHIELDS BAR

Karte S. 322 (www.thehouseofshields.com; 39 New Montgomery St; ⏲Mo–Fr 14–2, Sa & So ab 15 Uhr; Ⓜ Montgomery, Ⓑ Montgomery) Wie vor 100 Jahren wirkt die prachtvoll restaurierte Mahagonibar mit originalen Kronleuchtern von 1908 und altmodischen Cocktails ganz ohne Firlefanz. Fernseher und Uhren sind hier nicht zu finden, das Zeitgefühl geht also leicht verloren. Im House of Shields fühlen sich sowohl die Schickeria von Nob Hill als auch Fahrradkuriere aus Downtown wohl – besonders bei einem starken Sazerac in schummrigen Ecken.

### PAWN SHOP WEINBAR

Karte S. 322 (☎415-874-8041; https://thepawnshopsf.com; 993 Mission St; ⏲Mo 16–23, Di–Do bis 24, Fr bis 1, Sa 10–24, So 10–23 Uhr; 🚌6, 7, 9, 14, Ⓑ Powell, Ⓜ Powell) Um reinzukommen, muss man den Hörer des goldenen Telefons abnehmen und nach dem „pawn master" fragen. Der versucht vielleicht, einen an der Nase herumzuführen, aber wer beharrlich bleibt, wird in ein Pseudo-Geschäft

## SOMAS LEGENDÄRE LGBTIQ-SZENE

Seit den 1940er-Jahren suchten Seeleute die Schwulen- und Transkneipen in der Polk St und im Tenderloin auf, die Bars in Castro waren in den 1970er-Jahren angesagt, und Frauen, die Frauen lieben, zieht es seit den 1960er-Jahren in die Kneipen in Mission. Aber im Mittelpunkt der Wochenend-Schwulenszene stehen schon seit Jahrzehnten die alten Lagerhallen von SoMa. In SoMa gibt es alles, von Lederbars über Drag-Shows bis zu reinen LGBTIQ-Clubs. Klar, Internetkontakte haben die Szene etwas ausgedünnt, viele Frauen bevorzugen immer noch Mission und manche Abende kommen nur zögerlich in Schwung. Aber die folgenden Einrichtungen im schwulen Nachtleben sind an Wochenenden proppenvoll:

**Eagle Tavern** (Karte S. 322; www.sf-eagle.com; 398 12th St; Eintritt 5–10 $; ⌚Mo–Do 17–2, Fr ab 14, Sa & So ab 12 Uhr; 🚌9, 12, 27, 47) Sonntagnachmittags führen alle Straßen im schwulen Untergrund zum historischen Eagle, wenn jeder von 15 bis 18 Uhr für 15 $ Bier bis zum Abwinken trinken darf. Wer Leder trägt – oder schamlos flirtet – passt bestens dazu, und wer vor 15 Uhr eintrifft, vermeidet lange Schlangen und erwischt noch kostenloses Grillfleisch. Donnerstags rocken Bands ab und das Publikum ist gemischt; freitags und samstags gibt's Shows von Bondage bis Drag. Das Programm steht auf der Website.

**Lone Star Saloon** (Karte S. 322; ☎415-863-9999; http://lonestarsf.com; 1354 Harrison St; ⌚Mo–Do 16–2, Fr ab 14, Sa & So ab 12 Uhr; 🚌9, 12, 27, 47) Wie kalifornische Grizzlybären zum Honigtopf zieht es kräftige Kerle mit buschigen Bärten ins legendäre Lone Star. Hinten gibt es eine riesige Terrasse und einen Billardtisch, um den sich seit 1989 männliche Männer und ihre Bewunderer drängen – dies war die erste Bar nur für Männer in San Francisco. Die Besitzer und Barkeeper Charlie und Bruce verkaufen werktags zur Happy Hour von 14 bis 20 Uhr das Bier für 3 $; sonntags ist es hier rappelvoll.

**Stud** (Karte S. 322; ☎415-863-6623; www.studsf.com; 399 9th St; Eintritt 5–8 $; ⌚Di–Do 17–2, Fr 17–4, Sa 19–4, So 19–2 Uhr; 🚌12, 19, 27, 47) Das Stud, in der die Schwulenszene schon seit 1966 abrockt, ist Amerikas erster genossenschaftlicher Club im Besitz der Mitarbeiter. Themennächte decken rauf und runter alles ab, von kostenlosen Karaoke-Tanzpartys am Dienstag bis zu Tease-Burlesque-Shows zum Rotwerden am Samstag. DJs und bildende Künstler drehen regelmäßig den Freak-Faktor hoch und bei der allmonatlichen Party Monsters on Acid dampft die Tanzfläche.

**Powerhouse** (Karte S. 322; ☎415-522-8689; www.powerhouse-sf.com; 1347 Folsom St; Eintritt frei–10 $; ⌚So–Do 16–2, Fr & Sa ab 15 Uhr; 🚌9, 12, 27, 47) Donnerstags bis sonntags ist die beste Zeit im Powerhouse, einer stickigen SoMa-Bar für Lederkerle, halbnackte Fitness-Queens und den gelegentlichen Pornostar. Das Fassbier ist billig und Sonderpreise halten die Gäste hübsch locker; am Wochenende wird um den Billardtisch losgetanzt. Raucher fummeln hinten auf der rauchigen Terrasse, Sonderlinge hingegen lungern in Ecken herum. Das Powerhouse ist eine reine Schwulensache – Glotzer dürfen draußen bleiben.

**Hole in the Wall** (Karte S. 322; ☎415-431-4695; www.holeinthewallsaloon.com; 1369 Folsom St; ⌚Mo–Fr 14–2, Sa & So 12–2 Uhr; 🚌9, 12, 47) Dreckige Biker und großmäulige Punks sind in diesem „Loch" zu Hause. Über der Bar hängt ein Gewirr aus Neonlampen und Motorradteilen und die Wände sind mit alten Party-Flyern und Erotika zugepflastert. Tätowierte Stammgäste malträtieren den Billardtisch. Besondere Events wie Bierfeste und ermäßigte Drinks für Männer, die auf zwei Rädern ankommen – siehe Website.

**Club OMG** (Karte S. 322; ☎415-896-6473; www.clubomgsf.com; 43 6th St; Eintritt frei–10 $; ⌚Di 17–22, Do & Fr bis 2, Sa 19–2 Uhr; Ⓜ Powell, Ⓑ Powell) Das winzige, aber unwiderstehliche OMG lockt Schwule von 20 bis um die 40 Jahre in San Franciscos Elendsviertel, um abzurocken, zu trinken und sich bis auf die Unterhose auszuziehen. Lateinamerikanische Diva-DJs sorgen dafür, dass es freitags und an Scandalous Sundays *muy caliente* zugeht, und an den Underwear Party Wednesdays wird der Ausziehcode strikt eingehalten. An Werktagen bringen Drag-Shows und Comedy die Party in Schwung; frühe Ankömmlinge kommen in den Genuss von zwei Drinks zum Preis von einem an der leuchtenden Bar.

mit alten Fernsehern, staubigen Instrumenten und obskuren DVDs eingelassen. Dort abtauchen hinter eine Vitrine, die als Geheimtür dient, und man steht in einer Tapas- und Weinbar mit tropischem Flair.

**MONARCH** BAR, CLUB

Karte S. 322 (☎415-284-9774; www.monarchsf.com; 101 6th St; ⏲Di–Do 17.30–2, Fr & Sa bis 3, So 21–2 Uhr; 🚌6, 7, 9, 14, BPowell, MPowell) Der Schickiclub im Schmuddelviertel hat eine noble Salonbar und eine behagliche Bibliotheksbar im Erdgeschoss, im Souterrain gibt's eine Tanzfläche mit einem super Soundsystem und partytauglichen DJs (Eintritt 5–20 $; nur Barzahlung). Die Happy Hours an Werktagen von 17.30 bis 20.30 Uhr sind mehr als „happy", nämlich richtig toll, weil dann Schlangenmenschen und Zirkusartisten über der Bar ihre Künste vorführen.

**WATERBAR** BAR

Karte S. 322 (☎415-284-9922; www.waterbarsf.com; 399 The Embarcadero; ⏲So & Mo 11.30–21.30, Di–Sa bis 22 Uhr; BEmbarcadero, MN, T) Die Glassäulenaquarien der Waterbar und der Blick auf die Bay Bridge garantieren ein gelungenes Date bei ein paar Drinks. Im Speiseraum tummeln sich meist Start-ups aus dem Silicon Valley, die Investoren zu überzeugen versuchen. Besser ist daher die ovale Austernbar, wo von 14 bis 17.30 Uhr der Wein 7 $ und Austern nur 1,05 $ kosten – die 5 ¢ sind eine Spende für verschiedene Initiativen.

**83 PROOF** BAR

Karte S. 322 (☎415-296-8383; www.83proof.com; 83 1st St; ⏲Mo & Di 14–24, Mi & Do bis 2, Fr 12–2, Sa 20–2 Uhr; 🚌14, MMontgomery, BMontgomery) An durchschnittlichen Werktagen, wenn im übrigen Downtown tote Hose herrscht, hilft oft nur Brüllen, um sich inmitten der flirtenden, quirligen Menge verständlich zu machen. Die hohen Decken bieten hinter der Bar Platz für fünf Regalreihen mit erstklassigen Spirituosen, darunter über 300 Whiskeys. Der Barkeeper ist also durchaus in der Lage, einen altmodischen Cocktail zu mixen, der anderntags keinen Kater bereitet. Für einen Platz oben ist frühe Ankunft angesagt.

**1015 FOLSOM** CLUB

Karte S. 322 (☎415-991-1015; www.1015.com; 1015 Folsom St; Eintritt 10–30 $; ⏲Do 22–2, Fr & Sa bis 3 Uhr; 🚌12, 27) Das Ten Fifteen ist einer der größten Clubs der Stadt und lockt die Massen mit populären Electronica-DJs und Hip-Hop-Acts wie LCD Soundsystem, Virgil Abloh und Maceo Plex. Bei fünf Tanzflächen und Bars geht die Clique leicht verloren, wenn man nicht aufpasst. Gäste werden am Eingang streng nach Drogen (oder Waffen) abgetastet.

## Civic Center & Tenderloin

**★BOURBON & BRANCH** BAR

Karte S. 320 (☎415-346-1735; www.bourbonandbranch.com; 501 Jones St; ⏲18–2 Uhr; 🚌27, 38) „Zwecklos, nach einem Cosmo zu fragen" heißt es in den „Hausregeln" dieser Kneipe aus der Prohibitionszeit, erkennbar an dem wunderbar irreführenden Schild der Anti-Saloon League (Prohibitionsbefürworter). Wer in der spirituosenreichen Bibliothek einen der preisgekrönten Cocktails bestellen will, muss am Eingang in der O'Farrell St das Passwort („Books") flüstern. Die Nischensitze im vorderen Raum müssen reserviert werden, wie auch ein Platz in der Wilson & Wilson Detective Agency, einer Flüsterkneipe im Film-Noir-Stil innerhalb einer Flüsterkneipe (das Passwort wird bei der Reservierung mitgeteilt).

**★ZOMBIE VILLAGE** COCKTAILBAR

Karte S. 320 (☎415-474-2284; www.thezombievillage.com; 441 Jones St; ⏲Mo–Fr 17–2, Sa ab 18 Uhr; 🚌27, 38) San Francisco hätte wohl nicht noch mehr Tikibars gebraucht, doch über das Zombie Village, den neuesten Laden der Future Bars Group, die auch hinter dem Bourbon & Branch, Rickhouse (S. 96) und Local Edition (S. 96) steckt, wollen wir uns nicht beschweren. Von den schäbigen Straßen des Tenderloin geht's hinein in ein düsteres und rätselhaftes Tiki-Wunderland, wo der Rum wie Wein fließt und überall Schädel zu sehen sind.

**★AUNT CHARLIE'S LOUNGE** SCHWULE, CLUB

Karte S. 320 (☎415-441-2922; www.auntcharlieslounge.com; 133 Turk St; Eintritt frei–5 $; ⏲Mo & Mi 12–24, Di & Do bis 2, Fr bis 0.30, Sa 10–0.30, So 10–24 Uhr; 🚌27, 31, MPowell, BPowell) Alte Groschenhefttitel werden lebendig, wenn freitags und samstags um 22 Uhr hier die Hot Boxxx Girls auf die ramponierte Bühne stürmen (5 $; telefonische Reservierung). Donnerstag ist Tubesteak Connection (5 $;

frei vor 22.15 Uhr), dann tanzen bei Schwulensaunahymnen und Disco der '80er-Jahre massenhaft schwule Kunststudenten an. An anderen Abenden herrschen garantiert etwas kleineres Chaos, billiger Glanz und der übliche Tenderloin-Kneipenfirlefanz. Nur Barzahlung.

**RICKSHAW STOP** CLUB

Karte S. 320 (☎415-861-2011; www.rickshawstop.com; 155 Fell St; Eintritt 5–35 $; 🚌21, 47, 49, Ⓜ Van Ness) Willkommen beim Abschlussball, wie man ihn sich schon immer gewünscht hat: Indie-Bands, selbstgebastelte Deko, Glitzer-Drag und 90er-Jahre-Aufmachung in einem ehemaligen Fernsehstudio. Regelmäßige Events sind Popscene-Indie-Bands, brasilianische Breakbeat-Nächte, diverse Vorträge bei der Nerd Nite und jeden Monat die schwule, asiatische House-Party GAMeBoi. An manchen Abenden wird als Mindestalter 18 Jahre, an anderen 21 Jahre verlangt. Einlass ist ab etwa 20 Uhr; die Haupt-Acts legen gegen 22 Uhr los.

**RYE** LOUNGE

Karte S. 320 (☎415-474-4448; www.ryesf.com; 688 Geary St; ⌚Mo–Fr 17.30–2, Sa ab 18, So ab 19 Uhr; 🚌2, 3, 27, 38) In der eleganten Lounge werden raffiniert aussehende Cocktails gemixt, die umwerfender sind als Steve McQueen in *Bullitt*. Der Soundtrack ist 1980er-Jahre und die Drinks sind durchgehend klassisch – die Barkeeper mixen ihren eigenen Pimm's No 5 Cup mit Ingwer und echter englischer Gurke. Wer früh eintrifft, kann in Ruhe auf den Ledersofas an seinem Drink nippen und sollte gehen, bevor die Raucherecke sich weiter ausbreitet.

**EDINBURGH CASTLE** PUB

Karte S. 320 (☎415-885-4074; 950 Geary St; ⌚17–2 Uhr; 🚌19, 38, 47, 49) Bilder von Dudelsackspielern an der Wand, der Soundtrack von *Trainspotting* in der Jukebox, Ale vom Fass, Pub-Quiz am Dienstag und Fish and Chips mit Essig bis 21 Uhr sorgen für die erforderliche schottische Authentizität – fehlt bloß noch Haggis. Die fahnengeschmückte Säuferbastion hat zudem ein Dartboard, Billardtische, DJs am Samstag und gelegentlich Comedy-Shows zu bieten.

# ☆ UNTERHALTUNG

**Das Herz von San Francisco ist auch das Kulturzentrum der Stadt. Fans von klassischer Musik, Oper, Jazz, Film oder Ballett werden in Downtown und Umgebung regelmäßig Darbietungen von Weltrang geboten. Dazu kommen ein paar Veranstaltungsorte für Comedy, Tanz und Livemusik.**

## ☆ Financial District, Union Square & Civic Center

**★ SAN FRANCISCO SYMPHONY** KLASSISCHE MUSIK

Karte S. 320 (☎Kasse 415-864-6000, Hotline für Last-Minute-Karten ☎415-503-5577; www.sfsymphony.org; Grove St, zwischen Franklin St & Van Ness Ave; Karten 20–150 $; 🚌21, 45, 47, Ⓜ Van Ness, Ⓑ Civic Center) Sobald Dirigent Michael Tilson Thomas sich auf die Zehen stellt und den Stab erhebt, hält das Publikum den Atem an in Erwartung einer weiteren gewaltigen Aufführung der mit diversen Grammys ausgezeichneten San Francisco Symphony. Besonders beliebt sind die berühmten Beethoven- und Mahlerkonzerte, die Liveaufführungen zu Filmen wie *Star Trek* sowie die kreativen Gemeinschaftsproduktionen mit Künstlern wie Elvis Costello oder Metallica.

**SAN FRANCISCO OPERA** OPER

Karte S. 320 (☎415-864-3330; www.sfopera.com; 301 Van Ness Ave, War Memorial Opera House; Karten ab 10 $; 🚌21, 45, 47, 49, Ⓑ Civic Center, Ⓜ Van Ness) Oper war der Soundtrack der Goldrauschzeit der Stadt – und die San Francisco Opera steht der New Yorker Met in nichts nach. Sie inszeniert Weltpremieren von Originalwerken wie z. B. Stephen Kings *Dolores* oder *Girls of the Golden West*, eine Koproduktion des Filmemachers Peter Sellars und des Komponisten John Adams. Die Kostüme sind Haute Couture und die radikalen Kulissen stammen vom Maler David Hockney. Ab 10 Uhr am Tag der Aufführung werden Stehplätze für 10 $ verkauft; auf der Website sind aktuelle Opera-Lab-Aufführungen auf diversen Kleinbühnen angekündigt.

**GREAT AMERICAN MUSIC HALL** LIVEMUSIK

Karte S. 320 (☎415-885-0750; www.gamh.com; 859 O'Farrell St; Konzerte 20–45 $; ⌚Kasse Mo–Fr 12–18 Uhr, an Aufführungstagen bis 17 Uhr; 👪; 🚌19, 38, 47, 49) Jeder gibt sein Bestes in diesem opulenten Bordell von 1907, das heute ein Haus für jede Altersgruppe ist –

Indie-Rocker wie die Band Perry rocken die Bühne, internationale Legenden wie Salif Keita beehren die Bretter und John Waters veranstaltet Weihnachtsspektakel. Ein Abendessen in einer Loge mit Spitzenblick auf die Bühne kostet 25 $ extra, andernfalls mischt man sich unters wuselnde Fußvolk auf den Stehplätzen unten.

### SAN FRANCISCO BALLET — TANZ

Karte S. 320 (Kasse 415-865-2000; www.sfballet.org; 301 Van Ness Ave, War Memorial Opera House; Karten 22–150 $; Kartenverkauf telefonisch Mo–Fr 10–16 Uhr; 5, 21, 47, 49, M Van Ness, B Civic Center) Die älteste Balletttruppe der USA zieht über 100 Aufführungen im Jahr durch, vom *Nussknacker* (hier fand die US-Premiere statt) bis zu modernen Originalstücken. Die Aufführungen finden von Januar bis Mai im War Memorial Opera House statt. An der Kasse (an Aufführungstagen vier Stunden vor Vorstellungsbeginn geöffnet) gibt es am Aufführungstag Stehplatzkarten für 15 bis 20 $.

### AMERICAN CONSERVATORY THEATER — THEATER

Karte S. 318 (ACT; 415-749-2228; www.act-sf.org; 405 Geary St; Kasse Mo 10–18 Uhr, Di–So bis Vorstellungsbeginn; 8, 30, 38, 45, Powell-Mason, Powell-Hyde, B Powell, M Powell) In dem Wahrzeichen aus der Jahrhundertwende werden bahnbrechende Aufführungen inszeniert, z. B. Eigenproduktionen wie Tony Kushners *Angels in America* und Robert Wilsons *Black Rider*, mit einem Libretto von William S. Burroughs und Musik von Tom Waits. Stücke großer Dramatiker wie Tom Stoppard, Dustin Lance Black und Eve Ensler werden hier uraufgeführt und im neuen Strand Theater steht experimentelles Theater auf dem Programm.

### PIANOFIGHT — THEATER, VARIETÉ

Karte S. 320 (415-816-3691; www.pianofight.com; 144 Taylor St; Eintritt frei–30 $; Mo & Di 17–22, Mi & Do bis 24, Fr & Sa bis 1 Uhr; 5, 6, 7, 21, 31, Powell-Mason, Powell-Hyde, M Powell St, B Powell St) Im Supper-Club PianoFight macht sich San Francisco gnadenlos über sich selbst lustig. Es bietet Comedy, das Comedy-Spektakel Variety Show Death Match und Pint-Sized Plays, die gerade mal so lange dauern, wie man braucht, um ein Bier zu kippen. Alle Altersgruppen sind willkommen und nach den Shows mischen sich in der Bar oft die Künstler unters Publikum.

### SOUNDBOX — KLASSISCHE MUSIK

Karte S. 320 (415-503-5299; http://sfsoundbox.com; 300 Franklin St; Eintritt 45 $; Fr & Sa 21–24 Uhr, Einlass 20 Uhr; 5, 7, 21, M Van Ness) Einst durften nur Musiker in den riesigen Proberaum der Symphony, da die Akustik nicht für Publikum geeignet war. Aber nach digitaler Soundverbesserung und mit clubartigen multimedialen Projektionen und Cocktails drohen die einmalige Aufführungen hier die glanzvolleren Konzerte in der Symphony Hall in den Schatten zu stellen. Besucher sollten mindestens 30 Minuten vorher eintreffen, um noch einen Cocktailtisch zu ergattern, später gibt's nur noch Lederbänke.

### BAR FLUXUS — LIVESHOW

Karte S. 318 (415-421-1894; www.barfluxus.com; 18 Harlan Pl; Mo–Do & Sa 16–2, Fr ab 15, So 18–1 Uhr; B Montgomery, M Montgomery) Versteckt in einer Gasse hinter dem Hotel des Arts (S. 250) liegt diese schräge Downtown-Kunstbar, geführt von den Leuten hinter dem Madrone (S. 195). Die Bar ist farbenfroh und schrill eingerichtet, mit einer kleinen Bühne, die ideal ist für Literaturveranstaltungen, Comedy, Puppentheater u. v. m.

### AUGUST HALL — LIVESHOW

Karte S. 318 (Fifth Arrow; 415-872-5745; www.augusthallsf.com; 420 Mason St; 8, 30, 38, 45, Powell-Mason, Powell-Hyde, B Powell) 2018 bemächtigte sich der neueste Musikladen der Stadt des ehemaligen Zuhauses des widerlichen Nachtclubs Ruby Skye, worüber sich viele San Franciscoer sehr freuen. Der 1400 m² große Konzertsaal bietet eine umgebaute Bühne sowie neue Sound- und Lichtanlagen; auf der Hauptetage kann man beim Tanzen wunderbar ins Schwitzen kommen.

### BLACK CAT — JAZZ

Karte S. 320 (415-358-1999; www.blackcatsf.com; 400 Eddy St; Eintritt 10–30 $; Di–So 17.30–2 Uhr, Shows 18.30, 20 & 22 Uhr; 27, 31) Jazzfans zieht es ins Tenderloin seit Miles Davis, Billie Holiday, Charlie Parker und Dave Brubeck hier in Underground-Clubs auftraten, und das Black Cat setzt alles dran, um den lässigen, schäbigen Glanz der Hauptstadt der West-Coast-Coolness wiederzuerwecken. Oben befindet sich ein Bar-Restaurant, aber unten geht jeden Abend die Post ab, von Klezmer-Bebop bis zu wilder Blasmusik.

### STRAND THEATER
THEATER

Karte S. 320 (☎415-749-2228; www.act-sf.org/home/box_office/strand.html; 1127 Market St; 🚋F, B Civic Center, M Civic Center) Was für ein Comeback: Das Theater von 1917 hat seinen schlechten Ruf als Pornoschuppen der 1970er-Jahre abgelegt und ist als American Conservatory Theater (S. 101) wieder eine Bühne für Auftragsstücke progressiver Dramatiker – die sündig-rote Ausstattung ist jedoch noch eine augenzwinkernde Verbeugung vor der Rotlichtvergangenheit. Oben befindet sich eine erstklassige Kleinkunstbühne für Jazz und Kabarett, deren große Fenster das Mondlicht und das Schimmern der Neonmarkise des Strand einlässt.

### WARFIELD
LIVEMUSIK

Karte S. 320 (☎888-929-7849; www.thewarfieldtheatre.com; 982 Market St; ⏲Kasse So 10–16 Uhr & 90 Min. vor Konzertbeginn; M Powell, B Powell) Große, international bekannte Stars treten in dem ehemaligen Vaudeville-Theater auf. Namen wie Wu-Tang Clan, Iggy Pop, Kanye West und Sarah Silverman erklären die lange Schlange in der düsteren Straße im Tenderloin und die proppenvollen, potrauchigen Ränge. Bier kostet 9 bis 10 $ und Wasser 4 $, da kann man sich auch gleich einen Cocktail gönnen. Straßenparkplätze sind hier nicht ratsam, besser ist das Parkhaus in der 5th und Mission St.

### ROYALE
LOUNGE, JAZZ

Karte S. 320 (☎415-441-4099; www.theroyalesf.com; 800 Post St; ⏲So–Mi 16–24, Do–Sa bis 2 Uhr; 🚌2, 3, 27, 38) Billardtisch und Fernseher werden in der künstlerischen, pariserisch angehauchten Café-Bar weitgehend ignoriert. Vielmehr begeistern sich hier die Einheimischen für das Veranstaltungsprogramm: kostenlose Jazzkonzerte, DJs, alter Soul und Reggae sowie Vernissagen. Die Besitzer/Barkeeper des Royale schenken klasse Cocktails und heimisches Bier aus, und kommunikationsfreudige Gäste werden zuerst bedient – also Handy ausschalten und die Nacht durchmachen!

### PUNCH LINE
COMEDY

Karte S. 325 (☎415-397-7573; www.punchlinecomedyclub.com; 444 Battery St; Eintritt 15–25 $ plus Mindestverzehr 2 Getränke; ⏲Shows Di–Do & So 20, Fr & Sa 19.30 & 21.45 Uhr; M Embarcadero, B Embarcadero) Der historische Stand-up-Club, in dem schon große Talente entdeckt wurden (u. a. Robin Williams, Chris Rock, Ellen DeGeneres und David Cross), ist klein genug um die Seufzer der Erleichterung hinter der Bühne zu hören, wenn ein Witz fetzt, und auch das Zähneknirschen, wenn er floppt. Starke Getränke lockern die Stimmung auf, aber das mag am anderen Morgen nicht mehr so lustig sein.

## ☆ SoMa

### ★GIANTS STADIUM
BASEBALL

Karte S. 322 (AT&T Park; ☎415-972-2000, Führungen 415-972-2400; http://sanfrancisco.giants.mlb.com; 24 Willie Mays Plaza; Karten 14–349 $, Stadionführung Erw./Kind/Sen. 22/12/17 $; ⏲Führungen unterschiedlich; 👪; M N, T) Von April bis Oktober röhren Baseball-Fans bei den 81 Heimspielen der Giants. Wie jeder eingefleischte Fan erzählen wird, haben die Giants seit 2010 dreimal die World Series gewonnen – und es wird klar, dass die Giants eine weitere Erfolgsserie haben werden, wenn Einheimische die Teamfarben (Orange und Schwarz) und buschige Bärte tragen (der Kampfruf der Giants lautet „Fear the Beard!“ – Fürchtet den Bart!).

### ★OASIS
VARIETÉ

Karte S. 322 (☎415-795-3180; www.sfoasis.com; 298 11th St; Karten 15–35 $; 🚌9, 12, 14, 47, M Van Ness) Drag ist live ganz anders als im Fernsehen – in dieser Adresse für Drag-Spektakel sind die Shows so waghalsig, durchgeknallt und witzig, dass man lacht, bis es nicht mehr weh tut. Die Besitzer Heklina und D'Arcy Drollinger, beide legendäre Drags, stellen in der ehemaligen Schwulensauna Originalshows auf die Beine, lassen Drag-Star-DJs wie Sharon Needles auftreten und inszenieren *Star Trek*, *Herzbube mit zwei Damen* und *Sex and the City* in Drag.

### ALONZO KING LINES BALLET
TANZ

Karte S. 320 (☎415-863-3040; www.linesballet.org; 26 7th St; 🚋F, B Civic Center, M Civic Center) Langgliedrige, schlanke Tänzer führen komplizierte, eckige Bewegungen aus, die von fehlerlosem technischen Können zeugen. Zu den Eigeninszenierungen gehören Tänze zu Liedern in aussterbenden Sprachen und Kollaborationen mit dem Dichter Bob Holman und dem Drummer von Grateful Dead Mickey Hart. King bietet auch Unterricht und Workshops an.

### YERBA BUENA CENTER FOR THE ARTS
DARSTELLENDE KUNST

Karte S. 322 (YBCA; ☎415-978-2700; www.ybca.org; 700 Howard St; Karten frei–35 $; ⏲Kasse

Di, Mi, Fr–So 11–18, Do bis 20 Uhr, Galerien Mo geschl.; 👪; 🚌14, Ⓜ Powell, Ⓑ Powell) Rockstars wären wohl auf die Kunststars bei den YBCA-Vernissagen neidisch: Die Ausstellungen von Cyberpunk-Videokunst bis zu Hip-Hop-Wettkämpfen und Freistilfusionen aus indischem Kathak- und amerikanischem Stepptanz locken massenhaft Kunstgroupies an. Die meisten Tanz- und Jazztruppen auf Tournee gastieren im Hauptsaal des YBCA (gegenüber der Kunstgalerie).

### PUBLIC WORKS LIVEMUSIK

Karte S. 322 (☎415-496-6738; http://publicsf.com; 161 Erie St; 🚌14, 49, Ⓑ 16th St Mission) Story-Slams mit The Moth vom Sender NPR, Auftritte von Questlove, europäischen Electronica-Stars wie Jan Blomqvist, Kleinkunstauftritte der San Francisco Opera und DJs, die euphorischen Bhangra bis zu queeren Tanzpartys von Honey Soundsystem auflegen.

Die Kunstausstellungen in der hauseigenen Roll Up Gallery beschäftigen sich mit typischen San-Francisco-Themen wie Hydrokultur, Science-Fiction, Burning Man und Sauerteigbakterien. Nur Barzahlung, trotz des Eingangs in einer verrufenen Gasse.

### ASIASF VARIETÉ

Karte S. 322 (☎415-255-2742; www.asiasf.com; 201 9th St; ab 44 $; ⏲Mi, Do & So 19.15–23, Fr bis 2, Sa 17–2 Uhr; 🚌12, 14, 19, Ⓜ Civic Center, Ⓑ Civic Center) First Ladys der Welt, aufgepasst: Diese schillernden asiatischen Diven übertreffen eure Gastgeberinnenqualitäten in der Hälfte der Zeit und halb so viel Kleidung. Cocktails und asiatisch inspirierte Gerichte werden von den Transgender-Stars im AsiaSF's mit frechem Schwung serviert. Die Hostessen treten stündlich an der Bar/Laufsteg auf und an Wochenenden bevölkern Gäste und Darsteller gleichermaßen die Tanzfläche unten. Ein dreigängiges Abendessen kostet 44 bis 69 $ – Schätzchen, die Trinkgelder sind wirklich wohlverdient.

### DNA LOUNGE LIVESHOW

Karte S. 322 (☎415-626-1409; www.dnalounge.com; 375 11th St; Eintritt 9–35 $; ⏲21–5 Uhr; 🚌9, 12, 27, 47) Im führenden Megaclub San Franciscos finden literarische Abende statt, treten Bands auf und drehen berühmte DJs die Scheiben auf zwei Tanzflächen zum nächtlichen Abrocken, das gerade mal abgefahren genug ist, um interessant zu sein. Auf der gelegentlichen Samstags-Party Bootie wird ein Gemisch aus Justin/Justin (Bieber/Timberlake) gejamt; der Freitag ist für Hubba-Hubba Burlesque und Autoren reserviert, die bei Mortified aus Teenager-Tagebüchern vorlesen, und montags gibt's gewöhnlich Goth-/Industrial-Bands bei Death Guild (ab 18 J.). Das Programm steht auf der Website; am frühen Abend herrscht oft tote Hose.

### AMC METREON 16 KINO

Karte S. 322 (☎415-369-6201; www.amctheatres.com; 135 4th St; Erw./Kind 15,99/12,99 $; 🚌14, Ⓜ Powell, Ⓑ Powell) Das Metreon mit 16 Kinosälen im obersten Stock des Einkaufszentrums Metreon hat komfortable Stadionsitze mit freiem Blick auf Leinwände mit Digitalprojektion, 3D-Vorführungen (4 $ extra pro Ticket) und ein 3D-IMAX-Kino (7 $ extra für 3D-Vorführungen). Für ein

### TICKETS FÜR GIANTS-SPIELE

Der Nachteil der Erfolgsserie der Giants (S. 102) ist, dass ihre Spiele oft ausverkauft sind, obwohl das Stadion einer der teuersten Baseballplätze Amerikas ist – die durchschnittliche Ausgabe für eine vierköpfige Familie, einschließlich Hotdogs und Bier, liegt bei über 200 $. Nicht verzagen: Inhaber von Saisonkarten verkaufen nicht in Anspruch genommene Tickets über das mannschaftseigene Double Play Ticket Window (siehe http://sanfrancisco.giants.mlb.com).

Wer kein Ticket erwischt, kann vielleicht ein Kajak mieten (S. 108), zur McCovey Cove paddeln und auf einen *splash hit* warten – also darauf, dass ein Spieler den Ball ins Wasser pfeffert. Oder man begibt sich zur Ostseite des Stadions am Ufer, wo an den Torbögen das Spiel kostenlos zu sehen ist. Es ist aber nötig, wie die eingefleischten heimischen Fans schon Stunden vorher einzutreffen, um einen guten Blick zu haben – oder das Ganze nur flüchtig zu sehen und stattdessen die Party zu genießen. Go Giants!

Essen vor dem Kinobesuch gibt es im Erdgeschoss einen passablen Food-Court und einen Super Duper Burger draußen in der 783 Mission St.

**HOTEL UTAH SALOON** LIVEMUSIK

Karte S. 322 (415-546-6300; www.hotelutah.com; 500 4th St; Eintritt frei–10 $; 11.30–2 Uhr; 30, 47, M N, T) Die viktorianische Kneipe war in den 1970er-Jahren in der Underground-Szene San Franciscos schwer angesagt, als angehende Stars wie Whoopi Goldberg und Robin Williams auf der Bühne standen. Junge Talente tauchen hier jeden Montag bei den Open-Mike-Abenden, bei Vorstellungen von Indie-Labels und schrillen Darbietungen am Wochenende auf.

In den 1950er-Jahren bedienten Barkeeper Beatniks und Gammler mit ausgesuchter Freundlichkeit, schnitten Anzugträgern aber praktisch die Schlipse ab. Heute kann jeder tragen was er will.

**MEZZANINE** LIVEMUSIK

Karte S. 322 (415-625-8880; www.mezzaninesf.com; 444 Jessie St; Eintritt 20–60 $; M Powell, B Powell) Das Mezzanine kann buchstäblich große Töne spucken: Es hat eines der besten Soundsysteme der Stadt und ein Publikum, das erstklassigen Auftritten von Hip-Hop-Größen wie Wyclef und Mystikal, Popstars wie Lupe Fiasco sowie dem samstäglichen Tanzwettbewerb Controvrsy entgegenfiebert (Spoiler-Warnung für die Abende Rihanna gegen Beyonce: B gewinnt, jedes Mal). Rein- und Rausgehen ist nicht.

## SHOPPEN

**Der Union Sq ist die wichtigste Einkaufsgegend der Stadt, mit Flagship-Stores und Kaufhäusern, in denen auch internationale Handelsketten vertreten sind. Das Einkaufsviertel von Downtown liegt (grob) zwischen Powell St (im Westen), Sutter St (im Norden), Kearny St (im Osten) und Market St (im Süden), wo sich die Westfield Mall (S. 24) erstreckt. Das Herzstück des Einkaufsgebiets um den Union Sq ist die Gegend um die Post St in der Nähe der Grant Ave. Die Stockton St kreuzt die Market St und wird zur 4th St mit Flagship-Stores und dem Einkaufs- und Kinokomplex AMC Metreon. Boutiquen sind am Jackson Sq und in der Commercial St zu finden.**

### Financial District

**★ WILLIAM STOUT ARCHITECTURAL BOOKS** BÜCHER

Karte S. 325 (415-391-6757; www.stoutbooks.com; 804 Montgomery St; Mo–Fr 10–18.30, Sa bis 17.30 Uhr; 1, 10, 12, 41, California) In die Tasche passt das SFMOMA nicht, aber man kann es sich auf den Tisch legen – die Begeisterung für kalifornische Architektur beginnt bei William Stout, wo es Erstausgabenkataloge der SFMOMA-Designer Snøhetta und alte Klassiker wie *Cabins, Love Shacks and Other Hide-outs* gibt. Der Laden ist das bestgehütete Designgeheimnis San Franciscos, wo Apple-Designer und Skateboard-Hersteller gleichermaßen Inspiration zu kleinen Preisen finden.

**★ HEATH CERAMICS** HAUSHALTSWAREN

Karte S. 325 (415-399-9284; www.heathceramics.com; 1 Ferry Bldg, Ecke Market St & Embarcadero; Mo–Fr 10–19, Sa 8–18, So 11–17 Uhr; M Embarcadero, B Embarcadero) Sehr wahrscheinlich wurde das leckerste Essen in San Francisco auf Heath Ceramics serviert, das bevorzugte Geschirr von Küchenchefs in der Bay Area seit Alice Waters im Chez Panisse die modernen, handgefertigten Teller von Heath einführte. Die gedeckten Farben und klaren Formen von Heath sind dem Originaldesign von Edith Heath von ca. 1948 treu geblieben. Die Teile sind ziemlich teuer; Artikel zweiter Wahl werden im Laden in Sausalito verkauft.

**★ RECCHIUTI CONFECTIONS** SCHOKOLADE

Karte S. 325 (415-834-9494; www.recchiuticonfections.com; 1 Ferry Bldg, Ecke Market St & Embarcadero; Mo–Fr 10–19, Sa 8–18, So 10–17 Uhr; M Embarcadero, B Embarcadero) Niemand in San Francisco kann dem preisgekrönten Recchiuti widerstehen. Der Geldadel von Pacific Heights gibt ein Stück von seinem Vermögen für die Karamellen *fleur de sel* her, die Schleckermäuler von Noe Valley ziehen S'more Bites den Feld-Wald-und-Wiesen-Varianten vor, North Beach steht auf die Pralinenschachtel zum Rotwein-Pairing und Mission schätzt die Schokolädchen mit aufgemalten Wahrzeichen von San Francisco, entworfen von Creativity Explored.

Sämtliche Erlöse gehen an den gemeinnützigen Kunsterziehungsverein für Künstler mit Entwicklungsstörungen in Mission.

### FOG CITY NEWS
BÜCHER, SCHOKOLADE

Karte S. 322 (☎415-543-7400; www.fogcitynews.com; 455 Market St; ⌚Mo–Fr 10–19, Sa 11–18 Uhr; Ⓜ Embarcadero, Ⓑ Embarcadero) Fog City ist der perfekte Laden vor einem langen Flug, da er eine riesige Auswahl an US-amerikanischen Magazinen und Zeitungen plus 700 internationale Titel aus 25 Ländern führt. Obendrein hat er ein Schokoladenangebot, das so groß ist, dass es eine eigene Datenbank mit mehr als 200 Schokoriegeln füllt.

An den Wänden zwischen den Holzregalen mit Magazinen und Kühlschränken voller altmodischer Limonadenflaschen hängen historische Fotos von San Francisco.

### GALLERY JAPONESQUE
HAUSHALTSWAREN

Karte S. 325 (☎415-391-8860; http://japonesquegallery.com; 824 Montgomery St; ⌚Di–Fr 10.30–17.30, Sa 11–17 Uhr; 🚌10, 12, 41) *Wabi-sabi* ist die Wertschätzung von unvollkommenen, organischen Formen und Materialien und eben das, was in der Gallery Japonesque verkauft wird. Der Besitzer Koichi Hara arrangiert antike japanische Bambuskörbe und zeitgenössische Keramiken neben Kaname Higas postapokalyptischen Kugelschreiberlandschaften und Hiromichi Iwashitas mit Graphit beschichteten, kantigen Holztafeln, die aussehen wie verglühtes Feuerholz.

## Union Square

### BRITEX FABRICS
KUNSTHANDWERK

Karte S. 318 (☎415-392-2910; www.britexfabrics.com; 117 Post St; ⌚Mo–Sa 10–18 Uhr; 🚌38, 🚋Powell-Mason, Powell-Hyde, Ⓜ Powell, Ⓑ Powell) Die Laufstege sind nichts gegen das Modetheater, das sich seit 1952 im Britex abspielt. Designer zanken sich um neonorangefarbenen Chiffon, Glamrocker wühlen durch eine Goldgrube aus Samt und Kostümbildner aus Hollywood sorgen mit Jettknöpfen und handgefärbten Bändern für Vampirfilmmagie. Inmitten von Kunstpelz und Resten bereiten sich Kostümbildner auf Burning Man, Halloween und das ganz normale Wochenende in San Francisco vor.

### WINGTIP
MODE & ACCESSOIRES

Karte S. 325 (☎415-765-0993; http://wingtip.com; 550 Montgomery St; ⌚Mo–Sa 10–18 Uhr; Ⓑ Montgomery, Ⓜ Montgomery) Wer wie ein naturliebender Professor aussehen möchte, der schon früh in Apple investiert hat, kleidet sich in diesem altmodischen Herrenbekleidungsgeschäft im schönen Gebäude von 1908 der Bank of Italy ein. Machtpolitische Strippenzieher auf Besuch finden die passende Kleidung für den Financial District sowie Accessoires von Zigarren bis Köder zum Fliegenfischen – und kriegen auch noch Vergünstigungen: Kunden, die 1200 $ ausgeben, ob im Laden oder online, erhalten Zugang zum noblen Clubhaus im obersten Stock, mit Weinkeller, Barbier, Schneider und Cocktailbar.

### MACY'S
KAUFHAUS

Karte S. 318 (www.macys.com; 170 O'Farrell St; ⌚Mo–Sa 10–21, So 11–19 Uhr; 🚋Powell-Mason, Powell-Hyde, Ⓜ Powell, Ⓑ Powell) Sieben Stockwerke namhafter Marken, die sich über einen ganzen Straßenblock und das historische marmorne I. Magnin Building (S. 83) erstrecken, und charmante Old-School- Einrichtungen – darunter geräumige Damenwaschräume. Entschlossene trotzen den Parfümsprüherinnen und den etwas beleidigenden Angeboten eines kostenlosen Make-ups, um zu den Schuhausverkäufen zu kommen (absolut lohnenswert), aber den Weihnachtsschaufenstern des Tierschutzvereins kann niemand widerstehen: Sie überzeugen jeden davon, ein Kätzchen zu adoptieren.

### LEVI'S FLAGSHIP STORE
KLEIDUNG

Karte S. 318 (☎415-501-0100; www.us.levi.com; 815 Market St; ⌚Mo–Sa 9–21, So 10–20 Uhr; 🚋Powell-Mason, Powell-Hyde, Ⓜ Powell, Ⓑ Powell) Der Flagship-Store in der Heimatstadt von Levi Strauss verkauft klassische Jeans, die immer passen, sowie japanische Webkantenhosen in limitierter Auflage und Neuauflagen von Levi's originalen Goldgräberlatzhosen mit Kupfernieten. In den Regalen mit reduzierter Ware finden sich Stücke in limitierter Auflage aus der Produktlinie Levi's Made & Crafted sowie andere Ausverkaufssachen für Männer und Frauen.

### ISAIA
KLEIDUNG

Karte S. 318 (☎415-500-4930; www.isaia.it; 140 Maiden Lane; ⌚Mo–Sa 10–18, So 12–17 Uhr; 🚌38, Ⓑ Powell, Ⓜ Powell) 2017 zog die Boutique für edle italienische Herrenmode in das einzige Frank-Lloyd-Wright-Gebäude in San Francisco. Das 1948 ursprünglich als VC-Morris-Andenkenladen entworfene Geschäft quillt über vor zumeist handgefertigten Kaschmir-Blazern, feinen Pullovern

INSIDERWISSEN

### DIE OBDACHLOSEN VON SAN FRANCISCO

Es ist unvermeidlich: Bettler gehen jeden Besucher in San Francisco um Kleingeld an, besonders in der Nähe der Touristenattraktionen am Union Sq und in Downtown. Doch das ist nichts Neues. Leider ist Obdachlosigkeit in San Francisco schon seit Langem an der Tagesordnung – und das hat seine Gründe.

Einige Historiker führen San Franciscos Obdachlosenproblem auf die 1940er-Jahre zurück, als verstörte Veteranen des Zweiten Weltkriegs aus dem pazifischen Kriegsschauplatz hier ohne ausreichende Unterstützung entlassen wurden. Lokale Obdachlosendienste behaupten, dass die Krise in Kalifornien erst in den 1960er-Jahren richtig begann, als der Gouverneur Ronald Reagan Gelder für psychiatrische Krankenhäuser, Drogenentzugsprogramme und Wohnungsbau für Einkommensschwache strich – eine Politik, die er als Präsident in den 1980er-Jahren fortsetzte. Wie das Problem auch immer entstand, Polizeirazzien und zu wenige entsprechende Sozialeinrichtungen in anderen Städten des Landes haben dazu geführt, dass von dort vertriebene Obdachlose wegen des milden Klimas, der traditionellen Toleranz und des sozialen Netzes nach San Francisco kommen.

Die Versuche der San Francisco City Hall, die Obdachlosigkeit in den Griff zu kriegen, hatten nur wenig Erfolg. Der ehemalige Bürgermeister Willie Brown schlug vor, den Obdachlosen ihre Einkaufswagen wegzunehmen – ein offenkundiger Misserfolg. Die umstrittene Maßnahme des Exbürgermeisters Gavin Newsom von 2002 namens „Care Not Cash" ersetzte Geldauszahlungen durch Sozialfürsorge. Mit dem Ergebnis, dass einige San Franciscoer ihre Miete nicht mehr zahlen konnten. Auf wenig Beifall stieß auch die 2010 erlassene Bußgeld-Verordnung („Sit/Lie Ordinance") für Herumlungern auf Gehwegen während des Tages, die besonders unerbittlich bei den schutzlosen, obdachlosen Jugendlichen in Haight-Ashbury durchgesetzt wurde.

Eine bessere Nachricht ist, dass die Stadt seit 2004 ihre Ausgaben zur Bekämpfung der Obdachlosigkeit verdoppelt hat (auf 300 Mio. $ pro Jahr) und die Zahl der Obdachlosen auf 7499 im Jahr 2017 fiel. Ein neues Beratungsprogramm sieht erfolgversprechend aus und es sind Hunderte von Betten in Obdachlosenasylen und Wohnungen für betreutes Wohnen entstanden. Auf der Straße wirkt das Problem jedoch schlimmer als je zuvor: Im Zuge der Opioid-Epidemie sind viele Süchtige auf der Straße gelandet und Gentrifizierung führt dazu, dass die Obdachlosen innerhalb der Stadt immer weiterziehen. Angesichts der wachsenden Einkommensungleichheit in San Francisco wird das Problem in Zukunft vielleicht eher größer als kleiner werden.

Mancher mag Mitleid mit obdachlosen San Francisoern haben, die um Essen oder Geld betteln. Außer ihnen etwas zu geben, bestehen noch andere Möglichkeiten, spontan zu helfen, z. B. ehrenamtliche Mitarbeit bei oder eine Spende an eine der Hilfsorganisationen für Obdachlose wie Glide (S. 87). Oder man bietet seine Dienste einer Organisation in der eigenen Heimatstadt an. Obdachlosigkeit ist kein spezifisches San Franciscoer Problem – es ist eine globale menschliche Tragödie.

und schicken Krawatten – es gibt sogar einen Wollanzug für 10 000 $.

**MARGARET O'LEARY** MODE & ACCESSOIRES

Karte S. 318 (☎415-391-1010; www.margaretoleary.com; 1 Claude Lane; ⌚Di–Sa 10–17 Uhr; 🚌8, 30, 45, Ⓜ Montgomery, Ⓑ Montgomery) Nichts vom Nebel zu wissen, ist keine Entschuldigung in San Francisco. Aber sollte jemand San Francisco mit Los Angeles verwechselt (wie grauenvoll!) und keinen unbedingt erforderlichen Pullover eingepackt haben, kann er sich bei Margaret O'Leary mit Strickwaren eindecken. Zu den warmen und doch federleichten Kreationen der Designerin gehören schottische Kaschmirjacken, genoppte Leinenponchos, Handtaschen mit Nieten und gebatikte Baumwollpullis.

**BARNEYS** KAUFHAUS

Karte S. 318 (☎415-268-3500; www.barneys.com; 77 O'Farrell St; ⌚Mo–Mi & Fr 10–19, Do bis 20, So 12–19 Uhr; 🚋Powell-Mason, Powell-Hyde, Ⓜ Powell, Ⓑ Powell) Die West-Coast-Filiale des New Yorker Luxusmodekaufhauses hat ähnliche Merkmale, darunter fantasievolle Schaufensterdekorationen und Ausverkäufe mit bis zu 70 % Ermäßigung. Aber hier in San Francisco ähnelt Barneys mehr einer Boutique als einem Kaufhaus: Oben werden junge Designer präsentiert, unten Kultparfums und in der großen, zweistöckigen Herrenabteilung gibt's Schuhe, Jacketts und Herrentaschen.

## SoMa

**BARBARY COAST DISPENSARY** CANNABIS

Karte S. 322 (☎415-243-4400; https://barbarycoastsf.com; 952 Mission St; ⏲8–21.45 Uhr; 🚌6, 7, 9, 14, 🅑Powell, 🅜Powell) In einer Zeit, da die meisten Cannabisläden San Franciscos noch immer wie Kliniken wirken und kaltes Rezeptpflichtflair verströmen, sieht dieser Laden eindeutig nach Entspannung aus. Die roten Kabinen und alten Kronleuchter vermitteln den Eindruck, man wäre in einer viktorianischen Steampunk-Apotheke gelandet. Die freundlichen Verkäufer kennen sich bestens aus.

**MR S LEATHER** SEXSHOP

Karte S. 322 (☎415-863-7764; www.mr-s-leather.com; 385 8th St; ⏲11–20 Uhr; 🚌12, 19, 27, 47) Nur in San Francisco ist wohl ein S&M-Megamarkt zu finden, der solche Notwendigkeiten wie Aufhängebügel, Latexhauben und, für den Allerliebsten, Schamkapseln führt. Für ganz böse Hündchen gibt es eine ganze Leinen- und Halsbandabteilung, und Bestrafungsfanatiker finden Einrichtungsideen beim Kerkermobiliar.

**SAN FRANCISCO RAILWAY MUSEUM GIFT SHOP** GESCHENKE & SOUVENIRS

Karte S. 322 (☎415-974-1948; www.streetcar.org/museum; 77 Steuart St; ⏲Di–So 10–17 Uhr; 🚊Embarcadero, 🅑Embarcadero) Ein Cable Car aus San Francisco mit nach Hause nehmen ist durchaus möglich, zumindest in Form eines Spielzeugmodells aus diesem winzigen und kostenlosen Museum. Hier gibt's auch Baseballmützen und T-Shirts mit dem Logo von Municipal Railway, der Verkehrsgesellschaft der Stadt, oder mit dem beliebtesten Aufdruck: *„Information gladly given, but safety requires avoiding unnecessary conversation“* („Informationen werden gern gegeben, aber aus Sicherheitsgründen sollten unnötige Gespräche vermieden werden“).

## Civic Center & Tenderloin

**GENERAL BEAD** SCHMUCK, GESCHENKE

Karte S. 322 (☎415-621-8187; www.etsy.com/shop/generalbead; 637 Minna St; ⏲12–18 Uhr; 🚌14, 19, 🅜Civic Center, 🅑Civic Center) Hier kriegt jeder Lust, selbst Perlenschmuck zu fertigen: Massenhaft Perlen auf den Regalen lassen funkelnde Visionen von selbstgemachter Drag-Ausstattung und handgefertigten Mitbringseln entstehen: mehrreihige Ketten, paillettenbesetzte Sambakostüme, Mosaikrahmen, Lampenschirme mit Fransen, die auch als Hut dienen ... Um sich in Zurückhaltung zu üben, ist es besser, unten beim perlenbehängten Personal hinter der Theke kleinere Mengen zu bestellen, die dann den Betrag in einen mit Glitzersteinen geschmückten Rechner eintippen.

**THE MAGAZINE** BÜCHER

Karte S. 320 (☎415-441-7737; www.themagazinesf.com; 920 Larkin St; ⏲Di–Sa 12–19 Uhr; 🚌19, 38, 47, 49) Seit 1973 eine Goldgrube für Magazine. Die alten Holzregale brechen schier zusammen unter all den Pin-up-Magazinen der 1940er-, *Vogue* der 1950er-, psychedelischen Hippie-Zeitungen der 1960er-, italienischen Boxzeitschriften der 1970er- und New-Wave-Musikheften der 1980er-Jahre. Und dann gibt's noch ein Hinterzimmer voll mit frühen Ausgaben des *Playboy* und alten Erotikblättchen für Schwule. Viele Titel kosten unter einem Dollar und nur wenige über 15 $.

# SPORT & AKTIVITÄTEN

**In Downtown werden vor allem Rundgänge und Radtouren angeboten, während in SoMa auch jede Menge Outdoorabenteuer wie Kajakfahren und Segeln auf dem Programm stehen. Das Yerba Buena Center bietet Aktivitäten ohne Ende, Tenderloin ein fantastisches Badehaus.**

**★DANDYHORSE SF BIKE TOURS** RADFAHREN

Karte S. 322 (☎415-890-2453; www.sfbiketours.com; 33 Gordon St; Touren ab 69 $; ⏲8–19 Uhr; 🚌12, 19, 27, 47) Den San Franciscoer Selbst-ist-der-Mann-Geist verkörpert wunderbar

Nick Normuth: Er baute ein paar Fahrräder nach eigenen Entwürfen, lernte die Stadt genau kennen und bot anschließend eine Radtour an. Das Abenteuer beginnt im hübschen Hauptquartier in SoMa, von dort aus geht's in den Mission District, nach Castro, in den Golden Gate Park und anderswohin, je nachdem, was man gebucht hat.

**EMPEROR NORTON'S FANTASTIC TIME MACHINE** SPAZIERGÄNGE

Karte S. 318 (415-548-1710; www.sftimemachine.com; 30 $; Do & Sa 11 Uhr, Waterfront-Tour So 11 Uhr; 30, 38, B Powell St, M Powell St, Powell-Mason, Powell-Hyde) Hurra, San Francisco hat Maschinen für Zeitreisen entdeckt! Man nennt sie Schuhe und trägt sie, um dem selbsternannten Kaiser Norton (alias Historiker Joseph Amster) gut 3 km weit über das bekloppteste und erhellendste Terrain urbaner Mythen weltweit – oder zumindest westlich von Berkeley – zu folgen. Die sonntäglichen Waterfront-Touren beginnen am Ferry Building, alle anderen am Dewey Monument auf dem Union Sq.

**TENDERLOIN MUSEUM WALKING TOURS** SPAZIERGÄNGE

Karte S. 320 (415-351-1912; www.tenderloinmuseum.org/tours; 398 Eddy St; Erw./mit Museumseintritt/Abendtour 10/15/20 $; Di–So 14 Uhr, Abendtour (ab 21 J.) 1. & 3. Mi 18 Uhr; B Powell, M Powell, Powell-Mason, Powell-Hyde) Die traurige Berühmtheit des Tenderloin als Rotlichtbezirk hält Touristen davon ab, sich historische Stätten anzuschauen, an denen Muhammad Ali boxte, Miles Davis Platten aufnahm und LGBTIQ-Aktivisten für das Recht kämpften, in der Cafeteria bedient zu werden, und den ersten Transgender Historic District der USA gründeten. Historiker des Tenderloin Museum führen furchtlose Besucher zu diesen und anderen wegweisenden Orten im Tenderloin; gutes Schuhwerk ist notwendig.

**CITY KAYAK** KAJAKFAHREN

Karte S. 322 (888-966-0953, 415-294-1050; www.citykayak.com; Pier 40, South Beach Harbor; Kajakverleih 35–125 $ pro Std., Einweisung & Verleih 54 $, Touren 54–89 $; Verleih Do–Mo 12–15 Uhr, Abgabe bis 17 Uhr; 30, 45, M N, T) San Francisco hat man nicht wirklich gesehen, bis man es vom Wasser aus erblickt. Kajakanfänger können Kurse belegen und auf ruhigem Gewässer um die Bay Bridge paddeln; erfahrene Kajaker können ein Kajak mieten und sich in die Strömungen um die Golden Gate Bridge wagen (sofern die Bedingungen es ermöglichen; vorher nachfragen). Sportliche Romantiker: Touren in der Abenddämmerung an der Bay Bridge vorbei sind ideal für Heiratsanträge. Details stehen auf der Website.

**STAGECOACH GREENS** MINIGOLF

Karte S. 322 (ParkLab Greens, Spark Social SF; 415-310-3246; www.parklab.com/spark-social-sf; 1379 4th St; Golf Erw./Kind unter 12 J. 16/10 $; Di–So 11–21 Uhr; ; 55, M T) Eine Freiluft-Minigolfanlage ist im kühlen, nebligen San Francisco auf den ersten Blick vielleicht keine so umwerfende Idee, doch was, wenn's dazu einen Biergarten gibt? Und zwei Dutzend Foodtrucks? Und ganz in der Nähe von Schaukeln umringte Feuerstellen, auf denen *s'mores* brutzeln? Dies alles findet man in ParkLab Greens und Spark Social FL, zwei kooperierenden benachbarten Community-Plätzen mit allem Möglichen, das Spaß macht, u. a. einem 18-Loch-Platz mit Western-Motto.

**ONSEN BATH** BAD

Karte S. 320 (415-441-4987; www.onsensf.com; 466 Eddy St; 1¾-Std.-Bad 35 $; Mo & Mi 15.30–22, Do & Fr 11–22, Sa & So 10–22 Uhr; 19, 31, 38, B Civic Center, M Civic Center) Baden im Whirlpool ist ein kalifornischer Brauch, der älter ist als die Swinging-70er- und Hippie-60er-Jahre – die Sutro Baths aus der viktorianischen Zeit und *onsen* (Kurbäder) wurden von japanisch-amerikanischen Pionieren aus San Francisco gegründet. In den Redwood- und Zedernholzsaunen im Onsen mit gemeinschaftlichem Whirlpool und Abkühlungsduschen und einem gemütlichen Teehaus kann man seinen kalifornischen Teint pflegen.

**YERBA BUENA ICE SKATING & BOWLING CENTER** EISLAUF, BOWLING

Karte S. 322 (415-820-3541; www.skatebowl.com; 750 Folsom St; Eislaufen Erw./Kind unter 6 J. 12,50/8 $, Schlittschuhverleih 5,50 $, Bowling 22–48 $ pro Bahn/Std., Schuhverleih 5,75 $; So & Mo 12–21, Di–Do bis 22, Fr & Sa bis 24 Uhr; ; 14, M Powell, B Powell) Während die Anzugträger im Moscone Convention Center beschäftigt sind, drehen andere Leute oben in diesem Vergnügungszentrum unbekümmert Achter auf dem Eis oder werfen auf der Bowlingbahn Bälle. Eine Bowlingbahn sollte vorher reserviert werden, besonders zum Ultra Bowling mit Licht- und Soundeffekten. Verfügbarkeit und Sonderangebote sind auf der Website oder telefonisch zu erfahren, darunter z. B. eine Happy Hour mit Bahnen für 23 $ und kostenlosem Schuhverleih (Di & Mi 16–18 Uhr).

**SPINNAKER SAILING** SEGELN

Karte S. 322 (☎415-543-7333; www.spinnakersailing.com; Pier 40, South Beach Harbor; Charter mit Skipper ab 445 $, Kurse ab 338 $; ⏲10–17 Uhr; 🚌30, 45, Ⓜ N, T) Sagen einem „Luv", „Legel" und „Steuer nach Lee" etwas? Wenn ja, kann man sich von Spinnaker ein Boot leihen und in den Sonnenuntergang segeln. Wenn nicht, werden auch bemannte Boote vermietet und Kurse angeboten, um die Seemannssprache (nicht die Flüche) zu lernen.

POWELL & HYDE Sts.
WORLD FAMOUS
CABLE CAR
SAFETY TIPS
PANDORA

0
1 km
0
0,5 Meilen
San Francisco Bay
Powell-Hyde (Friedel Klussmann) Cable Car Turnaround
Beach St
North Point St
Powell-Mason Cable Car Turnaround
The Embarcadero (Herb Caen Way)
Bay St
NORTH BEACH
Powell-Hyde St Cable Car Line
Lombard St
Filbert St
Jones St
Powell-Mason Cable Car Line
Stockton St
Grant Ave
Columbus Ave
Sansome St
Battery St
Broadway
Van Ness Ave
California St Cable Car Turnaround
ZIEL
Broadway
CHINATOWN
NOB HILL
Jackson St
Washington St
California St Cable Car Line
Embarcadero
Market St
Bush St
Folsom St
California St
Pine St
Bush St
California St Cable Car Turnaround
Powell-Mason & Powell-Hyde St Cable Car Lines
Montgomery St
Geary St
Powell St
Mason St
Hyde St
Geary Blvd
Powell St
Brannan St
START
1
2
3
4
5
6
7
8
9
10

JOSEPH M. ARSENEAU / SHUTTERSTOCK ©

BENNYMARTY / GETTY IMAGES ©

Oben: Wendeplatz des Powell-Hyde-Cable Car
Unten: Auf der Powell St vorbei an der Bush St

# San Francisco per Cable Car

**Der ultimative San Franciscoer Joyride ist eine Fahrt mit dem Cable Car. Diese teils hölzernen Straßenbahnen sehen aus wie ein Rückgriff in viktorianische Zeit und tatasächlich sind sie seit ihrer Erfindung 1873 relativ unverändert. Doch nach wie vor ist das Cable Car für die Überwindung der Stadt die passende Spitzentechnologie.**

Am **❶ Powell St Cable Car Turnaround** (S. 132) drehen die Schaffner die Waggons auf einer hölzernen Drehscheibe. An einem alten Kiosk werden dort Tageskarten für 24 $ verkauft; eine Einzelfahrt kostet 8 $. Mit dem rot beschilderten Powell-Hyde-Cable-Car geht es nun 103 m den Nob Hill hinauf.

Wenn das Cable Car nach oben rattert, kann man sich in etwa vorstellen, wie sich einst Pferde den Berg hochquälten. Die Stadtplaner des 19. Jhs. beargwöhnten die „Drahtseilbahn" des Erfinders Andrew Hallidie, aber in über 100 Jahren fast kontinuierlichen Betriebs sind die Kabel nur selten gerissen. Hallidies Cable Car überstand sogar das Erdbeben von 1906, das die Villen von „Snob Hill" zerstörte, und transportierte Gläubige in die wiederaufgebaute **❷ Grace Cathedral** (S. 133). Wer aussteigt, kann kurz bei der Statue des Schutzpatrons der Stadt, des hl. Franziskus, von Beniamino Bufano vorbeischauen.

Zurück in der Powell-Hyde-Bahn genießt man beim Schlingern durch die kurvenreiche **❸ Lombard Street** (S. 134) Richtung **❹ Fisherman's Wharf** (S. 61) den Ausblick auf die Bay. Wer mag, kann hier die **❺ USS Pampanito** (S. 63) erkunden; Kneipenprügeleien in alten Spielautomaten gibt's im **❻ Musée Mécanique** (S. 62). Dann geht's mit der Powell-Mason-Linie nach North Beach.

Dort lockt ein Besuch des **❼ San Francisco Art Institute** (S. 134) mit Diego Riveras Stadtbild von 1934; Hungrige zieht es in die **❽ Liguria Bakery** (S. 120). Dann folgt ein Bummel durch North Beach und Chinatown oder eine Fahrt mit der Powell-Mason-Linie zur **❾ Chinese Historical Society of America** (S. 116). In der Nähe fährt die älteste Cable-Car-Linie der Stadt los, die California-Street-Bahn. Endstation ist unweit des **❿ Ferry Building** (S. 79).

# North Beach & Chinatown

## Highlights

❶ **Die Gassen von Chinatown** (S. 119) Beim Streifzug durch die Seitenstraßen Tempel-Gongs, chinesischen Orchestern und dem Klappern von Mah-Jongg-Steinen lauschen.

❷ **Coit Tower** (S. 114) Über die Filbert Street Steps zwischen duftenden Gärten und krächzenden Papageien zu diesem Turm mit Panoramablick aufsteigen.

❸ **City Lights Books** (S. 115) Im Poet's Chair sitzen und die Freiheit der Kunst würdigen.

❹ **Chinese Historical Society of America** (S. 116) Im Chinatown YWCA Building, entworfen von Julia Morgan, eine Zeitreise durch das alte Chinatown unternehmen.

❺ **Li Po** (S. 126) In einer historischen Beatnikkneipe den Spuren von Jack Kerouac und Allen Ginsberg folgen.

Details s. Karte S. 332

## Rundgang: North Beach & Chinatown

Von Downtown führt der Weg durch das Dragon's Gate (S. 120) zur touristischen Hauptmeile von Chinatown, der Grant Ave. Es ist kaum zu glauben, dass die Straße voller Pagoden und Souvenirläden einst die wildeste Ecke im Westen der USA war – jedenfalls bis man die faszinierenden Exponate in der Chinese Historical Society of America (S. 116) sieht. Über die Jack Kerouac Alley (S. 115) und City Lights (S. 115), den Geburtsort der Beatnik-Literatur, geht's rüber nach North Beach. Ein Espresso im Caffe Trieste (S. 125) vor dem Stadtrundgang North Beach Beat und danach Aufstieg zwischen Gärten über die Filbert Street Steps (S. 114) zum Coit Tower (S. 114) mit einer schwindelerregenden Panoramaaussicht und sozialkritischen Wandbildern. Wieder unten folgt eine Kneipentour und einem Stück Pizza im Golden Boy (S. 120) oder ein ordentliches Essen im Mister Jiu's (S. 123).

## Lokalkolorit

**Treffs** Das Literaturvolk ist im Caffe Trieste (S. 125) anzutreffen, Kampfsportmeister am Washington Square (S. 115) und Skater am Old St. Mary's Square (S. 117).

**Kulinarische Entdeckungen** Selbst Einheimische, die schon alles kennen, entdecken neue Gaumenfreuden im Z & Y (S. 124), bei Mister Jiu's (S. 123) und China Live (S. 121).

**Promigucken** Sean Penn lässt sich schon mal im Tosca Cafe (S. 121) nieder, Sofia Coppola im Columbus Tower (S. 116), Tom Waits und Carlos Santana schlagen im 101 Music (S. 128) auf und Lola Montez wird auf den Drag Me Along Tours (S. 125) wieder lebendig.

**Bezahlbare Vergnügen** Schmetterlingsdrachen im Chinatown Kite Shop (S. 128), Kalorienbomben in der Liguria Bakery (S. 120) und ein Bier mit Flair im Specs (S. 124).

## Anfahrt

**Muni** Die kürzlich erweiterte Straßenbahnlinie T verbindet Chinatown und North Beach mit Downtown und Dogpatch.

**Bus** Die wichtigsten Buslinien durch Chinatown und North Beach sind die 1, 10, 12, 30, 39, 41 und 45.

**Cable Car** Von Downtown oder Fisherman's Wharf fahren die Linien Powell-Mason oder Powell-Hyde durch Chinatown und North Beach. Die California-Linie fährt durch den südlichen Teil von Chinatown.

### Top-Tipp

Wilde Falken und Papageien kreisen über North Beach, als würden auch sie nach einem Parkplatz Ausschau halten. Am Wochenende ist die Parkplatzsuche so nervig, dass die Einheimischen North Beach und Chinatown meiden – und vergessen, dass es Parkplätze unter dem Portsmouth Sq und in der **Good Luck Parking Garage** gibt, wo die Stellplätze mit Glückskeksweisheiten beschriftet sind: „Du hast die Liebe deines Lebens gefunden. Nicht weitersuchen."

### Kunst

- City Lights Books (S. 115)
- Coit Tower (S. 114)
- Jack Kerouac Alley (S. 115)
- Li Po (S. 126)

### Gut essen

- Golden Boy (S. 120)
- Good Mong Kok (S. 123)
- Liguria Bakery (S. 120)
- Mister Jiu's (S. 123)
- Z & Y (S. 124)
- Molinari (S. 120)

Mehr dazu S. 120

### Schön ausgehen

- Specs (S. 124)
- Comstock Saloon (S. 124)
- Li Po (S. 126)
- Vesuvio (S. 125)
- Devil's Acre (S. 124)
- Caffe Trieste (S. 125)

Mehr dazu S. 124

TOP-ERLEBNIS

# IM COIT TOWER DER GESCHICHTE BEGEGNEN

**Der Coit Tower ist das Ausrufezeichen in der Skyline von San Francisco. Finanziert aus dem Erbe der Feuerwehrmäzenin Lillie Hitchcock Coit wurde der weiße Art-déco-Bau als Denkmal für die Feuerwehr der Stadt errichtet.**

Die Wandbilder in der Turmlobby stellen die Stadt während der Weltwirtschaftskrise dar: Menschen vor Suppenküchen, Hafenarbeitergewerkschaften, Nachtleben trotz Prohibition und Bücherlesen – auch das Kommunistische Manifest – auf Chinesisch, Italienisch und Englisch.

Nach ihrer Fertigstellung 1934 waren die staatlich finanzierten Kunstwerke umstritten. Die Behörden beschuldigten die 26 Künstler, Kommunisten zu sein, und verlangten die Entfernung radikaler Elemente. Als die Künstler sich weigerten, übermalten Parkangestellte als Kompromiss ein Hammer-und-Sichel-Symbol.

Doch die Zensur vermochte sich nicht durchzusetzen. Die San Franciscoer begriffen die Wandbilder als Symbol für die Offenheit ihrer Stadt. 2012 stimmten sie für ihren Erhalt als historische Wahrzeichen. Heute sind die Bilder frisch restauriert und plakativ wie eh und je.

Im 19. Jh. hatte ein skrupelloser Unternehmer am Osthang des Telegraph Hill begonnen, Straßen zu sprengen und Schotter abzubauen. Glücklicherweise setzte die Stadt dem bald ein Ende. Die Aussicht in die Bucht von den **Filbert Street Steps** (Karte S. 332; 🚌39) ist sensationell. Die steile Treppe führt an den schmucken Häusern in der Napier Lane vorbei, während der Blick über die Bay Bridge und bunte Papageienschwärme schweift.

## NICHT VERSÄUMEN

- Sozialkritische Wandbilder, die das San Francisco der 1930er-Jahre zeigen
- Aussichtsplattform mit Rundumblick
- Meerblick und Skulpturengärten um die Filbert Street Steps
- Versteckte Wandbilder im Treppenaufgang

## PRAKTISCH & KONKRET

- Karte S. 332, D2
- ☎415-249-0995
- www.sfrecpark.org
- Telegraph Hill Blvd
- Aufzuggebühr für Auswärtige Erw./Kind 8/5 $, Wandbildtour alles/nur 1. OG *(2nd floor)* 8/5 $
- ⏲April–Okt. 10–18 Uhr, Nov.–März bis 17 Uhr
- 🚌39

CARLOS RESTREPO / SHUTTERSTOCK © COIT TOWER ARCHITECT: ARTHUR BROWN JR.

## SEHENSWERTES

**Wer ganz oben auf den Filbert Street Steps steht, kann verstehen, was italienische Fischer, Beatnik-Dichter und wilde Papageien an North Beach fanden: mehr Himmel als Erde, von Menschen bewohnt, aber niemals gänzlich gebändigt. Der Coit Tower bricht aus dem Grün hervor und hebt North Beach aus dem Dunst des Alltags empor.**

**Jenseits der Columbus Ave liegt Chinatown, das Glanz und Elend des Goldrauschs überstanden hat, antichinesische Ausschreitungen, Alkoholschmugglerkriege, Feuersbrünste und Erdbeben. Chinatown schrieb mehrfach Geschichte: Von hier stammten die Arbeitskräfte für den Bau der ersten transkontinentalen Eisenbahn der USA und für den Wiederaufbau San Franciscos und es spielte eine Vorreiterrolle bei der chinesischen Revolution und der amerikanischen Bürgerrechtsbewegung.**

### North Beach

**COIT TOWER** KUNST IM ÖFFENTLICHEN RAUM

Siehe S. 114.

**★CITY LIGHTS BOOKS** KULTURZENTRUM

Karte S. 332 (☎415-362-8193; www.citylights.com; 261 Columbus Ave; ⏲10–24 Uhr; 🚸; 🚌8, 10, 12, 30, 41, 45, 🚋Powell-Mason, Powell-Hyde, Ⓜ T) Hier herrscht Freiheit der Kunst und Meinungsfreiheit seit 1957 der City-Lights-Gründer und Dichter Lawrence Ferlinghetti und sein Geschäftsführer Shigeyoshi Murao vor Gericht das Recht durchsetzten, Allen Ginsbergs großartiges Gedicht *Das Geheul* zu veröffentlichen.

Kunden genießen außerdem die Freiheit, oben im Poet's Chair mit Blick auf die Jack Kerouac Alley ausgiebig zu lesen, sich im Zwischengeschoss mit Journalen einzudecken und unten in der neuen Abteilung Pedagogies of Resistance („Pädagogik des Widerstands") radikale Ideen zu sichten.

**BEAT MUSEUM** MUSEUM

Karte S. 332 (☎800-537-6822; www.kerouac.com; 540 Broadway; Erw./Stud. 8/5 $, Stadtführungen 30 $; ⏲Museum 10–19 Uhr, Stadtführungen Sa 14–16 Uhr; 🚌8, 10, 12, 30, 41, 45, 🚋Powell-Mason, Ⓜ T) Die Beatniks, *beaten down* (niedergeschlagen) und *beatific* (glückselig) in einem, waren eine Gruppe von Schriftstellern, Künstlern und Denkern, die sich im San Francisco der 1950er-Jahre zusammenfanden.

Näher ran an das Lebensgefühl dieser Generation als hier geht's kaum, jedenfalls nicht ohne das Gesetz zu brechen. Zu den über 1000 Objekten der Sammlung gehört Großartiges (ein Exemplar der verbotenen Ausgabe von Ginsbergs *Das Geheul* mit Anmerkungen des Autors) und Skurriles (beim Anblick der Wackelkopfpuppen von Kerouac kann man nur den Kopf schütteln).

Unten kann man sich in klapprigen Kinosesseln, die nach literarischen Giganten, Haustieren und Pot riechen, Filme aus der Zeit anschauen. Oben werden die Beatnik-Autoren individuell gewürdigt. Eventuell ist das Museum wegen Baumaßnahmen zum Erdbebenschutz geschlossen – vorher anrufen!

**JACK KEROUAC ALLEY** STRASSE

Karte S. 332 (zw. Grant & Columbus Ave; 🚌8, 10, 12, 30, 41, 45, 🚋Powell-Mason) „Die Luft war weich, die Sterne so schön, die Verheißung jeder Kopfsteingasse so groß ..."

Diese Zeilen des Autors von *Unterwegs* und *Gammler, Zen und hohe Berge* sind in das Pflaster auf der nach ihm benannten Gasse eingelassen, einer ebenso poetischen wie pfiffigen Abkürzung zwischen Chinatown und den Lieblingsorten des Autors, die da waren City Lights, das Vesuvio (S. 125) und sein Sitzplätzchen bei der goldenen Buddha-Statue im Li Po (S. 126) – Kerouac glaubte fest an Literatur, Buddhismus und natürlich Bier.

**BOB KAUFMAN ALLEY** STRASSE

Karte S. 332 (🐾; 🚌8, 10, 12, 30, 41, 45, 🚋Powell-Mason, Ⓜ T) Gibt es sonst irgendwo eine Straße, die nach einem afroamerikanischen, katholischen, jüdischen Voodoo-Anarchisten benannt ist? Bob Kaufman, in Frankreich als der „amerikanische Rimbaud" verehrt, war 1959 Mitbegründer des legendären Magazins *Beatitudes* und ein Jazz-Künstler des gesprochenen Worts.

Nach der Ermordung von John F. Kennedy legte er ein buddhistisches Schweigegelübde ab, an das er sich zwölf Jahre lang – bis zum Ende des Vietnamkriegs – hielt. Die kleine Gasse (abseits der Grant Ave in der Nähe der Filbert St) wird ihm absolut gerecht: abseitig, insidermäßig und oft absolut still.

**WASHINGTON SQUARE** PARK

Karte S. 332 (http://sfrecpark.org/destination/washington-square; Ecke Columbus Ave & Union

St; 8, 30, 39, 41, 45, Powell-Mason, MT) In der Grünanlage tummeln sich Papageien, Tai-Chi-Meister und uralte, fromme *nonnas* (Großmütter). Der erste offizielle Park der Stadt wurde 1850 auf dem Weideland der vorausschauenden Ranchbesitzerin und Geschäftsfrau Juana Briones angelegt – eine Bank im Park ist ihr gewidmet. Die Papageien halten sich in den Baumkronen auf, aber wie alles und alle in North Beach lassen sie sich vermutlich mit einer Focaccia aus der Liguria Bakery (S. 120) an der Nordostecke des Platzes bestechen.

**COLUMBUS TOWER** HISTORISCHES GEBÄUDE

Karte S. 332 (Sentinel Building; 916 Kearny St; 8, 10, 12, 30, 41, 45, California, MT) Wenn diese kupferverkleideten Wände reden könnten, würden sie mit berühmten Namen nur so um sich werfen. Der erste Bewohner des Turms war der Strippenzieher Abe Ruef, der 1907 wegen Bestechung von städtischen Beamten in San Quentin eingesperrt wurde. In den 1960er-Jahren kaufte die mit Grammys ausgezeichnete Folk-Gruppe Kingston Trio den Turm und Grateful Dead nutzten den Keller als Aufnahmestudio. Seit 1972 gehört er Filmemacher Francis Ford Coppola, dem Regisseur von *Der Pate*, der sich dort Büros mit dem Regisseur Wayne Wang *(Töchter des Himmels)* und dem mit einem Oscar ausgezeichneten Schauspieler und Regisseur Sean Penn teilt. Im Erdgeschoss betreibt Coppola das Cafe Zoetrope (S. 126).

## Chinatown

**DIE GASSEN VON CHINATOWN** STADTVIERTEL

Siehe S. 119.

**★CHINESE HISTORICAL SOCIETY OF AMERICA** MUSEUM

Karte S. 332 (CHSA; 415-391-1188; www.chsa.org; 965 Clay St; Di–Fr 12–17, Sa & So 11–16 Uhr; ; 1, 8, 30, 45, California, Powell-Mason, Powell-Hyde, MT) GRATIS In diesem Gebäude von 1932, das als Chinatowns YWCA (Christlicher Verein junger Frauen) errichtet wurde, erfahren die Besucher, wie amerikanische Chinesen während des Goldrauschs, des Baus der transkontinentalen Eisenbahn und zur Glanzzeit der Beatniks lebten. Die Historiker der CHSA stöberten faszinierende Sachen auf: seidene Qipaos aus den 1920er-Jahren, Nachtclub-Plakate aus Chinatown zur Zeit des Zweiten Weltkriegs und Chinatown-Miniaturen des Bühnenbildners Frank Wong. Die Exponate vermitteln sowohl persönliche als auch historische Perspektiven auf Meilensteine der Geschichte der chinesisch-amerikanischen Community. Dabei geht's z. B. um die Bürgerrechtsbewegung, den Kalten Krieg und den Chinese Exclusion Act, auf dessen Grundlage chinesischen Einwanderern von 1882 bis 1943 die US-Staatsbürgerschaft und die Bürgerrechte verwehrt wurden.

**CHINESE CULTURE CENTER** GALERIE

Karte S. 332 (415-986-1822; www.cccsf.us; Hilton Hotel, 2. OG (3rd floor), 750 Kearny St; erwünschte Spende 5 $; bei Ausstellungen Di–Sa 10–16 Uhr; ; 1, 8, 10, 12, 30, 41, 45, California, Powell-Mason, Powell-Hyde, MT) In diesem Kulturzentrum reicht der Blick vom 2. Stock im Hilton bis nach China. Ausgestellt werden z. B. Werke zeitgenössischer chinesischer Schreibpinselmaler oder Installationen von Kung-Fu-Boxsäcken, die mit Kampfbegriffen beschriftet sind. In jedem ungeraden Jahr findet hier die Present Tense Biennial statt, auf der über 30 Künstler aus der Bay Area ihre persönlichen Interpretationen chinesischer Kultur vorstellen. Eine Schwestergalerie in der 41 Ross Alley bietet mehr zeitgenössische Kunst; mehr Historie vermitteln die Chinatown Heritage Walking Tours (S. 125) des Kulturzentrums.

**TIN HOW TEMPLE** TEMPEL

Karte S. 332 (Tien Hau Temple; 125 Waverly Pl; Eintritt per Spende; 10–16 Uhr, außer an Feiertagen; 1, 8, 30, 45, California, Powell-Mason, Powell-Hyde) Im 19. Jh., als den Chinesen in San Francisco gesetzlich vorgeschrieben war, wo sie leben und arbeiten durften, blieb ihnen nichts anderes übrig, als sich nach oben auszubreiten. Über Friseurläden, Wäschereien und Imbisslokalen am Waverly Place (S. 119) sind laternengeschmückte Tempelbalkone zu entdecken. Der Tin How Temple wurde 1852 gebaut; wie durch ein Wunder überstand sein Altar das Erdbeben von 1906. Zu erreichen ist er über drei Treppen, auf denen es nach Sandelholz duftet. Der Eintritt ist frei, es wird aber eine Spende zum Unterhalt des Tempels verlangt. Innen sollte nicht fotografiert werden.

**CHINESE TELEPHONE EXCHANGE** HISTORISCHES GEBÄUDE

Karte S. 332 (743 Washington St; 1, 30, 45, California, Powell-Hyde, Powell-Mason, MT) Die

INSIDERWISSEN

## BACKSTEINARCHITEKTUR IN CHINATOWN

Beim Bummel durch Chinatown lohnt ein genauerer Blick auf die Ziegelmauern rundum. Einige der Ziegel sind geschwärzt und blasig. Manche kragen in vielen verschiedenen Winkeln aus dem Mauerwerk hervor.

Diese Backsteine gehören zu Chinatowns Überlebensgeschichte. Chinatowns Bebauung wurde ursprünglich weitgehend von nichtchinesischen Grundbesitzern aus billigem, nicht gehärteten Ziegeln errichtet – beim große Erdbeben von 1906 fielen diese Gebäude zusammen. Das Feuer fegte mit solch hohen Temperaturen durch die Straßen, dass die Ziegel anschmolzen und unter der Einwirkung der großen Hitze zusammenbackten – das heißt, zu Backstein wurden. Viele Einwohner verloren alles – ihre Wohnungen, ihre Arbeitsstätten, sozialen Zentren, Kirchen und Tempel waren nur noch Trümmer. Die Straßen waren mit Backsteinen verstopft.

Maurer sortieren überbrannte Ziegelsteine in der Regel aus, weil sie nur schwer bündig verlegt werden können und schlecht isolieren. Chinatowns Bewohner konnte jedoch nicht auf besseres Baumaterial warten. Skrupellose Bauunternehmer wie Abe Ruef – mit Büros im Columbus Tower – wollten den Stadtrat dazu bringen, Chinatown an den Stadtrand von San Francisco zu verlegen. Als die Bewohner Chinatowns davon Wind bekamen, marschierten sie zurück in ihr noch immer rauchendes Viertel, räumten die Straßen und begannen Ziegel für Ziegel mit dem Wiederaufbau. Die verzogenen Ziegel, die anderswo für ungeeignet galten, nutzten sie auf raffinierte Weise, indem sie sie verdreht einsetzten und damit dekorative Muster schufen.

Chinatown behauptete so nicht nur seinen Platz, es machte ein architektonisches Statement. Die Architektin Julia Morgan setzte Backsteine als demonstratives und dekoratives Element im Donaldina Cameron House (920 Sacramento St) ein, einer Zufluchtsstätte für Frauen und Kinder, die sklavereiähnlichen Verhältnissen entkommen waren. Chinatowns Architektur des Überlebens wurde bald zum Merkmal der kalifornischen Arts-and-Crafts-Bewegung der 1920er-Jahre – heute sind Ziegelsteine im ganzen Bundesstaat an sakralen Gebäuden und Wohnhäusern zu sehen.



ersten Hightechnutzer Kaliforniens waren nicht die Programmierer im Silicon Valley, sondern die Telefonvermittler in Chinatown von 1894. Um die Verbindungen herzustellen, mussten die Vermittler sechs Sprachen fließend beherrschen und sich über 1500 Namen, Adressen und Berufe von Chinatown-Bewohnern merken. Die Angestellten wohnten auch in dem Fernsprechamt mit Pagodendach und betrieben bis 1949 die Vermittlung 365 Tage im Jahr. Da von 1882 bis 1943 nach Erlass des Chinese Exclusion Act keine Menschen chinesischer Abstammung mehr in die USA einreisen durften, sorgte das Fernsprechamt 60 Jahre lang für die einzigen Kontakte zwischen Chinatown-Bewohnern und ihren Familien.

### OLD ST. MARY'S CATHEDRAL & SQUARE — KIRCHE

Karte S. 332 (☎415-288-3800; www.oldsaintmarys.org; 660 California St; ⏲Mo & Di 11–18, Mi–Fr bis 19, Sa 9–18.30, So bis 16.30 Uhr; 🚌1, 30, 45, 🚋California) Kaliforniens erste Kathedrale wurde ab 1853 von einem irischen Unternehmer gebaut, der etwas Religion ins lasterhafte San Francisco bringen wollte – der Lage in der Bordellstraße Dupont St. zum Trotz. Das Erdbeben von 1906 verschonte die Ziegelmauern der Kirche, zerstörte aber ein Bordell gegenüber und schuf somit Platz für den St Mary's Sq. Heute vollziehen hier Skateboarder Kunststücke ganz anderer Art unter den Augen des chinesischen Revolutionärs Sun Yat-sen – die Statue aus rosa Granit und Stahl ist ein Werk von Beniamino Bufano aus dem Jahr 1929.

### PORTSMOUTH SQUARE — PARK

Karte S. 332 (http://sfrecpark.org/destination/portsmouth-square; Ecke Washington St & Walter Lum Pl; P 👪; 🚌1, 8, 10, 12, 30, 41, 45, 🚋California, Powell-Hyde, Powell-Mason, MT) Das inoffizielle Wohnzimmer Chinatowns ist nach der Schaluppe von John B. Montgomery benannt, der 1846 San Francisco für die USA in Besitz nahm. Das erste Rathaus der Stadt bezog 1852 das Varietétheater Jenny Lind am Portsmouth Sq. Heute schmückt die Göttin der Demokratie den Platz. Es handelt sich um eine Bronzereplik der Statue, die die Demonstranten auf dem

MARINZOLICH / GETTY IMAGES ©

1. Die Transamerica Pyramid (S. 83) von Chinatown aus
2. Spofford Alley 3. Ross Alley 4. Waverly Place

2

JUDY BELLAH / GETTY IMAGES ©

3

# Die Gassen von Chinatown

**Die 41 historischen Gassen, die sich in 22 Straßenblocks drängen, haben seit 1849 alles miterlebt: Goldrausch und Revolution, Weihrauch und Opium, Feuer und eisigen Empfang. Die Gassen sind gesäumt von hohen Gebäuden, denn ab 1870, als Gesetze Zuwanderung, Beschäftigung und Unterkunft der Chinesen reglementierten, konnte sich Chinatown nur noch in die Höhe ausdehnen.**

## Waverly Place

Das Herz von Chinatown ist der **Waverly Place** (1, 30, California, Powell-Mason, MT) mit seinen alten Backsteingebäuden und fähnchengeschmückten Tempelbalkonen. Im Tin How Temple (S. 116) wird seit 1852 gebetet – selbst nach dem Erdbeben von 1906, als die Altäre noch schwelten.

## Ross Alley

Auf bunten Wandbildern sind die Goldrauschtypen zu sehen, die einst durch die älteste Gasse der Stadt streunten. In jüngerer Zeit bildete die **Ross Alley** (1, 30, 45, Powell-Mason, MT) die malerische Kulisse für Actionfilme wie *Karate Kid II* und *Big Trouble in Little China*.

## Spofford Alley

Bei Sonnenuntergang ist in der **Spofford Alley** (1, 30, 45, Powell-Mason, MT) das Klicken der Mah-Jongg-Steine und ein chinesisches Orchester beim Warmspielen zu hören. Ein paar Generationen früher hätte man vielleicht aufgeschnappt, wie Sun Yat-sen und seine Mitverschwörer 1911 im Haus Nr. 36 den Sturz der letzten Dynastie Chinas planten.

## Touren

Sowohl Chinatown Alleyway Tours (S. 125) als auch Chinatown Heritage Walking Tours (S. 125) bieten gemeinnützige Zeitreise-Spaziergänge durch entscheidende Momente der amerikanischen Geschichte an.

Tiananmen-Platz 1989 schufen. Im Park begrüßen Menschen den Morgen mit Tai-Chi, ab mittags toben Kleinkinder auf dem Spielplatz und Schachspieler planen ihre Züge bis spät in die Nacht.

**DRAGON'S GATE** DENKMAL

Karte S. 332 (Ecke Grant Ave & Bush St; 🚌1, 8, 30, 45, 🚋California, Ⓜ T) Das Drachentor, das 1970 von Taiwan gestiftet wurde, ist der Zugang zu jener Straße, die zu ihrer berüchtigten Rotlichtzeit Dupont Street hieß. Das pagodenreiche „Chinatown-Art-déco" jenseits des Tors wurde in den 1920er-Jahren von den Händlern in Chinatown, allen voran Look Tin Ely, in Auftrag gegeben, die mit einem unverwechselbaren, modernen Baustil Touristen anlocken wollten. Es klappte: Straßenlampen in Drachenform vertrieben die halbseidenen Typen und weisen nun den Weg zu billigen Souvenirs und Teegeschäften.



# ESSEN

**Kleine Warnung zum Beginn: In den malerischen alten Stadtvierteln Chinatown und North Beach weist eine Menschenmenge vor einem Restaurant nicht unbedingt auf die Qualität des Hauses hin, sondern ist vielleicht eher Abbild der Instagram-Tauglichkeit, der Bekanntheit oder des Preisniveaus. Am Wochenende platzen die Dim-Sum-Restaurants in Chinatown aus allen Nähten – früh da sein oder spät hingehen!**

**Wer in North Beach ein italienisches Restaurant sucht, kann sich an folgende Faustregel halten: Wenn der Wirt versucht, einen mit einem „Ciao, bella!" ins Lokal zu locken, geht man einfach weiter. Das Gleiche gilt für Restaurants mit allzu kitschigen oder plumpen Namen – Mona Lisa lässt grüßen!**

**Am besten versucht man es mit kleineren Eckrestaurants in den Nebenstraßen der Grant Ave und Washington St, in denen das Personal Italienisch miteinander schwatzt.**

## North Beach

**★GOLDEN BOY** PIZZA $

Karte S. 332 (☎415-982-9738; www.goldenboypizza.com; 542 Green St; Pizzastücke 3,25–4,25 $; ⏲So–Do 11.30–24, Fr & Sa bis 2 Uhr; 🚌8, 30, 39, 41, 45, 🚋Powell-Mason) „Wenn's nicht auf der Karte steht, frag nicht danach.", steht auf der Speisekarte. So hält das Golden Boy schon seit 1978 Abweichler auf Linie. Hier gibt's Pizza auf Genueser Art, Focaccia, die weich, knusprig und heiß aus dem Ofen kommt.

Gegessen und geliebt wird, was immer die zweite Generation *pizzaioli* (Pizzabäcker) der Familie Sodini zubereitet, besonders Pizza Pesto oder mit Muscheln und Knoblauch. Man holt sich die quadratischen Stücke und ein Bier vom Fass am Tresen selbst ab und fühlt sich alsbald goldig, ob *boy* oder *girl*.

**★LIGURIA BAKERY** BÄCKEREI $

Karte S. 332 (☎415-421-3786; 1700 Stockton St; Focaccia 4–6 $; ⏲Di–Fr 8–14, Sa 7–14, So 7–12 Uhr; 🖉 👪; 🚌8, 30, 39, 41, 45, 🚋Powell-Mason, Ⓜ T) Übernächtigte Kunststudenten und italienische Großmütter stehen bei Sam Schlange, um Zimt-Rosinen-Focaccia frisch aus dem 100 Jahre alten Ofen zu ergattern. Wer um 9 Uhr eintrudelt, hat nur noch die Wahl zwischen Focaccia mit Tomaten oder klassisch mit Rosmarin und Knoblauch.

Achtung, liebe Nachzügler: Wenn alles verkauft ist, macht der Laden zu. Die Brote werden in Wachspapier oder in der Schachtel für ein Picknick verkauft – ist aber unwahrscheinlich, dass für später noch eins übrig bleibt. Nur Barzahlung.

**★MOLINARI** DELI $

Karte S. 332 (☎415-421-2337; www.molinarisalame.com; 373 Columbus Ave; Sandwiches 11–14,50 $; ⏲Mo–Fr 9–18, Sa bis 17.30 Uhr; 🚌8, 10, 12, 30, 39, 41, 45, 🚋Powell-Mason, Ⓜ T) Hier sind nahezu religiöse Mittagsrituale zu beobachten: Man betritt Molinari und schnappt sich eine Nummer und ein knuspriges Brötchen.

Wenn die Nummer aufgerufen wird, belegen witzelnde Angestellte das Brötchen mit himmlischen Zutaten: milchiger Büffel-Mozzarella, würzige, sonnengetrocknete Tomaten, hauchdünner Parmaschinken, legendäre, hausgeräucherte Salami, alles mit Olivenöl und Balsamico beträufelt. Schmeckt am besten heiß aus dem Panini-Toaster an einem der Straßentische.

**MARA'S ITALIAN PASTRY** DESSERTS $

Karte S. 332 (☎415-397-9435; 503 Columbus Ave; Backwaren 2–6 $; ⏲So–Do 7–22.30, Fr & Sa bis 24 Uhr; 🚌8, 30, 39, 41, 45, 🚋Powell-Mason, Ⓜ T) Hier kann man zusammen mit anderen Frühaufstehern einen doppelten

Espresso und dazu eine *crostata* (Mürbeteig-Gebäck mit Konfitüre) genießen. Oder man genehmigt sich abends, zwischen zwei Kneipen, eine *torta di mandorla* (Mandelmehlkuchen mit Marmeladenschicht) und Cannoli mit Schoko-Ricotta-Füllung.

Die doppelt gebackenen, besonders knusprigen Biscotti sind für Nichtitaliener vielleicht etwas gewöhnungsbedürftig – man kann sie z. B. in *vin santo* tunken –, doch die *pignoli*, weiche Plätzchen mit Pinienkernen, sind multikulti-tauglich.

### MAMA'S BRUNCH $

Karte S. 332 (☎415-362-6421; www.mamas-sf.com; 1701 Stockton St; Brunch-Hauptgerichte 11–16 $; ⏲Di–So 8–15 Uhr; 🖉 👪; 🚌8, 30, 39, 41, 45, 🚋Powell-Mason, Ⓜ T) Generationen von North Beachern haben die wichtigste Mahlzeit des Tages Mama und Papa Sanchez anvertraut, deren Diner hinter einer viktorianischen Fassade seit 50 Jahren die schlimmsten Kater der Barbary Coast lindert.

Omeletts aus Landeiern, Gugelhupf und French Toast sind Allheilmittel und Wochenendangebote wie Eier Benedikt mit Taschenkrebsen lohnen das Schlangestehen. Nur Barzahlung.

### TONY'S COAL-FIRED PIZZA & SLICE HOUSE PIZZA $

Karte S. 332 (☎415-835-9888; http://tonyscoalfired.com; 1556 Stockton St; Pizzastücke 5–6,50 $; ⏲Mi–So 11.30–23, Mo bis 22, Di bis 20 Uhr; 🚌8, 30, 39, 41, 45, 🚋Powell-Mason, Ⓜ T) Macht mal halblang, ihr New Yorker Pizzafans: In San Francisco gibt's auch dünnkrustige Pizza mit viel Käse und zwar vom neunmaligen Pizzabäcker-Weltmeister Tony Gemignani.

Was jetzt – koscheres Salz und Flaschencola aus einem Vintage-Automaten müssen auch sein? Kein Problem. Der Unterschied ist, dass hier die Pizza das ganze Jahr über auf dem sonnigen Washington Sq beim Anblick von Tai-Chi-Übenden und wilden Papageien verspeist werden kann. Sorry Manhattan – wer hat, der hat.

### MARIO'S BOHEMIAN CIGAR STORE CAFE CAFÉ $

Karte S. 332 (☎415-362-0536; 566 Columbus Ave; Sandwiches 7–15 $; ⏲10–23 Uhr; 🚌8, 30, 39, 41, 45, 🚋Powell-Mason, Ⓜ T) Mario's, eine Institution der North-Beach-Szene am Washington Sq, hat in den 1970er-Jahren die Zigarren aufgegeben und sich heißen Paninis zugewandt.

Seitdem kommt jede neu heranwachsende Künstlergeneration hierher, um sich mit frisch gebackener Zwiebel-Focaccia mit Fleischbällchen, Aubergine oder Grillhühnchen zu stärken. Die Ecklage eignet sich erstklassig zum Leute beobachten bei einer Karaffe Chianti oder einem Pint Anchor Steam.

### CHINA LIVE CHINESISCH $$

Karte S. 332 (☎415-788-8188; http://chinalivesf.com; 644 Broadway; kleine Gerichte 11–22 $; ⏲Mo–Do 11.30–22, Fr bis 23, Sa 10.30–23, So 10.30–22 Uhr; 🚌10, 12, 🚋Powell-Hyde, Ⓜ T) Seit 1848 hat chinesisches Essen in San Francisco Konjunktur. Die schicke Food-Hall bietet regionale chinesische Geschmackssensationen mit kalifornischem Flair. Koch und Restaurantbetreiber George Chen hat hier die asiatische Version des New Yorker Gourmetzentrums Eataly auf die Beine gestellt.

Die Karte wechselt saisonal, doch stets wiederkehrende Klassiker im Hauptrestaurant sind z. B. köstliche *xiao long bao* (Teigtäschchen in Suppe) aus Shanghai, pikanter Chrysanthemen-Salat und knusprige Pekingente mit Kumquat-Glasur.

### RISTORANTE IDEALE ITALIENISCH $$

Karte S. 332 (☎415-391-4129; www.idealerestaurant.com; 1309 Grant Ave; Pasta 16–20 $; ⏲Mo–Do 17.30–22.30, Fr & Sa bis 23, So 17–22 Uhr; 🚌8, 10, 12, 30, 41, 45, 🚋Powell-Mason, Ⓜ 5) In anderen Restaurants in North Beach wird ein italienischer Akzent vorgetäuscht, aber in dieser Trattoria sind alle Angestellten echte Italiener. Der römische Koch und Besitzer Maurizio Bruschi serviert authentische *bucatini amatriciana* (Röhrennudeln mit Tomaten-Pecorino-Sauce) al dente und hausgemachte („natürlich!") Ravioli und Gnocchi.

Das preiswerteste Angebot an italienischen Weinen in ganz North Beach sorgt dafür, dass jeder mit einem italienischen Akzent nach Hause geht und so bald wie möglich wiederkommen möchte.

### TOSCA CAFE ITALIENISCH $$

Karte S. 332 (☎415-986-9651; www.toscacafesf.com; 242 Columbus Ave; Hauptgerichte 15–22 $; ⏲17–2 Uhr; 🚌8, 10, 12, 30, 41, 45, 🚋Powell-Mason, Ⓜ T) Als die historische North-Beach-Kneipe zwangsgeräumt werden sollte, taten sich Anhänger wie Robert De Niro und Johnny Depp zusammen und die New Yorker Starköchin April Bloomfield übernahm den Laden.

# Spaziergang
# North Beach Beat

**START** CITY LIGHTS BOOKS
**ZIEL** LI PO
**LÄNGE/DAUER** 2,4 KM/ 2 STUNDEN

Bei **1 City Lights Books** (S. 111), Heimat der Beat-Poeten und der Freiheit der Kunst, gibt's Inspiration für die Tour durch das literarische North Beach – Ferlinghettis *San Francisco Poems* und Ginsbergs *Das Geheul* sind eine prima Wahl. Im **2 Caffe Trieste** (S. 125) mit Oper aus der Jukebox und starkem Espresso soll, ganz hinten, Francis Ford Coppola den Drehbuchentwurf für *Der Pate* geschrieben haben.

Am **3 Washington Square** (S. 115) hocken Papageien in den Bäumen und auf dem Rasen üben alte Leute die Tai-Chi-Tigerhaltung – das ist Poesie in Bewegung. Die **4 Liguria Bakery** (S. 120) an der Ecke verkauft etwas Besonderes: warme Focaccia direkt aus dem hundert Jahre alten Ofen.

Die stille **5 Bob Kaufman Alley** (S. 115) ist nach dem legendären Straßendichter benannt, der zum Ende des Vietnamkriegs nach zwölf Jahren sein Schweigegelübde brach, in ein Café in North Beach marschierte und sein Gedicht über „All die Schiffe, die nie ausfuhren" rezitierte.

Im Buchladen gibt's plötzlich Dylan-Jamsessions, Allen Ginsberg trägt in Amateurfilmaufnahmen nackt Gedichte vor und angeturnte Zuschauer grinsen glückselig. Willkommen im **6 Beat Museum** (S. 115), dessen Besucher alle (um Ginsbergs *Das Geheul* zu zitieren) „engelköpfige Hipster, die sich nach der alten himmlischen Vereinigung sehnen", sind.

Die literarische Kneipentour beginnt im **7 Specs** (S. 124) mit maritimen Memorabilien, Seemannsgarn und viel Anchor Steam. Jack Kerouac, Autor von *Unterwegs*, versetzte einst Henry Miller, um sich im **8 Vesuvio** (S. 125) gegenüber zu betrinken, bis er auf die Straße geworfen wurde, die heute nach ihm benannt ist: **9 Jack Kerouac Alley** (S. 115). Hier sind die Worte des chinesischen Dichters Li Po ins Pflaster eingelassen: „In Gesellschaft von Freunden reicht der Wein niemals aus".

Auf den Spuren von Kerouac und Ginsberg endet der Abend unter dem lachenden Buddha im **10 Li Po** (S. 126) – Wein mag's dort nicht genug geben, aber reichlich Bier.

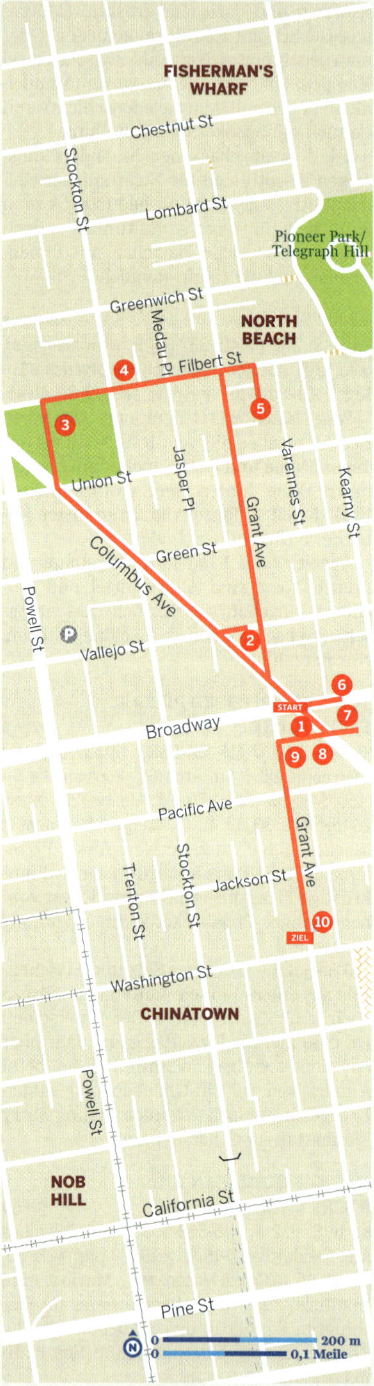

Die Wandbilder aus den 1930er-Jahren und die roten Lederbänke sind nun restauriert und die Küche serviert rustikale italienische Klassiker (die Fleischbällchen sind delikat). Oper aus der Jukebox und der mit Alkohol versetzte Cappuccino sollten zu Wahrzeichen San Franciscos erklärt werden.

Unbedingt reservieren, besondere für das Sonntagsmenü (45 $, Weinbegleitung 10 $).

### CAFE JACQUELINE — FRANZÖSISCH $$$

Karte S. 332 (☎415-981-5565; 1454 Grant Ave; Soufflés 15–30 $ pro Pers.; ⌚Mi–So 17.30–23 Uhr; 🍷; 🚌8, 30, 39, 41, 45, 🚋Powell-Mason, Ⓜ T) Der Schrecken der Spitzenköche ist das klassische französische Soufflé, aber Köchin Jacqueline produziert seit 1979 perfekt luftige Kreationen, die auf der Zunge schweben wie Nebel über der Golden Gate Bridge. Mit der richtigen Person für ein Meeresfrüchte-Soufflé für Zwei kann ein Essen wohl kaum romantischer sein ... bis dann die Schokoladenversion zum Nachtisch serviert wird.

### PARK TAVERN — KALIFORNISCH $$$

Karte S. 332 (☎415-989-7300; www.parktavernsf.com; 1652 Stockton St; Hauptgerichte abends 18–37 $, Brunch 13–19 $; ⌚Mo 17–21, Di–Do bis 22, Fr bis 23, Sa 10–23, So 10–21 Uhr; 🚌8, 30, 39, 41, 45, 🚋Powell-Mason, Ⓜ T) Das moderne, von Frauen betriebene Bistro, früher einmal ein Club alter Knacker, liefert freche Neuinterpretationen bekannter Klassiker. Hier gibt's also Tatar vom Kobe-Rind mit Entenleberpastete auf Sauerteigbrot, in weich gekochtes Ei und Kaviar getauchte Trüffel-Pommes und in Schinken gehüllte Garnelen, hier „Dämonen zu Pferde" genannt.

Zum Brunch locken Blaubeerküchlein, Hafermehl-Rosinen-Pfannkuchen und Bellinis. Vom Lärm sollte man sich nicht irritieren lassen – einfach einen Paloma bestellen und ins fröhliche Gebrabbel eintauchen!

## Chinatown

### ★GOOD MONG KOK — DIM SUM $

Karte S. 332 (☎415-397-2688; 1039 Stockton St; Dim Sum 2–5 $; ⌚7–18 Uhr; 🚌30, 45, 🚋Powell-Mason, California, Ⓜ T) Wer Bewohner von Chinatown nach dem Dim-Sum-Lieferanten ihrer Wahl fragt, bekommt zur Antwort entweder „meine Oma" oder Good Mong Kok. Vor dem Tresen bilden sich Schlangen für die Teigtaschen, die aus riesigen Dampfkesseln in Takeaway-Behältnisse gefüllt werden, damit man sie dann auf dem Portsmouth Sq vertilgen kann. Das Angebot wechselt stündlich bis minütlich, doch meistens gibt's die Klassiker: *siu mai* mit Schweinefleisch- und *har gow* mit Garnelenfüllung sowie char siu bao mit gegrilltem Schweinefleisch. Chilisauce und schwarzen Essig selbst mitbringen!

### HOUSE OF NANKING — CHINESISCH $

Karte S. 332 (☎415-421-1429; http://houseofnanking.net; 919 Kearny St; Hauptgerichte 10–16 $; ⌚Mo–Fr 11–22, Sa 12–22, So 12–21.30 Uhr; 🚌8X, 10, 12, 30, 45, 🚋Powell-Mason, Ⓜ T) 🌿 Auf die höfliche Andeutung, dass Meeresfrüchte, nichts Frittiertes und vielleicht etwas Grünzeug gewünscht sind, wird die Bedienung kurz nicken, die Speisekarte schnappen und mit Shanghai-Spezialitäten zurückkehren: Gemüse mit Ingwer und pochierten Jakobsmuscheln, Nudeln mit Knoblauch sowie Aubergine mit schwarzen Bohnen glasiert. Die Bedienung ist kurz angebunden und ein Platz an einem Gemeinschaftstisch ist nicht gleich zu haben, aber es gibt dafür ungewöhnliche Gerichte zu bezahlbaren Preisen.

### CITY VIEW — DIM SUM $

Karte S. 332 (☎415-398-2838; http://cityviewdimsum.com; 662 Commercial St; Gerichte 3–8 $; ⌚Mo–Fr 11–14.30, Sa & So ab 10 Uhr; 👪; 🚌1, 8, 10, 12, 30, 45, 🚋California) Servierwagen, beladen mit köstlichen Garnelen- und Lauchteigtäschchen, chinesischem Brokkoli mit Knoblauch, scharfen Rippchen, Eiercremetörtchen mit Kokosraspeln und anderen verlockenden Kleinigkeiten, werden an den Tisch gerollt. Wer vor dem Ansturm zur Mittagszeit eintrifft, erhascht noch einen Platz in der Nähe der Küche und hat als Erster Zugriff auf die Wägelchen.

### ★MISTER JIU'S — CHINESISCH, KALIFORNISCH $$

Karte S. 332 (☎415-857-9688; http://misterjius.com; 28 Waverly Pl; Hauptgerichte 14–45 $; ⌚Di–Sa 17.30–22.30 Uhr; 🚌30, 🚋California, Ⓜ T) Seit den 1880er-Jahren wird in diesem historischen Bankettsaal in Chinatown zu feierlichen Anlässen getafelt – heute ist ein Tisch bei Mister Jiu's bereits Grund genug zum Feiern. Aus den genialen chinesisch-kalifornischen Speisen von Küchenchef Brandon Jew können sich die Gäste ein Bankett zusammenstellen, das sie so schnell nicht vergessen werden, wie Wachteln und Klebreis mit kalifornischen Feigen, sauer-scharfe

Suppe mit Kalifornischem Taschenkrebs, Wagyu-Sirloin-Steak und gebratenen Reis mit Thunfisch. Auch die Nachspeisen sind es wert – echte Geschmacksexplosionen liefern die Sesambällchen mit gesalzenen Pflaumen der Konditorin Melissa Chou.

**★Z & Y** SICHUAN-KÜCHE $$

Karte S. 332 (☎415-981-8988; www.zandyrestaurant.com; 655 Jackson St; Hauptgerichte 9–20 $; ⌚So–Do 11–21.30, Fr & Sa bis 22.30 Uhr; 🚌8, 10, 12, 30, 45, 🚋Powell-Mason, Powell-Hyde, Ⓜ T) Hier gibt's kein langweiliges Süßsauer, sondern sensationelle Sichuan-Gerichte, die einen schlichtweg umwerfen. Zum Auftakt empfehlen sich würzige Schweinefleischklößchen mit gebratenen grünen Bohnen, es folgen hausgemachte *tantan*-Nudeln mit Erdnuss-Chili-Sauce und schließlich in scharfem Chili-Öl pochierter Fisch unter einer Decke aus rotem Szechuanpfeffer. Früh eintreffen; die unvermeidliche Wartezeit lohnt sich.

**LAI HONG LOUNGE** DIM SUM $$

Karte S. 332 (☎415-397-2290; www.lhklounge.com; 1416 Powell St; Dim Sum 5–17 $; ⌚Mo–Fr 10–14.30 & 17.30–20.30, Sa & So ab 9 Uhr; 🚌8, 10, 12, 30, 41, 45, 🚋Powell-Hyde, Ⓜ T) Auf Lai Hongs Speisekarte stehen, wie auf einem Greatest-Hits-Album, neu aufgelegte Dim-Sum-Klassiker: pralle Krabbenteigtäschchen, knusprige Pekingente, mit gegrilltem Schweinefleisch gefüllte Brötchen, bei denen das Verhältnis von pikant-süßem Fleisch und karamellisierter Semmel genau stimmt. Ausgewählt wird von der Karte – nicht vom Servierwagen – und das Essen wird dann nach der Bestellung zubereitet. Es kann dauern, bis ein Platz frei wird.

**TRESTLE** KALIFORNISCH $$

Karte S. 332 (☎415-772-0922; http://trestlesf.com; 531 Jackson St; 3-Gänge-Menü 38 $; ⌚Mo–Do 17.30–22, Fr & Sa bis 22.30, So bis 21.30 Uhr; 🚌8, 10, 12, 30, 45, Ⓜ T) Wer nur ein Start-up-Budget, aber den Geschmack eines Risikokapitalanlegers besitzt, hat hier Glück: Für nur 38 $ gibt's drei leckere Gänge mit rustikaler Hausmannskost. Pro Gang werden zwei Optionen angeboten, üblicherweise Suppe oder Salat, Fleisch oder Meeresfrüchte, Obst- oder Schokoladendessert. Zu zweit lässt sich also das ganze Speisenangebot durchprobieren. Das zusätzliche Gericht mit handgemachter Pasta (10 $) lohnt sich ebenfalls. Die Tische stehen eng beieinander, aber die Stimmung ist freundlich.

# AUSGEHEN & NACHTLEBEN

**Jedem Tierchen sein Pläsierchen: Starke Drinks in Wild-West-Saloons, seltene Oolongs in Teeläden in Chinatown, Espresso in Bohemecafés, wo am Nachbartisch Gedichte und Filmhits geschrieben werden, oder Cocktails in alteingesessenen Comedyclubs, in denen Comedians entdeckt werden oder eine Bruchlandung hinlegen.**

## North Beach

**★COMSTOCK SALOON** BAR

Karte S. 332 (☎415-617-0071; www.comstocksaloon.com; 155 Columbus Ave; ⌚Mo 16–24, Di–Do bis 2, Fr 12–2, Sa 11.30–2, So 11.30–16 Uhr; 🚌8, 10, 12, 30, 45, 🚋Powell-Mason, Ⓜ T) Zur Blütezeit dieses Saloons um 1907 erleichterten sich die Gäste in den Marmortrog unter der Theke. Heute muss man sich dazu von dem authentischen Pisco Punch oder dem Martini-Vorgänger Martinez (Gin, Wermut, Angostura, Maraschino-Likör) losreißen.

Wer zur Happy Hour (16 bis 18 Uhr) kommt, kann der Statue von Emperor Norton zuprosten und eventuell vom Mitarbeiteressen abbekommen – es gibt, was die Küchencrew isst.

**★SPECS** BAR

Karte S. 332 (Specs Twelve Adler Museum Cafe; ☎415-421-4112; 12 William Saroyan Pl; ⌚Mo–Fr 17–2 Uhr; 🚌8, 10, 12, 30, 41, 45, 🚋Powell-Mason, Ⓜ T) Die Wände sind voll mit Seemannsmemorabilien und hackevoll ist auch manch einer schnell, der mit den wilden Kerlen mithalten will, die hinten Hof halten.

Beim Anblick der vielen maritimen Andenken – darunter ein Walrosspenis über der Bar – ist die Getränkewahl wohl klar: ein Krug Anchor Steam, kommt sofort. Nur Barzahlung.

**★DEVIL'S ACRE** BAR

Karte S. 332 (☎415-766-4363; www.thedevilsacre.com; 256 Columbus Ave; ⌚Di 17–2, Mi–Sa ab 15, So 14–24, Mo 17–24 Uhr; 🚌8, 10, 12, 30, 41, 45, 🚋Powell-Mason, Ⓜ T) An dem ehemaligen Apothekentresen werden mit Stolz kräftige Zaubertränke und Quacksalbermittelchen serviert.

Säuerlich süffiger Lachlan's Antiscorbutic (Limette, Meersalz, zwei Sorten Gin) ist ein totsicheres Heilmittel gegen Skorbut und/ oder Nüchternheit. Im Zweifel tut es ein Call a 'Treuse (Chartreuse, Zitrone, Vanille, Eiweiß). Happy Hour ist bis 19 Uhr, aber es gibt nichts zu essen – zur Not auf alkoholfreie Arzneimittel umsteigen.

### ★VESUVIO BAR

Karte S. 332 (☎415-362-3370; www.vesuvio.com; 255 Columbus Ave; ⏲8–2 Uhr; 🚌8, 10, 12, 30, 41, 45, 🚋Powell-Mason) Ein Mann betritt eine Bar, brüllt und geht wieder. Ohne mit der Wimper zu zucken sagt der Barkeeper zum nächsten Kunden: „Willkommen im Vesuvio, Schätzchen – womit kann ich dienen?" Jack Kerouac versetzte Henry Miller, um sich hier volllaufen zu lassen. Wer sich erst einmal den Lokalgrößen im Zwischengeschoss mit dem vielen Buntglas zu einem Bierchen oder Kerouac (Rum, Tequila und Orangensaft) angeschlossen hat, kann das gut nachvollziehen.

### ★CAFFE TRIESTE CAFÉ

Karte S. 332 (☎415-392-6739; www.caffetrieste.com; 601 Vallejo St; ⏲So–Do 6.30–22, Fr & Sa bis 23 Uhr; 📶; 🚌8, 10, 12, 30, 41, 45, Ⓜ T) Gedichte an den Klowänden, Oper aus der Jukebox und Live-Akkordeonmusik: North Beach in Bestform, seit den 1950er-Jahren. Unter dem Wandbild von sardischen Fischern lässt sich bei einem legendären Espresso gut das eigene Drehbuch schreiben, wie weiland der junge Francis Ford Coppola. Schon mal von dem Film *Der Pate* gehört? Nur Barzahlung.

### 15 ROMOLO BAR

Karte S. 332 (☎415-398-1359; www.15romolo.com; 15 Romolo Pl; ⏲17–2 Uhr; 🚌8, 10, 12, 30,

## RUNDGÄNGE DURCH CHINATOWN

**Chinatown Alleyway Tours** (Karte S. 332; ☎415-984-1478; www.chinatownalleywaytours.org; Portsmouth Sq; Erw./Stud. 26/16 $; ⏲Touren Sa 11 Uhr; 👪; 🚌1, 8, 10, 12, 30, 41, 45, 🚋California, Powell-Mason, Powell-Hyde) Teenager aus Chinatown bieten zweistündige Führungen durch geschichtsträchtige Seitenstraßen an: Sun Yat-sen, der die Revolution in China plante, die '49ers, das Football-Team, das ein Vermögen für Opium ausgab, Gottesdienste in Tempelruinen nach dem Erdbeben von 1906.

Chinatown Alleyway Tours ist ein gemeinnütziges Projekt des Chinatown Community Development Center, mit dem die Jugendlichen, die es selbst führen, dazu beitragen wollen, dass die Gemeinde sich an ihre Geschichte erinnert und ihre Zukunft gestaltet. Kreditkarten werden nur für Onlinereservierungen akzeptiert, ansonsten muss mit passendem Bargeld bezahlt werden, da die Guides kein Bargeld bei sich tragen.

**Chinatown Heritage Walking Tours** (Karte S. 332; ☎415-986-1822; https://tour.cccsf.us; Chinese Culture Center, Hilton Hotel, 2. OG (3rd floor), 750 Kearny St; Erw. 30–40 $, Stud. 20–30 $; 👪; 🚌1, 8, 10, 12, 30, 41, 45, 🚋California, Powell-Mason, Powell-Hyde) Die von Anwohnern geführten, kindgerechten Chinatown Heritage Walking Tours führen durch Seitenstraßen an historische Plätze wie die Golden Gate Fortune Cookie Factory, zum Tin How Temple und zum Portsmouth Sq.

Es gibt zwei Touren: den Chinatown History and Food Walk zu Alltag und Kultur in Chinatown sowie den Dynasty to Democracy Walk, der sich mit dem Kampf der chinesischen Einwanderer für Bürgerrechte und Gleichbehandlung befasst. Die Buchung, online oder telefonisch, sollte drei Tage im Voraus erfolgen.

**Drag Me Along Tours** (Karte S. 332; ☎415-857-0865; www.dragmealongtours.com; Portsmouth Sq; 30 $; ⏲Touren So 11 Uhr; 🚌1, 8, 10, 12, 30, 41, 45, 🚋California, Powell-Mason, Powell-Hyde, Ⓜ T) Eine Erkundungstour durch die verruchte Barbary Coast mit einer echten Legende, dem Varietéstar der Goldrauschzeit Gräfin Lola Montez, wiederbelebt als Dragqueen durch den Historiker Rick Shelton.

In zwei Führungen voller Action führt Ihre Hoheit durch die Gassen Chinatowns, in denen viktorianische Damen einen gewissen Ruf gewannen und einen guten verloren, und vorbei an North-Beach-Kneipen, in denen Matrosen schanghait wurden. Die Rotlichtbesucher an der Barbary Coast spielten, liebten und lebten gefährlich. Nicht jugendfrei; Reservierung erforderlich; nur Barzahlung.

41,45, Powell-Mason, MT) Die Sporen angelegt und los geht's: In der unscheinbaren baskischen Kneipe zwischen Rotlichtschuppen wartet eine wilde Nacht im Westen. Die Starken überleben den Jabberwocky (Gin, Sherry, Bitters, Likörwein), doch der schamlose Baker Beach (Mezcal, Manzanilla-Sherry, Aprikose, Wermut, Zitrone) lässt selbst gestandene Mannsbilder erröten. Während der Happy Hour von 17 bis 19.30 Uhr gibt's baskischen Pincon-Punch für 9 $. Als Grundlage dienen köstliche *pintxos* (Tapas).

### SALOON — BAR

Karte S. 332 (415-989-7666; www.sfblues.net/Saloon.html; 1232 Grant Ave; Livemusik frei–5 $; 12–2 Uhr; 8, 10, 12, 30, 41, 45, Powell-Mason) Blues in einem roten Saloon, den es schon seit 1861 gibt – reinstes schillerndes North Beach. Der Legende nach sollen Stammkunden die Kneipe, als die Stadt 1906 in Flammen aufging, mit eimerweise schwarzgebranntem Schnaps gerettet haben. Heute ist sie die älteste Bar in San Francisco. Jeden Abend und am Wochenende auch nachmittags treten Blues- und Rockbands auf. Nur Barzahlung.

### TONY NIK'S — LOUNGE

Karte S. 332 (415-693-0990; www.tonyniks.com; 1534 Stockton St; Mo–Fr 16–2, Sa & So ab 14 Uhr; 8, 30, 39, 41, 45, Powell-Mason, MT) Klassisches Neonlicht weist den Weg zum Tony Nik's, seit 1933 ein erfrischend frivoles Stück North Beach. Miteigentümer der winzigen Cocktailbar ist der Enkel des Gründers Tony „Nik" Nicco. Ihm ist es zu verdanken, dass der Eingang mit Glasbausteinen, die Art-déco-Wandtäfelung und das Rezept für den Martini erhalten blieben. Wer will, kann sich hinten auf den Vintage-Bänken niederlassen oder mit den Anwohnern an der Bar mit Stimmungsbeleuchtung abhängen.

#### TEEVERKOSTUNG

Bei mehreren Teeimporteuren an der Grant Ave kann man kostenlos Tee verkosten, doch oft beginnen, noch bevor man den letzten Schluck getan hat, schon harte Verkaufsgespräche. Relaxter und interessanter geht es bei der **Red Blossom Tea Company** (Karte S. 332; 415-395-0868; www.redblossomtea.com; 831 Grant Ave; Mo–Do 10–17, Fr & Sa bis 18, So 11–17 Uhr; 1, 10, 12, 30, 35, 41, Powell-Mason, Powell-Hyde, California, MT) zu. Hier werden halbstündige Verkostungen von erstklassigen Tees angeboten, dazu wird erläutert, wie man Tee richtig zubereitet, um ihm ein Höchstmaß an Aroma zu entlocken (35 $ für bis zu 4 Pers.). Fürs Wochenende vorbuchen, es gibt nur begrenzt Sitzplätze.

### CAFE ZOETROPE — CAFÉ, BAR

Karte S. 332 (415-291-1700; www.cafecoppola.com/cafezoetrope; Columbus Tower, 916 Kearny St; Mo–Fr 11.30–22, Sa 12–22, So 12–21 Uhr; 8, 10, 12, 30, 41, 45, MT) Während der Prohibition verbarg sich im Columbus Tower (S. 116) eine Flüsterkneipe – heute kann man im Bistro des Filmemachers Francis Ford Coppola ganz öffentlich trinken. Zwischen Memorabilien von dem Film *Der Pate* wird hier Wein von Coppolas Weingut im Napa Valley serviert. Überlegenswert ist auch der Caesar's Salad, der 1924 im Columbus Tower, damals im Restaurant Caesar's, erfunden wurde, aber die Cannoli sollte niemand auslassen.

## Chinatown

### ★LI PO — BAR

Karte S. 332 (415-982-0072; www.lipolounge.com; 916 Grant Ave; 14–2 Uhr; 8, 30, 45, Powell-Mason, Powell-Hyde, MT) Hier diskutierten Allen Ginsberg und Jack Kerouac auf Nischenbänken aus rotem PVC unter einem goldenen lachenden Buddha den Sinn des Lebens.

Wer die Bar durch einen künstlichen Grotteneingang von 1937 betreten und sich unter roten Laternen weggeduckt hat, kann sich Tsingtao-Bier oder einen süßen, aber hinterhältig starken chinesischen Mai Tai bestellen, der mit *baijiu* (Reisschnaps) gemixt wird. Die Barkeeper sind schroff, die Toiletten im Keller und bezahlt wird immer bar – eine richtig klasse Spelunke.

### PLENTEA — TEEHAUS

Karte S. 332 (415-757-0223; www.plenteasf.com; 341 Kearny St; 11–23 Uhr; 1, 8, 30, 45, California, MT) Der jüngste und großartigste Import aus China ist der taiwanesische Schaumtee: milchiger Eistee mit *boba* (weiche, leicht süße Tapiokaperlen). PlenTea füllt klassische Milchflaschen mit frisch gebrautem Bioschaumtee nach Wunsch ab, ob grün, schwarz oder Oolong mit frischem Mango-, Pfirsich- oder Erdbeergeschmack je nach Saison. Nur in San Francisco gibt es den bittersüßen Matcha Latte oder den himmlischen Oolong-Tee mit Meersalzsahne.

**BUDDHA LOUNGE** BAR

Karte S. 332 (☎415-362-1792; 901 Grant Ave; ⏲13–2 Uhr; 🚌8, 30, 45, 🚋Powell-Mason, Powell-Hyde, MT) Klassisches rotes Neon verspricht Nächte, wie geschaffen für Matrosen auf Landgang im Zweiten Weltkrieg. Die Atmosphäre ist super, am besten hält man sich an die schlichten Drinks und Bier direkt aus der Buddha-Flasche. Dazu noch die Auswahl in der Jukebox (Dylan, Outkast, The Clash), Würfel vom Barkeeper und der Abend ist gerettet. Die Toiletten befinden sich in der früheren Opiumhöhle im Keller. Nur Barzahlung.

## UNTERHALTUNG

**BIMBO'S 365 CLUB** LIVEMUSIK

Karte S. 332 (☎415-474-0365; www.bimbos365club.com; 1025 Columbus Ave; ab 20 $; ⏲Kasse 10–16 Uhr; 🚌8, 30, 39, 41, 45, 🚋Powell-Mason, MT) Harte Drinks, anzügliche alte Wandgemälde, Parketttanzflächen zum Beineschwingen wie Rita Hayworth (sie war hier Revuetänzerin) und kleine Liveshows von Musikern wie Beck, Talib Kweli, Chris Isaak und Nouvelle Vague sorgen in dieser ehemaligen Flüsterkneipe von 1931 für den richtigen Kick. Schicke Kleidung ist angesagt, auch Kleingeld für die Klofrau in der Toilette – dies ist ein edler Schuppen. Ab 21 Jahren. Mindestverzehr von zwei Getränken; nur Barzahlung.

**COBB'S COMEDY CLUB** COMEDY

Karte S. 332 (☎415-928-4320; www.cobbscomedyclub.com; 915 Columbus Ave; 17–46 $; ⏲Kasse Mi 13–18, Do–So 16–18 Uhr; 🚌8, 30, 39, 41, 45, 🚋Powell-Mason, MT) Schüchternheit ist fehl am Platz im Cobb's, wo eng platzierte Gemeinschaftstische das Publikum in behagliche, aber auch ungeschützte Nähe bringen. Der Laden ist bekannt für die Präsentation junger Talente und dafür, dass bekannte Namen (Ali Wong, John Oliver, Michelle Wolf) hier gewagtes neues Material ausprobieren können. Auf der Website sind Shows, Drag-Brunches und Darbietungen wie „Really Funny Comedians (Who Happen to Be Women)" angekündigt. Ab 21 Jahren. Mindestverzehr von zwei Getränken.

## SHOPPEN

**In North Beach und Chinatown kann man konsumtechnisch bestens seine Marotten pflegen – vielleicht ersteht man alte Poster, Drachen, seltene Schallplatten, handbemalte Seidenroben, frisch herausgekommene City-Lights-Dichtung und ein neues Tattoo.**

### North Beach

**★SAN FRANCISCO ROCK POSTERS & COLLECTIBLES** VINTAGE, KUNST

Karte S. 332 (☎415-956-6749; www.rockposters.com; 1851 Powell St; ⏲Mo–Sa 10–18 Uhr; 🚌8, 30, 39, 41, 45, 🚋Powell-Mason, MT) Alles klar zum Abrocken? Dann rein in diesen abgedrehten Tempel der klassischen Rockgötter – aber nicht mit dem Feuerzeug schwenken, da diese Konzertplakate wertvoll sind. Für Erstdrucke von psychedelischen Konzertpostern von Grateful Dead im Fillmore müssen schon mehrere hundert Dollar hingeblättert werden, aber Handzettel von Bands wie Santana, den Dead Kennedys und Sly and the Family Stone sind durchaus für weniger zu haben.

**EDEN & EDEN** GESCHENKE & SOUVENIRS

Karte S. 332 (☎415-983-0490; www.edenandeden.com; 560 Jackson St; ⏲Mo–Fr 10–19, Sa bis 18 Uhr; 🚌8, 10, 12, 41, MT) Die Realität muss draußen bleiben im Eden & Eden, einer dadaistischen Designboutique, wo einen Espressotassen schief angucken, auf Kleidern Blitze einschlagen, zottige Teehauben Kannen bärtig aussehen lassen und Velourlippen eigentlich Geldbörsen sind, die Münzen verschlucken. Die Preise sind erstaunlich niedrig für tolle, limitierte und umfunktionierte alte Stücke heimischer und internationaler Designer.

**REAL OLD PAPER** VINTAGE, KUNST

Karte S. 332 (☎415-527-8333; https://realoldpaper.com; 801 Columbus Ave; ⏲Di–Sa 12–18 Uhr; 🚌8, 30, 39, 41, 45, MT, 🚋Powell-Mason) Mit einem Fundstück von Real Old Paper die weite Welt an die eigenen vier Wände holen: Hier gibt es alte Reiseplakate, niederländische *Star Wars*-Werbung, Rationierungspropaganda aus dem Zweiten Weltkrieg und Poster für italienische Wermutmarken. Doch was man sieht, ist noch längst nicht alles. Die Sammler Jennifer und Andrew England zeigen einem gerne ihre neuesten Erwerbungen, die noch nicht fertig für den Verkauf sind.

**AL'S ATTIRE** MODE & ACCESSOIRES

Karte S. 332 (415-693-9900; www.alsattire.com; 1300 Grant Ave; Mo–Sa 11–19, So 12–18 Uhr; 8, 10, 12, 30, 41, 45, Powell-Mason, MT) Hipster und schicke Mädels kaufen sich ihre handgemachten Klamotten bei Al's, der Vintagemode in Krimi-Noir-Twill, Dandy-Baumwollsatin und '50er-Jahre-Tweed neu kreiert. Die Preise der maßgeschneiderten Originale sind nicht gerade was für arme Schlucker, aber die türkisfarbenen Budapester werden individuell angepasst und die eleganten, handgenähten Jacketts haben Filmstarqualität. Auch Sonderanfertigungen für Hochzeiten und andere Festivitäten sind möglich.

**101 MUSIC** MUSIK

Karte S. 332 (415-392-6368; 1414 Grant Ave; Mo–Sa 10–20, So ab 12 Uhr; 8, 30, 39, 41, 45, Powell-Mason, MT) Man muss sich schon eng an die Plattenkisten quetschen, um DJs und Hardcoresammler vorbeizulassen (hey, war das nicht Tom Waits?!), aber zwischen den Scheiben für 5 bis 25 $ verstecken sich unbekannte Alben und Originalaufnahmen von Nina Simone, Janis Joplin und den aus San Francisco stammenden Dead Kennedys. Aufpassen, dass man sich nicht den Kopf an den alten Les-Paul-Gitarren stößt!

## Chinatown

**★GOLDEN GATE FORTUNE COOKIES** LEBENSMITTEL & GETRÄNKE

Karte S. 332 (415-781-3956; www.goldengatefortunecookies.com; 56 Ross Alley; 9–18 Uhr; 8, 30, 45, Powell-Mason, Powell-Hyde, MT) In dieser Bäckerei werden Kekse noch mit alten Pressen gestanzt, genauso wie 1909, als hier für den Japanese Tea Garden (S. 204) die Glückskekse erfunden wurden. Wer möchte, kann sich seinen eigenen Glückskeksspruch drucken lassen (je 50¢). Die Kekse gibt es mit den üblichen oder mit frivolen Sprüchen. Nur Barzahlung; 50¢ Trinkgeld für Fotos.

**CHINATOWN KITE SHOP** SPIELZEUG

Karte S. 332 (415-989-5182; www.chinatownkite.com; 717 Grant Ave; 10–20 Uhr; ; 1, 10, 12, 30, 35, 41, Powell-Hyde, Powell-Mason, California, MT) Mit einem grimmigen, fast 3 m langen fliegenden Drachen, einem Papagei (Wappenvogel von San Francisco), der eines Piraten würdig wäre, oder einem fliegenden Panda, der verständlicherweise bestürzt dreinblickt, ist man nicht nur der Star auf dem Crissy Field, sondern beeindruckt auch jedes Kind daheim. Hier gibt es auch Löwentanzkostüme aus Pappmaché für zwei Personen, in denen sich beim nächsten chinesischen Neujahrsfest wilde Bewegungen machen lassen.

**KIM + ONO** MODE & ACCESSOIRES

Karte S. 332 (415-989-8588; https://kimandono.com; 729 Grant Ave; Mo–Do 10–18, Fr & So bis 18.30, Sa 10–20 Uhr; 30, 45, California, Powell-Mason, MT) Damals, in den 1930er-Jahren, waren es die Hollywood-Pin-ups, die sich ihren verführerischen Seidenrobenstil von den Varietéstars aus Chinatown liehen. Heute kann man den Heißer-Feger-Retro-Look sowohl im Boudoir wie auch außer Haus selbst auf die Bühne bringen. Jeder Kimono der Designerschwestern Renee und Tiffany aus Chinatown hat etwas Besonderes, handgemalte Blüten, Zweige und Ranken sowie hier und da einen Kranich, der einem über die Schulter schaut.

# Nob Hill & Russian Hill

## Highlights

**1 Diego Rivera Gallery** (S. 133) San Francisco, wie der mexikanische Wandbildmeister es sah – als faszinierende Stadt im Entstehen.

**2 Vallejo Street Steps** (S. 133) Auf das wie ein fliegender Teppich zwischen der Bay Bridge und den Wolkenkratzern von Downtown schwebende North Beach schauen.

**3 Lombard Street** (S. 134) Aus dem Cable Car aussteigen, um die berühmten Serpentinen zu fotografieren.

**4 Cable Car Museum** (S. 131) San Franciscos Steampunk-Technologie von 1873 in Aktion erleben.

**5 Stookey's Club Moderne** (S. 137) In dieser eleganten Art-déco-Bar das definitive Ende der Prohibition mit Livejazz und historisch inspirierten Cocktails feiern.

Details s. Karte S. 330

### Top-Tipp

Wer die Hügel einmal mit dem Cable Car heraufgekommen ist, weiß, dass die alten Bahnen von 1873 nicht nur was fürs Auge sind. Die Linien Powell-Hyde und Powell Mason rumpeln hier entlang, doch auf beide muss man am Turnaround in der Powell St meist lange warten. Wenn die Waggons voll sind, halten sie nicht an jeder Haltestelle. Aber wenn einem die Füße weh tun, lohnt sich der Versuch, aufzuspringen. Eine Alternative ist die California-Linie, bei der selten solcher Andrang herrscht.



### Gut essen

- Acquerello (S. 136)
- 1760 (S. 135)
- Hot Sauce & Panko (S. 135)
- Swan Oyster Depot (S. 136)

Mehr dazu S. 135

### Schön ausgehen

- Stookey's Club Moderne (S. 137)
- Tonga Room (S. 137)
- Amélie (S. 137)
- Hi-Lo Club (S. 137)

Mehr dazu S. 136

### Schön shoppen

- Good Vibrations (S. 138)
- Studio (S. 139)
- Relove (S. 138)
- Legion (S. 138)
- Molte Cose (S. 138)

Mehr dazu S. 138

## Rundgang: Nob Hill & Russian Hill

Russian Hill und Nob Hill warten mit umwerfenden Ausblicken auf, hinauf gelangt man per Cable Car oder über Treppen. Unterwegs gibt es Panoramablicke und versteckte Kunstwerke so berühmter Leute wie Diego Rivera, Streetartist Keith Haring, Mosaikmaestro Millard Sheets, Dichterin Ina Coolbrith und Romancier Armistead Maupin zu entdecken. Wer die Stadt wirklich sehen möchte, kommt um diese Anhöhen einfach nicht herum: Nob Hill liegt zwischen Downtown und Chinatown, Russian Hill erhebt sich zwischen North Beach und Fisherman's Wharf. Nach Sonnenuntergängen auf den Hügeln oder Happy-Hour-Prösterchen geht's bergab in die Polk St zum Shoppen, Dinieren und Ausgehen.

## Lokalkolorit

**Sonnenuntergänge** Vom George Sterling Park (S. 133) aus lassen sich schön Sonnenuntergang und über der Golden Gate Bridge aufziehende Nebel beobachten – oder man erklimmt die Filbert St zu den Vallejo Street Steps (S. 133) und blickt auf die Hügel von Oakland, wo sich das letzte Sonnenlicht in den Glasfronten spiegelt.

**Versteckte Kunstschätze** Abseits der touristischen Lombard St sind im San Francisco Art Institute (S. 134) Diego Riveras Wandbilder zu bestaunen, weiter unten die Lombard Financial Center Mosaics (S. 133) von Millard Sheets zu entdecken und in der Grace Cathedral (S. 133) Keith Harings Engel und Beniamino Bufanos Statue des Schutzpatrons der Stadt aufzuspüren.

**Treffs** Beim Bummel durch das Freiluftlabyrinth der Grace Cathedral kann man den Skateboardern zuschauen, die auf den Treppen im Huntington Park (S. 134) neue Tricks ausprobieren.

**Literarische Geheimnisse** Hier befinden sich legendäre Orte, die Werke wie Jack Keroaucs *Unterwegs*, George Sterlings Ode *Cool Grey City of Love*, Ina Coolbriths Gedicht *When the Grass Shall Cover Me* und Armistead Maupins *Stadtgeschichten* inspirierten.

## Anfahrt

**Bus** Nr. 10 und 12 fahren von Downtown nach Russian und Nob Hill, die 10 fährt weiter bis Pacific Heights. Linie 27 verbindet Mission, SoMa und Downtown mit Nob Hill, die Busse 41 und 45 fahren von Downtown nach Russian Hill und Cow Hollow.

**Cable Car** Die Powell-Hyde-Linie fährt nach Russian und Nob Hill, die Powell-Mason-Linie nach Nob Hill; die California-Linie fährt von Downtown durch Chinatown über Nob Hill zur Van Ness Ave.

**Auto** Das Auto möglichst stehen lassen. Mit Steigungen von 24 bis 31,5 % sind Nob Hill und Russian Hill einfach nicht gut für Bremsen und Blutdruck. Das Fahren überlässt man besser geübten Taxifahrern.

WONDERLUSTPICSTRAVEL / SHUTTERSTOCK ©

TOP-ERLEBNIS

# EINE ZEITREISE IM CABLE CAR MUSEUM

**Die Geräusche, die man hört, wenn man mit einem Cable Car fährt, sind der Sound der San Franciscoer Spitzentechnologie. Gänge rasten ein und Drahthanfseile surren, wenn die alten Fahrzeuge die Hügel hochgezogen werden, die für Pferde und Busse zu steil sind. In dem Cable-Car-Schuppen, der immer noch in Betrieb ist, kann man sich die Kabel aus der Nähe anschauen.**

## Das Museum

Technikfreaks können sich freuen: Drei Original-Kabelbahnen aus den 1870er-Jahren haben verrückterweise unbeschädigt überlebt und sind im Cable Car Museum zu bestaunen. Die eine Meile lange Clay-St-Cable-Car-Linie des Cable-Car-Erfinders Andrew Hallidie ist schon vor langer Zeit von der Straße verschwunden, doch die kleine Clay Street Railroad Car No. 8 von 1873 ist bis heute der Stolz der Stadt.

Als Exponent San Franciscoer Spitzentechnologie reiste der Waggon durchs ganze Land, von der Weltausstellung in Chicago bis zu den Bahndepots von Baltimore. Dann schlug das Schicksal erbarmungslos zu: Beim Erdbeben von 1906 wurden die meisten Cable Cars und Gleise in San Francisco zerstört. Als der Clay-Street-Waggon 1939 für die Golden Gate Exposition nach Hause zurückkehrte, ging die Stadt kein Risiko mehr ein, dass er verlorengehen könnte, und lagerte ihn während des Zweiten Weltkriegs sicher ein.

Aber das Kabelbahndepot ist nicht nur ein Lagerhaus für Museumsstücke – es ist das funktionstüchtige Maschinenhaus der Powell-Mason-Linie. Man sieht die Kabel, wie sie sich durch die Straße ziehen, um in einen offenen Kanal und schließlich in das Maschinenhaus einzutauchen, wo sie über riesige Räder laufen, ohne an Zugkraft und Spannung zu verlieren. Von der oberen Galerie aus kann man mitverfolgen,

### NICHT VERSÄUMEN

- Original-Cable-Cars aus den 1870er-Jahren
- Kabel in Betrieb
- Eine Cable-Car-Fahrt

### PRAKTISCH & KONKRET

- Karte S. 330, E5
- ☎ 415-474-1887
- www.cablecarmuseum.org
- 1201 Mason St
- Spende willkommen
- ⏲ April–Sept. 10–18 Uhr, Okt.–März bis 17 Uhr
- 👪
- 🚋 Powell-Mason, Powell-Hyde

wie die Kabel über die Antriebsrollen surren – heute wie damals, 1873, als Andrew Hallidie diesen Mechanismus erfand, ein physikalisches Meisterstück.

## Langsame Wende

Nachdem man gesehen hat, wie das Ganze funktioniert, sollte man sich ein Cable Car in Aktion anschauen. Dazu steigt man einen Häuserblock weiter in ein Cable Car Richtung Süden und hält sich gut fest. Der Wagen kippt steil die 30-%-Steigung des Nob Hill runter und auf den rutschigen Holzbänken gibt's keine Sicherheitsgurte. Also einen Lederriemen greifen und stehend mitfahren wie ein Surfcrack – so verdient man sich echte San-Francisco-Lorbeeren!

Wenn man am **Powell St Cable Car Turnaround** (Karte S. 318; www.sfmta.com; Ecke Powell & Market St; Powell-Mason, Mason-Hyde, M Powell, B Powell) den Endpunkt der Linie erreicht, kann man aufatmen – doch für die Cable-Car-Schaffner ist dies der härteste Teil der Fahrt. Cable Cars können nicht rückwärtsfahren, sie müssen am Endpunkt also von Hand gedreht werden. Nach dem Aussteigen kann man den Schaffnern zuschauen, wie sie den Waggon auf einer hölzernen Drehscheibe langsam am Chassis wenden.

## Warteschlangen

Am einfachsten sichert man sich einen Platz in einem Cable Car an einem der Endpunkte. Auf der California-Linie, der ältesten Linie, sind die Schlangen am kürzesten, doch die Fahrt ist nicht so lang und weniger reizvoll als auf der Powell-Mason- oder der Powell-Hyde-Linie. Die Powell-Mason führt am schnellsten zur Wharf, doch die Powell-Hyde fährt die schönere Route über die Hügel.

Beide Linien starten am Powell St Turnaround, wo die Fahrgäste vom Vormittag bis zum frühen Abend Schlange stehen – mehr oder weniger gut unterhalten von lauten Straßenkünstlern, Weltuntergangspredigern und gelegentlich Demonstranten. Am Friedel Klussman Memorial Turnaround in Fisherman's Wharf sind die Schlangen genauso lang, doch zum Sonnenuntergang werden sie schnell kürzer.

Wer die Wartezeit überschlagen will, sollte die Leute zählen: In den Cable Cars haben 60 Personen Platz (29 Sitz- und 31 Stehplätze), doch sie fahren los, bevor sie voll sind, damit unterwegs noch Fahrgäste zusteigen können. Zu Stoßzeiten fahren die Bahnen alle fünf bis zehn Minuten.

### KLEINE STÄRKUNG

Mit der Powell-Mason- oder Powell-Hyde-Linie oder drei Häuserblocks zu Fuß geht's hoch hinauf zu tropikanischen Happy-Hour-Specials und *pupu*-Platten im Tonga Room (S. 137).

**Der Shop des Cable Car Museum bietet alle möglichen San-Francisco-Andenken von kleinen Cable-Car-Modellen bis zu echten Waggonglocken. Mit dem Kauf unterstützt man das gemeinnützige Museum, das kostenlos zugänglich ist.**

# SEHENSWERTES

**Wer den Nob Hill und den Russian Hill erklimmen möchte, sollte vorher die Muskeln aufwärmen – aber an einem klaren Tag wird man mit einem unschlagbaren Panorama von der Bay Bridge bis rüber zur Golden Gate Bridge belohnt. Die beiden benachbarten Anhöhen sind die besten Aussichtspunkte in der Stadt für Sonnenuntergänge: Vom George Sterling Park aus sieht man, wie die Sonne im Dunst um die Golden Gate Bridge versinkt. Oder man beobachtet beim Spaziergang durchs Freiluftlabyrinth bei der Grace Cathedral, wie sich an den Hügeln der East Bay die Sonnenstrahlen in den Fenstern spiegeln. Bei bewölktem Himmel gibt es drinnen Gipfelstürmer der Kunst zu entdecken.**

### CABLE CAR MUSEUM — HISTORISCHE STÄTTE

Siehe S. 131.

### ★LOMBARD FINANCIAL CENTER MOSAICS — KUNST IM ÖFFENTLICHEN RAUM

Karte S. 330 (2750 Van Ness Ave; 47, 49, Mason-Hyde) Vor ein paar Jahren wurden vor dieser Bank kranke Bäume gefällt und dabei fast 100 Jahre lang versteckte Juwele freigelegt: Mosaiken des kalifornischen Modernisten Millard Sheets. Er entwarf das Gebäude quasi als Leinwand für Bilder zur Geschichte San Franciscos, mit der modernen Stadt als Silhouette vor der untergehenden Sonne. Während der Öffnungszeiten (9–17 Uhr) kann man drinnen die vom Boden bis zur Decke reichenden Kunstwerke aus dem Atelier von Sheets sehen: funkelnde Buntglasfenster und Wandbilder zur Stadthistorie.

### ★DIEGO RIVERA GALLERY — GALERIE

Karte S. 330 (415-771-7020; www.sfai.edu; 800 Chestnut St; 9–19 Uhr; 30, Powell-Mason) GRATIS Diego Riveras *The Making of a Fresco Showing the Building of a City* von 1931 ist ein Trompe-l'oeil-Fresko in einem Fresko, das den Künstler selbst darstellt, der innehält, um sein Werk und die Tätigkeit der Arbeiter um ihn herum zu bewundern, die das moderne San Francisco erbauen. Das Fresko bedeckt eine ganze Wand in der Diego Rivera Gallery im San Francisco Art Institute. Unvergesslich bleibt der Panoramablick über die Bucht bei einem Espresso im Terrassencafé.

### ★GRACE CATHEDRAL — KIRCHE

Karte S. 330 (415-749-6300; www.gracecathedral.org; 1100 California St; empfohlene Spende Erw./Kind 3/2 $; Mo–Sa 8–18, So bis 19 Uhr, Gottesdienste So 8.30, 11 & 18 Uhr; 1, California) San Franciscos Bischofssitz wurde seit dem Goldrausch dreimal neu gebaut; die Errichtung der heutigen neugotischen Stahlbetonkirche nahm 40 Jahre in Anspruch. Unter den spektakulären Buntglasfenstern befindet sich auch eine Serie, die den Errungenschaften der Menschheit gewidmet ist, eines der Bilder zeigt Albert Einstein, der von wirbelnden Kernteilchen emporgehoben wird. Die Geschichte San Franciscos entfaltet sich auf Wandbildern: vom Erdbeben von 1906 bis zur Unterzeichnung der UN-Charta 1945. Anhänger aller Glaubensrichtungen beschreiten die Labyrinthe mit Steinintarsien innen und draußen. Sie sollen ruhelose Seelen durch drei spirituelle Phasen geleiten: Loslassen, Empfangen und Zurückgeben.

### VALLEJO STREET STEPS — ARCHITEKTUR

Karte S. 330 (Vallejo St, zw. Mason & Jones St; Powell-Mason, Powell-Hyde) Hoch hinauf zu atemberaubenden Ausblicken geht's über diese Treppe, die North Beach mit Russian Hill verbindet – ideal, um ein reichhaltiges Abendessen abzuarbeiten. Hoch geht's Richtung Mason St; die Treppe steigt bis zur Jones St an, am Ina Coolbrith Park (S. 134) vorbei. Oben angekommen, eröffnen sich herrliche Aussichten auf die Bay Bridge Lights. Weiter geht's Richtung Westen in die Polk St und hinein ins Nachtleben.

### GEORGE STERLING PARK — PARK

Karte S. 330 (www.sfparksalliance.org; Ecke Greenwich & Hyde St; ; 19, 41, 45, Powell-Hyde) „*Homeward into the sunset/Still unwearied we go/Till the northern hills are misty/With the amber of afterglow*" („Heimwärts in den Sonnenuntergang/wandeln wir noch immer wohlgemut/Bis im Norden die Berge sich trüben/im Gold des Abendrots"). Das Gedicht *City by the Sea* von George Sterling klingt sentimental, aber nur, solange man selbst noch keinen Sonnenuntergang über der Golden Gate Bridge von „seinem" Park aus beobachtet hat – der perfekte Standort für einen Blick auf die Stadt, die Sterling die „kühle, graue Stadt der Liebe" nannte.

### MASONIC AUDITORIUM & TEMPLE

SEHENSWERTES GEBÄUDE

Karte S. 330 (☎415-292-9137; www.masonicheritage.org; 1111 California St; ⊙Lobby Mo–Fr 9–17 Uhr, Museum Mo–Do 10–15 Uhr & nach Vereinbarung; P; 1, California) GRATIS Rockstars und Verschwörungstheoretiker fühlen sich auf mysteriöse Weise vom Masonic angezogen -bekanntes Konzerthaus und Hauptloge der Freimaurer für ganz Kalifornien. Nichts könnte die Verehrung der Freimaurer für die Architektur besser verkörpern als dieses das Meisterwerk der 50er-Jahre-Moderne von 1958. Blickfang in der marmornen Lobby ist ein riesiges Buntglasfenster, das die Symbole der Freimaurer und Szenen aus der Frühgeschichte Kaliforniens zeigt. Aus Gründen, die vielleicht nur dem Architekten Emile Norman und den kalifornischen Freimaurern bekannt sind, enthält es Stoff- und Bodenproben aus ganz Kalifornien.

### LOMBARD STREET

STRASSE

Karte S. 330 (Powell-Hyde) Die acht Serpentinenkurven im Block 900 der Lombart St hat wohl jeder schon tausendmal auf Fotos gesehen. Die Tourismusbehörde taufte sie „die kurvenreichste Straße der Welt", was faktisch nicht stimmt: Die Vermont St in Potrero Hill verdient diesen Superlativ, aber die Lombard St ist weitaus malerischer mit ihrem roten Backsteinpflaster und liebevoll gepflegten Blumenbeeten. Sie war nicht immer so kurvig; bevor es Autos gab, verlief sie geradlinig hügelabwärts.

### INA COOLBRITH PARK

PARK

Karte S. 330 (www.sfparksalliance.org/our-parks/parks/ina-coolbrith-park; Ecke Vallejo & Taylor St; 41, 45, Powell-Mason) In der Literaturszene von San Francisco führen letztlich alle Wege zu Ina Coolbrith, der ersten als „Poet Laureate" ausgezeichneten Dichterin Kaliforniens, Herausgeberin von Mark Twain, Kollegin von Ansel Adams, Mentorin von Jack London, Isadora Duncan, George Sterling und Charlotte Perkins Gilman. Von ihrem Geheimnis wussten auch ihre Freunde nichts: Ihr Onkel war der mormonische Prophet Joseph Smith. Der versteckte, mit Blumen bepflanzte Park auf der Anhöhe ist eine passende Ehrung – poetisch, verschwiegen und inspirierend. Beim Aufstieg zwischen Gärten und Balkonen hört man Nebelschwaden durch die Baumwipfel ziehen.

### FILBERT STREET HILL

ANHÖHE

Karte S. 330 (41, 45, Powell-Hyde) Mit einer Steigung von 31,5 % teilen sich die Filbert St und die **22nd St** (Karte S. 336; zw. Church & Vicksburg St; MJ) in Castro das Prädikat „steilste Straße in San Francisco". Die Filbert St ist kürzer, doch das macht sie mit tollen Aussichten wett. Von ganz oben, bei der Hyde St, schweift der Blick über die Kirchen von North Beach zum über dem Horizont schwebenden Coit Tower, abends gerahmt von den Lichtern der Bay Bridge. Der „Hügel" besteht aus dem Block 1100 der Filbert St zwischen Hyde und Leavenworth St. Auf geht's!

### HUNTINGTON PARK

PARK

Karte S. 330 (http://sfrecpark.org; California St, zw. Mason & Taylor St; ; 1, California) Das krönende Juwel von Nob Hill ist dieser vornehme Park – einst exklusive Spielwiese für Milliardäre, heute offen für jedermann, von fröhlichen Knirpsen auf dem Spielplatz bis zu Skatern, die auf den Treppen YouTube-Videos drehen. Das Herzstück des 0,5 ha großen Parks ist der viereckige „Schildkrötenbrunnen", eine 100 Jahre alte Nachbildung eines 400 Jahre alten Kalksteinbrunnens in Rom. Mit dem Cable Car geht's hier zu Picknicks, aufs Klettergerüst und zu schönsten Ausblicken auf die goldenen Hügel der East Bay im Sonnenuntergang.

### SAN FRANCISCO ART INSTITUTE

GALERIE

Karte S. 330 (SFAI; ☎415-771-7020; www.sfai.edu; 800 Chestnut St; ⊙Walter & McBean Gallery Di 11–19, Mi–Sa bis 18 Uhr, Diego Rivera Gallery 9–19 Uhr; 30, Powell-Mason) GRATIS Seit den 1870er-Jahren ist das SFAI ein Vorreiter für Kunstströmungen in der Bay Area wie den abstrakten Expressionismus in den 1960er-Jahren, der Konzeptkunst in den 1970er-Jahren und der Medienkunst in den 1990er-Jahren. Vor Diego Riveras Wandgemälde *The Making of a Fresco Showing the Building of a City* von 1931 sind in der Diego Rivera Gallery Arbeiten von Kunststudenten zu sehen. Die Walter & McBean Gallery versammelt seit 1969 wegweisende Gegenwartskunst. Eigene künstlerische Inspiration findet man vielleicht in den Panoramablicken vom Terrassencafé.

### MACONDRAY LANE

STRASSE

Karte S. 330 (zw. Jones & Leavenworth St; 41, 45, Powell-Mason, Powell-Hyde) Der malerische Weg vom Ina Coolbrith Park über steile Treppen hinab, an scheinbar schwerelosen Holzhäuschen vorbei ist so zauberhaft, dass er einem Roman entsprungen zu sein scheint. Der Eindruck trügt nicht: Armistead Maupin nahm ihn zum Vorbild für die Barbary Lane in seinen *Stadtgeschichten*.

## ESSEN

**In der Polk St warten einige schöne Läden für ein Date und auch die Happy-Hour-Deals sind nicht schlecht. Die Hyde St in Russian Hill führt hinauf zu erstklassigen kleinen Bistros und Picknickplätzchen. Der passende Abschluss eines romantischen Abends ist die Rückfahrt mit dem Cable Car.**

### ★HOT SAUCE AND PANKO — HUHN $

Karte S. 330 (☎415-359-1908; http://hotsauceandpanko.com; 1468 Hyde St; Wings 7–11 $; ⏲Mi–Sa 11.30–19, So bis 17 Uhr; Powell-Hyde) Was gibt's zu Mittag? Am besten flattert man direkt hinüber zu Hot Sauce and Panko, einem exzentrischen Eckladen auf dem Hügel, mit Hunderten Varianten der namengebenden Kochzutaten (scharfe Sauce und Paniermehl) sowie wahnsinnigen 30 Chicken-Wings-Versionen. Die scharfe Sauce des Hauses verschafft einem ein sensationelles langsames Brennen, die Zitronen-Chili-Fischsauce ist eine echte Aromabombe – doch nach dem Genuss der koreanischen *gojujang*-Sauce aus fermentiertem Chili leckt man sich noch stundenlang die Lippen.

### SWENSEN'S — EISCREME $

Karte S. 330 (www.swensensicecream.com; 1999 Hyde St; Hörnchen ab 3,75 $; ⏲12–22 Uhr; 41, 45, Powell-Hyde) Beim Hineinbeißen entsteht sofort Hirnfrost und eine Dosis Nostalgie schießt ein – dies ist der Original-Swensen's-Eiscremeladen, eröffnet 1948. Oooh, autsch, die Pfefferminzstange ist wirklich ein Flashback, oder? Der halbe Liter Eiscreme-Soda aus Wurzelbier ist die 1950er-Jahre-Version von Prozac und der klassische Eisbecher mit Schokosauce reinstes Serotonin mit Streuseln obenauf. Nur Barzahlung.

### CHEESE PLUS — DELI $

Karte S. 330 (www.cheeseplus.com; 2001 Polk St; Sandwiches 10–13 $; ⏲Mo–Fr 10–19.30, Sa ab 9, So 9–19 Uhr; 10, 12, 19, 27, 47, 49) Feinschmecker, freut euch: In diesem Deli zuckt keiner mit der Wimper, wenn nach reifem Ziegenkäse mit Weinrinde statt Provolone für das Sandwich verlangt wird. Die Spezialität ist Klassiker *Grilled Cheese* mit *fromage du jour* aus Kleinbetrieben, aber empfehlenswert als Grundlage für Fußmärsche durch die Stadt ist das Crissy-Field-Sandwich, dick belegt mit Braten vom Sonoma-Truthahn und Bio-Speck von der Niman Ranch.

INSIDERWISSEN

### GUT ESSEN ENTLANG DER CABLE-CAR-LINIEN

Essensgenuss auf „hohem Niveau" macht die Fahrt mit dem Cable Car in eines der oben auf den Hügeln gelegenen Restaurants möglich. Am besten richtet man sich nach dem Wetter: An nebligen Tagen kuschelt man sich in eine Weinbar, an sonnigen Nachmittagen holt man sich in der Umgebung des George Sterling Park Essen auf die Hand. Losfahren, bevor der Magen anfängt zu knurren – die Cable Cars fahren teils recht unregelmäßig –, und wer noch reservieren muss, sollte dies entsprechend rechtzeitig tun. Dann muss man nur noch darauf achten, dass man die richtige Linie in die richtige Richtung erwischt!

- Seven Hills (S. 136)
- Hot Sauce and Panko (S. 135)
- Union Larder (S. 131)
- Za (S. 130)
- Swensen's (S. 130)

### ZA — PIZZA $

Karte S. 330 (☎415-771-3100; www.zapizzasf.com; 1919 Hyde St; Pizzastücke 5–6 $; ⏲So–Mi 12–22, Do–Sa bis 23 Uhr; 41, 45, Powell-Hyde) Surfer und Start-up-People schleppen sich quer durch die Stadt und die Hügel hinauf zum Za, denn mit Maismehl bestäubte, dünnkrustige Gourmetpizza wie diese gibt's nicht alle Tage. Die Stücke sind dick belegt mit frischen Zutaten; dazu gibt's ein Pint Anchor Steam und gemütliches Barambiente – alles für unter 10 $.

### ★1760 — KALIFORNISCH $$

Karte S. 330 (☎415-359-1212; www.1760sf.com; 1760 Polk St; Gerichte 15–22 $; ⏲Mo–Do 17.30–21.30, Fr & Sa bis 23 Uhr; ; 45, 49) Im

1760 ist jeder Abend eine Herausforderung für Küchenchef Carl Foronda, der für ein Lebensmittel Tages die passenden Zubereitungsform und kulinarische Inspiration finden muss.

Hier herrscht keine Küche geschmacklich vor und den Zutaten werden ungeahnte Stärken entlockt: Shiitake-Pilze verleihen koreanischen Rippchen Tiefe, während das Tomaten-Confit die Pappardelle mit Ragout zum Singen bringt. So sieht Küchen-Demokratie aus – alles wird gleichermaßen geschätzt und exquisit präsentiert. Für den Wein verlässt man sich auf den Sommelier.

### ★SWAN OYSTER DEPOT — FISCH & MEERESFRÜCHTE $$

Karte S. 330 (415-673-1101; 1517 Polk St; Gerichte 10–28 $; Mo–Sa 10.30–17.30 Uhr; 1, 19, 47, 49, California) Überragender Geschmack ohne das überhebliche Getue typischer Fischrestaurants. Im seit 1912 zu Recht für seine Austern und Krabbensalate berühmten Restaurant muss man zur Mittagszeit fast immer warten, dass einer der wenigen Hocker an dem altmodischen Tresen frei wird. Der Vorteil der Fluktuation der Gäste sind unglaublich frische Meeresfrüchte.

Vor 12 Uhr hält sich die Wartezeit in Grenzen, oder man nimmt sich etwas mit, um es dann im nahen George Sterling Park (S. 133) zu verzehren.

### SEVEN HILLS — ITALIENISCH, KALIFORNISCH $$

Karte S. 330 (415-775-1550; www.sevenhillssf.com; 1550 Hyde St; Hauptgerichte 20–37 $; Mo–Do 17.30–21.30, Fr & Sa 17–22, So bis 21.30 Uhr; 10, 12, Powell-Hyde) In dieser klitzekleinen Trattoria in Russian Hill, wo marktfrische Zutaten wunderbar zubereitet werden, finden Römer und San Franciscoer an einem Tisch zusammen.

Anthony Florians kurze marktorientierte Karte wechselt täglich, mit hausgemachter Pasta, erstklassigem Fleisch aus Kalifornien und nur Stunden zuvor gefangenem Fisch. Die Tische stehen eng beieinander, doch der Service ist erstklassig, und clevere Geräuschkompensation sorgt dafür, dass aus dem fröhlichen Lärm ein dumpfes Rauschen wird.

### UNION LARDER — KALIFORNISCH $$

Karte S. 330 (415-323-4845; http://unionlarder.com; 1945 Hyde St; Gerichte 15–28 $; Di 17–22, Mi bis 22.30, Do 16–22.30, Fr & Sa 12–22.30, So 17–21 Uhr; Powell-Hyde) Den Rahmen für Wein, dazu einen kleinen Happen und Leutegucken bilden im Union Larder Wände aus stimmungsvoll beleuchteten Flaschen bis unter die Decke und Bogenfenster mit Blick auf die Cable-Car-Strecke.

Das kleine, vielfältige Speisenangebot enthält Austern, Schinken und Wurst (einiges hausgemacht), leckeren Stinkekäse, gemischte Salate und erstklassige Sandwiches. Es gibt über 50 offene Weine. Serviert wird an großen Tischen und an der Bar. Keine Reservierung.

### LEOPOLD'S — DEUTSCH $$

Karte S. 330 (www.leopoldssf.com; 2400 Polk St; Hauptgerichte 20–29 $; So & Mo 17.30–21.30, Di–Fr bis 22, Sa 12–14.30 & 17.30–22, So 12–14.30 Uhr; 19, 41, 45, 47, 49) Die Polk St wurde von deutschen Immigranten ursprünglich „Polkstraße" genannt. Das Leopold's erinnert an diese Zeit mit köstlicher österreichisch-deutscher Alpenküche, die im Bierhallenambiente in Kiefernholznischen serviert wird. Deftige Spezialitäten sind u. a. Hühnersuppe mit Klößchen, Gulasch, Schnitzel, Fladenbrot und hausgemachter Wurstaufschnitt – lecker! Die Gäste sind oft ohrenbetäubend laut, aber nach einer Maß Bier merkt das ohnehin kaum jemand mehr.

### ★ACQUERELLO — KALIFORNISCH, ITALIENISCH $$$

Karte S. 330 (415-567-5432; www.acquerellosf.com; 1722 Sacramento St; 3-/4-/5-Gänge-Menü 105/130/150 $; Di–Do 17.30–21.30, Fr & Sa bis 22 Uhr; 1, 19, 47, 49, California) Die umgebaute Kapelle ist ein passender Ort für ein Essen, das Anhänger der reinen italienischen Kochkunst zur kalifornisch-italienischen Küche konvertieren lässt. Zu den einfallsreichen Pasta- und saisonalen Hauptgerichten von Küchenchefin Suzette Gresham gehören ein himmlisches Abalone-Risotto, teuflisch gutes Lamm mit Kalbsbries und getrüffelte Täubchen-*canneloni*, die es verdient hätten, von einem Engelschor begleitet zu werden.

Ein Vorraum, in dem früher einmal Bräute ihre Nerven zu beruhigen versuchten, ist heute der Lagerort für in kleinen Mengen produzierte italienische Tropfen, die sonst außerhalb toskanischer Schlösser selten zu finden sind.

## AUSGEHEN & NACHTLEBEN

**Nob Hill belohnt Kneipenliebhaber mit einigen der besten Cocktails und schönsten Ausblicke in der Stadt – doch man**

**muss hier erstmal hochkommen. Für Kneipentouren mit weniger Kraxelei geht es zur Polk St, der Hauptstraße von Russian Hill. In den 1940er-Jahren steuerten die Matrosen von den Docks direkt die Polk St an, die damals die wichtigste Schwulenkneipenmeile in San Francisco war. Heute gibt es LGBTIQ-Bars in der ganzen Stadt und nur noch einige wenige in der Polk St. Aber an guten Abenden sind die Stammgäste hier noch genauso frohgelaunt und gesellig wie die Seemänner auf Landgang.**

### ★STOOKEY'S CLUB MODERNE — LOUNGE

Karte S. 330 (www.stookeysclubmoderne.com; 895 Bush St; Mo–Sa 16.30–2, So bis 24 Uhr; 1, Powell-Hyde, Powell-Mason, California) In dieser Art-déco-Bar, die einem Dashiell-Hammett-Krimi entsprungen zu sein scheint, verführen nächtens gefährliche Damen ahnungslose Seeleute bei starkem Fusel zu allerlei Fisimatenten. Eine chromblitzende Einrichtung im Stil der 1930er-Jahre-Streamline-Moderne ist das Bühnenbild, in dem intrigante, sprücheklopfende Barkeeper in weißen Jacken die stärksten Corpse-Reviver-Cocktails der ganzen Stadt zusammenmixen. Besonders an Jazzabenden muss man früh da sein, um auf der Hutablage noch ein Plätzchen für seinen Fedora zu finden.

### ★TONGA ROOM — LOUNGE

Karte S. 330 (Reservierungen 415-772-5278; www.tongaroom.com; Fairmont San Francisco, 950 Mason St; Eintritt 5–7 $; So, Mi & Do 17–23.30, Fr & Sa bis 0.30 Uhr; 1, California, Powell-Mason, Powell-Hyde) Das Wetter in San Francisco heute Abend: neblig, mit 100 % Wahrscheinlichkeit von Taifunen alle 20 Minuten im Tonga Room. Aber niemand muss sich in Sicherheit bringen: Es regnet nur auf den Indoorpool, auf dem die Bands auf einem Boot spielen. Hurrikanstärke haben die Drinks in einer Plastikkokosnuss. Zur Happy Hour (Mi–Fr 17–19 Uhr) gibt's billige Zombies und *pupu*-Platten.

### HI-LO CLUB — BAR

Karte S. 330 (http://hilosf.com; 1423 Polk St; 16–2 Uhr; 1, 19, 47, 49, California) Im Hi-Lo trifft Kitsch auf Eleganz: Hier schlürfen anspruchsvolle Thekenhocker aus alten Gläsern clevere Cocktails. Mit seiner angelaufenen Blechdecke, dem abgenutzten Holzboden und der abblätternden Wandfarbe erinnert die Bar an ein besetztes Haus bei Kerzenlicht. Wäre van Gogh in San Francisco, würde er hier auf einen Carthusian Sazerac (Absinth, Roggenwhiskey, Génépi) vorbeikommen. Im Hintergrund läuft toller alter Soul, Rock und Punk – wer davon noch etwas mitbekommen möchte, sollte früh da sein.

### BIG 4 — BAR

Karte S. 330 (415-771-1140; www.big4restaurant.com; Huntington Hotel, 1075 California St; 11.30–24 Uhr; ; 1, California) Die feine Gesellschaft von Nob Hill wurde einst von vier skrupellosen Eisenbahnbaronen beherrscht – doch nun sind wir an der Reihe, in dieser schicken Cocktailbar oben auf dem Hügel Drinks zu ordern. In den Clubsesseln kann man tief in die Atmosphäre des mit Eichenholz vertäfelten Altherrenclubs eintauchen und dabei am Wochenende Pianospielern lauschen. An der stattlichen Mahagoni-Theke werden klassische Martinis gezaubert, mit denen man auf den Wandel der Zeiten anstoßen kann.

### HARPER & RYE — COCKTAILBAR

Karte S. 330 (415-562-7493; http://web.harperandrye.com; 1695 Polk St; 16–2 Uhr; 1, 19, 47, 49, California) In kleinen Mengen handwerklich erzeugt – das ist hier nicht nur eine hohle Phrase. Im Harper & Rye benennen die Barkeeper ihre Cocktails nach Nachbarn, Familie und Freunden und behandeln jeden Drink dementsprechend.

Gealtertes Holz vom Boden bis zur Decke und Stahlträger verleihen der Bar ein ehrliches, schnörkelloses Flair. Vom Zwischengeschoss aus hat man einen guten Blick auf die fröhliche Gästeschar. Der saisonale Punch ist süffig, aber gedacht für vier Personen – nicht für eine!

### AMÉLIE — BAR

Karte S. 330 (415-292-6916; www.ameliewinebar.com; 1754 Polk St; 17–1 Uhr; 1, 10, 12, 19, 27, 47, 49, Powell-Hyde, California) Mit ihrem sexy lippenstiftroten Tresen, preisgünstigen Weinen und Tellern, auf denen sich Käse und Wurst türmen, ist diese Weinbar ein schamloser Charmeur, besonders zur Happy Hour (17–19 Uhr): Dann kostet ein Probier-Set mit drei Weinen nur 12 $. Am Wochenende wird's schrecklich voll (reservieren!), aber werktags ist es ideal zum Entspannen bei *raviole du Dauphiné* (Käsepasta) mit Schwarztrüffelflocken.

### CINCH — SCHWULE

Karte S. 330 (415-776-4162; http://cinchsf.com; 1723 Polk St; Mo–Fr 9–2, Sa & So ab

6 Uhr; 🚌1, 19, 27, 47, 49, 🚋California) Die letzte Schwulenbar der alten Garde in der Polk St verströmt noch immer eine Alles-ist-erlaubt-Kneipenatmosphäre mit Billardtisch, Flipper, Dartsscheibe und Raucherterrasse. Die Gastgeberin der freitäglichen Drag-Varietés ist Anna Conda, die Herrin des Chaos. Auch Feiertage sind hier eine echte Freude. Die völlig überkandidelte Dekoration bleibt so lange hängen, wie die Barbetreiber das möchten.

**TOP OF THE MARK** BAR

Karte S. 330 (www.topofthemark.com; Mark Hopkins Hotel, 999 California St; Eintritt frei–10 $; ⏲So–Do 16.30–23.30, Fr & Sa bis 0.30 Uhr; 🚌1, 🚋California) Auf der höchstgelegenen Tanzfläche der Stadt kann man über den Wolken tänzeln. Freitag- und samstagabends spielt eine komplette Jazzband, mittwochs und donnerstags erklingt Live-Pianomusik.

Beim sonntäglichen Champagner-Brunch geht es vornehm-chaotisch zu, doch am Abend ist's romantisch – bei Sonnenuntergang ist die Bar oft leer. Für Hotelgäste und wochentags bis 20 Uhr für alle ist der Eintritt frei. Martinis schlagen mit mindestens 15 $ zu Buche, doch die Ausblicke sind unbezahlbar.

## SHOPPEN

**Die obere Polk St von California St bis Broadway säumen Boutiquen, Vintage-Läden und Geschäften mit Polk-St-Klassikern: Leder und Sexspielzeug. Abseits der ausgetretenen Pfade stößt man auf originelle Kunst und heimisches Kunsthandwerk.**

**★GOOD VIBRATIONS** SEXSHOP

Karte S. 330 (☎415-345-0400; www.goodvibes.com; 1620 Polk St; ⏲Shop So–Do 10–21, Fr & Sa bis 22 Uhr, Museum Fr–Mi 12.30–18.30, Do bis 20.30 Uhr; 🚌1, 19, 47, 49, 🚋California) „Entschuldigung, was macht man damit?" Das verständnisvolle Personal in dieser Kooperative im Besitz der Angestellten ist es gewohnt, eindeutige Anleitungen zu geben, sodass man sich nicht scheuen muss, zu fragen. Mit an Bord ist Margaret Cho – hier ist also niemand schüchtern. Interessant sind auch die alten Vibratoren, darunter einer, der aussieht wie eine Bohnermaschine – dem Himmel sei Dank für die moderne Technik!

**★RELOVE** VINTAGE, MODE & ACCESSOIRES

Karte S. 330 (☎415-800-8285; http://shoprelove.com; 1815 Polk St; ⏲Di–Sa 11–20, So bis 18, Mo 12–18 Uhr; 🚌1, 10, 12, 19, 27, 47, 49, 🚋California) 🍃 „Mehr Stil, weniger Müll" lautet das Motto und genau das liefert dieser traumhafte Laden für Vintage- und unabhängige Mode auch – zuletzt gab's hier handgewebte Maxikleider, alte Unijacken, Faltenröcke von Issey Miyake und Pferdehaar-Ohrringe von Anna Monet aus San Francisco. Relove kreiert vom Scheitel bis zur Sohle Looks für alle Geschlechter; die Größen gehen jedoch eher in Richtung klein.

**LEGION** KUNSTHANDWERK

Karte S. 320 (☎415-733-7900; www.legionsf.com); 808 Sutter St; ⏲Di–Sa 11–18 Uhr; 🚌2, 3, 27) Die unabhängige Kunstgewerbegalerie liegt zwar abseits der ausgetretenen Pfade, hat jedoch eine große Anhängerschaft. Die Eigentümer holen Kaliforniens schrägen Look in ihren Laden: Chelsea Wongs Straßenszenen, die kleine Geschichten erzählen, anarchische, mit Graffiti überzogene Becher von BTW Ceramics, die Baumwolldecke mit lächelnden Kirschen von Sami Cronk aus San Francisco und Way-Out-West-Kerzen von Goest. Aktuelle Ausstellungen und Vernissagen siehe Website.

**MOLTE COSE** MODE & ACCESSOIRES, VINTAGE

Karte S. 330 (☎415-921-5374; www.moltecose.com; 2044 Polk St; ⏲Mo–Fr 11–18.30, Sa bis 18, So 12–17 Uhr; 🚌10, 12, 19, 47, 49) Wie eine im Aufbau befindliche Filmkulisse von etwa 1963 bietet das Molte Cose mit Leidenschaft ausgewählte, einzigartige Geschenke und Fundstücke, präsentiert etwa auf Handschuhmodellen, Kuchenständern und Art-déco-Waschtischen. Zur herrlichen Auswahl gehören alte Manschettenknöpfe, Rasierzeug, Flachmänner sowie Sachen für Kinder aus San Francisco. Nebenan hat sich Belle Cose auf reizende Vintage- und neue Damenmode und Dessous spezialisiert.

**PICNIC** KLEIDUNG, HAUSHALTSWAREN

Karte S. 330 (☎415-346-6556; www.picnicsf.com; 1808 Polk St; ⏲Mo 11–18, Di–Sa bis 20, So 12–18 Uhr; 🚌19, 27, 47, 49, 🚋Powell-Hyde) Moderne Geschenke für moderne Frauen und die Menschen, die sie lieben – aussagestark, einzigartig und preisbewusst. Man beschenke sich selbst oder andere mit Multifunktionswerkzeugen fürs Picknick, gestreiften Overalls für viele Gelegenheiten,

Porzellan-Igeln, aus denen wilde Erdbeeren wachsen, und „99 Bottles of Craft Beer on the Wall"-Postern. Das Meiste kostet unter 50 $, doch das merkt zu Hause keiner.

**STUDIO** KUNST

Karte S. 330 (☎415-931-3130; www.studiogallerysf.com; 1641 Pacific Ave; ⏲Mo, Do & Fr 11–19, Sa & So bis 18 Uhr, Di & Mi nach Vereinbarung; 🚌1, 19, 47, 49, 🚋California) Hier kann man sich mit Originalkunst aus der Bay Area für die eigene Bleibe zu tollen Preisen eindecken. Die Arbeiten hier nehmen oft Bezug auf San Francisco, u. a. Michael Reardons lichtdurchfluteten Aquarelle vom Golden Gate Park, Natalie Ciccoriccos gestickte Schnappschüsse und Nina Fabunmis stimmungsvolle Ölbilder von verregneten San-Francisco-Abenden. Einige Arbeiten haben Postkartengröße oder sind noch kleiner, damit auch kleine Buden aufgehübscht werden können. Über monatliche Vernissagen von Ausstellungen heimischer Künstler informiert die Website.

**JOHNSON LEATHERS** MODE & ACCESSOIRES

Karte S. 330 (☎415-775-7393; www.johnsonleather.com; 1833 Polk St; ⏲Mo–Sa 10–18, So ab 11 Uhr; 🚌10, 12, 19, 27, 47, 49) Seit 1979 findet man bei Johnson Leathers maßgeschneiderte klassische Schnitte in allen Stilen und für alle Geschlechter. Die Motorradklamotten sind aus hochwertigem Leder hergestellt und eigenen sich für alle Wetterverhältnisse und Zwecke. Der Laden stattet sowohl die Motorradstreife der San Franciscoer Polizei wie auch die Hells Angels aus, ebenso wie all die Leute, die am Wochenende in diese Rollen schlüpfen. Diese Jacken halten Jahrzehnte.

# Japantown, Fillmore & Pacific Heights

## Highlights

❶ **Fillmore Auditorium** (S. 146) Im Tempel der psychedelischen Gegenkultur der 1960er-Jahre mit Musiklegenden abrocken.

❷ **Kabuki Springs & Spa** (S. 149) An nebligen San Franciscoer Tagen in japanischen Bädern entspannen.

❸ **Japan Center** (S. 142) Ramen schlürfen, Anime-Arcade-Games spielen, Bonsais-Zucht studieren und durch japanische Designmagazine blättern – alles in einer Mall, die Mitte des 20. Jhs. gebaut wurde.

❹ **Sasa** (S. 142) Mit dem Zauberwort *omakase* (Auswahl des Küchenchefs) in höhere Sphären der japanischen Küche aufsteigen.

❺ **Japantown Cultural & Historical Walking Tour** (S. 149) Das friedliche Viertel, in dem einst um Bürgerrechte gekämpft wurde, von einem Bewohner gezeigt bekommen.

Details s. Karte S. 334

## Rundgang: Japantown, Fillmore & Pacific Heights

Von den hübschen Parks und den schicken Boutiquen von Pacific Heights führt die Fillmore St hinab durch die Instagram-tauglichen kulturellen und kulinarischen Hotspots von Japantown zu den quirligen Restaurants und Musikläden in Fillmore. Der Rundgang beginnt an der Ecke Fillmore St und Geary Blvd, führt Richtung Norden und dann östlich in die Post St. Im Japan Center geht man nach oben und durch das Einkaufszentrum zur Peace Plaza. Über die Fußgängermeile Osaka Way spaziert man zur Sutter St, dort Richtung Westen zur Cottage Row, um in einem Bonsai-Garten einen Moment der Stille zu genießen. Weiter geht's gen Norden zur Bush Street, von der man links wieder in die Fillmore St abbiegt.

Weiter bergauf wird die Fillmore St auf Höhe der Jackson St zur Wohnstraße. Westlich davon liegt der Alta Plaza Park mit schöner Aussicht – toll für ein Picknick. Hier stolzieren in Pullover gehüllte Hündchen herum und auf dem gepflegten Spielplatz turnen Kinder. Ebenfalls hoch oben liegt der terrassierte Lafayette Park. Oder man kehrt zurück zur Fillmore St und überquert den Geary Blvd Richtung abenteuerlicher Abendlokale und toller Konzerte im Fillmore Auditorium.

## Lokalkolorit

**Musik** Livemusik gibt's rund um Geary Blvd und Fillmore St gleich mehrfach – im berühmten Fillmore Auditorium (S. 146) und in ein paar kleinen Jazzclubs.

**Shoppen** Fillmore ist voller Boutiquen in- und ausländischer Designer, doch interessanter ist Japantown mit dem Japan Center (S. 142), dem New People (S. 148) und den Läden am Osaka Way.

**Kino** Einheimische kommen gerne zum Abendessen plus Kinobesuch nach Japantown. Das Filmtheater AMC Kabuki (S. 147) zeigt aktuelle Streifen und Premieren beim San Francisco International Film Festival; das New People Cinema (S. 147) bietet unabhängige Filmkunst und Anime-Filme.

## Anfahrt

**Bus** Die Linien 1, 2, 3 und 38 verbinden Downtown mit Japantown und Pacific Heights und fahren nach Westen Richtung Richmond District. Die 10 verbindet Pacific Heights über Russian und Nob Hill mit Downtown. Die 22 verbindet Marina, Pacific Heights, Japantown und Fillmore mit Haight und Mission. Die Busse 41 und 45 fahren von Downtown nach Russian Hill und Cow Hollow.

**Cable Car** Der westliche Endpunkt der California-Linie liegt an der Van Ness Ave ein paar Straßen östlich von Pacific Heights.

### Top-Tipp

Der Bus 38 Geary fährt von Downtown direkt zu Geary Blvd und Fillmore St – doch wo bleibt da der Spaß? Besser nimmt man am Ende der Market St die California-Linie Richtung Westen zur Van Ness Ave und geht dann zu Fuß nach Pacific Heights oder Japantown. Anstelle westlich der Van Ness Ave die trubelige California St zu nehmen, läuft man die von viktorianischen Häusern gesäumte Sacramento St (eine Straße nördlich der California St) entlang, mit einem Schlenker durch den hübschen Lafayette Park.

### Gut essen

- Sasa (S. 142)
- Noosh (S. 144)
- State Bird Provisions (S. 145)
- Benkyodo (S. 144)
- Marufuku Ramen (S. 144)

Mehr dazu S. 142

### Gute Unterhaltung

- Fillmore Auditorium (S. 146)
- Audium (S. 146)
- Boom Boom Room (S. 146)

Mehr dazu S. 146

### Schön shoppen

- Kinokuniya Books (S. 147)
- Sanko Kitchen Essentials (S. 147)
- Soko Hardware (S. 147)
- Margaret O'Leary (S. 147)
- New People (S. 148)

Mehr dazu S. 147

# SEHENSWERTES

**Die meisten Sehenswürdigkeiten befinden sich in Japantown, doch der Abschnitt der Fillmore Street oberhalb des Geary Blvd ist von stattlichen viktorianischen Häusern gesäumt. Viele davon sind im Stil der minimalistischen Moderne weiß getüncht, was eigentlich schade ist, denn diese Häuser wurden von und für schamlose Exhibitionisten gebaut, von den bombastischen Ornamenten bis zur bunten Farbgebung. Erspäht man ein viktorianisches Haus in den ursprünglichen Farben, ist das ein unwiderstehliches Fotomotiv – doch da nicht alle San Franciscoer Exhibitionisten sind, sollte man die Privatsphäre der Bewohner respektieren.**

### ★JAPAN CENTER — SEHENSWERTES GEBÄUDE

Karte S. 334 (www.sfjapantown.org; 1737 Post St; ⌚10–24 Uhr; P; 🚌2, 3, 22, 38, 38L) Die Shoppingmall sieht noch weitgehend aus wie bei der Eröffnung 1968: hölzerne Fußgängerbrücken sowie *noren* (Vorhänge) und *maneki-nekos* (winkende Katzen) an den Restauranteingängen. Schwer zu glauben, dass dieses kawaii Zentrum aus einem harten Kampf geboren wurde. Während japanischstämmige US-Amerikaner im Zweiten Weltkrieg interniert waren, wollte die Stadt Japantown abreißen. Dann mussten nach dem Krieg 1500 Bewohner, die gerade erst aus der Internierung zurückgekehrt waren, für den Bau des Einkaufszentrums ihre Behausungen räumen. Doch Mitbürger und die Geschäftsinhaber von Japantown schlossen sich zusammen, um die Umsiedelungen zu stoppen und das Einkaufszentrum in einen Gemeindetreffpunkt zu verwandeln.

### HAAS-LILIENTHAL HOUSE — HISTORISCHES GEBÄUDE

Karte S. 334 (☎415-441-3000; www.haas-lilienthalhouse.org; 2007 Franklin St; Erw./Kind 10/8 $; Rundgänge durchs Viertel frei; ⌚Mi & Sa 12–14.30, So 11–15.30 Uhr; 👪; 🚌1, 10, 12, 19, 27, 47, 49) Wenn die mit rotem Samt bezogenen Wände sprechen könnten, würde dieses viktorianische Haus im Queen-Anne-Stil von 1886 von Erdbeben, Auf- und Abstiegen und frühzeitigem Tod erzählen. Das mit Türmchen verzierte Haus hat etwas von einer Partie Cluedo – Colonel Mustard könnte im Ballsaal aus dunklem Holz den Mord mit einem Seil begangen haben, oder war es Miss Scarlet im Salon mit dem Kerzenleuchter? Freiwillige, die sich in der viktorianischen Epoche auskennen, bieten einstündige Führungen durchs Haus sowie Rundgänge durchs Viertel. Dazu kommen je nach Jahreszeit verschiedene Veranstaltungen, von Valentinsbällen in viktorianischer Kleidung bis zu schaurig gekonnten Geisterhaustouren.

### PEACE PAGODA — DENKMAL

Karte S. 334 (Peace Plaza, Japan Center; P; 🚌22, 38) Das spirituelle Zentrum des Geschäftsviertels von Japantown bildet die Peace Pagoda von Yoshiro Taniguchi, einem Meister des Minimalismus. Als die japanische Partnerstadt Osaka San Francisco 1968 Yoshio Taniguchis fünfstufigen Stupa aus Beton zum Geschenk machte, wusste die Stadt offenbar nichts damit anzufangen. Sie stellte rund um das kahle Ding Kübelpflanzen auf, legte lecke Wasserbecken trocken und asphaltierte umliegende Gärten. Dank Kirschbäumen und Steinbänken ist die Pagode heute endlich in ihrem Element, ganz ohne Gestrüpp.

### COTTAGE ROW — STRASSE

Karte S. 334 (🚌2, 3, 22, 38) Ein Abstecher in die Vergangenheit, als San Francisco noch ein verschlafenes Fischerdorf und die Architektur noch nicht überspannt, überhöht und viktorianisch war. Kleine Holzhäuschen, in denen damals die Fischer wohnten, säumen eine backsteingepflasterte Promenade mit Pflaumenbäumen und Bonsai. Die Cottages sind in Privatbesitz, aber der winzige Park in der Mitte ist optimal für ein Sushi-Picknick. Die Cottage Row geht zwischen Webster und Fillmore St von der Sutter St ab.

# ESSEN

**Das Japan Center quillt über vor japanischen Restaurants auf unterschiedlichem Preisniveau und von unterschiedlicher Qualität. Nudellokale säumen die Promenade Osaka Way nördlich der Post St. In der Upper Fillmore St nördlich der Sutter St gibt's eine ganze Reihe guter Restaurants.**

### ★SASA — JAPANISCH $

Karte S. 334 (☎415-683-9674; www.sasasf.com; 22 Peace Plaza, Japan Center, East Wing, 1. OG (2nd floor); 6–10 kleine Gerichte 25–60 $,

INSIDERWISSEN

## GETEILTE NACHBARSCHAFT

Bei einem Bummel durch Japantown, Pacific Heights und Fillmore erkennt man bald, dass es zwischen den Vierteln nicht nur architektonische und kulturelle Unterschiede gibt, sondern ganz offensichtlich auch Unterschiede in Bezug auf ethnische Herkunft und gesellschaftliche Zugehörigkeit. Doch so eng ineinander verwoben, wie es die drei Viertel sind, ist es auch ihre Geschichte, genauso wie ihre Zukunft.

In den 1880er-Jahren begannen japanischstämmige Fischer und Kaufleute, den stillen Hügel abseits der Wohnblocks von Downtown und im Windschatten der übelriechenden Molkereien von Cow Hollow zu besiedeln. Doch als die Goldrauschmilliardäre der Ausblicke von Pacific Heights gewahr wurden, sicherten sie sich Premiumgrundstücke für ihre prächtigen Villen. Immobilienunternehmer witterten das große Geschäft und kopierten hügelabwärts den schicken Stil der Pacific-Heights-Milliardäre – so entstanden in einer Art Fertigbauweise viktorianische Wohnhäuser wie am Fließband. Die Wohnungen in diesen Häusern waren erschwinglich. Viele konnten sie sich leisten, auch asiatische, jüdische und afroamerikanische Geschäftsleute aus der Mittelschicht.

Mit dem Zweiten Weltkrieg änderte sich alles. Gemäß der 1942 von Präsident Roosevelt erlassenen Executive Order 9066 mussten japanischstämmige Amerikaner ihre Häuser und Wohnungen verlassen und sich als vermeintliche *enemy aliens* (feindliche Ausländer) zur Internierung in Lagern melden. Gegen diese Verletzung der Bürgerrechte legten die Wortführer der Japantown-Community sofort Klage ein – doch der Erlass blieb bestehen. Erst 45 Jahre später sollte der Staat Entschädigungen leisten.

Parallel dazu benötigten die USA für den Krieg im Pazifik Schlachtschiffe. In den Werften der Bay Area arbeiteten vor allem Frauen und Afroamerikaner, doch für den Zustrom an Arbeitskräften gab es in der Nähe der Werften nicht genügend Unterkünfte. Viele Afroamerikaner wurden in Fillmore und im unteren Teil von Pacific Heights angesiedelt, wo die Einwohner aus ihren Wohnungen vertrieben worden waren. Bis 1945 entwickelte sich Fillmore so zum Lebensmittelpunkt der rund 30 000 afroamerikanischen Arbeiter in der Stadt.

Nach dem Zweiten Weltkrieg kehrten die japanischstämmigen US-Amerikaner aus der Internierung zurück und hofften darauf, sich wieder hier niederlassen zu können – doch sie mussten feststellen, dass die Stadt andere Pläne hatte. Im Rahmen von Erschließungsprojekten wurden auch weiter hügelabwärts gelegene Teile von Pacific Heights immer vornehmer, was sich bald bis nach Japantown und ins afroamerikanische Fillmore hinein fortsetzte. Im Verlauf von 15 Jahren wurden 38 Häuserblocks mit kleinen Geschäften und alten, erschwinglichen Wohnhäusern dem Erdboden gleichgemacht. Doch die Community ließ sich das nicht gefallen. Gemeinsam forderten nun Afroamerikaner und japanischstämmige US-Amerikaner fairen Wohnraum und Bürgerrechte und stoppten die Verwandlung ihrer Viertel in ein Eldorado der Luxuswohnblocks. Es entstanden neue erschwingliche Wohnhäuser und Einrichtungen wie das Japanese Cultural and Community Center of Northern California wurden gegründet.

Wenn man heute in Japantown und Fillmore unterwegs ist, stößt man auf zahlreiche Spuren dieses Engagements: alteingesessene kleine Betriebe, Gemeindezentren, alte viktorianische Häuser, die vor der Abrissbirne gerettet wurden, und neuere Apartmentkomplexe, die wegweisend für die Schaffung erschwinglichen Wohnraums waren. Wer rund um die O'Farrell St auf die Bürgersteige der Fillmore St schaut, sieht dort Backsteinmarkierungen, die darauf hinweisen, wo einst gemeinnützige Institutionen existierten, und ein Walk of Fame ehrt herausragende Köpfe des Viertels, darunter mehrere Anführer der amerikanischen Bürgerrechtsbewegung. Doch der Kampf darum, dieses alte Viertel ökonomisch, kulturell und ethnisch vielfältig zu halten, geht weiter, wie in der gesamten Bay Area und in den ganzen USA.

Einzelgerichte 5–18 $; ⌚Di–So 12–14.30 & 17.30–21.30 Uhr; 🚌22,38) Wie ein unerwartetes Upgrade verzückt das Sasa mit außergewöhnlicher Liebe zum Detail. Hier kommt das *katsu* vom *kurobuta*-Schwein, die seidige *chawanmushi* (Eiercreme) findet mit Kalifornischem Taschenkrebs zusammen und in den Nigiri Sushi sind ausgewählte Köstlichkeiten wie Santa-Barbara-Seeigel und Hokkaido-Jakobsmuscheln verarbeitet. Dem *omakase*-Prinzip (der Koch wählt aus, was serviert wird) kann man hier blind vertrauen – nie war man im ersten Stock eines Einkaufszentrums dem Himmel näher.

### ★NOOSH — KALIFORNISCH, TÜRKISCH $

Karte S. 334 (☎415-231-5985; 2001 Fillmore St; kleine Gerichte 5–15 $; 🍴👪; 🚌1,22,38) Hier kann man anhand von Geschmackseindrücken, die von Istanbul inspiriert, in San Francisco erfunden wurden, der Gewürzroute in die Zukunft folgen: mit samtigem Lammbauch an geräuchertem Joghurt, nussigen Topinambur-Kebabs oder einem *muhammara*-Dip aus fermentierter roter Paprika und kalifornischen Mandeln. Die Küchenchefs und Eigentümer Laura und Sayat Ozyilmaz stillen das Verlangen nach etwas Frischem und Modernem, aber auch Seelenvollem. Das Fladenbrot mit aromatischem Zitronen-*baba ghanoush* entzückt und sättigt gleichermaßen – so sehr, dass es der persönlichen Lieblingspizza Konkurrenz macht.

### ★MARUFUKU RAMEN — RAMEN $

Karte S. 334 (☎415-872-9786; www.marufukuramen.com/; 1581 Webster St, Suite 235, Japan Center, West Wing, 1. OG (2nd floor); 13–17 $; 🚌22,38) Keine Silicon-Valley-Technologie entfacht so viel San Franciscoer Geektum wie eine Schüssel Marufuku-Ramen. Über die Vorzüge wird leidenschaftlich palavert: Die *tonkotsu*-Brühe köchelt 20 Stunden lang, damit sie ihre milchige Dichte erhält, die Nudeln werden per Hand extra dünn geschnitten, damit sie nicht zusammenklumpen, und das Ganze krönt ein weich, keinesfalls hart gekochtes Ei. Kurzgefasst gibt's hier also sättigende, köstliche Nudeln. Ein Tipp für Sparfüchse: Man lässt etwas Brühe übrig und ordert für 2,50 $ eine Extraportion Nudeln.

### ★BENKYODO — JAPANISCH $

Karte S. 334 (☎415-922-1244; www.benkyodocompany.com; 1747 Buchanan St; Mochi 1,50 $; ⌚Di–Fr 8–17, Sa bis 16 Uhr; 👪; 🚌2, 3, 22, 38) Seit 1906 hat das familiengeführte Benkyodo Erdbeben, Weltkriege und auch die Internierung der japanischstämmigen US-Amerikaner überlebt – und noch immer macht Familie Okamura jeden Tag das Leben etwas schöner mit handgemachten *mochi* und *manju* (Süßigkeiten auf Reisbasis). Jeden Morgen wird Klebreis zu weichen Kissen geknetet, die dann saisonale Füllungen bekommen: duftende Mango, die beliebte Erdnussbutter und – am leckersten – samtige rote Bohnen. Nur Barzahlung.

### WISE SONS BAGEL & BAKERY — BÄCKEREI $

Karte S. 334 (☎415-872-9046; http://wisesonsdeli.com; 1520 Fillmore St; Gerichte 3–11 $; ⌚Mo–Sa 7–15, So 8–15 Uhr; 🍴👪; 🚌22, 38) „Vor dem Backen sollt ihr eure Bagels abbrühen!" mahnen jüdische Großmütter allenthalben – warum sollten die Wise Sons da nicht gehorchen? Fillmore war einmal das Zentrum der jüdischen Gemeinde von San Francisco und diese Bäckerei huldigt ihren Wurzeln mit Pastrami-Sandwiches aus hausgebackenem Roggenbrot, knusprigen Latkes (Kartoffelpfannkuchen) mit Apfelmus und authentischen Bagels. Da wir in San Francisco sind, kann man sich den aber auch mit im Pastrami-Stil gewürztem Lachs belegen oder mit Harissa bestreichen lassen.

### B. PATISSERIE — BÄCKEREI $

Karte S. 334 (☎415-440-1700; http://bpatisserie.com; 2821 California St; Gerichte 4–12 $; ⌚Di–So 8–18 Uhr; 🚌1, 24) 🍃 Einst waren sich selbst die Gourmets von Pacific Heights nicht sicher, wie man *kouign amann* ausspricht (etwa „kwinjamonn"). Doch dann kam die mit dem James Beard Award ausgezeichnete Konditorin Belinda Leong und machte das buttrige Karamellgebäck aus der Bretagne zu einer San Franciscoer Sensation. Es gibt saisonale Specials, etwa Kürbis (Herbst) oder schwarzen Sesam (Mond-Neujahr). Unbedingt Platz lassen für Schinken-Käse-Croissants, die auf der Zunge zergehen, und umwerfende *mochi*-Doughnuts.

### NIJIYA SUPERMARKET — JAPANISCH, SUPERMARKT $

Karte S. 334 (☎415-563-1901; www.nijiya.com; 1737 Post St; Bento-Boxen 6–14 $; ⌚10–20 Uhr; 🚌2, 3, 22, 38) Für ein Picknick unter der Peace Pagoda (S. 142) gibt's hier zuverlässig frische Sushi- oder Teriyaki-Bento-Boxen von der Feinkosttheke, dazu einen Sake von Takara Sierra Cold aus Berkeley oder ein Hitachino-Weißbier aus dem Getränkeregal – und dann hat man von seinen 20 $ immer noch immer Geld für ein paar japanische Süßigkeiten übrig, wie Fruchtgummi aus Tropenfrüchten, Matcha-KitKat oder etwas, das sich „Käse-Bonbon" nennt. Und schon ist man ein Instagram-Held!

### ★STATE BIRD PROVISIONS KALIFORNISCH $$

Karte S. 334 (☎415-795-1272; http://statebirdsf.com; 1529 Fillmore St; Gerichte 8–30 $; ⊙So–Do 17.30–22, Fr & Sa bis 23 Uhr; 🚌22, 38) Schon bevor das Restaurant einen James Beard Award nach dem anderen abräumte, gab es hier Warteschlangen für die Platzierung um 17.30 Uhr, wie sie seit dem Auftritt von Grateful Dead im Fillmore Auditorium (S. 146) nebenan nicht mehr gesehen wurden. Auf den Servierwagen türmt sich von Kalifornien inspirierter „Proviant" in Dim-Sum-Größe wie Jerk-Oktopus und Pastrami-Pfannkuchen. Weiter geht's mit größeren, aber gleichermaßen esoterischen saisonalen Gerichten, vom Kalifornischem Taschenkrebs mit Kimchi-Würzung und Bottarga bis zur mit Parmesan befiederter Wachtel auf langsam gegarten Zwiebeln. Reservieren!

### OUT THE DOOR VIETNAMESISCH $$

Karte S. 334 (OTD; ☎415-923 9575; www.outthedoors.com; 2232 Bush St; Hauptgerichte mittags 14–25 $, abends 20–30 $; ⊙Mo–Fr 11–14.30 & 17.30–21.30, Sa & So 9–14.30 & 17.30–21.30 Uhr; 🚌2, 3, 22) Im zwanglosen Ableger des berühmten Slanted Door (S. 90) erfährt die Hausmannskost ein Update: Zum Brunch gibt's seidiges Rührei mit Fünfgewürze-Schweinebauch und zimtige Buttermilch-Pfannkuchen, zum Mittagessen delikate Glasnudeln mit Kalifornischem Taschenkrebs oder einen pikanten Salat mit Grapefruit und Yambohne. Online reservieren!

### PIZZERIA DELFINA PIZZA $$

Karte S. 334 (☎415-440-1189; www.pizzeriadelfina.com; 2406 California St; Pizza 14–21 $; ⊙So, Mo, Mi & Do 11.30–22, Di 17–22, Fr & Sa 11.30–23 Uhr; 🍷; 🚌1, 3, 22) Wildbrokkoli auf Pizza ohne Sauce? Hallo? Tatsächlich: Die Pizzeria Delfina liefert den Beweis für die italienisch-kalifornische These, dass eine Handvoll hoffrischer Zutaten, gut zubereitet und makellos ausbalanciert, ein wahres Festmahl abgeben. Bei den leckeren dünnkrustigen Pizzas sorgt ein luftiger Rand dafür, dass das Hemd keine Flecken von geschmolzenem Büffelmozzarella und San-Marzano-Tomatensauce davonträgt. Lange Wartezeiten lassen sich mit italienischem Wein oder heimischem Bier überbrücken.

### THE PROGRESS KALIFORNISCH $$$

Karte S. 334 (☎415-673-1294; https://theprogress-sf.com; 1525 Fillmore St; kleine Portionen 16–36 $; ⊙So–Do 17.30–22, Fr & Sa bis 23 Uhr; 🍷; 🚌22, 38) Das Schwesterbistro des State Bird Provisions macht einen legeren Eindruck: Die *wabi-sabi*-Holzeinrichtung ähnelt einem wettergegerbtem Boot und die Pazifikküste-Speisekarte, die Stuart Brioza und Nicole Krasinskis zusammengestellt haben, ist die Quintessenz von Kalifornien. Die Surf-and-turfs haben James-Beard-Award-Flair: Kaviar vom Weißen Stör aus nachhaltigem Fang schwebt über Kartoffelwölkchen, während salzige japanische Teppichmuscheln und erdige gebratene Maitake-Pilze auf Kürbissuppenklößen zusammenfinden.

Man kann eine Nachspeise dranhängen – oder noch mehr Gemüse genießen.

## AUSGEHEN & NACHTLEBEN

**Bars sind hier irgendwie ein bisschen überflüssig: Warum sollte man sich mit einem Drink begnügen, wenn man auch ein preisgekröntes Essen oder Unterhaltung von Weltrang dazubekommen kann? Die Nachbarschaftslokale reichen von Jazzläden in Fillmore bis zu Karaokebars in Japantown und Cafés in Pacific Heights.**

### SCOPO DIVINO WEINBAR

Karte S. 334 (☎415-928-3728; www.scopodivino.com; 2800 California St; ⊙Mo–Fr 15–23, Sa & So 11–23 Uhr) Wein, Musik und Konversation lassen einen Brunch im Scopo Divino in die Happy Hour übergehen.

Die Auswahl an Weinen lässt Sonoma im besten Licht erscheinen, mit Zinfandel aus alten Reben und vom Nebel geküssten Weißweinen, ergänzt um interessante italienische Tropfen – mit dem Probierset Taste of Italy kann man gleich mehrere kennenlernen. Mittwochs, donnerstags und sonntags hält Livejazz die Fillmore-Supperclub-Tradition wach. Beim Brunch Sauerkirsch-Bellinis mit Entenconfit-Püree oder Huhn und Waffeln kombinieren.

**BOBA GUYS** TEEHAUS

Karte S. 334 (www.bobaguys.com; 1522 Fillmore St; ⌚Mo–Do 11–21, Fr & Sa 12–23, So 12–18 Uhr; 🚌22, 38) Die Pingpong-Kumpels Andrew und Bin bekamen Durst und verwandelten sich in Superheldenmanier in die Boba Guys.

Hier gibt's ihre Traum-Milchteegetränke, täglich frisch hergestellt aus erstklassigem, in kleinen Mengen produziertem Tee und Biomilch aus Sonoma – plus Tapioka-Bällchen oder Grasgelee. Gegen einen eventuellen Kater hilft als Beilage Kimchi mit Bratreis vom benachbarten Pop-up-Laden Sunday Bird. Mit Wartezeiten rechnen!

**SOCIAL STUDY** BAR

Karte S. 334 (http://thesocialstudysf.com; 1795 Geary Blvd; ⌚Mo 17–22.30, Di–Do 12–23, Fr & Sa bis 1, So 12–22.30 Uhr; 📶; 🚌22, 38) Im Social Study kann man die San Franciscoer in ihrem natürlichen Habitat beobachten. Hier beginnen die Tage mit kräftigem Kaffee, WLAN und köstlichen Snacks, später kann man bei Craftbier und Wein, Brettspielen und Filmen, die auf Backsteinwände projiziert werden, in ein Gemeinschaftsraumambiente eintauchen. Donnerstag- bis Samstagabend sorgen DJs für lautes Hauspartyflair; manchmal finden auch Veranstaltungen und Feierlichkeiten statt.

## ☆ UNTERHALTUNG

**Von den 1930ern bis in die 1960er-Jahre war Fillmore das Epizentrum der Jazzszene an der Westküste – heute tummeln sich Clubs am Geary Blvd. Die Kinos sind ideal an Nebeltagen und für Filmfestivalabende.**

**★FILLMORE AUDITORIUM** LIVEMUSIK

Karte S. 334 (☎415-346-6000; http://thefillmore.com; 1805 Geary Blvd; Karten ab 20 $; ⌚Kasse So 10–15 Uhr, plus 30 Min. vor Konzertbeginn um 22 Uhr; 🚌22, 38) Jimi Hendrix, Janis Joplin, Grateful Dead – sie alle sind im Fillmore aufgetreten. Davon zeugen die alten psychedelischen Plakate in der Bar im Obergeschoss.

Auch Bands, die sonst Stadien füllen, zieht es immer wieder in diesen geschichtsträchtigen Tanzsaal mit 1250 Plätzen. Bei größeren Konzerten werden noch immer kostenlose Poster ausgegeben.

Wer höflich ist und sich mit der Hüfte zuerst durchquetscht, schafft es vielleicht bis zur Bühne.

**★AUDIUM** KLANGLANDSCHAFT

Karte S. 334 (☎415-771-1616; www.audium.org; 1616 Bush St; 20 $; ⌚Darbietungen Do, Fr & Sa 20.15 Uhr; 🚌2, 3, 19, 38, 47, 49, 🚋California) In totaler Dunkelheit lauscht das Publikum, wie Stan Shaff sein einzigartiges Musikinstrument spielt: ein 1962 als lebendige Klangskulptur eingerichtetes Auditorium, das vom Boden bis zur Decke mit 176 Lautsprechern ausgestattet ist.

In ausufernden psychedelischen „Raumkompositionen" erheben sich meditative Klänge zu Science-Fiction-Soundeffekten im Stil der 1970er-Jahre, bevor sie sich in einem auf merkwürdige Weise anheimelndem Moog-Synthesizer-Schnaufen auflösen. Ein echtes San-Francisco-Erlebnis, das ein verändertes Bewusstsein schafft – am besten vorher ein bisschen feiern.

**BOOM BOOM ROOM** LIVEMUSIK

Karte S. 334 (☎415-673-8000; www.boomboomroom.com; 1601 Fillmore St; Eintritt unterschiedlich; ⌚Di–So 16–2 Uhr; 🚌22, 38) Im Boom Boom geht seit den 1930er-Jahren die Post ab und nach wie vor ist dies ein klassischer Schuppen für Blues, Soul und Funk in Fillmore. Außer den Wandbildern draußen und alten Fotos an den Wänden ist der Laden völlig schmucklos – nur Bühne mit Vorhang, Resopaltische, Bar für kräftige Drinks und eine gut bearbeitete Tanzfläche. Aber er rockt sechs Tage die Woche mit Mucke von tourenden Spitzenmusikern. Die Konzerte beginnen gegen 21 Uhr.

**SHEBA PIANO LOUNGE** JAZZ

Karte S. 334 (☎415-440-7414; www.shebapianolounge.com; 1419 Fillmore St; ⌚17–1 Uhr; 🚌22, 31, 38) Heißer Jazz ist im Sheba, einem Fillmore-Supperclub, in dem allabendlich Jazzcombos spielen, noch eine Spur schärfer als anderswo. Zum Jazz bieten die Eigentümerinnen und Schwestern Israel und Net Alamayehu vegetarische äthiopische Platten, die für reichlich Gesprächsstoff sorgen.

Neben einer soliden Auswahl an Bier und Wein aus Kalifornien gibt's *tej* (Honigwein), eine nicht allzu süße Köstlichkeit. Wer vor Konzertbeginn um 20 Uhr da ist, ergattert vielleicht noch einen der begehrten Tische am Kamin.

### NEW PEOPLE CINEMA KINO

Karte S. 334 (☎415-525-8600; www.newpeopleworld.com; New People, 1746 Post St; Karten frei–15 $; 🚌2, 3, 22, 38) Underground-Kino lockt ein kleines, aber leidenschaftliches Publikum in das unabhängige Filmtheater im Keller mit 143 Plätzen.

Indiefilme aus den USA, Dokumentarstreifen aus aller Welt, aktuelle japanische Filme und Anime-Filme können hier dank HD-Projektion und bestem Surround-Sound wirklich glänzen. Auf der Website sind auch die Termine für Sondervorführungen zu finden, etwa zum Internationalen Frauentag, zum Japanese American Internment Remembrance Day oder während Festivals wie dem San Francisco International Film Festival oder dem Asian American Film Festival.

### AMC KABUKI 8 KINO

Karte S. 334 (☎415-346-3243; www.amctheatres.com; 1881 Post St; Erw. Matinee 8 $, abends 16 $; 🚌2, 3, 22, 38) Filmmatineen mit aktuellen Streifen und Festival-Lieblingen sind schön für Regentage. Am besten reserviert man online einen Sperrsitz (2 $ extra) und ist früh vor Ort, um sich ohne Schlangestehen zum Filmsnack einen Wein, ein Bier oder einen Soft Drink zu holen – wegen des Alkoholausschanks sind die meisten Vorführungen erst ab 21 Jahren.

## SHOPPEN

**Japantown steckt voller authentischer japanischer Waren, Streetwear-Mode und kitschig-origineller Geschenkeläden, besonders im Japan Center und in seiner unmittelbaren Umgebung. Pacific Heights wendet sich an eine anspruchsvolle Kundschaft (daher der Spitzname „Specific Whites“). An der oberen Fillmore St bis hoch zum Broadway tummeln sich Designerläden und Schönheitssalons. Noch mehr Nobelboutiquen befinden sich in Presidio Heights in der Sacramento St westlich der Presidio Ave.**

### ★KINOKUNIYA BOOKS BÜCHER

Karte S. 334 (☎415-567-7625; www.kinokuniya.com/us; 1581 Webster St, Japan Center; ⌚10.30–20 Uhr; 🚌22, 38) Wie Krieger in einem Showdown wetteifern die Manga-, Buch- und Schreibwarenabteilung von Kinokuniya um die Aufmerksamkeit der Kundschaft.

Jeder muss selbst wissen, was er bevorzugt: Vampir-Comics unten, großartige Fotobücher von Daido Moriyama und Harajuku-Modemagazine oben oder die Papeterie, um dort mit einem Pure-Malt-Stift aus Whiskyfassholz in einem Journal mit einer Cartoonfigur in Gestalt eines nachdenklichen Spiegeleis tiefschürfende Gedanken festzuhalten.

### ★SANKO KITCHEN ESSENTIALS KERAMIK, HAUSHALTSWAREN

Karte S. 334 (https://sankosf.com; 1758 Buchanan St; ⌚9–17 Uhr; 🚌2, 3, 22, 38) Vom Durchschnittsminimalismus kann man sich mit japanischen Produkten abheben, die garantiert Freude bringen: Bronze-Federkästchen von Traveler's Company, Porzellanbecher von Hasami mit rechteckigen Henkeln, Taschen aus recyceltem Leder von Makoo oder altmodische Taschenrechneruhren von Casio. Neben tollen japanischen Designobjekten gibt es auch originelles Kunstgewerbe aus San Francisco, wie Ramenschalen aus Steingut und Essstäbchenhalter in Häschenform.

### ★SOKO HARDWARE HAUSHALTSWAREN

Karte S. 334 (☎415-931-5510; 1698 Post St; ⌚Mo–Sa 9–17.30 Uhr; 🚌2, 3, 22, 38) Das Soko, seit 1925 ein Kultladen in Japantown, führt ein außergewöhnliches Angebot an Haushaltswaren, von Heißwasserschöpfkellen für japanische Bäder bis zu gestimmten Windklangspielen. Wer sich durch Japantown inspiriert fühlt, die eigene Welt mit kleinen Dingen zu schmücken, der findet hier wichtiges Zubehör für Ikebana, Bonsai, Teezeremonien und Zen-Steingärten.

### MARGARET O'LEARY KLEIDUNG

Karte S. 334 (☎415-771-9982; www.margaretoleary.com; 2400 Fillmore St; ⌚Mo–Sa 10–19, So 11–17.30 Uhr; 🚌1, 3, 10, 22, 24) In ihrem Flagship-Store verkauft die San Franciscoer Designerin Margaret O'Leary federleichte Strickjacken aus schottischem Kaschmir und Biobaumwolle, das ganze Jahr über perfekt für San Francisco.

Den feuchtkühlen Nebel hält man sich auch mit genoppten Pullis mit nautischen Streifenmustern unter handgestrickten Jacken vom Leib. Für die teure Mode sind die Preise fair – und bei den Sonderangeboten kann man echte Schnäppchen machen.

INSIDERWISSEN

## JAPANTOWN HISTORY WALK

Auf der Peace Pagoda Plaza ist an der Außenwand des Japan Center eine interessante Tafel zu sehen, auf der steht: *„What happened here?"* (Was ist hier passiert?) Die Tafel markiert den Beginn des Japantown History Walk, eines Rundgangs, der an etwa zehn Häuserblocks entlang zu 17 für die Geschichte von Japantown wichtigen Orten führt. Am besten macht man von der Tafel ein Foto und nutzt es als Karte und Zeitachse. Auf dem Weg erfährt man etwas über die Anfänge des Sushi in San Francisco, japanischem Baseball, die Internierung der Japaner im Zweiten Weltkrieg, den Kampf um Bürgerrechte und die Standfestigkeit der Einwohner von Japantown.

### NEW PEOPLE — KLEIDUNG, SCHUHE

Karte S. 334 (☎415-345-1975; www.newpeopleworld.com; 1746 Post St; ⏰Mo–Sa 12–19, So bis 18 Uhr; 🚌2, 3, 22, 38) Das New People, ein dreistöckiges Warenhaus für japanische Popkultur, bringt den Stil Tokios nach San Francisco. Lolita-Mode lässt sich im Baby the Stars Shine Bright im 1. Stock *(2nd floor)* anprobieren; im Maruq gibt's Hoodies und andere Streetwear-Mode aus Harajuku, im Sou-Sou moderne Hemdkleider mit Grafikmustern, inspiriert von *kantoui,* Tuniken, wie sie um 500 v. Chr. getragen wurden.

### KATSURA GARDEN — BONSAI

Karte S. 334 (☎415-931-6209; 1825 Post St, Japan Center; ⏰Mo–Sa 10–18, So 11–17.30 Uhr; 🚌2, 3, 22, 38) Kleine Wunderwerke sind die Spezialität von Katsura Garden, den Meistern des Bonsais.

Jahrelange Erfahrung fließt in die Aufzucht jedes winzige Bäumchen auf den Regalen hier ein, vom Miniaturwacholder, der aussieht, als wäre er auf einem vom Winde verwehten Maulwurfshügel gewachsen, bis zum verkümmerten Ahorn, der im Herbst fünf winzige, perfekt rote Blätter verliert. Auch Bonsai- und Ikebana-Zubehör ist erhältlich .

### JONATHAN ADLER — HAUSHALTSWAREN

Karte S. 334 (☎415-563-9500; www.jonathanadler.com; 2133 Fillmore St; ⏰Mo–Sa 10–18, So 11–17 Uhr; 🚌1, 3, 22) Vasen mit Zwirbelbart und Keksdosen mit der Aufschrift „LSD" mögen wirken wie Überbleibsel aus einer Junggesellenbude in Big Sur um 1974, sind aber peppige Kreationen des kalifornischen Popart-Töpfers Jonathan Adler.

Keine Sorge, ob der verspiegelte Plexiglas-Bartrolley zum Sofa aus den 1950ern passt – „Minimalismus ist Quatsch", wie Adler sagt.

### PAPER TREE — KUNSTHANDWERK

Karte S. 334 (The Origami Store; ☎415-921-7100; 1743 Osaka Way; ⏰Mo & Mi–Sa 10–17, So 11–16 Uhr; 👪; 🚌22,38) Wer sich bei Ruth Asawas bronzenen Origami Fountains links hält, entdeckt eine Welt der Möglichkeiten. Der seit 1968 familiengeführte Papierkunstladen befeuert ein San Franciscoer Origami-Revival. Origami wird heute nicht mehr nur für klassische Papierflugzeuge und -kraniche genutzt, sondern auch in der Kunst (wie für das in Glas gefasste Papier-Freizeitkleid), bei der Arbeit (der Prototyp für das erste selbstfahrende Auto von Google war aus Papier) und zur Entspannung (mit dem *Star Wars*-Set kann man sich seinen eigenen Todesstern falten).

### KOHSHI — GESCHENKE & SOUVENIRS

Karte S. 334 (☎415-931-2002; www.kohshisf.com; 1737 Post St, Suite 355, West Mall, Japan Center; ⏰Mi–Mo 11–19 Uhr; 🚌2, 3, 22, 38) Hier gibt es duftendes japanisches Räucherwerk für jeden Bedarf, von dauerbrennendem Sandelholz zur Meditation bis zum zimtigen „Gentle Smile" zum Auffrischen muffiger Wäscheschränke. Die Geschenkideen in diesem kleinen Laden scheinen endlos: Ninja-Teebecher, *kokedama* (Zierpflanzen, die aus bemoosten Kugeln wachsen) und rote Daruma-Figürchen, Glücksbringer und Mutmacher.

### CROSSROADS TRADING — MODE & ACCESSOIRES

Karte S. 334 (www.crossroadstrading.com; 1901 Fillmore St; ⏰So–Do 11–19, Fr & Sa bis 20 Uhr; 🚌2, 3, 22, 38) Pssst, Sparfüchse: Seht ihr all die teuren Designer in der Fillmore St? Viele ihrer Kreationen landen zu einem Bruchteil des Preises im Crossroads, dank der Modepüppchen aus Pacific Heights, die ihre Garderobe der letzten Saison hier abgeben. Deswegen ist diese Crossroads-Filiale auch besser als alle anderen in der Stadt.

Noch günstiger wird's, wenn man eigene stylische, mit Umsicht getragene Klamotten als Guthaben eintauscht. Das Angebot für Männer ist begrenzt, das für Frauen eindrucksvoll.

## SPORT & AKTIVITÄTEN

**★KABUKI SPRINGS & SPA** SPA

Karte S. 334 (☎415-922-6000; www.kabuki-springs.com; 1750 Geary Blvd; Erw. 30 $; ⌚10–22 Uhr, Di gemischt, Mi, Fr & So nur Frauen, Mo, Do & Sa nur Männer; 🚌22, 38) Gong! Das ist der subtile Hinweis für schwatzhafte Badbesucher, dass sie das Mundwerk schließen sollen, damit in dem Gemeinschaftsbad in Japantown, in dem Badekleidung optional ist, wieder Ruhe einkehrt. Der Besuch beginnt mit einem Salzpeeling im Dampfbad, es folgt eine Runde im Heißwasserbecken mit anschließendem Sprung ins kalte Wasser und schließlich Wiederaufwärmen in der Sauna. Dann das Ganze nochmal!

Frauen/Transfrauen und Männer/Transmänner kommen jeweils an abwechselnden Tagen, der Dienstag ist gemischtgeschlechtlich – dann müssen alle Badesachen tragen. Der Zutritt zum Bad kostet 15 $, mit Spa-Behandlungen, auch Shiatsu-Massage.

**KURSE ZU JAPANISCHER KUNST & KÜCHE AM JCCNC** KOCHEN, KUNST

Karte S. 334 (☎415-567-5505; www.jcccnc.org; 1840 Sutter Street; Workshops 15-65 $; ⌚Workshops unterschiedlich; 👪; 🚌22,38) Japantown ist inspirierend. Inspirierte können am Japanese Cultural and Community Center of Northern California (JCCCNC) erschwingliche Workshops mit renommierten Kunsthandwerkern, Köchen und Künstlern der Stadt besuchen.

Hier kann man japanische Traditionen wie Ikebana, *washi ningyo* (Papierpuppenherstellung), *doburoku* (Sake selbst brauen), *kaiseki* (saisonales Kochen) oder *magewappa* (Fertigung von Bento-Boxen aus Holz) erlernen. Über Veranstaltungen und Workshops informiert die Website.

**JAPANTOWN CULTURAL & HISTORICAL WALKING TOUR** SPAZIERGANG

Karte S. 334 (☎415-921-5007; www.njahs.org/walking-tours/; NJAHS Japantown Peace Gallery, 1684 Post St; 10–15 $ pro Pers.; ⌚mit Vorausbuchung Mo–Fr 10–17 Uhr; 👪; 🚌22, 38) Die Führer der National Japanese Historical Society schildern Japantown aus der Insider-Perspektive: mit persönlichen Geschichten und kulturhistorischen Erläuterungen.

Die Führungen beginnen an der NJAHS Japantown Peace Gallery. Von mittwochs bis freitags bietet die NJAHS außerdem faszinierende Touren durch die Fourth Army Intelligence School des Presidio. Dort wurden im Zweiten Weltkrieg japanisch-amerikanische Soldaten für Geheimmissionen und für die Besetzung Japans nach Kriegsende ausgebildet.

**PLAYLAND JAPAN** SPIELHALLE

Karte S. 334 (☎510-501-6546; 1737 Post St, Unit 323; ab 50 ¢ pro Spiel; ⌚Mo–Do 14.30–20.30, Fr 12.30–22, Sa 11–22, So bis 20 Uhr; 👪; 🚌2, 3, 22, 38) Natürlich weiß man, dass es beinahe unmöglich ist, mit einer schwerfälligen ferngesteuerten Klaue niedliche rosa Plüschalpakas zu greifen, doch das hält einen nicht davon ab, es trotzdem am Takoyaki Catcher oder anderen unwiderstehlichen japanischen Spielautomaten zu versuchen.

Hilfestellung beim Taiko-Trommel-Spiel und Anime-Abenteuern gibt das Personal – die Anleitungen sind auf Japanisch. Und wer mit dem Alpaka kein Glück hat, kann es einfach kaufen.

# Mission, Dogpatch & Potrero Hill

## Highlights

❶ **Wandbilder** (S. 152) Garagentore, Fassaden, ja ganze Gassen wurden von Künstlern aus San Francisco und aller Welt mit über 500 Werken in Kunst verwandelt.

❷ **Dolores Park** (S. 153) Den ganzen Tag spielen, picknicken und Leute gucken, ohne ans Erwachsenenleben zu denken.

❸ **Valencia St** (S. 169) Über die quirligste Meile der Stadt bummeln, in einem angesagten Restaurant essen oder einen Cocktail schlürfen und Lifestyle- und Kuriositätenläden abklappern.

❹ **Mission Dolores** (S. 155) In San Franciscos ältestem Gebäude, einer weiß getünchten Lehmziegelkirche von 1782, ein Gefühl für die Geschichte Kaliforniens bekommen.

❺ **Creative Corridor in Dogpatch** (S. 156) Kunst, Design und Schokoladenherstellung in Lagerhäusern am Wasser.

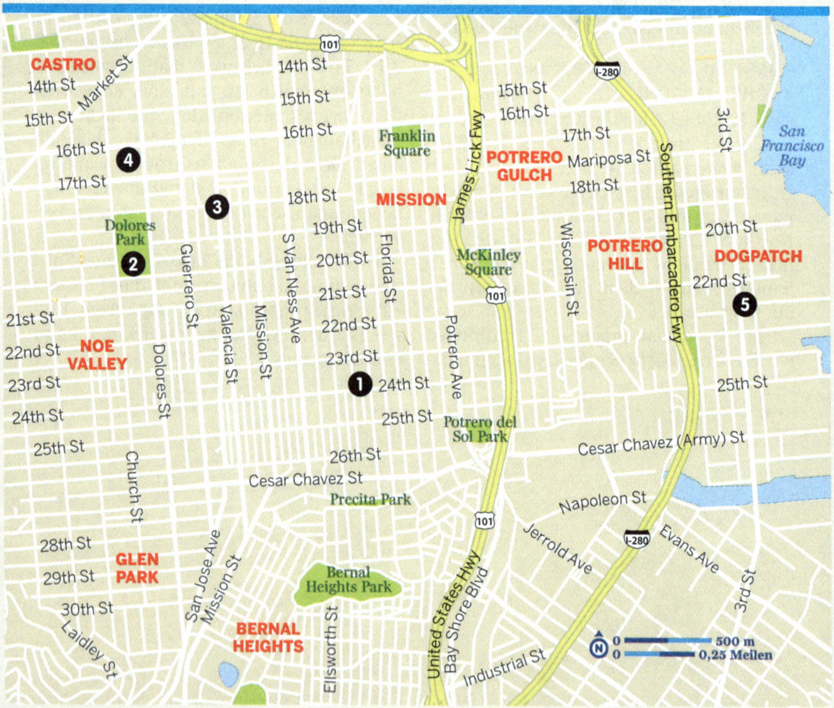


Details s. Karten S. 326 und 329

## Rundgang: Mission, Dogpatch & Potrero Hill

Von Läden mit Piratenzubehör bis zu Gassen voller Wandbilder, von Salsakneipen bis zu Art-déco-Kinos – hier spürt man den Geist von San Francisco. Los geht der Bummel an der fabelhaften Valencia St, der quirligsten Shoppingmeile der Stadt, vielleicht auf der Suche nach neuen Klamotten oder alten Büchern. Auf dem Weg in den aufstrebenden Süden der Stadt schaut man sich die Wandbilder in der Balmy Alley an. Südlich der 16th St lohnt sich ein Blick in die weniger bekannten Galerien von Potrero Hill, dann geht's hinunter zum hippen Minnesota Street Project; es erwarten einen Tacos-Verkostungen und die angesagtesten Weinbars und Cocktaillounges der Gegend. Nach ein wenig Herumstreunen kann man sich vielleicht beim Kochunterricht, bei einem Kunsthandwerks-Workshop oder in einer Kletterhalle die Hände schmutzig machen. Abends sollte man ausgiebig um die Häuser ziehen. Samstags findet man sich dann vielleicht zu später Stunde mit charmanten Fremden Salsa tanzend in einem Club in Mission wieder.

## Lokalkolorit

**Etwas dazulernen** Im **SCRAP** (Scroungers' Center for Re-Usable Art Parts; ☎415-647-1746; www.facebook.com/scrapsf; 801 Toland St; ⊙Mo–Fr 10–18, Sa bis 17 Uhr; ; 9, 23, 24, 44) können Workshopteilnehmer Büromaterialien zu Kunstwerken upcyceln, im 18 Reasons (S. 173) gibt's Kurse zur Messerkunde, die Tanzschule Dance Mission (S. 173) unterrichtet u. a. Vogue und das 826 Valencia (S. 153) schult Geschichtenerzähler.

**Süßes naschen** Irgendwann ist man reif für ein beschwipstes Eis von Humphry Slocombe (S. 158) oder die Salzkaramell-Éclairs von Craftsman & Wolves (S. 157).

**Ans Straßenbild anpassen** Wer seinen eigenen Mission-Stil finden will, kann sich bei Gravel & Gold (S. 171), Betabrand (S. 171), Nooworks (S. 171), Baggu (S. 169) und Aggregate Supply (S. 172) umschauen, die lokale Designlabels im Sortiment haben.

## Anfahrt

**Bus** Linie 14 fährt von Downtown via Mission St nach Mission. Bus 22 fährt von Dogpatch durch Mission und Lower Haight nach Marina. Bus 49 fährt entlang der Mission St und Van Ness Ave bis Fisherman's Wharf und Bus 33 verbindet Potrero und Mission mit Castro, Haight-Ashbury und dem Golden Gate Park.

**Straßenbahn** Die Linie J fährt von Downtown nach Mission. Die Muni-Linie T fährt von Downtown über SoMa und hält entlang der 3rd St im Dogpatch District in Potrero zwischen 16th St und 22nd St.

**BART** Die Züge halten in Mission an den U-Bahnhöfen 16th St und 24th St.

### Top-Tipp

In Mission gibt es jede Menge Restaurants, Bars, Boutiquen und Clubs und tagsüber ist die Gegend relativ sicher. Abends sollte man hier nicht unbedingt alleine herumspazieren, sondern lieber gemeinsam mit Freunden; in Mission östlich der Valencia St und in Potrero Hill unterhalb der 18th St sowie rund um die verlassenen Lagerhallen in Dogpatch sollte man auf der Hut sein. Teure Klunker bleiben zu Hause – SF ist nicht LA. Wertsachen nicht unbeaufsichtigt lassen!

### Gut essen

- Tartine Manufactory (S. 158)
- La Palma Mexicatessen (S. 157)
- Al's Place (S. 158)
- Californios (S. 161)
- Mr Pollo (S. 158)

Mehr dazu S. 155

### Schön ausgehen

- El Rio (S. 163)
- Trick Dog (S. 161)
- %ABV (S. 163)
- Ungrafted (S. 163)
- Zeitgeist (S. 162)

Mehr dazu S. 161

### Schön shoppen

- Adobe Books & Backroom Gallery (S. 169)
- Gravel & Gold (S. 171)
- Community Thrift (S. 169)
- Needles & Pens (S. 171)
- Mission Comics & Art (S. 170)

Mehr dazu S. 169

TOP-ERLEBNIS
# WANDBILDER IN MISSION BEWUNDERN

**Wenn Diego Rivera wüsste, was er hier losgetreten hat! Inspiriert von den Arbeiten des mexikanischen Meisters aus den 1930er-Jahren haben Generationen von Wandmalern in Mission ganze Gassen und Gemeindeeinrichtungen mit über 500 Werken überzogen. Das prachtvolle Farbenmeer verbindet wilde Streetart mit politischer Kritik und zeugt von einem starken Zusammengehörigkeitsgefühl.**

Aus Protest gegen die Lateinamerika-Politik der USA zogen die *muralistas* in den 1970er-Jahren aus, die politische Landschaft mit Pinsel und Farbe zu verändern – und nahmen sich als Erstes die **Balmy Alley** vor. Heute sind zahlreiche Bodegas, Taquerias, Kirchen und Kulturzentren entlang der 24th St mit Wandbildern versehen. Mächtige Maya-Göttinnen und Aztekenkrieger erinnern an die mexikanischen und indianischen Ursprünge des Bezirks. Der aztekische Schlangengott Quetzalcoatl wacht seit 1972 über den **24th & York Mini Park** (Karte S. 326; www.sfparksalliance.org/our-parks/parks/24th-and-york-mini-park; Ecke York & 24th St; ⏲Sonnenauf- bis Sonnenuntergang; 👪; 🚌9, 12, 27, 48, Ⓑ24th St) und die Galería de la Raza, ehemals nebenan, nutzte für ein Digital Mural Project Plakatwände um, die mit Parolen wie „Grenzen abschaffen!" versehen wurden.

Bevor Barry McGee und Chris Johansen auf internationalen Kunstmessen gefeiert wurden, konnte man sie, mit Spraydosen bewaffnet, in der Clarion Alley (S. 153) antreffen. 1993/94 entstand an der Fassade des Women's Building (siehe Foto; S. 153) das Kunstwerk *Maestrapeace*, eine Eloge auf weibliche Stärke. Über der Fensterfront des Kulturzentrums 826 Valencia (S. 153) prangt ein mit Blattgold gestaltetes Werk von Pulitzer-Preisträger und Graphic-Novel-Autor Chris Ware zum Thema Mensch und Kommunikation.

## NICHT VERSÄUMEN

- Balmy Alley
- Clarion Alley
- *Maestrapeace* am Women's Building
- Chris Wares Wandbild am Kulturzentrum 826 Valencia

## PRAKTISCH & KONKRET

- Karte S. 326, E7
- ☎415-285-2287
- www.precitaeyes.org
- zw. 24th & 25th St
- 🚌10, 12, 14, 27, 48, Ⓑ24th St Mission

# SEHENSWERTES

**Mission ist ein Bezirk der Gegensätze und Widersprüche. Das Herzstück bildet die Mission St, San Franciscos verblasste *miracle mile* mit alten Art-déco-Kinos. Heute okkupieren 99-Cent-Shops und mitunter zwielichtige Gestalten die Gegend, die Atmosphäre wird aber auch von bunten Wandbildern und trendigen Restaurants bestimmt. Die westlich der Mission St gelegene Valencia St ist gesäumt von ungewöhnlichen Boutiquen, erschwinglichen Lokalen und millionenteuren Eigentumswohnungen. Die Calle 24 (24th St) ist das Zentrum der lateinamerikanischen Kultur in San Francisco, erkennbar auch an den mit Wandbildern überzogenen Gemeinschaftszentren, Bodegas, Kirchen, *panaderias* (Bäckereien) und Taquerias. Das weiter östlich gelegene Viertel Potrero Hill hat sich zu einer Art Schlafzimmer für Führungskräfte der Tech-Szene aus dem Silicon Valley entwickelt, andererseits haben sich am Fuße des Hügels in Potrero Flats und in Dogpatch am Ufer Kochschulen und Künstlerateliers in alten Lagerhallen eingenistet und sorgen dort für kreativen, frischen Wind.**

### BALMY ALLEY — KUNST IM ÖFFENTLICHEN RAUM

Siehe S. 152.

### ★826 VALENCIA — KULTURZENTRUM

Karte S. 326 (☎415-642-5905; www.826valencia.org; 826 Valencia St; ⌚12–18 Uhr; 👪; 🚌14, 33, 49, Ⓑ16th St Mission, ⓂJ) Hart Steuerbord ihr faulen Schiffsratten! Wer Schiffbruch erlitten und seine Augenklappe, sein Fernrohr oder seine McSweeney-Lektüre verloren hat, bekommt in diesem gemeinnützig Piratenladen, der Kinder und Jugendliche beim kreativen Schreiben fördert, gegen harte Dublonen Ersatz. Unter Deck bzw. in den hinteren Räumen schreiben Nachwuchspiraten an abenteuerliche Geschichten von dunklen Nächten auf See. Es gibt Drehbuch- und Science-Fiction-Workshops, wenn es das ist, was man will.

### ★WOMEN'S BUILDING — SEHENSWERTES GEBÄUDE

Karte S. 326 (☎415-431-1180; www.womensbuilding.org; 3543 18th St; 🚌14, 22, 33, 49, Ⓑ16th St Mission, ⓂJ) Das Gemeinschaftszentrum, seit 1979 ein bekanntes und beliebtes Wahrzeichen in Mission und landesweit das erste, das in Besitz und unter der Regie von Frauen operierte, ist mit einem überwältigenden Wandbild geschmückt. Das *Maestrapeace* entstand 1994 und zeigt wirkmächtige Frauen, darunter die Nobelpreisträgerin Rigoberta Menchú, die Dichterin Audre Lorde, die Künstlerin Georgia O'Keeffe und die ehemalige Direktorin des öffentlichen Gesundheitsdienstes der USA, Dr. Joycelyn Elders.

### ★DOLORES PARK — PARK

Karte S. 326 (http://sfrecpark.org/destination/mission-dolores-park; Dolores St, zw. 18th & 20th St; ⌚6–22 Uhr; 👪🐾; 🚌14, 33, 49, Ⓑ16th St Mission, ⓂJ) Willkommen auf der sonnigen Seite San Franciscos, dem Land von Streetball und Spielplätzen mit Maya-Pyramiden, Sonnenbaden und Taco-Picknicks! Zwar tummeln sich auf den Wiesen zumeist Hipster, doch zuweilen stehen auch politische Protestaktionen und andere beliebte lokale Freizeitbeschäftigungen auf dem Programm, im Sommer gibt es kostenlose Kinoabende und Aufführungen von Pantomimengruppen. Von der südwestlichen Ecke des Parks eröffnet sich eine phänomenale, palmenumrahmte Sicht auf Downtown.

### ★CLARION ALLEY — KUNST IM ÖFFENTLICHEN RAUM

Karte S. 326 (https://clarionalleymuralproject.org; zw. 17th & 18th St; 🚌14, 22, 33, Ⓑ16th St Mission, Ⓜ16th St Mission) Auf San Franciscos herausragender Open-Air-Streetart-Bühne sieht man Sprayer ihre alten Werke ausbessern oder neue gestalten und zwar in bestem Einverständnis mit den Anwohnern und den Kuratoren des Clarion Alley Collective. Nur wenige der Arbeiten halten sich mehrere Jahre, so z. B. Megan Wilsons blütenreiches Werk *Tax the Rich* oder Jet Martinez' Fantasielandschaft, die einen Ausschnitt der Clarion Alley in den Umrissen eines Mannes spiegelt. Das östliche Ende der Gasse wird leider oft von inkontinenten Kunstkritikern heimgesucht und müffelt entsprechend, aktuelle Wandbilder entstehen daher bevorzugt im westlichen Teil.

### ANGLIM GILBERT GALLERY — GALERIE

Karte S. 329 (☎415-433-2710; http://anglimgilbertgallery.com; 1275 Minnesota St, 1. OG (2nd floor); ⌚Di–Sa 11–18 Uhr; 🚌48, 🚊T) GRATIS Mit dieser Galerie spielt die Bay Area in der Kunstszene ganz oben mit. Galerist Ed Gilbert führt das 30-jährige Erbe sei-

INSIDERWISSEN

## GENTRIFIZIERUNG IN MISSION

Wer in Mission unterwegs ist und in schöne und teure kleine Boutiquen hineinschaut oder sich mit Bulleit-Bourbon-Cocktails für 14 $ oder einem handgerührten Matcha-Tee für 10 $ stärkt, sieht in einem Fenster hoch oben vielleicht ein Plakat: *„No Locals on this Corner. We'll Miss You When We're Gone."* (Keine Einheimischen in dieser Gegend. Wir werden euch vermissen, wenn wir weg sind.) An einem Samstagnachmittag trifft man vielleicht auf eine Gruppe ansässiger Latinos und Kiezaktivisten, die Slogans gegen Räumungen rufen. An einem Morgen unter der Woche sieht man vielleicht, wie mit Rollern eine Shuttlestrecke für Angestellte von Technologiefirmen blockiert wird, von denen inzwischen viele in Mission wohnen.

Und das kam so: Mit der Ankunft dieser wohlhabenden Angestellten sind die Kosten für Wohnraum in einem Viertel, das lange von Einwanderern aus Mittel- und Südamerika bevölkert wurde, die vom Mindestlohn lebten, quasi explodiert. 1990 lag das durchschnittliche Haushaltseinkommen in Mission bei 37 000 $ im Jahr und viele Haushalte bestanden aus kompletten Großfamilien. Jetzt werden viele Wohnungen und Häuser von Angestellten der großen Technologieunternehmen aufgekauft, die vier- oder fünfmal so viel verdienen.

Mit seinen flachen Straßen, sonnigem Wetter, viel Kultur und einer guten Anbindung an die städtische Autobahn sowie öffentliche Verkehrsmittel war das Viertel schon längere Zeit begehrt. Jetzt, wo neues Geld nach Mission strömt und schicke Restaurants und Geschäfte eröffnen, ist die Gegend noch begehrter. Die Kriminalität hat nachgelassen. Wo sich früher ein Parkplatz befand, wurde ein neuer Park angelegt, der Chan Kaajal Park mit interaktiver Wasserplaza. Und auf jeden Fall haben Leute, die das nötige Kapital aufbringen können, hier gute Geschäftsaussichten.

Heute bietet die Valencia St einige der besten Restaurants und Läden der Stadt und eine lebendige Straßenszene – daher strömen inzwischen auch Touristen hierher. Aber auch als Besucher sollte man sich klarmachen, dass hier noch immer Latino-Familien wohnen, die schon seit über 50 Jahren hier leben und versuchen, mit ihren mageren Einkünften aus 99-¢-Läden, Bodegas und Taco-Shops über die Runden zu kommen.

Mehr über das Viertel erfährt man, indem man sich die wunderbaren Wandbilder in der Balmy (S. 152) und Clarion Alley anschaut; noch besser nimmt man an einer Wandbilder-Führung von **Precita Eyes** (Karte S. 326; ☎415-285-2287; www.precitaeyes.org; 2981 24th St; Erw. 20 $, Kind 3 $; 🚌12, 14, 48, 49, B 24th St Mission) tei. Dabei werden die Künstler des Viertels ausführlich vorgestellt. Außerdem kann man alteingesessene Unternehmen unterstützen, indem man bei Läden wie dem **Chile Lindo** (Karte S. 326; ☎415-621-6108; www.chilelindo.com; 2944 16th St; Empanadas 5–6 $; ⏲Mo–Fr 8–16, Sa ab 10 Uhr; 🚌14, 22, 33, B 16th St Mission) eine Empanada oder bei La Palma Mexicatessen (S. 157) eine handgerollte Tamale verspeist.

Beim **Calle 24 Latino Cultural District** (Karte S. 326; www.calle24sf.org/; 3250 24th St) kann man sich über aktuelle Veranstaltungen informieren oder darüber, wie man sich eventuell engagieren kann.

nes Vorgängers Paule Anglim fort, der hier Kunstströmungen von den Assemblagen der Beat-Generation bis hin zur Konzeptkunst der Bay Area lancierte. Vom Politprovokateur Enrique Chagoya bis zu der renommierten Bildhauerin Deborah Butterfield sind viele große Namen in der Galerie vertreten. Die Ausstellungen haben sich ihre Ecken und Kanten bewahrt – wie die erhobene Faust, die in David Huffmans *Panther* durch die Wand in den Raum hineinstößt.

**CASEMORE KIRKEBY** GALERIE

Karte S. 329 (☎415-851-9808; http://casemorekirkeby.com; 1275 Minnesota St, EG (1st floor); ⏲Di–Sa 11–18 Uhr; 🚌48, 🚊T) GRATIS Seit sich die Goldgräber daranmachten, ihren neugewonnenen Reichtum in Ferrotypie-Porträts festzuhalten, ist man in San Francisco stolz auf die besondere fotokünstlerische Ader der Stadt – und Casemore Kirkeby lotet die Möglichkeiten und Grenzen dieser Kunst immer wieder neu aus. Die Gruppenausstellungen befassen sich mit verschiedensten Techniken, die von Aspen Mays' Fotogrammen bis zu den Landschaftsbildern von Sean McFarland reichen. Weitere Ausstellungen zeigen die Arbeiten Todd Hidos, der in seinen Farbfotografien unheimliche nächtliche Vorstadtschauplätze meisterlich in Szene setzt.

### MUSEUM OF CRAFT & DESIGN — MUSEUM

Karte S. 329 (☎415-773-0303; www.sfmcd.org; 2569 3rd St; Erw./Stud. 8/6 $; ⏲Di–Sa 11–18, So 12–17 Uhr; 🚌22, 48, ⓂT) Das Kunsthandwerks- und Designmuseum präsentiert ausgefallene Werke, die nicht für die Massenproduktion gedacht sind: ein aus Karten zusammengenähter Elefant, eine Bank mit einer Rückenlehne aus alten Schaufelgriffen oder Bilder, die nur mit Klebeband gearbeitet sind (z. B. eine Fabrikszene nachstellen). In Workshops, die sich thematisch an die Museumsausstellungen anlehnen, lernen Teilnehmer von Kunsthandwerkern, wie man aus upcycelten Büchern Möbel baut oder Geschirrtücher im Blockdruckverfahren verschönert. Die Termine verzeichnet der Onlinekalender.

### SOUTHERN EXPOSURE — GALERIE

Karte S. 326 (☎415-863-2141; www.soex.org; 3030 20th St; Spenden erbeten; ⏲Di–Sa 12–18 Uhr; 🚌12, 22, 27, 33, Ⓑ16th St Mission) In dem gemeinnützigen Zentrum steht das verbindende Moment der Kunst im Mittelpunkt. In den Werken spielen nicht nur Pinsel und Leinwand, sondern auch der Gemeinschaftsgedanke eine wichtige Rolle. Bei vergangenen Projekten gestalteten z. B. mehrere People of Color gemeinsam Visionen zur nahen Zukunft, ein anderes Mal erstellten 24 Künstler Arbeiten nach den Anweisungen anderer Künstler. Unbedingt einen Besuch wert ist die alljährliche Auktion des SoEx. Hierfür schaffen namhafte Künstler aus der Bay Area Installationen und das Publikum kauft die museumsreifen Exponate günstig auf.

### MISSION DOLORES — KIRCHE

Karte S. 326 (Misión San Francisco de Asís; ☎415-621-8203; www.missiondolores.org; 3321 16th St; Erw./Kind 7/5 $; ⏲Mai–Okt. 9–16.30 Uhr, Nov.–April bis 16 Uhr; 🚌22, 33, Ⓑ16th St Mission, ⓂJ) Die weiß getünchte Lehmbau-Kirche Misión San Francisco de Asís ist nicht nur das älteste Gebäude der Stadt, sondern auch ihr Namensgeber. Sie wurde 1776 gegründet und ab 1782 wiederaufgebaut. Heute wird das schlichte ursprüngliche Gebäude von der danebenliegenden verschnörkelten **Basilika** aus dem Jahr 1913 überschattet. Sie wurde erbaut, nachdem das Erdbeben von 1906 ihre Vorgängerin, eine Backsteinkathedrale im gotischen Stil von 1876, zerstört hatte. Auf Buntglasfenstern sind die 21 Missionsstationen Kaliforniens abgebildet. Passend zum Namen Mission Dolores illustrieren sieben Tafelbilder die sieben Schmerzen Mariens.

### CREATIVITY EXPLORED — GALERIE

Karte S. 326 (☎415-863-2108; www.creativityexplored.org; 3245 16th St; Spenden erbeten; ⏲Mo–Mi & Fr 10–17, Do bis 19, Sa 12–17 Uhr; 🚌14, 22, 33, 49, Ⓑ16th St Mission, ⓂJ) In diesem gemeinnützigen Zentrum für Künstler mit Entwicklungsstörungen entstehen gefeierte Kunstwerke, die schöne neue Welten einfangen und sich in Museumsretrospektiven, auf internationalen Ausstellungen oder auch auf Handtaschen von Marc Jacobs und Kopfkissenbezügen von CB2 wiederfinden. Die spannende Themenpalette reicht von Monstern bis zum Morsealphabet. Die Vernissagen sind immer ein fröhliches Fest mit den Künstlern, ihren Familien und einer grandiosen Fangemeinde.

### ELEANOR HARWOOD GALLERY — GALERIE

Karte S. 329 (☎415-867-7770; www.eleanorharwood.com; 1275 Minnesota St, 1. OG (2nd floor); ⏲Di 13–17, Mi–Sa 11–17 Uhr & nach Vereinbarung; 🚌10, 27, 33, 48, Ⓑ24th St Mission) GRATIS Dieses Kuriositätenkabinett zeigt bezaubernde Arbeiten renommierter Künstler aus der Bay Area. Gezeigt wurden in der Vergangenheit u. a. Dana Hemanways schillernde Makramee-Wandlampen aus Verlängerungskabeln und Francesca Pastines Kleisterplaneten aus kompliziert gefalteten und geschnitzten Ausgaben des Magazins *Artforum*.

## ESSEN

**Die Restaurants in Mission setzen kulinarische Bewegungen in Gang, während sich in Dogpatch in ehemaligen Lagerhäusern Gourmet-Start-ups drängeln.**

### ★MR POLLO — INTERNATIONAL $

Karte S. 326 (2823 Mission St; 4-Gänge-Probiermenü 30 $; ⏲Mo–Sa 18–22 Uhr; 🚌12, 14, 48, 49, Ⓑ24th St Mission) Das klitzekleine Restaurant hat nur sechs Tische und serviert eines der köstlichsten, aber dennoch preis-

ABSTECHER

## ABSTECHER NACH DOGPATCH

Die praktische Lage von Dogpatch am Hwy 101 hat den Stadtteil zu einem Schlafviertel für Silicon-Valley-Angestellte gemacht – doch etwas hügelabwärts, um die 22nd und 3rd St, nehmen junge Kreative alte Lagerhäuser am Wasser unter ihre Fittiche. Nachdem die Schiffsindustrie in den 1950er-Jahren nach Oakland umgezogen war, blieb das Hafenarbeiterviertel jahrzehntelang sich selbst überlassen – sogar Kneipen am Wasser wie Tom's Dry Dock mussten schließen; einzig das Schild gibt's noch.

Doch die weitläufigen Lagerhäuser erwiesen sich als ideal für Ateliers für die älteren Semester unter den Studenten des **San Francisco Art Institute** – und da die Gegend inzwischen durch die Muni-Linie T von Downtown aus erreichbar ist, lockt das Museum of Craft & Design (S. 155) jede Menge clevere Designer ins Viertel. Im Museumsshop kann man sich zahllose originelle Designs zu Gemüte führen und in den Ateliers in Dogpatch stößt man vielleicht auf echte Schätze in limitierter Auflage.

Mit Unterstützung durch die Workshop Residence (S. 169) boomt auch das Heimgewerbe: Dabei arbeiten Künstler und Designer zusammen, um in kleinen Auflage vor Ort zu produzieren. Frühere Fabriken, um die herum sich keine Nachbarn über Lärm beschweren, wurden in Lofts verwandelt und beherbergen u. a. Werkstätten für die Fernsehreihe *Mythbusters* und den Frauen-Hacker- und Makerspace **Double Union** (https://doubleunion.org).

Für den Erfindergeist von Dogpatch stehen auch die mit viel Hirnschmalz designten, multifunktionalen Unisex-Klamotten von **Triple Aught Design** (Karte S. 329; ☎415-520-3214; www.tripleaughtdesign.com; 660 22nd St; ⊙Di–Fr 10–19, Sa & So bis 18 Uhr; 🚌22, 48, Ⓜ T), die auch einem James Bond gut zu Gesicht stehen würden. Die schicken Stealth-Hoodies sind für Partys genauso perfekt wie für Parkourläufe.

In der kargen Industrielandschaft erspähten die Technologieunternehmer und bekannten Bay-Area-Kunstmäzene Deborah und Andy Rappaport Potenzial: Verlassene Fabriken könnten dringend benötigte Atelier- und Ausstellungsräume für Künstler und gemeinnützige Organisationen bieten, die durch die stark steigenden Mieten in San Francisco immer mehr verdrängt werden. Die Rappaports finanzierten die Umwandlung eines Straßenblocks mit verlassenen Fabriken in das **Minnesota Street Project** (www.minnesotastreetproject.com; 1295 Minnesota St), einen wegweisenden Kulturkomplex mit preisgünstigen Künstlerateliers, gemeinnützigen Kunstzentren und subventionierten Galerieräumen. Aus dem Projekt sind neue Galerien für San Franciscoer Talente hervorgegangen wie Casemore Kirkeby (S. 154) und es war der Rettungsanker für Galerien, die sich neu aufstellen, wie Anglim Gilbert (S. 153) und Eleanor Harwood.

Doch von dem industriellen Ambiente am Wasser sollte man sich nicht täuschen lassen: Im Hafenarbeiterviertel von Dogpatch stehen einige der ältesten viktorianischen und Backsteingebäude, die auf wundersame Weise Erdbeben und Erschließungsprojekte überlebt haben. Ein tolles Exemplar ist das **Yellow Building** von 1859. Derzeit residiert dort ein Ableger des Modegeschäfts MAC aus Hayes Valley (S. 198); im Hinterhof befindet sich die Weinhandlung **Dig** (Karte S. 329; ☎415-648-6133; http://digwinesf.com; 1005 Minnesota St; ⊙Di–Fr 12–19, Sa bis 17 Uhr; 🚌22, 48, Ⓜ T).

Wer beim Bummel am sonnigen Ufer und durch die viktorianischen Seitenstraßen Durst bekommt, kann diesen in Kleinbrauereien und Weinbars stillen. Hier in Dogpatch braut die **Magnolia Brewery** (Karte S. 338; ☎415-864-7468; www.magnoliapub.com; 1398 Haight St; Hauptgerichte 14–26 $; ⊙Mo–Do 11–22, Fr bis 23, Sa 10–23, So bis 22 Uhr; 🚌6, 7, 33, 43) 🍃 aus Haight ihre Biere. Die Weinbar Ungrafted (S. 163) ist auf Champagner spezialisiert.

Hunger? Biere und Burger in schnörkellosem Ambiente auf einer sonnigen Terrasse bietet das **Ramp** (Karte S. 329; ☎415-621-2378; www.rampsf.com; 855 Terry Francois St; Hauptgerichte 10–15 $; ⊙Mo–Fr 11–18, Sa & So 10.30–15.30 Uhr, Bar 11–20.30 Uhr; 🚌22, Ⓜ T).

Ein Dessert ist in Dogpatch jederzeit aufzutreiben – der Uferabschnitt hat sich zu San Franciscos süßer Meile entwickelt. Beim Eissalon **Mr & Mrs Miscellaneous** (Karte S. 329; ☎415-970-0750; 699 22nd St; Eis 4–8 $; ⊙Mi–Sa 11.30–18, So bis 17 Uhr; 🚌22, 48, Ⓜ T) floriert der Fabrikverkauf von Bourbon-Karamell-Eiscreme, während Chocolatier Michael Recchiuti (S. 169) in Dogpatch neue Süßigkeiten probieren lässt, bevor er sie im Ferry Building (S. 79) unter die Leute bringt.

günstigsten Probiermenüs in San Francisco. Vegetarier oder heikle Esser sollten den Laden meiden, da die vier stets wechselnden Gänge oft jede Menge Fleisch beinhalten. Abenteuerlustige Fleischvertilger freuen sich über die kunstvolle Küche, zubereitet aus saisonalen Zutaten und inspiriert von den Reisen des Küchenchefs.

### ★MISSION COMMUNITY MARKET — MARKT $

Karte S. 326 (http://missioncommunitymarket.org; Bartlett St, zw. 21st & 22nd St; ⌚Mitte Feb.–Mitte Nov. Do 16–20 Uhr; 🖉🐾; 🚌14, 48, 49, Ⓑ24th St Mission) 🍃 Der gemeinnützige Nachbarschaftsmarkt in einer Seitengasse zieht mit seinem reichhaltigen Angebot donnerstags bei jedem Wetter hungrige Menschen an. Mehr als 30 Stände mit regionalen landwirtschaftlichen Erzeugnissen und handgemachten Leckerbissen präsentieren die ganze Palette an kalifornischem Obst und Gemüse sowie spannendes Streetfood. Sehr empfehlenswert sind z. B. der geräucherte Thunfisch von Coastside Farms, die Pilze von Far West Fungi, die Backwaren von Flour Cycle und die *pupusas* (Tortillataschen) von Izalco Catering. Der von Wandbildern umringte Marktplatz La Placita bietet nicht nur Schatten und Sitzgelegenheiten, sondern auch Mariachimusik.

### ★MITCHELL'S ICE CREAM — EISCREME $

(☎415-648-2300; www.mitchellsicecream.com; 688 San Jose Ave; Eis 4–9 $; ⌚11–23 Uhr; 🚌14, 49, Ⓑ24th St Mission, ⓂJ) Mitchell's ist schon seit 1953 ein Quell der Glückseligkeit. Je näher man diesem Eisparadies kommt, desto ausgelassener wirken die Menschen, die einem auf den Gehsteigen begegnen. Ein Blick auf die Sorten des Tages reicht, um sich zum fröhlichen Schlecken verführen zu lassen: lieber klassisches Kahlua-Mokka-Eis oder exotisch-tropisches *macapuno*-Eis aus jungen Kokosnüssen ... oder beides?! Die Geschmacksrichtungen Avocado und *ube* (violette Yamswurzel) klingen vielleicht etwas gewöhnungsbedürftig, sind bei Mitchell's aber schon seit Langem der Renner.

### ★LA PALMA MEXICATESSEN — MEXIKANISCH $

Karte S. 326 (☎415-647-1500; www.lapalmasf.com; 2884 24th St; Tamales, Tacos & Huarache 3–10 $; ⌚Mo–Sa 8–18, So bis 17 Uhr; 🖉; 🚌12, 14, 27, 48, Ⓑ24th St Mission) 🍃 Immer dem Applaus nach – so klingt es, wenn im La Palma die Biotortillas in Form geschlagen werden. Diese Institution ist berühmt für ihre handgemachten Tamales, *pupusas* (Tortillataschen) mit Kartoffeln und *chicharones* (frittierte Schweinehaut), *carnitas* (geschmortes Schweinefleisch), *cotija* (Käse aus Oaxaca) und die hauseigene würzige Tomatillo-Sauce. Die riesigen Portionen können an den sonnigen Tischen auf dem Gehsteig verspeist oder zum Mitnehmen bestellt werden.

### ST FRANCIS FOUNTAIN — DINER $

Karte S. 326 (☎415-826-4210; https://stfrancisfountainsf.com; 2801 24th St; Hauptgerichte 8–13 $; ⌚8–15 Uhr; 🖉; 🚌12, 27, 33, 48) Der über 100 Jahre alte und extrem beliebte Laden ist die älteste Eisdiele und der älteste Diner in Mission. Die Milchshakes und das amerikanische Frühstück sind als Klassiker köstlich, doch es gibt auch viele mexikanische Gerichte und einfallsreiche vegetarische und vegane Speisen wie das beliebte „nebulöse Kartoffeldings". Die Süßigkeitentheke ist voller Retro-Leckereien und Sammelbildchen.

### TACOLICIOUS — MEXIKANISCH $

Karte S. 326 (☎415-649-6077; http://tacolicious.com; 741 Valencia St; Tacos 5,50 $; ⌚11.30–24 Uhr; 🖉; 🚌14, 22, 33, 49, Ⓑ16th St Mission, ⓂJ) Wer erst einmal die Tacos mit *carnitas* (geschmortem Schweinefleisch) oder die Margaritas mit Maracuja und Habañero-Chili probiert hat, wird außer *uno mas, por favor* (noch einen, bitte) nicht mehr viel sagen können. Vier Tacos nach Wahl kosten 14 $, es gibt auch zahlreiche vegetarische Optionen. Reservieren kann man nicht, aber die Wartezeit lässt sich gut mit einem der 100 verschiedenen Tequilas an der Bar überbrücken.

### CRAFTSMAN & WOLVES — BÄCKEREI $

Karte S. 326 (☎415-913-7713; http://craftsman-wolves.com; 746 Valencia St; Backwaren 3–16 $; ⌚Mo–Fr 6–17, Sa & So ab 8 Uhr; 🚌14, 22, 33, 49, Ⓑ16th St Mission, ⓂJ) Für den berüchtigten Rebel Within, einen mit Wurst gespickten Asiago-Käse-Muffin samt eingebackenem butterweichem Ei, lässt man seine Frühstücksgewohnheiten gern links liegen. Außerdem gibt es in diesem Café die zuverlässigste Muntermacherkombi der Stadt, bestehend aus einem Bellwether-Latte und Matcha-Keksen. Mit Yuzu-Kokosnuss-Kuchen und Schöpfungen aus Sesampraline, Passionsfrucht und Vanillecreme kann man jederzeit schon mal seinen Geburtstag vorfeiern.

**MISSION CHEESE** KÄSE $

Karte S. 326 (☎415-553-8667; www.missioncheese.net; 736 Valencia St; Käse-Probiersets 14 $; ⏰Di–Do & So 11–21, Fr & Sa bis 22 Uhr; 📶; 🚌14, 22, 33, 49, 🚋J, Ⓑ16th St Mission) 🌿 Die unprätentiöse Käsebar krönt ihre exzellente Auswahl mit einer erlesenen Weinbegleitung und professioneller Beratung. Das Angebot umfasst ausschließlich heimischen Käse und reicht von supercremig bis intensiv duftend und von Rohmilch- bis Schafskäse. Bei den Weinen geben die kalifornischen Tropfen den Ton an. Genau richtig für Unentschlossene sind die Überraschungs-Käseplatten mit Pickles, Nüssen und getrockneten Früchten.

**HUMPHRY SLOCOMBE** EISCREME $

Karte S. 326 (☎415-550-6971; www.humphryslocombe.com; 2790 Harrison St; Eis 4–7 $; ⏰Mo–Fr 13–23, Sa & So ab 12 Uhr; 🚌12, 14, 49, Ⓑ24th St Mission) Dieses Bioeis rockt und mischt die üblichen Top-40-Sorten gehörig auf. Hat man erst mal *Elvis: The Fat Years* (Banane und Erdnussbutter) und das Hibiskus-Rüben-Sorbet probiert, wirken Geschmacksrichtungen wie Keksteig ein bisschen eindimensional und gewöhnliche Eisbecher haben keine Chance gegen das *Secret Breakfast* (Bourbon und Cornflakes). Himmlisch ist auch die Eiscreme *Blue Bottle Vietnamese Coffee* mit einem Topping aus Karamellsauce, kalifornischem Olivenöl und Meersalz.

**BI-RITE CREAMERY** EISCREME $

Karte S. 326 (☎415-626-5600; www.biritecreamery.com; 3692 18th St; Eis 3,50–9 $; ⏰8–21 Uhr; 🚌33, Ⓑ16th St Mission, ⓂJ) 🌿 An sonnigen Tagen zieht sich die Warteschlange vor dem berühmtesten Eissalon in San Francisco bis um den Block. Besonders beliebt sind z. B. das Bio-Salzkaramell-Eis mit hausgemachtem heißem Fudge und das Sonoma-Lavendelhonig-Eis in einer Biowaffel. Wer sich jedoch mit einem Balsamico-Erdbeer-Softeis begnügt, kann an der Warteschlange vorbei zum Mitnahmefenster durchgehen. Die Öffnungszeiten variieren.

**LA TAQUERIA** MEXIKANISCH $

Karte S. 326 (☎415-285-7117; 2889 Mission St; kleine Gerichte 3–11 $; ⏰Mo–Sa 11–20.45, So bis 19.45 Uhr; 🚌12, 14, 48, 49, Ⓑ24th St Mission) San Franciscos ultimativer Burrito kommt ganz ohne fragwürdigen Safranreis, Spinattortillas oder Mango-Salsa aus. Stattdessen gibt es einfach nur perfekt gegrilltes Fleisch, langsam gegarte Bohnen und klassische Tomatillo- oder Mesquite-Salsa, eingewickelt in Weizentortillas. In der mit dem James Beard Award gekrönten Taqueria sind zwar Puristen am Werk – wer keine Bohnen will, zahlt mehr, weil dafür mehr Fleisch hinzukommt –, aber scharfe Pickles und *crema* (saure Sahne) sind als köstlicher Extrakick gestattet.

**TARTINE** BÄCKEREI $

Karte S. 326 (☎415-487-2600; www.tartinebakery.com; 600 Guerrero St; Backwaren 4–6 $, Sandwiches 10–14 $; ⏰Mo 8–19, Di–Fr ab 7.30, Sa & So 8–20 Uhr; 📶; 🚌14, 22, 33, 49, ⓂJ, Ⓑ16th St Mission) Das gibt's sonst nur in den wildesten Träumen: buttrig-goldene *pains au chocolat*, Cappuccinos mit in den dichten Schaum gezeichneten Farnen und Croque Monsieurs mit reichlich Schinken, zwei Sorten Käse und Béchamelsauce. Von der unvermeidbaren Schlange draußen sollte man sich nicht abschrecken lassen – es geht schnell voran, doch muss man sich im Klaren sein, dass man nach einem Besuch im Tartine nur noch faul im Dolores Park abhängen kann!

★ **AL'S PLACE** KALIFORNISCH $$

Karte S. 326 (☎415-416-6136; www.alsplacesf.com; 1499 Valencia St; kleine Gerichte 15–21 $; ⏰Mi–So 17.30–22 Uhr; 📶; 🚌12, 14, 49, ⓂJ, Ⓑ24th St Mission) 🌿 Der Golden State präsentiert sich auf Al's Tellern in schillernder Pracht. Zum Einsatz kommen selbstgezogene alte Sorten, fangfrische Fische und Meeresfrüchte aus dem Pazifik sowie Fleisch aus Freilandhaltung. Die akribische Zubereitung sorgt für perfekte Konsistenzen und für die volle Entfaltung der sonnengereiften Aromen. Davon zeugen z. B. der Kabeljau mit knuspriger Haut und einem Dip aus eingelegten Limetten oder die gegrillten, dahinschmelzenden Pfirsiche an samtiger Foie gras. Die Portionen sind nur halb so groß, aber dafür dreimal so lecker wie die Hauptgerichte anderswo. Einfach zwei oder drei bestellen und man schwebt im siebten Himmel Kaliforniens.

★ **TARTINE MANUFACTORY** KALIFORNISCH $$

Karte S. 326 (☎415-757-0007; www.tartinemanufactory.com; 595 Alabama St; Hauptgerichte 16–38 $; ⏰8–22 Uhr; 📶; 🚌12, 22, 27, 33) Aus einer Bäckerei wurde ein wahres Schlaraffenland an handwerklich hergestellten Köstlichkeiten, beheimatet in großzügigen,

## Spaziergang
## Bunte Gestalten und historisches Erbe

**START** FOUR BARREL
**ZIEL** BALMY ALLEY
**LÄNGE/DAUER** 4,5 KM/ DREI STUNDEN

Nach einem Kaffee im 1 **Four Barrel Coffee** (S. 167) geht's an Boutiquen vorbei zur Galerie 2 **Creativity Explored** (S. 155), die Arbeiten von Künstlern mit Entwicklungsbeeinträchtigungen ausstellt. Dahinter liegt das erste Gebäude der Stadt: die von etwa 5000 Ohlone und Miwok erbaute 3 **Mission Dolores** (S. 155). Durch den Zaun auf der Chula Lane kann man die Gedenkhütte der Miwok erspähen.

Von der Südwestecke des 4 **Dolores Park** (S. 153) hat man einen tollen Panoramablick. In der 19th St ist auf Daniel Dohertys impressionistisch inspiriertem Wandgemälde 5 **Dejeuner Dolores** von 2009 das übliche Parkpublikum samt herumtollenden Möpsen und Männern mit Zwirbelbärten in knappen Badehosen abgebildet. Links in der Lapidge St sind Georgia O'Keeffe und jede Menge Göttinnen auf den Wandmalereien am 6 **Women's Building** verewigt.

Zurück in der Valencia St gibt's am Laden für Piratenzubehör 7 **826 Valencia** (S. 153) ein Wandbild von Chris Ware zu bewundern, in der Buchhandlung 8 **Dog Eared Books** (S. 169) hängen handgezeichnete Nachrufe auf Kulturgrößen wie Liz Taylor und Susan Sontag. Eine Reihe interessanter Schaufenster weiter die Valencia St entlang geht's schließlich links in die 24th St ins Zentrum der Latino-Kultur San Franciscos. Mit Wandbildern geschmückte Bodegas, Taquerias und Bäckereien erstrecken sich bis zum Spielplatz 9 **24th & York Mini Park** (S. 152), wo sich der mosaikverzierte aztekische Schlangengott Quetzalcoatl räkelt.

Abschließend läuft man noch auf der 24th St ein Stück zurück und macht einen Abstecher zur 10 **Balmy Alley** (S. 152). Dort erkennt man vielleicht Erzbischof Romero und Frida Kahlo unter den vielen bunten Gestalten auf Wandbildern wieder.

aber absolut Instagram-tauglichen Räumlichkeiten mit hellem Holz und nacktem Beton. Morgens erst einmal einen Kaffee? Die Manufactory hat ihre eigene Kaffeemarke. Gebäck auf die Hand? Ein gemütliches Frühstück? Einen faulen Wochenendbrunch? Gibt's hier alles!

### DELFINA

ITALIENISCH $$

Karte S. 326 (☎415-552-4055; http://delfinasf.com; 3611 18th St; Hauptgerichte 14–32 $; ⊙Mo–Do 17–22.30, Fr & Sa bis 23, So bis 22 Uhr; 🚌14, 22, 33, 49, MJ, B16th St Mission) Vor 20 Jahren öffnete das Delfina seine Pforten an einer damals etwas zweifelhaften Ecke in Mission. Serviert wurde einfache italienische Küche aus frischen kalifornischen Zutaten, darunter eine simple, sehr sättigende Schüssel Spaghetti, für die die Gäste auch heute noch hierherströmen. Die Erfolgsidee hat zahlreiche Nachahmer auf den Plan gerufen und die Gegend hat sich zur angesagtesten Fressmeile der Stadt gemausert.

### PRAIRIE

ITALIENISCH $$

Karte S. 326 (☎415-483-1112; http://prairiesf.com; 3431 19th St; Hauptgerichte 10–29 $; ⊙So & Di–Do 17.30–22, Fr & Sa bis 23 Uhr; 🚌14, 22, 33, 49, B16th St Mission) Dies ist kein Italiener im Sinne der Küche der Großmütter und manche Oma würde wohl bezweifeln, ob das überhaupt ein italienisches Lokal ist. Viele der Zutaten tauchen gewöhnlich auf asiatischen Speisekarten auf: So gibt's als Vorspeise etwa einen in *guanciale* gewickelten Mochi (also einen in Speck gehüllten Reiskuchen), als Hauptgericht Spareribs vom Schwein mit kalabrischer XO (einer würzigen chinesischen Fischsauce). Und statt Gnocchi koreanische Reiskuchen mit Pioppini-Pilzen, Nesseln, Sherry und Pinienkernen.

### FARMHOUSE KITCHEN THAI CUISINE

THAILÄNDISCH $$

Karte S. 326 (☎415-814-2920; www.farmhousethai.com; 710 Florida St; kleine Gerichte 10–24 $; ⊙Mo–Do 11–14 & 17–22, Fr bis 22.30, Sa 12–22.30, So bis 22 Uhr; ✎; 🚌22, 27) Das in einem ehemaligen Lagerhaus untergebrachte Restaurant vereint den kalifornischen Farm-to-Table-Ansatz mit thailändischer Streetfood-Raffinesse und verwendet regionale Biozutaten. Die mit frischem Kurkuma marinierten BBQ-Hühnchenspieße aus Sonoma sind schon eine kleine würzige Herausforderung, richtig zur Sache geht's dann aber mit der scharfen Aubergine an blauem Reis. Die Mittagspreise sind relativ gehoben, es lohnt sich dennoch, und wer es sich rundum gut gehen lassen will, bestellt gleich noch einen der lokalen Weine und den Croissant-Brotpudding dazu.

### NAMU GAJI

KOREANISCH $$

Karte S. 326 (☎415-431-6268; www.namusf.com; 499 Dolores St; kleine Gerichte 10–21 $; ⊙Di 17.30–22, Mi–Fr 11.30–15 & 17.30–22, Sa & So 10.30–16 & 17–22 Uhr; 🚌14, 22, 33, 49, MJ, B16th St Mission) 🌿 San Franciscos kulinarischen Vorzüge – regionale Biozutaten, die Lage am Pazifik und diese Einfach-mal-alles-ausprobieren-Einstellung – offenbaren sich auch im Namu, das koreanisch inspiriertes Wohlfühlessen auftischt. Zu den Highlights gehören die superleckeren Shiitake-Klöße, zarte Lammfrikadellen und ein köstliches, im Steintopf brutzelndes *bibimbap* mit Wagyu-Rindfleisch, Biogemüse, Kimchi, scharfer *gojuchang* (koreanische Chilisauce) und einem Ei auf *Koshihikari*-Reis.

### PIZZERIA DELFINA

PIZZA $$

Karte S. 326 (☎415-437-6800; www.pizzeriadelfina.com; 3621 18th St; Pizza 14–19 $; ⊙Di 17–22, Mo, Mi & Do 11.30–22, Fr bis 23, Sa 12–23, So bis 22 Uhr; 🚌14, 22, 33, 49, MJ, B16th St Mission) 🌿 Schon ein Biss erklärt, warum San Francisco in letzter Zeit so verrückt nach Pizza ist. Die Exemplare von Delfina haben eine hauchdünne Kruste, stemmen aber heldenhaft das Gewicht von Fenchelwurst und saftigem Mozzarella, ohne dabei durchzuhängen oder durchzubrechen. Es gibt auch weiße Pizzas ohne Tomatensauce, die die Pizzabäcker nach Lust und Laune mit kalifornischen Zutaten wie Stängelkohl, Maitake-Pilzen und handgemachtem Käse belegen. Keine Reservierungen, man trägt sich auf der Kreidetafel ein und wartet dann bei einem Glas Wein nebenan in der Delfina Bar.

### EL TECHO

LATEINAMERIKANISCH $$

Karte S. 326 (Lolinda Rooftop; ☎415-550-6970; http://eltechosf.com; 2516 Mission St; kleine Gerichte 8–13 $; ⊙Mo–Do 16–22, Fr bis 23, Sa 11–23, So bis 22 Uhr; 🚌14, 33, 49, B24th St Mission) Dieses Dachterrassen-Restaurant bewirtet seine Gäste sechs Stockwerke über der Mission St mit lateinamerikanischem Streetfood. Der Blick reicht über Kinomarkisen, Palmen und Bodegas bis nach Downtown. Ein perfekter Ort für einen sonnigen Brunch mit Ei Benedikt, Jalapeño-Maisbrot, einem Chilcano (Pisco, Limette, Ingwer, Maracuja und Bitterlikör) und Sunblocker. Bei Nebel empfehlen sich Empanadas, La Avenida (Rum, Zitrone und Wermut) und eine Windjacke.

### ★CALIFORNIOS LATEINAMERIKANISCH $$$

Karte S. 326 (☎415-757-0994; www.californiossf.com; 3115 22nd St; 16-Gänge-Probiermenü 197 $; ⌚Di–Do 17.30–20.30, Fr & Sa bis 21 Uhr; 🚌12, 14, 49, Ⓑ24th St Mission) Ob Karneval oder Día de los Muertos (Tag der Toten) -Paraden sind ein fester Bestandteil des kulturellen Lebens in Mission. Die kulinarische Parade lateinamerikanisch inspirierter Köstlichkeiten, die allabendlich im Californios aufmarschiert, wird den Wurzeln und der grenzenlosen Kreativität dieses Viertels gerecht. Chefkoch Val Cantu arbeitet mit regionalen Bauern und Lebensmittelhandwerkern zusammen, um seinen Kreationen einen der Saison entsprechenden Kick zu verpassen. Das führt zu Schöpfungen wie Sauerteig-Tortillas, Foie-gras-Tamales, Ceviche mit Kalifornischem Taschenkrebs oder Wilderdbeer-Flan. Lieber im Voraus reservieren!

### COMMONWEALTH KALIFORNISCH $$$

Karte S. 326 (☎415-355-1500; www.commonwealthsf.com; 2224 Mission St; kleine Gerichte 5–22 $; ⌚So–Do 17.30–22, Fr & Sa bis 23 Uhr; 🖉; 🚌14, 22, 33, 49, Ⓑ16th St Mission) Das ungemein einfallsreiche Restaurant, das seine Zutaten von regionalen Bauern bezieht, versteckt sich ganz unscheinbar in einer ehemaligen Spelunke in einem Betonbau. Chefkoch Jason Fox zaubert experimentierfreudige Kompositionen wie *uni* (Seeigel) mit Knochenmarkcreme und Kresseblüten oder Lamm mit Roter Bete und Seetang auf einem Mammutholzbrett. Die Gerichte sind exquisit, aber gleichzeitig erdig-aromatisch. Beim sechsgängigen Probiermenü (95 $, mit Weinbegleitung 160 $) geht ein Teil der Einnahmen an örtliche Wohlfahrtsorganisationen.

### FOREIGN CINEMA KALIFORNISCH $$$

Karte S. 326 (☎415-648-7600; www.foreigncinema.com; 2534 Mission St; Hauptgerichte 28–36 $; ⌚So–Mi 17.30–22, Do–Sa bis 23 Uhr; Brunch Sa & So 11–14.30 Uhr; 🚌12, 14, 33, 48, 49, Ⓑ24th St Mission) Die gefeierten kalifornischen Klassiker von Chefköchin Gayle Pirie wie gegrillte Monterey-Calamari und knusprig gebratenes Sesamhühnchen sind zwar die Attraktion hier, aber die untertitelten Filme von Luis Buñuel und François Truffaut, die im Hof gezeigt werden, kommen gerade recht, wenn die Gespräche beim ersten Date oder mit den Schwiegereltern zu versiegen drohen. Wer sich wie auf dem roten Teppich fühlen will, kann den Valet-Parkservice (15 $) in Anspruch nehmen und sich an der gut sortierten Austernbar erfreuen.

### LAZY BEAR AMERIKANISCH $$$

Karte S. 326 (☎415-874-9921; www.lazybearsf.com; 3416 19th St; Probiermenü 185–205 $; ⌚Di–Sa 18–23 Uhr; 🚌14, 22, 33, 49, Ⓑ16th St Mission) Ein Abendessen im Lazy Bear erfordert ein bisschen Einsatz, der sich aber lohnt. Die Karten für den Supperclub müssen im Voraus gekauft werden und sind schnell ausverkauft. Den Gästen werden dann Plätze an Gemeinschaftstischen zugewiesen. Vor jedem Gang wird etwas dazu gesagt; vielleicht gibt's was Verspieltes wie trocken gereiftes Täubchen, Blaubeeren, Pfifferlinge und Sumachblüten.

### LOCANDA ITALIENISCH $$$

Karte S. 326 (☎415-863-6800; www.locandasf.com; 557 Valencia St; Hauptgerichte 19–36 $; ⌚Mi & Do 17.30–22, Fr & Sa bis 23, So bis 22 Uhr, Brunch Sa & So 10.30–14 Uhr; 🚌14, 22, 33, 49, Ⓑ16th St Mission) Lust auf ein römisches Festgelage mit marktfrischen Biozutaten? Das Locanda verwöhnt seine Gäste mit gebratenen Artischocken, Pizza Bianca, Salaten mit Schinken, Blutorange und Roter Bete, köstlichen Kutteln in reichhaltiger Tomaten-Minz-Sauce, am Stück (mit Kopf) servierten Fischen und fürstlichen Braten. Ebenfalls lecker, wenn auch weniger abenteuerlich, sind die Pastagerichte.

## AUSGEHEN & NACHTLEBEN

**Der Mission District setzt Standards bei Cocktails und Kaffee. Barflys sollten Potrero Flats ansteuern oder in den Weinbars von Dogpatch das Glas zum Toast erheben.**

### ★TRICK DOG BAR

Karte S. 326 (☎415-471-2999; www.trickdogbar.com; 3010 20th St; ⌚15–2 Uhr; 🚌12, 14, 49) Die Bar lässt sich von lokalen Phänomenen und Kuriositäten wie Wandbildern, chinesischen Imbissen und Verschwörungstheorien zu raffinierten Cocktails inspirieren.

ABSTECHER

## KREATIVE NEWCOMER IN POTRERO FLATS

San Franciscos historischer Design District hat mit dem Einzug von Avantgarde-Galerien seine innovative Seite wiederentdeckt und präsentiert heute ebenso wohnzimmertaugliche wie ausgefallene Kunst. Die mit Lagerhäusern gespickte Fläche zwischen SoMa und Potrero Hill beherbergt zahlreiche Design-Showrooms, die lange Zeit nur von denen wahrgenommen wurden, die beruflich in den vielen hier ansässigen Gardinengeschäften zu tun hatten. Aber seit das **California College of the Arts** (Wattis Institute; Karte S. 329; ☎Wattis Institute 415-355-9670; www.wattis.org; 360 Kansas St; ⏲während der Vorlesungszeit Di–Sa 12–18 Uhr; 🚌10, 19, 22, 33) GRATIS das alte Busdepot des Stadtteils mit viel Einfallsreichtum zu seinem Campus umfunktioniert hat, entwickelt sich das Viertel Potrero Flats (auch „SoMissPo" als Kürzel für SoMa, Mission und Potrero genannt) zunehmend. Auf dem Hochschulgelände gibt es zwei tolle Orte: die von Studenten kuratierten Ausstellungen im **PLAySPACE** und das **Wattis Institute for Contemporary Arts**.

Unter der Highwaybrücke hindurch geht's zum **SOMArts** (Karte S. 326; ☎415-863-1414; www.somarts.org; 934 Brannan St; ⏲Galerie Di–Fr 12–19, Sa bis 17 Uhr; 🚌8, 9, 10, 19, 27, 47). Das gemeinnützige Kreativzentrum veranstaltet Ausstellungen mit essbaren Wandmalereien oder weltweite Streetdance-Wettbewerbe. Das mit Gastauftritten glänzende Bureau of Linguistical Reality verleiht alten Wörtern neue Bedeutungen. Ein paar Blöcke die Straße runter gibt es im **San Francisco Center for the Book** (Karte S. 329; ☎415-906-6417; www.sfcb.org; 375 Rhode Island St; Galerie frei; ⏲Galerie 10–17.30 Uhr; 🚌8, 10, 19, 22, 33) handgemachte Pop-up-Bücher und matchboxautogroße Zines zu sehen sowie Buchkunst-Workshops.

Seit zahlreiche führende Galerien San Franciscos hierher gezogen sind, hat Potrero Flats eine unwiderstehliche Anziehungskraft auf die kreative Szene der Stadt entwickelt. Die **Catharine Clark Gallery** (Karte S. 326; ☎415-399-1439; www.cclarkgallery.com; 248 Utah St; ⏲Di–Fr 10.30–17.30, Sa 11–18 Uhr; 🚌9, 10, 19, 22, 27, 33) GRATIS hat ein Faible für künstlerische Revolutionsszenarien und zeigt monumentale Gemälde von Masami Teraoka, auf denen Geisha-Superheldinnen Priester bekämpfen. Die **Hosfelt Gallery** (Karte S. 326; ☎415-495-5454; http://hosfeltgallery.com; 260 Utah St; ⏲Di, Mi, Fr & Sa 10–17.30, Do 11–19 Uhr; 🚌9, 10, 22, 27, 33) GRATIS präsentiert Werke von Emil Lukas: Sie entstehen, indem tausende Fliegenlarven Tinte über das Papier verteilen. In der **Jack Fischer Gallery** (Karte S. 326; ☎415-522-1178; www.jackfischergallery.com; 311 Potrero Ave; ⏲Di–Sa 11–17.30 Uhr; 🚌8, 9, 22, 27, 33) GRATIS erwecken Kunststudenten in einem Lagerhaus abseits des Hwy 101 faszinierende Innenwelten zum Leben. Um die Ecke im **Thee Parkside** (Karte S. 329; ☎415-252-1330; www.theeparkside.com; 1600 17th St; ⏲Mo–Sa 11–2, So bis 20 Uhr; 🚌10, 19, 22) treffen Biker und Kunststudenten aufeinander, es gibt günstige Drinks, eine Grillstation mit Parkplatzcharme, einen alten Passbildautomaten und angeregte Kunstdiskussionen. Aber spätestens, wenn die Alternative-Rock- und Punkbands im Bottom of the Hill (S. 167) zu spielen beginnen, sind jegliche künstlerische Differenzen beigelegt: Dann ruft der Moshpit.

Alle sechs Monate wechselt das Thema und damit auch die gesamte Karte. Die abenteuerlustigen Schöpfungen beweisen, dass sich sogar Klassiker wie der Manhattan durchaus gekonnt steigern lassen. Wer noch einen Barhocker erwischen will, sollte früh kommen. Auf der stimmungsvoll beleuchteten Empore gibt es erlesene Kleinigkeiten zu essen.

### ★ZEITGEIST BAR

Karte S. 326 (☎415-255-7505; www.zeitgeistsf.com; 199 Valencia St; ⏲9–2 Uhr; 🚌14, 22, 49, Ⓑ16th St Mission) Genau zwei Sekunden Zeit hat man für seine Bestellung bei den taffen Thekenladys, die schon so manchem Macho-Biker gezeigt haben, wo der Hammer hängt. Aber bei 48 Bieren vom Fass ist die Auswahl groß genug. In dem kiesbedeckten, raucherfreundlichen Biergarten mit langen Picknicktischen ziehen schnell ganze Nachmittage ins Land. Unter der Woche trumpft die Bar von 9 bis 18 Uhr mit der längsten Happy Hour San Franciscos auf. Foto- und Videoaufnahmen sind verboten (sprich: bitte keine Beweisbilder). Nur Barzahlung.

### ★UNGRAFTED
WEINBAR

Karte S. 329 (☎415-814-2129; www.ungraftedsf.com; 2419 3rd St; ⏲Mo–Sa 17–22, So bis 21 Uhr; 🚌22, 48, Ⓜ T) In dieser Dogpatch-Weinbar im Industrieschick und mit Schampusfokus kann man keinen Korken knallen lassen, ohne damit einen Sommelier zu treffen. Das Betreiberehepaar sind zwei und jeder Kellner ist auch einer. Der Schaumwein wird in alten Champagnerkübeln an den Tisch gebracht. Bei den stillen Weinen sind solche in der halben Flasche beliebt, besonders bei Leuten, die sich nicht gerne festlegen.

### ★JOLENE'S
LESBEN

Karte S. 326 (☎415-913-7948; http://jolenessf.com; 2700 16th St; ⏲Do & Fr 16–2, Sa & So ab 11 Uhr; 🚌12, 22, 55, Ⓑ16th Mission St) Für die, die sich als Frauen verstehen und Leute mögen, die sich ebenfalls als Frauen verstehen, gibt's eine glitzernde neue Bar. Ein großer Neonschriftzug verkündet „Hier seid ihr sicher" und eine maßgefertigte Busentapete lädt ebenfalls dazu ein, sich fallen zu lassen. Locker machende Cocktails sind z. B. der Purple Vesper (Tanqueray, Wodka, Cocchi Americano und Platterbsenblüten) und mit Rosmarinfritten und Popcorn Chicken kann man sich auch spät noch stärken.

### ★BON VOYAGE
COCKTAILBAR

Karte S. 326 (http://bonvoyagebar.com; 584 Valencia St; Cocktails 9–15 $; ⏲Bar Mo–Fr 14–2, Sa & So ab 12 Uhr; Küche Mo–Fr ab 17, Sa & So ab 12 Uhr; 🚌14, 22, 33, 49, Ⓑ16th St Mission) Man denke sich einen Reisenden, der sich in den 1950er-Jahren auf den Weg macht, Südostasien und Afrika zu erkunden und unterwegs Kunst und Kuriositäten sammelt. Dann stellt man sich vor, wie dieser Reisende in den 1970er-Jahren in die USA zurückkehrt, und zwar nach Palm Springs, wo er Riesenpartys schmeißt – unter einer großen Discokugel, mit chinesischem Essen und innovativen, exotischen Cocktails.

### ★EL RIO
CLUB

Karte S. 326 (☎415-282-3325; www.elriosf.com; 3158 Mission St; Eintritt frei–10 $; ⏲Mo–Sa 13–2, So bis 24 Uhr; 🚌12, 14, 27, 49, Ⓑ24th St Mission) Das vielleicht funkigste und lässigste Partypublikum San Franciscos feiert und tanzt im El Rio bis zum Umfallen – das ganze Regenbogenspektrum bunter Gestalten ist hier vertreten. Zu den Highlights zählen der Salsa Sunday, gratis Austern freitags ab 17.30 Uhr, Drag-Star-DJs, Bandauftritte im Hinterhof und die Tischtennisplatte. Außerdem gibt's hochprozentige Margaritas und auf der Veranda, die seit ihrer Einweihung im Jahr 1978 schon vieles erlebt hat, wird hemmungslos geflirtet. Am Wochenende nur Barzahlung.

### 20 SPOT
WEINBAR

Karte S. 326 (☎415-624-3140; www.20spot.com; 3565 20th St; ⏲Mo–Do 17–23, Fr & Sa bis 0.30 Uhr; 🚌14, 22, 33, Ⓑ16th St Mission) In dieser Nachbarschaftsweinbar in einem viktorianischen Haus von 1885 kann man sich bei einem guten Tropfen wunderbar entspannen. Nachdem der Eckbau jahrzehntelang den Punk-Plattenladen Force of Habit beherbergte – davon zeugt noch das alte Schild –, darf er sich jetzt auch mal zurücklehnen und in Ruhe ein Glas Schaumwein aus dem Hause Donkey and Goat aus Berkeley genießen. Achtung: Die Austern mit eingelegten Kakifrüchten machen süchtig.

### DALVA & HIDEOUT
LOUNGE

Karte S. 326 (☎415-252-7740; http://dalvasf.com; 3121 16th St; ⏲16–2 Uhr, Hideout ab 19 Uhr; 🚌14, 22, 33, 49, Ⓑ24th St Mission) Die besten Bars in San Francisco zeichnen sich nicht nur die Drinks aus, die sie servieren, sondern auch durch die Gespräche, die sie inspirieren – das Dalva ist in beiderlei Hinsicht ganz vorn mit dabei. Bei Bechern mit eiskaltem Pliny the Elder oder merkwürdigen saisonalen Gebräuen tauschen sich die Gäste über die Arthouse-Streifen aus, die sie gerade im Roxie (S. 168) gesehen haben. Im Hideout im Hinterzimmer untermalt Klatsch und Tratsch aus dem Dolores Park den Dirty Pigeon (Mezcal, Limette, Grapefruit, Enzianbitter).

### %ABV
COCKTAILBAR

Karte S. 326 (☎415-400-4748; www.overproofsf.com; 3174 16th St; ⏲14–2 Uhr; 🚌14, 22, Ⓑ16th St Mission, Ⓜ J) Die Abkürzung steht für *percent alcohol by volume*. Die Barkeeper verstehen ihr Handwerk, können einen Rittenhouse Rye schon am Duft von einem japanischen Malt Whisky unterscheiden, sie servieren unverzüglich und ohne prätentiöses Gehabe erstklassige Drinks. Ausgeschenkt werden u. a. exzellente kalifornische Weine, Biere vom Fass und lokalgeschichtlich angehauchte Cocktails wie Sutro Swizzle (Armagnac, Grapefruit Shrub, Maraschinolikör).

### ELIXIR
BAR

Karte S. 326 (☎415-522-1633; www.elixirsf.com; 3200 16th St; ⏲Mo–Fr 15–2, Sa & So ab 12 Uhr;

1

NAEBLYS / SHUTTERSTOCK ©

2

**1. Mission Dolores (S. 155)**
Das älteste Gebäude von San Francisco geht auf das Jahr 1776 zurück.

**2. Dog Eared Books (S. 185)**
Der Buchladen in Mission hat eindeutig Kultstatus.

**3. Community Thrift (S. 169)**
Wie wär's mit einem Outfit zum Schnäppchenpreis aus diesem Charity Shop in Mission?

**4. Dolores Park (S. 153)**
Hier lässt es sich bei spektakulärer Aussicht auf Downtown relaxen.

4

VALENCIA
COMMUNITY THRIFT STORE

14, 22, 33, 49, B 16th St Mission, M J) Einer geht noch – der Umwelt zuliebe! San Franciscos erste grün zertifizierte Bar logiert in einem echten ehemaligen Wildwest-Saloon von 1858. Neben frischen Zutaten, die schnurstracks vom Bauernhof in die Cocktailshaker wandern, setzt das Elixier auf biodynamische, in Kleinserien hergestellte Spirituosen von regionalen Produzenten. Der Rye Sour mit Meyer-Zitrone oder der Mission Pimm's Cup mit Pisco und Gurkenwodka sind ein Genuss. Die bestens bestückte Jukebox sorgt für ausgelassene Luftgitarreneinlagen. Mittwochs trinkt man hier für einen guten Zweck – ein Teil der Erlöse geht an örtliche Wohlfahrtsinitiativen.



### RITUAL COFFEE ROASTERS CAFÉ

Karte S. 326 (415-641-1011; www.ritualroasters.com; 1026 Valencia St; Mo–Fr 6–20, Sa & So ab 7 Uhr; 14, 49, B 24th St Mission) Von einer solchen Hingabe und Ergebenheit können Sektenführer nur träumen: Feierlich stehen die Stammkunden vor dem Ritual Schlange, um hausgerösteten Cappuccino mit in Schaum gezeichneten Farnblättern oder spezielle Filterkaffeesorten mit markanten Geschmacksnoten zu erwerben – Aromavergleiche etwa mit Grapefruitschalen oder Haselnüssen sind nicht übertrieben. Steckdosen sind bewusst rar gesät, um Gespräche anzuregen und so lassen sich wunderbar am Nebentisch Dates oder politische Protestpläne belauschen.

### OBISPO COCKTAILBAR

Karte S. 326 (415-529-2099; www.obisposf.com; 3266 24th St; Mo–Sa 18–2 Uhr; 12, 14, 48, 49, B 16th Street Mission) Dies ist keine Tikibar im Südseestil. Das Ambiente ist karg, damit sich die Gäste ganz und gar auf Herkunft und Qualität des in kleinen Mengen erzeugten Rums konzentrieren können, den der Eigentümer höchstpersönlich in der Karibik ausgewählt hat. Die Cocktails sind ausbalanciert und stark und dazu passen allerbestens Ochsenschwanzsuppe, Jerk Chicken und kubanische Sandwiches. Die spanische Karte übersetzen einem die Kellner mit einem Lächeln auf den Lippen.

Die Wände sollen mit Reproduktionen von Volkskunst von Bill Traylor geschmückt werden, einem Künstler, der in Alabama als Sklavenkind auf die Welt kam. Dies geschieht in Zusammenarbeit mit dem Museum of the African Diaspora (S. 85), das wie auch Calle 24 (S. 154) eine Partnerschaft mit der Bar eingegangen ist. Ein Teil der Einnahmen geht an diese Organisationen, vielleicht auch, um Argumente von Leuten zu kontern, die meinen, dass Bars wie das Obispo zur Gentrifizierung des Mission District beitragen.

### WILD SIDE WEST LESBEN

(415-647-3099; www.wildsidewest.com; 424 Cortland Ave; 14–2 Uhr; 24) Das Wild Side West ist seit 1962 fest in lesbischer Hand. Drinnen gibt's einen Billardtisch, an dem schon Janis Joplin spielte, draußen lockt ein verwunschener Biergarten samt Skulpturenpark. Letzterer entstand in den 1970er-Jahren, als Nachbarn aus Protest gegen das Amüsement der Frauen ihr Gerümpel über den Zaun warfen. Aber der Plunder wurde schnell zu Kunstwerken upgecycelt und ist heute stolzer Bestandteil der Bar.

### PHONE BOOTH BAR

Karte S. 326 (415-648-4683; 1398 S Van Ness Ave; 14–2 Uhr; 14, 49, B 24th St Mission) Diese legendäre Eckkneipe huldigt der guten alten Telefonzelle. Unter Kronleuchtern mit nackten Barbies und ganzjähriger Weihnachtsbeleuchtung amüsieren sich Kunststudenten und Techies (Ach, hallo Mark Zuckerberg) am Billardtisch oder knutschen in dunklen Ecken. Es fließen jede Menge billiges Bier, Jameson und Bloody Marys und die Jukebox läuft ununterbrochen auf Hochtouren.

### DOC'S CLOCK BAR

Karte S. 326 (415-824-3627; www.docsclock.com; 2577 Mission St; Mo–Do 17–2, Fr & Sa 16–2, So 15–2 Uhr; 12, 14, 49, B 24th St Mission) Kratzt der Hals? Dann wird's Zeit für einen Besuch beim Doktor: Am besten direkt die Theke mit dem Schriftzug „Prescriptions" ansteuern und um ein verschreibungspflichtiges Heilmittel bitten. Die liebenswert bärbeißige, grün zertifizierte Kneipe schenkt Craftbier und handgefertigte Spirituosen aus und punktet mit einem gratis Shuffleboard, Barbie-Verstümmelungs-Abenden, einem kniffligen Flipperautomaten und lockerer Atmosphäre. Die hundefreundliche Happy Hour ist täglich von 17–21 Uhr, ein Teil der Erlöse geht an Tierheime. Nur Barzahlung.

### LATIN AMERICAN CLUB BAR

Karte S. 326 (415-647-2732; 3286 22nd St; Mo–Fr 17–2, Sa & So ab 12 Uhr; 12, 14, 49, B 24th St Mission) Die in Biergläsern kredenzten Margaritas halten lange vor – bloß nicht zu schnell aufstehen. Ninja-Piñatas und *papel picado* (Scherenschnittgirlanden) sorgen für ein festliches Ambiente. Dank der rosaroten Beleuchtung und den großzügig bemessenen Getränken wird heftig geflirtet. Nur Barzahlung.

**HOMESTEAD** BAR

Karte S. 326 (☎415-282-4663; www.homesteadsf.com; 2301 Folsom St; ⏱14–2 Uhr; 🐾; 🚌12, 14, 22, 33, 49, B16th St Mission) Diese sympathische viktorianische Eckkneipe von 1893 samt Kassettendecke, einem schön gearbeiteten Holztresen, salzigen, gerösteten Erdnüssen sowie originellen Stammgästen mit süßen Hunden ist rundum stilecht. Hier trifft sich die kreative Szene San Franciscos, um mit günstigem Bier vom Fass auf Ausstellungseröffnungen, Stipendien und Schreibaufträge anzustoßen – und wenn Iggy Pop oder David Bowie aus der Jukebox erschallen, gibt es kein Halten mehr.

**FOUR BARREL COFFEE** CAFÉ

Karte S. 326 (☎415-896-4289; www.fourbarrelcoffee.com; 375 Valencia St; ⏱7–20 Uhr; 🐾; 🚌14, 22, 🚇16th St Mission) Wer hätte das gedacht? Das hippste Café der Stadt ist zugleich das netteste, die Baristas sind gut gelaunt und weder Steckdosen noch WLAN stören die angeregten Gespräche. Der Filterkaffee ist komplex und stark, der fruchtige Espresso etwas für Kenner. Vorne in der Bar Slow Pour gibt's kalten Kaffee in der Dose und das koffeingestärkte Publikum tummelt sich auf dem sonnigen Parklet mit Fahrradständern und Sitzgelegenheiten.

## ☆ UNTERHALTUNG

**Mission quillt über vor Programmkinos, Cocktaillounges und Kneipen, während Potrero Hill einen der legendären Punkschuppen der Stadt beherbergt.**

**★ALAMO DRAFTHOUSE CINEMA** KINO

Karte S. 326 (☎415-549-5959; https://drafthouse.com/sf; 2550 Mission St; Karten 6–20 $; 🚌14, B24th St Mission) Das 1932 von Timothy Pfleuger erbaute Kino New Mission erstrahlt dank seiner Restaurierung wieder im markanten Art-déco-Glanz und verfolgt eine neue Mission: den Kinobesuch um ein kulinarisches Erlebnis jenseits von Popcorn und Eis zu bereichern. Direkt am plüschigen Kinosessel werden Craftbier und leckere Speisen serviert. So verpassen die Besucher nichts von den Premieren, kultigen Revivals (v. a. an den *Music Mondays*) und San-Francisco-Klassikern wie *Mrs Doubtfire* oder *Dirty Harry* – oft sind die Filmemacher anwesend und beantworten Fragen aus dem Publikum.

INSIDERWISSEN

### BOTTOM OF THE HILL

Das wortwörtlich am Fuße des Potrero Hill gelegene **Bottom of the Hill** (Karte S. 329; ☎415-621-4455; www.bottomofthehill.com; 1233 17th St; 5–20 $; ⏱Konzerte meist Di–Sa 21 Uhr; 🚌10, 19, 22) ist eine Topadresse für pulstreibende Abende mit Punklegenden wie den Avengers, Pansy Division und Nerf Herder oder Newcomern, die allein wegen ihrer Namen vielversprechend scheinen (Summer Salt, die Regrettes, Sorority Noise). Über die mit Handzetteln plakatierte Raucherterrasse wacht eine Katze, die eher auf Musik als auf Menschen steht – voll Punkrock eben. An der Bar gibt's Anchor Steam vom Fass, bezahlen kann man nur mit Bargeld. Das Programm verrät die Website.

**★ODC THEATER** TANZ

Karte S. 326 (Oberlin Dance Collective; ☎Kasse 415-863-9834, Unterricht 415-549-8519; www.odctheater.org; 3153 17th St; Tanzstunde ohne Voranmeldung ab 15 $, Shows 20–50 $; 🚌12, 14, 22, 33, 49, B16th St Mission) Mit seinen gewagten, temperamentvollen Aufführungen und der puren Freude an der Bewegung definiert das ODC seit 45 Jahren Tanz neu. Das Tanzkollektiv tritt von September bis Dezember auf, aber auf der Bühne sind das ganze Jahr über lokale und internationale Künstler zu erleben.

**★BRAVA THEATER** THEATER

Karte S. 326 (☎415-641-7657; www.brava.org; 2781 24th St; 🚌12, 27, 33, 48) Seit über 30 Jahren bringt das Brava Frauen auf die Theaterbühne – von der Komikerin Sandra Bernhard bis zu Eve Ensler, der Autorin von *Die Vagina-Monologe*. Es hat sich als erstes Theater der USA auf die Fahnen geschrieben, originelle Werke von nicht weißen Frauen und LGBTIQ-Autoren zu inszenieren. Mit Konzerten und -Tanzabenden sowie handgemalten Veranstaltungspostern, die mexikanischen Kinoplakaten nachempfunden sind, zollt das Brava dem mexikanischen Erbe des Mission District Tribut.

**LOST CHURCH** LIVEMUSIK

Karte S. 326 (www.thelostchurch.com; 65 Capp St; Eintritt 10–20 $, nur Barzahlung; ⌚Mi–Sa 19.30–22.30 Uhr; 🚌14, 22, 33, Ⓑ16th Mission St) Durch eine nicht gekennzeichnete Tür an einer stillen Straße geht's treppauf in ein kleines Theater, das etwas vom Salon eines Vampirs hat – allerdings eines Vampirs mit einem sehr guten Geschmack. Fließende Vorhänge rahmen eine kleine Bühne, vor der Klappstühle stehen. Die Akustik ist hervorragend, ideal für aufstrebende Talente in Sachen Theater, Musik und Comedy.

**BRICK & MORTAR** LIVEMUSIK

Karte S. 326 (☎415-678-5099; http://brickandmortarmusic.com; 1710 Mission St; Eintritt 10–20 $; 🚌14, 49, Ⓑ16th St Mission) Es gibt Bands, die zu ausgefallen fürs Radio sind. Um sie zu hören, braucht es Orte wie diesen. Auf dem Programm des Brick & Mortar stehen u. a. Brassbands, die Luftgitarrenmeisterschaft der USA und einheimische Newcomer aus San Francisco wie Magic Bullets (Post Punk), The Yellow Dress (Indie) und Loco Tranquilo (psychedelisch-grooviger Jazz).

**CHAPEL** LIVEMUSIK

Karte S. 326 (☎415-551-5157; www.thechapelsf.com; 777 Valencia St; Eintritt 15–40 $; ⌚Bar 19–2 Uhr; 🚌14, 33, ⓂJ, Ⓑ16th St Mission) In diesem augenfälligen Craftsman-Bau von 1914, einer ehemaligen Begräbniskapelle mit himmlischer Akustik, werden musikalische Gebete erhört. Besonders besinnlich geht es unter der 12 m hohen Decke aber nicht gerade zu. Stattdessen bringen Brassbands aus New Orleans, Americana-Bands im Rahmen der Reihe folkYEAH!, Rocklegenden wie Peter Murphy oder Hip-Hop-Ikonen wie Prince Paul regelmäßig die heiligen Hallen zum Beben. Oft gibt es keine Altersbeschränkung, es sei denn Komiker wie W. Kamau Bell geben ihre spitzen, nicht jugendfreien Witze zum Besten.

Wen der Hunger plagt, der kann nebenan ins Curio gehen. Der neue Ableger des Chapel, inspiriert vom Hauch des Todes, setzt auf Craft Cocktails und Schalentierberge.

**ROXIE CINEMA** KINO

Karte S. 326 (☎415-863-1087; www.roxie.com; 3117 16th St; Abendvorführung/Matinee 12–13/10 $; 🚌14, 22, 33, 49, Ⓑ16th St Mission) Das alte Nachbarschaftskino von 1909 operiert als gemeinnütziger Verein und ist international dafür bekannt, Dokumentationen und kontroverse Filme zu verleihen und zu zeigen, die anderswo verboten sind. Die Tickets für Festivalpremieren, seltene Revivals und die wild zelebrierte Übertragung der Oscar-Verleihung gehen weg wie warme Semmeln – am besten online Karten vorbestellen. Wenn der Hauptfilm ausverkauft ist, kann man auf die spannenden Dokumentarfilme ausweichen, die nebenan im winzigen Little Roxy gezeigt werden. Werbung läuft hier keine. Die Mitarbeiter stellen jeden Film persönlich vor.

**MARSH** THEATER

Karte S. 326 (☎415-641-0235; www.themarsh.org; 1062 Valencia St; Karten 15–55 $; ⌚Kasse Mo–Fr 10–17 Uhr; 🚌12, 14, 48, 49, Ⓑ24th St Mission) Das Marsh verspricht spannungsgeladene Abende, bei denen man nie weiß, was als Nächstes passiert. Einakter und Monologe beziehen das Publikum in den kreativen Prozess mit ein – z. B. bei den Impro-Einlagen des Komikers W. Kamau Bell oder bei den Liveaufzeichnungen der Sendung *Philosophy Talk* des National Public Radio. Die gestaffelten Preise machen den Besuch für viele erschwinglich. Die teureren Plätze sind reservierbar (Tickets ab 55 $).

**REVOLUTION CAFE** LIVESHOW

Karte S. 326 (☎415-642-0474; www.revolutioncafesf.com; 3248 22nd St; ⌚So–Do 9–24, Fr & Sa bis 1.30 Uhr; 📶; 🚌12, 14, 49, Ⓑ24th St Mission) Das Café ist eine Art Musikerwohnzimmer. Jeden Abend jammen hier klassisch ausgebildete Musiker und Jazzkünstler. An heißen Tagen empfiehlt sich ein Eiskaffee mit Latinjazz, an Montagen stehen belgische Biere und ausgelassene Kammermusik auf dem Spielplan. Vor 19 Uhr bekommt man noch einen Tisch, alternativ warten Sitzgelegenheiten und kostenloses WLAN auf dem Gehsteig. Bargeld für die Getränke und den Sammelhut der Musiker bereithalten!

**MAKE-OUT ROOM** LIVESHOW

Karte S. 326 (www.makeoutroom.com; 3225 22nd St; Eintritt frei–10 $; ⌚18–2 Uhr; 🚌12, 14, 49, Ⓑ24th St Mission) Samtvorhänge und runde Sitznischen sorgen für Gemütlichkeit unter der Discokugel. Die mit Überraschungen gespickte Unterhaltungspalette reicht von Spielzeugorchestern mit Kinderinstrumenten über DJs mit wilden Dancehall- und Cumbia-Mixturen bis hin zu den urkomischen Lesungen der Reihe Writers with Drinks – eine echte Strapaze für die Lachmuskeln! Die Getränke gibt es zum Schnäppchenpreis, besonders während der Happy Hour (Drinks kosten unter der Woche von 18–20 Uhr 5 $). Nur Barzahlung, mit Geldautomat vor Ort.

### VERDI CLUB — LIVESHOW

Karte S. 326 (☎415-861-9199; www.verdiclub.net; 2424 Mariposa St; Eintritt frei–25 $; 🚌22, 27, 33) Im Verdi Club finden schon seit 1916 mondäne Soireen statt. Heute gibt's hier schlüpfrige Storytelling-Abende, Unterricht im Swing-Tanz, Drag-Comedy-Shows, manchmal einen Abend mit *lucha libre* (Freistil-Wrestling) und regelmäßig Rockkonzerte, die komplett von Grundschulkindern bestritten werden – Veranstaltungen siehe Website. Für die samtige Bar Bargeld mitbringen!

## SHOPPEN

**Die beste Boutiquenmeile San Franciscos ist die Valencia St zwischen der 14th und der 26th St. Dogpatch bietet Designläden rund um die 22nd und 3rd St und in Potrero Flats haben sich zwischen Design-Showrooms junge Galerien angesiedelt.**

### ★RECCHIUTI AT THELAB — SCHOKOLADE

Karte S. 329 (☎415-489-2881; www.recchiuti.com; 801 22nd St; ⌚Mo–Fr 12–19, Sa 11–18, So 12–17 Uhr; 🚌22, 48, Ⓜ T) Der Star-Chocolatier Michel Recchiuti verkauft seine Gaumenfreuden im Ferry Building (S. 79), kreiiert sie aber in Dogpatch. Hier kann man seine neuesten Kompositionen zuerst probieren: Kakao mit dunkler Schokolade im Winter, Brownie-Eisbecher im Sommer oder was auch immer die Karte an interessanten Machwerken versammelt. Zu den jüngsten schöpferischen Einfällen zählen kandierte Orangenschalen mit Schokoladenüberzug, Pralinen mit schwarzem Karamell und Gourmet-Kits für *s'mores*.

### ★COMMUNITY THRIFT — KLEIDUNG

Karte S. 326 (☎415-861-4910; www.communitythriftsf.org; 623 Valencia St; ⌚10–18.30 Uhr; 🚌14, 22, 33, 49, Ⓑ16th St Mission) Wenn Sammler und Einzelhändler in Mission gute Sachen übrig haben, spenden sie sie gern diesem gemeinnützigen Trödelladen. Die Erlöse gehen an über 200 örtliche Wohlfahrtsinitiativen. Umso größer ist die Freude über Schnäppchen wie eine Teetasse mit Marterpfahl für 5 $, eine Vintage-Windjacke für 10 $ oder ein Disco-Glitteroverall für 14 $. Seine eigene Ausschussware kann man täglich bis 17 Uhr spenden.

### ★BAGGU — MODE & ACCESSOIRES

Karte S. 326 (https://baggu.com; 911 Valencia St; ⌚Mo–Fr 12–19, Sa & So ab 11 Uhr; 🚌12, 14, 33, 49, Ⓜ J) Plastiktüten sind in San Francisco verboten – ein Grund mehr, sich mit wiederverwendbaren Tragetaschen aus reißfestem Nylon des in San Francisco ansässigen Designlabels Baggu einzudecken. Die Taschen kommen in knalligen Farben und mit witzi-



INSIDERWISSEN

### BUCHLÄDEN MIT KOLLEKTIVGEIST

Dank dem Engagement des Stadtteils konnte sich die einst ums Überleben kämpfende Buchhandlung **Adobe Books** (Karte S. 326; ☎415-864-3936; www.adobebooks.com; 3130 24th St; ⌚Mo–Fr 12–20, Sa & So ab 11 Uhr; 🚌12, 14, 48, 49, Ⓑ24th St Mission) als genossenschaftliches Kollektiv neu formieren. Die Kooperative veranstaltet Lesungen und Ausstellungen in der hauseigenen Backroom Gallery und lancierte schon spätere Stars der Whitney Biennial. Zwei Blocks weiter in der 24th St befindet sich der Buchladen **Alley Cat Books** (Karte S. 326; ☎415-824-1761; www.alleycatbookshop.com; 3036 24th St; ⌚Mo–Sa 10–21, So bis 20 Uhr; 🚌12, 14, 48, 49, Ⓑ24th St Mission), der teils Buchhandlung, teils Gemeinschaftszentrum ist. Im vorderen Ladenbereich gibt es Bücher, im hinteren Kunstausstellungen und Kunstbücher. Der Schwesterladen von Alley Cat Books in der Valencia St, **Dog Eared Books** (Karte S. 326; ☎415-282-1901; www.dogearedbooks.com; 900 Valencia St; ⌚10–22 Uhr; 🚌12, 14, 33, 49), unterstützt mit seinen Autorenlesungen kleine Verlage und gedenkt verstorbener Kulturgrößen mit von Hand gezeichneten Nachrufen.

gen Motiven daher: Haie, Alpakas und Chihuahuas. Sie sind langlebig, leichtgewichtig und lassen sich gut zusammenknüllen.

Die gestreiften Segeltuchrucksäcke sind ein toller Begleiter für den Bucheinkauf bei Adobe Books (S. 169) und die kleinen, kreisrunden Lederhandtaschen bieten Platz für alles, was man für den Mission Litquake (S. 36) braucht, das alljährliche Literaturfestival des Stadtteils.

### ★MISSION COMICS & ART — COMICS, KUNST

Karte S. 326 (☎415-695-1545; www.missioncomicsandart.com; 2250 Mission St; ⌚Mo, Di & Do–Sa 12–20, Mi ab 11, So 12–18 Uhr; 🚌12, 14, 33, 49, B16th St Mission) Der Schein trügt – in diesem friedlichen Laden mit namhaften Comics und Indie-Werken rollen Köpfe, fliegen Fäuste und schreckliche Rachefeldzüge nehmen ihren Lauf. Die Empfehlungen der Mitarbeiter reichen von Publikumsrennern *(Walking Dead, Star Wars)* bis zu Nischenpublikationen *(Snotgirl, Head Lopper)*. Zu Signierstunden und Ausstellungen haben sich schon allerlei Szenegrößen ein Stelldichein gegeben: Mariko Tamaki, die Autorin von *Supergirl*, Matt Sheean, der surrealistische Künstler und Autor von *Ancestor*, und Roman Muradov, der konstruktivistische Cartoons für den *New Yorker* zeichnet.

### ★TIGERLILY PERFUMERY — PARFÜM

Karte S. 326 (☎415-896-4665; www.tigerlilysf.com; 973 Valencia St; ⌚Mo–Fr 12–18.30, Sa bis 19, So 12–17 Uhr; 🚌14, 33, 49, B24th St Mission) Wer sich San Francisco in eine Flasche abfüllen lassen und mit nach Hause nehmen will, ist hier genau richtig. Tigerlily betört mit einer berauschenden Palette lokaler Parfümkreationen, die von Tagen am Strand und Nächten im einstigen Rotlichtviertel Barbary Coast erzählen. Das Angebot reicht von Yosh Hans passend als U4EAHH! betiteltem Duft nach kalifornischen Sonnenstrahlen bis zu Ikiryos experimentierfreudigem, ledergebundenen Bad Omen. Der Onlinekalender verzeichnet Events und Workshops.

### ★BI-RITE — LEBENSMITTEL & GETRÄNKE

Karte S. 326 (☎415-241-9760; www.biritemarket.com; 3639 18th St; ⌚8–21 Uhr; 👶; 🚌14, 22, 33, 49, B16th St Mission, MJ) 🍃 Bei all den Feinschmeckerjuwelen in den sorgsam bestückten Regalen wird einem fast schwindelig. Die gut gelaunten Mitarbeiter kennen sich bestens aus. Mit seinem Angebot an lokaler handgeschöpfter Schokolade, Biofrüchten und einer exquisiten kalifornischen Wein- und Käseauswahl ist dieser Laden seit 1940 eine Institution. Die altarähnliche Delikatessentheke hält frisch zubereitete Köstlichkeiten für ein Fünf-Sterne-Picknick im

ABSTECHER

## EINE RUNDE DURCH BERNAL HEIGHTS

Wer mal kurz aus dem Straßenraster von Mission ausbrechen möchte, kann südlich der 30th St von der Mission St in die bunte **Cortland Ave** abbiegen, die von urigen viktorianischen Lädchen und lockeren Nachbarschaftskneipen gesäumt ist. Gleich auf der anderen Seite des Hügels beginnt das Wochenende am Samstag mit dem Alemany Farmers Market (S. 80). Der älteste Bauernmarkt Kaliforniens findet seit 1943 statt. Sonntags gibt's an gleicher Stelle einen Flohmarkt mit ans Tageslicht beförderten Schätzen aus viktorianischen Dachgeschossen.

Stadtwanderer erklimmen den **Bernal Heights Park** (https://sfrecpark.org/destination/bernal-heights-park/; ⌚5–24 Uhr; 🐾; 🚌67) und schießen – Erwachsene wie Kinder – die **Doppelrutschen in der Winfield St** hinunter. Anschließend haben sie sicher Hunger auf einen Salat mit knusprigen Reisbällchen bei **Mae Krua** (☎415-574-7334; 331 Cortland Ave; Hauptgerichte 7–13 $; ⌚Mi–Mo 10–17.45 Uhr; 🚌24). Für Erwachsene gibt's außerdem schöne Terrassenplätzchen bei **Virgil's Sea Room** (Karte S. 326; ☎415-829-2233; www.virgilssf.com; 3152 Mission St; ⌚Mo–Fr 16–2, Sa & So ab 14 Uhr; 🚌12, 14, 27, 49, B24th St Mission) zu Cocktails und Drag Queen Bingo. Für Drinks zur Happy Hour bietet sich das **Holy Water** (http://holywatersf.com; 309 Cortland Ave; ⌚Mo–Sa 16–2, So ab 14 Uhr; 🐾; 🚌14, 24, 49) an oder man steuert die bekannte Lesbenbar Wild Side West (S. 166) an, um dort im Biergarten zwischen Skulpturen aus Trödel abzuhängen. Nichts geht über solch einen sonnigen Nachmittag in Bernal Heights – außer vielleicht die epischen Tanzpartys im El Rio (S. 163).

Dolores Park bereit. Mit seiner gemeinnützigen Kochschule 18 Reasons (S. 173) setzt sich das Bi-Rite dafür ein, einer breiteren Bevölkerungsschicht gutes Essen zu ermöglichen.

### ★ NEEDLES & PENS — KUNSTHANDWERK

Karte S. 326 (☎415-872-9189; www.needles-pens.com; 1173 Valencia St; ⏲12–19 Uhr; 🚌14, 33, 49, Ⓑ24th St Mission) Die bunte Mischung aus Kunstladen, Galerie und Verlag inspiriert dazu, selbst künstlerisch tätig zu werden. Verkauft werden neben allerlei Handgemachtem auch Zines und Bücher, wie z. B. eine limitierte Auflage von Xara Thustras Manifest *Friendship Between Artists Is an Equation of Love and Survival* und H. Finn Cunninghams *Mental Health Cookbook*. Hübsch sind auch die Alphabet-Buttons, mit denen man auf handgemachten Kuriertaschen sein persönliches Credo zum Ausdruck bringen kann.

### GRAVEL & GOLD — HAUSHALTSWAREN

Karte S. 326 (☎415-552-0112; www.gravelandgold.com; 3266 21st St; ⏲Mo–Sa 12–19, So bis 17 Uhr; 🚌12, 14, 49, Ⓑ24th St Mission) 🍃 Im Gravel & Gold geht's zurück in die Landkommunenvergangenheit Kaliforniens. Der Laden wartet mit allerhand Kuriosem und Skurrilem auf, von handbedruckten Hippie-Kittelkleidern, Tragetaschen mit Busenaufdruck und psychedelisch gestreiften Sofakissen über handgetöpferte Becher und Risografie-Poster bis hin zu seltenen Büchern über die Strandhüttenarchitektur der 1970er-Jahre. Wer lieber etwas selber machen will, kann auch Workshops belegen (siehe Website).

### HEATH CERAMICS & NEWSSTAND — KERAMIK

Karte S. 326 (☎415-361-5552; www.heathceramics.com; 2900 18th St; ⏲So–Mi 8–18, Do–Sa bis 19 Uhr; 🚌12, 22, 27, 33) Kein Restaurant, das in San Francisco auf Handwerkskunst Wert legt, ist komplett ohne die erdige Steingutkeramik von Heath. In diesem Schau- und Verkaufsraum werden neben handglasierten Fliesen und neuen Modellen des Herstellers auch Designmagazine, Kunsthandwerk und Schmuckkollektionen feilgeboten. Fabrikbesuche sind am Wochenende um 11.30 Uhr möglich, unter der Woche gibt es am ersten und dritten Freitag jeden Monats um 11.30 Uhr Führungen während der Produktion.

### BETABRAND — KLEIDUNG

Karte S. 326 (☎855-694-8766, 415-692-7433; www.betabrand.com; 780 Valencia St; ⏲Mo–Fr 11–19, Sa bis 20, So 12–18 Uhr; 🚌14, 22, 33, 49, Ⓑ16th St Mission) Betabrand setzt auf Crowdsourcing. Über die experimentellen Designs wird online abgestimmt und die Gewinner werden in limitierter Auflage produziert. Zu den jüngsten Entwürfen gehören eine Bluse, mit der man dem Alter trotzen kann, Gladiator-Sandalen von Timberland und Yoga-Anzugshosen. Manches Stück entpuppt sich als Flop, z. B. der Chillmono, eine Daunensteppjacke im Kimonostil. Aber bei den Preisen kann man es sich ruhig mal erlauben, ein Moderisiko einzugehen.

### NOOWORKS — KLEIDUNG

Karte S. 326 (☎415-829-7623; www.nooworks.com; 395 Valencia St; ⏲Di–Sa 11–19, So & Mo bis 17 Uhr; 🚌14, 22, 33, 49, Ⓑ16th St Mission) Die lokal entworfene und in den USA hergestellte Mode von Nooworks peppt die Garderobe auf und sorgt für den gewissen Mission-Look. Die meisten der guten Stücke kosten unter 100 $, die T-Shirts mit offenem Mund sind ideal für ein Pancho-Villa-Burrito-und-Dokumentarfilm-im-Roxy-Date, mit den Maxikleidern der Reihe Muscle Beach samt psychedelischen Regenbogen und Bodybuildern à la Schwarzenegger ist man perfekt angezogen für den Dolores Park und in den kuschelweichen Leggins und T-Shirts mit Federn, Wald- und Wüstenmotiven legen die lieben Kleinen bei jeder Ausstellungseröffnung in Mission einen stilsicheren Auftritt hin.

### VOYAGER — MODE & ACCESSOIRES

Karte S. 326 (☎415-779-2712; www.thevoyagershop.com; 365 Valencia St; ⏲11–19 Uhr; 🚌14, 22, 33, 49, Ⓑ16th St Mission) Mit seiner bunt zusammengewürfelten Auswahl wirkt der Laden wie eine Mischung aus postapokalyptischer Strandhütte und Kunsthochschule. Auf Sperrholzplanken sind die Arbeiten verschiedener unabhängiger Hersteller ausgestellt. Das Angebot reicht von Jeanshemden, die an Sektengewänder erinnern, aufgeplusterten Ninjahosen und Surfklamotten bis zu Kunstbüchern, die in der kuppelförmigen U-Boot-Galerie ausliegen. Monatlich wechselnde Pop-up-Auslagen präsentieren in San Francisco gefertigte, ausdrucksstarke Schmuckstücke, minimalistische Kleider und kunstvoll gestaltete Büromaterialien.

**MISSION SKATEBOARDS** MODE & ACCESSOIRES

Karte S. 326 (415-647-7888; 3045 24th St; Mo–Fr 12–18, Sa & So ab 11 Uhr; ; 12, 14, 48, 49, 24th St Mission) Mit den lokal designten Skateboard-Decks, stylischen T-Shirts und kultigen Skaterschuhen aus dem Laden von San Franciscos Straßenskaterlegende Scot Thompson verschafft man sich schnell Respekt in der Szene. Lohnender Deal: Kinder, die gute Zeugnisse vorzeigen, bekommen einen Preisnachlass. Praktisch ist auch die Nähe zum Skaterpark Potrero del Sol/La Raza (S. 46) und – für alle Anfänger, die sich zu cool für Knieschoner fühlen – zum Krankenhaus SF General (S. 298).

**BLACK & BLUE TATTOO** TATTOOSTUDIO

Karte S. 326 (415-626-0770; www.blackandbluetattoo.com; 381 Guerrero St; 12–19 Uhr; 14, 22, 33, 49, 16th St Mission) Die Kunstwerke in diesem von Frauen geführten Tätowiersalon reichen von Honigwaben auf dem Bizeps bis zur beide Schultern überspannenden Golden Gate Bridge. Bevor man einen Beratungstermin ausmacht, kann man die Schöpfungen im Laden oder auf der Website begutachten. Wenn das Motiv besprochen ist, bucht man die Tätowierung, zu der man nüchtern, gesättigt, parfümfrei und mit klarem Kopf erscheinen sollte.

**PAXTON GATE** GESCHENKE & SOUVENIRS

Karte S. 326 (415-824-1872; www.paxtongate.com; 824 Valencia St; So–Mi 11–19, Do–Sa bis 20 Uhr; 12, 14, 33, 49, 16th St Mission) Salvador Dalí wäre hier wahrscheinlich Stammkunde geworden, um seinen Bedarf an ausgestopften Tieren und Gartenartikeln zu decken. Wer seinem Zuhause einen neuen surrealistischen Look verpassen will, der kann im Paxton Gate Tierskelett-Marionetten, Terrarien, die in Laborgläsern sprießen, und als Trophäen hergerichtete Köpfe afrikanischer Wildtiere erstehen.

Einen Straßenblock weiter (766 Valencia) befindet sich ein Ableger des Ladens für Kinder mit Vulkanbaukästen, Schattenspielpuppen und Raumschiff-Puppenhäusern. Der Onlinekalender verzeichnet Tierpräparationskurse.

**RAINBOW GROCERY** LEBENSMITTEL & GETRÄNKE

Karte S. 326 (415-863-0620; www.rainbow.coop; 1745 Folsom St; 9–21 Uhr; 9, 12, 33, 47) In diese legendäre Kooperative strömen die Leute in Scharen, um in großen Mengen Bio- und fair gehandelte Produkte zu kaufen, das reichhaltige Angebot regionaler Käsesorten zu probieren und in dem Gang mit der handgeschöpften Schokolade zu flirten. Wer in der verpackungsfreien Abteilung zum selbst Abfüllen wissen möchte, was wo ist, fragt lieber andere Kunden, die Mitarbeiter bekommt man manchmal etwas schwer zu fassen. Die Auswahl an Weinen und Craftbier ist klein, aber preisgünstig, Fleischprodukte werden nicht verkauft.

**MISSION CANNABIS CLUB** CANNABIS

Karte S. 326 (415-970-9333; www.missioncannabisclub.com; 2441 Mission St; Mo–Sa 10–22, So 11–20 Uhr; 12, 14, 49, 24th St Mission) Der Cannabis-Shop genießt einen guten Ruf für den Service und eine breite Palette an Produkten, von Blumen bis zu Essbarem und von E-Zigaretten bis zu Einreibemitteln aus den Tropen.

Gut fürs Geschäft ist auch die abgefahrene Kunst; oben soll demnächst eine Lounge mit Kaffeebar, Tischtennisplatten, Spielhallenautomaten und einem Bereich für Live-Unterhaltung entstehen.

**MEL RICE CERAMICA** KERAMIK

Karte S. 326 (415-685-6665; www.melricecera mica.com; 853 1/2 Valencia St; Sa & So 12–18 Uhr; 14, 33, 49, J) Die Scheunentore in der Bar Amnesia öffnen sich wie von Zauberhand und geben den Blick frei auf Missions ultimativen Hipster-Porzellanschrank.

Die Regale bestückt Mel Rice mit selbstgetöpfertem Geschirr in irdenen Farben und organischen Formen, als da wären große Weinbecher mit Glasur in Indigo, bauchige Keksdosen mit Korkverschlüssen und sehr unentschlossene „f*** yes/f*** no"-Kaffeebecher.

Neben dem Geschäft liegt das erste Community-Töpfereiatelier im Bezirk, wo man dieses Handwerk erlernen kann.

**AGGREGATE SUPPLY** HAUSHALTSWAREN

Karte S. 326 (415-474-3190; www.aggregatesupplysf.com; 806 Valencia St; Mo–Sa 11–19, So 12–18 Uhr; 14, 33, 49, 16th St Mission) Im Aggregate Supply ist moderner Wildwest-Look angesagt. Der Laden versammelt lässige kalifornische Mode und Wohnkultur und räumt regionalen Designern und kleinen Labels einen Ehrenplatz ein. Und wer noch auf der Suche nach einem Souvenir mit Lokalkolorit ist, sollte bei den Ansteckern, Handtüchern, Postern, Marmeladen und Kerzen, allesamt aus der Bay Area, zugreifen.

## SPORT & AKTIVITÄTEN

**★URBAN PUTT** MINIGOLF

Karte S. 326 (☎415-341-1080; www.urbanputt.com; 1096 S Van Ness Ave; Erw./Kind 12/8 $; ⊙Mo–Do 16–24, Fr bis 1, Sa 11–1, So bis 24 Uhr; 🚌14, Ⓑ24th St Mission) Kein Wunder, dass die Stadt, auf deren Konto das Burning-Man-Festival und das Exploratorium gehen, selbst einen unschuldigen Zeitvertreib wie Minigolf zu einem tripähnlichen Erlebnis macht. Die Bahnen im Urban Pitt sehen aus wie Halluzinationen von Tim Burton. Die Fantasiewelten reichen von der mit trickreichen Windmühlenrädern bestückten Transamerica Pyramid an Loch 5 bis zu einer knallbunten Totenkopflandschaft an Loch 9, die dem Día de los Muertos huldigt. Wer diesem Rausch noch einen obendrauf setzen will, kann sich ein großes Bier bestellen, dazu gibt's kleine Snacks wie fingergroße *corndogs* (Würstchen in frittiertem Maisteig) und winzige Hühnchenwaffeln am Spieß.

**★18 REASONS** KOCHEN

Karte S. 326 (☎415-568-2710; https://18reasons.org; 3674 18th St; Kurse & Events 12–125 $; 👪; 🚌22, 33, ⓂJ) 🍃 Die mit dem Bi-Rite verbandelte gemeinnützige Kochschule bietet ein reichhaltiges Angebot für Feinschmecker und solche, die es werden wollen. Auf dem Programm stehen Weinproben, Kurse zum richtigen Messergebrauch, Workshops, in denen man lernt, Käse zu machen, oder Kochkurse unter der Anleitung von Chefköchen. Eine tolle Gelegenheit, sich mit anderen Gourmets auszutauschen, sind auch die familienfreundlichen Gemeinschaftsabendessen (12 $) und mehrgängigen Winzermenüs (95–125 $). Die Website informiert zudem über günstige Pop-Up-Events mit Gastköchen oder preiswerte Lehrgänge mit Kochbuchautoren. Die erstklassigen Kochkurse sind schnell ausgebucht, also ran an den Speck!

**DANCE MISSION** TANZ

Karte S. 326 (☎415-826-4441; www.dancemission.com; 3316 24th St; 👪; 🚌12, 14, 48, 49, Ⓑ24th St Mission) Ob Contact Impro, afrokaribischer Tanz oder Vogue – in diesem gemeinnützigen Tanzzentrum findet jeder seine Nische in Kursen jeder Art und Leistungsstufe. Außerdem gibt es Events und Workshops von Gastkünstlern – von Taikotrommeln bis zu Stelzentanz ist alles dabei. Im 140 Sitze fassenden angeschlossenen Aufführungssaal kann man zuschauen, wie die Profis ihr Können zum Besten geben. Alle Programmtermine finden sich auf der Website.

**ANCHOR BREWING COMPANY** BRAUEREI

Karte S. 329 (☎415-863-8350; www.anchorbrewing.com; Ecke 1705 Mariposa & De Haro St; Führungen Erw./Kind 25 $/frei; ⊙Führungen tgl. 13.30 & 16, Fr–So außerdem 11 Uhr; 🚌10, 19, 22) Die beste Entschuldigung für Bierliebhaber schon tagsüber einen zu heben: Die Anchor Brewing Company weiht die Teilnehmer bei ihren Führungen nicht nur in die Geheimnisse ihrer Dampfbraukunst ein, sondern offeriert auch eine großzügige Bierprobe. Die 45-minütige Tour erkundet den markanten Bau von 1937 sowie den Anbau von 2017 und besichtigt die glänzenden Kupferapparaturen. Bei der anschließenden 45-minütigen Verkostung bekommt jeder mehrere halbe Pints verschiedener Biere aus dem Hause Anchor serviert. Reservieren kann man auf der Website.

**MISSION CULTURAL CENTER FOR LATINO ARTS** KUNST

Karte S. 326 (☎415-821-1155; www.missionculturalcenter.org; 2868 Mission St; ⊙Mo 17–22, Di–Sa ab 10, So 10–17.30 Uhr; 👪; 🚌14, 49, Ⓑ24th St Mission) In diesem Kunst- und Kulturzentrum kann man Tangokurse belegen, Conga spielen lernen, mit den Kindern basteln oder in der Druckwerkstatt ein Siebdruckposter für die nächste Demo erstellen. Die Kursleiter sind nett und unter den Teilnehmern sind von *niños* (Kindern) bis zu *abuelos* (Großeltern) alle Altersstufen vertreten. Die Website informiert über Ausstellungseröffnungen. Nicht verpassen sollte man den Altar, der im November zum Día de los Muertos aufgebaut wird.

**MISSION BOWLING CLUB** BOWLING

Karte S. 326 (☎415-863-2695; www.missionbowlingclub.com; 3176 17th St; ⊙Mo–Mi 15–23, Do & Fr bis 24, Sa 11–24, So bis 23 Uhr 🚌12, 22, 33, 49, Ⓑ16th St Mission) Bowling à la Mission: In dem stimmungsvoll beleuchteten Lagerhaus gibt's sechs Bahnen und eine Bar, mit rauchigen Mezcal Sours und saisonalen Ales aus Sonoma. Von jedem Fassbier und jeder Speise, die in der Happy Hour bestellt werden, geht 1 $ an örtliche gemeinnützige Organisationen. Unter 21-jährige haben nur am Wochenende von 11 bis 19 Uhr Zutritt.

# Castro

Details s. Karte S. 336

## Highlights

❶ **Castro Theatre** (S. 183) Eine Filmpremiere, ein Musical zum Mitsingen oder eine Dragshow besuchen und vor Vorstellungsbeginn die Orgelpfeifen der Mighty Wurlitzer aufbrausen hören.

❷ **GLBT History Museum** (S. 176) Im ersten Schwulenmuseum der USA durch 50 Jahre Geschichte reisen.

❸ **Frances** (S. 181) In Melissa Perellos rustikaler Küche schwelgen.

❹ **Rainbow Honor Walk** (S. 176) Auf der Ehrenmeile zur Erinnerung an die Pioniere sehen, was die LGBTIQ-Bewegung schon erreicht hat.

❺ **Harvey Milks Fotoladen** (S. 176) Zum ehemaligen Fotogeschäft des Bürgerrechtlers Harvey Milk pilgern und das Wandbild mit Botschaft betrachten.

## Rundgang: Castro

Das Zentrum von Castro ist die Kreuzung 18th und Castro St mit Zebrastreifen in Regenbogenfarben. Morgens ist es in Castro eher ruhig, doch ab nachmittags lebt das Viertel auf, besonders am Wochenende, wenn alle Welt zum Leutegucken, Einkaufen und Ausgehen kommt. Abends treffen sich auf den breiten Bürgersteigen spärlich bekleidete Partygänger und vollständiger gewandete Kinobesucher.

Am besten speist man abseits der Hauptstraße rund um die 16th St. Gute Einkaufsmöglichkeiten gibt es in der Market St zwischen Church und Castro St und in der Castro St von der Market bis zur 19th St, ein paar auch in der 18th St. Die Castro St ist von Wohnstraßen mit vielen hübschen viktorianischen Häusern umgeben, in denen man schön spazieren gehen kann.

## Lokalkolorit

**Treffpunkte** Auf dem Castro Farmers Market (März–Nov.) am Mittwochnachmittag kann man die Menschen beobachten, die hier wohnen, etwa von einem der Straßentische des Cafe Flore (S. 183) aus.

**Ausgehen** In Castro gibt es zahllose Bars, aber in den meisten ist erst gegen Abend etwas los – und sonntagnachmittags, gemäß einer seit dem Zweiten Weltkrieg bestehenden Tradition. Veranstaltungshinweise stehen im Magazin *BARtab*, der Beilage der LGBTIQ-Lokalzeitung *Bay Area Reporter*.

**Was (nicht) anziehen** Im extrovertierten Castro führt jeder seinen Körper vor, doch sobald der Nachmittagsnebel einfällt, ist eine Jacke sinnvoll – Touristen sind an Shorts und Tank Top zu erkennen.

**Gesund und glücklich** Seit 1982 ist die San Francisco AIDS Foundation ein Pionier auf dem Feld der Safe-Sex-Initiativen. Im Strut (S. 39) bietet sie kostenlose bzw. -günstige Gesundheitshilfen an: Fragestunden zur PrEP (HIV-Prophylaxe), Früherkennungsuntersuchungen, Drogentherapien sowie Walk-in-Beratung und Selbsthilfegruppen.

## Anfahrt

**Metro** Die Linien K, L und M fahren unter der Market St zur Castro Station. Linie J fährt von Downtown an der Church St entlang bis zur 18th St und weiter.

**Straßenbahn** Auf der F-Market-Linie von Fisherman's Wharf bis Castro St fahren historische Straßenbahnen.

**Bus** Die Busse 24 und 33 fahren nach Castro, aber oft mit langen Wartezeiten dazwischen.

### Top-Tipp

Historische Straßenbahnen fahren wie Spielzeugbahnen von Fisherman's Wharf über die Market St in Downtown bis Castro. Das Dumme ist, dass sie manchmal im Verkehr steckenbleiben und man dann ewig auf sie wartet. Über voraussichtliche Ankunftszeiten kann man sich auf www.nextmuni.com informieren, das GPS-Tracking benutzt; auf der *live map* ist der genaue Standort der Bahnen zu sehen. Falls die F-Market-Linie noch weit entfernt ist oder langsam vorankommt, sind die Metrolinien K, L oder M unter der Market St sehr viel schneller – gleiche Fahrkarte, gleicher Preis.

### Gut essen

- Frances (S. 181)
- Kantine (S. 179)
- Mauerpark (S. 177)
- Gai Chicken Rice (S. 177)
- Beit Rima (S. 177)

Mehr dazu S. 177

### Schön ausgehen

- 440 Castro (S. 182)
- Twin Peaks Tavern (S. 181)
- Last Rites (S. 181)
- Beaux (S. 182)

Mehr dazu S. 181

### Schön shoppen

- Apothecarium (S. 184)
- Cliff's Variety (S. 184)
- Omnivore (S. 184)
- Local Take (S. 184)
- Stag & Manor (S. 184)

Mehr dazu S. 184

# SEHENSWERTES

**Die wichtigen Sehenswürdigkeiten liegen an der Castro St zwischen Market und 19th St. Für ein paar weitere muss man die umliegenden Hügel erklimmen – aber das lohnt sich!**

### HARVEY MILKS FOTOLADEN
HISTORISCHE STÄTTE

Karte S. 336 (575 Castro St; Ⓜ Castro St) Harvey Milks altes Fotogeschäft, Castro Camera, taucht im mit zwei Oscars ausgezeichneten Film *Milk* auf. Zeitweise residierte hier das Human Rights Campaign Action Center, eine Bürgerrechtsgruppe, die sich für die Ehe für alle und Transgender-Rechte einsetzt.

Zuletzt war davon die Rede, dass das ehemalige Geschäft zu einer National Historic Site werden soll.

### GLBT HISTORY MUSEUM
MUSEUM

Karte S. 336 (☎415-621-1107; www.glbthistory.org/museum; 4127 18th St; 5 $, 1. Mi im Monat frei; ⌚Mo–Sa 11–18, So 12–17 Uhr, Herbst–Frühjahr Di geschl.; Ⓜ Castro St) Amerikas erstes Schwulenmuseum versammelt alle möglichen Gedenkobjekte aus der LGBTIQ-Szene aus den vergangenen 100 Jahren – Harvey Milks Wahlkampfschriften, Streichhölzer aus längst geschlossenen Saunen, Fotos von Demos aus der Anfangszeit – sowie spannende Installationen, die sich mit Meilensteinen der queeren Kultur und des Ringens um Anerkennung beschäftigen. In Multimedia-Erzählungen werden die Bürgerrechtskämpfe aus persönlichen Blinkwinkeln dargestellt. Im Shop gibt es Reproduktionen von T-Shirts mit dem Rosa Winkel aus den 1980er-Jahren, Pride-Anstecknadeln aus den 1970ern und Kühlschrankmagneten mit Harvey Milks Worten *„You gotta give 'em hope"* (Man muss ihnen Hoffnung geben) zu kaufen.

INSIDERWISSEN

### RAINBOW HONOR WALK

In Castro, wo auf den Bürgersteigen LGBTIQ-Helden gehuldigt wird, ist man immer in guter Gesellschaft: Der **Rainbow Honor Walk** (Karte S. 336; http://rainbowhonorwalk.org; Ecke Market & Castro St; Ⓜ Castro St) verläuft von der Noe St bis zur Castro St entlang der Market St und von der Market St bis zur 20th St entlang der Castro St. In die Bronzetafeln sind Porträts eingelassen, viele davon bekannte Gesichter wie der Bürgerrechtsaktivist und Schriftsteller James Baldwin, der Künstler Keith Haring, Schriftstellerin Virginia Woolf oder Disco-Diva Sylvester. Am Abend werden sie dann passend in regenbogenfarbenes LED-Licht getaucht.

Zu jeder Person gibt's einen kurzen biografischen Abriss, sodass man auch weniger bekannte Leute wie die Astronautin Sally Ride, den trans Zuni-Führer We'Wha und die iranische Sängerin Fereydoun Farrokhzad kennenlernt. Manche Passanten legen Blumen oder Nachrichten für ihre Lieblinge an den Tafeln ab – auf der Website kann man herausfinden, wer wo geehrt wird.

### RANDALL JUNIOR MUSEUM
MUSEUM

Karte S. 336 (☎415-554-9600; www.randallmuseum.org; 199 Museum Way; ⌚Di–Sa 10–17 Uhr; Ⓟ 👪; 🚌24, 37, Ⓜ F, K, L, M) GRATIS Während die Erwachsenen unten schlafen, machen oben im Corona Heights Park Achtjährige wissenschaftliche Entdeckungen. Als San Franciscos erste Superintendentin im Department Recreation & Parks verwandelte Josephine Randall, die 1910 in Standford ihren Abschluss als Zoologin gemacht hatte, ein ehemaliges Gefängnis in ein Wissenschafts- und Kulturzentrum für Kinder. Das nach ihr benannte Kindermuseum beherbergt heute modernste Wissenschafts- und Techniklaboratorien sowie Ateliers für Holzarbeiten und Töpferei.

Zu den Highlights zählen ein Gehege für 100 streunende und verletzte Tiere sowie die Lionel-Züge, die die Schienen der Golden Gate Model Railroad entlangtuckern.

### CORONA HEIGHTS PARK
PARK

Karte S. 336 (Museum Hill; zw. 16th St & Roosevelt Way; 🚌37, Ⓜ Castro St) Auf der Kuppe der felsigen, knapp 160 m hohen Corona Heights bietet sich ein umwerfender 180-Grad-Blick. Blickt man bei Sonnenuntergang Richtung Osten, erstreckt sich unter einem die Stadt als Lichtermeer. Hoch geht's über die winzige Beaver St und eine Treppe durch die Büsche, dann rechts, vorbei an den Tennisplätzen und den Felskletterern. Einfacher ist der Weg über den Roosevelt Way.

### BARBIE-DOLL WINDOW KUNST

Karte S. 336 (4099 19th St; 🚌24, Ⓜ Castro) Ein Rundgang durch Castro wäre nicht vollkommen, ohne einen Blick in dieses Fenster zu werfen, mit trans Barbies und Billy Doll, einer schwulen Variante von Ken, anatomisch mehr als korrekt dargestellt. Die Puppen sind – zumindest zum Teil – provokativ gekleidet und in Demoreihen samt Protestschildern arrangiert. Ein Plakat bringt's auf den Punkt: „It's Castro, Bitch."

### HARVEY MILK & JANE WARNER PLAZAS PLATZ

Karte S. 336 (Ecke Market & Castro St; Ⓜ Castro St) Somewhere over the rainbow befindet sich die Harvey Milk Plaza, über der eine riesige Regenbogenflagge flattert. Rolltreppen, die in Regenbogenfarben beleuchtet sind, führen zur Muni-Station Castro und zu einer kleinen Ausstellung und Gedenktafel zu Ehren des Mannes, der für schwules Selbstbewusstsein und politischen Einfluss kämpfte. Auf der anderen Seite der Castro St befindet sich am Endbahnhof der Linie F die Jane Warner Plaza. Sie erinnert an eine lesbische Polizistin, die 20 Jahre lang in Castro auf Patrouille war und Pionierarbeit leistete. Stadtmöbel in Regenbogenfarben und bizarre Kunstwerke bilden eine tolle Kulisse zum Leutegucken. In Castro genießen u. a. regelmäßig Nudisten die Sonne, die nach dem Gesetz einen passend platzierten Socken tragen müssen.

## ESSEN

**Die Castro St säumen zahlreiche Läden für einen schnellen Happen, doch schönere Essmöglichkeiten und solche mit einem besseren Preis-Leistungs-Verhältnis finden sich an der Market St bis zur Church St. Die allerbesten liegen abseits der Hauptrouten, darunter einige Bistros und günstige Lokale um die 16th und 17th St.**

### ★KANTINE SKANDINAVISCH $

Karte S. 336 (☎415-735-7123; http://kantinesf.com; 1906 Market St; Gerichte 10–19 $; ⏲Di–Fr 7.30–15, Sa & So ab 9 Uhr; 🌱 👪; 🚌22, Ⓜ F, J, K, L, M) 🍃 In der Kantine gibt's zum Brunch eine Portion *hygge* dazu. Die Gäste haben die Wahl aus fünf bis sieben saisonalen skandinavischen Gerichten wie cremigem Garnelen-Eier-Salat, eingelegtem Hering mit Zitrone oder herzhaftem *smørrebrød* mit nussigem, frisch gebackenem, köstlichem Roggenbrot. Köchin und Eigentümerin Nichole Achettola verwandelt regionale Biozutaten in dekadente, heilsame und höchst ansehnliche Kost, die das skandinavische Erbe von Castro aufgreift, wie auch den Umstand, dass die Kantine in einem alten Waschsalon zuhause ist. (Die von Wäschesäcken umhüllten Lampen sind allerliebst.)

### ★GAI CHICKEN RICE HAINAN-KÜCHE $

Karte S. 336 (☎415-535-0451; www.gaiandrice.com; 3463 16th St; Gerichte 11–13 $; ⏲11.30–20.30 Uhr; 🌱 👪; 🚌22, Ⓜ F, J, K, L, M) Wer hat die Lösung für kalte Tage und empfindliche Mägen? Dieser Laden! Das zarte pochierte Huhn im Hainan-Stil kommt aus Freilandhaltung und ist frei von Antibiotika; dazu gibt's in Hühnerbrühe gekochten Jasmin- oder Naturreis und süß-saure Gurken. Bei der Sauce hat man die Wahl zwischen einer Hainan-Ingwer-Sauce, einer würzigen vietnamesischen Sauce, einer thailändischen Sojasauce oder einer hausgemachten *habanero*-Sauce. Die Suppe für die Seele bringt einen wieder auf die Beine, der gesüßte vietnamesische Kaffee katapultiert einen durch Clubnächte.

### ★MAUERPARK DEUTSCH, BÄCKEREI $

Karte S. 336 (☎415-525-4429; http://mauerparksf.com; 500 Church St; Gerichte 12–13 $; ⏲Di & Mi 7–17, Do & Fr bis 21, Sa 8–21, So 8–17 Uhr; 👪; 🚌22, 33, Ⓜ J, K, L, M) Hier kann man mit Freunden das Brot brechen und sich Wurst-, Salami- und Käseteller teilen. Salome Buelow, Kind deutscher Eltern, in der Bay Area aufgewachsen, serviert sättigende, schnörkellose, mit Liebe zubereitete Kost: Zum Müesli gibt's dicken Joghurt und nussigen Emmentaler; Brezeln und Weizenbier lassen die Leberwurst jodeln. Namensgeber ist ein Park auf dem ehemaligen Mauerstreifen in Berlin – doch dieses Brot baut Brücken, keine Mauern.

### BEIT RIMA PALÄSTINENSISCH $

Karte S. 336 (☎415-710-2397; 138 Church St; kleine Gerichte 8–12 $; 🌱 👪; 🚌22, Ⓜ J, K, L, M, N) Seine Ideen für Mezze verdankt Koch und Inhaber Samir Mogannam seiner Mama sowie Gastspielen in mediterranen Top-Restaurants der Bay-Region. Hummus-mit-Tahini-Traditionalisten und Wurzelgemüse-Radikale versöhnen sich über Samirs klassischer Variante mit gerade genug Zitrone, dass sich die Lippen kräuseln – auf Wunsch

MARLEYPUG / SHUTTERSTOCK ©

**1. Edge (S. 182)**
Eine der beliebtesten Schwulenbars von Castro

**2. Castro Camera (S. 176)**
In Harvey Milks einstigem Fotoladen residierte eine Zeit lang eine Bürgerrechtsinitiative. Zur Zeit der Recherche wurde die Ausweisung als Nationaldenkmal diskutiert.

**3. Twin Peaks Tavern (S. 181)**
Die erste Schwulenbar der Welt mit Fenstern zur Straße raus

**4. Castro Theatre (S. 183)**
In dieser klassischen Location in Castro ein Musical, einen Film oder eine Dragshow anschauen.

4000
17TH ST
TWIN PEAKS
ROSSI'S DELI

gibt's würziges Rindfleisch im *kibbe*-Stil dazu. Zum palästinensischen Lagerbier passen bestens *ful* (Favabohnenaufstrich) mit Knoblauch, saftiges, rauchiges *shish taouk* (Grillhühnchen) und nussige, würzige *muhamarra* (Mandel-Paprika-Paste).

### THOROUGHBREAD
BÄCKEREI **$**

Karte S. 336 (☎415-558-0690; http://thoroughbreadandpastry.com; 248 Church St; Backwaren 3–6 $; ⌚Di–Sa 7–18, So ab 8 Uhr; ; 22, 33, Ⓜ J, K, L, M, N) Im Thoroughbread – ein Wortspiel aus *thoroughbred*, Vollblüter, und *bread*, Brot – haben die Backwaren einen Stammbaum: Sie sind Schöpfungen des Sternekochs Michel Suas, Gründer des San Francisco Baking Institute. Wer noch nicht sicher ist, was er möchte, sollte einen in die Regale hinter dem Tresen werfen – es wird den ganzen Tag lang gebacken. Verführerische Aromen und freundliches Personal machen die Bäckerei zu einem beliebten Treffpunkt: Hier lassen die Leute ihr Handy Handy sein, um sich auf der Terrasse hinterm Haus zu unterhalten.

### THAI HOUSE EXPRESS
THAILÄNDISCH **$**

Karte S. 336 (☎415-864-5000; www.thaihousesf.com; 599 Castro St; Hauptgerichte abends 10–17 $; ⌚12–22 Uhr; 24, Ⓜ Castro St) Klare, frische Aromen und tröstliche thailändische Klassiker machen das Thai House zu einer Standardadresse für neblige Tage. Auch bei den köstlichen Reisgerichten zu 10 $ mittags macht sich die Liebe zum Detail bemerkbar – und der Preis ist an der Castro St mit ihren hohen Mieten und der vielen Kundschaft selten günstig. Die durchgehende Küche ist praktisch für ein spätes Mittagsmahl, doch wenn es voll ist, ist's hier laut. Beim zweiten Besuch begrüßt einen die aufmerksame Bedienung bereits mit „Willkommen zurück".

### DINOSAURS
SANDWICHES **$**

Karte S. 336 (☎415-503-1421; 2275 Market St, UG; Sandwiches 8–9 $; ⌚10–22 Uhr; ; Ⓜ Castro St) Riesige *banh mi* (vietnamesische Sandwiches) mit Rindfleisch, Zitronengras-Huhn, Zuchtchampignons oder Schweinefleisch auf knusprigem französischem Brot lassen dem Hunger keine Chance. Für ein tolles Mittagsmahl bestellt man beim freundlichen Tresenpersonal die ganze Palette – Jalapeños, Mayo, eingelegtes Gemüse, vielleicht auch Koriander und scharfe Sriracha-Sauce – dazu vietnamesischen Eiskaffee mit süßer Kondensmilch und verspeist das Ganze dann auf einem sonnigen Plätzchen draußen auf dem Bürgersteig.

### SUPER DUPER BURGER
BURGER **$**

Karte S. 336 (www.superdupersf.com; 2304 Market St; Burger 5,75–8,25 $; ⌚11–23 Uhr; ; 24, Ⓜ F, K, L, M) Im Super Duper gibt es keine Drive-in-Burger, sondern solche nach Kundenwunsch mit erstklassigem Rindfleisch aus tierfreundlicher Haltung, Pommes aus nicht-genmanipulierten Kartoffeln und traumhafte Milchshakes mit Biosahne aus Sonoma. Die örtliche Kette verfügt über Filialen in ganz San Francisco, doch dieses sonnige verglaste Ecklokal eignet sich toll zum Leutegucken.

### STARBELLY
KALIFORNISCH, PIZZA **$$**

Karte S. 336 (☎415-252-7500; https://starbellysf.com; 3583 16th St; Gerichte 8–25 $; ⌚Mo–Do 11.30–15.30 & 17–23, Fr bis 24, Sa 10–15.30 & 17–24, So bis 23 Uhr; ; Ⓜ Castro St) Hier gibt's den legeren Charme und die sonnenverwöhnten Aromen, die man von Kalifornien erwartet, und das zu chilligen Preisen. Gleich gegenüber findet der Bauernmarkt von Castro statt und so schmecken die marktfrischen Salate aus nachhaltigem Anbau, die saisonal gefüllten Dumplings und die dünnkrustige Pizza mit höhlengereiftem Gruyère und Wildpilzen auch. Die Wurst wird hier selbst gepökelt und die Prather-Ranch-Burger sind die besten in Castro.

### LOVEJOY'S TEA ROOM
BRITISCH **$$**

(☎415-648-5895; www.lovejoystearoom.com; 1351 Church St; Tee 18–30 $, Kneipenkost 11–19 $; ⌚Mi–So 11–18 Uhr, letzte Platzierung 16.30 Uhr; ; 24, Ⓜ J) All der altmodische Kitsch eines englischen Teesalons, aber mit San Franciscoer Gästen: Kuratoren reden bei Darjeeling, Scones und Sahne über interaktive Kunst, während Väter ihre Töchter und deren Puppen zum „kleinen Tee" mit winzigen Sandwiches, Petit fours und heißer Schokolade ausführen. Wem der Sinn nach einem deftigen Mittagessen steht, der ist mit der Kneipenkost gut bedient, besonders mit den Würstchen in (fluffigem) Blätterteig und der Wurstpastete im Tontöpfchen. Reservieren!

### POESIA
ITALIENISCH **$$**

Karte S. 336 (☎415-252-9325; http://poesiasf.com; 4072 18th St; Hauptgerichte 23–34 $; ⌚Mo–Sa 17–22.30, So bis 22 Uhr; Ⓜ F, K, L, M) In der

Osteria mit sonniger Stimmung und Erkerfenster, handgemachter Feel-good-Pasta, ausgezeichneten italienischen Weinen und bequemen Sitzbänken, die zum Verweilen einladen, kann man es sich gemütlich machen. Vor 18.30 Uhr gibt's zur Happy Hour Negronis und Aperol Spritz zum halben Preis sowie günstige Crostini. Hier speiste übrigens Oprah Winfrey bei ihrem Besuch in Castro.

### ANCHOR OYSTER BAR
FISCH & MEERESFRÜCHTE **$$**

Karte S. 336 (☎415-531-3990; www.anchoroysterbar.com; 579 Castro St; Hauptgerichte 18–28 $; ⏲Mo–Sa 11.30–22, So 16–21.30 Uhr; 🚌24, 33, Ⓜ F, K, L, M) Seit seiner Eröffnung 1977 ist das Anchor *die* Adresse in Castro für Austern, Kalifornischen Taschenkrebs, Meeresfrüchtesalate und *cioppino* (Fischsuppe) auf San-Francisco-Art. Alle Tierchen stammen aus nachhaltiger Zucht in der Region. Der im nautischen Stil gehaltene Gastraum hat nur 24 Plätze an Edelstahltischen; an der Marmorbar wird man zügiger bedient. Reservierung wird nicht – man lässt sich auf die Warteliste setzen und wartet mit einem Glas Wein draußen auf der Bank bis zum Aufruf.

### ★FRANCES
KALIFORNISCH **$$$**

Karte S. 336 (☎415-621-3870; www.frances-sf.com; 3870 17th St; Hauptgerichte 26–34 $; ⏲So & Di–Do 17–22, Fr & Sa bis 22.30 Uhr; 🚌24, 33, Ⓜ F, K, L, M) 🌿 Küchenchefin und Besitzerin Melissa Perello erhielt einen Michelin-Stern für gehobene Küche, doch dann verließ sie Downtown, um dieses Nachbarschaftsbistro zu eröffnen. Die täglich je nach Markangebot wechselnden Gerichte zeichnen sich durch rustikale Aromen und eine üppige Konsistenz aus: handgemachte Ricotta-*malfatti* mit buttrigem Kürbis und knusprigen Kürbiskernen oder saftige Schweinskoteletts mit Blutorange und japanischen Süßkartoffeln; dazu gibt's Wein von kleinen Kellereien direkt aus dem Wine Country.

## AUSGEHEN & NACHTLEBEN

**Die Bars öffnen in Castro früher als in anderen Stadtteilen, am Wochenende sind die meisten schon ab 12 Uhr geöffnet. Eine Vielzahl von Cafés bietet ausgezeichneten Kaffee und man kann dort wunderbar dem allgemeinen Treiben zusehen.**

### ★LAST RITES
TIKIBAR

Karte S. 336 (www.lastritesbar.com; 718 14th St; ⏲18–2 Uhr; 🐾; 🚌22, Ⓜ F, J, K, L, M) Ein Flugzeug stürzt auf einer einsamen Insel ab und aus dem Wrack entsteht diese herrliche Tikibar. Durch die Flugzeugtür geht's hinein in eine vergessene Dschungelwelt, in der Tattookünstler und Software-Ingenieure an Seekoffern mit brennenden Rumdrinks anstoßen. Von den farnbewachsenen Wänden grüßt ein riesiger Schädel und hält einen dazu an, den zweiten Zombie Killer auszutrinken. Gut festhalten bei der Landung.

### ★TWIN PEAKS TAVERN
SCHWULE

Karte S. 336 (☎415-864-9470; www.twinpeakstavern.com; 401 Castro St; ⏲Mo–Fr 12–2, Sa & So ab 8 Uhr; Ⓜ Castro St) Altmodische Neonlichter in Regenbogenfarben weisen den Weg zu einem örtlichen Wahrzeichen: Das Twin Peaks war weltweit die erste Schwulenbar mit Fenstern zur Straße raus. Castros place to be, um Leute zu gucken; wer nicht deswegen hier ist, lässt sich an der viktorianischen Holztheke nieder, um Cocktails zu schlürfen und die Geselligkeit zu genießen, oder sucht sich eine Sitznische, um bei einem Glas Wein über Filme zu diskutieren.

### VERVE COFFEE ROASTERS
CAFÉ

Karte S. 336 (☎415-780-0867; www.vervecoffee.com; 2101 Market St; ⏲6–20 Uhr; 🚌22, Ⓜ F, J, K, L, M) Eine so treue Anhängerschaft wie dieser Röster aus Santa Cruz haben nicht viele Kulte. Ihm wird, völlig zu Recht, wegen seiner sortenreinen Röstungen gehuldigt, die in kleinen Mengen mit viel Liebe produziert werden. Die aufgeweckten Baristas fragen, ob man seine Milch lieber als Mikroschaum dichter aufgeschäumt haben möchte – ja sagen und Bares als Trinkgeld hinterlassen.

Köstliche Frühstückskekse und eine sonnige Ecklage laden zum Bleiben und Leutegucken ein – durch die vielen Laptops sollte man sich den eigenen Müßiggang nicht verderben lassen.

### SWIRL
WEINBAR

Karte S. 336 (☎415-864-2262; www.swirloncastro.com; 572 Castro St; ⏲Mo–Do 13.30–20, Fr 13.30–21, Sa 12–21, So 12–20 Uhr; 🚌24, 33, 🚋F, Ⓜ K, L, M) Jeder ist willkommen – ob Nadelstreifen oder Leder, schwul, hetero oder was auch immer – und kann nach dem Besuch des GLBT History Museum (S. 176) mit einem edlen Sekt auf die Freiheit anstoßen oder sich mit einem kräftigen Roten Mut zum Mitsingen im Castro Theatre (S. 183) antrinken. Mit feinen Weinen zu fairen Preisen und in freundlicher Gesellschaft spricht die Weinhandlung mit Bar im hinteren Bereich alle an.

### BEAUX
SCHWULE & LESBEN

Karte S. 336 (www.beauxsf.com; 2344 Market St; Eintritt frei–5 $; ⏲Mo–Fr 16–2, Sa & So 12–2 Uhr; 🚌24, 33, Ⓜ F, K, L, M) Das Beaux ist gewissermaßen der bunte Bonbonladen unter den Clubs in Castro: Er bedient jede schwule Geschmacksrichtung. Zu den Highlights zählen die Club Papi Wednesdays, die Throwback Thursdays (1990er- bis Nullerjahre), die Go-go-Manimal-Fridays und die Nitty-Gritty-Dirty-Disco-Saturdays (Tipp: von der Galerie gibt's den besten Blick auf die Tanzfläche).

An Big Top Sundays fungieren *Rupaul's Drag Race*-Stars als Conférenciers. Am Wochenende versammelt sich hier das gesamte Regenbogenspektrum wie auch Heteros. Wer vor 22 Uhr kommt, spart sich die Warteschlangen und den Eintritt.

### 440 CASTRO
SCHWULE

Karte S. 336 (☎415-621-8732; www.the440.com; 440 Castro St; ⏲12–2 Uhr; 🚌24, 33, Ⓜ F, K, L, M) In der angesagtesten Bar der Straße tummeln sich bärtige, durchtrainierte Kerle zwischen 30 und 50 Jahren – besonders an Furry Sundays und wenn am Wochenende Go-go-Boys herumwirbeln – und eine merkwürdige Mischung aus Peter Pans bei der Unterwäschenacht jeden Montag.

INSIDERWISSEN

### SEWARD STREET SLIDES

Erster! Die **Seward Slides** (Karte S. 336; Ecke Seward & Douglass St; ⏲bei Tageslicht; 👪; 🚌33, Ⓜ F, K, L, M), zwei Betonrutschen, die sich einen steilen Hang hinabschlängeln, wurden 1973 erbaut. Für die Abfahrt braucht man ein Stück Pappe – in der Regel ist an der Bahn ein Stapel vorhanden. Schneller ist man mit Wachspapier, das man aber selbst dabeihaben muss. Kids mitbringen: Ein Schild warnt „Erwachsene nur in Begleitung von Kindern“. Die Nachbarn mögen keinen Lärm, aber manchmal geht's nicht anders – huiii!

### BLACKBIRD
SCHWULE

Karte S. 336 (☎415-503-0630; www.blackbirdbar.com; 2124 Market St; ⏲Mo–Fr 15–2, Sa & So ab 14 Uhr; 🚌33, 37, Ⓜ F, J, K, L, M) Aus mysteriösen Tinkturen und hausgemachten Bitters entstehen hier kreative Cocktails mit magnetischen Kräften und ziehen Stammgäste aus Castro sowie ein Hetero-After-Work-Publikum in die behagliche Nachbarschaftskneipe an der Muni-Station Church Street.

Während man auf einen Platz am Billardtisch oder in der Fotokabine wartet, kann man sich unters Volk mischen. Happy Hour ist unter der Woche von 17 bis 20 Uhr; am Wochenende wird's irre laut.

### MIDNIGHT SUN
SCHWULE

Karte S. 336 (☎415-861-4186; www.midnightsunsf.com; 4067 18th St; ⏲Mo–Fr 14–2, Sa & So ab 13 Uhr; 🚌24, 33, Ⓜ F, K, L, M) Dieser Laden besteht seit über 40 Jahren, das ist keine Kleinigkeit. Und auch heute noch liefert das Midnight Sun stets gute Stimmung und starke Drinks –bis 21 Uhr zwei zum Preis von einem. Bei den extrem beliebten Bear Happy Hour Fridays kann man seinen inneren Bären nach außen kehren, für die Mister Sister Mondays, bei denen Dragstar Honey Mahogany als Gastgeber fungiert, sollte man sich ordentlich rausputzen.

### HITOPS
SPORTBAR

Karte S. 336 (☎415-551-2500; www.hitopsbar.com; 2247 Market St; ⏲Mo–Mi 11.30–24, Do & Fr bis 2, Sa & So 10–2 Uhr; 🚌22, 33, Ⓜ F, J, K, L, M) In der ersten schwulen Sportbar in Castro kann man Regenbogen- und Teamfarben tragen (solange sie entweder blau-gelb oder orange-schwarz sind). Riesige Bildschirme und übergroße Snacks bilden den Rahmen für spontane Verbrüderungen – und bei der Thursday Gym Class sorgen Whiskey und Go-go-Boys für Umkleidekabinenspäßchen. Freundliche Wettkämpfe kann man sich am Shuffleboard-Tisch und bei den Quizabenden am Dienstag liefern.

### EDGE
SCHWULE

Karte S. 336 (www.edgesf.com; 4149 18th St; ⏲Mo–Fr 13–2, Sa & So 12–2 Uhr; 🚌24, 33, Ⓜ F, K, L, M) Wer sich etwas mies fühlt und einen „Daddy“ braucht, der geht ins Edge. Dragqueens und Ledermänner verbrüdern sich, wenn sonntags, montags und mittwochs jeder zu den üblichen Hits und Musical-Songs mitsingt. Doch dienstags braucht man schon einen Doktortitel in Popkultur, um beim harten Popmusikquiz bestehen zu können. Dazu kommen Thursday-Monster-Dragshows und täglich Specials mit zwei Drinks zum Preis von einem.

**THE CAFE** SCHWULE & LESBEN

Karte S. 336 (☎415-523-0133; www.cafesf.com; 2369 Market St; Eintritt frei–6 $; ⏲Mo–Fr 18–2, Sa & So ab 15 Uhr; Ⓜ Castro St) Mit einem Wandbild von Harvey Milk und einer in Regenbogenfarben beleuchteten Tanzfläche ist The Cafe ein geeigneter Ort für die eigene Coming-Out-Party. An den meisten Abenden scheint das Publikum eher aus Szeneneulingen zu bestehen; die Partys reichen von Latinx Picante Thursdays bis zu lesbischen Sugar Saturdays – Termine siehe Website. Grandioser Sound und eine abgedrehte Lichtshow sorgen für volle Tanzflächen; zwischen den Sets kann man in der Freiluft-Lounge für Raucher herumcruisen. Nur Barzahlung.

**MIX** SCHWULE

Karte S. 336 (☎415-431-8616; www.mixbarsf.com; 4086 18th St; ⏲Mo–Fr 7–2, Sa & So ab 6 Uhr; Ⓜ Castro St) Das Mix ist die letzte Bar in Castro, die schon morgens um 6 Uhr öffnet, und macht mit einer Mischung aus allen möglichen bunten Vögeln aus dem Viertel seinem Namen alle Ehre – zu den Gästen zählen renommierte lesbische Dramatikerinnen, AIDS/LifeCycle-Aktivisten und Dragqueens außer Dienst. Die Bar vorne ist behaglich und gesellig, doch die meiste Action spielt sich auf der offenen Raucherterrasse ab. Es gibt Getränke-Specials für 2 bis 5 $. Die gute Stimmung ist kostenlos.

**CAFE FLORE** CAFÉ

Karte S. 336 (☎415-621-8579; http://flore415.com; 2298 Market St; ⏲Mo & Mi 17–22, Do & Fr 9–22, Sa bis 23, So bis 20 Uhr; 📶; 🚌24, 33, Ⓜ F, K, L, M) Auf der sonnigen Terrasse des Flore, dem Zentrum von Castro seit 1973, kann man die gesamte schwule Welt an sich vorbeiziehen lassen. Unter der Woche halten die Stammgäste bei Purple Arnold Palmers und Ritual-Kaffee draußen Hof, besonders während des Bauernmarkts am Mittwoch. Wer seine Cocktailkaraffe teilt, findet sofort Freunde. Das Essen ist nur mittelmäßig. WLAN gibt's nur unter der Woche und Steckdosen keine; hin und wieder legen DJs auf oder es findet ein Drag-Karaoke statt.

**BADLANDS** SCHWULE

Karte S. 336 (☎415-626-9320; www.sfbadlands.com; 4121 18th St; ⏲14–2 Uhr; 🚌24, 33, Ⓜ F, K, L, M) Die alteingesessene Tanzbar in Castro ist stets voll mit schwulen Studenten, ihren staunenden Hetero-Freundinnen und allen möglichen älteren Schwulen auf Frischfleischsuche. Für San Franciscoer Verhältnisse ist die Szene hier eher zahm, doch der Laden ist ein guter Einstieg für frisch gekürte Schwule, mit Top-40-Musikvideos, gängigen Wodka-Cocktails und zwei Drinks zum Preis von einem bis 21 Uhr. An Wochenenden sind die Schlangen am Eingang lang.

## ☆ UNTERHALTUNG

**★CASTRO THEATRE** KINO

Karte S. 336 (☎415-621-6120; www.castrotheatre.com; 429 Castro St; Erw. 13 $, Kind, Sen. & Matinee 10 $; Ⓜ Castro St) Jeden Abend jubelt das Publikum, wenn die mächtige Wurlitzer-Orgel losdröhnt. In dem Art-déco-Filmpalast von 1922 wird jede Vorführung mit Show-Melodien auf der alten Kinoorgel eingeläutet, wobei am Ende jeder in die Judy-Garland-Hymne *San Francisco* einstimmt. Der überbordende spanisch-maurisch-asiatische Stil von Architekt und Ausstatter Timothy Pflueger inspirierte die Kulissen für den *Zauberer von Oz*, doch unter dem spitz zulaufenden Metallkronleuchter sitzen die erdbebenscheuen San Franciscoer eher ungern.

**★SWEDISH AMERICAN HALL & CAFE DU NORD** LIVEMUSIK

Karte S. 336 (☎415-375-3370; www.swedishamericanhall.com; 2170 Market St; Konzerte 12–35 $; ⏲Konzertbeginn 18.30–20 Uhr; Ⓜ Church St) Wegen der Seeleute, die hier an Land gingen, war Castro einst als Klein-Skandinavien bekannt. Das Geheimnis hinter deren Gemeinschaftsgeist war die Flüsterkneipe, die seit 1907 im Keller ihres Gemeindesaals betrieben wurde.

Heute ist der modernisierte Laden als Cafe du Nord ein stimmungsvoller Singer-Songwriter-Hotspot. In der tollen Swedish American Hall finden die größeren Konzertveranstaltungen Noise Pop und folkYEAH! statt.

**MINT** KARAOKE

Karte S. 336 (☎415-626-4726; www.themint.net; 1942 Market St; ⏲Mo–Fr 15–2, Sa & So ab 14 Uhr;

22, M F, J, K, L, M) Die kräftigen Stimmen in dieser gemischten Hetero-Homo-Karaokebar könnten in der US-Münzanstalt weiter bergan die Pennys zum Klimpern bringen. Wer sich nicht entscheiden kann, was er von der 30 000 Titel umfassenden Liste singen möchte, sollte wissen: George Michael ist immer ein Erfolg und der Mindestverzehr von zwei Getränken garantiert fast immer Applaus. Online reservieren, ein paar Freunde einsammeln und dem DJ ein Trinkgeld verabreichen, wenn man in naher Zukunft singen möchte.

## SHOPPEN

**Die meisten Läden in der Castro St verkaufen Kleidung, Souvenirs und Sexspielzeug. Marihuana, Geschenke, und Vintage-Mode gibt's auf der Market St zwischen Castro und Dolores St.**

### ★APOTHECARIUM — CANNABIS

Karte S. 328 (415-500-2620; https://apothecarium.com; 2029 Market St; 9–21 Uhr; 22, 37, M F, J, K, L, M) Was ist dieser einladende Laden mit Rauchglasfenstern? Das Ergebnis einer Liebe zwischen einem Apple Store und einer viktorianischen Dessous-Boutique? Richtig geraten: Es handelt sich um die am besten designte Cannabis-„Apotheke" in den USA, zumindest laut *Architectural Digest*. Für das beste Ergebnis fragt man das Personal nach dem richtigen Proviant für den angestrebten Zustand von sanft besäuselt bis aufgedreht – erst danach kann man die Kunst an den Wänden, von den Designersofas aus betrachtet, wirklich schätzen. Zutritt ab 18; Ausweis erforderlich.

### ★STAG & MANOR — HAUSHALTSWAREN, DESIGN

Karte S. 336 (415-997-8241; https://stagandmanor.com; 2327 Market St; Di–Do & Sa 12–19, Fr & So bis 17 Uhr; 24, 33, M F, J, K, L, M) Mit den umwerfend hübschen Wohnaccessoires von der unabhängigen Designboutique Stag & Manor kann man Castro mit zu sich nach Hause nehmen. Die Macramé-Wandbehänge verleihen den heimischen vier Wänden kalifornisches Flair, Messingkugellampen begrüßen Gäste warm und einladend und minimalistische Fair-Trade-Zierkissen vermitteln dem Date den Eindruck, dass man nachdenklich, entspannt und viel gereist ist. Hier gibt's gute Preise und einen weltoffenen Geist. Der freundliche Eigentümer Seth Morrison hilft gern beim Lösen von Designfragen.

### ★CHARLIE'S CORNER — BÜCHER

(415-641-1104; https://charliescorner.com; 4102 24th St; Mo–Fr 9.30–18, Sa & So 10–17 Uhr; ; 24, 48, M J) Für Castro-Kinder ist die größte Attraktion der Gegend auf der anderen Seite des Hügels die Buchhandlung Charlie's Corner, eine Welt der Märchenbücher, in der die Kleinen eingeladen sind zu lesen, zu zeichnen und mitzusingen. Dieser Laden ist ein Zauberwald, in dem sich die Kids zur Vorlesestunde, die täglich viermal auf Englisch, Spanisch und Französisch stattfindet – manchmal mit Livemusik und Kunstprojekten – um einen Baum herum versammeln und auf Pilzen hocken.

### ★LOCAL TAKE — GESCHENKE & SOUVENIRS

Karte S. 336 (415-556-5300; http://localtakesf.com; 3979b 17th St; 11–19 Uhr; 24, 33, M F, K, L, M) Local Take bietet Original-Souvenirs aus San Francisco, die hier entworfen und hergestellt werden. So kann man sich sein persönliches Castro-Wahrzeichen mit nach Hause nehmen, z. B. einen Druck von der Anzeigetafel des Castro Theatre, eine Tasche mit dem Sutro Tower, ein T-Shirt mit einem Tramwagen der F-Castro-Linie oder eine Gürtelschnalle aus alten Muni-Plänen. Damit unterstützt man gleichzeitig die kreative Szene der Stadt. Veranstaltungen mit den Kunsthandwerkern werden auf der Website angekündigt.

### ★OMNIVORE — BÜCHER

(415-282-4712; www.omnivorebooks.com; 3885a Cesar Chavez St; Mo–Sa 11–18, So 12–17 Uhr; M J) Hier verführen signierte Kochbücher der Kochlegende Alice Waters und signierte Erstausgaben von *Salt Fat Acid Heat* (auf Dt. *Salz. Fett. Säue. Hitze.*) der Köchin Samin Nosrat aus Berkeley. Auf der Website werden Veranstaltungen (nur Stehplätze) mit berühmten Köchen und Gastrogrößen wie Michael Pollan angekündigt. Appetitanregend sind aber auch Nischentitel, etwa zu alten philippinischen Diäten, libanesischen Konservierungsmethoden und zur Schwarzbrennerei. Nicht verpassen: Vintage-Kochbücher und -Grafikartikel wie alte Absinthetiketten.

### ★CLIFF'S VARIETY — HAUSHALTSWAREN

Karte S. 336 (www.cliffsvariety.com; 479 Castro St; Mo–Sa 10–20, So bis 18 Uhr; M Castro St) Keiner der Verkäufer im Cliff's wird mit der

Wimper zucken, wenn jemand dringend *rubber nuns*, etwas silberne Körperfarbe und eine Kiste Cocktailspießchen benötigt, aber vielleicht lässt er durchblicken, einer Einladung nicht abgeneigt zu sein. Im Anbau hat Cliff's, seit 1936 eine Institution, jede Menge Drag-Zubehör vorrätig und der Laden feiert die Jahreszeiten mit tollen Schaufensterdekorationen.

**DOG EARED BOOKS** BÜCHER

Karte S. 336 (www.dogearedbooks.com; 489 Castro St; 10–22 Uhr; M F, K, L, M) Für zur Castro-Kulisse passende Urlaubslektüren steuert man am besten das Dog Eared mit seiner breiten Palette an Büchern zu San Francisco, LGBTIQ-Memoiren und Romanen, die anderswo zensiert werden, an. Die Lesungen ziehen eine buntes Anwohnerschar an; einen Einblick in den lokalen Aktivismus und das literarische Leben hier bietet das Anschlagbrett hinten im Laden.

**SUI GENERIS** MODE & ACCESSOIRES

Karte S. 336 (415-437-2231; www.suigenerisconsignment.com; 2265 Market St; Mo–Sa 11–19, So bis 17 Uhr; M Castro St) Kunden verlassen diese Wiederverkaufs-Designerboutique für Männer in der selbstbewussten Gewissheit, dass niemand sonst diesen neuen Look tragen kann. Die sorgsam ausgewählte aktuelle und Vintage-Mode eignet sich am besten für schlanke Kerle mit fetten Geldbörsen. Aber da die meisten Stücke aus zweiter Hand stammen, sind die Preise um einiges niedriger als in normalen Läden und lassen sich gelegentlich auch runterhandeln. Das Pendant für Damenmode befindet sich in der Union St.

**GIDDY** SCHOKOLADE

Karte S. 336 (415-857-4198; www.giddycandy.com; 2299 Market St; So–Do 11.30–21, Fr & Sa bis 22 Uhr; ; F, M K, L, M) Hier gibt's all die Süßigkeiten, von denen man als Kind geträumt hat, aber viele mit einem exotischen Note: Zuckerstangen-Malzkugeln, Keks-Sahne-Karamellbonbons, extrasaure Totenschädel und den gesamten Regenbogen an Gummibärchen. Das freundliche Personal hilft einem, wunderbare Care-Pakete zusammenzustellen. Wie wäre es mit ein wenig California Love für die Leute zuhause: Dunkle Schokolade mit Splittern von Salzbrezeln von Compartés.

**CASTRO FARMERS MARKET** MARKT

Karte S. 336 (www.pcfma.com; Ecke Noe & Market St; März–Dez. Mi 16–20 Uhr; M Castro St) Auf dem Markt werden von März bis Dezember Biogemüse und -obst aus regionalem Anbau und Lebensmittel aus Kleinbetrieben zu moderaten Preisen verkauft, außerdem ist wunderbare, ausgefallene Folkmusik zu hören.

**KENNETH WINGARD** HAUSHALTSWAREN

Karte S. 336 (415-431-6900; www.kennethwingard.com; 2319 Market St; Mo–Fr 12–20, Sa & So 11–19 Uhr; M Castro St) Freche Mitbringsel für Ihn lassen sich unter den (Wohn)Accessoires von Kenneth Wingard entdecken. Der San Franciscoer Star-Designer arbeitet für Leute wie Oprah und Martha, hat aber seinen Sinn für Humor nicht verloren. Die Anlaufstelle für *Tequila Mockingbird*-Cocktailbücher, Krawatten mit dem Schriftzug „So Rachet", *This Annoying Life*-Malbücher zum über die Linien Kritzeln und Motelschlüsselanhänger mit inspirierenden Mottos wie „Make today your bitch".

# Haight-Ashbury & Hayes Valley

## Highlights

❶ **Haight St** (S. 188) Ein Stück Summer of Love erleben: Blumen im Haar tragen, ein Manifest verfassen und an der Ecke Haight und Ashbury St Folksongs singen.

❷ **SFJAZZ** (S. 196) Zwischen zwei Gigs vor Sandow Birks Kachelwandbild zur Musikgeschichte auf Jazzgiganten trinken.

❸ **Alamo Square Park** (S. 189) Viktorianische Villen bewundern, die Erdbebenopfer, Hippiekommunen, Flüsterkneipen und satanische Sekten beherbergten.

❹ **Haight Street Art Center** (S. 190) Auf Plakatkunstausstellungen Inspiration sammeln, Kunst entstehen sehen und das verborgene WPA-Wandbild entdecken.

❺ **Bound Together Anarchist Book Collective** (S. 197) Das Wandbild *Anarchists of the Americas* anschauen und Knastliteratur wälzen.

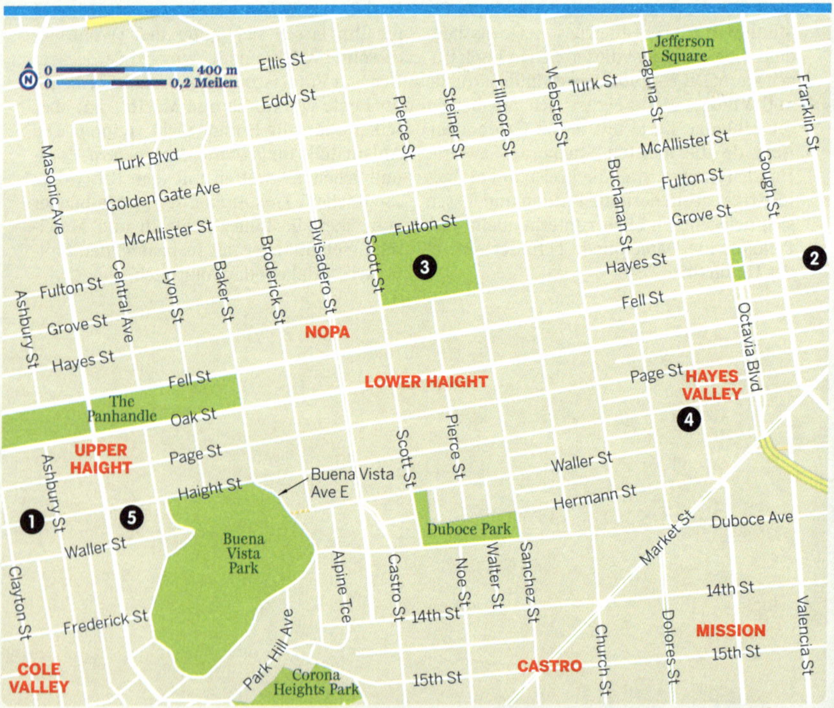


Details s. Karten S. 338 und 340 ➡

## Rundgang: Haight-Ashbury & Hayes Valley

Los geht's mit einem Mittagspicknick zwischen viktorianischen Häusern im Alamo Square Park (S. 189) oder, bei Nebel, einem Brunch in NoPa. Im Anschluss hippe Divisadero-Boutiquen checken, dann zum Edel-Shoppen – und -Speisen – nach Hayes Valley weiterziehen. Oder rüber in die Lower Haight skaten, zu einer rock-legendären Ausstellung im Haight Street Art Center (S. 190) oder im Family Affair (S. 190), die man später bei Würstchen von Rosamunde (S. 193) und Bier bei Toronado (S. 195) diskutieren kann. Barhocker-Trägheit vergeht bei Weltklasse-Konzerten im SFJAZZ (S. 196) oder Moshpit-Action im Independent (S. 197).

## Lokalkolorit

**Billiges Essen, originelle Drinks** Würstchen von Rosamunde (S. 193) und belgisches Bier bei Toronado (S. 195), Austernbrötchen und seltener Bourbon im Alembic (S. 196), Enten-*banh-mi* im DragonEats (S. 193) und Agricole-Rum im Smuggler's Cove (S. 194).

**Treffs** Angehende Blumenkinder treffen sich im Coffee to the People (S. 196), Skater zieht es zu Ausstellungen im Haight Street Art Center (S. 190) und Hipster essen in NoPa vor einem Konzert im Independent (S. 197).

**Musikstile** Akustikversionen sind an der Ecke Haight und Ashbury St zu hören, improvisiert wird in Workshops im SFJAZZ (S. 196), Karaoke gibt's im Mint (S. 183), Mitsingen im Martuni's (S. 185) und bei Amoeba Music (S. 197) wird zu Gratis-Gigs gerockt.

## Anfahrt

**Bus** Die Market-St-Busse 6 und 7 fahren die Haight St zum Golden Gate Park hoch. Bus 22 verbindet die Lower Haight mit Mission und Japantown/Marina. Bus 24 verbindet über die Divisadero St NoPa und Haight-Ashbury mit Castro und Pacific Heights. Bus 37 verkehrt zwischen Haight-Ashbury und Castro. Bus 43 fährt von Upper Haight bis Marina und Bus 33 über Upper Haight zwischen Richmond und Mission. Die Busse 21 und 5 verbinden Hayes Valley mit Downtown und Golden Gate Park.

**Straßenbahn** Die Linie N ist eine Abkürzung von Downtown und Lower Haight nach Upper Haight und weiter nach Ocean Beach.

**BART** Die BART-Station Civic Center liegt vier Blocks östlich von Hayes Valley.

### Top-Tipp

Um Shoppen und Sightseeing in Haight-Ashbury zu überstehen, braucht es mehr als Kaffee und Bier, also sollte man von der Haight St in die Divisadero St abbiegen, wo erschwingliche Brunch- und Lunchlokale warten. Wer den Tag mit einem Highlight krönen möchte, gönnt sich in Hayes Valley Livemusik und edle Speisen.

### Gut essen

- Rich Table (S. 193)
- The Mill (S. 191)
- Brenda's Meat & Three (S. 194)
- RT Rotisserie (S. 191)

Mehr dazu S. 191

### Schön ausgehen

- Smuggler's Cove (S. 194)
- Toronado (S. 195)
- Madrone Art Bar (S. 195)
- Aub Zam Zam (S. 195)
- Noc Noc (S. 195)

Mehr dazu S. 194

### Schön shoppen

- Amoeba Music (S. 197)
- Bound Together Anarchist Book Collective (S. 197)
- Paloma (S. 198)
- Isotope (S. 198)
- Rare Device (S. 197)
- MAC (S. 198)

Mehr dazu S. 197

MICHAEL URMANN / SHUTTERSTOCK ©

TOP-ERLEBNIS
# DIE HAIGHT STREET ENTLANGBUMMELN

**War es Herbst 1966 oder Winter 1967? Wie es so schön heißt: Wer sich an den Summer of Love erinnert, kann eigentlich nicht dabei gewesen sein. Der Nebel war von Potschwaden, Sandelholzduft und dem Qualm brennender Einberufungsbescheide durchsetzt und die Ecke Haight und Ashbury St wurde zum Wendepunkt im Leben der Nonkonformisten, genannt Hippies.**

Hippie-Batikklamotten und -Ideale sind in Haight-Ashbury nie wirklich aus der Mode gekommen – daher die Vintage-Rock-T-Shirts an der Wand im Wasteland (S. 199) und Handbücher zum Bioanbau in der x-ten Auflage im Bound Together Anarchist Book Collective (S. 197). Zu den Orten, wo die Rockstars lebten und ausschweifend liebten, führt die „Flashback Walking Tour" zur Geschichte von Haight-Ashbury (S. 192). Wer eine Nacht in einer Kommune verbringen möchte, klopft im Red Victorian (S. 255) an.

Flashbacks sind in Haight-Ashbury vorprogrammiert. Der Nebel, der von den legalen Cannabis-Shops an der Haight St hinabwabert, hat einen ganz speziellen Duft. Vielleicht fällt einem trotzdem auf, dass die Uhr an der Nordostecke der Kreuzung Haight/Ashbury St 4:20 anzeigt. Der Ausdruck wurde um 1971 in der Bay Area geprägt und ist inzwischen weltweit als International Bong Hit Time bekannt – Zeit für eine Haschisch-Wasserpfeife. Vor Kurzem setzte ein Uhrmacher die historische Uhr wieder in Gang. Wenige Tage später stellten bekiffte Scherzbolde sie wieder auf 4:20.

Seit den 1960er-Jahren werden Horrortrips und lästiger Juckreiz gratis in der **Haight-Ashbury Free Clinic** (HealthRIGHT 360; ☎415-746-1950; www.healthright360.org; 558 Clayton St; ⏰nach Vereinbarung 8.45–12 & 13–17 Uhr; 🚌6, 7, 33, 37, 43, Ⓜ N) behandelt. Und etwa genauso lang ist die Haight St in zwei Lager gespalten, getrennt durch die Divisadero St mit unabhängigen Boutiquen, trendigen Bars und Restaurants, heute **NoPa** (North of the Panhandle) genannt. Die **Upper Haight** ist auf starken Kaffee, radikale Literatur und Läden für Rebellen spezialisiert, die **Lower Haight** hält mit dem besseren Bierangebot und tollen Ausstellungen im Haight Street Art Center (S. 190) und Family Affair (S. 190) dagegen.

## NICHT VERSÄUMEN

- Die 4.20-pm-Uhr an der Ecke Haight und Ashbury St
- Rockplakate und ein abgedrehtes Fresko von 1937 im Haight Street Art Center
- Das Wandbild *Anarchists of the Americas* im Bound Together Anarchist Book Collective

## PRAKTISCH & KONKRET

- Karte S. 338, B4
- zw. Central & Stanyan St
- 🚌7, 22, 33, 43, Ⓜ N

TOMS AUZINS / SHUTTERSTOCK ©

TOP-ERLEBNIS

# AM ALAMO SQUARE PARK VIKTORIANISCHE PRACHT AUF SICH WIRKEN LASSEN

**San Francisco lässt selten eine Gelegenheit zum Prahlen aus, wie man an den bunten viktorianischen Häusern am Alamo Square Park sehen kann.**

Die pastellfarbenen Painted Ladies (siehe Foto) an der berühmten Postcard Row auf der Ostseite des Alamo Sq sind im Vergleich zu den quietschbunten Häusern am Nordrand des Parks und an den Parallelstraßen McAllister St und Golden Gate Ave eher farblos. Hier steht der wahre Barbary-Coast-Barock: Queen-Anne-Villen mit Fischschuppenschindeln, Stuckgirlanden und Zuckergussverzierung an den Spitzdächern sowie holzgeschnitzten Theatermasken über dem Eingang. Der örtlichen Überlieferung zufolge informierten diese Masken die Stadtbewohner früher darüber, dass sich hinter der Tür ein Bordell verbarg.

Das grün-goldene Haus mit Zier-Wachturm an der Nordwestecke des Parks ließ sich 1889 der Konditorbaron William Westerfeld erbauen. Die viktorianische Villa, eine Mischung aus Stick- und Italianate-Stil, überstand nicht nur die Nutzung durch zaristisch-russische Alkoholschmuggler, Fillmore-Jazzmusiker und Hippiekommunen. Bei den Ritualen, die der Gründer der Church of Satan, Anton LaVey, im Turm durchführte und filmen ließ, herrschte höchste Feuergefahr durch ein Meer von Kerzen und ein mürrischer Löwe muss irgendwie die vier Treppen hochbugsiert worden sein.

## NICHT VERSÄUMEN

- Ausblicke Richtung Osten auf die Skyline von Downtown
- Westerfeld House
- Die Painted Ladies an der Postcard Row
- Mit Theatermasken verzierte Queen-Anne-Villen

## PRAKTISCH & KONKRET

- Karte S. 338, F2
- www.sfparksalliance.org/our-parks/parks/alamo-square
- Ecke Hayes & Steiner St
- Sonnenauf- bis Sonnenuntergang
- 
- 5, 21, 22, 24

## SEHENSWERTES

**In der Upper Haight ist am meisten am Wochenende los, wenn Hippies der guten alten Zeit nachhängen – im Schlepptau Teenager, die so tun, als würden sie ihre eigene Familie nicht kennen –, Vorstadtpunks übermäßig viel Aftershave tragen und Hipster aus Harajuku sich ganze Koffer mit Vintage-Mode füllen, um sie in Tokio zu verkaufen. Weitere Zutaten zum Mix sind Kandidaten der Grünen, Café-Stammgäste, die einander mit Namen begrüßen, und Straßenmusiker, die ganz schön gut Banjo spielen.**

**Im kleinen Hayes Valley zwischen Lower Haight und Civic Center befinden sich viele der besten Restaurants, Designerboutiquen und zwei wichtige, aber eher unauffällige Wahrzeichen der Stadt: das Zen Center und das SFJAZZ.**

### HAIGHT STREET — STRASSE

Siehe S. 188.

### ALAMO SQUARE PARK — PARK

Siehe S. 189.

### ★HAIGHT STREET ART CENTER — KULTURZENTRUM

Karte S. 340 (415-363-6150; https://haightstreetart.org; 215 Haight St; Mi–So 12–18 Uhr; 6, 7, 22, MF) GRATIS Jeremy Fishs bronzene Häschenschädelskulptur weist bereits auf die schrägen Wunderwerke voraus, die einen in dieser gemeinnützigen Einrichtung erwarten, die sich auf Arbeiten auf Papier und eine für San Francisco typische Kunstform spezialisiert hat: im Siebdruckverfahren gedruckte Poster. In der angeschlossenen Druckerei sieht man, wie Plakate für Rockkonzerte produziert werden. Und es finden fantastische Ausstellungen statt – zuletzt etwa Ralph Steadmans Original-Illustrationen für Hunter S. Thompsons *Fear and Loathing in Las Vegas*. Das Treppenhaus ziert ein versteckter San-Francisco-Schatz: Ruben Kaddishs Fresko *Dissertation on Alchemy* von 1937, sicherlich eins der abgedrehtesten Wandbilder, das die US-Regierung je in Auftrag gegeben hat.

### ★FAMILY AFFAIR — GALERIE

Karte S. 338 (415-757-0670; www.facebook.com/familyaffairhq; 683 Haight St; Mi–Sa 12–19 Uhr; 6, 7, 22, 24) GRATIS Kann man Klang sehen? In dieser musikinspirierten Galerie lautet die Antwort immer „Ja!". Benannt ist sie nach der Hymne der San Franciscoer Soul-Supergruppe Sly and the Family Stone. Zu den Ausstellungen in der letzten Zeit zählten Videokunst zu den Klangcollagen von DJ J. Dilla, vergessene Albumkunst von Hip-Hop-Legenden der Bay Area und Fotos von Prince, gemacht von seinem Produzenten, ebenfalls aus der Bay Area, bevor der Künstler berühmt wurde.

### ST. JOHN COLTRANE CHURCH — KIRCHE

Karte S. 338 (415-673-7144; www.coltranechurch.org; 2097 Turk Blvd, Höhe St Cyprian's Center; Gottesdienst So 12 Uhr; 5, 21, 38) Wenn der Bass die Anfangsnoten von *A Love Supreme* spielt, weiß man, dass in San Franciscos legendärer Church of St. John Coltrane der Sonntagsgottesdienst begonnen hat.

Seit 50 Jahren huldigt die African Orthodox Church in Musikgottesdiensten zum Mitsingen und -stampfen der erleuchtenden Musik des legendären Jazz-Saxofonisten John Coltrane und seinem Kampf für soziale Gerechtigkeit. Ikonenhafte Bilder im Altarraum zeigen den Musiker mit einem Glorienschein, während aus seinem Saxofon Feuer sprüht.

### ZEN CENTER — HISTORISCHES GEBÄUDE

Karte S. 340 (415-863-3136; http://sfzc.org; 300 Page St; Mo–Fr 9.30–12.30 & 13.30–16, Sa 8.30–12 Uhr; Buchhandlung Mo–Do 13.30–17.30 & 18.30–19.30, Fr 13.30–17.30, Sa 11–13 Uhr; 6, 7, 21, 22) Das erhabene Gebäude von 1922 mit sonnigem Innenhof und großen Flügelfenstern ist ein religionsübergreifendes Wahrzeichen. Seit 1969 befindet sich hier das Zentrum der größten buddhistischen Gemeinde außerhalb Asiens. Bevor sie Hearst Castle baute, entwarf Julia Morgan (die erste zugelassene Architektin Kaliforniens) diesen Ziegelbau für die Emanu-El Sisterhood als Wohnhaus für einkommensschwache jüdische Arbeiterinnen – im Eisengitter der Loggia im Erdgeschoss *(1st floor)* sind Davidsterne eingearbeitet.

### HAIGHT & ASHBURY — WAHRZEICHEN

Karte S. 338 (6, 7, 33, 37, 43) Die legendäre Kreuzung war das Zentrum der psychedelischen 1960er-Jahre und „Hashbury" zieht immer noch Anhänger von Alternativkulturen an. An normalen Samstagen kann man Petitionen der Green Party unterzeichnen, ein Gedicht in Auftrag geben, Hare Krishna auf Keyboards und Bob Dylan auf dem Banjo hören.

INSIDERWISSEN

## DIE SCHIFFSCONTAINERSZENE VON HAYES VALLEY

Nachdem beim Erdbeben von 1989 die Hochstraßenrampen um Fell und Octavia St herum beschädigt wurden, war das Viertel dem Verfall preisgegeben – bis die Bürger von San Francisco der Hochstraße per Abstimmung eine Absage erteilten und den Octavia Blvd als begehbare, von Palmen gesäumte Verkehrsader neu erfanden. Der wichtigste Treffpunkt ist **Patricia's Green** (Karte S. 340; http://proxysf.net; Ecke Octavia Blvd & Fell St; 5, 21) mit Spielplatz, Picknicktischen und vom Burning Man inspirierten Skulpturen, die von Schiffscontainern flankiert werden. Diese herausgeputzten Container gehören zum Projekt PROXY (http://proxysf.net) mit Foodtrucks, Pop-up-Galerien und -Shops. Vom Frühjahr bis zum Herbst werden auf der großen Freilichtleinwand auf dem kreativ umgewidmeten Parkplatz freitagabends kostenlos „bike-in"-Filme gezeigt. An sonnigen Tagen sollte man die PROXY-Gourmetattraktionen von Patricia's Green ansteuern, den **Biergarten** (Karte S. 340; http://biergartensf.com; 424 Octavia St; Mo–Sa 15–21, So 13–19 Uhr; 5, 21, 47, 49) und Ritual Coffee (S. 195).

### GRATEFUL DEAD HOUSE
SEHENSWERTES GEBÄUDE

Karte S. 338 (710 Ashbury St; 6, 7, 33, 37, 43) Wie die noch lebenden Mitglieder der Grateful Dead zeigt dieses lilafarbene viktorianische Haus einen Hauch von Grau. Aber im Summer of Love haben hier Jerry Garcia und seine Bandkumpels Fans, Verstärker und Hirnzellen zum Ausflippen gebracht.

Nach der Verhaftung wegen Drogenbesitz 1967 gaben die Dead hier eine Pressekonferenz, auf der sie sich für die Legalisierung einsetzten und behaupteten, wenn jeder verhaftet würde, der Marihuana rauche, wäre San Francisco menschenleer. Das Argument kam letztlich an – 2016 legalisierte Kalifornien Marihuana zum Eigenbedarf für Erwachsene im stillen Kämmerlein (sprich: doch nicht hier auf der Straße, Mann).

### BUENA VISTA PARK
PARK

Karte S. 338 (http://sfrecpark.org; Haight St, zw. Central Ave & Baker St; Sonnenauf- bis Sonnenuntergang; 6, 7, 37, 43) Der Park auf dem Hügel bietet, wie der Name schon sagt, herrliche Aussichten über die Stadt bis hin zur Golden Gate Bridge und zur Bucht. 1867 eingerichtet, ist er einer der ältesten der Stadt. Ihn säumen stattliche, über 100 Jahre alte Eichen. Durch den Park ziehen sich Wege hinauf; an der Buena Vista Ave West abwärts stehen viktorianische Villen, die das Erdbeben und das Feuer von 1906 überstanden. Vorsicht: Spätnachts nach einer Kneipentour (oder was auch immer) ist die Gegend wegen Kleinkriminalität nicht ganz sicher.

## ESSEN

**Hayes Valley ist der Ort für ein Abendessen mit anschließendem Konzertbesuch. Für unvergessliche Speiseerlebnisse und das SFJAZZ, die Oper oder die Symphony bucht man Tische bzw. Karten am besten im Voraus. Günstiger, aber ebenso lohnend ist ein Abstecher zur Haight St. Mit jeder Menge Brunchlokalen ist NoPa den ganzen Tag über ein Anlaufort für Feinschmecker.**

### ★RT ROTISSERIE
KALIFORNISCH $

Karte S. 340 (www.rtrotisserie.com; 101 Oak St; Gerichte 9–14 $; 11–21 Uhr; 5, 6, 7, 21, 47, 49, Ⓜ Van Ness) Eine All-Stars-Speisekarte macht das Bestellen eines Hauptgerichts einfach – klassischen Genuss bieten ganze Hähnchen frisch vom Grill, saftiges Lamm und eingelegte Zwiebeln oder auch, etwas ungewöhnlicher, gerösteter Blumenkohl mit erdiger Rote-Bete-Tahini-Sauce – aber nimmt man jetzt dazu die Fritten mit Steinpilzpulver oder den Haussalat? Ein Angestellter hinterm Tresen gibt den Ausschlag: „Normalerweise hab ich's nicht so mit Salat, aber der hier ist der Hammer!" Fürwahr. Keine Reservierung möglich.

### ★THE MILL
BÄCKEREI $

Karte S. 338 (415-345-1953; www.themillsf.com; 736 Divisadero St; Toast 4–7 $; 7–21 Uhr; 5, 21, 24, 38) Das deftige Josey-Baker-Vollkornbrot aus steingemahlenem Biovollkorn sättigt Skateboarder und Start-upper gleichermaßen. Mancher denkt vielleicht, dass San Franciscos Hipster ein bisschen bescheuert sein müssen, weil sie für teures

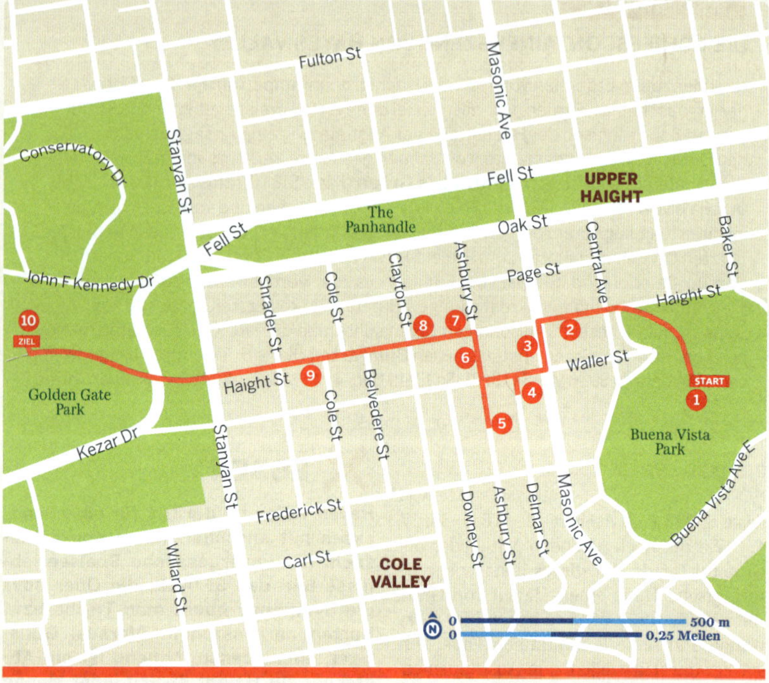




## Spaziergang
# Damals in Haight-Ashbury

**START** BUENA VISTA PARK
**ZIEL** GOLDEN GATE PARK
**LÄNGE/DAUER** 2 KM/ EINE STUNDE

Los geht's im 1 **Buena Vista Park** (S. 191) mit Panoramablick auf die Stadt, bei dem die Menschen nach dem Erdbeben 1906 in Tränen ausbrachen.

Richtung Westen über die Haight St ist auf dem Wandbild *Anarchists of the Americas* am 2 **Bound Together Anarchist Book Collective** (S. 197) Emma Goldman zu erkennen. Im Laden selbst gibt es entsprechende Comics.

Langjährige Anwohner behaupten, dass 3 **1235 Masonic Ave** von der Symbionese Liberation Army als Versteck für die gekidnappte Millionenerbin und spätere Bankräuberin Patty Hearst genutzt wurde. Wer heute hier leben möchte, muss vorher eine Bank ausrauben – zuletzt wurde eine Einzimmerwohnung für 1,5 Mio. $ verkauft.

Weiter geht's rechts in die Waller St und links bergan bis zur 4 **32 Delmar St**: Hier starb 1978 Sid Vicious an einer Überdosis, was zur Auflösung der Sex Pistols führte.

Eine Querstraße weiter wohnten Jerry Garcia, Bob Weir und Pigpen im heutigen 5 **Grateful Dead House** (S. 191). Ein Stück weiter unten liegt 6 **635 Ashbury St**, eine der vielen Adressen von Janis Joplin, die in den 1960er-Jahren ziemlich umtriebig war.

An der Ecke Haight und Ashbury zeigt die 7 **Uhr** immer 4:20, International-Bong-Hit-Zeit in „Hashbury". Trips, die ausarteten, wurden in der 8 **Haight-Ashbury Free Clinic** (S. 188) kostenlos behandelt. Auch heute bietet die legendäre „Rockklinik" medizinische Hilfe für jedermann.

An der Kreuzung Haight und Cole St – gegenüber der ehemaligen Wohnung von Charles Manson – ist eine Relikt vom Summer of Love zu sehen: Joana Zegris 9 **Wandbild Evolution Rainbow** von 1967. Von dort geht's zum Trommelkreis am 10 **Hippie Hill im Golden Gate Park**, wo sich seit den 1960er-Jahren Freigeister treffen, um abzuzappeln.

Toastbrot anstehen, aber der Geschmack belehrt eines Besseren: Dick bestrichen mit hausgemachter Haselnusscreme oder kalifornischer Mandelbutter ergibt es eine ganze Mahlzeit. Mit hausgemachtem Granola mit Sonoma-Joghurt kann man wunderbar in den San Franciscoer Tag starten; mit herzhaften, saisonal belegten Sandwiches stärkt man sich für den Marsch hoch zum Alamo Sq.

### SOUVLA GRIECHISCH $

Karte S. 340 (☎415-400-5458; www.souvlasf.com; 517 Hayes St; Sandwiches & Salate 12–15 $; ⊙11–22 Uhr; 🚌5, 21, 47, 49, Ⓜ Van Ness) Die alten griechischen Philosophen machten sich übers Essen nicht allzu viele Gedanken, und so sollte man es im Souvla auch halten. Hier geht bei der Auswahl nichts schief: Pita oder Salat, Wein oder nicht. Statt dem üblichen Gyros lohnt sich der Lammspieß auf Grünkohl mit Joghurtsauce oder der pikante Hühnchensalat mit Perlzwiebeln und *mizithra*-Käse. Wer früh oder spät kommt, ergattert noch einen Platz am großen Tisch unterm Oberlicht, ansonsten kann man das Essen auch zum Patricia's Green (S. 191) mitnehmen.

### DRAGONEATS VIETNAMESISCH $

Karte S. 340 (☎415-795-1469; http://dragoneats.com; 520 Gough St; Sandwiches & Bowls 6–7 $; ⊙Mo–Sa 11–18, So bis 17 Uhr; 📶; 🚌5, 21, 47, 49, Ⓜ Civic Center) *Banh mi* (vietnamesische Sandwiches) mit zarter gebratener Ente entlockt Opernstars die höchsten Töne in diesem sonnigen vietnamesischen Deli, das direkt um die Ecke des Opernhauses und der Konzerthalle von San Francisco liegt. Hungrige Diven bestellen dazu noch ein Krabben-Sushi, Tenöre in engen Korsetts ziehen eine Schale mit Fünf-Gewürze-Hühnchen, Gemüse und Vollkornreis vor. Für Picknicks im Golden Gate Park kann man sich in der Filiale in Haight-Ashbury (1671 Haight St) verproviantieren.

### LITTLE CHIHUAHUA MEXIKANISCH $

Karte S. 338 (☎415-255-8225; www.thelittlechihuahua.com; 292 Divisadero St; Tacos 5–5,75 $, Burritos 9,50–13,50 $; ⊙Mo–Fr 11–23, Sa & So ab 10 Uhr; 📶 👪; 🚌6, 7, 21, 24) 🍃 Wer sagt denn, dass nachhaltiges Bioessen teuer oder französisch sein muss? Die Bio-Tortillas werden mit Fleisch von Weiderindern sowie Biogemüse und -bohnen gefüllt, dazu gibt's ein Bier vom Fass für 5 $. Die Burritos reichen auch für zwei, besonders die himmlischen *al pastor* (gegrilltes Schweinefleisch mit Ananas-Salsa und Jack-Käse) und die mit Knoblauchgarnelen (aus nachhaltiger Fischerei). Es gibt eine Kinderkarte.

### ROSAMUNDE SAUSAGE GRILL FASTFOOD $

Karte S. 338 (☎415-437-6851; http://rosamundesausagegrill.com; 545 Haight St; Würstchen 8–9 $; ⊙Mo–Mi 11.30–22, Do–Sa bis 23, So bis 21 Uhr; 📶; 🚌6, 7, 22, Ⓜ N) 🍃 Ein Date lässt sich auch mit einem günstigen Abendessen beeindrucken, z. B. mit Coleman Farms' Bratwürstchen vom Schwein oder Wildschwein oder Stücken von Freilandentenbrust in Feigenbrandsauce; geröstete Paprika, gegrillte Zwiebeln, Vollkornsenf und Mangochutney gibt's gratis. Dazu ein Bier von nebenan: Im Toronado (S. 195) stehen Fassbiere nach Saison zur Wahl. Die Wurstalternativen auf Pflanzenbasis zeigen vegetarischen Dates, dass man mitdenkt.

### ESCAPE FROM NEW YORK PIZZA PIZZA $

Karte S. 338 (☎415-668-5577; www.escapefromnewyorkpizza.com; 1737 Haight St; Pizzastücke 5–6,50 $; ⊙So–Do 10–24, Fr & Sa bis 2 Uhr; 📶 👪; 🚌6, 7, 33, 43, Ⓜ N) Dies ist *die* Adresse in Haight-Ashbury für ein Stück heiße Pizza. Die mit Pesto, geröstetem Knoblauch und Kartoffeln versetzt einen in einen herrlichen Kohlenhydratschlummer, die mit getrockneten Tomaten, Ziegenkäse, Artischockenherzen und Spinat dagegen ist ein echter Energiebooster. Zu der von Fans gestifteten Kunst gehören Rockerporträts etwa von Elvis Costello und Metallica sowie Cartoons von Matt Groening, dem Schöpfer der *Simpsons*.

### ★RICH TABLE KALIFORNISCH $$

Karte S. 340 (☎415-355-9085; http://richtablesf.com; 199 Gough St; Hauptgerichte 17–37 $; ⊙So–Do 17.30–22, Fr & Sa bis 22.30 Uhr; 🚌5, 6, 7, 21, 47, 49, Ⓜ Van Ness) 🍃 Im Rich Table, wo ungewöhnliche Gerichte wie Steinpilz-Doughnuts, Sardinenfritten und Funnel Cake von der Burrata jeden Abend Instagram-Feeds speisen, entdeckt man Gelüste, von denen man bis dato nichts ahnte. Koch- und Besitzerehepaar Sarah und Evan Rich variiert mit der Inbrunst von SFJAZZ-Stars und der Genialität ihrer Silicon-Valley-Stammgäste kalifornische Speisen nach Saison.

**★BRENDA'S MEAT & THREE** SÜDSTAATENKÜCHE $$

Karte S. 338 (☎415-926-8657; http://brendasmeatandthree.com; 919 Divisadero St; Hauptgerichte 9–20 $; ⏲Mi–Mo 8–22 Uhr; 🚌5, 21, 24, 38) Der Name bedeutet: ein Hauptgericht mit Fleisch und drei Beilagen – aber nur Superhelden schaffen ein ganzes Kassler mit kreolischer Bratensauce und exzellenter Maisgrütze, ganz zu schweigen von Sahnebrötchen und Rührei. Die Portionen der Küchenchefin Brenda Buenviaje sind kompromisslos südstaatlich, was den Ansturm zum Brunch erklärt, bei dem Marathonläufer und Partygänger, die in der Nacht zuvor das Essen vergessen haben, Schlange stehen. Empfehlung: Früh eintreffen, Süßkartoffelpfannkuchen bestellen und hoffen, dass es Langusten im Angebot gibt.

**RAGAZZA** PIZZA $$

Karte S. 338 (☎415-255-1133; www.ragazzasf.com; 311 Divisadero St; Pizza 15–19 $; ⏲17–22 Uhr; 👪; 🚌6, 7, 21, 24) Ragazza bedeutet „junge Frau", wie in „Junge Frau, haben Sie schon die Pizza mit wilden Brennnesseln probiert?" Hausmacher-*salumi* (Wurstwaren) ist der Star auf vielen Ragazza-Pizzas, z. B. der Amatriciana mit Pecorino, Pancetta und Ei oder der Moto mit kalabrischem Chili. Dazu passt ein Fort-Point-Bier aus San Francisco oder eine Karaffe rustikaler Montepulciano (Rotwein). Wer nicht längere Zeit auf einen Platz warten möchte, sollte früh da sein.

**PETIT CRENN** KALIFORNISCH, FRANZÖSISCH $$$

Karte S. 340 (☎415-864-1744; www.petitcrenn.com; 609 Hayes St; Probiermenü abends 95 $, Hauptgerichte Brunch 15–24 $; ⏲Di–Do 17–21.30, Sa 11–14 & 17–21.30, So 11–14 & 17–21 Uhr; 🚌5, 21) Ein höheres Niveau als die kitschigen Bistros am Wasser bietet dieses Restaurant, wo Meeresfrüchte auf deftige, französische Art zubereitet werden und entspannte Umgangsformen herrschen. Die mit drei Sternen ausgezeichnete Köchin Dominique Crenn kreiiert jeden Abend ein bretonisch inspiriertes Probiermenü. Die Speisen wechseln je nach Saison; darunter finden sich herausragende Canapés (von den *gougères* – Käsewindbeuteln – träumt man noch die ganze Nacht) und tolle Meeresgerichte wie getrüffelte Stahlkopfforelle und Seeigel in Pistazienöl. Man muss reservieren und auch im Voraus bezahlen; der Service ist im Menüpreis inbegriffen.

**CALA** MEXIKANISCH, KALIFORNISCH $$$

Karte S. 340 (☎415-660-7701; www.calarestaurant.com; 149 Fell St; kleine Gerichte 14–36 $; ⏲So–Mi 17–22, Do–Sa bis 23 Uhr, Taco-Bar Mo–Fr 11–14 Uhr; 🚌6, 7, 21, 47, 49, Ⓜ Van Ness) Die kalifornische Küche im Cala ist, wie die Entdeckung eines lange verloren geglaubten Zwillings, eine Offenbarung. Hier werden San Franciscos Wurzeln bei den mexikanischen Viehzüchtern zelebriert: Zu duftenden Tortillas aus alten Maissorten und cremiger Knochenmark-Salsa werden Süßkartoffeln gereicht, die in heißer Asche gegart wurden. Für noch wildere Aromen bestellt man zum Mezcal-Margarita das ultimative nordkalifornische „Surf and Turf": Bottarga-Pasta mit Kräuterseitling und Vogelmiere. Originell und unvergesslich. Eine seidige Kokos-Karamellcreme rundet den Genuss ab.

**ZUNI CAFE** AMERIKANISCH $$$

Karte S. 340 (☎415-552-2522; www.zunicafe.com; 1658 Market St; Hauptgerichte 15–33 $; ⏲Di–Do 11.30–23, Fr & Sa bis 24, So 11–23 Uhr; 🚌6, 7, 47, 49, Ⓜ Van Ness) 🌿 Effekthascherei ist was für Anfänger – das Zuni zaubert seit 1979 aus einfachen Gerichten Gourmetspeisen. Reservierung plus dicke Brieftasche sind Voraussetzung für ein Mittagessen mit Austern und Martinis, aber Sehen und Gesehenwerden ist Teil des Vergnügens und die Gerichte aus heimischer und nachhaltiger Quelle sind tadellos: Caesar Salad mit hausgepökelten Sardellen, im Ziegelofen gebratenes Freilandhuhn mit toskanischem Brotsalat oder über Mesquite gegrillte Burger vom grasgefütterten Biorind auf Focaccia. Strohkartoffeln kosten 9 $ extra.

## AUSGEHEN & NACHTLEBEN

**In Hayes Valley gibt es teure Weinbars und raffinierten Rumpunsch, die Haight St hingegen ist ein Bierparadies.**

**★SMUGGLER'S COVE** BAR

(☎415-869-1900; www.smugglerscovesf.com; 650 Gough St; ⏲17–1.15 Uhr; 🚌5, 21, 47, 49, Ⓜ Civic Center, Ⓑ Civic Center) *Ho-ho-ho und 'ne Buddel voll Rum* ... Nee, halt, besser einen Dead Reckoning (nicaraguanischer Rum, Portwein, Ananas und Bitter), es sei denn, mehrere Leute teilen sich eine feurige Scorpion Bowl. Die Auswahl in dieser Schiffswrack-Bar aus der Zeit der Barbary Coast, die man durch getönte Glastüren betritt, sorgt unter Piraten schonmal für Verwirrung. Aber bei 550 Rumsorten und über 70 Cocktails aus aller Welt – täglich von 17 bis 18 Uhr um 2 $ ermäßigt – bleibt keiner lang auf dem Trockendock.

### ★AUB ZAM ZAM BAR

Karte S. 338 (☎415-861-2545; 1633 Haight St; ⌚Mo–Fr 15–2, Sa & So 13–2 Uhr; 🚌6, 7, 22, 33, 43, Ⓜ N) Persische Rundbogen, Wandbilder aus *Tausendundeiner Nacht*, Jazz der 1930er-Jahre aus der Jukebox und Spitzencocktails zu Niedrigpreisen verleihen hier der Haight St seit 1941 Boho-Flair. Der legendäre Gründer Bruno ließ Leute vor die Tür setzen, die einen Wodka-Martini bestellten. Aber zum Schluss erwies er sich als herzensgut und hinterließ seine geliebte Bar Stammgästen, die zu Freunden geworden waren. Handys bitte wegstecken; nur Barzahlung.

### ★MADRONE ART BAR BAR

Karte S. 338 (☎415-241-0202; www.madroneartbar.com; 500 Divisadero St; Eintritt frei–5 $; ⌚Di–Sa 16–2, So 15–1.30 Uhr; 🚌5, 6, 7, 21, 24) Trinken wird in diesem viktorianischen Salon mit Graffiti und Absinthbrunnen zur Kunstform. Am Motown Monday gibt's den Ike-Turner-Drink (Hennessy mit anschließender Ohrfeige), aber nichts schlägt die monatliche Prince/Michael Jackson-Tanzparty. Die Musiker erfinden völlig neue Genres: Punk-Grass (Bluegrass und Punk), Blunt-Funk (Reggae und Soul) und Church, no Chaser (Orgeljazz am Sonntagvormittag). Nur Barzahlung.

### ★NOC NOC BAR

Karte S. 338 (☎415-861-5811; www.nocnocs.com; 557 Haight St; ⌚Mo–Do 17–2, Fr ab 15.30, Sa & So ab 15 Uhr; 🚌6, 7, 22, 24, Ⓜ N) Wer klopft denn da? Steampunk-Schmiede, anarchistische Hacker, Trance-DJs, die für Burning Man üben, und andere Gestalten direkt aus einem Comic von Robert Crumb. Die Happy Hour dauert täglich bis 19 Uhr. Dann kostet heimisches Bier vom Fass 4 $ (hier gibt's kein Pabst Blue Ribbon); nach 22 Uhr kostet heißer Sake 1 $. Aber was einen wirklich vom Sperrmüllhocker haut, ist ein Black and Tan (Biercocktail) mit starkem Haus-Sake.

### ★TORONADO KNEIPE

Karte S. 338 (☎415-863-2276; www.toronado.com; 547 Haight St; ⌚11.30–2 Uhr; 🚌6, 7, 22, Ⓜ N) Halleluja, liebe Biertrinker, eure Gebete wurden erhört! Auf der Kreidetafel sind über 40 Biere vom Fass und Hunderte mehr in Flaschen aufgelistet, darunter sensationelle Biere aus Kleinbrauereien. Bargeld ist nötig für die ganztägige Happy Hour, und als Grundlage für Trappistenbier empfehlen sich die Würstchen von Rosamunde (S. 193). Manchmal ist es so laut, dass der Gesprächspartner nicht zu verstehen ist, dafür hört man die Engel singen.

INSIDERWISSEN

#### WO SICH DER INNERE FREAK AUSTOBEN KANN

**Haight St** (S. 188) Songs singen, Sekten beitreten, Petitionen unterschreiben, Gedichte rezitieren, lebendig sein.

**Noc Noc** (S. 195) Postapokalyptische Partyzeit ist jetzt.

**Independent** (S. 197) Headbangen mit japanischen Rockern und Grooven mit Reggae-Legenden.

**Distractions** (S. 199) Steampunk-Outfit für Partys, Burning Man und auch mal nur für mittwochs.

**Aub Zam Zam** (S. 195) Reinstes Boho-Glück in einer persischen Jazzbar der 1940er-Jahre.

### EMPORIUM SPIELSALON, BAR

Karte S. 338 (https://emporiumsf.com; 616 Divisadero St; ⌚Mo–Fr 16–2, Sa & So 14–2 Uhr; 🚌5, 21, 24) Spielt weiter, Gamer – dieser frühere Filmpalast mit Bar, Videospielen, Billard, Airhockey und verschiedenen Flipperautomaten ist eine Spielwiese für Erwachsene. Hier kann man Dirty Harry in seinem eigenen Spiel schlagen oder bei *Star Trek: The Next Generation* auf Klingonisch fluchen. Auf der Website sind die DJs fürs Wochenende und Öffnungszeiten zu finden – das Emporium wird gern für Events der Technologiebranche gebucht. Ausweis mitnehmen – ab 21.

### RITUAL COFFEE CAFÉ

Karte S. 340 (www.ritualroasters.com; PROXY, 432b Octavia St; ⌚7–19 Uhr; 🐾; 🚌5, 21, 47, 49) Das Café der Mission-Rösterei in einem Schiffscontainer in Hayes Valley bietet cremigen sortenreinen Espresso und starken Filterkaffee, die mit denen im Blue Bottle um die Ecke konkurrieren können … aber

Vorsicht: Das sind Kampfvergleiche unter knallharten Kaffee-Anhängern San Franciscos.

**BLUE BOTTLE COFFEE KIOSK** CAFÉ

Karte S. 340 (www.bluebottlecoffee.net; 315 Linden St; Mo–Fr 6.30–18, Sa & So 7–18.30 Uhr; ; 5, 21, 47, 49, Van Ness) Den fachidiotischen Kaffeefimmel in San Francisco sollte niemand verspotten, bevor er das Gebräu in diesem Kiosk in einer Seitengasse probiert hat. Das Blue Bottle verdankt seinen Ruf dem Biokaffee aus Kleinröstereien, besonders dem im Blue Bottle erfundenen Gibraltar (nicht auf der Karte), Lieblingsgetränk der Baristas, bei dem Milchschaum und Espresso gleichzeitig in eine Art Schnapsglas gegossen werden. Mit (kurzem) Anstehen muss gerechnet werden; Tische gibt's draußen auf dem Bürgersteig.

**ALEMBIC** BAR

Karte S. 338 (415-666-0822; www.alembicbar.com; 1725 Haight St; Di & Mi 16–24, Do & Fr bis 2, Sa 11–2, So 11–24 Uhr; 6, 7, 33, 37, 43, N) Wer die starken Schöpfungen nicht langsam zu sich nimmt, fühlt sich bald so be/gehämmert wie die Metalldecke aus viktorianischer Zeit. Sämtliche Drinks sind aus 250 feinen Spirituosen gemixt. Zu den Klassikern hier zählt der neu konzipierte Old Fashioned mit Brown-Butter-Bourbon, doch auf der saisonalen Karte stehen in kleiner Auflage erhältliche Wunderwerke wie der Swizzle Me This (Gin, Rum, schwarzer Pfeffer, Erdbeere, Angostura-Bitters) im Sommer und der Warm Core (Zitrone, eingelegte Ananas, Rum Float Brugal 188) im Winter.

**MARTUNI'S** SCHWULE & LESBEN

Karte S. 340 (415-241-0205; 4 Valencia St; 16–2 Uhr; 6, 7, Van Ness) In der hinter schweren Samtvorhängen verborgenen besten Pianobar der Stadt scheint das queere Stammpublikum sämtliche Musical-Hits auswendig zu kennen. Die Comedy-Abende sind ein Heidenspaß, Mitsingen ist ohnehin klar – besonders nach ein paar spitzenmäßigen Pfeffer-Gurken-, Lemon-Drop- oder Schokoladen-Martinis für unter 10 $. Auch Heteros sind willkommen, besonders wenn man aus vollem Herzen einstimmt.

**COFFEE TO THE PEOPLE** CAFÉ

Karte S. 338 (415-626-2435; 1206 Masonic Ave; Mo–Fr 6–18.30, Sa & So 7–19 Uhr; ; 6, 7, 33, 37, 43) Eins ist sicher: Das vereinte Volk in diesem radikalen Café wird niemals koffeinfrei sein. Die mit Aufklebern übersäten Tische lassen sich nach politischer Vorliebe auswählen (Peace ist ein Dauerbrenner), an den Wänden hängt Hippie-Makramee und den Gästen steht bewusstseinsbildender Lesestoff zur Verfügung. Hanfmilch-Cappuccinos und Kurkuma-Lattes muss man mögen – und Vorsicht bei dem vierfachen Freak Out, der aus genug Fair-Trade-Espresso besteht, um einen Sandinisten wieder aktiv werden zu lassen.

## UNTERHALTUNG

**In Haight-Ashbury gibt's keinen Abend ohne ein Jazzkonzert oder eine gute Show im Independent. Bücherfreunde genießen Literaturveranstaltungen drüben in Hayes Valley.**

**★ SFJAZZ CENTER** JAZZ

Karte S. 340 (866-920-5299; www.sfjazz.org; 201 Franklin St; Karten 25–120 $; ; 5, 6, 7, 21, 47, 49, Van Ness) Jazzlegenden und ungewöhnliche Talente aus Ländern von Argentinien bis Jemen treten in Nordamerikas neuestem, größtem Jazzzentrum auf. Hier sind neue Interpretationen klassischer Jazzalben zu hören, im Joe Henderson Lab unten rezitieren Dichter zu Jazzcombos und auf der Hauptbühne werden außergewöhnliche Kollaborationen präsentiert, von legendären afrokubanischen All Stars bis zu der lauten Frauen-Mariachi-Band Flor de Toluache und dem Balkanmusiker Goran Bregović mit seinem Wedding and Funeral Orchestra.

**★ BOOKSMITH** LIVESHOW

Karte S. 338 (415-863-8688; www.booksmith.com; 1644 Haight St; Shows frei–25 $; Mo–Sa 10–22, So bis 20 Uhr; ; 6, 7, 43, N) Wer in San Francisco einen Stein wirft, trifft wahrscheinlich einen Schriftsteller (Autsch) oder Leser (nochmal Autsch), der gerade auf dem Weg vom/zum Booksmith ist. Literaten organisieren hier Signierstunden, turbulente Lesungen, Kurzgeschichten-Impros und Marathons im politischen Postkartenschreiben. Alkoholselige Büchertauschtreffen, Comedy-Abende und Silent-Reading-Partys, organisiert von Daniel Handler (alias Lemony Snicket), finden in der verschwisterten Shop-Salon-Bar Bindery (1727 Haight St) statt.

### ★INDEPENDENT LIVEMUSIK

Karte S. 338 (☎415-771-1421; www.theindependentsf.com; 628 Divisadero St; Karten 12–45 $; ⌚Kasse Mo–Fr 11–18 Uhr, bei Konzerten bis 21.30 Uhr; 🚌5, 6, 7, 21, 24) Das kleine, aber feine Independant hält zu Recht auf sich: Hier finden bahnbrechende Konzerte statt, u. a. von Indie-Bands (Magnetic Fields, Death Cab for Cutie), Musiklegenden (George Clinton, Meat Puppets), Alternativ-Pop (The Killers, T-Pain) und internationalen Bands (Tokyo Chaotic). Die Belüftung ist schlecht in dem Saal für maximal 800 Personen, aber das Soundsystem ist erstklassig, die Drinks sind preisgünstig und die Klos unglaublich sauber. Ab 21 Jahren.

### CLUB DELUXE JAZZ

Karte S. 338 (☎415-555-1555; www.clubdeluxe.co; 1511 Haight St; Eintritt frei–10 $; ⌚Mo–Fr 16–2, Sa & So 14–2 Uhr; 🚌6, 7, 33, 37, 43) Schuld ist wohl der Bossa Nova oder der ginhaltige Deluxe Spa Collins, wenn alle swingen noch bevor die Nacht um ist. Jazzcombos bringen die Zoot-Anzugträger und Lindy-Hopper jeden Abend zum Tanzen. Zu erwarten sind gedämpftes Licht, Typen, die mit Hut gut aussehen, und Damen, die Highballs (zur Happy Hour 7 $; Mo–Fr 16–19, Sa & So 14–17 Uhr) schlürfen können, ohne dass ihr matt-roter Lippenstift verschwindet.

## SHOPPEN

**Heimische Designer sind in Hayes Valley zu finden, Nur-in-San-Francisco-Sachen an der Divisadero und der Lower Haight St. Schallplatten, Musik und Anarchie gibt es in der Upper Haight.**

### ★AMOEBA MUSIC MUSIK

Karte S. 338 (☎415-831-1200; www.amoeba.com; 1855 Haight St; ⌚11–20 Uhr; 🚌6, 7, 33, 43, Ⓜ N) 🍃 Zusätzliche Anreize sind eigentlich gar nicht nötig, um die Massen in die vielseitigste Sammlung neuer und gebrauchter Musikträger und Videos an der West Coast zu locken. Trotzdem bietet Amoeba Hörstationen, kostenlose Magazine mit verblüffend treffsicheren Rezensionen der Angestellten sowie eine kostenlose Konzertreihe, in der zuletzt Billy Bragg, Karl Denson's Tiny Universe, die Violent Femmes und Mike Doughty auftraten – außerdem eine Stiftung, die bereits über 400 000 ha Regenwald rettete.

### ★BOUND TOGETHER ANARCHIST BOOK COLLECTIVE BÜCHER

Karte S. 338 (☎415-431-8355; http://boundtogetherbooks.wordpress.com; 1369 Haight St; ⌚11.30–19.30 Uhr; 🚌6, 7, 33, 37, 43) Seit 1976 versorgt der ehrenamtlich geführte, gemeinnützige anarchistische Buchladen Freidenker mit Anleitungen zum Biolandbau, Knastliteratur und radikalen Comics. Zudem organisiert er jedes Frühjahr die Anarchist Book Fair und arbeitet weiter an dem Wandbild *Anarchists of the Americas* an der Ladenfassade – das lässt uns Handlanger des Staates wie Faulpelze aussehen. Die Öffnungszeiten sind beeindruckend unregelmäßig, am besten ruft man vorher an.

### ★AMOUR VERT MODE & ACCESSOIRES

Karte S. 340 (☎415-800-8576; https://amourvert.com; 437 Hayes St; ⌚So–Do 11–19, Fr & Sa bis 20 Uhr; 🚌5, 21, 47, 49, Ⓜ Van Ness) 🍃 Schick aussehen ist einfach in den legeren Kleidungsstücken dieses Labels, die mühelos Stil, Komfort und Nachhaltigkeit verbinden. Verarbeitet werden Wohlfühlstoffe, die aus erneuerbaren Rohstoffen gefertigt werden, darunter italienisches Flachsleinen, Buchenholz-Modal-Fasern, Lyocell aus Eukalyptusbäumen und Biobaumwolle. Hier gibt es angenehme, schmeichelhafte Teile zu soliden Preisen, designt in San Francisco und in den USA so verarbeitet, dass sie ein Leben lang halten.

### ★TANTRUM SPIELZEUG

Karte S. 338 (☎415-504-6980; www.shoptantrum.com; 858 Cole St; ⌚10–19 Uhr; 👪; 🚌6, 7, 33, 37, 43, Ⓜ N) Überanstrengte Kinder und überarbeitete Erwachsene verdienen eine Auszeit im entzückenden Tantrum, das musizierende Otter, Holzenten auf Rädern und einen mechanischen Seehund zu bieten hat, auf dem Kinder für einen Vierteldollar reiten können. Unter den neuen und Vintage-Artikeln im 1950er-Jahre-Design rund um das Thema Zirkus sind ein kleines Zirkuszelt mit einem Set von Spielzeugmäusen und Tiermasken, um seinen eigenen Zirkus zu eröffnen.

### ★RARE DEVICE GESCHENKE & SOUVENIRS

Karte S. 338 (☎415-863-3969; www.raredevice.net; 600 Divisadero St; ⌚Mo–Fr 12–20, Sa 11–19, So bis 18 Uhr; 🚌5, 6, 7, 21, 24) Schlauer San Franciscoer Witz ist es, der die sorgfältige Auswahl von Geschenken für jedes Alter unwiderstehlich macht. Kinder können mit

## OBDACHLOSE JUGENDLICHE IN HAIGHT-ASHBURY

Seit den 1960er-Jahren zog es Amerikas Jugend nach Haight-Ashbury, um sich der Szene anzuschließen und weil dort niemand Fragen stellte. Aber 2010 erließ San Francisco die umstrittene Anordnung Sit/Lie Ordinance, die Herumlungern auf den Gehwegen von 7 bis 23 Uhr mit einem Bußgeld von 50 bis 100 $ bestraft. Auf Kritik stößt, dass das Gesetz vornehmlich in Haight-Ashbury und dort auf obdachlose Jugendliche angewendet wird. Denn bei nur 1145 Asylbetten für 6400 bis 13 000 Obdachlose in der ganzen Stadt bleibt vielen Jugendlichen keine andere Wahl als die Straße.

Viele Obdachlose in San Francisco haben Jobs, können sich jedoch mit ihrem Mindestlohn keine Wohnung leisten. 2018 beschlossen die Wähler daher eine Maßnahme, die es ortsansässigen Unternehmen mit über 50 Mio. $ Umsatz auferlegt, auf ihre Profite eine Steuer von 0,5 % zu zahlen, mit der sie ihren Anteil an Verantwortung dafür übernehmen, dass Menschen mit geringem Einkommen aus ihren Wohnungen vertrieben werden. Mit diesem Geld wird das Budget der Stadt für die Schaffung von Übergangswohnungen und Dienstleistungen für wohnungslose Familien und Einzelpersonen verdoppelt. Wenn man sich als Tourist in der Stadt aufhält, ist es eine willkommene Geste, Freiwilligenarbeit zu leisten oder für gemeinnützige Organisationen zu spenden, die Obdachlosen helfen, um sich auf diese Weise für die Gastfreundschaft der Stadt zu bedanken und etwas dazu beizutragen, dass hier jeder eine Chance hat, sich zuhause zu fühlen.

Bauklötzen ein viktorianisches Haus bauen; Henkelbecher in Regenbogenfarben bringen Freunde dazu, jeden Tag Pride zu fühlen; die Lippenstifte in Beerenfarben, Divisadero genannt, sind Dinner-Date-verdächtig und im Adventure Calendar des 826 Valencia können Start-upper Zeit für Freizeitaktivitäten eintragen.

### ★PALOMA — MODE & ACCESSOIRES

Karte S. 340 (☎415-342-2625; https://instagram.com/palomahayesvalley; 112 Gough St; ⌚Di–Sa 12–19 Uhr; 🚌5, 6, 7, 21, 47, 49, Ⓜ Van Ness) Wie auf dem Dachboden eines Poeten lassen sich in diesem Laden eines Kunsthandwerkskollektivs allerlei fantasieanregende Objekte ans Tageslicht befördern, wie handgenähte Indigo-Schals, Kappen, die aus Steppdecken gemacht sind, Brieftaschen aus alten Fußbällen oder die echten Buffalo-Nickel-Münzen an den Handtaschen, die Laureano Faedi vor Ort herstellt. Seine Liebe zur Vergangenheit zeigt sich auch in Untersetzern mit den Emblemen von San Franciscoer Motorradgangs und T-Shirts, die den schon seit Langem geschlossenen Vergnügungspark Playland at the Beach bewerben.

### ★MAC — MODE & ACCESSOIRES

Karte S. 340 (☎415-863-3011; http://macmodernappealingclothing.com; 387 Grove St; ⌚Mo–Sa 11–19, So 12–18 Uhr; 🚌5, 21, 47, 49) Der Laden verspricht „moderne, ansprechende Kleidung“ und liefert genau die für Männer und Frauen gleichermaßen, z. B. schlichten Schick von Engineered Garments, Etuikleider mit auffälligen Grafikmustern von Minå Perhonen und Kollektionen, die Modeschöpfer der Bay Area exklusiv für MAC entwerfen. Die trendbewussten Angestellten beraten gut und finden sowohl die richtige Passform wie auch Einzelstücke von der Ausverkaufsstange, die um 40 bis 75 % herabgesetzt sind.

### ★ISOTOPE — COMICS

Karte S. 340 (☎415-621-6543; www.isotopecomics.com; 326 Fell St; ⌚Di–Fr 11–19, Sa & So bis 18 Uhr; 👪; 🚌5, 21, 47, 49) Klodeckel, die von berühmten Cartoonisten signiert sind, über dem Ladentisch zeigen, wie ernst das Isotope Comics nimmt. Neulinge blättern durch Superhelden-Serien, Fans fassen die Vorzugsausgaben neuer Graphic Novels ins Auge und verziehen sich nach oben, um mit Cartoonisten aus der Szene abzuhängen – von denen einige hier sogar Unterricht geben. Ein Tipp sind auch die Signierstunden und die sagenhaften Buchvorstellungspartys für Leute ab 21 Jahren.

### RELIQUARY — MODE & ACCESSOIRES

Karte S. 340 (☎415-431-4000; www.reliquarysf.com; 544 Hayes St; ⌚Mo–Sa 11–19, So 12–18 Uhr; 🚌5, 21, 47, 49) In Leah Bershads Boutique trifft die ganze Welt zusammen. Die folkloristische Jetset-Ästhetik der ehemaligen

Gap-Designerin ist San Franciscos Antwort auf die Weltherrschaft von Khaki und Fleece. Handgefertigtes im traditionellen Stil – Folkloreblusen, handgestrickte Ponchos und Silberschmuck, den Hippies im Humboldt County hergestellt haben – ist ebenso hübsch wie Stücke von Kultlabels, z. B. Overalls von Black Crane, Pantoletten von Rachel Comey und verführerische Unisex-Parfüms von DS Durga (Cowboy Grass, mmh).

**COVE** GESCHENKE & SOUVENIRS

Karte S. 338 (415-863-8199; www.covertcove.com; 206 Fillmore St; 12–19 Uhr; 6, 7, 22, M N) Sandguss-Cocktailringe, Sukkulenten in Seeigelschalen, Duftkerzen in Form einer Puppenhand: Solche einzigartigen Geschenke lassen dankbare Empfänger glauben, man habe wochenlang die Kuriositätenläden San Franciscos durchstöbert. Die Besitzerin Jean führt seltene Fundstücke zu vernünftigen Preisen und verpackt sie auch als Geschenk. Besser vorher anrufen, da die Öffnungszeiten nicht unbedingt eingehalten werden.

**GREEN ARCADE** BÜCHER

Karte S. 340 (415-431-6800; www.thegreenarcade.com; 1680 Market St; Mo–Sa 12–20, So bis 19 Uhr; 6, 7, 47, 49, M Van Ness) Alles, was man jeweils übers Pilzesammeln, Wurmkompostieren und Kandidieren für ein Amt in einer Umweltorganisation wissen wollte, plus Gedichte und signierte Bücher von Autoren aus San Francisco. Der Buchladen legt Nachdruck auf visionäre Möglichkeiten statt auf Ökoapokalypse, die Kunden verlassen ihn daher mit rosigen Aussichten, wie sich die Welt grüner gestalten lässt. Auf der Website werden Autorenlesungen angekündigt.

**WASTELAND** VINTAGE, KLEIDUNG

Karte S. 338 (415-863-3150; www.shopwasteland.com; 1660 Haight St; Mo–Sa 11–20, So bis 19 Uhr; 6, 7, 33, 37, 43, M N) Der große Laden für Vintage-Kleidung in einem ehemaligen Kino führt Designer-Strampler, alte Konzert-T-Shirts und jede Menge Go-go-Stiefel. Das Hippe grenzt manchmal ans Hässliche, z. B. bei paillettenbesetzten Pullovern oder Schulterpolster-Anzügen der 1980er-Jahre. Aber bei den vernünftigen (wenn auch nicht Schnäppchen-)Preisen kann sich jeder ein modisches Risiko erlauben. Wer überflüssige Klamotten im Gepäck hat, kann sie täglich von 12 bis 18 Uhr im Wasteland verkaufen.

**SPARC** CANNABIS

Karte S. 338 (415-805-1085; https://sparcsf.org; 473 Haight St; 10–22 Uhr; 6, 7, 22, M N) Der Empfangsbereich sieht eher aus wie eine Arztpraxis als wie eine Hippie-Höhle in Haight-Ashbury. Sparc ist seit 1998 Pionier auf dem Gebiet des medizinischen Gebrauchs von Marihuana. Um zu gewährleisten, dass niemand giftige Chemikalien einatmet, bauen sie ihr eigenes Cannabis biodynamisch an und beziehen pestizidfreies Gras von Farm Direct. Um Gastgebern vor Ort eine Freude zu machen, ist die Kostprobe der „Growers Series" von Coppola in einer weinflaschenförmigen Geschenkbox verpackt.

**DISTRACTIONS** MODE & ACCESSOIRES

Karte S. 338 (415-252-8751; 1552 Haight St; So–Fr 11–19, Sa bis 20 Uhr; 6, 7, 33, 37, 43) Brille stramm ziehen und Hut festhalten: Mit dem Steampunk-Styling von Distractions geht's ab zur Party wie anno 1899. Der Goldrausch- und Verrückter-Erfinder-Look ist der klassische alternative Partystil in San Francisco, von edwardianischen Ballensembles bis zu postapokalyptischen Burning-Man-Outfits. Man kann also getrost einen Kompass ans Spitzenkorsett hängen und die gruselige Walfängermaske aufsetzen – das fällt unter Gleichgesinnten nicht unangenehm auf.

# Golden Gate Park & die Avenues

RICHMOND | SUNSET DISTRICT

## Highlights

❶ **Golden Gate Park** (S. 202) Tun, was Wildnis mitten in der Stadt einem eingibt: springen, lenzen oder Lindy Hop tanzen – und Bisons Richtung Pazifik galoppieren sehen.

❷ **de Young Museum** (S. 202) Andy Goldsworthys Verwerfungslinien auf dem Gehweg bis zu Kunst- und Kultobjekten aus aller Welt folgen.

❸ **California Academy of Sciences** (S. 203) Vom begrünten Dach den Sonnenuntergang verfolgen und turbulente Übernachtungsprogramme für Kinder oder NightLife-Veranstaltungen (ab 21 J.) erleben.

❹ **Coastal Trail** (S. 212) Beim Wandern entlang der wilden Küste Seehunde und Schiffswracks erspähen.

❺ **Ocean Beach** (S. 206) Die Zehen in den kalten Pazifik tauchen und an von Künstlern entworfenen Feuerstellen den Blick übers Meer Richtung Asien schweifen lassen.

Details s. Karte S. 342

## Rundgang: Golden Gate Park & die Avenues

Der Golden Gate Park ist eine weitläufige, prachtvolle Grünanlage. Wer hierher kommt, sollte nach seinen Interessen entscheiden: Will man unbedingt die fleischfressenden Pflanzen im Conservatory of Flowers (S. 204) sehen? Oder lieber die blauen Schmetterlinge in der Regenwaldkuppel der California Academy of Sciences (S. 203)? Vielleicht begibt man sich aber auch auf Weltreise im de Young Museum (S. 202): von den Masken aus Ozeanien bis zu den Lichtinstallationen von James Turrell. Mindestens zwei Stunden sollte man dafür einplanen, im Japanese Tea Garden (S. 203) grünen Tee zu schlürfen, im San Francisco Botanical Garden (S. 203) unter Redwoods spazieren zu gehen und den Strawberry Hill zu erklimmen, der mit Ausblicken am Stow Lake vorbei bis zum Pazifik belohnt. Nach dem Besuch im Park geht's mit der Straßenbahnlinie N zum gut 6 km langen Ocean Beach (S. 206), wo es nach einem Strandbummel bis Richmond Zeit für köstliche Dim Sum bei Dragon Beaux (S. 207) und Hurricanes im Trad'r Sam (S. 210) ist. Ober man bleibt im Sunset District, wo es im Mollusk (S. 213) Surferbedarf und bei der Hook Fish Co (S. 208) Poke-Burritos gibt.

## Lokalkolorit

**An Nebeltagen** Schön warm bleiben im Trouble Coffee (S. 210), bei Matineen im Balboa Theatre (S. 211), mit Film-noir-Filzhüten von Paul's Hat Works (S. 211) oder auf Regenwaldspaziergängen in der California Academy of Sciences (S. 203) und im Conservatory of Flowers (S. 204).

**Gänsehaut garantiert** Wohlige Schauer bescheren ein Fußbad am Ocean Beach (S. 206), die gruseligen Masken im de Young Museum, die Aussicht auf dem Coastal Trail (S. 212) und die steilen Betonrutschen auf dem Children's Playground (S. 204).

**Besondere Kunst** Anderssein ist in San Francisco eine Lebenseinstellung. Die abgefahrene Seite der Kunstszene ist bei Vernissagen im Park Life (S. 211), in der Pop Art aus den 60ern im Legion of Honor (S. 205) und in Surf-Fotografie im Mollusk (S. 213) zu sehen.

## Anfahrt

**Bus** Die Linien 1, 31 und 38 fahren ab Downtown durch Richmond, die Linien 7 und 6 ab Downtown in den Sunset District. Die Linien 5 und 21 passieren den Nordrand des Golden Gate Park, die Busse 28, 29 und 44 verkehren auf einer Nord-Süd-Achse quer durch den Park. Linie 2 fährt zur Clement St, die 33 nach Haight-Ashbury und nach Castro. Nummer 18 bedient den Great Hwy.

**Straßenbahn** Linie N fährt ab Downtown durch den Sunset District zum Ocean Beach.

### Top-Tipp

Horch! Dieses Echo von jenseits des Golden Gate Park ist wahrscheinlich ein Konzert – und ziemlich sicher kostenlos! Von Juni bis Oktober geben sich Operndiven, Indie-Bands, Bluegrass-Größen und bekannte Hip-Hopper abwechselnd die Ehre und heizen San Francisco gratis ein. Die meisten Konzerte finden wochenends in Sharon Meadow oder Polo Fields statt. Der Veranstaltungskalender ist hier einzusehen: www.golden-gate-park.com.

### Tierische Stadtbewohner

- Golden Gate Park (S. 202)
- Fort Funston (S. 206)
- Ocean Beach (S. 206)
- California Academy of Sciences (S. 203)

### Gut essen

- Pearl 6101 (S. 207)
- King of Noodles (S. 208)
- Spruce (S. 208)
- Arsicault Bakery (S. 207)
- Hook Fish Co (S. 208)

Mehr dazu S. 207

### Schön ausgehen

- Tommy's Mexican Restaurant (S. 210)
- Beach Chalet (S. 210)
- Woods Outbound (S. 209)
- Grand Hot Pot Lounge (S. 209)
- Violet's Tavern (S. 209)

Mehr dazu S. 209

NICK DE CLERCQ PHOTOGRAPHY / GETTY IMAGES ©

TOP-ERLEBNIS

# DEN GOLDEN GATE PARK ERKUNDEN

**Wenn die Stadtbewohner von „dem Park“ sprechen, ist immer er gemeint. Nur der Golden Gate Park verdient den bestimmten Artikel, denn hier gibt es alles, was den Einheimischen lieb und teuer ist: Gratismusik, Redwoods, Frisbee, Freigeister, Demos, Kunst, Bonsaibäume und Bisons.**

## De Young Museum

Das **de Young Museum** (siehe Foto; Karte S. 342; ☎415-750-3600; http://deyoung.famsf.org; 50 Hagiwara Tea Garden Dr; Erw./Kind 15 $/frei, 1. Di im Monat frei; ⌚Di–So 9.30–17.15 Uhr; 👪; 🚌5, 7, 44, Ⓜ N) ist *die* Attraktion im Park. Schon seit hundert Jahren begeistert die kulturübergreifende Sammlung mit kalifornischem Handwerk und avantgardistischer amerikanischer Kunst, afrikanischen Masken und türkischen Kelims. Das gefeierte Bauwerk des Schweizer Architekturbüros Herzog & de Meuron steht ihr in nichts nach.

Der 44 m hohe futuristische **Aussichtsturm** mit tollem Rundumblick über die Bucht scheint eher einem Science-Fiction-Film entnommen zu sein. Der Zugang ist kostenlos und für die zauberhaft filigranen Drahtskulpturen von Ruth Asawa nimmt man Wartezeiten am Aufzug gern in Kauf.

Nicht verpassen: die zeremoniellen Ruderblätter (19. Jh.) aus der **Ozeanien-Sammlung** und die wunderbaren afghanischen Läufer aus der 11 000 Exponate umfassenden **Textilsammlung** (Obergeschoss). Die **Sonderausstellungen im Untergeschoss** reichen von selbstgenähter Hippie-Mode bis zu Ed Ruschas Gemälden von Tankstellen entlang der Route 66, die wechselnden **Installationen im Erdgeschoss** wie alte Inuit-Schnitzereien und dokumentarische Fotografie aus dem Gefängnis sind aber genauso fesselnd.

Der Zugang zum **Gartencafé** und zum **Osher Sculpture Garden** mit James Turrells Meisterwerk **Skyspace**, einer Installation unter Erdniveau, ist kostenlos.

### NICHT VERSÄUMEN

- de Young Museum
- California Academy of Sciences
- San Francisco Botanical Garden
- Japanese Tea Garden
- Conservatory of Flowers

### PRAKTISCH & KONKRET

- Karte S. 342, E4
- https://goldengatepark.com
- zw. Stanyan St & Great Hwy
- Eintritt frei
- P 👪
- 🚌5, 7, 18, 21, 28, 29, 33, 44, Ⓜ N

## California Academy of Sciences

Seit 1853 widmet sich die **California Academy of Sciences** (Karte S. 342; ☎415-379-8000; www.calacademy.org; 55 Music Concourse Dr; Erw./Stud./Kind 35,95/30,95/25,95 $; ⌚Mo–Sa 9.30–17, So ab 11 Uhr; P ♿; 🚌5, 6, 7, 21, 31, 33, 44, Ⓜ N) kuriosen wissenschaftlichen Phänomenen. Derzeit tummeln sich Tausende lebende Tiere und 60 Forscher unter dem 1 ha großen Dach. Im **Osher Rainforest Dome** landen Schmetterlinge auf Besucherschultern, Pinguine tauchen durch das Becken der **African Hall** und der **Mezzanine Swamp** ist das Reich von Albino-Alligator Claude. Das **Morrison Planetarium** ermöglicht einen Blick in die Unendlichkeit und auf dem **„lebenden Dach“** wartet eine tolle Aussicht. In der Abteilung „Giants of Land and Sea“ kann man eine Erdbebensimulation erleben, virtuell einen Redwood-Baum erklettern und sich in einem Nebelraum verlieren.

Kinder haben Spaß im Untergeschoss des **Steinhart Aquarium**, wo sie in einer „Glasblase“ in den **Eeel Garden** gelangen, im Tropenfischbecken Artgenossen von Doktorfisch Dory aus „Findet Nemo“ entdecken und im **Discovery Tidepool** Seesterne streicheln können. Und obwohl sie bei den Academy Sleepovers vermutlich eher nicht schlafen, wird dieses Event vielleicht der Anfang einer erstaunlichen Wissenschaftlerkarriere (5–17 Jahre, plus Begleitperson; 119 $ pro Pers. inkl. Snack und Frühstück; Veranstaltungen 18–8 Uhr; online reservieren).

Auch für erwachsene Nachteulen gibt es Forschungsmöglichkeiten nach Museumsschluss. Beim NightLife für Besucher ab 21 Jahre werden Cocktails mit naturwissenschaftlichen Bezeichnungen serviert und man kann merkwürdige Paarungsrituale beobachten (nur mit Ausweis; Eintritt 15 $).

## San Francisco Botanical Garden

Eine olfaktorische Reise um die Welt bietet der 22 ha große **San Francisco Botanical Garden** (Strybing Arboretum; Karte S. 342; ☎415-661-1316; www.sfbg.org; 1199 9th Ave; Erw./Kind 9/2 $, tgl. bis 9 Uhr & 2. Di im Monat frei; ⌚7.30–17 Uhr, im Sommer & Frühling länger, letzter Einlass 1 Std. vor Schließung, Buchladen 10–16 Uhr; 🚌6, 7, 44, Ⓜ N), denn hier duften südafrikanisches Savannengras und japanische Magnolien um die Wette. Nicht verpassen: die Wiese mit kalifornischer Flora, die Redwoods und den **Ancient Plant Garden**. Jeden Tag gibt's **Gratisführungen**; Infos beim Personal im Buchladen hinter dem Eingang.

## Japanese Tea Garden

Seit 1894 überziehen Kirschblüten diesen 2 ha großen **Garten** (Karte S. 342; ☎415-752-1171; www.japaneseteagardensf.com; 75 Hagiwara Tea Garden Dr; Erw./Kind 8/2 $, Mo, Mi & Fr bis 10 Uhr frei; ⌚März–Okt. 9–18 Uhr, Nov.–Feb. bis 16.45 Uhr; P; 🚌5, 7, 44, Ⓜ N) im Frühling mit einem zartem Rosa, im Herbst erstrahlen

### TOURISTEN-INFORMATION

Infos zu Picknicks, Konzerten und Demos im Park sowie detaillierte Karten erhält man in der **McLaren Lodge** (Karte S. 342; ☎415-831-2700; www.golden-gate-park.com; 501 Stanyan St, Ecke Fell St; ⌚Mo–Fr 8–17 Uhr; 🚌5, 7, 21, 33) am Osteingang unter der Zypresse, dem offiziellen „Stadtbaum“.

**Obwohl eine Lokalzeitung einst warnte, die malerischen Bänke im Golden Gate Park verleiteten zu „exzessiven Umarmungen“, strömen die Stadtbewohner seit seiner Einweihung in Scharen herbei. An einem sonnigen Tag 1886 pilgerte fast ein Fünftel der Einwohnerschaft von San Francisco in den Park – schamlos knutschend, davon ist auszugehen.**

### TOP-TIPPS

- Sonntags ganztägig und samstagmorgens ist der John F Kennedy Dr östlich des Crossover Dr (auf Höhe der 8th Ave) für motorisierte Fahrzeuge gesperrt, damit Jogger, Skater, Einradfahrer und Hans-Guck-in-die-Lufts freie Bahn haben.
- Der Park ist riesig und man sollte nicht versuchen, alles an einem Tag zu sehen. Netter ist es, sich ein paar ausgesuchte Sachen in aller Ruhe anzuschauen.

dann die Ahornblätter in Flammrot. Im meditativen **Zen Garden** wird Zeit bedeutungslos. Den hundert Jahre alten **Bonsaihain** legte die Hagiwara-Familie an. Nach ihrer Rückkehr aus den Internierungslagern für japanischstämmige Amerikaner nach dem Zweiten Weltkrieg musste sie feststellen, dass viele der preisgekrönten immergrünen Bäumchen verkauft worden waren. Die Familie investierte Jahrzehnte in die Rekultivierung. Unbedingt auf einen grünen Tee und einen Glückskeks im **Tea House** einkehren – Letztere gingen genau hier vor mehr als 120 Jahren erstmals in den USA über den Tresen.

## Conservatory of Flowers

Flower-Power im reinen Wortsinn bietet das **Conservatory of Flowers** (Karte S. 342; Info 415-831-2090; www.conservatoryofflowers.org; 100 John F Kennedy Dr; Erw./Stud./Kind 9/6/3 $, 1. Di im Monat frei; Di–So 10–18 Uhr; 5, 7, 21, 33, M N). In dem restaurierten viktorianischen Treibhaus von 1878 ziehen die Orchideen alle Blicke auf sich, Seerosen treiben auf Teichen und fleischfressende Pflanzen laben sich an Insekten.

Unter freiem Himmel befindet sich der **Dahlia Garden** (Karte S. 342; Sonnenauf- bis Sonnenuntergang; ) GRATIS. Die Blumen, gezogen von vielen eingefleischten Dahlienfans in der Stadt, erstrahlen jedes Jahr ab Juni in den knalligsten Tönen. Höhepunkt der Farbpracht ist im August oder September.

## Shakespeare Garden

In dem eingehegten, romantischen **Garten** (Garden of Shakespeare's Flowers; Karte S. 342; Ecke Martin Luther King Jr Dr & Middle Dr E; Sonnenauf- bis Sonnenuntergang; 7, 44, M N) GRATIS sprießen seit 1928 mehr als 200 Pflanzen, die in Shakespeares Werken auftauchen. Bei all dem Duft und der Poesie (Sonette zieren die Blumenrabatten) wundert es nicht, dass dieses abgeschiedene Fleckchen der perfekte Ort zum Knutschen ist und sehr gern für Hochzeiten gebucht wird.

## Stow Lake

Am **Stow Lake** (Karte S. 342; www.sfrecpark.org; 5–24 Uhr; 7, 44, M N) locken Wasserfall-Ansichten, Picknicke in der **taiwanesischen Pagode** und Vogelbeobachtung auf der Insel **Strawberry Hill**. Bei gutem Wetter kann man am Bootshaus (erb. 1946; S. 214) täglich Tret- und Ruderboote mieten. Geisterjäger schauen abends vorbei, um die **White Lady** aufzuspüren. Der Legende nach sucht sie schon seit hundert Jahren das Seeufer nach ihrem vermissten Kind ab.

## Buffalo Paddock

Seit 1899 streifen auf dieser **Weide** (Karte S. 342; Sonnenauf- bis Sonnenuntergang; 5, 21) GRATIS die namensgebenden Büffel umher, bei denen es sich eigentlich um Bisons handelt. Die entspannte, gut genährte Herde bewegt sich kaum, doch sollten ein paar Schwanzspitzen in die Höhe zeigen, wird man vielleicht Zeuge einiger Bocksprünge!

## National AIDS Memorial Grove

Der stille, 4 ha große **Gedenkwald** (Karte S. 342; 415-765-0446; www.aidsmemorial.org; Bowling Green Dr; Sonnenauf- bis Sonnenuntergang; 44, 71, M N) GRATIS entstand 1991 zum Gedenken an die Millionen Menschenleben, die die AIDS-Epidemie forderte, und soll dazu beitragen, dass sich die Amerikaner geschlossen für eine mitfühlende Pflege und die Suche nach einem Heilmittel einsetzen. Die Pflastersteine sind mit poetischen Widmungen versehen. Von März bis Oktober finden an jedem dritten Samstag des Montags Freiwilligenarbeitstage (8.30–12.30 Uhr) statt.

## Children's Playground

Seit 1887 ist das Südostende des Parks fest in der Hand der Jüngsten. Zu den Highlights auf dem historischen **Kinderspielplatz** (Koret Children's Quarter; Karte S. 342; 415-831-2700; Karussell pro Fahrt Erw./Kind 2/1 $; Sonnenauf- bis Sonnenuntergang, Karussell 10–16.15 Uhr; ; 7, 33, M N) gehören die Betonrutschen aus den 70er-Jahren, die Kletterwand und ein altmodisches Karussell von 1912.

# SEHENSWERTES

**Mit guten Museen und großflächigen Gärten bildet der Golden Gate Park *das* Sightseeing-Ziel der Gegend. Doch wer die Avenues außerhalb erkundet, stolpert über Dinge wie eine versteckte Mosaik-Treppe, ein Jugendstil-Columbarium oder die Ruinen eines Badehauses aus dem 19. Jh., benannt nach dem Millionär Adolph Sutro, der in den 1890er-Jahren eine öffentliche Eisenbahn bauen ließ, die Mietskasernenbewohner von Downtown an den luftigen Ocean Beach beförderte. Südlich des Golden Gate Park befinden sich die bonbonfarbenen Häuser des Sunset District und um Judah St und 45th tummeln sich Surfer.**

## Richmond

### GOLDEN GATE PARK — PARK

Siehe S. 202.

### LANDS END — PARK

Karte S. 342 (☎(415) 426-5240; www.nps.gov; 680 Point Lobos Ave; ⌚24 Std.; 🚌38) Die Ausblicke von Lands End erscheinen so magisch als stehe man am Rand der Welt.

Wanderwege durchqueren die zerklüftete Natur auf der Landspitze zwischen Golden Gate Park und Presidio, von denen man abwechselnd auf den Ozean und die Golden Gate Bridge sieht. Besucherzentrum und Café befinden sich an der Ecke Point Lobos Ave und Merrie Way, mit Blick auf die Ruinen des Sutro Bath.

### INTERNET ARCHIVE — ARCHIV

Karte S. 342 (☎415-561-6767; www.archive.org; 300 Funston Ave; ⌚nur zu speziellen Events; 🚌2, 38) GRATIS Wer gelöschten Tweets aus dem Weißen Haus, verlorenen Audio-Kassetten von The Grateful Dead und eingestampften Nintendo-Spielemagazinen nachsinnen möchte, ist in diesem neoklassizistischen Gebäude von 1923 genau richtig.

Einst beherbergte es eine Kirche der Christian-Science-Glaubensgemeinschaft. Das gemeinnützige Internetarchiv umfasst über 30 Petabytes (das entspricht 300 Mio. Gigabytes!) inzwischen obsoleter Medien – und das Datenvolumen wächst stetig. Das Archiv wird von mehr als hundert enthusiastischen Freiwilligen betrieben, die von Bildhauerin Nuala Creed in Keramikskulpturen verewigt wurden.

**ABSTECHER**

### COLUMBARIUM

Tageslicht fällt durch die Jugendstil-Buntglasfenster und ein Oberlicht in der Kuppel und setzt mehr als 8000 Nischen in Szene, in denen die Asche geschätzter Stadtbewohner und ihrer geliebten Haustiere in Urnen aufbewahrt wird. Mit der **Urnenhalle** (Karte S. 342; ☎415-771-0717; www.neptune-society.com/columbarium; 1 Loraine Ct; ⌚Mo–Fr 9–17, Sa & So 10–15 Uhr; 🚌5, 31, 33, 38) GRATIS wurde 1898, zu einer Zeit, als Richmond von Friedhöfen übersät war, der alte römische Brauch der Einäscherung wiederbelebt.

Von 1934 bis zur Restaurierung durch die Neptune Society, eine Gruppe von Befürwortern der Urnenbestattung, 1979 war das Columbarium der Verwahrlosung preisgegeben. Heute bewundern die Besucher die neoklassizistische Architektur und machen Harvey Milk ihre Aufwartung. Der frühere Stadtrat war der erste offen schwule Politiker der USA.

### CLIFF HOUSE — WAHRZEICHEN

Karte S. 342 (☎415-386-3330; www.cliffhouse.com; 1090 Point Lobos Ave; ⌚Mo–Do 9–22.30, Fr & Sa bis 23.30, So 8.30–21.30 Uhr; 🚌5, 18, 31, 38) GRATIS Der Millionär Adolph Sutro stellte sich das Cliff House 1863 als Paradies für die arbeitende Bevölkerung vor. Seitdem ist es allerdings dreimal umgebaut worden. Das letzte „Lifting“ 2004 kostete 19 Mio. $ und verwandelte Sutros Vision in einen ziemlich austauschbaren Komplex mit zwei Restaurants, zwei Bars, zwei Lounges und einem Andenkenladen – immerhin mit Ausblick.

Die beiden Hauptattraktionen sind geblieben: zum einen die Seehunde auf den **Seal Rocks**, zum anderen die **Camera Obscura** von 1946, eine Vintage-Spielerei, die Meerespanoramen auf eine parabolische Fläche projiziert.

### LEGION OF HONOR — MUSEUM

Karte S. 342 (☎415-750-3600; http://legionofhonor.famsf.org; 100 34th Ave; Erw./Kind 15 $/frei, mit Muni-Ticket 2 $ günstiger, 1. Di im Monat frei; ⌚Di–So 9.30–17.15 Uhr; 👪; 🚌1, 2, 18, 38) Ein Museum, so exzentrisch und erleuchtend wie San Francisco selbst. Im Legion ist eine wilde Mischung aus Monet-Seerosen, Audiolandschaften von John Cage, alten Elfenbeinarbeiten aus dem Irak und Comics von Robert Crumb versammelt.

Treppauf sind die Publikumsmagneten zu sehen: alte Meister und Impressionisten. Absolut sehenswert ist aber auch die Sammlung der Achenbach Foundation of Graphic Arts, die insgesamt 90 000 Werke von Rembrandt bis Ed Ruscha umfasst. Das Ticket gilt an demselben Tag auch im de Young Museum (S. 202).

### SUTRO BATHS PARK

Karte S. 342 (www.nps.gov/goga/historyculture/sutro-baths.htm; 680 Point Lobos Ave; Sonnenauf- bis Sonnenuntergang, Besucherzentrum 9–17 Uhr; P; 5, 31, 38) GRATIS Den Ruinen ist kaum noch anzusehen, dass hier einst viktorianische Dandies und einfache Arbeiter zusammenkamen, um in Leihbadekostümen aus Wolle ein belebendes Bad zu nehmen. Der Millionär Adolph Sutro ließ 1896 Innenbecken mit kaltem und warmem Wasser für 10 000 „unreine“ Seelen errichten, doch die meisten von ihnen zogen es anscheinend vor, schmutzig zu bleiben – Attraktionen wie Trapezen und ägyptischen Mumien zum Trotz ging das Bad 1952 pleite. Bei Ebbe kann man auf dem steilen Pfad um die Ruinen herumlaufen. Am Ende des Tunnels durch eine Meereshöhle locken Panoramablicke auf den Pazifik.

### LINCOLN PARK PARK

Karte S. 342 (www.sfrecpark.org; Clement St; Sonnenauf- bis Sonnenuntergang; 1, 18, 38) Amerikas legendärer Lincoln Hwy, der von einer Küste zur anderen führt, endet offiziell am 40 ha großen Lincoln Park, der bis 1909 als Friedhof diente. Der schönste innerstädtische Wanderweg führt durch den Lincoln Park um **Lands End** herum und folgt dann einem teilweise gepflasterten Küstenpfad mit wunderbarem Blick auf die Golden Gate Bridge. Bei Ebbe legt das sich zurückziehende Wasser ein paar Schiffswracks frei.

Der Weg beginnt nördlich des Legion of Honor. Alternativ läuft man die frisch gefliesten **Lincoln Park Steps** nahe der 32nd Ave hinauf. Wer eine Runde auf dem schön gelegenen **Lincoln Park Golf Course** mit Blick auf die Golden Gate Bridge spielen möchte, muss reservieren.

## Sunset District

### OCEAN BEACH STRAND

Karte S. 342 (415-561-4323; www.parksconservancy.org; Great Hwy; Sonnenauf- bis Sonnenuntergang; P; 5, 18, 31, MN) An diesem vom Winde verwehten Strand scheint die Sonne direkt hinter den Nebelbänken in den Pazifik einzutauchen. Für ein Picknick im Bikini ist es meist zu kühl, aber hartgesottene Strandgänger werden die Temperaturen nicht abschrecken und erfahrene Surfer, die es auch mit Unterströmungen aufnehmen, sowieso nicht (ungeübte Schwimmer: Obacht!). Am Ocean Beach sind Lagerfeuer nur an 16 von Künstlern gestalteten Feuerstellen und nicht nach 21.30 Uhr erlaubt. Auch Alkohol ist verboten. In den fragilen südlichen Dünen auf den Gehwegen bleiben; dort überwintern schreckhafte Peru-Regenpfeifer.

Ein 5,6 km langes Stück Sandstrand erfreut sich größter Beliebtheit bei Spaziergängern und Joggern.

### FORT FUNSTON PARK

(415-561-4700; www.parksconservancy.org; Fort Funston Rd; Sonnenauf- bis Sonnenuntergang; P; ML) Die bis zu 60 m hohen grasbewachsenen Dünen am Fort Funston vermitteln eine Vorstellung davon, wie der Sunset District bis ins 20. Jh. aussah. Das Fort, eine ehemalige militärische Einrichtung, ist noch immer mit 146-Tonnen-Geschützen aus dem Zweiten Weltkrieg bestückt und nahe dem Parkplatz befinden sich verlassene Nike-Raketensilos. Atomraketen wurden hier nie abgefeuert; stattdessen steigen jede Menge Hängegleiter in die Lüfte. Überdies wird der umliegende Park, der inzwischen zur Golden Gate National Recreation Area gehört, von Schmetterlingen und Wasservögeln frequentiert.

### WINDMÜHLEN WAHRZEICHEN

Karte S. 342 (Dutch & Murphy Windmills; www.golden-gate-park.com/windmills.html; Sonnenauf- bis Sonnenuntergang; 5, 18, 21, MN) Die Surfer am Ocean Beach haben die beiden Wahrzeichen im äußersten Westen des Golden Gate Park stets im Blick: Die Dutch Windmill (1902) am nordwestlichen Ende des Parks ist geschlossen (die liebe Bausubstanz ...), doch von Februar bis April drängen sich (Hobby-)Fotografen in dem dazu gehörenden Tulpengarten Queen Wilhelmina. Am südwestlichen Ende des Parks erhebt sich die ca. 30 m hohe restaurierte Murphy Windmill (1908), die heute wieder der Bewässerung dient. Die Windmühlen befinden sich abseits des Great Hwy nahe dem John F Kennedy Dr und Martin Luther King Jr Dr.

**SAN FRANCISCO ZOO** ZOO

(☎415-753-7080; www.sfzoo.org; 1 Zoo Rd; Erw./Kind 4–14 J./0–3 J. 22/16 $/frei; ⏲10–16 Uhr, letzter Einlass 15 Uhr; P 👪; 🚌18, 23, Ⓜ L) Gewitzte Kinder werden Mittel und Wege finden, ihre Eltern trotz Verkehr und Nebel zu einem Ausflug in den Zoo zu bewegen. Zuletzt haben dort alle ihren Spaß, denn die Gehege, etwa der „Lemurenwald" oder die Savanne mit Giraffen, Zebras und Straußen, sind gut in Schuss. Die Hauptattraktionen sind Bear Country („Bärenland"), das Gorillagehege, der Streichelzoo, das Dentzel-Karussell (Fahrten 4 $) und der Mini-Dampfzug (Fahrten 5 $). Die interaktiven Geschichtenbücher aktiviert man mit einem Zoo Key („Zooschlüssel"; 5 $), der als Souvenir behalten werden darf. Verleih von Kinderwagen und Rollstühlen.

# ESSEN

**Die Avenues sind von zahlreichen Restaurants gesäumt, von billigen kleinen Hotspots bis zu feinen Adressen für kalifornische Küche.**

## Richmond

**DRAGON BEAUX** DIM SUM $

Karte S. 342 (☎415-333-8899; www.dragonbeaux.com; 5700 Geary Blvd; Dim Sum 5–9 $; ⏲Mo–Fr 11–14.30 & 17.30–21.45, Sa & So 10–15 & 17.30–21.45 Uhr; 🚌2, 38) In San Franciscos glamourösestem und dekadentestem kantonesischem Restaurant treffen Hongkong und Las Vegas aufeinander. Man stelle sich auf gigantische Portionen saftiges Grillfleisch – Hallo, Ente und Schweinebauch! – und kreative Teigtaschen ein. Besonders bemerkenswert: die XO Dumplings mit dicken, in Brandy geschwenkten Krabben in einer Spinathülle.

Der Tee ist exzellent, genauso wie der Service und die kantonesischen Klassiker, darunter chinesische Donuts, *har gow* (Teigtaschen mit Shrimps) und *kai-lan*, chinesischer Brokkoli, in Austernsauce.

**★PEARL 6101** MEDITERRAN $$

Karte S. 342 (☎415-592-9777; www.pearl6101.com; 6101 California St; Hauptgerichte 19–28 $; ⏲Di–Fr 8–14, Sa & So 10–14, Di–So 17–22 Uhr; 🚌1, 2, 29, 38) Auf dem Weg zum Presidio kann man in diesem kleinen Nachbarschaftsjuwel einen netten Stopp mit Kaffee und Bagels aus dem Holzofen einlegen oder man kehrt abends auf einen der tollen Martinis hier ein. Beim Essen geht's vielleicht mit *hamachi crudo* (rohem Fisch) und Miyagi-Austern los und mit handgemachten Spaghetti oder Schweinskotelett weiter. Wer mit genügend Leuten unterwegs ist, kann sich einen Riesenteller mit Tomahawk-Steak teilen.

### EINE BÄCKEREI KOMMT GROSS RAUS

Armando Lacayo kündigte seinen Job im Finanzwesen, da er, wie vor ihm seine Pariser Großeltern, eine Leidenschaft fürs Backen von Croissants hegte. Nachdem er seine Backkünste perfektioniert hatte, eröffnete Lacayo 2015 in Inner Richmond die bescheidene **Arsicault Bakery** (Karte S. 342; ☎415-750-9460; 397 Arguello Blvd; Backwaren 3–7 $; ⏲Mo–Fr 8–15, Sa & So bis 15.30 Uhr; 🚌1, 2, 33, 38, 44). Nur ein Jahr später erklärte die Zeitschrift Bon Appétit die Bäckerei zur besten neuen Bäckerei in den USA. Die goldenen, saftig-lockeren Buttercroissants werden regelmäßig bis auf das letzte verkauft. Inzwischen gibt's eine weitere Filiale (87 McAllister St) beim Civic Center.

**CASSAVA** KALIFORNISCH $$

Karte S. 342 (☎415-640-8990; www.cassavasf.com; 3519 Balboa St; Hauptgerichte morgens & mittags 7–18 $, abends 15–30 $; ⏲Mo & Mi–Fr 8.30–14.30 & 17.30–21, Sa 10–14.15 & 17.30–21, So 10–14.30 & 17.30–19.45 Uhr; 🖉; 🚌5, 18, 31, 38) Frühaufsteher und Jogger werden hier mit Ritual-Kaffee (in San Francisco geröstete Bohnen) und hausgemachten Frühstücksgerichten aus aller Welt verwöhnt. Wie wär's z. B. mit einem japanischen Frühstück, Haschee aus langsam geschmorter Schweinerippe, oder einer gebackenen Burrata mit pochiertem Ei mit Gemüse und Toast?

Den Brunch vor der Matinee im Balboa Theatre (S. 211) muss man vorab reservieren; zur Nachbesprechung kann man zurückkehren und ein viergängiges Abendmenü (48 $) mit Getränkebegleitung (34 $) genießen.

**★WAKO** JAPANISCH $$$

Karte S. 342 (☎415-682-4875; www.sushiwakosf.com; 211 Clement St; 9-Gänge-Menü 135 $;

⌚Di–Sa 17.30–22 Uhr; 🚌1, 2, 33, 38, 44) Das mit Treibholz ausgekleidete Bistro von Tomoharu Nakamura, der auch in der Küche das Sagen hat, ist ähnlich ausgefallen wie der Bonsaihain im nahen Japanese Tea Garden (S. 203) und passt somit wunderbar nach San Francisco. Jedes *omakase* (Gericht nach Wahl des Küchenchefs) ist ein japanisches Meeresfrüchtewunder im Miniformat mit kalifornischer Note: Santa-Cruz-Abalone-Nigiri, scharf angebratenen Thunfischbauch mit kalifornischem Kaviar oder Krebs-*mushimono* mit Yuzu, vom Nachbarn angebaut. *Domo arigato* (vielen Dank)!

**★SPRUCE** KALIFORNISCH **$$$**
(☎415-931-5100; www.sprucesf.com; 3640 Sacramento St; Hauptgerichte 19–44 $; ⌚Mo–Do 11.30–14 & 17–22, Fr 11.30–14 & 17–23, Sa 10–14 & 17–23, So 10–14 & 17–21 Uhr; 🚌1, 2, 33, 43) VIP von vorn bis hinten: Baccarat-Kristall-Kronleuchter, gelbbraune Lederstühle, wechselnde Kunstausstellungen und 2500 Weine. Die Damen, die sich hier zum Mittagessen treffen, verzichten auf höfliche Konversation und schlagen stattdessen die Zähne in Burger mit Fleisch von Weiderindern auf selbstgebackenen English Muffins, beladen mit eingelegten Zwiebeln und alten Tomatensorten, die auf der restauranteigenen Bio-Farm gezogen werden. Dazu Fritten? Aber klar: Im Spruce werden sie in Entenfett gebrutzelt.

## Sunset District

**★HOOK FISH CO** FISCH & MEERESFRÜCHTE **$**
Karte S. 342 (www.hookfishco.com; 4542 Irving St; Hauptgerichte 13–16 $; ⌚Mo–Fr 11.30–21, Sa & So ab 9 Uhr; 🚌18, ⓂN) Die Daunenjacke mitzunehmen hat seinen Grund: für dieses reizende Fischlokal draußen in der windigen Prärie von Outer Sunset. An einem kleinen Holztresen bestellt man von einer kleinen Karte mit Fisch und Meeresfrüchten aus der Gegend z. B. einen Poke-Burrito, Forellensalat oder die Fisch-des-Tages-Tacos, gegrillt oder gebraten (wir raten zu gegrillt) und auf warmen Mais-Tortillas serviert.

**KING OF NOODLES** NUDELN **$**
Karte S. 342 (☎415-566-8318; 1639 Irving St; Dim Sum 6–9,50 $, Nudeln 8–11 $; ⌚Mo, Di & Do 11.30–15.30 & 17–21.30 Uhr; 🚌7, 28, 29, ⓂN) Es ist keine Überraschung, dass Anthony Bourdain gerne in diesem zwanglosen Dim-Sum- und Nudellokal zu Gast war: Auf der Karte stehen Kuriositäten wie marinierter Schweine-Ellbogen, Schwarzdrüsling mit frischer Gurke sowie knusprige Lotusblüten (sind übrigens klasse!). Doch vor allem die handgezogenen Nudeln in aromatischen Suppen lassen die Kundschaft immer wieder zurückkehren, ebenso wie die herausragenden Zwiebelpfannkuchen und die klassischen Shanghai-Teigtaschen.

**MANNA** KOREANISCH **$**
Karte S. 342 (☎415-665-5969; www.mannasanfrancisco.com; 845 Irving St; Hauptgerichte 11–15 $; ⌚Di–So 11–21.30 Uhr; 🚌6, 7, 43, 44, ⓂN) Koreanische Omis und andere Bewohner des Sunset District werden einem bestätigen, dass koreanische Hausmannskost das beste Heilmittel bei akutem Nebelschlottern ist. *Kalbi* (marinierte, gegrillte Rippchen) und *dol-sot bibimbap* (Reis, Gemüse, Steak und Ei im Steintopf, brutzelnd heiß serviert) geben blutleeren Zehen die Farbe zurück, insbesondere in Verbindung mit der köstlichen *gojujang* (süß-pikante koreanische Chilisauce). Wochentags gibt's einen günstigen Mittagstisch; maximal vierköpfige Gruppen. Wartezeiten sind normal.

**MASALA DOSA** INDISCH **$**
Karte S. 342 (☎415-566-6976; www.masaladosasf.com; 1375 9th Ave; Hauptgerichte 11–17 $; ⌚11–23 Uhr; 🖉; 🚌6, 7, 33, 43, 44, ⓂN) Südindisches Essen im Süden des Golden Gate Park. In dem stimmungsvoll beleuchteten Bistro kann man sich bei der Spezialität des Hauses – *paper dosa*, einem riesigen knusprigen Linsenmehlpfannkuchen mit *sambar* (scharfe Suppe) und Chutney – aufwärmen. Auch gut, genauso glutenfrei, aber noch herzhafter ist *utappam* (Pfannkuchen) mit Zwiebeln und Erbsen. Tolle Hauptgerichte sind das Chicken Madras mit Kokosmilch und duftendes Tilapia-Masala.

**NOPALITO** MEXIKANISCH **$$**
Karte S. 342 (☎415-233-9966; www.nopalitosf.com; 1224 9th Ave; Hauptgerichte 13–21 $; ⌚11.30–22 Uhr; 🖉; 🚌6, 7, 43, 44, ⓂN) Gehobene kalifornisch-mexikanische Küche mit Zutaten aus nachhaltigem Anbau bekommt man südlich vom Golden Gate Park. Wie wäre es z. B. mit Empanadas mit Fleisch vom Weiderind, handgerollten Biomais-Tortillas mit zartschmelzenden *carnitas* (in Bier geschmortes Schweinefleisch) oder heißer mexikanischer Schokolade mit Zimt? Reservierungen sind nicht möglich. An son-

nigen Wochenenden, wenn es alle Parkgänger nach Margaritas und Ceviche gelüstet, sehr früh hier sein und sich auf die Warteliste setzen lassen!

**OUTERLANDS** KALIFORNISCH $$

Karte S. 342 (☎415-661-6140; www.outerlandssf.com; 4001 Judah St; Sandwiches & kleine Gerichte 8–14 $, Hauptgerichte 15–28 $; ⊙9–15 & 17–22 Uhr; ; 18, MN) Wenn man sich am windigen Ocean Beach wie ein Schiffbrüchiger fühlt, ist dieses schicke Strandbistro wie das ersehnte Festland. Die Mitarbeiter päppeln einen mit kalifornischem Wohlfühlessen aus Bio-Zutaten wieder auf. Zum Brunch gibt's Pfannkuchen aus der Gusseisenpfanne, mittags dann Sandwiches mit Schweinebauch sowie zitronige Strandcocktails. Zum Abendessen wird kreative Kost aufgefahren wie japanische Teppichmuscheln aus dem Bundesstaat Washington und Tafelspitz vom kalifornischen Holstein-Rind. Reservieren!

## AUSGEHEN & NACHTLEBEN

**Authentische irische Pubs, altmodische Cocktailbars im Südseestil, kultige Kaffeeläden, Tequila-Schulen – auf den Avenues hat man die Qual der Wahl.**

**★VIOLET'S TAVERN** COCKTAILBAR

Karte S. 342 (☎415-682-4861; www.violets-sf.com; 2301 Clement St; ⊙Bar Mo 17–22.30, Di–Do bis 23, Fr bis 24, Sa 11–24, So 11–22 Uhr; 1, 2, 29, 38) Eine weitere Cocktailbar, die gleichzeitig als Brunch- und Dinnerlokal fungiert, doch von ihrer besten Seite zeigt sie sich bei den Drinks. Davon zeugt etwa der Siberian Tea Service, eine warme Mixtur aus japanischem Whiskey, Pflaumenwein, Oolong-Tee und Hibiskus. Oder wie wär's mit den Violet Skies mit Mezcal, Erdbeerbrandy und etwas Crème de Violette?

**★WOODS OUTBOUND** CRAFTBIER

Karte S. 342 (☎415-571-8025; www.woodsbeer.com/outbound; 4045 Judah St; ⊙Mo–Mi 16–22, Do bis 24, Fr 15–24, Sa 12–24, So 12–22 Uhr; 18, MN) An einem kühlen Abend kann man sich schön in diese enge, gemütliche Craftbierbar zwängen und einige kreative Gebräue testen. Die Brauer sind dafür bekannt, dass sie in ihre 75 000-l-Brauanlage gerne einige ungewöhnliche Zutaten wie Mate oder Süßkartoffeln geben. Ein Favorit unter den Sonderlingen ist das Kräuterbier Morpho mit Kräutern aus biologischem Anbau.

**★ANDYTOWN COFFEE** KAFFEE

Karte S. 342 (☎415-753-9775; www.andytownsf.com; 3655 Lawton St; ⊙7–17 Uhr; ; 18, MN) Seit 2014 breitet sich Andytown Coffee aus wie der Nachmittagsnebel, unaufhaltsam. Der Erfolg ist köstlichem Filterkaffee, irischem Sodabrot und dem einzigartigen „Snowy Plover" zu verdanken: einer großartigen Mischung aus Pellegrino, Eis, zwei Shots Espresso und einem Löffel Schlagsahne. In den letzten Jahren sind Ableger in der immer hipper werdenden **Taraval St** (☎415-571-8052; 3629 Taraval St; ⊙7–17 Uhr; ; 18, ML) und beim Salesforce Transit Center in Downtown dazugekommen.

**TOYOSE** BAR

Karte S. 342 (☎415-731-0232; www.toyose.org; 3814 Noriega St; ⊙18–1 Uhr; 7, 18, MN) Versteckt in einer umgebauten Werkstatt in Outer Sunset, wartet diese kleine koreanische Bar mit einem wunderbaren Ambiente auf, in dem sehr gemütlich Krüge mit Hite-Bier oder süße Soju-Cocktails (in Flaschen serviert, aus denen man sich in Schnapsgläser selbst einschenkt) kippen kann. Das Essen ist nicht gerade spektakulär, doch mit den ziemlich guten Meeresfrüchte-Pfannkuchen kann man einem ansonsten unvermeidbaren Kater vorbeugen.

**SIP TEA ROOM** TEEHAUS

Karte S. 342 (☎415-683-5592; www.siptearoom.com; 721 Lincoln Way; ⊙Mi & Fr–So 11–17 Uhr, letzte Platzierung 16.30 Uhr, Do bis 20 Uhr; 6, 7, 43, 44, MN) Nach einem Marsch durch den Golden Gate Park und das ein oder andere Museum kommt Entspannung bei einem traditionellen englischen Nachmittagstee (29 $ pro Pers.) genau richtig. Der behagliche kleine Teesalon bietet alles von Darjeeling bis Lapsang Souchong und von Ceylon bis China Congou. Zum Tee werden auf einer dreistöckigen Etagere verschiedene Sandwiches, Scones und *clotted cream* serviert.

**GRAND HOT POT LOUNGE** KARAOKE

Karte S. 342 (☎415-387-8989; www.hotpotsf.com; 3565 Geary Blvd; ⊙11–22 Uhr; 5, 31, 33, 38) Für einen Abend voller Exotik, Völlerei, Trunkenheit und Hemmungslosigkeit gibt es nichts Besseres als die Grand Hot Pot

Lounge, Inner Richmonds Geschenk an alle Freunde des scharfen Essens und Möchtegern-*American Idol*-Teilnehmer. Wer sich gerne die Seele aus dem Leib trällert und mit einer Gruppe unterwegs ist, sollte im Voraus einen kleinen Karaoke- und Hot-Pot-Raum reservieren.

**TROUBLE COFFEE CO** CAFÉ

Karte S. 342 (4033 Judah St; ⏲7–19 Uhr; 🚌18, ⓂN) Das Trouble hat ein besonderes Frühstücksangebot namens „Build Your Own Damn House" mit einer jungen Kokosnuss, Kaffee und dick bestrichenem Zimttoast. Surfer schlürfen draußen, auf Sitzgelegenheiten aus Treibholz, hauseigene Röstungen oder kippen sich an der Theke aus Altholz einen Espresso hinter. Der Laden wirbt zwar im Radio, ist aber auf Instagram nicht zu finden – sorry, keine Fotos von der Innenausstattung. Laptops unerwünscht!

**TRAD'R SAM** BAR

Karte S. 342 (☎415-221-0773; 6150 Geary Blvd; ⏲11–2 Uhr; 🚌1, 5, 29, 31, 38) In dieser altmodischen Tikibar vergisst man die Kälte am Ocean Beach dank gefühlter Nähe zu Hawaii rasch. Popeye-starker heißer Rum mit Butter sorgt für einen seligen Vollrausch und die Zombies mit fünf Rumsorten lassen einen darüber nachgrübeln, was zum Geier wohl mit dem Gehirn passiert ist … Romantiker sollten sich auf den Hurricane und die Scorpion Bowl stürzen, die aus gutem Grund mit zwei Strohhalmen serviert werden – wer keinen zum Mittrinken findet, liegt anschließend unterm Tisch.

**TOMMY'S MEXICAN RESTAURANT** BAR

Karte S. 342 (☎415-387-4747; www.tommystequila.com; 5929 Geary Blvd; ⏲Mi–Mo 12–23 Uhr; 🚌1, 29, 31, 38) Seit 1965 ist Tommy's San Franciscos Tequila-Tempel. Bis 19 Uhr werden Enchiladas als Alibi-Happen serviert, um vom Trinken am helllichten Tage abzulenken, danach kommen vor allem Margarita-Krüge, wahlweise mit Tequila *blanco*, *reposado oder añejo*, auf den Tisch. Cuervo Gold ist nur „zu Informationszwecken" ausgestellt, denn er erfüllt die hier geltenden Qualitätskriterien nicht, nach denen der Tequila zu 100 % aus Agaven bestehen muss und vorzugsweise in kleinen Fässern gereift sein soll. Glücklicherweise ist das bei 400 leckeren Tequila-Sorten der Fall.

**BEACH CHALET** BRAUEREI, BAR

Karte S. 342 (☎415-386-8439; www.beachchalet.com; 1000 Great Hwy; ⏲Mo–Do 9–22, Fr bis 24, Sa 8–24, So 8–23 Uhr; 🚌5, 18, 31) Mikrobrauerei-Biere mit Aussicht. Im komfortablen, nüchtern eingerichteten Speiseraum oben ein Riptide Red bestellen, ansetzen und über den Glasrand hinweg den Sonnenuntergang über dem Pazifik beobachten. Treppab feiern wunderbare Wandbilder aus den 1930ern – ein Projekt der Works Project Administration (WPA) – den Bau des Golden Gate Park. Das Park Chalet im Hinterhof ist ein lockeres Bar-Restaurant mit wüsten Taco Tuesdays, gemütlichem Sonntagsbrunch und Livemusik am Wochenende.

## ☆ UNTERHALTUNG

**★NOISE** LIVEMUSIK

Karte S. 342 (☎415-702-6006; www.sanfranciscoconoise.com; 3427 Balboa St; ⏲Mo & Mi–Fr 12–19, Di bis 17, Sa & So 10–19 Uhr; 🚌5, 18, 31, 38) Je mehr sich San Francisco verändert, desto entschiedener bleibt sich dieser unglaubliche Plattenladen mit Kunstgalerie und Veranstaltungen treu. Schallplattenfreaks können tagelang durch das riesige Angebot stöbern, das erst nach Genre und dann penibel nach Alphabet sortiert ist. Jedes Album ist mit einem handgeschriebenen Klebezettel versehen, auf dem es von Sara, der Mutter des Inhabers – die sich bestens auskennt –, beschrieben und bewertet wird.

**PLOUGH & STARS** LIVEMUSIK

Karte S. 342 (☎415-751-1122; www.theploughandstars.com; 116 Clement St; ⏲Mo & Di 15–2, Mi–So ab 14 Uhr, Shows 21 Uhr; 🚌1, 2, 33, 38, 44) Bands, die für ausverkaufte Hallen von Irland bis in die Appalachen sorgen und bei San Franciscos Hardly Strictly Bluegrass Festival (S. 35) ganz oben auf den Plakaten stehen, kommen unter der Woche zum Jammen her und stoßen während der Pausen an den langen Tischen mit einem Guinness an. Montags, wenn keine Livemusik gespielt wird, ist als Entschädigung den ganzen Tag Happy Hour, Billardspielen darf man für lau und auch das Gesäusel der Stammgäste gibt's umsonst. Die Eintrittspreise für Konzerte am Wochenende sind mit 6 bis 10 $ moderat.

**NECK OF THE WOODS** LIVEMUSIK

Karte S. 342 (☎415-387-6343; www.neckofthewoodssf.com; 406 Clement St; ⏲18–2 Uhr; 🚌1, 2, 33, 38, 44) Ein großer, aber gemütlicher Veranstaltungsort mit buntem Programm,

z. B. Salsa-Kursen (montags) oder russischem Karaoke (keine Russischkenntnisse nötig). Regelmäßig erobern Indie-Rock-Bands die Bühne oben. In der Lounge unten gibt's Standarddrinks in der Happy Hour für 5 $ und Bier. Was bei den offenen Abenden rauskommt, ist unvorhersehbar.

**BALBOA THEATRE** KINO

Karte S. 342 (☎415-221-8184; www.balboamovies.com; 3630 Balboa St; Erw./Kind 12,50/10 $, Matineen 10 $; 🚌5, 18, 31, 38) Erster Halt: Cannes, nächster Halt: Balboa St, Ecke 37th, wo außer Filmfest-Abräumern Film-noir-Klassiker mit Bogart & Co., familienfreundliche Samstagsmatineen und B-Movie-Marathons mit Live-Kommentar der jeweiligen Regisseure laufen. Das Lichtspielhaus von 1926 wird von der gemeinnützigen San Francisco Neighborhood Theater Foundation betrieben, die für erschwingliche Kartenpreise und ein spannendes Programm sorgt.

## SHOPPEN

**An der Clement St (rund um die 5th) in Richmond und an der Irving St (rund um die 9th) und Judah St (rund um die 45th) im Sunset District stößt man auf schräge Läden und tolle Sachen für Kinder.**

★**PARK LIFE** GESCHENKE & SOUVENIRS

Karte S. 342 (☎415-386-7275; www.parklifestore.com; 220 Clement St; ⏲Mo–Sa 10–19, So bis 18 Uhr; 🚌1, 2, 33, 38, 44) Das Park Life ist gewissermaßen das Schweizer Messer unter den hippen Warenhäusern der Stadt. Es ist Designerladen, Indie-Verlag und Kunstgalerie in einem. Hier findet man Geschenke, die man lieber selber behalten würde, etwa Spielzeugsoldaten in Yogaposen, Park-Life-Kataloge mit Shaun O'Dells Darstellungen der natürlichen Unordnung der Dinge, unheimliche Fotos von Todd Hido, die zottelige Katzen auf zotteligen Teppichen zeigen, und eine Picasso-Wasserpfeife.

★**PAUL'S HAT WORKS** HÜTE

Karte S. 342 (☎415-221-5332; www.hatworksbypaul.com; 6128 Geary Blvd; ⏲Mi–Fr 10–15 Uhr, manchmal auch Sa 12–16 Uhr; 🚌1, 38) Psst … es gibt gar keinen Paul, aber bitte nicht verraten! 1918 gründete ein peruanischer Hutmacher namens Napoleon das Geschäft. Seither wird es nun schon in dritter Generation von Hutmachermeistern betrieben, die vor Ort von Hand Filzhüte *(fedoras)* anfertigen, wie man sie aus Film-noir-Klassikern kennt. Downtown liegt man mit Pauls *porkpie* genau richtig, für den (sozialen) Aufstieg nach Nob Hill ist vielleicht einen *stovepipe* – Zylinder – passender und bei Trad'r Sam die Straße runter ist man mit einem klassischen Panama-Hut gut gekleidet.

★**JADE CHOCOLATES** LEBENSMITTEL

Karte S. 342 (☎415-350-3878; www.jadechocolates.com; 4207 Geary Blvd; ⏲Di–Sa 11–19 Uhr; 🚌2, 31, 38, 44) Die in San Francisco geborene Chocolatière Mindy Fong trifft den Süßnerv und vereint mit ihren Leckereien, die es wirklich nur in San Francisco gibt, östliche und westliche Geschmackswelten, z. B. mit Passionsfruchtkaramell, heißer Thai-Curry-Schokolade und dem legendären Erdnussbutter-Buddha mit Mango-Marmelade. Die Fusion-Food-Kreationen gehen auf Fongs schräge Schwangerschaftsgelüste zurück und sind mittlerweile landesweit bekannt. Und wie es sich für San Francisco gehört, wird das Experimentieren munter fortgesetzt, z. B. mit Zutaten wie Miso und Currypulver.

**GREEN APPLE BOOKS** BÜCHER

Karte S. 342 (☎415-387-2272; www.greenapplebooks.com; 506 Clement St; ⏲10–22.30 Uhr; 🚌2, 38, 44) Was dem Drogensüchtigen die Opiumhöhle, ist dem Bücherwurm das Green Apple – und wer es nicht rechtzeitig hinausschafft, wird sich nicht mehr von all den Kunstband-Remittenten, gebrauchten Kochbüchern und druckfrischen Romanen samt Autogramm ortsansässiger Autoren losreißen können. Wenn zwei Stockwerke Lesestoff nicht reichen, lockt Green Apple Books on the Park (1231 9th Ave) mit noch mehr neuen Titeln, Autorenlesungen und Filmvorführungen.

**FOGGY NOTION** GESCHENKE & SOUVENIRS

Karte S. 342 (☎415-683-5654; www.foggy-notion.com; 124 Clement St; ⏲Mo–Fr 11–19, Sa ab 10, So 10–18 Uhr; 🚌1, 2, 38, 49) 🍃 Den Golden Gate Park kann man ja leider nicht mit nach Hause nehmen (die Stadt sähe ohne ihn so nackt aus!), doch dieser Laden ist auf Souvenirs spezialisiert, die einem den „städtischen Urwald" von San Francisco mit allen Sinnen in Erinnerung rufen. Die zu 100 % natürlichen und handgefertigten Andenken umfassen Juniper Ridges Wanderwegdüfte, Honig aus dem Golden Gate Park, Julia Canrights selbstbedruckte Segeltuchrucksäcke und mit die größte Auswahl an Kerzen in der ganzen Stadt.

**SAN FRANPSYCHO** GESCHENKE & SOUVENIRS

Karte S. 342 (☎415-213-5442; http://sanfranpsycho.com; 1248 9th Ave; ⊙Do–Sa 10–21, So–Mi bis 20 Uhr; 🚌6, 7, 43, 44, Ⓜ N) Hier gibt's Souvenirs, die Besucher wie Einheimische aussehen lassen, z. B. T-Shirts mit der Golden Gate Bridge und dem inoffiziellen Wahlspruch der Stadt, *Build bridges, not walls* (Brücken bauen statt Mauern), mit denen man sowohl auf Demos in Downtown wie auch beim Lagerfeuer am Strand – ein Sixpack des Hausmarke-IPA und eine weiche mexikanische Decke unter dem Arm – passend gekleidet ist. Legere Kleidung im California-Look kann mit Emaille-Pins ergänzt werden und Hundebesitzer können Kapuzenshirt-Sets für sich und ihren kleinen Liebling kaufen.

**LAST STRAW** GESCHENKE & SOUVENIRS

Karte S. 342 (☎415-566-4692; 4540 Irving St; ⊙Di–Sa 12–18 Uhr; 🚌7, 18, Ⓜ N) Geschenke mit Herz findet man in diesem Geschenkeladen, der randvoll ist mit Dingen, die der gemeine Avenues-Bewohner so braucht: Flachsfaser-Bekleidung, Indigo-Strandtaschen und Seemannsschals, die auf einem nahegelegenen Hausboot gehäkelt werden. In den Schmuckkästen liegen unerwartete Schätze für weniger als 50 $, darunter Amanos in Sonoma hergestellte *señorita*-Creolen aus ziseliertem Silber. Besitzerin Marge nimmt außer Bargeld und Kreditkarten auch Schecks und Schuldscheine an – ein Beweis dafür, dass man in San Francisco noch an das Gute im Menschen glaubt!

## SPORT & AKTIVITÄTEN

**★COASTAL TRAIL** WANDERN

Karte S. 342 (www.californiacoastaltrail.info; ⊙Sonnenauf- bis Sonnenuntergang; 🚌1, 18, 38) Die 10,5 Meilen (17 km) lange Wanderung startet am Fort Funston, danach geht's 6 km über den Ocean Beach und schließlich um das Presidio zur Golden Gate Bridge. Weniger ambitionierte Spaziergänger können den restaurierten Weg in der Nähe der Sutro Baths aufnehmen und die Klippen von Lands End umrunden, um einen Blick auf das Ende der Welt und bei Ebbe auf Schiffswracks zu werfen.

**SAN FRANCISCO DISC GOLF** SPORT

Karte S. 342 (www.sfdiscgolf.org; 900 John F Kennedy Dr; ⊙Sonnenauf- bis Sonnenuntergang; 🚌5, 28, 29, 31, 38) GRATIS Wenn man die ruhige Märchenwaldlandschaft im nördlichen Golden Gate Park durchstreift, stößt man auf den Discgolf-Kurs mit 18 Körben, auf dem vielleicht gerade eine Partie gespielt wird. Turnier-Frisbees verleiht Golden Gate Park Bike & Skate (S. 213). Online kann man sich mit anderen Einzelspielern für sonntags verabreden (8.30–10 Uhr; 5 $) oder beim „Dienstags-Doppel" mitmachen (17 Uhr; 5 $) – die Gewinner bekommen Bares!

**LAWN BOWLING CLUB** BOWLING

Karte S. 342 (☎415-487-8787; www.sflbc.org; Bowling Green Dr; ⊙Di–So 11–16 Uhr bei gutem Wetter; 🚌5, 7, 21, 33, Ⓜ N) Pins wirken plump und Bowling-Shirts scheinen undenkbar, wenn man einmal mit eingefleischten Fans auf dem ersten öffentlichen Bowling-Rasen Amerikas gespielt hat. Mittwochs um 12 Uhr geben Freiwillige kostenlosen Unterricht, im Frühling und Sommer manchmal auch nachmittags. Schuhe mit flachen Sohlen sind Pflicht, sonst gibt es keine Kleiderordnung. Einzige Ausnahme sind Club-Events, zu denen seit 1901 weiße Kleidung getragen wird.

**GOLDEN GATE MUNICIPAL GOLF COURSE** GOLF

Karte S. 342 (☎415-751-8987; www.goldengateparkgolf.com; 970 47th Ave; Erw./Kind Mo–Do 22/8 $, Fr–So 26/10 $; ⊙7–17 Uhr; 👪; 🚌5, 18, 31) Sonnenlicht fällt durch die Zweige der majestätischen Monterey-Zypressen ... Da wirkt selbst das Rough (die Bereiche zwischen den Spielbahnen) prächtig! Der anspruchsvolle öffentliche Golfplatz mit neun Löchern (27 Par) wurde 1951 aus Sanddünen geschaffen. Leihausrüstung (Erw./Kind 15/8 $) und Abschlagmatten zum Üben vorhanden, Kinder willkommen. Vorab online buchen, insbesondere für die Zeiten vor 9 Uhr wochentags, an Wochenenden und nach Schulschluss.

**SAN FRANCYCLO** RADFAHREN

Karte S. 342 (☎415-831-8031; www.sanfrancyclo.com; 746 Arguello Blvd; Leihräder inkl. Helm 10–40 $ pro Std.; ⊙Mi–Fr 11–19, Sa & So 10–17 Uhr; 👪; 🚌5, 21, 31, 33, 38) Auf schicken neuen Rädern, darunter auch Hybridmodelle, kann man wunderbar durch den Golden Gate Park und über die Brücke brausen. Der Laden zum Abholen und Abgeben befindet sich unmittelbar nördlich des Golden Gate Park. Es stehen auch Kindersitze und -räder zur Verfügung.

**GOLDEN GATE JOAD** BOGENSCHIESSEN

Karte S. 342 (www.goldengatejoad.com; Golden Gate Park Archery Range, Ecke Fulton St & 47th Ave; 30-min. Unterricht inkl. Leihausrüstung 30 $; ⏲Unterricht Sa vormittags; 👪; 🚌5, 18, 31) Seit Kassenschlagern wie *The Avengers*, *Die Tribute von Panem* und *Merida* ist das Bogenschießen, das in der viktorianischen Zeit ein beliebter Zeitvertreib in San Francisco war, wieder in. Samstagmorgens bietet die gemeinnützige Junior Olympic Archery Division (JOAD) im Golden Gate Park die Möglichkeit, sich einmal darin zu versuchen. Geduldige, ausgebildete Trainer geben Unterricht für Erwachsene und Kinder ab 8 Jahren (elterliche Erlaubnis vorausgesetzt). Online reservieren; Anfängerkurse sind schnell ausgebucht.

**GOLDEN GATE PARK BIKE & SKATE** RADFAHREN

Karte S. 342 (☎415-668-1117; www.goldengateparkbikeandskate.com; 3038 Fulton St; Inlineskates 5–6 $ pro Std., 20–24 $ pro Tag, Fahrrad 3–5 $ pro Std., 15–25 $ pro Tag, Tandem-Fahrräder 15/75 pro Std./Tag, Frisbee 6/25 $ pro Std./Tag; ⏲Mo–Fr 10–18, Sa & So bis 19 Uhr; 👪; 🚌5, 21, 31, 44) Abgesehen von Fahrrädern und Inlineskates werden in diesem Laden vor den Toren des Golden Gate Park Disc Putter & Co. für den kostenlosen Frisbee-Golfplatz verliehen. Die Preise sind top, Helme, Schlösser und Karten inklusive. Bei wechselhaftem Wetter vorher anrufen.

**SAN FRANCISCO MODEL YACHT CLUB** MODELLBOOTE

Karte S. 342 (www.sfmyc.org; Spreckels Lake; ⏲Sonnenauf- bis Sonnenuntergang; 🚌5, 18, 31) Bei den spannenden Miniregatten mit ferngesteuerten Booten kann kein America's-Cup-Rennen mithalten! Eine Kinderschar feuert die kleinen Jachten an, die hier am Wochenende (bei gutem Wetter manchmal auch unter der Woche) nachmittags von ortsansässigen Sammlern gewartet und gefahren werden. Der Spreckels Lake ist außerdem ein Zufluchtsort für Schildkröten, die am Ufer dösen und sich von den Bootsveranstaltungen nicht stören lassen. Wenn Vereinsmitglieder da sind, kann man sich im Clubhaus alte Boote anschauen.



## ALLES FÜR DEN OCEAN BEACH

**Mollusk** (Karte S. 342; ☎415-564-6300; www.mollusksurfshop.com; 4500 Irving St; ⏲Mo–Sa 10–18.30, So bis 18 Uhr; 🚌18, Ⓜ N) In dieser Surfergalerie treffen Ozean und Kunst aufeinander. Legendäre *shapers* (Surfbrettmacher) designen Boards in limitierter Edition für Mollusk. Die Signature -T- und Kapuzenshirts werden vom Publikum am Ocean Beach sofort erkannt. *Kooks* (Neulinge) lassen sich von Bildbänden über die kalifornische Surfkultur, Thomas Campbells Meereskollagen und weiteren Werken lokaler Surfer-Künstler mitreißen und inspirieren.

**Aqua Surf Shop** (Karte S. 342; ☎415-242-9283; www.aquasurfshop.com; 3847 Judah St; Leih-Bodyboard/Neoprenanzug 10/15 $ pro Tag, Surfbrett 25–35 $; ⏲So–Di 10–17.30, Mi–Sa bis 19 Uhr; 🚌18, Ⓜ N) Wer die harte Schule durchlaufen will, um im Sunset District für voll genommen zu werden, bekommt im Aqua die nötige Ausrüstung sowie Empfehlungen für Surflehrer (siehe Website). Die Strömungen am Ocean Beach sind nicht ohne, deshalb werden Boards & Co. nur bei guten Bedingungen verliehen. Wer sich nicht nassmachen möchte, kann bei den Pop-up-Events oder beim Sunset Yoga am Montag (10 $) dabei sein.

**On the Run** (Karte S. 342; ☎415-682-2042; www.ontherunshoes.com; 1310 9th Ave; ⏲Mo–Fr 10–19, Sa bis 18, So 11–18 Uhr; 🚌6, 7, 43, 44, Ⓜ N) Wenn nach dem Morgenlauf Füße oder Schienbeine schmerzen, kann man hier seine Schuhe überprüfen lassen, bevor es auf die Joggingstrecken am Ocean Beach oder im Golden Gate Park geht. Die Mitarbeiter beraten gratis zu Einlegesohlen und der richtigen Dämpfung. Einlagen werden sofort angepasst und eingesetzt.

**STOW LAKE BOATHOUSE** BOOTFAHREN

Karte S. 342 (415-386-2531; http://stowlakeboathouse.com; 50 Stow Lake Dr; Bootsverleih 22,50–38,50 $ pro Std.; 10–17 Uhr; 5, 7, 29, 44) Vom Anleger des alten Bootshauses von 1946 geht's im Ruder- oder Tretboot über den Stow Lake (S. 204). Nach getaner Arbeit lockt ein schneller Happen, ein Glas Wein oder ein Bio-Eis von Three Twins im renovierten Bootshauscafé (11–17 Uhr).

**GOLDEN GATE PARK HORSESHOE PITS** OUTDOOR

Karte S. 342 (https://goldengatepark.com/horseshoe-pits.html; Sonnenauf- bis Sonnenuntergang; ; 5, 7, 21, 33) Versteckt an einem Hang am östlichen Rand des Golden Gate Park zeigt sich ein Pferde-Riese in permanenter Siegespose. Und der Horseshoe Thrower aus Beton von 1926 hat schon dramatische Wettkämpfe im Hufeisenwerfen miterlebt – nach einer aufwendigen Restaurierung durch die Anwohnerschaft lächelt er mittlerweile wieder hinunter auf Felder, wo so gut wie jedes Wochenende der Klang von Hufeisen zu hören ist, die an Pfosten treffen. Informationen über Turniere und Hufeisenhändler in der Nähe sind auf www.sfhorseshoepitching.com zu finden.

# Ausflüge

## Berkeley & Oakland S. 216

Als legendäre Hotspots der Gegenkultur sind „Berserkeley" und „Oaktown" nach wie vor eifrig damit beschäftigt, Musik, Kunst, Geschichte und Politik neu zu definieren – nichtsdestotrotz ist die Dinnerzeit in diesem kulinarischen Mekka eine heilige Kuh.

## Von Muir Woods bis Stinson Beach S. 224

In direkter Nachbarschaft zu windgepeitschten Stränden ragen auf der anderen Seite der Golden Gate Bridge in urigen Wäldern einige der größten Bäume der Welt in den Himmel.

## Sausalito & Tiburon S. 226

Die pittoresken Städtchen an der Bucht im Marin County sind per Fähre schnell zu erreichen. Hier lässt es sich wunderbar bummeln, und am Wasser schmecken das Seafood oder der Drink zum Sonnenuntergang besonders gut.

## Napa Valley S. 233

Sonnendurchflutete Täler und der kühle Küstennebel haben Napa zum bekannten Weinanbaugebiet gemacht – aber mit Redwood-Wäldern, Biohöfen und natürlichen heißen Quellen hat die Gegend noch einiges mehr zu bieten.

## Sonoma Valley S. 238

Mit einer Missionsstadt aus dem 19. Jh., Restaurants, die ihre Zutaten von regionalen Bauern beziehen, und beschaulichen Weingütern, die zum Picknicken einladen, hat sich Sonoma einen volkstümlich-ländlichen Charme bewahrt.

# Berkeley & Oakland

## Rundgang

Berkeley und Oakland sind, was die meisten Einwohner der Region als East Bay bezeichnen, auch wenn dieses Gebiet vom Flachland an der Bucht bis hinauf in die exklusiven Wohngegenden in den Hügeln noch zahlreiche weitere Orte umfasst. Viele Bewohner der West Bay halten es nicht für nötig, jemals die Bay Bridge zu überqueren oder die Bahnen von Bay Area Rapid Transit (BART) durch den Unterwassertunnel zu nehmen. Doch gute Museen und historische Stätten, eine weltberühmte Universität, ausgezeichnete Restaurants und Bars, eine kreative Kunstszene, unkonventionelle Shoppingadressen, bewaldete Parks und besseres Wetter sind nur einige der Dinge, die Reisende auf die sonnige Seite der Bucht locken.

## Das Beste ...

**Sehenswert** Tilden Regional Park

**Essen** Chez Panisse (S. 221)

**Unterhaltung** Fox Theater (S. 222)

## Top-Tipp

Zwischen East und West Bay erstreckt sich entlang der Bay Bridge zwischen Oakland und Yerba Buena Island (insgesamt 3,5 km) der **Bay Bridge Path** (www.baybridgeinfo.org/path; ⏲unterschiedlich).

## Anfahrt

**Auto** Von San Francisco aus gelangt man über die Bay Bridge in die East Bay. Auf dem Rückweg gen Westen ist je nach Wochentag und Uhrzeit eine Mautgebühr von 5 bis 7 $ fällig.

**BART** (Bay Area Rapid Transit; www.bart.gov) Die Züge fahren an Werktagen ab ca. 5 bis 0.30 Uhr etwa alle 10 Minuten. Samstags ab 6 Uhr und an Sonn- und Feiertagen ab 8 Uhr besteht eingeschränkter Verkehr.

**Bus** AC Transit (S. 292) betreibt mehrere Buslinien vom Salesforce Transit Center in San Francisco in die East Bay (einfache Fahrt 6 $).

**Fähre** Mit ihrer grandiosen Aussicht ist die San Francisco Bay Ferry (S. 294) die schönste Art, die Bucht zwischen San Francisco und der East Bay zu überqueren, allerdings auch die langsamste und teuerste.

## Gut zu wissen

**Vorwahl** ☎510

**Lage** Berkeley befindet sich 11 Meilen (18 km) nordöstlich von San Francisco; Oakland liegt 8 Meilen (13 km) östlich der Stadt.

**Visit Berkeley** (☎510-549-7040; www.visitberkeley.com; 2030 Addison St; ⏲Mo–Fr 9–13 & 14–17 Uhr; Ⓑ Downtown Berkeley)

**Visit Oakland** (☎510-839-9000; www.visitoakland.com; 481 Water St; ⏲Mo–Fr 9–17, Sa & So 10–16 Uhr)

## SEHENSWERTS

### ★TILDEN REGIONAL PARK — PARK

(☎510-544-2747; www.ebparks.org/parks/tilden; ⏲5–22 Uhr; P 👪🐾; 🚌AC Transit 67) GRATIS Dieser 841 ha große Park hoch oben in den Hügeln östlich der Stadt ist Berkeleys schönster. Sein knapp 65 km langes Wander- und Mehrzweckwegenetz mit unterschiedlichen Schwierigkeitsgraden – von der gepflasterten Strecke bis zur steilen Kletterpartie – umfasst auch einen Abschnitt des wunderschönen Bay Area Ridge Trail. Für Abwechslung sorgen zudem eine Miniaturdampfeisenbahn (3 $), ein Kinderbauernhof, ein Umweltbildungszentrum, ein urwüchsig gestalteter botanischer Garten und ein 18-Loch-Golfplatz. Ein netter Ort zum Picknicken ist der Lake Anza, von Frühling bis Herbst kann man hier auch schwimmen (3,50 $).

### ★OAKLAND MUSEUM OF CALIFORNIA — MUSEUM

(OMCA; ☎510-318-8400; www.museumca.org; 1000 Oak St; Erw./Kind 16/7 $, 1. So des Monats frei; ⏲Mi & Do 11–17, Fr bis 21, Sa & So 10–18 Uhr; P 📶👪; Ⓑ Lake Merritt) Jedes Museum hat eine Art Bildungsauftrag, dieses befasst sich mit Kalifornien. Es zeigt wechselnde Ausstellungen zu künstlerischen und naturwissenschaftlichen Themen. Die Dauerausstellung deckt Natur, Geschichte und Kunst in Kalifornien ab, mit Exponaten von traditionellen Landschaftsbildern bis zu neuer Kartografie. Freitagabends (ab 17 Uhr) wirbt das OMCA mit stark reduziertem Eintritt, kostenlosen Kunstworkshops für Kinder, DJs und Food Trucks für sich – ein perfekter Treffpunkt, um das Wochenende einzuläuten.

### ★CHABOT SPACE & SCIENCE CENTER MUSEUM

(☎510-336-7300; www.chabotspace.org; 10000 Skyline Blvd; Erw./Kind 18/14 $; ⊙Mi–So 10–17 Uhr; P 👪; 🚌AC Transit 339) 🌿 Weltraumfans und Sterngucker werden sich in diesem auf Kinder zugeschnittenen Wissenschafts- und Technologiezentrum in den Oakland Hills wie im siebten Himmel fühlen. Neben spannenden Ausstellungen zu Themen wie Raumfahrt, Sonnen- und Mondfinsternis gibt es auch coole Planetariumshows. Wenn das Wetter mitspielt, kann man freitag- und samstagabends (19.30–22.30 Uhr) zur kostenlosen Sternbeobachtung vorbeischauen, bei der ein 20-Zoll-Refraktorteleskop zum Einsatz kommt.

Am ersten Freitagabend (18–22 Uhr) im Monat beträgt der Eintritt nur 5 $ und es finden Aktivitäten, wissenschaftliche Vorführungen, Filme und Nachtwanderungen statt.

### CROWN MEMORIAL STATE BEACH STRAND

(☎510-544-3175; www.ebparks.org/parks/crown_beach; 8th St & Otis Dr, Alameda; 5 $ pro Auto; ⊙5–22 Uhr; P 👪 🐾) Der Robert W. Crown Memorial State Park am Westufer von Alameda Island lockt an sonnigen Tagen zahlreiche Bewohner der East Bay an. Der Sandstrand erstreckt sich über 4 km an der San Francisco Bay entlang. Windsurfer freuen sich über die Böen von der anderen Seite der Bucht. Im ganzen Park gibt's Picknick- und Grillplätze.

### MUSEUM OF ART & DIGITAL ENTERTAINMENT MUSEUM

(MADE; ☎510-457-0211; www.themade.org; 3400 Broadway Ave; 10 $; ⊙Fr 12–24, Sa 10–22, So 12–18 Uhr; 🚌AC Transit 51A) Für Freunde von Videospielen ist das MADE ein Paradies. Es ist zwar auch ein Museum, aber viel mehr noch eine Zeitreisen-Spielhalle mit Videospielkonsolen von der Playstation 4 und Neo Geo bis zum Atari 2600. Es stehen 5300 spielbare Spiele zur Verfügung, man kann locker einen ganzen Tag damit verbringen, zwischen piuh-piuh-piuh und allerlei Gepiepe herumzudaddeln. Nur am Wochenende geöffnet.

### UNIVERSITY OF CALIFORNIA, BERKELEY UNIVERSITY

(☎510-642-6000; www.berkeley.edu; ⊙unterschiedlich; P 📶; B Downtown Berkeley) Die „Cal", eine der besten Universitäten des Landes und Kaliforniens älteste Alma Mater (1866), wird von 40 000 Studenten unterschiedlichster Herkunft besucht – Vielfalt und politisches Bewusstsein werden hier großgeschrieben. Das neben dem **California Memorial Stadium** (☎510-642-2730; www.californiamemorialstadium.com) gelegene **Koret Visitor Center** (☎510-642-5215; http://visit.berkeley.edu; 2227 Piedmont Ave; ⊙Mo–Fr 8.30–16.30, Sa & So 9–13 Uhr; 🚌AC Transit 36) bietet Informationen, Karten sowie kostenlose Campusführungen (Reservierung erforderlich). Das Wahrzeichen der Uni ist der 1914 erbaute **Campanile** (Sather Tower; http://campanile.berkeley.edu; Erw./Kind 4/3 $; ⊙Mo–Fr 10–15.45, Sa 10–16.45, So 10–13.30 & 15–16.45 Uhr; 👪) mit Fahrstuhl (4 $) und Glockenspiel. In der **Bancroft Library** (☎510-642-3781; www.lib.berkeley.edu/libraries/bancroft-library; University Dr; ⊙Archive Mo–Fr 10–16 oder 17 Uhr; 📶) GRATIS können Besucher jenen kleinen Goldklumpen bestaunen, der 1848 den kalifornischen Goldrausch ins Rollen brachte.

### UC BERKELEY ART MUSEUM MUSEUM

(BAMPFA; ☎510-642-0808; www.bampfa.berkeley.edu; 2155 Center St; Erw./Kind 13 $/frei; ⊙So, Mi & Do 11–19, Fr & Sa bis 21 Uhr; 📶; B Downtown Berkeley) In einer ehemaligen Druckerei aus den 1930er-Jahren, gehüllt in eine Edelstahlverkleidung, beherbergt das Museum mehrere Galerien. Gezeigt wird eine überschaubare feine Auswahl an Werken, von alter chinesischer bis zu hypermoderner Kunst. In dem Komplex befinden sich außerdem ein Buchladen, ein Café und das beliebte **Pacific Film Archive** (PFA; Erw./Kind ab 13/9 $; ⊙unterschiedlich; 👪).

### JACK LONDON SQUARE PLATZ

(☎510-645-9292; www.jacklondonsquare.com; Broadway & Embarcadero; ⊙24 Std., Geschäfte, Restaurants & Bars unterschiedlich; P; 🚌Broadway Shuttle) Die Gegend, in der der Abenteurer und Schriftsteller Jack London einst von sich reden machte, ist heute nach ihm benannt. Das hübsche Gelände am Wasser lohnt einen Spaziergang, besonders wenn der sonntägliche **Farmers Market** (☎415-291-3276; www.cuesa.org; ⊙So 10–15 Uhr; 🖉 👪) 🌿 den Platz in Beschlag nimmt. Verlockend ist auch eine Kajaktour von hier aus

## Berkeley & Oakland

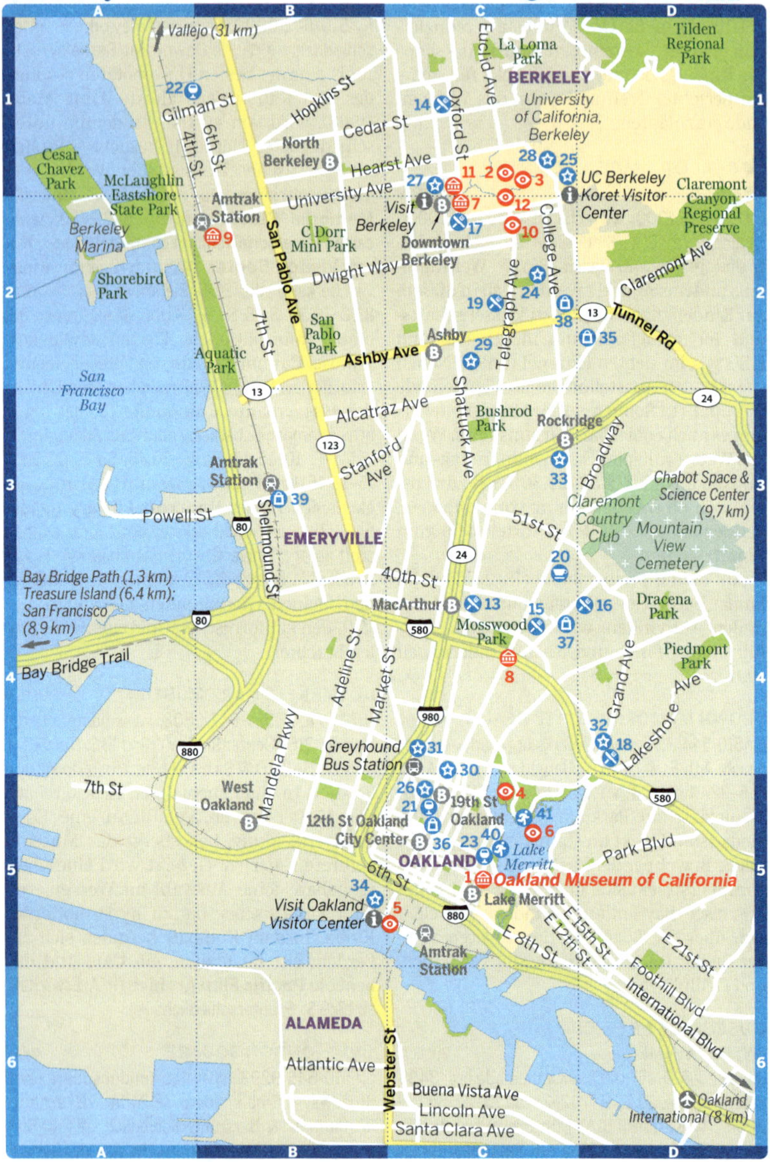


am Hafen vorbei. Im Zuge ihrer Sanierung in den letzten Jahren verzeichnete die Gegend Neuzugänge wie einen Kinokomplex, Eigentumswohnungen, gut besuchte Restaurants und hippe Bars.

Am Ende des Platzes steht ein Nachbau der **Hütte**, in der Jack London in Yukon hauste. Merkwürdigerweise werfen die Passanten dort Münzen hinein, wie in einen Brunnen.

**TAKARA SAKE** MUSEUM

(☎510-540-8250; www.takarasake.com; 708 Addison St; Verkostungsgebühr 5–15 $; ⏲12–

## Berkeley & Oakland

**Highlights**

1 Oakland Museum of California ........ C5

**Sehenswertes**

2 Bancroft Library ........ C1
3 Campanile ........ C1
4 Children's Fairyland ........ C5
5 Jack London Square ........ C5
6 Lake Merritt ........ C5
7 Magnes Collection of Jewish Art and Life ........ C2
8 Museum of Art & Digital Entertainment ........ C4
9 Takara Sake ........ B2
10 Telegraph Avenue ........ C2
11 UC Berkeley Art Museum ........ C1
12 University of California, Berkeley ........ C2

**Essen**

13 Beauty's Bagel Shop ........ C4
14 Chez Panisse ........ C1
15 Commis ........ C4
16 Fentons ........ D4
17 Great China Restaurant ........ C2
Jack London Square Farmers Market ........ (s. 5)
18 Oakland–Grand Lake Farmers Market ........ D4
19 Royal Rangoon ........ C2

**Ausgehen & Nachtleben**

20 Blue Bottle Coffee Company ........ C3
21 Cafe Van Kleef ........ C5
22 Fieldwork Brewing Company ........ A1
23 Ruby Room ........ C5

**Unterhaltung**

24 Berkeley Playhouse ........ C2
25 California Memorial Stadium ........ C1
26 Fox Theater ........ C5
27 Freight & Salvage Coffeehouse ........ C1
Grand Lake Theatre ........ (s. 18)
28 Greek Theatre ........ C1
29 La Peña Cultural Center ........ C2
Pacific Film Archive ........ (s. 11)
30 Paramount Theatre ........ C4
31 Starline Social Club ........ C4
32 The Alley ........ D4
33 The RIC ........ C3
34 Yoshi's ........ B5

**Shoppen**

35 Afikomen Judaica ........ D2
Dark Carnival ........ (s. 35)
36 Oaklandish ........ C5
37 Stranded ........ C4
38 Sweet Dreams ........ C2
Walden Pond Books ........ (s. 32)
39 Zentner Collection ........ B3

**Sport & Aktivitäten**

40 Gondola Servizio ........ C5
41 Lake Merritt Boating Center ........ C5

18 Uhr, letzte Verkostung 17.30 Uhr; AC Transit 51B, 80) Gezeigt werden die traditionellen Holzwerkzeuge zur Herstellung von Sake und ein kurzes Video zum Brauprozess. Es gibt keine Führungen durch die Fabrik, doch durch ein Fenster kann man sich Teile des modernen Produktionsprozesses und der Abfüllung anschauen. In einem geräumigen Verkostungsraum mit recyceltem Holz und Bodenfliesen aus recyceltem Glas lassen sich unter dem *Song of the Sky*, einer kinetischen Skulptur von Susumu Shingu, verschiedene Sakes probieren.

**MAGNES COLLECTION OF JEWISH ART AND LIFE** MUSEUM

(510-643-2526; www.magnes.berkeley.edu; 2121 Allston Way; Di–Fr 11–16 Uhr; Downtown Berkeley) GRATIS Das Museum beherbergt eine schöne Sammlung – fast 15 000 Stücke – von Kunst und Kulturartfakten aus der gesamten jüdischen Diaspora, besonders aus Gemeinden im amerikanischen Westen. Das Museum ist außerhalb der Vorlesungszeit geschlossen, d. h. nur im Frühjahr und im Herbst geöffnet.

**TELEGRAPH AVENUE** STRASSE

(Geschäfte und Restaurants unterschiedlich; P; AC Transit 6) Die Telegraph Avenue ist seit jeher das pulsierende Herz des studentisch geprägten Teils der Stadt. Auf den Gehwegen tummeln sich Erstsemester, Postdocs und shoppende Jugendliche zwischen Verkaufsständen, Straßenmusikern und Bettlern. An den Straßenständen wird von Kristallen über Autoaufkleber bis hin zu selbstveröffentlichten Traktaten alles

Mögliche feilgeboten und zahlreiche Cafés und Billiglokale kümmern sich um das leibliche Wohl der Studenten und Passanten.

**LAKE MERRITT** SEE

(☎510-238-7275; www.lakemerritt.org; ⊙7.30 Uhr bis Sonnenuntergang; P 👪; B Lake Merritt) GRATIS Als Naherholungsgebiet für Städter ist der Lake Merritt ein beliebtes Ziel für Spaziergänger und Jogger – ein 5,6 km langer Weg führt um den See herum. Es gibt Bonsai- und botanische Gärten, einen Freizeitpark für Kinder, ein Vogelschutzgebiet, Grünflächen, ein **Bootshaus** (☎510-238-2196; www.oaklandnet.com; 568 Bellevue Ave; Bootsverleih 15–25 $ pro Std.; ⊙März–Okt. tgl., Nov.–Feb. Sa & So; 👪; 🚌AC Transit 12) und **Gondeln** (☎510-663-6603; www.gondolaservizio.com; 1520 Lakeside Dr; 30/50 Min. 60/85 $). Die beiden wichtigsten Einkaufsstraßen am Lake Merritt sind die Grand Ave am Nordufer und die Lakeshore Ave am Ostufer des Sees.

**CHILDREN'S FAIRYLAND** VERGNÜGUNGSPARK

(☎510-452-2259; www.fairyland.org; 699 Bellevue Ave; 10 $, Kind unter 1 J. frei; ⊙Juni–Aug. Mo–Fr 10–16, Sa & So bis 17 Uhr, in der Nebensaison unterschiedlich; P 👪; 🚌AC Transit 12) Die 4 ha große Anlage stammt von 1950 und es sieht nicht so aus, als sei sie je modernisiert worden – das meinen wir als Kompliment! Das Kinderparadies mit all seinen Gebrüder-Grimm-Stationen verströmt nostalgischen Charme. Die verblichenen Peter-Rabitt-Gärten und das Alice-im-Wunderland-Labyrinth sind ausgesprochen authentisch – ein schöner Gegensatz zu den meisten neuen Kinderparks mit ihren hypernervösen Attraktionen. Am nördlichen Ufer des Lake Merritt.

## ESSEN & AUSGEHEN

**★TAQUERIA EL PAISA@.COM** MEXIKANISCH $

(☎510-534-2180; www.facebook.com/pg/elpaisa77; 4610 International Blvd; Tacos 2,50 $; ⊙9–21 Uhr; 🚌AC Transit 1, 901) Ja, so lautet der Name des Lokals, und nein, wir wissen auch nicht, wie man das ausspricht – die meisten Einheimischen nennen es einfach „El Paisa“. Und wir würden diesen Tacos-Laden nennen, wie immer er genannt werden will, denn diesen Tacos werden auch die tollsten Superlative nicht gerecht: Sie sind schlicht, frisch und mit Koriander, Zwiebeln und *nopales* (Kaktus) garniert – köstlich!

**★FENTONS** EISCREME $

(☎510-658-7000; www.fentonscreamery.com; 4226 Piedmont Ave; Hauptgerichte 8–13 $; ⊙Mo–Do 11–23, Fr & Sa 9–24, So 9–23 Uhr; 👪; 🚌AC Transit 12, C) Wer Kinder im Schlepptau hat oder selbst gern Eis isst, muss einfach hier vorbeischauen! Das Angebot an Geschmacksrichtungen ist enzyklopädisch, es reicht von Banane-Nuss bis grüner Tee, und die Kugeln sind mehr als großzügig portioniert. Es gibt auch zahlreiche Eisbecher sowie Burger und gegrillte Sandwiches für Menschen ohne Süßgelüste.

**OAKLAND–GRAND LAKE FARMERS MARKET** MARKT $

(☎415-472-6100; www.agriculturalinstitute.org; Lake Park Ave, Höhe Grand Ave; ⊙Sa 9–14 Uhr; 🌶 👪; 🚌AC Transit 12) Dieser üppig bestückte Wochenmarkt kann dem Ferry Plaza Farmers Market in San Francisco durchaus das Wasser reichen. Hier türmen sich frisches Obst, Gemüse, Fische, Meeresfrüchte, Fleisch aus Weidehaltung, handgemachter Käse und Backwaren, die u. a. aus Marin County und Central Valley angeliefert werden. Am nördlichen Ende des Marktes offerieren allerlei Foodtrucks und Hot-Dog-Verkäufer eine breite Palette an Imbissen, das Dim-Sum-Zelt ist unbedingt einen Besuch wert.

**BEAUTY'S BAGEL SHOP** JÜDISCH $

(☎510-788-6098; www.beautysbagelshop.com; 3838 Telegraph Ave; Hauptgerichte 6–11 $; ⊙Di–Fr 8–15, Sa & So 7–15 Uhr; B MacArthur) Kaum eine Frühstücksspeise kann es mit der schieren Perfektion eines guten Bagels mit Frischkäse, Lachs, Tomaten und Kapern aufnehmen und der im Beauty's ist fürwahr eine echte Schönheit. Alle Bagels hier sind ausgezeichnet, aber auch andere Spezialitäten der jüdischen Küche, wie Sandwich mit gehackter Leber und Schweizer Käse, Matzeknödelsuppe und Eiersalat.

**★ROYAL RANGOON** BIRMANISCH $$

(☎510-647-9744; www.royalrangoon.com; 2826 Telegraph Ave; Hauptgerichte 10–20 $; ⊙11.30–14.30 & 17–21.30 Uhr; 🌶; 🚌AC Transit 18, 800) Das ausgezeichnete birmanische Essen hier gehört zum Authentischsten dieser Art in der Bay Area, z. B. *mohinga* (Nudelsuppe mit Fisch), *ohn no kauk swe* (Kokos-

ABSTECHER

## SEHENSWERTES IM SILICON VALLEY

Das **Computer History Museum** (☎650-810-1010; www.computerhistory.org; 1401 N Shoreline Blvd, Mountain View; Erw. 17,50 $, Stud. & Sen. 13,50 $; ⊙Mi–So 10–17 Uhr; P 📶) mit der angeblich größten Sammlung zur Geschichte des Computers weltweit bietet wechselnde Ausstellungen mit Exponaten aus der 100 000 Stücke umfassenden Sammlung. Dazu zählen Cray-1-Supercomputer, eine Babbage-Differenzmaschine (ein viktorianischer automatischer Rechner) und der erste Google-Server.

Im eindrucksvollen **Apple Park Visitor Center** (☎408-974-5050; www.apple.com/retail/appleparkvisitorcenter; 10600 N Tantau Ave, Cupertino; ⊙Mo–Fr 9–19, Sa 10–19, So 11–18 Uhr; P 📶) können Hardcore-Fans mit neuesten Apple-Produkten spielen, an kurzen Crash-Kursen teilnehmen, Apple Park virtuell und immersiv erkunden und in die Klage einstimmen, dass Steve Jobs nicht mehr unter uns ist.

Führungen durch die Zentrale von Google, den **Googleplex** (☎650-214-3308; www.google.com/about/company/facts/locations; 1600 Amphitheatre Pkwy, Mountain View; ⊙Shop Mo–Fr 10–18.30 Uhr; P), gibt es nicht, doch Besucher können über den schattigen Campus bummeln und Kunstwerke wie den von oben bis unten mit pinken Flamingos bedeckten T. rex anschauen. Beim **Google Merchandise Store**, 1981 Landings Drive, gibt es Rasenskulpturen zu den Android-Versionen zu entdecken (Ein Cupcake! Ein Donut! Ein Roboter!).

In den **Facebook Headquarters** (1 Hacker Way, Menlo Park) sind keine Besucher zugelassen, doch das hält jede Menge Fans nicht davon ab, vor dem hochgereckten Daumen Selfies zu schießen.

Im **Intel Museum** (☎408-765-5050; www.intel.com/museum; 2200 Mission College Blvd, Santa Clara; ⊙Mo–Fr 9–18, Sa 10–17 Uhr; P 📶) GRATIS gibt es Ausstellungen zur Geburtsstunde und zur Geschichte der Computerindustrie, natürlich mit besonderem Schwerpunkt auf Mikrochips und der Bedeutung von Intel.

In San Jose kann man sich im **Tech Museum of Innovation** (The Tech; ☎408-294-8324; www.thetech.org; 201 S Market St; Erw./Kind 25/20 $, inkl. IMAX-Film 31/24 $; ⊙10–17 Uhr; 👪) in von Ausstellungen zu Robotik, Biotechnologie und Virtual Reality den Kopf verdrehen lassen und anschließend im Showroom und interaktiven Designstudio von Tesla im Einkaufszentrum **Santana Row** (☎408-551-4611; www.santanarow.com; 377 Santana Row; ⊙Mo–Sa 10–21, So 11–19 Uhr) ein Selfie machen.

Curry-Hühnersuppe), gebratener Tofu oder Schweinecurry mit Mango. Das Ambiente ist elegant, die Preise sind angenehm moderat.

### GREAT CHINA RESTAURANT
CHINESISCH $$

(☎510-843-7996; www.greatchinaberkeley.com; 2190 Bancroft Way; Hauptgerichte 13–21 $; ⊙Mi–Mo 11.30–14.30, Mo, Mi & Do 17.30–21, Fr bis 21.30, Sa & So 17–21.30 Uhr; B Downtown Berkeley) In Berkeley herrscht kein Mangel an gutem chinesischem Essen, doch dieses sehr große, gehobene Restaurant legt mit nordchinesischen Spezialitäten wie Entenknochensuppe, in Kreuzkümmel geschmortem Lamm, gedämpftem Fisch mit Ingwer und Frühlingszwiebeln und dreifach gegartem Schweinebauch die Messlatte noch einmal ein gutes Stück höher. Am besten kommt man mit Freunden hierher und bestellt so viel Verschiedenes wie möglich – der Geschmackssinn wird es einem danken.

### ★ CHEZ PANISSE
KALIFORNISCH $$$

(☎cafe 510-548-5049, Restaurant 510-548-5525; www.chezpanisse.com; 1517 Shattuck Ave; Café Hauptgerichte abends 21–35 $, Restaurant Menü 75–125 $; ⊙Café Mo–Do 11.30–14.45 & 17–22.30, Fr & Sa 11.30–15 & 17–23 Uhr, Platzierung im Restaurant Mo–Sa 17.30 & 20 Uhr; ✍; 🚌AC Transit 7) 🍃 Der Genusstempel von Alice Waters, der Mutter der kalifornischen Küche, ist eine Pilgerstätte für Feinschmecker. Wer sich in dem hübschen Arts-and-Craft-Haus im sogenannten Gourmet Ghetto so richtig verwöhnen lassen will, gönnt sich im Restaurant unten das Menü zum Festpreis. Im günstigeren Café im Obergeschoss geht es ein bisschen legerer zu. Reservierungen werden ab einem Monat im Voraus angenommen.

**COMMIS** KALIFORNISCH $$$

(☎510-653-3902; www.commisrestaurant.com; 3859 Piedmont Ave; 8-Gänge-Menü 175 $, mit Wein- und Bierbegleitung 260 $; ⊙Mi–Sa 17.30–21.30, So 17–21 Uhr; 🚌AC Transit 51A) Das einzige Restaurant mit Michelin-Stern(en) in der East Bay hat kein Schild an der Tür und kommt mit unaufdringlichem Interieur und minimalistischem Dekor daher. Von den begehrten Plätzen am Tresen können die Gäste dem mit zwei Michelin-Sternen ausgezeichneten Team bei der Zubereitung ihrer einfallsreichen Gerichte zuschauen. Auf den Tisch kommen z. B. Abalonen aus der Monterey Bay, Sojamilchpudding mit Pfifferlingen oder auf den Punkt gereifte Pfirsiche mit einer Haube aus Haferflocken, Bienenwachscreme und Ringelblumen. Unbedingt reservieren.

★ **BLUE BOTTLE COFFEE COMPANY** CAFÉ

(☎510-653-3394; www.bluebottlecoffee.com; 4270 Broadway; ⊙Mo–Fr 6–18.30, Sa & So 6.30–18 Uhr; 🚌AC Transit 51A) Das Blue-Bottle-Café residiert im schönen W. C. Morse Building. In den 1920er-Jahren wurden hier Lastwagen zum Verkauf ausgestellt, entsprechend hoch ist die Decke. Gemeinschaftstische und minimalistische Einrichtung laden zum Schlürfen eines Gibraltar – wie ein *cortado* (Espresso mit einem Schuss Milch), nur mit mehr Milch – oder eines Cold-Brew-Eiskaffees ein.

★ **CAFE VAN KLEEF** BAR

(☎510-763-7711; www.facebook.com/cafevankleef; 1621 Telegraph Ave; ⊙Mo 16–2, Di–Fr ab 12, Sa ab 18, So ab 19 Uhr; B 19th St Oakland) Hier ist jeder Zentimeter mit alten Musikinstrumenten, Imitationen präparierter Tierschädel, großen Kronleuchtern und anderen bizarre Gegenständen bedeckt – alles sehr schräg! Am Wochenende gibt's Blues, Jazz und manchmal auch Rockbands zu hören.

**FIELDWORK BREWING COMPANY** BRAUEREI

(☎510-898-1203; www.fieldworkbrewing.com; 1160 6th St; ⊙So–Do 11–22, Fr & Sa bis 23 Uhr; 🚌AC Transit 12) In der Brauereikneipe mit Industriecharme und Außenterrasse können Unschlüssige sich eine Probierauswahl verschiedener IPAs bestellen, Experimentierfreudigen gefällt vielleicht das mexikanische Stout mit Kakaonote. Hunde sind willkommen und Fahrräder lassen sich in einer eigenen Hängegarderobe hinterm Eingang verstauen. Für Hungrige gibt's eine kleine Auswahl an mexikanisch-kalifornischen Speisen.

**RUBY ROOM** BAR

(☎510-444-7224; www.facebook.com/darkest.bar.ever; 132 14th St; ⊙16–2 Uhr; 🚌AC Transit 14) Die Kneipe hält, was die Website verspricht: Wenn es nicht die düsterste aller Bars überhaupt ist, dann ist sie auf jeden Fall ganze vorne mit dabei. Die wenige Beleuchtung, die es gibt, ist rot und stimmungsvoll, die Atmosphäre einen Hauch verrucht. Die Drinks sind stark und an manchen Abenden legen DJs für sehr schummrige Tanzpartys auf.

## ☆ UNTERHALTUNG

★ **FOX THEATER** THEATER

(☎510-302-2250; www.thefoxoakland.com; 1807 Telegraph Ave; Karten ab 35 $; ⊙unterschiedlich; B 19th St Oakland) Das Fox Theater ist wie ein Phoenix der urbanen Asche entstiegen. Die restaurierte Art-déco-Schönheit von 1928 ist mit ihrer altehrwürdigen Neonreklame schillernder Glanzpunkt der Telegraph Ave und eine feste Säule des dynamischen Nachtlebens im Theater- und Ausgehviertel Uptown. Heute fungiert das ehemalige Kino als angesagte Konzertstätte für Underground- und Independent-Musik aus dem In- und Ausland. Die Tickets sind meist schnell ausverkauft.

**YOSHI'S** JAZZ

(☎510-238-9200; www.yoshis.com; 510 Embarcadero W; ⊙unterschiedlich; 🚌Broadway Shuttle) Im Yoshi's ist hochkarätiger Jazz angesagt. Fast jeden Abend treten hier Talente aus aller Welt auf. Wer vor der Show im angeschlossenen japanischen Restaurant diniert, wird beim Konzert an einem der vorderen Tische im Cabaret-Stil platziert. Alle anderen begnügen sich mit den Bartischen im hinteren Teil des intimen Clubs.

**PARAMOUNT THEATRE** THEATER, KINO

(☎510-465-6400; www.paramounttheatre.com; 2025 Broadway; ⊙unterschiedlich; 🚌19th St Oakland) Das wuchtige Art-déco-Meisterwerk von 1931 zeigt mehrmals im Monat Filmklassiker. Hier haben auch die Oakland Symphony und das Oakland Ballet ihren Sitz. Zudem geben sich regelmäßig namhafte Musiker ein Stelldichein. Am ersten und dritten Samstag im Monat finden um

10 Uhr Führungen (5 $, keine Reservierung) statt.

**GREEK THEATRE** LIVESHOW

(☎510-871-9225; www.thegreekberkeley.com; 2001 Gayley Rd; Ⓑ Downtown Berkeley) Das Open-Air-Amphitheater gibt es schon seit 1903, es ist der älteste Veranstaltungsort dieser Art in den USA. Der Blick auf die Bühne ist von überall bestens, der Ort hat Geschichte und es wird ein tolles Programm geboten – eine ausgezeichnete Konzertbühne!

**BERKELEY PLAYHOUSE** THEATER

(☎510-845-8542; https://tickets.berkeleyplayhouse.org; 2640 College Ave; Karten 20–45 $; 👪) Das muntere, kleine Theatertruppe spielt eine ganze Reihe Musicals, von denen viele wie *Pippin, Der Zauberer von Oz* und *Die kleine Meerjungfrau* für die ganze Familie geeignet sind. Dazukommen mehrere Jugendtheater-Produktionen pro Jahr. Die Vorstellungen finden im Julia Morgan Theater statt.

**FREIGHT & SALVAGE COFFEEHOUSE** LIVEMUSIK

(☎510-644-2020; www.thefreight.org; 2020 Addison St; Karten 5–45 $; ⏲Konzerte tgl.; 👪; Ⓑ Downtown Berkeley) Der legendäre Club hat fast 50 Jahre auf dem Buckel, liegt mitten im Stadtzentrum und heißt Konzertgänger aller Altersstufen willkommen. Besucher unter 21 Jahren zahlen die Hälfte. Gespielt werden traditioneller Folk, Bluegrass und Weltmusik.

**LA PEÑA CULTURAL CENTER** WELTMUSIK

(☎510-849-2568; www.lapena.org; 3105 Shattuck Ave; ⏲unterschiedlich; Ⓑ Ashby) Das Nachbarschafts- und Kulturzentrum engagiert sich für soziale Gerechtigkeit und verströmt eine herzliche, lebenslustige Atmosphäre. Auf dem Programm stehen u. a. energiegeladene Tanzkurse sowie Musik- und Kunstevents. Die Fassade schmückt ein dynamisches Wandgemälde und das mexikanische Restaurant nebenan serviert leckere Drinks und Snacks.

**STARLINE SOCIAL CLUB** LIVESHOW

(☎510-593-2109; www.starlinesocialclub.com; 2236 Martin Luther King Way; ⏲16–2 Uhr; 🚌AC Transit 18) Das beliebte Starline bietet u. a. Livemusik, Kunstausstellungen, Tanzpartys, Comedy und Lesungen. Die Räumlichkeiten verströmen altmodisches Flair – kein Wunder, beherbergte das dreistöckige viktorianische Gebäude doch einmal einen Saloon. Im Restaurantbereich werden kalifornische Kneipenkost wie Buffalo Wings mit Chicoréesalat serviert. Es legen regelmäßig DJs auf, dienstags gibt's Jazz und sonntags Karaoke.

**GRAND LAKE THEATRE** KINO

(☎510-452-3556; www.renaissancerialto.com; 3200 Grand Ave; Karten 11 $; ⏲unterschiedlich; 👪; 🚌AC Transit 12) Das ehemalige Varieté- und Stummfilmtheater am Lake Merritt von 1926 ist ein Prachtbau. Um den Eingang läuft eine breite Programmanzeige (an der manchmal linke Parolen prangen), innen beeindruckt die originelle Gestaltung der oberen Ränge und am Wochenende dudelt die Wurlitzer-Orgel.

**THE ALLEY** LIVEMUSIK

(☎510-444-8505; www.thealleyoakland.com; 3325 Grand Ave; ⏲Di–Sa 17–2, So & Mo ab 18 Uhr; 🚌AC Transit 12) Die Einheimischen lieben diesen Laden, der wie eine marode Südstaaten-Spelunke wirkt, die es an die Grand Ave verschlagen hat. Jeden Abend wird Livemusik geboten, meist unterhaltsame Klavier- oder Gitarrenmusik – ein schönes Ambiente, um sich gemütlich einen hinter die Binde zu kippen.

**THE RIC** LIVESHOW

(Rockridge Improvement Club; ☎510-597-1940; www.facebook.com/thericbar; 5515 College Ave; ⏲Mo–Do 9–1, Fr–So bis 2 Uhr; Ⓑ Rockridge) Das RIC schwankt zwischen Bar und Veranstaltungslocation: Das Bier ist gut und die Barkeeper sind freundlich, doch am besten ist das wirklich fantastische Veranstaltungsprogramm, von Dragshows bis Varieté und von Magic-Mike-Abenden bis zu allen möglichen Kunstkursen – warum nicht? Der Laden zieht Gäste in den 30ern und 40ern an, denen noch nach Party zumute ist.

## SHOPPEN

★ **DARK CARNIVAL** BÜCHER

(☎510-654-7323; www.darkcarnival.com; 3086 Claremont Ave; ⏲Mo–Sa 10.30–19, So 12–18 Uhr; 🚌AC Transit 51B, 605, 851) Angeblich ist dies der älteste Laden für Science-Fiction-, Fantasy- und Horror-Literatur in den USA. Egal, ob das stimmt oder nicht – wer sich für diese Art von Büchern interessiert, landet hier im Paradies. Das Ganze wirkt ein bisschen chaotisch, aber Teil des Vergnügens ist es, sich zwischen den Bücherstapeln zu verlieren.

**★ZENTNER COLLECTION** ANTIQUITÄTEN

(☎510-653-5181; www.zentnercollection.com; 5757 Horton St, Emeryville; ⌚Mi–Sa 11–17 Uhr; 🚌AC Transit 36, C, F) Das Zentner gilt manchem als das „andere Museum für asiatische Kunst“ in der Bay Area. Da schwingt zwar Ironie mit, aber ganz falsch ist es nicht. Wer die gewaltige Ansammlung asiatischer Antiquitäten von Rollbildern über komplette Samurai-Rüstungen bis zu wunderschönen Möbeln durchforstet, wird bald verstehen, was gemeint ist.

**★OAKLANDISH** GESCHENKE & SOUVENIRS

(☎510-251-9500; www.oaklandish.com; 1444 Broadway; ⌚Mo–Fr 11–19, Sa 10–19, So bis 18 Uhr) Urbane Mode für alle Freunde von Oaktown gibt's in diesem Shop, z. B. T-Shirts, Hüte und Sticker mit originellen Motiven, etwa den Kränen im Port of Oakland, den BART-Linien und anderen Ikonen der East Bay.

**STRANDED** MUSIK

(☎510-808-5505; www.strandedrecords.com; 14 Glen Ave; ⌚12–19 Uhr; 🚌AC Transit C) Das Stranded ist die Art von Plattenladen, in der man in jüngeren Jahren gern gearbeitet hätte – oder vielleicht sogar jetzt noch arbeiten würde. Hier gibt's nur Vinyl, und zwar eine sorgfältige Auswahl von Labels, die man nicht kennt, aber vielleicht kennen sollte, wie etwa Pinkflag, Kranky und Black Truffle. Dazu jede Menge coole Bücher und Merchandising-Artikel von Bands.

**WALDEN POND BOOKS** BÜCHER

(☎510-832-4438; www.waldenpondbooks.com; 3316 Grand Ave; ⌚So–Do 10–21, Fr & Sa bis 22 Uhr) Die ausgezeichnete unabhängige Buchhandlung ist ein Fixpunkt der Gemeinde. In der gut sortierten Auswahl an Literatur und Sachbüchern spiegelt sich Oaklands tendenziell linke politische Einstellung wider.

**AFIKOMEN JUDAICA** GESCHENKE & SOUVENIRS

(☎510-655-1977; www.afikomen.com; 3042 Claremont Ave; ⌚Mo–Mi 11–18, Do bis 20, Fr 10–14, So 11–17 Uhr; 🚌AC Transit 51B) Dieses Geschäft bietet mit die größte Auswahl an Mitbringseln und *tchotckes* (Schnickschnack) aus dem jüdischen Alltag. Religiöse Objekte wie ein Schofarhorn? Klar! Von der jüdischen Diaspora inspirierte Wohnaccessoires? Auch das! Koscheres Craftbier? Aber hallo!

**SWEET DREAMS** SPIELZEUG

(☎Spielwarenladen 510-548-8697; http://stores.sweetdreamscandyandtoys.com; 2921 College Ave; ⌚Mo–Sa 10–18, So 11–17.30 Uhr; 🚌AC Transit 80) Wer Kinder hat und nicht mit ihnen zu Sweet Dreams pilgert, läuft Gefahr, dass sie ihm das vielleicht nie verzeihen werden. Der Spielwarenladen hat einfach alles: von Kostümen bis zu Plüschtieren und Brettspielen.

# Von Muir Woods bis Stinson Beach

## Rundgang

Durch einen Wald mit den höchsten Bäumen der Welt zu spazieren ist ein Erlebnis, das einem nur in Nordkalifornien und einem kleinen Teil Südoregons vergönnt ist. Muir Woods mit seinen alten Redwood-Baumbeständen liegt nur etwa 12 Meilen (19 km) nördlich der Golden Gate Bridge und ist damit von San Francisco aus die nächstgelegene Ansammlung von Mammutbäumen. Weitere grandiose Redwood-Wälder findet man weiter nördlich im Mendocino und im Humboldt County. Ende des 19. Jhs. gerieten die Bäume ins Visier von Holzfällern, und Redwood Creek, wie die Gegend damals hieß, schien der ideale Ort für einen Staudamm zu sein. Aus diesen Plänen wurde jedoch nichts, weil der Kongressabgeordnete und Naturschützer William Kent einen Teil von Redwood Creek kaufte und diese 120 ha Land 1907 der Regierung überschrieb. Präsident Theodore Roosevelt erklärte das Waldgebiet 1908 zum National Monument. Benannt wurde es nach dem Naturforscher John Muir, der die Naturschutzorganisation Sierra Club gründete.

## Das Beste ...

**Sehenswert** Cathedral Grove (S. 225)

**Wandern** Dipsea Trail (S. 225)

**Essen** The Siren Canteen (S. 226)

## DIE BESTEN WANDERUNGEN IM MARIN COUNTY

Dank Bucht und Pazifikküste sowie den herrlichen Seen und Wäldern am Mount Tamalpais und in den umliegenden Ausläufern ist die Hauptattraktion im Marin County das Wandern. Eigentlich sind alle Wege schön, doch dies sind unsere Lieblingsstrecken:

**Alamere Falls** (www.nps.gov/pore/planyourvisit/alamere_falls.htm) Diese Wanderung (13,4 km hin & zurück) führt zu einem 12 m hohen Wasserfall, der sich hinunter zum Strand ergießt. Teils voll und steil, doch der Weg lohnt sich.

**Cataract Falls & Alpine Lake** Die Wanderung (insgesamt 5,3 km) führt vom Alpine Lake, einem großen bewaldeten Stausee, flussaufwärts vorbei an einer Reihe von Wasserfällen.

**Angel Island** (S. 232) Der relativ flache Inselrundweg (8,9 km) führt auf den 240 m hohen Mount Livermore und zu einigen eher leeren Stränden.

**Dipsea Trail** (www.dipsea.org) Der anspruchsvolle 11,3 km lange Weg führt von Mill Valley durch stille Wälder über den Mount Tam nach Stinson Beach, mit Ausblicken auf den Pazifik.

**Point Bonita Lighthouse** (S. 231) Diese Wanderung ist hin und zurück nur 1,6 km lang, doch sie ermöglicht einen Ausblick auf die Golden Gate Bridge, auf San Francisco und hinaus zum Pazifik.

### Top-Tipp

Wer den Menschenmengen aus dem Weg gehen möchte, sollte früh morgens oder spät nachmittags, vor Sonnenuntergang, oder unter der Woche kommen. Zu anderen Tageszeiten und am Wochenende sind die Parkplätze schnell überfüllt. Überlegenswert ist auch die Anfahrt mit dem saisonalen Muir Wood Shuttle.

### Anfahrt

**Auto** Auf dem Hwy 101 fährt man nach Norden bis zum Hwy 1/Shoreline Hwy und folgt diesem in nördlicher Richtung bis zur Gabelung am Panoramic Hwy. Dort biegt man rechts ab und folgt dem Panoramic Hwy ca. eine Meile (1,6 km) bis zur Kreuzung Four Corners. Hier geht es links ab auf die Muir Woods Rd (es gibt jede Menge Hinweisschilder).

**Fähre & Bus** Der Minibus Linie 61 (2 $) von West Marin Stagecoach verkehrt ein paarmal täglich von Marin City (1 Std.), am Wochenende und an Feiertagen häufiger und mit Anschluss zu den Sausalito-Fähren (75 Min.).

**Shuttle** Wenn viel los ist (an den meisten Wochenenden und im Sommer), ist Sausalito, wo die Fähren aus San Francisco ankommen und ablegen, nur mit dem Muir Woods Shuttle zu erreichen.

### Gut zu wissen

**Vorwahl** ☎415

**Lage** 12 Meilen (19 km) nordwestlich von San Francisco

## SEHENSWERTES

**★ MUIR WOODS NATIONAL MONUMENT** WALD

(☎415-561-2850; www.nps.gov/muwo; 1 Muir Woods Rd, Mill Valley; Erw./Kind 15 $/frei; ⏲Mitte März–Mitte Sept. 8–20 Uhr; Mitte Sept.–Anfang Okt. bis 19 Uhr; Feb.–Mitte März & Anfang Okt.–Anfang Nov. bis 18 Uhr; Anfang Nov.–Jan. bis 17 Uhr; Ⓟ) In dem 223 ha großen Schutzgebiet ziehen sich verschiedene Wege durch einen uralten Bestand der höchsten Bäume der Welt. Am kürzesten ist der einfache, 1,6 km lange Main Trail Loop: Er führt am Redwook Creek vorbei zu den 1000 Jahre alten Küstenmammutbäumen des **Cathedral Grove**; zurück geht es über den Bohemian Grove, wo der mit 78,6 m höchste Baum des Parks in den Himmel ragt. Zum **Dipsea Trail** (www.dipsea.org) geht es gut 3 km einen Hügel mit dem treffenden Namen Cardiac Hill (Kardio-Hügel) hinauf.

**STINSON BEACH** STRAND

(☎415-868-0942; www.nps.gov/goga/stbe.htm; abseits des Hwy 1; ⏲tgl. ab 9 Uhr, Schließzeiten je nach Saison; P ) Der 5 km lange Stinson Beach ist ein beliebter Surfspot. Zum Baden in die Wellen springen sollte man hier lieber nur, wenn von Ende Mai bis September Rettungsschwimmer vor Ort sind. Aktuelle Wetter- und Surfbedingungen gibt es unter der Nummer 415-868-1922.

**MUIR BEACH** STRAND

(www.nps.gov/goga/planyourvisit/muirbeach.htm; abseits des Pacific Way; P ) Renaturierte Feuchtgebiete, Bäche, Lagunen und Sanddünen bieten hier einen Lebensraum für Vögel, Kalifornische Rotbeinfrösche und Silberlachse. Im Winter kann man mit etwas Glück in Monterey-Kiefern Monarchfalter beim Rasten beobachten oder Wale an der Küste vorbeiziehen sehen. Der Abzweig vom Hwy 1 befindet sich bei Meile 5,7 neben der längsten Briefkastenreihe der Küste, kurz vorm Pelican Inn.

## ESSEN & AUSGEHEN

**★THE SIREN CANTEEN** AMERIKANISCH $

(415-868-1777; www.thesirencanteen.com; 3201 Hwy 1, Stinson Beach; Hauptgerichte um 10 $; Fr, Sa & Mo 11–19, So bis 18 Uhr; ) Die Cafeteria im Strandschick mit Sitzbänken befindet sich gleich unterhalb des Rettungsschwimmerturms. Serviert werden gute, frische Tacos, Nachos, Fish & Chips, Crêpes und Burger, die man sich auch mit zu seinem Handtuch in Brandungsnähe nehmen kann.

**PARKSIDE** CAFÉ $$

(415-868-1272; www.parksidecafe.com; 43 Arenal Ave, Stinson Beach; Restaurant Hauptgerichte 16–30 $, Snackbar 4–9 $; 7.30–21 Uhr, Kaffeekiosk ab 6 Uhr; ) Das gemütliche Restaurant hinterm Strand ist berühmt für sein herzhaftes Frühstücks- und Mittagsangebot. Abends empfiehlt sich eine Reservierung, dann werden Holzofenpizzas und exzellentes Seafood wie Austern aus der Tomales Bay oder Königslachs serviert.

Draußen beglückt eine Snackbar hungrige Strandbesucher, Wanderer und Radfahrer mit Burgern, Sandwichs, Smoothies, Gebäck und Eis. Mit Warteschlangen ist zu rechnen.

**SAND DOLLAR** AMERIKANISCH $$

(415-868-0434; www.stinsonbeachrestaurant.com; 3458 Hwy 1, Stinson Beach; Hauptgerichte 14–28 $; Fr–Mo 11.30–21, Di–Do 15–21 Uhr) Das älteste Speiselokal von Stinson Beach liegt nicht am Strand, dafür lockt es aber mit einer tollen Terrasse, Lokalkolorit, Live-Jazz an jedem Abend in der Woche und Live-Bluegrass am Wochenende tagsüber.

**PELICAN INN** PUBFOOD $$$

(415-383-6000; www.pelicaninn.com; 10 Pacific Way, Muir Beach; Hauptgerichte abends 18–36 $; tgl. 11.30–15 & 17.30–21, Sa & So außerdem 8–11 Uhr; ) Das urenglische Pub zieht fast ebenso viele Gäste an wie der Strand selbst. Wanderer, Radfahrer und Familien stärken sich in der düsteren, holzvertäfelten Gaststube und an der urigen Bar mittags gerne mit klassischer Kneipenkost. Die Bar ist perfekt für ein Pint und Würstchen mit Kartoffelbrei. Sonnenschein genießt man auf dem Rasen vorm Haus, wenn es kühler ist, kann man sich drinnen am Kaminfeuer aufwärmen.

# Sausalito & Tiburon

### Rundgang

Das geschützt in der Bay liegende Städtchen Sausalito ist ausgesprochen hübsch. Seinen Namen verdankt der Ort den kleinen Weiden, die einst die Ufer der Flüsschen in der Gegend säumten. Eine bekannte Attraktion sind die vielen bunten Hausboote, die hier munter auf dem Wasser schaukeln. Sehr reizvoll ist auch, dass das noble Stadtzentrum größtenteils eine unverbaute Sicht auf San Francisco und Angel Island bietet. Dank des Höhenzugs, der sich hinter dem Ort erhebt, bleibt Sausalito in der Regel vom Nebel verschont. Allerdings gibt es aufgrund der unmittelbaren Nähe zur Golden Gate Bridge scharenweise Tagestouristen, die die Parkplatzsuche zum Roulettespiel machen. Mit der Fähre ist die Anfahrt wesentlich entspannter.

Gegenüber von Sausalito, am Ende einer kleinen Halbinsel, hat das Städtchen Tiburon eine überwältigende Aussicht zu bieten. Der Name leitet sich vom spanischen *punta de tiburon* (Haispitze) ab. Wer von San Francisco mit der Fähre herüberkommt, kann in der Main St in ein paar netten Geschäften stöbern sowie einen Happen

## WANDERN & BIKEN AM MOUNT TAM

Der majestätische Mount Tamalpais (Mount Tam), der über dem Marin County wacht, beherbergt über 320 km Wanderwege und Bikingtrails sowie Seen, Bäche, Wasserfälle und eine eindrucksvolle Palette an Wildtieren, von zahlreichen Molchen und Habichten bis zu seltenen Füchsen und Berglöwen (Pumas). Man wandert über Wiesen und vorbei an Eichen und Erdbeerbäumen zu atemberaubenden Ausblicken auf die San Francisco Bay, den Pazifik, Ortschaften, Städte und bewaldete Hügel, die sich in die Ferne ziehen. Der stille 784 m hohe Berg ist noch immer etwas rätselhaft, aber der ganze Stolz und die große Liebe vieler Einwohner des Marin County.

Eine der schönsten Wanderungen am Berg ist der **Steep Ravine Trail**. Von der **Pantoll Station** (415-388-2070; www.parks.ca.gov; 801 Panoramic Hwy; unterschiedlich; ) folgt er einem bewaldeten Bach zur Küste (ca. 3,4 km pro Strecke). Wer länger gehen möchte, biegt nach 2,4 km rechts (Richtung Nordwesten) auf den Dipsea Trail (S. 225) ab: Dieser schlängelt sich 800 m weit durch Bäume, um schließlich in Stinson Beach (S. 225) zu enden. Dort kann man sich mittags stärken, geht dann Richtung Norden durch den Ort und folgt der Ausschilderung zum **Matt Davis Trail**, der in 4,4 km zurück zur Pantoll Station führt, sodass man eine schöne Schleife gelaufen ist. Weitere tolle Wege sind z. B. die Wanderung Cataract Falls & Alpine Lake (S. 225) durch Wald und am Wasser entlang (knapp 10 km hin & zurück) sowie eine 4-km-Wanderung mit den besten Aussichten auf die Bay Area am **East Peak**.

Radfahrer müssen auf den Feuerschneisen bleiben – einspurige Wege sind für sie tabu – und dürfen nicht schneller als 24 km/h fahren. Die beliebteste Radstrecke ist die **Old Railroad Grade** von Mill Valley zum East Peak des Mount Tam. Oder man nimmt westlich der Pantoll Station entweder die **Deer Park Fire Road** – sie führt nahe beim Dipsea Trail (S. 225) vorbei an Mammutbäumen zum Haupteingang der Muir Woods (S. 225) – oder den treffend benannten **Coast View Trail**, der nördlich des **Muir Beach Overlook** (www.nps.gov/goga/planyourvisit/muirbeach.htm; Shoreline Hwy; P) auf den Hwy 1 trifft. In beiden Fällen muss man über die Frank Valley/Muir Woods Rd nach Mill Valley zurückkehren: Sie steigt stetig (240 m) hoch zum Panoramic Hwy und wird dann auf dem Weg hinunter nach Mill Valley zur Sequoia Valley Rd.

essen – und das war's dann auch schon mit dem Sightseeing vor Ort.

## Das Beste ...

**Sehenswert** Die Hausboote von Sausalito (S. 228)

**Essen** Avatar's (S. 230)

**Aktivitäten** Sea Trek (S. 232)

## Top-Tipp

Die Golden Gate Bridge von San Francisco nach Sausalito zu Fuß oder per Rad zu überqueren ist nicht nur kostenlos, sondern macht auch Spaß. Man vermeidet Staus, hat einen tollen Ausblick aufs Meer und lässt sich die frische Luft des Marin County um die Nase wehen. Zurück geht es mit einer der Fähren nach San Francisco. Vom südlichen Ende der Brücke sind es etwa 4 Meilen (6,4 km) bis nach Sausalito, mit dem Rad ist die Strecke in einer guten halben Stunde zu bewältigen. Aktuelle Informationen gibt es auf der Website der Brücke (www.goldengatebridge.org/bikesbridge/bikes.php).

## Anfahrt

**Auto** Auf dem Hwy 101 Richtung Norden über die Golden Gate Bridge führt die Ausfahrt Alexander Ave nach Sausalito. Weiter nördlich führt die Ausfahrt Tiburon Blvd/E Blithedale Ave/Hwy 131 nach Tiburon.

**Bus** Die Buslinie 30 der **Golden Gate Transit** (415-455-2000, 511; www.goldengatetransit.org) fährt vom Stadtzentrum in San Francisco stündlich nach Sausalito (6,50 $, 40–55 Min.). Die Pendlerlinie 8 verkehrt an Werktagen ein- oder zweimal direkt von San Francisco nach Tiburon (6,50 $, 60–80 Min.). Am Wochenende und an Feiertagen fährt die Linie 61 (2 $) von **West Marin Stagecoach** (415-226-0825; www.marintransit.org/stage.html) bis nach Sausalito.

**Fähre** Die Fähren von Golden Gate Ferry (S. 75) fahren vom Ferry Building in San

## Marin County

Francisco nach Sausalito (12,50 $, 25–30 Min.) und Tiburon (12,50 $, 30 Min.). Die Fähren von **Blue & Gold Fleet** (☎415-705-8200; www.blueandgoldfleet.com) schippern ab Fisherman's Wharf nach Sausalito (12,50 $, 30–55 Min.) und von Pier 41 oder 39 nach Tiburon (12,50 $, 30–50 Min.).

### Gut zu wissen

**Vorwahl** ☎415

**Lage** Sausalito liegt 5 Meilen (8 km) nördlich von San Francisco; Tiburon befindet sich 12 Meilen (19 km) nordöstlich der Stadt.

**Sausalito Chamber of Commerce Visitor Kiosk** (☎415-331-1093; www.sausalito.org; am Ende der El Portal St; ⏲10–16 Uhr)

**Tiburon Peninsula Chamber of Commerce** (☎415-435-5633; www.tiburonchamber.org; 96b Main St; ⏲unterschiedlich)

## SEHENSWERTES

★ **DIE HAUSBOOTE VON SAUSALITO** ARCHITEKTUR

(Richardson Bay) Am Ufer der Richardson Bay lebt seit Jahrzehnten die Bohème. Un-

abhängige Köpfe bewohnen hier Hunderte von kuriosen Hausbooten, die zwischen Meeresvögeln und Seehunden auf den Wellen schaukeln. Von psychedelisch angehauchten Schlossimitationen mit Wandmalereien über marode, salzverkrustete Baracken bis hin zu schicken, dreistöckigen Herrenhäusern ist alles vertreten. Neugierige können sich bei den Anlegern zwischen der Gate 5 Rd und Gate 6½ Rd jenseits des Bridgeway Blvd umschauen.

In der eingeschworenen Gemeinschaft geht es zu wie im Dorf – an bzw. auf den Stegen pflegen die Bewohner üppige Gärten und auf dem Rückweg vom Einkaufen halten die Nachbarn gerne ein Schwätzchen auf den knarrenden Holzplanken. Benimmregeln für Besucher: Rauchen, Haustiere, Fahrräder und Lärm sind unerwünscht.

**BAY MODEL VISITOR CENTER** MUSEUM

(☎415-332-3871; www.spn.usace.army.mil/missions/recreation/baymodelvisitorcenter.aspx; 2100 Bridgeway Blvd, Sausalito; ⏲im Sommer Di–Fr 9–16, Sa & So 10–17 Uhr, sonst Di–Sa 9–16 Uhr; P 👪) GRATIS Das mit Solarstrom betriebene Besucherzentrum des United States Army Corps of Engineers (Bauingenieurwesen) ist eine der coolsten Sehenswürdigkeiten der Stadt und fasziniert Kinder und Er-

## Marin County

**Highlights**
1 Angel Island State Park ... G3
2 Muir Woods National Monument ... C2
3 Point Bonita Lighthouse ... D5
4 Sausalito, Hausboote ... E3

**Sehenswertes**
5 Ayala Cove ... G3
6 Bay Model Visitor Center ... E3
7 Muir Beach ... C3
8 Muir Beach Overlook ... C3
9 Old St Hilary's ... G2
10 Perles Beach ... G3
11 Quarry Beach ... H3
12 Rodeo Beach ... D4
13 Stinson Beach ... A2

**Essen**
14 Avatar's ... E3
15 Barrel House Tavern ... F3
Copita Tequileria y Comida ... (s. 15)
16 Fish ... E3
17 Parkside ... A1
18 Pelican Inn ... C3
Sand Dollar ... (s. 17)
19 Sushi Ran ... F3
20 The Siren Canteen ... A1

**Sport & Aktivitäten**
Angel Island Company ... (s. 1)
21 Bay Cruises ... G2
22 Coastal Trail ... D4
23 Demosport ... G2
24 Dipsea Trail ... D1
25 Old Railroad Grade ... C1
26 Sea Trek ... F3
27 Tennessee Valley Trail ... D3
28 Tiburon Bike Path ... F2

wachsene gleichermaßen. In einer der alten (und kalten!) Lagerhallen der Marinship Corporation lässt sich ein 6000 m² großes hydraulisches Modell der San Francisco Bay und der benachbarten Deltaregion bestaunen.

**OLD ST. HILARY'S** KIRCHE
(☎415-435-1853; http://landmarkssociety.com/landmarks/st-hilarys; 201 Esperanza St, Tiburon; ⊙April–Okt. So 13–16 Uhr) Die schöne Kirche im Stil der Carpenter Gothic aus dem 19. Jh. ist von fast überall in Tiburon zu sehen. Oberhalb der Kirche führen Wanderwege in das Old St. Hilary's Open Space Reserve mit zahllosen Wildblumen im Frühjahr, von denen viele endemisch sind, sowie das ganze Jahr über unglaublichen Ausblicken auf die Bucht.

## ESSEN & AUSGEHEN

★**AVATAR'S** INDISCH $$
(☎415-332-8083; www.enjoyavatars.com; 2656 Bridgeway Blvd, Sausalito; Hauptgerichte 13–19 $; ⊙Mo–Sa 11–15 & 17–21.30 Uhr; ) Das Avatar's ist ein Multikultitalent. Die indische Fusionsküche mit mexikanischem, italienischem und karibischem Einschlag besticht durch Geschmacksintensität und Kreativität. Serviert werden z. B. Punjab-Enchiladas mit Curry-Süßkartoffeln oder Spinat-Fettuccine mit milder Curry-Tomaten-Sauce. Alle Gerichte werden auf Wunsch mit Rücksicht auf individuelle Ernährungsweisen (vegan, glutenfrei usw.) zubereitet. Hört sich schräg an, ist aber klasse!

**FISH** FISCH & MEERESFRÜCHTE $$
(☎415-331-3474; www.331fish.com; 350 Harbor Dr, Sausalito; Hauptgerichte 17–36 $; ⊙11.30–20.30 Uhr) Das Fish ist eines der besten Lokale für frischen Fisch und steht für nachhaltigen Fischfang. Fische aus Fischfarmen kommen hier nicht auf den Tisch, dafür aber in der Saison vorzüglicher wilder Lachs. Außerdem gibt's Seafood-Sandwichs, gegrillte Austern und Brötchen mit Kalifornischem Taschenkrebs. Gegessen wird an Picknicktischen aus Mammutbaumholz mit Blick auf die Richardson Bay. Die Schlangen sind mitunter lang und die Qualität hat ihren Preis, doch es lohnt sich. Nur Barzahlung.

**BARREL HOUSE TAVERN** KALIFORNISCH $$
(☎415-729-9593; www.barrelhousetavern.com; 660 Bridgeway Blvd, Sausalito; kleine Gerichte 4–18 $, Hauptgerichte 16–36 $; ⊙Mo–Fr 11.30–21, Sa & So 11–21 Uhr) Nur einen Katzensprung vom Fähranleger entfernt können Müßiggänger hier auf der sonnigen Veranda die Füße überm Wasser baumeln lassen und die spektakuläre Aussicht auf die

## MARIN HEADLANDS

Majestätisch ragen die Klippen und Hügel der Marin Headlands am Nordende der Golden Gate Bridge aus dem Wasser. Ihre zerklüftete Schönheit ist umso bemerkenswerter, als sie nur wenige Kilometer vom Zentrum San Franciscos entfernt sind. Ein paar Befestigungsanlagen und Bunker zeugen noch von der hundertjährigen militärischen Nutzung der Gegend. Ironie des Schicksals: Weil das Gebiet Militärgelände war, blieb es von der urbanen Erschließung verschont und steht heute als Park unter Naturschutz. Kein Wunder, dass die Headlands zu den beliebtesten Zielen für Wander- und Fahrradtouren in der Bay Area zählen. Über die Landzungen schlängelt sich ein verzweigtes Wegenetz, das zu einsamen Stränden und abgelegenen Picknickplätzen führt und dabei immer wieder überwältigende Ausblicke auf das Meer, die Golden Gate Bridge und San Francisco freigibt.

Das historische **Point Bonita Lighthouse** (415-331-1540; www.nps.gov/goga/pobo.htm; Sa–Mo 12.30–15.30 Uhr; P) GRATIS ist von einem kleinen Parkplatz an der Field Road über einen atemberaubend steilen, 800 m langen Weg zu erreichen. Vom Ende der Landspitze sieht man die Golden Gate Bridge und die Skyline von San Francisco. Nett zu beobachten sind auch die Seehunde, die sich hier zuweilen auf den Felsen verlustieren. Auch wenn der Leuchtturm geschlossen ist, lohnt sich der Abstecher hierher. Bei schlechtem Wetter ist allerdings das gesamte Gebiet gesperrt.

Für Leute, die mit dem Rad über die Golden Gate Bridge kommen, gibt's eine gute 19 km lange Rundtour auf unbefestigten Wegen. Von der Abzweigung Conzelman Rd und McCullough Rd führt der **Coastal Trail** (www.nps.gov/goga/planyourvisit/coastal-trail.htm) Richtung Westen. Er windet sich holprig hinab bis zur Bunker Rd, wo er auf den **Bobcat Trail** trifft, der in den **Marincello Trail** übergeht und nach unten zum Parkplatz im **Tennessee Valley** (www.nps.gov/goga/planyourvisit/tennessee_valley.htm; ) führt. Der **Old Springs Trail** und der **Miwok Trail** bringen einen zurück zur Bunker Rd. Diese Wege sind weniger steil als der Bobcat Trail, aber auch hier warten ein paar heftige Anstiege.

Wer mit dem Auto unterwegs ist, nimmt gleich hinter der Golden Gate Bridge die Ausfahrt zur Alexander Ave und fährt dann links unter dem Freeway durch. Danach geht es rechts ab auf die Conzelman Rd, die einen an den Klippen entlang lotst. Man kann alternativ auch die Bunker Rd nehmen, die durch einen einspurigen Tunnel auf die Headlands führt. Wer Staus und Parkplatzkämpfe vermeiden will, sollte am Wochenende vor 14 Uhr kommen oder die Brücke mit dem Rad überqueren.

Samstags, sonntags und an Feiertagen fährt der Bus 76X von **Muni** (www.sfmta.com; Fahrt 2,75 $) alle 60 bis 90 Minuten vom Financial District in San Francisco zum **Marin Headlands Visitor Center** (www.nps.gov/goga/marin-headlands.htm; Bunker Rd, Fort Barry; 9.30–16.30 Uhr), zum **Rodeo Beach** (www.parksconservancy.org/visit/park-sites/rodeo-beach.html; abseits der Bunker Rd; P ) und zu mehreren anderen Haltestellen. Die Busse sind mit Fahrradhalterungen ausgestattet.

Bucht bewundern. Neben kalifornischen Weinen, Craftbier und Cocktails bietet das Restaurant eine Seafood-Theke, warmes Fladenbrot sowie erlesene Käse- und Aufschnittteller.

### COPITA TEQUILERIA Y COMIDA
MEXIKANISCH **$$**

(415-331-7400; www.copitarestaurant.com; 739 Bridgeway Blvd, Sausalito; Hauptgerichte 12–19 $; So–Do 11.30–21.30, Fr & Sa bis 22.30 Uhr) Gehobene frische mexikanische Küche mit mediterranem Einschlag wird hier in einem hellen, modernen und quirligen Ambiente serviert. Besonders wohlschmeckend sind die Ceviches und die Gerichte mit langsam gegartem Fleisch. Oder man gönnt sich ein Probierset Tequila oder Mezcal (22–42 $) oder eine der wahnsinnigen Margaritas. Alles übrigens glutenfrei.

### SUSHI RAN
JAPANISCH **$$$**

(415-332-3620; www.sushiran.com; 107 Caledonia St, Sausalito; kleine Gerichte 5–38 $; Mo–Fr 11.45–14.45, So–Do 17–22, Fr & Sa 17–23 Uhr) Viele Bewohner des Marin Countys halten dieses Lokal für das beste Sushi-Restaurant der Gegend. Direkt nebenan kann man sich in einer Wein- und Sake-Bar die Zeit vertreiben, bis ein Tisch frei wird.

## AKTIVITÄTEN

**SEA TREK** KAJAKFAHREN

(☎415-332-8494; www.seatrek.com; 2100 Bridgeway, Sausalito; Kajak oder SUP-Board ab 25 $ pro Std., Touren ab 75 $; ⊙April–Okt. Mo–Fr 9–17, Sa & So 8.30–17 Uhr, Nov.–März tgl. 9–16 Uhr) An sonnigen Tagen ist die Richardson Bay ein Paradies. Der Verleih stellt Kajaks und Stehpaddel-Boards zur Verfügung, gibt Unterricht und veranstaltet Gruppentouren. Vorkenntnisse sind nicht erforderlich. Bei den geführten Kajaktrips stehen u. a. abenteuerliche Überfahrten nach Angel Island sowie Ausflüge bei Vollmond oder unterm Sternenhimmel auf dem Programm. Die beste Zeit zum Paddeln ist von Mai bis Oktober.



### ANGEL ISLAND

Eines der wenig besuchten Ziele in der San Francisco Bay ist der **Angel Island State Park** (☎415-435-5390; www.parks.ca.gov/AngelIsland; 👪) GRATIS. Er bietet Strände sowie Wander- und Mountainbike-Wege mit Ausblicken, die zu den schönsten der Region zählen. An sonnigen Tagen kann man in einer geschützten Bucht picknicken, mit Ausblick auf die scheinbar nahe, aber doch ferne Stadt.

#### Strände

Der schönste Sandstrand auf der Insel ist der **Quarry Beach**, ein langer, weißer geschützter Strand am Fuße einiger Hügel und mit Blick auf die East Bay. Abenteuerlustige können versuchen, den nicht gewarteten Wanderweg zu finden und zu begehen, der zum schönen – aber oft rauen und windigen – **Perles Beach** führt. Von hier hat man einen Blick auf Alcatraz Island, die Golden Gate Bridge und San Francisco. Wer ein kurzes Bad nehmen möchte: Der Strand an der **Ayala Cove** ist zwar nur klein und schmutzig, aber zur Not geht's. Dahinter befindet sich ein nettes Platz zum Picknicken und beim Ausblick durch die Bucht Richtung Tiburon wähnt man sich am Mittelmeer.

#### Radfahren

Der asphaltierte, 10 km lange **Perimeter Trail** rund um Angel Island eignet sich perfekt zum Radeln; man genießt einen Rundumblick auf die Bucht. Der Weg ist auch einfach genug für Kinder. Die meisten nicht asphaltierten Wege auf der Insel sind für Fahrräder tabu, sodass man kein Mountainbike benötigt. Auf der Insel bei der **Angel Island Company** (☎415-435-3392; www.angelisland.com; Tramtour Erw./Kind 16,50/10,50 $, Leihräder inkl. Helm 15/60 $ pro Std./Tag, E-Bikes 25/90 $; ⊙saisonal unterschiedlich) ein Fahrrad zu mieten ist praktisch, aber teuer. Günstiger ist es vielleicht, auf dem Festland ein Rad zu leihen und es mit auf die Insel zu nehmen.

#### Wandern

Karten gibt's im Besucherzentrum und auf Tafeln in der Ayala Cove und entlang der Perimeter Rd. Viele der Wege sind miteinander verbunden, sodass man sich seine eigene Route zusammenbasteln kann. Zu den schönsten Wegen gehören der **Ridge & Sunset Trail**, eine 7,7 km lange Schleife um den oberen Teil der Insel mit Ausblick über die gesamte Bucht, der **Mount Livermore Trail**, der auf eine 7,4 km langen Wanderung (hin & zurück) vom Fähranleger zur höchsten Erhebung (240 m) der Insel führt, und der knapp 10 km lange **Perimeter Trail**, der auf der asphaltierten Straße rund um die Insel führt.

#### Anfahrt

Sämtliche Fährtickets werden nach dem Prinzip „Wer zuerst kommt, mahlt zuerst" verkauft. Vom Pier 41 in San Francisco nimmt man eine Fähre (einfach Erw./Kind 9,75/5,50 $) der Blue & Gold Fleet (S. 228). Von Tiburon fährt die **Angel Island Tiburon Ferry** (☎415-435-2131; http://angelislandferry.com; 21 Main St; hin & zurück Erw./Kind/Fahrrad 15/13/1 $).

**BAY CRUISES** BOOTSTOUREN

(☎415-435-2131; http://angelislandferry.com; 21 Main St, Tiburon; 90 Min. Erw./Kind 30/15 $; ⌚gewöhnlich Mitte Mai–Mitte Okt. Fr & Sa 18.30–20 Uhr) An Wochenenden im Sommer und Herbst stechen die Boote der Angel Island Tiburon Ferry Company (S. 232) zu Sonnenuntergangsrundfahrten in See – eine romantische Szenerie, um an Deck ein mitgebrachtes Picknick zu genießen. Reservierung empfohlen.

**TIBURON BIKE PATH** RADFAHREN

Der asphaltierte Weg führt 4,2 km zumeist entlang der wundervollen Richardson's Bay, mit Ausblick auf den Mount Tamalpais und die Golden Gate Bridge. Er verläuft vom Zentrum von Tiburon nach Blackie's Pasture; dort gibt's einen großen Parkplatz und eine Statue von Blackie, einem Pferd mit Hohlkreuz, das hier 28 Jahre lang auf dem Feld lebte.

Fahrräder verleiht **Demosport** (☎415-435-5111; www.demosport.com; 1690 Tiburon Blvd, Tiburon; Leihräder 2/24 Std. 30/50 $; ⌚Fr–So 10–18 Uhr, gewöhnlich März–Nov.).

# Napa Valley

## Rundgang

Das Napa Valley präsentiert sich genauso, wie man es von einem Weinanbaugebiet erwartet: mit Weingütern in Hügellage, kräftigen Cabernets, endlosen Weinbergen mit superordentlichen Rebstockreihen, Grashängen, die von der goldenen Sonne mit Licht betupft werden, stundenlangen Essen in Restaurants und einigen der nobelsten und luxuriösesten kleinen Boutiquehotels in ganz Kalifornien.

Daneben findet man im Napa Valley aber auch tolle Wandermöglichkeiten in den Hügeln, belebende Schlammbäder in Calistoga, im Norden, das eher das Flair einer Arbeiterstadt verströmt, und jede Menge kleiner Läden, Kellereien und feine Bistros in den hübschen Dörfern St. Helena und Yountville.

Die meisten Abstecher hierher beginnen und enden in Napa. Im Zentrum gibt's Verkostungsangebote, Live-Jazz und zahlreiche gute Restaurants. Aber auch Gelegenheit, in alteingesessenen Kneipen und Lokalen, die die junge Einwohnerschaft anziehen, bis in die Nacht hinein zu feiern.

## Das Beste ...

**Sehenswert** di Rosa (S. 234)

**Essen** Oxbow Public Market (S. 236)

**Ausgehen** Hess Collection (S. 234)

## Top-Tipp

Die meisten Weingüter öffnen ihre Verkostungsräume täglich von 10 bis 16 oder 17 Uhr, aber es ist sinnvoll, sich vorab telefonisch anzumelden, v. a. in Napa. Die Preise für Verkostungen liegen zwischen 10 und 50 $ und probieren darf nur, wer über 21 ist.

## Anfahrt

**Auto** Von San Francisco nimmt man den Hwy 101 Richtung Norden über die Golden Gate Bridge, dann den Hwy 37 Richtung Osten zum Hwy 121 Richtung Norden bis zur Kreuzung von Hwy 12 und 121. Hier nimmt man den Hwy 12 in östlicher Richtung. Bei eher wenig Verkehr braucht man für die Fahrt etwa 70 Minuten, während der Stoßzeiten unter der Woche zwei Stunden.

**Bahn & Bus von Amtrak** (☎800-872-7245; www.amtrak.com) Es verkehren Züge nach Martinez (südlich von Vallejo) mit Anschluss an Busse nach Napa (45 Min.). Von San Francisco verkehren **BART-Bahnen** (☎415-989-2278; www.bart.gov) zum Amtrak-Bahnhof Richmond. BART verkehrt außerdem von San Francisco nach El Cerrito del Norte (4,45 $, 30 Min.). Bus 29 von **Napa Valley Vine** (☎707-251-2800, 800-696-6443; www.ridethevine.com; Napa) verkehrt unter der Woche vom selben BART-Bahnhof über Napa nach Calistoga (5,50 $); samstags nimmt man **SolTrans** (☎707-648-4666; www.soltransride.com) vom BART-Bahnhof nach Vallejo (5 $, 30 Min.), von da geht's mit dem Bus 11 von Napa Valley Vine nach Napa und Calistoga (1,60 $); sonntags gibt's keinen Anschlussbus vom BART-Bahnhof.

**Fähre Baylink Ferry** (☎877-643-3779; www.sanfranciscobayferry.com) Fähre von San Francisco nach Vallejo (Erw./Kind 14,60/7,30 $, 60 Min.), mit Anschluss an Bus 29 (Mo–Fr) oder Bus 11 (tgl.) von Napa Valley Vine.

ABSTECHER

## POINT REYES

Die windgepeitschte Halbinsel Point Reyes ist von rauer Schönheit und schon immer ein Zufluchtsort für Meeressäuger und Zugvögel; außerdem haben sich hier zahlreiche Schiffsunglücke ereignet. Das Schutzgebiet **Point Reyes National Seashore** (☎415-654-5100; www.nps.gov/pore; P 👪) GRATIS umfasst 285 km² unberührte Strände und Küstenwildnis; außerdem gibt's hier ausgezeichnete Möglichkeiten zum Wandern und Zelten. Der **Leuchtturm** (☎415-669-1534; www.nps.gov/pore; am Ende des Sir Francis Drake Blvd; ⏰Fr–Mo 10–16.30 Uhr, Linsenraum Fr–Mo 14.30–16 Uhr; P) GRATIS an der Landspitze bietet die besten Möglichkeiten zur Walbeobachtung entlang der gesamten Küste. Warme Kleidung mitnehmen, da auch die sonnigsten Tage schnell kalt und neblig werden können!

Vor einer Wanderung oder Radtour sollte man in Point Reyes Station vorbeischauen, Zentrum des westlichen Marin County. Die von Molkereien und Ranches geprägte Gegend zog in den 1960er-Jahren zahlreiche Künstler an. Heutet ist die Main St eine schöne Mischung aus Galerien, Touristenläden, Restaurants und Cafés. Im Ort gibt es Saloon mit rauflustigen Gästen und am Nachmittag trägt der Wind manchmal Ausdünstungen von Rindern herüber.

Mit dem Auto ist Point Reyes auf verschiedenen Strecken zu erreichen. Recht kurvig ist die Fahrt auf dem Hwy 1 über Stinson Beach und Olema. Direkter ist es, wenn man in San Rafael vom Hwy 101 abfährt und dem Sir Francis Drake Blvd den ganzen Weg bis zur Spitze von Point Reyes folgt. Auf beiden Strecken sind es von San Francisco nach Olema 1½ Stunden, ohne Wochenend- und Berufsverkehrsstaus. Unmittelbar nördlich von Olema, wo der Hwy 1 und der Sir Francis Drake Blvd zusammentreffen, ist die Bear Valley Rd; biegt man links ab, kommt man zum **Bear Valley Visitor Center** (☎415-464-5100; www.nps.gov/pore; 1 Bear Valley Rd, Point Reyes Station; ⏰Mo–Fr 10–17, Sa & So 9–17 Uhr). Wer zum äußersten Rand von Point Reyes fahren möchte, folgt dem Sir Francis Drake Blvd gen Norden Richtung Point Reyes Station, biegt links ab und fährt hinaus auf die Halbinsel.

Der Bus 68 von West Marin Stagecoach (S. 227) ab San Rafael hält mehrmals täglich am Bear Valley Visitor Center (2 $, 70 Min.) und fährt dann weiter nach Point Reyes Station.

### Gut zu wissen

**Vorwahl** ☎707

**Lage** 50 Meilen (80 km) nordöstlich von San Francisco

**Napa Valley Welcome Center** (☎707-251-5895, 855-847-6272; www.visitnapavalley.com; 600 Main St; ⏰9–17 Uhr; 👪)

## SEHENSWERTES

**★DI ROSA** KULTURZENTRUM

(☎707-226-5991; www.dirosaart.org; 5200 Hwy 121, Napa; Eintritt inkl. Führung 18 $; ⏰Mi–So 10–16 Uhr; P) Westlich des Stadtkerns schmücken Skulpturen aus Altmetall die Carneros-Weinberge des 88 ha großen di Rosa Art and Nature Preserve. Die beeindruckende Sammlung nordkalifornischer Kunst, die hier ausgestellt ist, verteilt sich auf mehrere Innenräume und den an einem großen See gelegenen Garten. Führungen am besten im Voraus buchen!

**★HESS COLLECTION** WEINGUT, GALERIE

(☎707-255-1144; www.hesscollection.com; 4411 Redwood Rd, Napa; Museum & Führungen frei, Verkostung 25–35 $; ⏰10–17 Uhr, letzte Verkostung 17 Uhr) Kunstinteressierte sollten sich die Hess Collection nicht entgehen lassen. Zwischen Mixed-Media-Werken sind in den Galerien große Gemälde zu sehen, u. a. von Francis Bacon und Robert Motherwell. In dem schmucken Verkostungsraum mit Natursteinwänden kann man neben bekannten Sorten wie Cabernet und Chardonnay auch einen Viognier probieren. In den wärmeren Monaten werden die guten Tropfen im Garten mit sensationeller Aussicht auf das Tal ausgeschenkt. Wer sich von der kurvenreichen Anfahrt nicht abschrecken lässt, sollte rechtzeitig reservieren. Die Flasche kostet 30 bis 100 $.

### ★ FROG'S LEAP — WEINGUT

(☎707-963-4704; www.frogsleap.com; 8815 Conn Creek Rd, Rutherford; Verkostung inkl. Führung 25–35 $; ⏲10–16 Uhr, nur nach Vereinbarung; P) Gewundene Pfade schlängeln sich durch zauberhafte Gärten und Obstplantagen. Mittendrin liegt eine Farm von 1884 mit Scheune, Katzen und Hühnern. Die Atmosphäre ist zwanglos, bodenständig und spaßbetont. Der bekannteste Wein des Guts ist der Sauvignon Blanc, aber auch der Merlot und der für Napa untypisch trockene und dezente Cabernet verdienen Aufmerksamkeit.

### ★ ROBERT SINSKEY VINEYARDS — WEINGUT

(☎707-944-9090; www.robertsinskey.com; 6320 Silverado Trail, Napa; Verkostung an der Bar 40 $, Verkostung mit Speisen am Tisch 70–175 $; ⏲10–16.30 Uhr; P) Der stilvolle, auf einem Hügel thronende Verkostungsraum aus Stein, Redwood und Teakholz ähnelt einer kleinen Kathedrale – durchaus angemessen angesichts des sakralen Status, den Speisen und Wein hier genießen. Das Gut ist auf fruchtigen Pinot Noir, aromatische Weißweine, trockenen Rosé und Bordeaux-Rebsorten wie Merlot und Cabernet Franc spezialisiert. Allen Weinen gemeinsam ist, dass sie biologisch angebaut und eigens als Begleitweine zum Essen komponiert werden. Zur Verkostung an der Bar werden Häppchen gereicht. Die Verkostung mit Speisen am Tisch betreut Chefköchin Maria Sinskey höchstpersönlich. Hierfür, wie auch für die kulinarische Führung über das Gut, sollte man sich rechtzeitig anmelden.

### ★ TRES SABORES — WEINGUT

(☎707-967-8027; www.tressabores.com; 1620 Sth Whitehall Lane, St Helena; Führung & Verkostung 40 $; ⏲10.30–15 Uhr, nach Vereinbarung; ) Das Tres Sabores am westlichsten Rand des Tals, wo abschüssige Weinberge auf bewaldete Hänge treffen, ist ein Stück altes Napa – statt schickem Verkostungsraum und Snobismus erwarten einen einfach nur tolle Weine in traumhafter Landschaft. Anstelle des üblichen Cabernet keltert man hier elegant strukturierten Zinfandel im Burgunderstil und einen spritzigen Sauvignon Blanc, den die *New York Times* schon unter die zehn besten Kaliforniens gewählt hat. Reservierung erforderlich.

### SCHRAMSBERG — WEINGUT

(☎800-877-3623, 707-942-4558; www.schramsberg.com; 1400 Schramsberg Rd, Calistoga; Führung & Verkostung 70 $, Führung & Sektverkostung 95 $, Auslesewein & Käsebegleitung 125 $; ⏲nach Vereinbarung um 9.30, 10, 11.30, 12, 13.30 & 14.30 Uhr) Schramsberg, das zweiälteste Weingut im Napa Valley, keltert einige der besten trockenen Schaumweine Kaliforniens. 1972 waren Schramsberg-Weine, die ersten Weine aus den USA, die im Weißen Haus serviert wurden. Bekannt ist das Gut für seinen Blanc de Blancs (ausschließlich aus weißen Trauben). Weinprobe und Führung (nur mit Buchung, weit im Voraus buchen!) sind teuer, doch man bekommt sämtliche *tête de cuvées* (besten Weine des Jahrgangs) serviert, nicht nur die weniger guten. Die Führungen umfassen einen Gang durch die Weinkeller – Pullover mitnehmen! Für ein Fläschchen sind 24 bis 150 $ zu berappen.

### LONG MEADOW RANCH — FARM

(☎707-963-4555; www.longmeadowranch.com; 738 Main St, St Helena; Verkostung 10–25 $, Chef's Table 170 $; ⏲11–18 Uhr) Eine Besonderheit der Long Meadow Ranch ist die Olivenölverkostung (5 $). Zudem werden gute Cabernets, Sauvignon Blancs, Chardonnays und Pinot Noirs angebaut und in einem von weitläufigen Gärten umgebenen Farmhaus von 1874 serviert. Das Angebot umfasst außerdem eine Whiskeyprobe (30 $), und im Hofladen gibt es selbstgemachte Leckereien wie Konfitüre, BBQ-Sauce oder eine Bloody-Mary-Mixtur zu kaufen. Mittags und abends lädt das Gut täglich zum Chef's Table (privates 4- oder 5-Gänge-Menü mit Weinbegleitung; Reservierung erforderlich). Eine Flasche Wein kostet zwischen 20 und 50 $.

### CIA AT COPIA — KULINARIK-ZENTRUM

(Culinary Institute of America; ☎707-967-2500; www.ciaatcopia.com; 500 1st St; ⏲10.30–21 Uhr) Das renommierte Culinary Institute of America hat dem ehemaligen Lebensmittelmuseum neben dem namhaften Oxbow Public Market von Napa neues Leben eingehaucht und hier eine lukullische Erlebniswelt geschaffen. Auf dem 7400 m² großen Campus gibt es Weinproben, interaktive Kochvorführungen, ein innovatives Restaurant, eine beeindruckende Gabelstatue (bestehend aus vielen Tausenden kleinerer Gabeln) sowie eine Reihe von Events und Veranstaltungen rund ums Essen.

## Wine Country

## ESSEN

**★ OXBOW PUBLIC MARKET** MARKT $

(☎707-226-6529; www.oxbowpublicmarket.com; 610 & 644 1st St, Napa; Snacks ab 3 $; ⏱7.30–21.30 Uhr; 📶👪) 🍃 Dieses Schlemmerparadies lockt mit Ständen und Garküchen mit einem erlesenen Angebot und ist ein Schaufenster der kalifornischen Feinschmeckerszene. Einige Highlights: die Austern der **Hog Island Oyster Co**; unkomplizierte Gaumenfreuden von Promikoch Todd Humphries im Restaurant **Kitchen Door**; vortreffliche kalifornisch-mexikanische Tacos bei **C Casa & Taco Lounge**; die IPAs und Sauerbiere der **Fieldwork Brewing Company**; Espresso von **Ritual Coffee** und das biozertifizierte Eis von **Three Twins**.

**BOUCHON BAKERY** BÄCKEREI $

(☎707-944-2253; www.bouchonbakery.com; 6528 Washington St, Yountville; Snacks ab 3 $; ⏱Mo–Fr 7–19, Sa & So 6.30–19 Uhr; ✍) Die französischen Backwaren schmecken wie in Paris und der Kaffee ist gut und stark. Hier bilden sich immer Schlangen und es gibt selten einen freien Platz, also am besten zum Mitnehmen bestellen.

**FARMSTEAD** MODERN AMERIKANISCH $$

(☎707-963-4555; www.longmeadowranch.com; 738 Main St, St Helena; Hauptgerichte 19–33 $; ⏱Mo–Do 11.30–21.30, Fr & Sa bis 22, So 11–21.30 Uhr; ✍) 🍃 Das Farmstead in einer großen Scheune mit offenem Gebälk, Ledersitzbänken und Veranda mit Schaukelstühlen lockt Gäste aller Altersstufen an. Viele der Zutaten für die bodenständige Küche vom Holzkohlegrill werden auf der eigenen Farm produziert, u. a. Fleisch von Weiderindern und -lämmern.

**★ FRENCH LAUNDRY** KALIFORNISCH $$$

(☎707-944-2380; www.thomaskeller.com/tfl; 6640 Washington St, Yountville; Abendmenü ab 325 $; ⏱Servierzeiten Fr–So 11–12.30, tgl.

## Wine Country

**Highlights**

1 di Rosa ... D3
2 Frog's Leap ... D2
3 Gundlach-Bundschu Winery ... D3
4 Hess Collection ... D3
5 Robert Sinskey Vineyards ... D2
6 Tres Sabores ... C2

**Sehenswertes**

Benziger ... (s. 10)
7 CIA at Copia ... D3
8 Cline Cellars ... C4
9 Cornerstone Sonoma ... C4
10 Jack London State Historic Park ... C3
11 Keller Estate ... C4
12 Kunde ... C2
13 Long Meadow Ranch ... C2
14 Schramsberg ... C2
15 Scribe ... D3
16 St Francis Winery & Vineyards ... C2

**Essen**

Bouchon Bakery ... (s. 17)
17 Ciccio ... D2
18 Farmstead ... C2
19 Fig Cafe & Winebar ... C3
French Laundry ... (s. 17)
Glen Ellen Star ... (s. 19)
Lovina ... (s. 22)
Oxbow Public Market ... (s. 7)
20 Petaluma Creamery ... C4
21 Restaurant at Meadowood ... C2

**Sport & Aktivitäten**

22 Indian Springs Spa ... C1
Napa Valley Wine Train ... (s. 7)
23 Willow Stream Spa at Sonoma Mission Inn ... C3



17–21 Uhr) Thomas Kellers mit drei Michelin-Sternen ausgezeichnetes Restaurant ist die Krönung der kalifornischen Küche und imponiert mit einem hochkarätigen Aromafeuerwerk, das in der Weltrangliste ganz oben mitspielt. Reservierungen werden einen Monat im Voraus über die App Tock entgegengenommen. Wer hier isst, kann ein Leben lang davon schwärmen oder auch damit angeben.

**★ RESTAURANT AT MEADOWOOD** KALIFORNISCH **$$$**

(☎707-967-1205; www.meadowood.com; 900 Meadowood Lane, St Helena; 12-Gänge-Menü 275 $; ⏲Di–Sa 17.30–21.30 Uhr) Falls man keinen Tisch im French Laundry ergattern konnte, ist das kein Grund zur Panik: Das Meadowood – das einzige andere 3-Sterne-Restaurant im Tal – ist einen Tick günstiger und kredenzt im elegant-schlichten Speisesaal phänomenale, aber nicht zu abgehobene Haute Cuisine.

**CICCIO** ITALIENISCH **$$$**

(☎707-945-1000; www.ciccionapavalley.com; 6770 Washington St, Yountville; Hauptgerichte 25–32 $; ⏲Mi–So 17–21 Uhr) Das kleine, saisonal wechselnde Angebot in diesem italienischen Familienbetrieb beinhaltet meist nur ein paar Gemüse-, Pasta- und Fleischgerichte sowie vier bis sechs Holzofenpizzas. Aber die haben es alle in sich! Echte Volltreffer sind der Loup de Mer am Stück und die mit Knoblauch angemachten Erbsenranken.

**LOVINA** KALIFORNISCH **$$$**

(☎707-942-6500; www.lovinacalistoga.com; 1107 Cedar St, Calistoga; Hauptgerichte mittags 12–18 $, abends 20–36 $; ⏲Do 17.30 Uhr–spät, Fr & Sa 11.30–15 & 17.30 Uhr–spät, So 9.30–15 Uhr) Das von einem weißen Lattenzaun umgebene, sparsam dekorierte Cottage bietet sich besonders für ein Mittagessen im Garten an. Die Karte wechselt regelmäßig, mit einzigartigen Variationen von Gerichten aus aller Welt, vor allem aus Asien, sowie ein paar altgedienten kalifornischen Klassikern wie herzhaftem *cioppino* (Fischeintopf). Donnerstags entfällt das Korkengeld, es spricht also nichts dagegen, sein eigenes Fläschchen mitzubringen.

## AKTIVITÄTEN

**★ INDIAN SPRINGS SPA** SPA

(☎844-378-3635; www.indianspringscalistoga.com; 1712 Lincoln Ave, Calistoga; Schlammbad & Massage 240 $; ⏲nach Vereinbarung 9–19 Uhr) Das Resort Indian Springs ist nicht nur eine lokale Institution, sondern auch Kaliforniens am längsten ohne Unterbrechungen betriebenes Spa. Wer eine Anwendung – z. B.

### WINE COUNTRY OHNE AUTO

**Beyond the Label** (☎707-363-4023; www.btlnv.com; ab 995 $ pro Paar; ⏰11–16 Uhr) Die von einem sachkundigen Einheimischen aus Napa geführten Touren sind individuell auf die Teilnehmer zugeschnitten. Zum Mittagessen empfängt ein Winzer die Gäste bei sich zu Hause.

**Napa Valley Vine Trail** (☎707-252-3547; www.vinetrail.org) Der 19 km lange Mehrzweckweg zum Wandern und Radfahren verbindet im Napa Valley Weinberge und Weingüter mit Napas Stadtzentrum und Yountville. Diese Strecke ist Teil einer ambitionierten 75 km langen Route, die das Vallejo Ferry Terminal mit Calistoga verbindet.

**Active Wine Adventures** (☎707-927-1058; www.activewineadventures.com; 125 $ pro Pers.) Dieser einfallsreiche Veranstalter verbindet Weinverkostungen samt kulinarischer Begleitung mit malerischen Wanderungen, regionaler Kunst, literarischen Exkursen und neuerdings auch mit dem Besuch von Mikrobrauereien.

**Napa Valley Wine Train** (☎707-253-2111, 800-427-4124; www.winetrain.com; 1275 McKinstry St; inkl. Bordmenü ab 146 $) Ein bequemer, wenn auch touristischer Weg, das Wine Country kennenzulernen, ist die dreistündige Fahrt (tgl.) in den alten Pullman-Speisewagen des Wine Train, der von Napa nach St. Helena und zurück pendelt. Unterwegs werden zusätzlich Touren zu diversen Weingütern angeboten. Das volle Programm versprechen verschiedene sechsstündige Trips, bei denen die Zuggäste mehrere Weingüter ansteuern und dazwischen mit Kostproben aus der Napa-Valley-Küche versorgt werden.

**Platypus Wine Tours** (☎707-253-2723; www.platypustours.com; Sammeltour 110 $ pro Pers.) Platypus bewirbt seine Spritzfahrten als Anti-Weinsnob-Touren und hat sich auf Weinberge im Hinterland sowie historische und familiengeführte Weingüter spezialisiert. Es gibt täglich eine Sammeltour, die den Besuch von vier Weingütern und ein Mittagspicknick umfasst. Alternativ kann man einen Privatausflug inklusive Fahrer und Fahrzeug buchen.

ein Schlammbad mit vor Ort abgebauter Vulkanasche – bucht, darf nicht nur in die dafür vorgesehenen Betonwannen, sondern auch in den großen Pool mit heißem Quellwasser steigen.

# Sonoma Valley

## Rundgang

Das wunderbar lockere, unverfroren lebensfrohe Sonoma Valley – oder Valley of the Moon, wie es manchmal genannt wird – wird im Osten von den Mayacamas und im Westen von der Sonoma Mountain Range begrenzt. In das fruchtbare Tal, in dem man die Winzer bei der Arbeit sieht, strömen Feinschmecker, die hier tolle Restaurants vorfinden. Naturparks auf einer Fläche von insgesamt 52 km² bieten viele Ausflugsziele.

Die Region ist von San Francisco aus gut zu erreichen. Die meisten Touren vor Ort beginnen in Sonoma, wo es einen entzückenden Marktplatz, nette Verkostungsstätten und ausgezeichnete Restaurants gibt.

Talaufwärts kommt man durch das winzige Dörfchen Glen Ellen mit einer Handvoll kleiner Esslokale und Zugang zum schönsten Flecken Natur im ganzen Tal, dem Jack London State Park. Weiter geht's zu den herrlichen Weingütern und Sehenswürdigkeiten in der Gegend um Kenwood.

## Das Beste ...

**Sehenswert** Sonoma Plaza

**Essen** Cafe La Haye (S. 241)

**Ausgehen** Gundlach-Bundschu Winery

## Top-Tipp

Wer keine Lust hat, Auto zu fahren, kann die Verkostungsstätten rund um die schattige Sonoma Plaza im Zentrum von Sonoma ansteuern. Hier darf man – für die USA untypisch – ganz legal von 11 Uhr bis Sonnenuntergang im Freien auf der Wiese Wein trinken.

## Anfahrt

**Auto** Von San Francisco nimmt man den Hwy 101 Richtung Norden über die Golden Gate Bridge, dann den Hwy 37 Richtung Osten zum Hwy 121 Richtung Norden; an der Kreuzung mit dem Hwy 12 geht's auf diesem weiter Richtung Norden. Das Sonoma Valley ist von San Francisco 90 Minuten mit dem Auto entfernt.

**Bahn & Bus** Züge von Amtrak verkehren nach Martinez (südlich von Vallejo), mit Anschlussbussen nach Santa Rosa (1¼ Std.). Von San Francisco gelangt man mit BART-Bahnen zum Amtrak-Bahnhof Richmond.

**Bus** Busse von Golden Gate Transit (S. 227) fahren von San Francisco nach Petaluma (Erw./Jugendliche 11,75/5,75 $) und Santa Rosa (Erw./Jugendliche 13/6,50 $); los geht's an der Ecke 1st und Mission St. Mit Anschluss an die Busse von Sonoma County Transit.

## Gut zu wissen

**Vorwahl** ☎707

**Lage** 45 Meilen (72 km) nordöstlich von San Francisco

**Sonoma Valley Visitors Bureau** (☎707-996-1090; www.sonomavalley.com; 23,570 Hwy 121, Sonoma; ⏲10–16 Uhr)

# SEHENSWERTES

**★SONOMA PLAZA** PLATZ

(www.sonomaplaza.com; zw. Napa, Spain & 1st St) Dies ist die größte Platzanlage in Kalifornien und Zentrum für Politik, Liebe und Gemeinschaftsleben im Sonoma Valley. Mitten auf dem großen Platz steht die zwischen 1906 und 1908 im Missionsstil erbaute City Hall. Sie hat vier identische Fassaden, angeblich weil alle am Platz ansässigen Geschäfte verlangten, dass das Rathaus ihnen zugewandt ausgerichtet sein sollte. Auf dem wöchentlichen Farmers Market (April–Okt. Di 17.30–20 Uhr) werden die sensationell aromatischen landwirtschaftlichen Erzeugnisse der Region feilgeboten.

**★GUNDLACH-BUNDSCHU WINERY** WEINGUT

(☎707-938-5277; www.gunbun.com; 2000 Denmark St, Sonoma; Verkostung 20–30 $, inkl. Führung 30–60 $; ⏲April–Okt. So–Fr 11–17.30, Sa bis 19 Uhr, Nov.–März bis 16.30 Uhr; P) Kaliforniens ältestes Weingut in Familienbesitz sieht aus wie ein Schloss, die Atmosphäre ist dennoch bodenständig. Das 1858 von einem bayerischen Einwanderer gegründete Gut ist v. a. für seinen Gewürztraminer und Pinot Noir bekannt, aber „Gun-Bun" war auch die erste amerikanische Winzerei, die einen sortenreinen Merlot kelterte. Das Gut liegt am unteren Ende einer kurvenreichen Straße und kann wunderbar mit dem Rad angefahren werden. Es gibt Picknick- und Wandermöglichkeiten, einen See und Konzerte, u. a. beim zweitägigen Folk-Festival im Juni. Die Führung durch den Keller mit 1800 Fässern muss vorab reserviert werden. Eine Flasche Wein kostet zwischen 20 und 50 $.

**ST FRANCIS WINERY & VINEYARDS** WEINGUT

(☎707-538-9463; www.stfranciswinery.com; 100 Pythian Rd Höhe Hwy 12, Santa Rosa; Verkostung 15 $, Wein mit Käsebegleitung 25 $, Wein mit kulinarischer Begleitung 68 $; ⏲10–17 Uhr). Die Weinberge sind eine malerische Kulisse, aber der eigentliche Grund für einen Besuch sind die vielgepriesenen kulinarischen Begleitungen zum Wein. Das informative mehrgängige Programm wird von sympathischen Weinexperten moderiert, lässt einem das Wasser im Mund zusammenlaufen und beinhaltet Pairings wie geschmortes Kurobuta-Schweinefleisch mit Okinawa-Süßkartoffeln zu Cab Franc oder Wagyu-Lendenfilet und Pfifferlinge zu einem Zinfandel von alten Reben. Zu Tisch gebeten wird donnerstags bis montags um 11, 13 und 15 Uhr. Die Plätze sind schnell ausgebucht, am besten weit im Voraus reservieren.

**BENZIGER** WEINGUT

(☎707-935-3000, 888-490-2739; www.benziger.com; 1883 London Ranch Rd, Glen Ellen; Verkostung 20–50 $, Führung 25–50 $; ⏲Mo–Fr 11–17, Sa & So 10–17 Uhr; P) Wer sich mit Wein nicht so gut auskennt, sollte in Sonoma zuerst dieses Gut besuchen, weil es hier den besten Crashkurs über Weinanbau gibt. Die lohnende Führung (Reservierung empfohlen) beinhaltet (wenn das Wetter mitspielt)

ABSTECHER

## SÜDLICH VON SAN FRANCISCO: HIGHWAY 1 HIGHLIGHTS

**Pacifica** Der relaxte Strandort nur 15 Meilen (24 km) von Downtown San Francisco entfernt liegt am Übergang zwischen Stadtrand und wilder Pazifikküste. Unmittelbar südlich von Pacifica liegt Devil's Slide, ein malerisches Steilküstengebiet mit einem guten **Wanderweg** (650-355-8289; http://parks.smcgov.org/devils-slide-trail; Hwy 1; April–Aug. 8–20 Uhr, Sept.–März frühere Schließzeiten).

**Half Moon Bay** (650-726-8819; www.parks.ca.gov/HalfMoonBaySB; abseits des Hwy 1; 10 $ pro Auto; 8 Uhr bis Sonnenuntergang; P) Eine lange Küste, mildes Wetter und Mavericks, einer der größten und furchteinflößendsten Surfbreaks der Welt: Half Moon Bay ist beste Immobilienlage. Die langen Sandstrände locken Wochenendausflügler zu Spaziergängen sowie hartgesottene Surfer an.

**Pescadero** (650-726-8819; www.parks.ca.gov; abseits des Hwy 1; 8 $ pro Auto; 8 Uhr bis Sonnenuntergang); P) Ein nebeliges Fleckchen Erde zwischen Half Moon Bay und Santa Cruz. In dem 160 Jahre alten Städtchen Pescadero kennt jeder jeden, die Nachbarn helfen sich gegenseitig mit Zucker aus und veranstalten gemeinschaftliche Pancake-Frühstücke.

**Año Nuevo State Park** (Parkbüro 650-879-2025, Tonbandansage 650-879-0227, Reservierungen 800-444-4445; www.parks.ca.gov/anonuevo; 1 New Years Creek Rd; 10 $ pro Auto, 2½-stündige Führung 7 $ pro Pers.; April–Nov. 8.30 Uhr bis Sonnenuntergang, Führungen nur 15. Dez.–31. März; P) Das Año Nuevo Natural Reserve beheimatet eine der größten Kolonien Nördlicher See-Elefanten weltweit. Lauter als ein Strand-Rave bei Vollmond: Das ganze Jahr über veranstalten Tausende See-Elefanten am Paarungsstrand in den Dünen am Año Nuevo Point einen Mordslärm.

eine Fahrt in einem offenen Anhänger durch biodynamisch bewirtschaftete Weinberge und die Verkostung von fünf Weinen. Traumhaft zum Picknicken und sehr familienfreundlich. Die in großen Mengen gekelterten Weine sind in Ordnung, aber das Highlight ist die Führung. Eine Flasche Wein kostet zwischen 20 und 80 $.

### SCRIBE — WEINGUT

(707-939-1858; www.scribewinery.com; 2100 Denmark St, Sonoma; Verkostung 35 $, mit Essen 65 $; Do–Mo 11.30–16 Uhr, nur nach Vereinbarung) Mit dem Weingut Scribe hat sich eine neue Generation ihr Plätzchen im Wine Country gesichert. Joviale Grüppchen von Brillen und hochtaillierte Jeans tragenden Millennials pilgern zu dem hippen Weingut, das einem französischen Château ähnelt, um sich an den Picknicktischen draußen über den vom Terroir geprägten Pinot-Rosé, den mit den Beerenschalen vergorenen Chardonnay und den kräftigen Cabernet auszulassen. Mit köstlichem, scharf angebratenem Spargel und einem fantastisch zitronigen Salat, aber einem lustlosen Hauptgericht in Form eines Zackenbarschs, der in Avocadocreme ertrinkt, haut die Speisenbegleitung teilweise hin, teilweise aber auch nicht.

### KELLER ESTATE — WEINGUT

(707-765 2117; www.kellerestate.com; 5875 Lakeville Hwy, Petaluma; Führung & Verkostung 25–40 $; Führung/Verkostung Fr–Mo 11.30, 13, 14.30 Uhr) Das 17 ha große Weingut hat sich jüngst im so genannten Petaluma Gap niedergelassen, wo die Pinot-noir- und Chardonnay-Reben von Wind und Nebel gebeutelt werden, sodass elegante und komplexe Weine herauskommen. Außerdem keltert Keller einen Brut und einen Pinot gris (Grauburgunder). Ein Fläschchen schlägt mit 30 bis 54 $ zu Buche.

### KUNDE — WEINGUT

(707-833-5501; www.kunde.com; 9825 Hwy 12, Kenwood; Verkostung 15–50 $, Weinkellerführung gratis; 10.30–17 Uhr; P) Dieses Familienweingut, dessen Weinberge über 100 Jahre alt sind, ist auf einer historischen Ranch zu Hause. Ein besonderes Angebot sind die Mountain Top Tastings mit geführter Wanderung und fabelhafter Aussicht auf das Tal (Reservierung empfohlen). Aber man kann auch einfach so auf eine Verkostung und Führung vorbeischauen. Zu den eleganten Weinen, die zu 100 % aus eigenem Anbau stammen und nachhaltig produziert werden, zählen ein frischer Chardonnay und erdige

Rotwein-Cuvées. Eine Flasche Wein kostet zwischen 17 und 100 $.

**CLINE CELLARS** WEINGUT
(☎707-940-4030; www.clinecellars.com; 24737 Arnold Dr, Hwy 121, Sonoma; Verkostung frei–10 $; ⌚Verkostungsraum 10–18 Uhr, Museum bis 16 Uhr) An milden Tagen kann man hier idyllisch am Teich picknicken. Wenn es regnet, lockt ein altes Farmhaus von 1850 zur Weinprobe am Kamin, bei der Zinfandel und Mourvèdre von alten Reben verkostet werden. Hinter dem Weingut beherbergt das **California Mission Museum** Miniaturnachbauten der 21 kolonialzeitlichen spanischen Missionen in Kalifornien.

**CORNERSTONE SONOMA** GARTEN
(☎707-933-3010; www.cornerstonesonoma.com; 23570 Arnold Dr; ⌚10–17 Uhr, Gartenanlagen bis 16 Uhr; P) GRATIS Das am Hwy 121 gelegene Cornerstone Sonoma ist eine Gartenausstellung der ausgefalleneren Art. In den 25 begehbaren und ganz unterschiedlich gestalteten Gärten ist vom Erdbeerstrauch bis zur Kunstinstallation alles vertreten. Das Rahmenprogramm bilden eine Reihe hübscher, origineller Läden, eine Test- und Vorführküche im Freien, Weinprobierstuben, das Sonoma Valley Visitors Bureau (S. 239) und ein gutes, wenn auch etwas teures Café. Nach einem übergroßen orangefarbenen Adirondack-Stuhl am Straßenrand Ausschau halten!

**JACK LONDON STATE HISTORIC PARK** PARK
(☎707-938-5216; www.jacklondonpark.com; 2400 London Ranch Rd, Glen Ellen; 10 $ pro Auto, Cottage 3 $; ⌚9.30–17 Uhr; P) Napa hat Robert Louis Stevenson, aber Sonoma hat Jack London. In dem 570 ha großen Park wandelt man auf den Spuren des Schriftstellers während seiner letzten Lebensjahre. Das **Museum** vor Ort ist ausgezeichnet. Kilometerlange **Wanderwege** (teilweise auch für Mountainbikes zugelassen) ziehen sich auf 180 bis 690 m Höhe durch einen Wald voller Eichen. Ein einfacher, 3,2 km langer Rundweg führt zu lauschigen Picknickplätzen am **London Lake**. An bestimmten Abenden im Sommer verwandelt sich der Park im Rahmen von „Broadway under the Stars“ in ein Theater. Achtung, hier wächst Eichenblättriger Giftsumach.

## ESSEN & AUSGEHEN

**SUNFLOWER CAFFÉ & WINE BAR** CAFÉ $
(☎707-996-6645; www.sonomasunflower.com; 421 1st St W; Gerichte 8–15 $; ⌚7–16 Uhr; ) Der Garten hinter diesem örtlichen Treff ist ein tolles Plätzchen für ein Frühstück, ein einfaches Mittagessen oder ein Gläschen Wein am Nachmittag.

**PETALUMA CREAMERY** MARKT, CAFÉ $
(☎707-762-9038; www.springhillcheese.com; 711 Western Ave; Snacks 3–7 $; ⌚Mo–Fr 7–18, Sa & So 9–18 Uhr; ) Auf dem kleinen Markt in der Petaluma Creamery von 1913 kann man Biokäse aus Sonoma und Marin probieren, eine Kugel Lavendeleis, ein Tri-Tip-BBQ-Sandwich oder einen frischen Spinatsalat verzehren.

★**CAFE LA HAYE** KALIFORNISCH $$
(☎707-935-5994; www.cafelahaye.com; 140 E Napa St; Hauptgerichte 19–25 $; ⌚Di–Sa 17.30–21 Uhr) Das La Haye ist eine Topadresse für moderne amerikanische Küche und bezieht seine Zutaten aus einem Umkreis von maximal 100 km. Der Speisesaal ist oft rappelvoll und die Bedienung mitunter etwas saumselig, doch dank der schnörkellosen, geschmacksintensiven Gerichte ist das Restaurant trotzdem für viele Gourmets die erste Wahl. Daher weit im Voraus reservieren!

**FIG CAFE & WINEBAR** FRANZÖSISCH, KALIFORNISCH $$
(☎707-938-2130; www.thefigcafe.com; 13690 Arnold Dr, Glen Ellen; Hauptgerichte 21–24 $, 3-Gänge-Abendmenü 36 $; ⌚ab 17 Uhr) Das Fig punktet mit einer rustikalen kalifornisch-provenzalischen Küche. Auf der Karte finden sich z. B. kurz gebratene Calamari mit scharfem Zitronen-Aioli, ein Feigen-Rucola-Salat und *steak frites*. Der preisgünstige Wein und der freundliche Service verführen zum Wiederkommen. Keine Reservierung, Korkgeld inklusive.

**GLEN ELLEN STAR** KALIFORNISCH, ITALIENISCH $$$
(☎707-343-1384; www.glenellenstar.com; 13648 Arnold Dr, Glen Ellen; Pizza 15–20 $, Hauptgerichte 24–50 $; ⌚So–Do 17.30–21, Fr & Sa 17.30–21.30 Uhr; ) In dem kleinen Bistro führt Ari Weiswasser Regie, der zuvor in Thomas Kellers French Laundry (S. 236) die Koch-

löffel schwang. Gekonnt setzt er die landwirtschaftlichen Spitzenprodukte Sonomas in Szene. Die Hauptrolle spielen regionale, biologisch angebaute und saisonale Zutaten, die in Gerichten wie Milchlammragout, im Ganzen gerösteter Fisch mit Broccoli di Cicco oder Gelbe Beete mit Harissa-Streuseln ihr volles Aroma entfalten. Reservierung empfohlen.

## AKTIVITÄTEN

**WILLOW STREAM SPA AT SONOMA MISSION INN** SPA

(☎877-289-7354; www.fairmont.com/sonoma; 100 Boyes Blvd; ⏲9–18 Uhr) Nur wenige Spas im Wine Country können es mit dem glamourösen Sonoma Mission Inn aufnehmen. Wer eine Anwendung bucht oder 89 $ Eintritt zahlt (Vorab buchen!), kann drei Outdoor- und zwei Indoor-Mineralbecken, einen Fitnessraum, eine Sauna und einen Kräuterdampfraum im neoromanischen Badehaus nutzen. Ab 18.

**RAMEKINS SONOMA VALLEY CULINARY SCHOOL** KOCHEN

(☎707-933-0450; www.ramekins.com; 450 W Spain St; 👪) Ausgezeichnete Vorführungen sowie Unterricht für Hobbyköche, u. a. zu Themen wie Vorspeisen und Käse-Wein-Kombinationen. Außerdem organisiert die Schule kulinarische Touren zu Farmen der Gegend und Abendessen mit Winzern und Köchen.

# Schlafen

*Die Unterkünfte in San Francisco zählen zu den teuersten weltweit, deshalb sollte man gut planen – weit im Voraus – und sofort zugreifen, wenn sich ein Schnäppchen auftut. Wer die Wahl hat, sollte Boutiquepensionen und -hotels vorziehen; sie haben mehr Atmosphäre als die gängigen Hotelketten. Aber grundsätzlich gilt: Nehmen, was man kriegen (und bezahlen) kann!*

## Buchungen

Mehrmals jährlich sind sämtliche Hotelbetten in der Stadt ausgebucht, z. B. bei großen Tagungen, Kongressen und Veranstaltungen. Der **Kongresskalender des SF Convention & Visitors Bureau** (www.sanfrancisco.travel/article/hotel-availability) zeigt an, wie die Chancen stehen, ein Zimmer zu ergattern. Ist ein Kongress in dem Kalender vermerkt, ist das ein Grund, den Urlaub zu verlegen. Andernfalls muss man sich darauf gefasst machen, das Doppelte oder sogar Dreifache des normalen Übernachtungstarifs zu zahlen.

## Zimmerpreise & Gebühren

San Francisco boomt. Zwischen 2012 und 2019 sind die Tarife vieler Hotels in der Innenstadt um mehr als 100 % gestiegen und sie schwanken erheblich von Tag zu Tag. Die besten Preise für ein reguläres Doppelzimmer winken von April bis Oktober. Davon ausgenommen sind die Zeiten, wenn sämtliche Hotels ausgebucht sind und sogenannte *compression rates* berechnet werden.

Um in Hotelketten, in denen die Tarife tagesaktuell wechseln, den besten Preis abzugreifen, sollte man direkt in dem jeweiligen Hotel anrufen, statt die kostenfreie zentrale Hotline zu nutzen. Manche Hotels bieten Schnäppchenpreise nur online, doch „best rate" bei Internetbuchungen heißt nicht unbedingt, dass es sich um den niedrigsten verfügbaren Preis handelt. Online-Buchungsdienste wie Priceline locken mit günstigeren Tarifen, es gibt aber viele Auflagen und Beschränkungen und einmal gebucht, wird das Geld bei Stornierungen evtl. nicht zurückerstattet.

Hostels und Budgethotels sind die günstigsten Schlafmöglichkeiten in San Francisco, aber nicht einmal die sind wirklich billig: Für ein Privatzimmer im Hostel zahlt man 100 $, in einem Budget-Motel 200 $ und in einem Mittelklassehotel mehr als 300 $. Nicht zu vergessen: Auf diese Preise werden noch mal 15 % Zimmersteuer aufgeschlagen. In den meisten Hotels ist die WLAN-Nutzung kostenlos, nur die Nobelhotels erheben eine Gebühr (für die Bereitstellung einer sicheren Verbindung, wie es heißt). Von Juni bis August sind Übernachtungen noch mal teurer, zwischen November und April sinken die Preise. Eventuell gibt es Wochentarife. Business- und Luxushotels sind an den Wochenenden und an Feiertagen etwas günstiger als sonst, in Touristenhotels muss man hingegen mehr berappen. Wochentags ist es genau andersherum.

## Wohnungen

Für Familien und Besucher, die länger bleiben, sind Wohnungen zur Miete auf Zeit eine gute Option, doch in San Francisco ist das Angebot begrenzt – obwohl hier Airbnb gegründet wurde. Die Zwischenvermietung von Privatwohnungen ist gesetzlich auf höchstens 90 Tage pro Jahr beschränkt; einzelne Zimmer dürfen öfter vermietet werden. Zudem werden kommunale Steuern erhoben, sodass die Kosten denen für ein Motel oder ein B&B entsprechen können. Wer abseits des Touristentrubels von Downtown in Gegenden wie Mission, Castro, Haight-Ashbury und den Avenues nächtigen möchte, für den ist neben B&Bs die Wohnungsmiete oft die einzige Möglichkeit. Über das Angebot informieren Airbnb und VRBO. Weit im Voraus buchen!

## GUT ZU WISSEN

### Preiskategorien

Folgende Preise beziehen sich auf ein Doppelzimmer inkl. Bad in der Hauptsaison (Juni–Aug.). Wenn gerade keine wichtige Tagung oder Großveranstaltung ansteht, kommt man manchmal auch günstiger davon. Falls nicht anders angemerkt, ist das Frühstück nicht im Preis enthalten.

**$** bis 150 $

**$$** 150–350 $

**$$$** über 350 $

### Parken

Ein Hotelparkplatz kostet 40 bis 60 $ pro Nacht extra – nur sehr wenige Unterkünfte bieten *kostenlose* Stellplätze. Hotels ohne Parkplätze arbeiten häufig mit einem Parkhaus in der Nähe zusammen oder haben einen Angestellten, der sich um die Autos der Gäste kümmert *(valet parking)*. Anrufen und nachfragen!

### Buchung bestätigen

Wer nach 16 Uhr anreist, sollte seine Kreditkartendaten an das Hotel durchgeben (als Garantie), sonst wird die Reservierung möglicherweise storniert.

### Trinkgeld

Reinigungskräfte bekommen in US-amerikanischen Hotels grundsätzlich ein Trinkgeld. Einfach jeden Morgen 2 bis 5 $ aufs Kissen legen.

## Top-Tipps

**Hotel Drisco** (S. 247) Herrschaftliches Boutiquehotel mit Blick auf die Marina.

**Argonaut Hotel** (S. 246) Hotel mit nautisch inspiriertem Design in Fisherman's Wharf.

**Hotel Vitale** (S. 250) Modernes Haus in der Innenstadt mit tollem Blick aufs Wasser.

**Inn at the Presidio** (S. 246) Nationalpark-Lodge im historischen Gebäude im Grünen.

**Hotel Bohème** (S. 252) Erschwinglicher Boutique-Charme im Herzen von North Beach.

## Preiskategorie: $

**HI San Francisco Fisherman's Wharf** (S. 246) Hostel mit unbezahlbarem Ausblick an der Uferpromenade.

**San Remo Hotel** (S. 252) Spartanische Einrichtung und Gemeinschaftsbäder, aber preislich unschlagbar.

**Yotel** (S. 247) Schicke Unterkunft in Downtown mit Co-Working-Space.

## Preiskategorie: $$

**Inn at the Presidio** (S. 246) Kleines luxuriöses Inn, umgeben von Nationalparkland.

**Hotel Carlton** (S. 248) Jetsetflair, tolles Preis-Leistungs-Verhältnis.

**Marker** (S. 248) Todschickes Design, praktische Extras und Einrichtungen, zentrale Lage.

**Hotel Zeppelin** (S. 248) Psychedelischer San-Francisco-Stil im Herzen von Downtown.

## Preiskategorie: $$$

**Loews Regency** (S. 250) Fünf-Sterne-Service, fantastische Aussicht.

**Palace Hotel** (S. 250) Prächtiges klassisches Hotel und ein hundert Jahre altes Wahrzeichen.

**Hotel Zetta** (S. 251) Innenstadthotel mit viel Kunst und technischen Spielereien.

**Argonaut Hotel** (S. 246) Ausblick auf die Bucht in einem umgebauten Lagerhaus an der Fisherman's Wharf.

## Mit Kindern

**Hotel Zephyr** (S. 246) Spiele, wohin man schaut, und ein weitläufiger Hof.

**Hotel del Sol** (S. 246) Farbenfrohe Motto-Zimmer und ein beheizter Pool im Freien.

**Argonaut Hotel** (S. 246) Bestes Hotel im Wharf District mit Riesenlobby für kleine Entdecker.

**Americania Hotel** (S. 249) Überdurchschnittlich gutes Motel mit Pool.

## Aussicht

**Loews Regency** (S. 250) Ausblick von Brücke zu Brücke von einem Wolkenkratzer aus.

**Hotel Drisco** (S. 247) Auf villengesäumtem Hügelkamm und mit einmaliger Sicht auf die Bucht.

**Fairmont San Francisco** (S. 253) Hügellage plus prächtigste Lobby der Stadt.

**Mark Hopkins Intercontinental** (S. 253) Fürstlicher Charme in Nob Hill.

## Viktorianisch

**Chateau Tivoli** (S. 255) Hier zechten und nächtigten dereinst Mark Twain, allerlei Operndiven und anderes illustres Volk.

**Queen Anne Hotel** (S. 254) Herrenhaus von 1890 und ehemaliges Mädcheninternat, das für kleine Weltfluchten taugt.

**Parsonage** (S. 255) Italienisch angehauchte Villa mit zeitgenössischem Schick und großen, glamourösen Zimmern.

# Wohin zum Schlafen?

| Viertel | pro | contra |
|---|---|---|
| **Marina, Fisherman's Wharf & die Piers** | Nahe dem nördlichen Ufer; gut für Kinder; viele Restaurants und Nachtleben im Marina District. | Fisherman's Wharf wimmelt nur so von Touristen; die Parkplatzsuche hier und im Marina District ist ein Albtraum. |
| **Downtown, Civic Center & SoMa** | Die größte Auswahl an Hotels; viele Sehenswürdigkeiten, Restaurants, Läden und Theater liegen in fußläufiger Entfernung. Sämtliche öffentliche Verkehrsmittel sind gut zu erreichen. Teile von SoMa befinden sich nahe bei Hauptattraktionen in Downtown; super Nachtleben. | In der Innenstadt ist nachts tote Hose; in Civic Center herrscht eine raue Atmosphäre – am ärgsten sind die Ecken rund um Eddy und Jones St (jeweils drei Häuserblocks in alle Himmelsrichtungen). SoMa: wenig Restaurants, nachts geht es in den Straßen recht ruppig zu. |
| **North Beach & Chinatown** | Kulturell bunt und vielseitig; toll zum Bummeln; jede Menge Cafés, Bars und Restaurants; beide Viertel haben viel Charme; mit dem Cable Car erreichbar. | Straßenlärm; wenig Auswahl und schlechte Verkehrsanbindung. |
| **Nob Hill & Russian Hill** | Prächtige klassische Hotels im oberen Teil von Nob Hill; tolle Restaurants und Shoppingmöglichkeiten in Russian Hill. | Die steilen Straßen in den Hill-Vierteln sind für Untrainierte schwer zu bewältigen; etwas weiter weg von den Hauptattraktionen. |
| **Japantown, Fillmore & Pacific Heights** | Hotels mit Flair, tolle Einkaufs- und Speisemöglichkeiten in Pacific Heights und Japantown; legendäre Unterhaltungsstätten in Fillmore. | Nur wenige Unterkünfte; in Fillmore und Pacific Heights nur wenige Sehenswürdigkeiten; steile Hügel in Pacific Heights. |
| **Mission, Dogpatch & Potrero** | Ebenes Gelände in Mission, prima zum Schlendern und Radfahren; Nähe zur BART. | Begrenzte Auswahl; größere Entfernung zu Sehenswürdigkeiten; die Hauptdurchgangsstraßen sind wenig attraktiv. |
| **Castro** | Tolles Nachtleben, insbesondere für LBGTIQ; viele Cafés und Restaurants; gute Anbindung an öffentliche Verkehrsmittel (Market St). | Größere Entfernung zu den Hauptattraktionen; wenig Auswahlmöglichkeiten bei den Unterkünften. |
| **Haight-Ashbury & Hayes Valley** | Reichlich Bars und Restaurants; Hayes Valley liegt in der Nähe kultureller Sehenswürdigkeiten, Haight-Ashbury ist nicht weit vom Golden Gate Park entfernt. | Nachts zeigen sich die Hauptstraßen von ihrer weniger schönen Seite; nur wenige öffentliche Verkehrsmittel in Haight-Ashbury. |
| **Golden Gate Park & die Avenues** | Ruhige Nächte; prima für Aktivitäten in der Natur. | Die Sehenswürdigkeiten sind sehr weit weg; neblig und kalt; Restaurants und Bars nur an den Hauptstraßen; wenig Transportmöglichkeiten. |

## Marina, Fisherman's Wharf & die Piers

**★HI SAN FRANCISCO FISHERMAN'S WHARF** HOSTEL $

Karte S. 316 (415-771-7277; www.hiusa.org; Fort Mason, Gebäude 240; B 40–64 $, Zi. 116–160 $; P @ ; 28, 30, 47, 49) Das ehemalige Militärkrankenhaus ist heute ein Hostel, umgeben von einer Art Park. Anstelle komfortabler Innenstadtlage bietet es einen unbezahlbaren Blick auf die Uferpromenade und günstige Privat- und Mehrbettzimmer (manche sind „unisex") mit vier bis 22 Betten (die Etagenbetten Nr. 1 und 2 stehen neben der Tür, nicht so angenehm). Nur Gemeinschaftsbäder; riesige Küche und ein Café mit Blick auf die Bucht. Es gibt ein paar kostenlose Parkplätze.

**★INN AT THE PRESIDIO** HOTEL $$

Karte S. 315 (415-800-7356; www.presidiolodging.com; 42 Moraga Ave; Zi. 310–495 $; P @ ; 43, PresidiGo-Shuttle) Das dreigeschossige Bauwerk aus roten Backsteinen im Presidio wurde 1903 als Unterkunft für ledige Offiziere errichtet und 2012 zu einer schicken Nationalpark-Lodge mit viel Leder und Holz umgebaut. Die riesigen, edel aufgemachten Zimmer sind mit Federbetten ausgestattet, die Bettwäsche ist aus ägyptischer Baumwolle. In den Suiten wurden Gaskamine eingebaut. Man ist umgeben von Natur, hinterm Haus fächern Wanderwege aus, doch eine Taxifahrt in die Stadt kostet 25 bis 30 $.

**HOTEL ZEPHYR** DESIGNHOTEL $$

Karte S. 313 (415-617-6565, 844-617-6555; www.hotelzephyrsf.com; 250 Beach St; Zi. 250–500 $; P @ ; 8, 39, 47, Powell-Mason, M E, F) Im Mittelpunkt des Vintage-Hotels aus den 60ern, das 2015 vollständig renoviert wurde, befindet sich ein großer Hof mit Kaminstellen, Liegestühlen, moderner Kunst aus „Schiffsschrott" und Spielen – man ist schließlich zum Spaß hier, nicht zum Arbeiten! Die schnieken Zimmer haben ein frisches Flair, die Einrichtung (z. B. Smart-TVs) ist topmodern. Die schönsten Zimmer liegen zum Wasser hin.

**HOTEL DEL SOL** MOTEL $$

Karte S. 316 (415-921-5520; www.jdvhotels.com; 3100 Webster St; DZ 259–359 $; P @ ; 22, 28, 30, 43) Eine ruhige Unterkunft im Marina District. Das kinderfreundliche Motel aus den 1950ern wurde vollständig umgebaut. Es ist knallbunt und die Dekorateure haben sich von den Tropen inspirieren lassen. Im zentralen Hof stehen Palmen und es gibt einen beheizten Pool im Freien, eine Rarität in San Francisco. Die Familiensuiten sind mit Ausziehbetten und Brettspielen ausgestattet. Parken kostet 30 $ pro Nacht.

**COVENTRY MOTOR INN** MOTEL $$

Karte S. 316 (415-567-1200; www.coventrymotorinn.com; 1901 Lombard St; Zi. 158–228 $; P ; 22, 28, 30, 43) Von den vielen Motels entlang der Lombard St (Hwy 101) bietet das Coventry – ein Abziehbild von einem Motel – den gemessen am Standard besten Preis. Die Zimmer sind zwar schmucklos, aber groß, gepflegt und klimatisiert, die Parkplätze sind überdacht. Kinder werden sich darüber freuen, dass sie genug Platz haben, um ihre Spielsachen auf dem Boden auszubreiten. Was leider fehlt, ist ein Pool.

**MARINA MOTEL** MOTEL $$

Karte S. 316 (415-921-9406; www.marinamotel.com; 2576 Lombard St; Zi. 189–269 $; P ; 28, 30, 41, 43, 45) 1939 wurde das Marina Motel für Gäste errichtet, die über die neue Golden Gate Bridge in die Stadt einfuhren. Das spanisch-mediterrane Dekor ist ausgesprochen einladend. In dem ruhigen Hof blühen Bougainvilleen. Die Zimmer sind gemütlich, schlicht und gepflegt, einige verfügen über eine Küche (kostet 10–20 $ extra). Die Seite zur Lombard St ist laut; besser nach einem Zimmer hinten raus fragen. Kostenlose Parkplätze.

**★ARGONAUT HOTEL** BOUTIQUEHOTEL $$$

Karte S. 313 (415-345-5519, 415-563-0800; www.argonauthotel.com; 495 Jefferson St; Zi. ab 389 $; P ; 19, 47, 49, Powell-Hyde) Das beste Hotel in Fisherman's Wharf (erb. 1908) war in seinem ersten Leben eine Konservenfabrik und protzt mit hundert Jahre altem Holz und unverputztem Mauerwerk. Die Zimmer haben nautisches Flair, die Spiegel sind wie Bullaugen geformt, die plüschigen Teppiche dunkelblau. Wenn auch die Einrichtung definitiv einem Spitzenklassehotel entsprechend ist – superbequeme Betten, iPod-Dockingstationen etc. – sind manche wirklich winzig und haben kaum Tageslicht. Fürs Parken zahlt man ab 65 $.

**HOTEL DRISCO** BOUTIQUEHOTEL $$$

Karte S. 316 (☎415-346-2880, 800-634-7277; www.hoteldrisco.com; 2901 Pacific Ave; Zi. 377–1099 $; @📶; 🚌3, 24, 45) Eines der wenigen Hotels in Pacific Heights ist ein stattlicher Bau von 1903, der hoch auf dem Kamm zwischen Villen steht. Neben der Architektur bemerkenswert sind der aufmerksame Service und kürzlich aufgefrischte elegante Zimmer mit Bädern mit Fußbodenheizung. Nur der Marina District ist von hier oben bequem zu erreichen, überall sonst hin muss man den Bus oder ein Taxi nehmen. Egal, ein wahres, tolles Boutiquehotel.

**LODGE AT THE PRESIDIO** BOUTIQUEHOTEL $$$

Karte S. 315 (☎415-561-1234; www.presidiolodging.com/lodge-at-the-presidio; 105 Montgomery St; Zi. 275–450 $; 📶🐾; 🚌43, PresidiGo-Shuttle) Während des Spanisch-Amerikanischen Krieges schlummerten die Offiziere in der ehemaligen Kaserne nicht auf maßgeschneiderten Matratzen, wie es die heutigen Gäste tun. Doch die moderne 42-Zimmer-Bleibe aus Backstein erinnert mit Kunstobjekten und historischen Fotografien an die Militärgeschichte des Hauses. Die besten Zimmer haben Ausblick auf die Golden Gate Bridge und die San Francisco Bay.

**HOTEL ZOE** BOUTIQUEHOTEL $$$

Karte S. 313 (☎415-561-1100; www.hotelzoesf.com; 425 North Point St; Zi. 309–800 $; ❄📶🐾; 🚌47, 🚋Powell-Mason, ⓂF) Die kleine Schwester des Argonaut Hotel (S. 246) ließ sich für einen 16 Mio. $ teuren Umbau vom Stil von Luxusjachten inspirieren und erblickte 2017 in der Familie der Noble House Hotels erneut das Licht der Welt. Wenn Alcatraz, Fisherman's Wharf und Pier 39 auf der Liste stehen, ist die Lage unschlagbar; der gemütliche Kamin, die opulente moderne Ausstattung und die erdigen Farben machen das Zoe zu einem geruhsamen Rückzugsort in all dem Trubel.

## 🛏 Downtown, Civic Center & SoMa

**★HI SAN FRANCISCO CITY CENTER** HOSTEL $

Karte S. 320 (☎415-474-5721; www.sfhostels.org; 685 Ellis St; B 33–70 $, Zi. 90–165 $; @📶; 🚌19, 38, 47, 49) 🍃 Das siebenstöckige Atherton Hotel aus den 1920ern wurde 2001 zu einem überdurchschnittlich guten Hostel umgebaut, in dem sämtliche Zimmer, auch die Schlafsäle, mit En-suite-Bädern aufwarten. Bonuspunkte gibt's zudem für die Umweltfreundlichkeit: Der Strom stammt größtenteils von Solarpaneelen und bei den LED-Duschköpfen wechselt die Farbe, um die Duschzeit im Blick zu behalten.

**★YOTEL SAN FRANCISCO** HOTEL $

Karte S. 320 (☎415-829-0000; www.yotel.com/en/hotels/yotel-san-francisco; 1095 Market St; DZ 149–209 $; ❄📶; 🚌6, 7, 9, 21, ⒷCivic Center, ⓂCivic Center) Das schicke Downtown-Hotel im historischen Grant-Gebäude ist das erste der Hotelkette Yotel – bekannt für kompakte, hochmoderne Luxusbleiben – an der Westküste. Zeit und Raum werden auf Schritt und Tritt gespart, von den Schaltern zum Selbsteinchecken bis zu den verstellbaren „Smartbeds" (die sich in Sofas verwandeln lassen) und den verspielten „Himmelskabinen", behaglichen Loft-Schlafquartieren mit extralangen Matratzen und großen Flachbildschirmen.

**USA HOSTELS** HOSTEL $

Karte S. 320 (☎877-483-2950, 415-440-5600; www.usahostels.com; 711 Post St; B 43–73 $, Zi. 145–194 $; 📶; 🚌2, 3, 27, 38) Das 1909 erbaute Hotel wurde gut geplant in ein schickes Hostel umgewandelt, die Atmosphäre hat etwas von einem Studentenwohnheim – in der Lounge hängen die internationalen Bewohner ab. Die Privatzimmer sind mit Kühlschrank, Mikrowelle und Fernseher ausgestattet. Auch in den Mehrbettzimmern gibt's Bildschirme und dazu Leselampen und Steckdosen, sogar in den Schließfächern (zum sicheren Aufladen von Handy & Co.). Die Gemeinschaftsbereiche umfassen eine große Küche, eine Waschküche, einen Yogaraum und ein Spielezimmer.

**FITZGERALD HOTEL** HOTEL $

Karte S. 320 (☎415-775-8100; www.fitzgeraldhotel.com; 620 Post St; Zi. 119–200 $; 📶; 🚌2, 3, 27, 38) Wer das Upgrade vom Hostel zum Hotel wagen möchte, könnte sich das nette Fitzgerald ansehen. Es hat ein ausgefallenes Inventar: Die bunt zusammengewürfelten Möbel standen früher mal in nobleren Hotels. Das Gebäude von 1910 hätte eine Renovierung nötig; der Aufzug ist zuweilen etwas launisch und die winzigen Zimmer zeigen ein paar Gebrauchsspuren in Form von zerschlissenen Vorhängen o. Ä., doch die Bäder sind sauber, Kühlschrank und Mikrowelle gehören in den meisten Zimmern zur Standardausstattung.

### HI SAN FRANCISCO DOWNTOWN HOSTEL $

Karte S. 318 (☎415-788-5604; www.sfhostels.com; 312 Mason St; B 46–60 $, Zi. 139–164 $; @📶; M Powell, B Powell) Sehr gut geführtes Hostel nur eine Querstraße vom Union Sq entfernt. Es ist sauber, farbenfroh und macht einen frischen Eindruck, das Mobiliar ist modern. In den Mehrbettzimmern schläft man zu viert, in den Privatzimmern sind die Bettgestelle sehr niedrig (Achtung: scharfe Kanten!). Manchmal sind Daunenkissen erhältlich (nachfragen). Im Preis inbegriffen ist ein einfaches Frühstück. Es gibt einen Ruhebereich, eine gemeinschaftliche Lounge, eine saubere Küche, Möglichkeiten zum Wäschewaschen und jede Menge Programm.

### ★AXIOM BOUTIQUEHOTEL $$

Karte S. 318 (☎415-392-9466; www.axiomhotel.com; 28 Cyril Magnin St; DZ 189–342 $; @📶🐾; Powell-Mason, Powell-Hyde, B Powell, M Powell) Von all den Innenstadthotels, die nach Hightech-Charme streben, trifft dieses hier den Nagel auf den Kopf. Die Lobby besticht durch einen LED-Himmel, Marmor und genieteten Stahl, der „Game Room" mit Kickertischen und Spielautomaten lässt an Kreativräume in Start-up-Firmen denken. In den Zimmern stehen tiefe, graue Flanell-Couches und riesige Betten und die Router sorgen für Hochgeschwindigkeits-WLAN, damit das Streaming aufs Apple-/Google-/Samsung-Endgerät garantiert ruckelfrei abläuft. Alles andere ist natürlich Bluetooth-fähig.

### HOTEL ZEPPELIN BOUTIQUEHOTEL $$

Karte S. 320 (☎415-563-0303; www.viceroyhotelsandresorts.com; 545 Post St; DZ ab 169 $; ❄📶; 🚌2, 3, 38, Powell-Mason, Powell-Hyde) Eine Straße westlich vom Union Sq und ein halbes Jahrhundert zurück: Das schräge Boutiquehotel strotzt vor altmodischen Details. Ein neugotischer Kamin und moderne Möbel prägen die vom Rock and Roll inspirierte Lobby, während in der Spielhalle im Untergeschoss ein großes Peace-Zeichen aus Nummernschildern für lockeres Flair sorgt.

### MARKER BOUTIQUEHOTEL $$

Karte S. 320 (☎844-736-2753, 415-292-0100; http://themarkersanfrancisco.com; 501 Geary St; Zi. ab 209 $; ❄@📶🐾; 🚌38, Powell-Hyde, Powell-Mason) 🍃 Im todschicken Marker wird genau hingeguckt und auch auf Kleinigkeiten geachtet. Die Zimmer sind in kräftigen Farben gehalten – der Lack ist lippenstiftrot, der Samt marineblau, die Seide purpurn glänzend – und mit durchdachten Extras ausgestattet (dicht gewebte Laken, ergonomische Arbeitsplätze, Zugang zur digitalen Bibliothek, viele Steckdosen, ausreichend Platz in Schubladen, Schränken und Waschtischen). Darüber hinaus gibt's ein kleines Fitnessstudio und abendliche Weinempfänge. Eine wahrhaft stilvolle „Downtown-Location".

### HOTEL CARLTON DESIGNHOTEL $$

Karte S. 320 (☎415-673-0242, 800-922-7586; www.hotelcarltonsf.com; 1075 Sutter St; Zi. ab 269 $; @📶🐾; 🚌2, 3, 19, 38, 47, 49) 🍃 Weltreisende fühlen sich hier zwischen marokkanischen Teetischen, indischen Bettüberwürfen und westafrikanischen Waxprint-Zierkissen gleich zu Hause. Umweltbewusst ist das Carlton auch noch (Klimakompensation, LEED-zertifizierte Initiativen – man beachte die Solarkollektoren auf dem Dach). Die Lage ist nicht die günstigste, bis zum Union Sq sind es zehn Minuten, doch der Preis für die bunten, makellos sauberen Zimmer ist fair. Am ruhigsten sind jene, die mit den Ziffern -08 bis -19 enden.

### PHOENIX HOTEL MOTEL $$

Karte S. 320 (☎415-776-1380, 800-248-9466; www.phoenixsf.com; 601 Eddy St; Zi. 134–224 $; P📶🏊🐾; 🚌19, 31, 47, 49) Rockertypen und Nachtschwärmer zieht es in dieses Motel aus den 50ern, das mit einem modernen Anstrich und Hipster-Accessoires (Pendleton-Decken) aufgemotzt wurde. Im Hof ist ein Pool und in der Lounge ist immer etwas los. Draußen locken die Bars und Kneipen des Tenderloin und Veranstaltungen in der Great American Music Hall. Kostenlose Parkplätze und freier Eintritt im Kabuki Springs & Spa (S. 149). Ohrstöpsel einpacken. Rauchen verboten.

### HOTEL TRITON BOUTIQUEHOTEL $$

Karte S. 318 (☎415-394-0500; www.hoteltriton.com; 342 Grant Ave; Zi. 269–389 $; ❄@📶🐾; M Montgomery, B Montgomery) 🍃 An langweilige Businesshotels kann man getrost einen Haken machen. In der Lobby des Triton werden Club Sounds gespielt und sie ist so bunt, dass man sich in einem Comic wähnt. Die kürzlich umgestalteten Zimmer treppauf sind hell und gemütlich, mit großen Betten, Frette-Bettwäsche und umweltfreundlichen Annehmlichkeiten (zu den Bio-Snacks gehören). In den Bädern ist allerdings nicht viel Platz, um sich schön zu machen.

**HOTEL UNION SQUARE** HOTEL $$

Karte S. 318 (☎415-397-3000, Buchung 415-969-2301; www.hotelunionsquare.com; 114 Powell St; Zi. 196–299 $; ; Ⓜ Powell, Ⓑ Powell) Das stylische Union Square hat ein cleveres Design: Die „kühlen" Originalsteinmauern ergänzen „kuschelige" Elemente wie gepolsterte Kopfteile am Bett und Daunendecken. Nachteile sind der Mangel an natürlichem Licht und die (geringe) Größe der Zimmer, welche die Innenarchitekten durch Spiegelwände, indirekte Lichtquellen und edle Einrichtungsgegenstände bestmöglich kompensiert haben.

**WESTIN ST FRANCIS HOTEL** HOTEL $$

Karte S. 318 (☎415-397-7000; www.westinstfrancis.com; 335 Powell St; Zi. ab 199 $; ; Ⓜ Powell, Ⓑ Powell, Powell-Mason, Powell-Hyde) Dies ist eins der geschichtsträchtigsten Hotels in San Francisco. Gerald Ford wurde direkt vor der Haustür erschossen und Reagan konnte wegen der Proteste auf dem Union Sq nicht schlafen. Die Zimmer im Turm gewähren sensationelle Ausblicke, die Architektur ist jedoch fad. Das gilt nicht für das Gebäude von 1904, ein Wahrzeichen mit altmodischen Charme, hohen Decken, Zierleisten und glänzendem Marmor und Messing. Die Westin-Betten setzen Komfortmaßstäbe in der Branche, doch der Service ist zuweilen etwas lax.

**PROPER HOTEL** DESIGNHOTEL $$

Karte S. 320 (☎415-735-7777; www.properhotel.com/hotels/san-francisco; 1100 Market St; DZ ab 275 $; ; 6, 7, 9, 21, Ⓜ Civic Center, Ⓑ Civic Center) Das designbewusste Hotel in einem alten Bügeleisenhaus hat etwas von *Alice im Wunderland*, nur dass Alice jetzt erwachsen ist und sich schwer für die Kunst der Wiener Secession und des Kubismus interessiert. Kontrastreiche helle Farben, kräftige Muster und alte Möbel, neu bezogen, verleihen dem Hotel unstreitig Pfiff. In den Zimmern warten sehr behagliche Betten mit italienischer Bettwäsche und hypoallergenen Kopfkissen.

**GOOD HOTEL** MOTEL $$

Karte S. 322 (☎415-621-7001; www.thegoodhotel.com; 112 7th St; Zi. 199–279 $; ; Ⓜ Civic Center, Ⓑ Civic Center) Das modernisierte Motel steckt voller „grüner" Ideen: die Lampen bestehen aus alten Flaschen, die Kopfteile der Betten aus altem Holz und die weichen Fleece-Überdecken aus recycelten PET-Flaschen. Die Atmosphäre ist jugendlich-frisch und gut gelaunt und erinnert an ein smart aufgemachtes Studentenwohnheim. Das „gute Hotel" liegt in einem nicht ganz so guten Viertel. Auf der Straße geht schon mal die Post ab (deshalb ein Zimmer auf der Rückseite nehmen). Fürs Parken zahlt man 35 $. Im Americania Hotel (S. 249) gegenüber ist ein Pool.

**HOTEL ABRI** HOTEL $$

Karte S. 318 (☎415-392-8800; www.hotelabrisf.com; 127 Ellis St; Zi. 245–359 $; ; Ⓜ Powell, Ⓑ Powell) Das Abri befindet sich in einem umgebauten Gebäude aus dem frühen 20. Jh. Das Einrichtung wurde ebenfalls modernisiert: Die Betten haben schicke Kopfteile aus Holz und Pillow-Top-Matratzen. Über Schreibtischen, die als Arbeitsplatz genutzt werden können, hängen Flachbildfernseher. Nur in wenigen Bädern steht eine Wanne, aber die Regenduschen sind auch nicht übel. Da das Hotel sehr beliebt ist, zeigen die Möbel erste Verschleißerscheinungen, die Zimmer sind aber unverändert komfortabel, das Personal ist freundlich und hilfsbereit.

**CARRIAGE INN** MOTEL $$

Karte S. 322 (☎415-552-8600, 800-444-5817; www.carriageinnsf.com; 140 7th St; Zi. 229–349 $; ; Ⓜ Civic Center, Ⓑ Civic Center) Ein schräges Motel in einem dem viktorianischen Baustil nachempfundenen Gebäude mit überdurchschnittlich großen und nach San-Francisco-Wahrzeichen benannten Zimmern, in denen bunte Stoffe sowie melancholische Porträts und alte Schreibmaschinen echte Hingucker sind. Das Preis-Leistungs-Verhältnis stimmt, die Straße ist allerdings nicht so nett – die Augen offenhalten (und für die Nacht Ohrstöpsel bereitlegen). Ein Parkplatz kostet 35 $. Der Pool ist im Americania Hotel gegenüber.

**AMERICANIA HOTEL** MOTEL $$

Karte S. 322 (☎415-626-0200, Buchung 800-444-5816; www.americaniahotel.com; 121 7th St; Zi. 229–399 $; ; Ⓜ Civic Center, Ⓑ Civic Center) Die Retro-Zimmer dieses Motels liegen zu einem zentralen Innenhof hin. Die Ausstattung kommt cool rüber – der Teppich hat ein schwarz-petrolfarbenes Schachbrettmuster, die Kopfteile der Betten sind aus weißem Vinyl und mit Nieten versehen, die Bettwäsche zieren Op-Art-Muster und die Drehstühle sind aus den 60ern. Ein Highlight für Kids ist der kleine beheizte Pool im Freien. Die Eltern verlustieren sich derweil im Fitnessstudio oder in dem Restaurant und der Lounge unten (Craftbier!) – sind aber wahrscheinlich nicht besonders angetan von dem heruntergekommenen Viertel und den teuren Parkplätzen (45 $).

**HOTEL VIA** HOTEL $$

Karte S. 322 (415-200-4977; www.hotelviasf.com; 138 King St; DZ ab 229 $; ; N, T) Das Hotel VIA direkt gegenüber vom AT&T Park ist die erste Wahl für auswärtige Baseballfans und besticht mit einer fabelhaften Dachbar (nur für Gäste!) mit großen Heizlampen, Feuerstellen und schicken Cabanas – vom Ausblick mal ganz abgesehen. Die 159 geräumigen Zimmer haben eine moderne Ausstattung. Mit mit den zur Verfügung stehenden Tablets kann man von überall im Hotel aus einen Autoservice bestellen, mitteilen, dass man nicht gestört werden möchte, und die Beleuchtung steuern.

**HOTEL DIVA** BOUTIQUEHOTEL $$

Karte S. 318 (415-885-0200; www.hoteldiva.com; 440 Geary St; Zi. 279–350 $; @; 38, Powell-Hyde, Powell-Mason) Das Diva im Industrieschick und mit Domina-Ästhetik aus Stahlgrau und schwarzem Granit spricht sowohl Technikfreaks als auch junge Clubgänger an. Die Betten sind gemütlich, mit guter Bettwäsche, Federkissen und Daunendecken, die dem kühlen Design dringend benötigte Kuscheligkeit verleihen. Am besten für Partys. Wer geschäftlich unterwegs ist, kann außerhalb des Zimmers in der Lounge telefonieren.

**HOTEL DES ARTS** HOTEL $$

Karte S. 318 (415-956-3232; www.sfhoteldesarts.com; 447 Bush St; Zi. 189–239 $, mit Gemeinschaftsbad 179–219 $; ; Montgomery, Montgomery) Herzlich willkommen, liebe Kunstbegeisterte! Wer braucht schon einen roten Teppich, wenn die Wände des Zimmers auf atemberaubende Weise von Underground-Künstlern aus der Bay Area bemalt sind? Der Service ist schlecht und die Laken sind dünn, dafür schläft man gewissermaßen in einem Gemälde im Herzen der Stadt, unmittelbar neben den Galerien auf der Geary St und dem SFMOMA. Ohrstöpsel einstecken.

**GALLERIA PARK** BOUTIQUEHOTEL $$$

Karte S. 318 (415-781-3060; www.galleriapark.com; 191 Sutter St; Zi. 325–369 $; @; Montgomery, Montgomery) In dem kürzlich renovierten, zertifizierten „Öko"-Boutiquehotel in einem Gebäude von 1911, mit zeitgenössischer Kunst und hübschen Möbeln in wohltuenden Farben, wird man bei der Ankunft von den Mitarbeitern sehr herzlich begrüßt. Manche Zimmer (und Betten) sind klein, doch Frette-Bettwäsche, Daunenkissen, eine edle Badeinrichtung sowie kostenlose Martinis am Abend und vor allem guter Service sind Standard. Die Zimmer an der Sutter St bekommen mehr Lärm ab, sind jedoch auch heller; die nach innen liegenden Unterkünfte sind am ruhigsten.

**HOTEL VITALE** BOUTIQUEHOTEL $$$

Karte S. 322 (888-890-8688, 415-278-3700; www.hotelvitale.com; 8 Mission St; Zi. 385–675 $; @; Embarcadero, Embarcadero) Wenn der Verehrer oder Personalchef einen im Vitale einbucht, dann weiß man, er oder sie meint es ernst. Hinter der an ein Bürohaus erinnernden Fassade direkt am Ufer verbirgt sich ein stilvolles Hotel voller schicker, trendiger Luxusartikel. Die Betten sind mit seidig weichen Laken (Fadenzahl: 450) bezogen und es gibt ein exzellentes hauseigenes Spa mit zwei Hot-Tubs auf dem Dach. Die Zimmer zur Bucht gewähren einen fantastischen Blick auf die Bay Bridge und im Ferry Building auf der anderen Straßenseite gibt's leckeres Essen.

**LOEWS REGENCY** HOTEL $$$

Karte S. 325 (415-276-9888, 877-672-1575; www.loewshotels.com/regency-san-francisco; 222 Sansome St; Zi. ab 600 $; @; California, Montgomery, Montgomery) In den obersten elf Stockwerken des dritthöchsten Gebäudes in der Stadt gewährt das Loews einen sensationellen Blick auf San Francisco aus der Vogelperspektive – in jedem Zimmer. Das klassische Dekor reißt einen nicht vom Stuhl, doch die vielen kleinen Extras machen Freude. Und dann diese sensationelle Aussicht! Man ist auf Augenhöhe mit der Transamerica Pyramid. Wer sich etwas gönnen möchte, kann eine „Golden Gate Suite" beziehen (ab 1999 $) und von der Wanne aus durch die Panoramafenster die Golden Gate Bridge betrachten.

**PALACE HOTEL** HOTEL $$$

Karte S. 318 (415-512-1111; www.rycollection.com; 2 New Montgomery St; Zi. ab 300 $;

❄ @ 📶 🏊 🐾; Ⓜ Montgomery, Ⓑ Montgomery) Das Palace Hotel von 1906 ist ein weiteres Wahrzeichen der Stadt und zeugt unverändert von der Pracht der Jahrhundertwende. Die österreichischen Kristallkronleuchter sind hundert Jahre alt, Bilder von Maxfield Parrish hängen an den Wänden. Die bequemen, wenn auch eher gesetzten Unterkünfte sind gedacht für Reisende, die Rechnungen vom Spesenkonto zahlen, doch am Wochenende sinken die Preise. Selbst wenn man nicht hier übernachtet, sollte man den opulenten Garden Court besuchen, um ein Tässchen Tee unter dem Glasdach zu trinken. Hauseigenes Spa. Großer Pool (ein Hit bei Kindern).

**HARBOR COURT HOTEL** BOUTIQUEHOTEL **$$$**
Karte S. 322 (☎415-882-1300, Buchung 855-212-6775; www.harborcourthotel.com; 165 Steuart St; Zi. 299–599 $; ❄ @ 📶 🏊; Ⓜ Embarcadero, Ⓑ Embarcadero) Das umgewidmete YMCA von 1928 direkt beim Wasser bietet winzige Zimmer, die 2018 im Rahmen einer 14 Mio. $ teuren Verjüngungskur allesamt mit schönen Stoffen und Farben neu gestaltet wurden. Wer ein Zimmer mit Blick auf die Bucht ergattert, kann abends beim Einschlummern auf die Lichter an der Bay Bridge schauen. Unten treffen sich die Gäste im zur Bucht gelegenen Gemeinschaftsbereich am Kamin; in der Lobby gibt's einen neuen Coffeeshop.

**HOTEL ZETTA** HOTEL **$$$**
Karte S. 318 (☎415-543-8555, Buchung 888-720-7004; www.hotelzetta.com; 55 5th St; Zi. ab 324 $; ❄ @ 📶 🐾; Ⓑ Powell St, Ⓜ Powell St) 🍃 Das clevere, 2013 eröffnete, umweltbewusste Innenstadthotel gehört zur Viceroy-Gruppe und richtet sich vor allem an überarbeitete Leute aus der Technologiebranche, die bereit sind für den Feierabend und leichte Unterhaltung: Über der mit Kunst vollgestopften Lobby erstreckt sich ein Zwischengeschoss, das „Spielzimmer", mit Billardtisch, Shuffleboard und Plinko-Wand. Die großzügig geschnittenen Zimmer treppauf erwarten die Gäste mit wattierten Kopfenden aus schwarzem Leder und hohen Matratzen auf einem niedrigen Rahmen. Die internetfähigen Flachbild-TVs können mit den eigenen Geräten verbunden werden – wer hat sie denn schließlich erfunden, all die technischen Spielereien!

**INN AT UNION SQUARE** BOUTIQUEHOTEL **$$$**
Karte S. 318 (☎800-288-4346, 415-397-3510; www.unionsquare.com; 440 Post St; Zi. 259–359 $; ❄ @ 📶; 🚋 Powell-Hyde, Powell-Mason, Ⓜ Powell, Ⓑ Powell) 🍃 In dem dezent-charmanten Boutiquehotel, gut geeignet für Reisende, die eine zentrale Lage wünschen, aber bei Ruhe und Ausstattung – z. B. mit Bädern aus Carrara-Marmor – keine Kompromisse eingehen wollen, kann man Komfort genießen, ohne auf persönlichen Service verzichten zu müssen. Das Hotel wurde 2017 vollständig renoviert und liegt ideal für Shopping-Touren und Theaterabende. Der Parkservice kostet 53 $ pro Auto, mehr für einen SUV.

**SIR FRANCIS DRAKE HOTEL** HOTEL **$$$**
Karte S. 318 (☎800-795-7129, 415-392-7755; www.sirfrancisdrake.com; 450 Powell St; Zi. 269–449 $; ❄ @ 📶; 🚋 Powell-Mason, Powell-Hyde, Ⓜ Powell, Ⓑ Powell) 🍃 Vor diesem Hotelturm aus den 1920ern werden die Gäste von den berühmtesten Portiers der Stadt begrüßt. Sie sind wie Palastwachen gekleidet, in pseudo-viktorianischer Uniform, gleichen allerdings ein wenig Cartoon-Figuren. Die spanisch-maurische Lobby ist prachtvoll, doch die recht kleinen, in neutralen Farben gehaltenen Zimmer haben Kongressteilnehmer als Zielgruppe und sind weniger glamourös, als man angesichts des bombastischen Eingangsbereichs denken würde. Dennoch: Die Betten sind vernünftig und die Ausstattung ist eines Businesshotels würdig. Den tollsten Ausblick bieten die Zimmer im 15. bis 19. Stockwerk *(16th bis 20th floor)*.

**TAJ CAMPTON PLACE** HOTEL **$$$**
Karte S. 318 (☎415-955-5521; www.tajhotels.com; 340 Stockton St; Zi. ab 425 $; ❄ @ 📶; 🚌 30, 45, Ⓜ Montgomery) Ein makelloser Service hebt das Taj Campton Place von anderen Hotels ab; wenn die stinkreiche Tante im Pelzmantel sich in erster Linie Diskretion wünscht, kann man sie hier getrost absetzen. Die Dekordetails sind wahrhaft opulent, wenn auch beigefarben. Die Zimmer der günstigsten Preiskategorie sind gefühlt schuhschachtelgroß – lieber etwas mehr hinlegen. Die Lage am Union Sq ist top für Einkaufsbummel und Restaurantbesuche, aber auch das gediegene kalifornisch-indische Restaurant vor Ort kann sich sehen lassen.

## North Beach & Chinatown

**PACIFIC TRADEWINDS HOSTEL** HOSTEL $

Karte S. 332 (☎415-433-7970; www.san-francisco-hostel.com; 680 Sacramento St; B 35–45 $ plus 20 $ Kaution; ⊙Rezeption 8–24 Uhr; @; 1, BMontgomery, California) In dem Hostel mit blau-weißem Nautik-Dekor gibt es ausschließlich Mehrbettzimmer und dazu eine voll ausgestattete Küche (Kaffee, Tee und Erdnussbutter-Marmeladen-Sandwiches sind kostenlos), saubere Duschen aus Glasbausteinen, eine Waschküche (Socken waschen gratis!) und eine Gepäckaufbewahrung. Außerdem darf man durchgehend auf den Zimmern sein. Die Etagenbetten sind in den Wänden verschraubt, sodass nicht alles wackelt, wenn sich einer im Schlaf auf die Seite dreht. Kein Aufzug – das Gepäck muss drei Stockwerke hinaufgeschleppt werden –, doch der Aufwand lohnt sich. Toller Service, lustige Mitarbeiter.

**SAN REMO HOTEL** HOTEL $

Karte S. 332 (☎415-776-8688, 800-352-7366; www.sanremohotel.com; 2237 Mason St; Zi. mit Gemeinschaftsbad 99–159 $; @; 30, 47, Powell-Mason, MT) In Sachen Preis-Leistungs-Verhältnis hat das San Remo die Nase weit vorn. Es wurde 1906, gleich nach dem verheerenden Erdbeben, erbaut. Noch heute bietet die Unterkunft in North Beach sonnige, freundliche Zimmer alla *nonna* (wie bei Oma aus Italien) mit zusammengewürfeltem Mobiliar aus der Entstehungszeit und Gemeinschaftsbädern. Die gemütlichen, kleinen Zimmer zum Innenkorridor hin sind ein Schnäppchen. In den Familiensuiten finden fünf Personen Platz. Kein Aufzug.

★**HOTEL BOHÈME** BOUTIQUEHOTEL $$

Karte S. 332 (☎415-433-9111; www.hotelboheme.com; 444 Columbus Ave; Zi. 195–295 $; @; 10, 12, 30, 41, 45, MT) Das Bohème atmet den Geist von North Beach: Es ist vielseitig, historisch und romantisch. Die Farbgebung erinnert an die Jazz-Ära; es gibt schmiedeeiserne Bettgestelle, Papierschirmlampen und Beat-Dichtung und Kunst an den Wänden. Die Vintage-Zimmer sind ziemlich klein, manche liegen zur lauten Columbus Ave (auf der Rückseite ist es ruhiger), und die Bäder sind mini, doch dies ist der perfekte Ort, um einen Roman zu schreiben – insbesondere nach einer Kneipentour. Kein Aufzug, keine Parkplätze.

**WASHINGTON SQUARE INN** B&B $$

Karte S. 332 (☎415-981-4220, 800-388-0220; www.wsisf.com; 1660 Stockton St; Zi. 199–289 $; @; 30, 41, 45, Powell-Mason, MT) Das restaurierte Inn von 1910 befindet sich am sonnigen Washington Sq. Es bietet europäisches Flair (Umtrunk mit Wein und Käse, Frühstück im Bett) und die geschmackvollen Zimmer sind im traditionellen Stil eingerichtet, mit Brokatvorhängen, antiken Tischchen und Bildwirkerei. In den günstigsten Zimmern ist kein Platz für die Shoppingtüten und eins hat das Bad gegenüber auf dem Flur, doch die Lage ist erste Sahne. Kein Aufzug.

★**ORCHARD GARDEN HOTEL** BOUTIQUEHOTEL $$$

Karte S. 332 (☎415-393-9917, 844-332-5240; www.theorchardgardenhotel.com; 466 Bush St; Zi. 278–332 $; P@; 2, 3, 30, 45, BMontgomery) Ein LEED-zertifiziertes, durch und durch „grünes" Hotel. Das verwendete Holz erfüllt Nachhaltigkeitsstandards, die Reinigungsmittel kommen ohne Chemie aus und die Stoffe in den wohltuend ruhigen Zimmern sind Recyclingprodukte. Doch wer glaubt, dass das gute Gewissen auf Kosten des Komforts geht, liegt falsch. Die Unterkünfte glänzen mit hochwertigen Daunenkissen, Laken aus ägyptischer Baumwolle und Bio-Toilettenartikeln – unerwarteter Luxus. Auf der Dachterrasse kann man mit einem Cocktail auf den Sonnenuntergang anstoßen. Direkt beim Hotel buchen für Schnäppchen, kostenloses Frühstück und Parkplätze!

## Nob Hill & Russian Hill

**HOTEL MAYFLOWER** HISTORISCHES HOTEL $

Karte S. 330 (☎415-673-7010; www.sfmayflowerhotel.com; 975 Bush St; DZ 130–190 $; P; 2, 3, 27) Lage, Komfort und Flair zur Hälfte des Preises, den andere Läden die Straße runter verlangen. Das 1926 erbaute Hotel Mayflower verfügt über eine Lobby im spanischen Missionsstil und einen alten Kabelaufzug wie direkt aus einem Hitchcock-Streifen. Die Zimmer sind eher klein und einfach, aber tadellos in Schuss, mit sepiafarbenen San-Francisco-Motiven an den Wänden und schmiedeeisernen Bettgestellen. Im Preis inbegriffen sind Frühstücksmuffins; Parken kostet nur 20 $ – ein echtes Schnäppchen!

**★WHITE SWAN INN** BOUTIQUEHOTEL **$$**

Karte S. 330 (☎415-775-1755; www.whiteswaninnsf.com; 845 Bush St; Zi. 237–305 $; P@; 2, 3, 27) Der romantische „weiße Schwan“ könnte das Produkt einer Affäre zwischen einer Salonlöwin aus Nob Hill und einem englischen Adligen sein. Jedes Zimmer verströmt sein ganz eigenes englisches Flair mit Kohlrosentapete, Porträts von Terriern, modernen Lampen und Kaminen, ohne auf kalifornischen Komfort wie Badewannen, bequeme Betten und einen Lieferservice für Gourmet-Pizza zu verzichten. Auf keinen Fall einen Tee in einem der Christian-Lacroix-Ohrensessel oder das Yoga am Kamin in der Bibliothek (richtig gelesen!) auslassen.

**★FAIRMONT SAN FRANCISCO** HOTEL **$$**

Karte S. 330 (☎415-772-5000, 800-257-7544; www.fairmont.com; 950 Mason St; Zi. ab 259 $; P@; California, Powell-Mason, Powell-Hyde) Dank seiner Grandhotel-Großtuerei mit prächtiger Marmorlobby, opulenter Mosaik-Penthouse-Suite und wahren Brunchgelagen begrüßt das Fairmont auch schon mal Staatsoberhäupter als Gäste. Für San-Francisco-Exzentrik sorgen der Tonga Room im Südseestil und die Art-déco-Bar Cirque mit Zirkuswandbild. Die Zimmer warten mit Business-Class-Komfort auf, doch haben sie weitaus weniger Flair und sind weitaus weniger luxuriös als die öffentlichen Bereiche. Wer auf altmodischen Charme steht, sollte ein Zimmer im Originalgebäude von 1906 buchen; für eine sensationelle Aussicht empfiehlt sich derweil der Hotelturm.

**PETITE AUBERGE** BOUTIQUEHOTEL **$$**

Karte S. 330 (☎415-928-6000; www.petiteaubergesf.com; 863 Bush St; Zi. 219–264 $; ; 2, 3, 27) Wer erwartet in den Hügeln von Nob Hill schon ein französisches „Landgasthaus“ mit sonnenscheingelben, floralen Mustern und gemütlichen Gaskaminen, neben denen alte Büchern stehen? Das Petite Auberge zählt zu den nettesten Boutiquehotels von San Francisco. Leider sind ein paar Zimmer ganz schön dunkel und liegen zu einer Gasse, in der die Müllabfuhr unterwegs ist – nach einem ruhigen Zimmer fragen! Das Frühstück und Wein (nachmittags) werden im lauschigen Salon am Kamin kredenzt.

**GOLDEN GATE HOTEL** HOTEL **$$**

Karte S. 330 (☎415-392-3702, 800-835-1118; www.goldengatehotel.com; 775 Bush St; Zi. 225–245 $, mit Gemeinschaftsbad 145 $; @; 2, 3, Powell-Hyde, Powell-Mason) Das Golden Gate Hotel erinnert an eine altmodische Pension, hat freundliche Besitzer und schlichte Zimmer mit zusammengewürfeltem Mobiliar. Das Gebäude von 1913 im edwardianischen Stil liegt auf einem Hügel über dem Trubel von Downtown. Die Zimmer sind klein, sauber und komfortabel. Ein eigenes Bad ist meist auch dabei (z. T. mit freistehender Löwenfuß-Badewanne!). Nach einem langen Sightseeing-Tag kann man sich mit riesigen Croissants und selbstgebackenen Keksen verwöhnen und mit der Hotelkatze schmusen.

**MARK HOPKINS INTERCONTINENTAL** HOTEL **$$$**

Karte S. 330 (☎888-424-6835, 415-392-3434; www.intercontinentalmarkhopkins.com; 999 California St; Zi. ab 300 $; P@; California) Unter dem Kristallleuchter in der Lobby dieses San-Francisco-Wahrzeichens bessert sich die Laune schlagartig und strahlen die Gesichter. Der Goldenes-Zeitalter-Stil des Mark Hopkins ist eindeutig kontinentaleuropäisch geprägt und für Kalifornien ein bisschen formell – doch der 19-stöckige Turm erfreut sich wegen der herrlichen Ausblicke bei Einheimischen und Promis wie Michelle Obama großer Beliebtheit. Die Zimmer sind im typischen Business-Hotel-Beige gehalten, mit Frette-Bettwäsche auf bequemen Betten – der Service kann aber unaufmerksam sein.

## Japantown, Fillmore & Pacific Heights

**★HOTEL KABUKI** HOTEL **$$**

Karte S. 334 (☎800-533-4567, 415-922-3200; www.jdvhotels.com; 1625 Post St; Zi. 160–570 $; P@; 2, 3, 38) Willkommen im Steve Jobs unter den San Franciscoer Hotels – minimalistisch und karg von außen, doch drinnen drängt sich angesichts versteckter psychedelischer Akzente die Frage auf, ob hier jemand von den Zauberpilzen genascht hat. In der clever modernisierten Ausstattung trifft japanische Moderne aus der Mitte des 20. Jhs. auf das San Francisco der 1960er: Neben Noguchi-Tischen gibt's gebatikte *shibori*-Bettkopfteile und an den schiefergrauen Wänden hängen abgefahrene Jonathan-Adler-Drucke. Wer direkt beim Hotel bucht, bekommt kostenlos Zugang zum Kabuki Springs & Spa (S. 149).

**★THE KIMPTON BUCHANAN** BOUTIQUEHOTEL **$$**

Karte S. 334 (☎415-921-4000, Buchung 855-454-4644; www.thebuchananhotel.com; 1800 Sutter St; Zi. 218–294 $; 🐾P) Fällt man hier aus dem Bett, hat man Geschäfte, Spas und *shabu-shabu*-Lokale gleich vor der Haustür. Die luxuriösen Zimmer im Stil der Moderne Mitte des 20. Jhs. bieten von komfortablen, breiten Betten Stadtblick und Aussicht auf die Peace Pagoda; teils verfügen die Zimmer auch über japanische Whirlpools. Frecher Stil z. B. mit Whiskey-Holzkisten an den Wänden, in der Lounge und attraktive Extras wie etwa die frei zur Verfügung stehenden PUBLIC-Leihräder.

**QUEEN ANNE HOTEL** B&B **$$**

Karte S. 334 (☎800-227-3970, 415-441-2828; www.queenanne.com; 1590 Sutter St; Zi. 134–429 $; @📶; 🚌2, 3) Hier kann man ein rosafarbenes viktorianisches Traumhaus von 1890 für eine Nacht sein Zuhause nennen. Das herrliche Queen-Anne-Haus war einst ein Mädcheninternat und die Einrichtung ist komplett prinzessinnentauglich, mit Holzbetten, antiken Waschtischen und Quastenvorhängen, hinter denen man die benachbarten Millionäre beobachten kann. Die Zimmer sind gemütlich, wenn einem auch in einigen das Tapetenmuster zu nahe kommt. Nicht durch die Lappen gehen lassen sollte man sich den Nachmittags-Sherry.

## Mission, Dogpatch & Potrero Hill

**INN SAN FRANCISCO** B&B **$$**

Karte S. 326 (☎800-359-0913, 415-641-0188; www.innsf.com; 943 S Van Ness Ave; Zi. 175–400 $, mit Gemeinschaftsbad 155–215 $, Cottages 370–495 $; P🚭@📶🐾; 🚌14, 49) Die elegante italienisch-viktorianisch anmutende Villa aus dem Jahre 1872 im Mission District ist inzwischen ein stattliches Inn. Sie ist topgepflegt und mit Antiquitäten ausstaffiert. In den Zimmern erwarten die Gäste frische Schnittblumen und tolle Matratzen und Federbetten, manchmal gibt's sogar ein Jacuzzi. Das freistehende Häuschen ist für bis zu vier Erwachsene und zwei Kinder ausgelegt. Draußen erstreckt sich ein englischer Garten und das Hot-Tub kann rund um die Uhr genutzt werden, eine Seltenheit in San Francisco.

## Castro

**BECK'S MOTOR LODGE** MOTEL **$$**

Karte S. 336 (☎415-621-8212; www.becksmotorlodge.com; 2222 Market St; DZ 169–299 $; P❄📶; MCastro St) Im Jahr 1958, als das Beck's eröffnete, kostete ein Zimmer hier 5 $ die Nacht. Nach einer kürzlich erfolgten Runderneuerung ist das Motel wieder so gut wie neu: sauber, schick und sogar ein bisschen edel. Zwar richtet es sich nicht ausdrücklich an die LGBTIQ-Community, doch die Lage im Herzen des Castro District macht es zu einer Top-Adresse für schwule Reisende. Im Sommer und zu großen Gay-Veranstaltungen wie zum Pride oder zur Folsom St Fair ist das Hotel Monate im Voraus ausgebucht. Kostenlose Parkplätze.

**INN ON CASTRO** B&B **$$**

Karte S. 336 (☎415-861-0321; www.innoncastro.com; 321 Castro St; DZ 165–250 $, mit Gemeinschaftsbad 135–155 $, Apt. für Selbstversorger 205–225 $; 📶; MCastro St) Das edwardianische Stadthaus mit 70er-Jahre-Einrichtung scheint einen in die Disco-Hochzeit von Castro zu teleportieren; mit flippiger Kunst und einem wahren Dschungel aus exotischen Pflanzen. Die Zimmer sind makellos und retro-cool, mit knalligen Farben und Popart-Kissen. Das Frühstück ist ein Gedicht – der Besitzer ist Koch von Beruf. In der Nähe werden überdies einige preisgünstige Apartments vermietet. Kein Aufzug, Parkplätze in der Nähe.

**★PARKER GUEST HOUSE** B&B **$$$**

Karte S. 336 (☎415-621-3222, 888-520-7275; www.parkerguesthouse.com; 520 Church St; DZ 249–289 $, mit Gemeinschaftsbad 209–249 $; P@📶; 🚌33, MJ) 🍃 Dieses B&B in zwei sonnig-gelben edwardianischen Villen, die durch versteckte Gärten miteinander verbunden sind, ist ein opulentes Refugium für Schwule. Die Zimmer sind schick und modern, haben große, einladende Betten mit Daunendecken sowie glitzernde Bäder mit Retro-Fliesen. Hier kann, wer mag, bei einem Glas Wein im Wintergarten entspannen, in aller Ruhe beim Frühstück sitzen bleiben oder sich mit einem Gläschen Sherry an den Kamin in der Bibliothek zurückziehen.

## Haight-Ashbury & Hayes Valley

**HAYES VALLEY INN** HOTEL $

Karte S. 340 (☎800-930-7999, 415-431-9131; www.hayesvalleyinn.com; 417 Gough St; DZ mit Gemeinschaftsbad 109–189 $; @🛜🐾; 🚌21, Ⓜ Van Ness) Die erstaunlich erschwingliche Unterkunft erinnert an europäische Pensionen und bietet einfache, kleine Zimmer mit Gemeinschaftsbädern, einen im Salon schlummernden „Hotelhund" und freundliches Personal. Die Räume im Türmchen für drei Gäste trumpfen mit Panoramafenstern auf. Nachteile sind der Straßenlärm und die zu geringe Anzahl an Bädern, der Vorteil sind die erstklassigen Restaurant- und Unterhaltungsoptionen direkt vor der Tür. Kein Aufzug.

**RED VICTORIAN** KOMMUNE $

Karte S. 338 (https://redvic.com; 1665 Haight St; Zi. mit Gemeinschaftsbad 94–107 $; 🛜; 🚌6, 7, 33, 43, Ⓜ N) Die volle Dosis Haight-Ashbury-Flair bekommt man verpasst, wenn man in einer Kommune nächtigt. Das weitverzweigte viktorianische Haus von 1904 wird von einem Dutzend Idealisten mehr oder weniger dauerhaft bewohnt und beherbergt Gäste; alle teilen sich sechs Bäder und eine Küche. Im Makerspace im Erdgeschoss finden Veranstaltungen statt, von Homebrew-Verkostungen bis zu Vorträgen wie etwa „Digitale Werkzeuge für die Menstruationsgesundheit" – die Gäste können teilnehmen, aber auch selbst etwas anbieten. Von den sechs kleinen, sauberen Gästezimmern ist das Golden Gate mit Erkerfenster am sonnigsten – auch wenn hier in der Regel die Leute den Sonnenschein selbst mitbringen.

**METRO HOTEL** HOTEL $

Karte S. 338 (☎415-861-5364; www.metrohotelsf.com; 319 Divisadero St; DZ 107–121 $, 4BZ 153–168 $; @🛜; 🚌6, 7, 24) Entlang der trendigen Divisadero St reihen sich Boutiquen und Restaurants – und mittendrin steht das Metro. In ein paar Zimmern eröffnet sich ein Blick auf die Gartenterrasse der wunderbaren Pizzeria Ragazza (S. 194). Die Zimmer sind sauber und günstig, wenn auch etwas öde – am besten nach dem mit dem San-Francisco-Wandbild fragen. In einem der Zimmer ist Platz für sechs Personen (182 $); das Studio-Doppelzimmer hat eine kleine Küche. Man ist ruckzuck im Haight District, die Rezeption ist rund um die Uhr besetzt. Kein Aufzug.

**★CHATEAU TIVOLI** B&B $$

Karte S. 338 (☎800-228-1647, 415-776-5462; www.chateautivoli.com; 1057 Steiner St; DZ 205–215 $, mit Gemeinschaftsbad 160–185 $, 4BZ 220–325 $; 🛜; 🚌5, 22) Seit 1892 gibt das Chateau Tivoli Anlass zu allerlei Getratsche in der Nachbarschaft, denn das mit Gold und Erkertürmen versehene Herrenhaus zählte schon Isadora Duncan, Mark Twain und (angeblich) den Geist einer viktorianischen Operndiva zu seinen Gästen. Die neun mit Antiquitäten bestückten Zimmer und Suiten bilden die ideale Kulisse für eine Romanze. Meist gehört eine Löwenfuß-Badewanne zur Einrichtung. In zwei Zimmern teilt man sich das Bad. Kein Aufzug, keine Fernseher.

**★PARSONAGE** B&B $$

Karte S. 340 (☎415-863-3699; www.theparsonage.com; 198 Haight St; Zi. 240–280 $; @🛜; 🚌6, 71, Ⓜ F) Die Zimmer in dem italienisch-viktorianischen Gebäude von 1883 sind nach berühmten Frauen aus San Francisco benannt und ein paar wunderbare originale Inneneinrichtungsdetails sind erhalten, etwa die Messingkronleuchter und Kamine aus Carrara-Marmor. In den geräumigen, luftigen Zimmern stehen antike Betten mit bequemen McRoskey-Matratzen (made in San Francisco), z. T. gehört auch ein Holzkamin zur Ausstattung. Das Frühstück wird im eleganten Speisezimmer serviert und vorm Zubettgehen gibt's noch einen Brandy und Pralinen. Mindestaufenthalt zwei Nächte.

## Golden Gate Park & die Avenues

**SEAL ROCK INN** MOTEL $$

Karte S. 342 (☎415-752-8000, 888-732-5762; www.sealrockinn.com; 545 Point Lobos Ave; EZ

160–207 $, DZ 170–217 $; P ; 38) Das Vintage-Motel aus den 50er-Jahren liegt am Meer, ein ganzes Stück von der Innenstadt entfernt. In den großen Zimmern verkroch sich in den 70ern Hunter S. Thompson, um in Ruhe zu schreiben. Heute ist das Seal Rock ein familienfreundliches Refugium mit entspannter Atmosphäre und Zugang zu Strand, Park und Küstenwegen. Nachfragen, ob der Pool wieder geöffnet ist. Kühlschrank und Mikrowelle gehören zur Standardausstattung der Zimmer, manchmal ist sogar eine Küchenzeile vorhanden. Am nettesten sind die Unterkünfte im zweiten Stock *(3rd floor)* mit hübscher Aussicht und Gaskaminen.

MO M/SHUTTERSTOCK ©

# San Francisco verstehen



Oben: Besucher eines Straßenfests in San Francisco S. 20

# Geschichte

**Die Ureinwohner Kaliforniens hatten schon lange vor 1849 Gold in Kalifornien gefunden, aber es schien kaum der Rede wert gewesen zu sein, so lange es mittags Austern und abends Wild gab. Als es sich aber herumgesprochen hatte, verwandelte sich San Francisco fast über Nacht von einem idyllischen Handelskaff zur Goldrauschmetropole. Über 170 Jahre von Booms, Pleiten, historischen Eskapaden und schmutzigen Geschäften später ist San Francisco noch immer die wildeste Stadt im Westen.**

## Cowboys mit Mission

Als spanische Cowboys 1776 mit 340 Pferden, 302 Rindern und 160 Maultieren eintrafen, um die Misión San Francisco de Asís (Mission San Francisco) zu gründen, gab es ein kleines Problem: Das Gebiet war bereits seit über 14 300 Jahren von Menschen besiedelt. Doch es gab dort reichlich Meeresfrüchte und Wild, sodass das Eintreffen von Juan Bautista de Anza, Padre Francisco Palou und ihrem Vieh zunächst nicht auf großen Widerstand stieß – bis die Spanier mehr verlangten als Nahrung.

Die Neuankömmlinge forderten von den heimischen Ohlone, eine Mission zu bauen, die sie in den nächsten zehn Jahren übernehmen sollten. Als Gegenleistung erhielten die Ohlone, wenn überhaupt, eine dürftige Mahlzeit pro Tag und einen Platz im Reich Gottes – den viele sehr viel schneller einnahmen als erwartet. Pocken und andere eingeschleppte Krankheiten dezimierten in den 50 Jahren spanischer Herrschaft in Kalifornien die Bevölkerung der Ohlone um fast drei Viertel.

Wie der Name schon vermuten lässt, dümpelte die später Mission Dolores („Schmerzensmission") genannte Siedlung vor sich hin und es fiel Spanien nicht schwer, sie dem jüngst unabhängig gewordenen Mexiko zu überlassen. Mexiko jedoch machte die Kolonie mit einem regen Fell- und Talghandel an der Yerba Buena Cove, wo sich heute der Financial District befindet, bald zu einem profitablen Unternehmen. Ein Großteil des Landes gehörte einer Frau: Juana Briones, Viehzüchterin, Milchbäuerin, Händlerin, Hebamme, Mutter von elf Kindern und *fundadora* (Gründerin) von San Francisco.

### ZEITACHSE

**Juni 1776**

Juan Bautista de Anza und Padre Francisco Palou treffen mit Vieh und Siedlern in San Francisco ein. Die Ohlone müssen die Misión San Francisco de Asís (heute Mission Dolores) bauen.

**1835**

US-Präsident Andrew Jacksons Gesandter bietet 500 000 $ für den Kauf Nordkaliforniens. Mexiko lehnt empört ab und versucht, Kalifornien an die Briten zu verkaufen.

**1846**

Der Mexikanisch-Amerikanische Krieg bricht aus und zieht sich mit viel Getue, aber wenig Blutvergießen in Kalifornien zwei Jahre hin.

In dieser Zeit verschlechterten sich die Beziehungen zwischen den USA und Mexiko kontinuierlich, mehr noch, als Gerüchte aufkamen, Mexiko habe ein britisches Kaufangebot für Kalifornien. 1846 brach der Mexikanisch-Amerikanische Krieg aus und zog sich zwei Jahre hin, bis er schließlich mit dem Vertrag von Guadalupe Hidalgo beendet wurde. Darin trat Mexiko Kalifornien und die heutigen Südweststaaten an die USA ab – ein Gewinn, der von den missionierenden Kirchenvätern zunächst in Seelen veranschlagt wurde, aber binnen Monaten in Goldbarren berechnet werden konnte.

## Gold! Gold! Gold!

1848 veröffentlichte Sam Brannan, Immobilienspekulant und Zeitungsverleger in der San Francisco, Gerüchte über Goldfunde knapp 200 km entfernt bei Sutter's Mill, wo Sägewerksarbeiter Goldplättchen im Wasser entdeckt hatten. In der Hoffnung, der Konkurrenz zuvorzukommen und vielleicht Hinterwäldlern im Osten Sumpfland zu verkaufen, druckte er mehr Klatsch als Tatsachen. Als die San Franciscoer skeptisch blieben, reiste Brannan nach Sutter's Fort und überredet seine mormonischen Glaubensgenossen, ihm ein Fläschchen mit Gold für die Kirche anzuvertrauen. Er schwor, ihr Geheimnis zu bewahren. Brannan hielt sein Wort etwa einen Tag lang. Nach seiner Rückkehr nach San Francisco lief er über den Portsmouth Sq, fuchtelte mit dem Fläschchen herum und rief: „Gold! Gold! Gold am American River!"

Doch der Schuss ging nach hinten los. Innerhalb weniger Wochen schrumpfte die Bevölkerung San Franciscos auf 200, da jeder Siedler, der dazu in der Lag war, sich auf und davon machte, um Gold zu waschen. Brannans Blatt ging pleite, da niemand mehr da war, um es zu lesen, zu schreiben oder zu drucken. Zum Glück hatte Brannan einen Plan B: Er kaufte jede verfügbare Schaufel, Hacke und Schürfpfanne und eröffnete bei Sutter's Fort einen Laden. In den ersten 70 Tagen verkaufte Brannan & Co Ausrüstung im Wert von 36 000 $ – fast eine Million Dollar nach heutigem Wert. Brannan kaufte Land von Juana Briones und wurde San Franciscos größter Grundbesitzer.

Zeitungen in der ganzen Welt veröffentlichten überstürzt Geschichten von „Goldbergen" bei San Francisco. Ganze Bootsladungen von Goldgräbern aus Australien, China, Südamerika und Europa trafen ein. Sie waren nicht alle Bergleute – viele waren Flüchtlinge, die Zuflucht vor dem Bürgerkrieg in ihrer Heimat suchten. Gleichzeitig machten sich weitere 40 000 amerikanische Schürfer auf den Marsch über Land, um ihr Glück zu machen und Sklaverei und Konflikten im Vorfeld des Sezessionskriegs zu entkommen.

**Top 5: Spuren der Ureinwohner**

- *Mission Dolores (Mission)*
- *Alcatraz*
- *Presidio*
- *Wandbilder am Rincon Center (Financial District)*
- *San Francisco Historical Society (Downtown)*



**1848**

Gold wird in der Nähe des heutigen Placerville entdeckt. Zeitungsverleger Sam Brannan macht es publik und der Goldrausch beginnt.

**1850**

In der Hoffnung auf massive Steuereinnahmen aus dem Gold erklären die USA Kalifornien eilends zum 31. Staat.

**1851**

Goldfunde in Australien führen zu Jubel in Melbourne – und zu Panik in San Francisco, da der Preis für kalifornisches Gold abstürzt.

**1860**

Ihrem ausfälligen Ehemann trotzend gewinnt die Unternehmerin Juana Briones beim Obersten Gerichtshof einen bahnbrechenden Fall und etabliert so die Eigentumsrechte der Frauen in den USA.

## Gesetzlos, lasterhaft & ruchlos

1850, im Jahr von Kaliforniens Beitritt zur Union als 31. Staat, stieg die Bevölkerung San Franciscos von 800 im Vorjahr auf schätzungsweise 25 000 an. Aber trotz dem vielen neuen Geld war das Leben dort nicht gerade erbaulich.

Die meisten der ersten Goldsucher (nach dem Jahr ihrer Ankunft „49er" genannt) waren Männer unter 40 Jahren, und um sie bei Laune zu halten (und um die Ahnungslosen abzuzocken) eröffneten innerhalb von fünf Jahren um die 500 Saloons, 20 Theater und zahlreiche Freudenhäuser. Schon für einen Dollar gab es an San Franciscos „Barbary Coast" Whiskey, Opium oder die Gesellschaft von Frauen, die sich in den Bars auf Schaukeln präsentierten.

Am 20. November 1969 besetzten 79 Aktivisten trotz der Blockade der Küstenwache die Insel Alcatraz, um sie symbolisch als angestammtes Land der Ureinwohner zurückzufordern. Hunderte Unterstützer protestierten mit ihnen, bis das FBI am 11. Juni 1971 die Demonstranten vertrieb. Der Rückhalt in der Öffentlichkeit bestärkte den Anspruch auf Selbstbestimmung in den Territorien der Ureinwohner. Richard Nixon schrieb ihn schließlich als Gesetz fest.

Kluge Goldsucher trafen früh ein und machten sich schnell wieder aus dem Staub. Als immer seltener Gold gefunden wurde, machten sich Heimtücke und Bosheit breit, manchmal bis aufs Messer. Erfolgreiche Peruaner und Chilenen wurden schikaniert und erhielten keine Verlängerung ihrer Schürflizenz; 1855 hatten die meisten Kalifornien bereits wieder verlassen. Auch die Uramerikaner, die den „49ern" zu ihrem Reichtum verhalfen, erhielten selbst keine Schürfrechte. Trotz San Franciscos wohlverdientem Ruf von ungestümer Gesetzlosigkeit, wurde die Schuld für viele Straftaten bald den australischen Neuankömmlingen zugeschoben. Neben den Australiern litten auch die Chinesen – 1860 die größte Bevölkerungsgruppe in Kalifornien – unter unbegründeten Feindseligkeiten.

## Die Sicht vom „Goldberg"

Innerhalb eines Jahres seit dem Goldrausch von 1849 war Chinatown in San Franciscos entstanden – besser bekannt unter dem kantonesischen Namen Gam Saan („Goldberg"). Zu Beginn war Chinatown keineswegs ausschließlich chinesisch, sondern eine Gemeinde alleinstehender mexikanischer, amerikanischer, europäischer, afrikanischer und chinesischer Goldsucher, die Seite an Seite nächtigten, Gold schürften und zechten. Aber als mit der Entdeckung von Gold in Australien der Goldpreis einbrach, wandte sich der irrationale Groll der Goldsucher gegen die hier lebenden Australier und Chinesen. Herbergen der Australier wurden niedergebrannt, es kam zu antichinesischen Ausschreitungen und die Schürfrechte der Chinesen wurden für null und nichtig erklärt. 1870 beschnitt San Francisco per Gesetz das Wohn- und Arbeitsrecht für jeden, der in China geboren war.

Der amerikanische Chinese Exclusion Act (Gesetz zum Ausschluss von Chinesen) von 1882 unterband weitere Immigration aus China, verweigerte bis 1943 Chinesen die Staatsbürgerschaft und hatte die

**1861–1865**

Vom Bürgerkrieg, der im Osten der USA Nord und Süd spaltet, profitiert der Westen. Nichtkriegswichtige Industrie wird ausgelagert und zieht nach San Francisco.

**1866**

Die University of California, Berkeley, wird gegründet. Sie ist Kaliforniens älteste Universität.

**Mai 1869**

Der „Golden Spike" vollendet die erste transkontinentale Eisenbahn. Die Nachricht wird mittels der Erfindung des San Franciscoers David Brooks verbreitet: per Telegraf.

**1882**

Der US Chinese Exclusion Act verbietet die Einwanderung aus China; die rassistischen Gesetze bleiben bis 1943 in Kraft.

Verabschiedung von 100 weiteren Verordnungen zur Folge, die die Rechte auch der japanischen San Franciscoer einschränkten. Nicht ganz zufällig kamen die antichinesischen Gesetze den Interessen lokaler Magnaten entgegen, die billige Arbeitskräfte für den Bau der ersten transkontinentalen Eisenbahn brauchten. Schätzungsweise 12 000 chinesische Arbeiter, die kaum eine andere Wahl hatten, legitim Arbeit zu finden, mussten unter gefährlichen Bedingungen Eisenbahntunnel durch die Sierra Nevada sprengen.

Nach dem Erdbeben und der Feuersbrunst von 1906 planten die Stadtbeamten, die chinesischen Bewohner gänzlich zu vertreiben und das erstklassige Bauland in Chinatown zu erschließen. Aber das chinesische Konsulat und bewaffnete Kaufleute aus Chinatown „überzeugten" den Stadtrat, dies zu unterlassen. Während Chinatown noch qualmte, wurde es wieder aufgebaut, dabei verwendete man Ziegelsteine und entwickelte einen ganz neuen Architekturstil.

Heute ist Chinatown ein touristisches Zugpferd. Gleichwohl müssen hier viele Bewohner mit nur knapp 10 000 $ Jahreseinkommen über die Runden kommen – nicht gerade ein Goldberg. Ehrgeizige Bewohner verlassen irgendwann Chinatown, Neuankömmlinge ziehen hinzu und der Kreis beginnt von Neuem.

## Die Wildnis im Westen soll bleiben

Der Naturforscher John Muir kam 1868 nach San Francisco, zog aber bald schaudernd weiter in die grüneren Gefilde von Yosemite. Aber mit Unterstützung von anderen Naturliebhabern in San Francisco gründete er eine wegweisende Umweltschutzorganisation namens Sierra Club. Ein Teil der kalifornischen Wildnis, für deren Schutz sich Muir und sein Verein erfolgreich einsetzten, ist heute eine der beliebtesten grünen Oasen San Franciscos: Muir Woods.

San Franciscoer, die für den Erhalt der Natur in der Stadt kämpften, setzten 1867 auch die Anlage des ersten Parks durch. Sie boten illegalen Bewohnern Geld für die Räumung eines Areals, des heutigen Buena Vista Park. Mit einem Mandat der San Franciscoer Wähler, Sanddünen zu einem großen Stadtpark umzugestalten, machte sich der hartnäckige Bauingenieur William Hammond Hall daran, ab 1870 bis zu seiner Vollendung 1887 den Golden Gate Park anzulegen – trotz aller Versuche von Bauunternehmern, die Pläne zugunsten von Casinos, Vergnügungsparks, Resorthotels, Pferderennbahnen und einer Wohnsiedlung zu durchkreuzen. Der populistische Millionär Adolph Sutro war der Ansicht, dass jeder malochende Arbeiter das Recht habe, den Mietskasernen in Downtown zu entkommen und zu den Sanddünen und den Sonnenuntergängen am Ocean Beach hinauszufahren. Für die

William Hammond Hall stellte 1886 kurzzeitig seine Arbeit am Golden Gate Park ein, denn die Idee kam auf, den Park mit einer Pferderennbahn und 08/15-Wohnsiedlungen zu bebauen. Als für den Midwinter's Fair 1893 ein Casino und ein Vergnügungspark errichtet wurden, kämpfte Hammond Hall anschließend darum, den Park wieder in seinem ursprünglichen Zustand zu versetzen.



**18. April 1906**

Ein gewaltiges Erdbeben macht in 47 Sekunden ganze Straßenzüge platt; ein Feuer wütet drei Tage lang. Überlebende beginnen mit dem Wiederaufbau der noch schwelenden Stadt.

**1908**

Präsident Theodore Roosevelt erklärt einen Teil von Redwood Creek zum National Monument Muir Woods. Der Kongressabgeordnete William Kent hatte ihn gekauft und vor einem Dammbau gerettet.

**1910**

Auf Angel Island wird ein Immigranten-Lager eröffnet. Über 30 Jahre sind 175 000 Menschen aus Asien monate- oder jahrelang Verhören und gefängnisartigen Bedingungen ausgesetzt.

**1913**

Das kalifornische Alien Land Law verbietet Asiaten, u. a. Japanern, Koreanern und Indern, Grundbesitz. Anwalt Juichi Soyeda reicht Klage ein, er gewinnt 1952 – 23 Jahre nach seinem Tod.

Bahnstrecke, die er eigens bauen ließ, setzte er einen Fahrpreis von nur fünf Cent fest. Zum Dank wurde er 1894 zum Bürgermeister gewählt – der erste von vielen städtischen Amtsträgern, die mit einer grünen Agenda punkteten.

## Die doppelte Katastrophe

Am 18. April 1906 wurde die Stadt von einem Erdbeben erschüttert, das erschreckende 7,8 bis 8,3 auf der Richterskala erreichte. In 47 Sekunden erfuhren San Franciscoer, wie sehr bei den städtischen Bauarbeiten gepfuscht worden war. Gebäude ohne Betonverstärkung stürzten ein, auch die City Hall. Die einzige noch funktionierende Wasserquelle in Downtown war ein Brunnen, den die Opernlegende Lotta Crabtree der Stadt gestiftet hatte. Ketten wurden gebildet, um Wasser in Eimern von Lotta's Fountain zu holen, aber es erreichte die Kuppen der steilen Hügel nicht schnell genug. Chinatown brannte tagelang und weiter oben in Nob Hill lagen die Villen in Schutt und Asche.

Überlebende flohen zum Potrero Hill und in den Buena Vista Park und beobachteten drei Tage lang, wie ihre Stadt und ihre Träume in Rauch aufgingen. Ein funktionierender Hydrant am oberen Ende des Dolores Park rettete Mission – und dankbare Anwohner streichen ihn noch immer jedes Jahr golden an.

Die Great American Music Hall, die 1907 gleich nach dem Erdbeben gebaut wurde, zeigt San Franciscos ganze trotzige Extravaganz nach der Katastrophe. Vergoldetes Schnitzwerk erinnert an die Zeit des Goldrauschs und leicht bekleidete Figuren in den Fresken deuten andere Unterhaltungsformen an – eine Zeit lange diente das Konzerthaus hinter der Bühne auch als Bordell.

## Zweite Chancen

In 50 Jahren von Boom- und Krisenzeiten hatte San Francisco eines gelernt: wie man ein Comeback inszeniert. Die Theater waren bis auf eines Erdbeben und Feuer völlig zerstört, aber inmitten der Trümmer wurden schon bald Theaterzelte aufgestellt. Überlebende Unterhaltungskünstler gaben Marathonvorstellungen, um die Stimmung in der Stadt zu heben. Die Sopranistin Luisa Tetrazzini verließ die New Yorker Metropolitan Opera, um nach San Francisco zurückzukehren, und sang in der Market St vor 250 000 Menschen – praktisch allen Überlebenden.

Die Menschen krempelten die Ärmel hoch und bauten ihre Stadt mit einer erstaunlichen Geschwindigkeit von 15 Gebäuden pro Tag wieder auf. Die Prioritäten der Leute zeigten sich darin, dass die Theater lange vor der Vollendung des grandiosen Civic Center wieder aufgebaut waren. Ein Großteil der Barbary Coast war in Flammen aufgegangen, die Theaterszene und die meisten Rotlichtetablissements zogen ins Tenderloin um, wo sie bis heute blieben.

## Die „Left Coast"

Der Hafen San Francisco florierte. Als 1934 die Hafenarbeiter gegen die gefährlichen Arbeitsbedingungen aufbegehrten, wollten sich die

**1915**
In San Francisco findet die Panama–Pacific International Exposition statt. Die Stadt festigt ihren Ruf als Schauplatz für innovative Technologie, ausgefallene Ideen und die Künste.

**1927**
Nach einem Jahr Tüfteln überträgt der 21-jährige Philo Farnsworth das erste echte Fernsehbild ... eine einfache gerade Linie.

**1934**
Ein Hafenarbeiterstreik endet mit von der Polizei erschossenen Streikenden und Sympathisanten. Ein stadtweiter Streik ist die Folge; die Hafenarbeiter erringen historische Zugeständnisse.

**1937**
Nach vier Jahren gefährlicher Arbeiten in tückischen Rückströmungen wird die Golden Gate Bridge vollendet.

Schiffsmagnaten anderweitig Arbeitskräfte suchen – nur dumm, dass die San Franciscoer ihren Streik mit 35 000 Arbeitern an der gesamten Westküste koordiniert hatten. Nach 83 Tagen lösten Polizei und Nationalgarde den Streik auf, töteten zwei Streikende und verletzten 85 Demonstranten schwer. Die öffentliche Sympathie zwang die Schiffsmagnaten zu Zugeständnissen. Die im gleichen Jahr entstandenen Wandbilder am Coit Tower vermitteln die arbeiterfreundliche Stimmung in der ganzen Stadt, die fortan als Amerikas „Left Coast" (linke Küste) bezeichnet wurde.

Als der Zweite Weltkrieg der Stadt einen Schiffsbauboom bescherte, bot das Chancen für Afroamerikaner und Frauen, Schlüsselrollen auf San Franciscos Arbeitsmarkt einzunehmen. In ihrer Freizeit gründeten sie neue musikalische, literarische und künstlerische Bewegungen. Nach dem Krieg war ihr technisches Können förderlich für die Konstruktion von Mikroprozessoren in einer aufkeimenden Industrieregion südlich der Stadt, die als Silicon Valley bekannt wurde.

Japanische San Franciscoer und Japantown dagegen wurden wegen der irrationalen Angst vor möglichen Angriffen vom Pazifik aus zum Ziel öffentlicher Anfeindungen. Zwei Monate nach dem Angriff auf Pearl Harbor in Hawaii unterzeichnete Präsident Franklin D. Roosevelt die Executive Order 9066, durch die 120 000 japanische Amerikaner in Internierungslager gezwungen wurden. Die Japanese American Citizens League (JACL) in San Francisco focht die Gründe für die Internierung unverzüglich an und kämpfte 40 Jahre lang für die Aufhebung der Präsidentenverfügung, eine symbolische Entschädigung für die Internierten und die Wiederherstellung des Ansehens der japanischen Gemeinde durch eine offizielle Entschuldigung. 1988 schließlich unterzeichnete Präsident Ronald Reagan den Civil Liberties Act, mit dem die US-Regierung ihr Unrecht anerkannte und den überlebenden Internierten eine Entschädigung zusprach. 1991 erhielten die Betroffen neben einem Scheck ein von Präsident George H. W. Bush unterzeichnetes Entschuldigungsschreiben.

## Beats, Meinungsfreiheit & Freigeister

Mitglieder der Streitkräfte, die während des Zweiten Weltkriegs wegen Homosexualität und anderem „subversivem" Verhalten aus dem Militärdienst entlassen wurden, schob die Militärführung nach San Francisco ab, wie um ihnen eine Lektion zu erteilen. Die Neuankömmlinge fühlten sich in den Stadtvierteln North Beach und Haight-Ashbury mit ihren niedrigen Mieten und ihrer toleranten Haltung jedoch ziemlich wohl. Während das übrige Land in der McCarthy-Ära in den 1950er-Jahren einen scharfen Rechtskurs einlegte, zog es die Rebellen

**Februar 1942**

Die Executive Order 9066 ordnet die Internierung von 120 000 japanischen Amerikanern an. Die Japanese American Citizens League reicht umgehend eine Bürgerrechtsklage ein.

**1957**

City Lights gewinnt den Prozess um das Verbot von Ginsbergs *Das Geheul*. Ein Sieg der Meinungsfreiheit und der Freiheit der Kunst mitten in der McCarthy-Ära.

**1959**

Bürgermeister George Christopher genehmigt Maßnahmen gegen Schwule. Der offen schwule Weltkriegsveteran José Sarria kandidiert für ein Amt – in Drag.

**Januar 1966**

IT-Visionär Stewart Brand organisiert das Trips Festival mit Autor Ken Kesey, den Grateful Dead und Ureinwohneraktivisten; Bill Graham sorgt für Werbung.

und Romantiker nach San Francisco – so auch Jack Kerouac. Als 1957 *Unterwegs* erschien, in dem er seine Reise in den Westen beschrieb, war eine bunte Truppe aus Schriftstellern, Künstlern, Träumern und sonstigen schrägen Gestalten, die Kerouc die „Verrückten" nannte, schon im gleichgesinnten San Francisco angekommen.

San Francisco war den Nonkonformisten, die von der Presse verächtlich „Beatniks" genannt wurden, nicht immer freundlich gesinnt und Polizei und Dichter standen sich in den Straßen von North Beach zunehmend feindlich gegenüber. Polizeibeamte versuchten, „Beatnik-Mädels" wegen des Tragens von Sandalen mit Bußgeldern zu belegen und wurden dafür vom selbsternannten afroamerikanischen, jüdischen Voodoo-Anarchisten und legendären Beatnik-Straßendichter Bob Kaufmann in Versen gnadenlos verspottet. Der Dichter, Verleger und Gründer der Buchhandlung City Lights Lawrence Ferlinghetti und Shigeyoshi Murao, Geschäftsführer von City Lights, wurden verhaftet, weil sie Allen Ginsbergs großartiges, aufrührerisches episches Gedicht *Das Geheul* in „böswilliger Absicht" Gründen gedruckt und verkauft hätten. Aber die Freiheit der Kunst siegte 1957, als City Lights ein gerichtliche Entscheidung gegen das Bücherverbot erwirkte.

Die Beatniks, wie sie Ginsberg in *Das Geheul* beschrieb, experimentierten mit Kunst, radikaler Politik, Marihuana und miteinander. Sie verweigerten sich den Konventionen des sozialen Aufstiegs und der beunruhigenden Forderung von Senator Joe McCarthy, die „Kommunisten in unserer Mitte" auszumerzen. Als McCarthys Ausschuss für unamerikanische Umtriebe 1960 in San Francisco tagte, um angebliche Kommunisten zu entlarven, organisierten Studenten der UC Berkeley ein revolutionäres Sit-in mit lautem Gesang in der City Hall. Nachdem die Polizei mit Feuerlöschschläuchen auf die Demonstranten losging, protestierten Tausende San Franciscoer. Der Ausschuss verließ die Stadt und kehrte nie wieder zurück. Jetzt war es offiziell. Die 1960er-Jahre hatten begonnen.

**Top 5: Schauplätze der Beatniks**

- *City Lights Books (North Beach)*
- *Beat Museum (North Beach)*
- *Vesuvio (North Beach)*
- *Li Po (Chinatown)*
- *Bob Kaufman Alley (North Beach)*

## Flower Power

San Francisco war in den 1960er-Jahren ein Versuchsfeld der Meinungsfreiheit: Der Comedian Lenny Bruce sagte auf offener Bühne das verpönte Wort *fuck* und die Burlesque-Tänzerin Carol Doda ließ in den Clubs von North Beach vor entzückten Zuschauern alle Hüllen fallen. Aber weder Witze noch Striptease konnten die letzten einengenden sozialen Normen der 1950er-Jahre sprengen – das blieb der CIA überlassen. Durch eine kapitale Fehleinschätzung bei der Personenüberprüfung warb die CIA den Schriftsteller Ken Kesey an, um psychoaktive Drogen zu testen, die den ultimativen Soldaten schaffen sollten. Statt-

**August 1966**

Transgender-Gäste protestieren in Compton's Cafeteria im Tenderloin gegen Polizeischikane; das Aufbegehren tritt die Transgender-Rechtsbewegung in den USA los.

**Oktober 1966**

Huey Newton und Bobby Seale gründen in Oakland die Black Panther Party for Self-Defense, und verlangen „Land, Brot, Wohnung, Bildung, Kleidung, Gerechtigkeit und Frieden".

**Januar 1967**

Der Summer of Love beginnt mit dem Human Be-In, aus Einberufungsbescheiden gedrehten Zigaretten, freien Konzerten der Grateful Dead und einem nackten Allen Ginsberg.

**1969**

Via ARPANET wird eine Computerverbindung zwischen dem Stanford Research Institute und UCLA eingerichtet und eine ungebetene Gruppennachricht verschickt: E-Mail und Spam sind geboren.

dessen inspirierten die Drogen Kersey dazu, den Roman *Einer flog über das Kuckucksnest* zu schreiben, die Merry Pranksters in einem psychedelischen Bus durchs Land zu kutschieren und San Francisco bei den legendären Acid-Tests mit LSD und den Grateful Dead bekannt zu machen. Beim Trips Festival 1966 in San Francisco hatte der Mitorganisator und ehemalige CIA-Tester Stewart Brand eine Offenbarung: Schnelle Rechner so klein, dass sie in eine menschliche Hand passten ... ganz klar eine wilde Halluzination.

Nach der Bürgerrechtsbewegung schien alles möglich zu sein und eine Zeit lang sah es so sogar aus, als ob die Macht der Meinungsfreiheit den missliebigen Vietnamkrieg beenden könnte. Auf dem Human Be-In im Golden Gate Park am 14. Januar 1967 forderte der Trip-Meister Timothy Leary die 20 000 Teilnehmer auf, einen neuen amerikanischen Traum zu träumen und sprach seine berühmten Worte *„turn on, tune in, drop out“*. In den Straßen ertönten kostenlose Konzerte, die Szeneaktivisten Diggers verteilten kostenloses Essen, Owsley Stanley reichte kostenloses LSD herum, kostenlose Schlafmatten gab's in ganz Haight-Ashbury und auf einigen sehr fragwürdigen kostenlosen Matratzen wurde der freien Liebe gefrönt. Im Summer of Love schien *„make love, not war“* Realität zu sein.

Aber die kalte Dusche ließ nicht lange auf sich warten. Am 8. April 1968 wurde der Bürgerrechtsheld Martin Luther King Jr. ermordet, gefolgt von den tödlichen Schüssen auf Robert Kennedy am 5. Juni, nachdem er die Vorwahl auf die Präsidentschaft in Kalifornien gewonnen hatte. Radikale riefen in der ganzen Welt zur Revolution auf und separatistische Gruppen wie die Black Panther Party for Self-Defense in Oakland griffen zu den Waffen. Gleichzeitig wurde der Drogenkonsum für viele zur unheilvollen Karriere, in den besetzten Häusern in Haight-Ashbury machte ein ätzendes Jucken im Genitalbereich die Runde und noch mehr Busladungen von jugendlichen Ausreißern trafen im schlecht gerüsteten, ausgeflippten Haight-Ashbury ein. Die Haight Ashbury Free Clinic bot ihre Hilfe beim Entzug und beim Jucken an, aber gegen die Ernüchterung als Hells Angels Demonstranten in Berkeley verprügelten und auf die Zuschauer eines kostenlosen Rolling-Stones-Konzerts in Altamont losgingen hatte sie kein Mittel.

Viele Idealisten gingen „zurück aufs Land“ in der ländlichen North Bay und setzten mit Stewart Brands *Whole Earth Catalog* als Anleitung die Ökolandbaubewegung Kaliforniens in Gang. Unter den Zurückgebliebenen kamen dagegen dunkle Seiten zum Vorschein, darunter der junge Charles Manson, die Symbionese Liberation Army (nach 1974 als Patty Hearsts Kidnapper zu Ruhm gekommen) und ein bibeltreuer Egomane namens Jim Jones, der 1978 900 Jünger zum Massenselbstmord

**Den Summer of Love zurückholen**

*Ein kostenloses Konzert in der Haight St geben*

*Auf dem Hippie Hill im Golden Gate Park mit der Natur in Kontakt treten*

*An der Tour „Damals in Haight-Ashbury“ teilnehmen*

*Fremden freundlich begegnen und seine Hilfe anbieten*



**November 1969**

Indianische Aktivisten fordern die verlassene Insel Alcatraz als Reparation für gebrochene Verträge zurück. Die Besetzung dauert 19 Monate, dann greift das FBI ein.

**April 1977**

Der Apple II wird auf der ersten West Coast Computer Faire in San Francisco vorgestellt und verblüfft die Besucher mit seiner Rechnergeschwindigkeit (1 MHz).

**1977**

Harvey Milk ist der erste offen Schwule, der in den USA in ein Amt gewählt wird. Vor seiner Ermordung 1978 stimmt Milk für ein Gesetz für Schwulenrechte und eine „Kotschaufel“-Verordnung.

**November 1978**

Nach dem Umzug seiner Sekte von San Francisco nach Guyana befiehlt Jim Jones die Ermordung eines Abgeordneten und von vier Journalisten sowie den Selbstmord seiner 900 Anhänger.

zwang. Als Stanley, der LSD-Lieferant des Human Be-In, nach dreijähriger Haftstrafe 1970 entlassen wurde, schien die Party vorbei zu sein. Aber in Castro ging sie erst richtig los.



## Pride

In den 1970er-Jahren hatte die Schwulengemeinde San Franciscos genug von Polizeirazzien und Heterokommunen in Haight-Ashbury und war bereit für Musik, die nach ihrem Rhythmus spielte.

Nachdem 1959 ein Opponent dem damaligen Bürgermeister George Christopher vorwarf, San Francisco zur „nationalen Zentrale der organisierten Homosexuellen" werden zu lassen, autorisierte Christopher Razzien in Schwulenbars und erstellte eine schwarze Liste für schwule Bürger. Doch der Veteran des Zweiten Weltkriegs und Drag-Star José Sarria war keiner, der sich drangsalieren oder in die Ecke drängen ließ und der erste offen schwule Mann, der sich 1962 mit dem Versprechen, die Polizeischikanen gegen Schwule zu beenden, zur Wahl aufstellte. Er erhielt nur 5600 Stimmen, doch unverdrossen erklärte er sich selbst zur „Absoluten Kaiserin" von San Francisco, Witwe und wahre Erbin von Kaiser Norton. Als die lokalen Medien die Kritik der Kaiserin an den anhaltenden Razzien aufgriffen, wurden diese schließlich eingestellt.

Mitte der 1970er-Jahre flatterte die Regenbogenflagge stolz über schwulen Geschäften und Wohnungen im offen schwulen Castro und in schwulen Clubs und Saunen in der Polk St und in SoMa war die sexuelle Revolution in vollem Gange. Castro jubilierte als Harvey Milk, Besitzer eines der Fotogeschäfts in Castro, zum Stadtrat gewählt und zum ersten offen schwulen gewählten Amtsträger wurde. Aber seine Zeit im Amt sollte, wie Milk selbst unheimlicherweise vorhersagte, durch eine extremistische Gewalttat vorzeitig enden. Dan White, ein abgewrackter Politiker, der von zu viel Hostess Twinkies aufgeputscht war, erschoss Milk und den damaligen Bürgermeister George Moscone 1978 in der City Hall. Die Anklage wurde aufgrund der berüchtigten „Twinkie-Verteidigung", die dem supersüßen Junk Food die Schuld gab, auf Totschlag reduziert. Das rief eine Welle öffentlicher Empörung hervor, die sogenannte „White Riot". White war zutiefst gestört und beging ein Jahr nach seiner Entlassung 1984 Selbstmord.

Zu diesem Zeitpunkt hatte San Francisco ein anderes Problem. Eine Krankheit wurde in den hiesigen Krankenhäusern entdeckt, die die Schwulengemeinde besonders hart zu treffen schien. Die ersten in San Francisco gemeldeten Fälle von Aids wurden irrtümlich als GRID (Gay-Related Immune Deficiency; etwa „schwulenbezogene Abwehrschwäche") bezeichnet; dem Virus haftete bald ein soziales Stigma an. Aber Mediziner und schwule Aktivisten taten sich zusammen, um welt-

### Gay Pride zelebrieren

*An der Pride Parade teilnehmen*

*Großartigen, furchtlosen Vorkämpfern im GLBT Museum begegnen*

*Petitionen der Human Rights Campaign durchsehen*

*Beim LGBTQ Film Festival massenhaft Filme gucken*

*Sich in der City Hall von Harvey Milk inspirieren lassen*

**1981**

Die ersten Aids-Fälle werden erkannt, die Epidemie würde 30 Mio. Menschenleben fordern. San Francisco führt früh Präventionsmaßnahmen ein und setzt globale Behandlungsstandards.

**1988**

Präsident Ronald Reagan unterzeichnet den Civil Liberties Act, mit dem die US-Regierung das durch die Executive Order 9066 an japanischen Amerikanern begangene Unrecht anerkennt.

**1989**

San Francisco erklärt sich zur „City of Refuge", um nicht anerkannten Flüchtlingen aus Mittelamerika ein Mindestmaß an Rechtsschutz zu gewähren.

**1989**

Hunderte Seelöwen lassen sich auf den Liegeplätzen beim Pier 39 nieder. Tierschutzbeamte lassen sie gewähren und die Viecher werden zum Maskottchen von San Francisco.

weite Richtlinien für Krankenpflege und Prävention festzusetzen. Lebenswichtige erste HIV/Aids-Initiativen wurden nicht durch Bundesbehörden, sondern durch die unermüdliche lokale Arbeit finanziert – die Kaiserin selbst organisierte zukunftsweisende Benefizveranstaltungen. Pflegekräfte bemerkten, dass Marihuana bei einigen HIV/Aids-Patienten Schmerzen und Symptome linderte, und unterstützten 1996 die Legalisierung von Marihuana für medizinische Zwecke in Kalifornien.

Bürgerrechts- und LGTBIQ-Organisationen sowie religiöse Einrichtungen fragten immer häufiger: Warum können nicht auch gleichgeschlechtliche Paare heiraten? Einer der ersten Unterstützer war die Japanese American Citizens League, die 1994 öffentlich Ehen für gleichgeschlechtliche Paare als Bürgerrecht befürwortete. Nur 45 Tage nach seinem Amtsantritt genehmigte der Bürgermeister Gavin Newsom 2004 gleichgeschlechtliche Eheschließungen in San Francisco. Das erste Paar, das die Ehe schloss, waren Phyllis Lyon und Del Martin, die schon 52 Jahre zusammen verbracht hatten. Kalifornische Gerichte annullierten später ihre und 4036 andere gleichgeschlechtliche Ehen, aber Lyon und Martin ließen sich nicht abbringen: Sie heirateten erneut am 18. Juni 2008, getraut von Bürgermeister Newsom persönlich. Martin starb zwei Monate später im Alter von 83 Jahren im Beisein ihrer Frau.

Kalifornische Gerichte erklärten 2010 das Verbot gleichgeschlechtlicher Ehen für verfassungswidrig. Im Juli 2015 bestätigte der Oberste Gerichtshof der USA die Entscheidung aus Kalifornien und legalisierte damit praktisch die gleichgeschlechtliche Ehe in den ganzen USA.

## Neue Technologien, neue Aussichten

Nach dem Zweiten Weltkrieg ging es mit der Wirtschaft in San Francisco stetig bergab. Der Hafen von Oakland übernahm den Containerschiffsverkehr und der Militärstützpunkt in Presidio in San Francisco wurde aufgelöst. Einige ehemalige Militärmitarbeiter fanden Arbeit in ein paar kleinen Firmen südlich von San Francisco, in einer Gegend, die heute als Silicon Valley bekannt ist. Als 1968 in einer Garage in South Bay ein Unternehmen namens Hewlett-Packard das „Rechengenie" 9100A vorstellte, merkte eine ganze Generation unkonventioneller Denker und Tüftler auf.

Werbeanzeigen schwärmten atemlos, dass Hewlett-Packards „leichter" (18 kg) Computer „Gleichungen fünften Grades, Bessel-Funktionen, elliptische Integrale und Regressionsanalysen" vornehmen könne – alles für den günstigen Preis von 4900 $ (etwa 29 000 $ heute). Die Verbraucher hatten jedoch keine Ahnung, was sie mit dem Computer anstellen sollten, bis sein Potenzial vom Mitorganisatoren des Trips Festivals und IT-Futuristen Stewart Brand in einfachen Worten erklärt

**März 2000**

Nachdem im Jahr zuvor der NASDAQ einen Spitzenwert erreichte, platzt die Dotcom-Blase. Aktienkurse fallen dramatisch und Internet-Start-ups schließen innerhalb eines Monats.

**2003**

Der Republikaner Arnold Schwarzenegger wird zum Gouverneur von Kalifornien gewählt. Bei Umweltfragen bricht er mit dem Parteiprogramm und wird 2007 erneut gewählt.

**Februar 2004**

Trotz eines Verbots in Kalifornien lässt San Franciscos Bürgermeister Gavin Newsom 4037 gleichgeschlechtliche Paare trauen. Gerichte erklären die Ehen für ungültig.

**2010**

Gerichte erklären das Gesetz gegen gleichgeschlechtliche Ehen für verfassungswidrig. 2015 bestätigt der Oberste Gerichtshof die Entscheidung, die damit landesweit gilt.

wurde. In einer Ausgabe seines *Whole Earth Catalog* für Selbstversorger von 1969 erläuterte Brand, wie die Technologie, die Regierungen für die Verwaltung benutzten, ganz normalen Menschen nützlich sein könnte. Er nannte es „Personal Computer".

Im gleichen Jahr schickte Professor Len Kleinrock von der University of California in Los Angeles (UCLA) die erste rudimentäre E-Mail von seinem Computer zu einem anderen Gerät in Stanford. Die Botschaft, die er eintippte, lautete „L", dann „O", dann „G" – dann stürzte der Computer ab.

Die nächste Welle von IT-Tüftlern wollte unbedingt einen PC basteln, der rechnen und kommunizieren konnte, ohne abzustürzen. Als der 21-jährige Steve Jobs und Steve Wozniak 1977 auf der West Coast Computer Faire in San Francisco den Apple II vorstellten, waren die Techies zutiefst von der Speicherkapazität (4 KB RAM!) und der Geschwindigkeit des Mikroprozessors (1MHz!) beeindruckt. Der Mac II kostete ursprünglich das Äquivalent von heute 4300 $ (oder für 48 KB RAM mehr als doppelt soviel) – eine erstaunliche Ausgabe für etwas, das lediglich ein besserer Taschenrechner plus Schreibmaschine zu sein schien. Selbst wenn die Maschinen miteinander kommunizieren könnten, meinten Experten, worüber sollten sie denn reden?

Eine Billion Websites und ein paar Millionen Handy-Apps später ist klar, dass die Maschinen ganz schön viel zu kommunizieren haben. Mitte der 1990er-Jahre blühte in den Lagerhäusern in SoMa die Dotcom-Industrie. Start-ups stellten in Windeseile Nachrichten, Politik, Mode und auch Sex ins Netz. Aber als die Finanzierung durch Venturecapital versiegte, rutschten millionenschwere Sites in den Abgrund.

Das Papiervermögen des Dotcom-Booms verschwand an jenem furchtbaren 10. März 2000, als der NASDAQ ins Bodenlose stürzte und Angestellte im Dienstleistungsbereich ebenso wie 26-jährige Vizepräsidenten in San Francisco plötzlich mit nichts dastanden. Auch die Dotcom-Steuereinnahmen lösten sich in Rauch auf; 1999 ergab eine Untersuchung des FBI, dass enorme Summen in den Taschen von Bauunternehmern gelandet waren. Heute jedoch boomt San Francisco erneut dank Startups, die ebenso nach Erfolg streben wie die in San Francisco ansässigen Firmen Twitter, Pinterest, Instagram, Airbnb, Yelp, Uber und Lyft – und gleich südlich der Stadt Facebook, LinkedIn, Apple, Google, eBay, YouTube, Netflix, Adobe und Hunderte mehr große IT-Unternehmen.

**Top 5: Verrückte Technologie**

- *Exploratorium (Fisherman's Wharf)*
- *San Francisco Museum of Modern Art (SoMa)*
- *Audium (Pacific Heights)*
- *The Interval (Fort Mason)*
- *Internet Archive (Richmond)*

## Die Umgestaltung des Menschen

In den neuen Glastürmen an der Mission Bay in SoMa sind mittlerweile Start-ups damit beschäftigt, eine ganz andere alte Technologie upzudaten: den menschlichen Körper. Human Enhancement, krebsbekämp-

**2014**

Die San Francisco Giants gewinnen ihren dritten World-Series-Titel in fünf Jahren. „Fear the Beard" und „Rally Thong" werden zu Schlachtrufen der Fans.

**2016**

Kalifornien legalisiert Marihuana für den privaten Freizeitgebrauch von Erwachsenen über 21 Jahren. Die Nutzung zu medizinischen Zwecken ist schon seit 1996 erlaubt.

**16. März 2020**

San Francisco verhängt den USA-weit ersten Lockdown, um die Ausbreitung von Corona zu verhindern.

**2021**

Die aus der Bay Area stammende Politikerin Kamala Harris wird als erste Frau, erste Schwarze und erste asiatischstämmige Amerikanerin Vizepräsidentin der Vereinigten Staaten.

fende Nanobots und KI-Ärzte mögen andernorts wie Science Fiction klingen, hier aber sind das etablierte Industriezweige.

San Franciscos Biotech-Industrie wurde 1976 bei einem Bier auf den Weg gebracht. Seit die Gründer von Genetech mit ihren Gläsern anstießen, hat ihr Unternehmen für das Klonen des menschlichem Insulingens und die Entwicklung eines Vakzins gegen Hepatitis B weltweit Anerkennung gefunden. 2004 erhielt die Branche weiteren Auftrieb, als Kaliforniens Wähler öffentliche Ausgaben von 3 Mrd. Dollar für die Stammzellenforschung abnickten. 2008 war Kalifornien der größte Geldgeber für Stammzellenforschung und Genmedizin in den USA geworden.

Bei so vielen globalen Gesundheitskrisen, die nach Forschung und deren Finanzierung verlangen, erscheinen viele Heilverfahren noch immer wie unerfüllbare Träume, und nicht jedes medizinische Start-up in der Bay Area kann seine Versprechen halten. 2018 musste das Bluttest-Start-up Theranos dichtmachen, weil es falsche Zusicherungen gemacht hatte, und seine Gründer wurden des Betrugs schuldig gesprochen. Aber die Hoffnung ist immer präsent: 2017 setzte die University of California, San Francisco, erfolgreich Stammzellenforschung zur Behandlung von HIV ein – der erste bekannte Fall einer vollständigen Remission. Und wenn die Geschichte ein Anhaltspunkt ist, dann wird das Unmögliche fast mit Sicherheit in San Francisco geschehen.

# Literatur

**In San Francisco leben mehr Schriftsteller als in jeder anderen US-Stadt und der Bestand der Bibliotheken ist dreimal so hoch wie der nationale Durchschnitt. Es mag in der Hauptstadt neuer Technologien anachronistisch erscheinen, aber die San Franciscoer kaufen immer noch mehr Bücher pro Kopf als die Bewohner anderer US-Städte. Und wo sonst legt sich die Dichtkunst mit dem Gesetz an und gewinnt auch noch? Genau das geschah mit einem viel beachteten Urteil gegen Zensur, das die Buchhandlung City Lights 1957 erwirkte. Die Stadt bleibt mit seinem großartigen Literaturfestival Litquake, den genossenschaftlichen Buchläden der 24th St, dem 826 Valencia, wo Autoren Kinder beim Schreiben unterstützen, und literarischen Events von geselligen, alkohollastigen Büchertauschtreffs bis zu stillen Lesegruppen in der Booksmith Bindery ein Magnet für Freigeister und Leseratten.**

## Lyrik

Die San Franciscoer schwärmen für wenige wohlgesetzte Worte. Wen die Stadt zur Lyrik inspiriert, der kann an einem Open-mike-Abend in Mission teilnehmen. Wichtige Titel:

**Das Geheul und andere Gedichte** (Allen Ginsberg; 1956) Jede Zeile von Ginsbergs epischem Titelgedicht ist ein ekstatisches Mantra, das die Wachträume der Beat-Generation festhält und der Konformität der Nachkriegszeit die Stirn bietet. Der Verleger Lawrence Ferlinghetti landete wegen der Veröffentlichung des „obszönen Machwerks" vor Gericht, doch der Prozess endete mit einem Triumph für die Freiheit der Kunst.

**Ein Coney Island des Bewußtseins** (Lawrence Ferlinghetti; 1958) Diese schmale Sammlung von San Franciscos Beat-Lyriker ist ein unentbehrlicher Türstopper für die Vorstellungskraft, der frische Luft und Ideen zirkulieren lässt.

**Native Tongue** (Alejandro Murguía; 2012) Der Hofdichter von Mission ist ein meisterhafter Interpret des Geistes von San Francisco, ein rhythmischer Performance-Dichter und charismatischer Mitbegründer des Mission Cultural Center for Latino Arts.

### Lesungen

*City Lights Books (North Beach)*

*Booksmith (Haight-Ashbury)*

*San Francisco Main Library (Civic Center)*

*Adobe Books (Mission)*

*Green Apple Books (Die Avenues)*

## Romanliteratur

Viele San Franciscoer erscheinen wie Figuren aus einem Roman – nach ein paar Tagen hier wird jeder schwören, Armistead Maupins frisch eingetroffene Landeier in Castro gesehen zu haben oder auch Dashiell Hammetts gefährliche Rothaarige und Amy Tans in Amerika geborene Töchter, die ihren Müttern Slang erklären. Wichtige Titel:

**Stadtgeschichten** (Armistead Maupin) Die Fortsetzungsgeschichte, die ab 1976 im *San Francisco Chronicle* erschien, folgt klassischen San Franciscoer Gestalten: Hanf anbauenden, rätselhaften Vermieterinnen, stets hoffnungsvollen Clubbesuchern in Castro, staunenden Zuzüglern aus dem Mittleren Westen. Sehenswert ist auch die Verfilmung als Miniserie, die dem Sender PBS Zuschauerrekorde bescherte.

**Töchter des Himmels** (Amy Tan; 1989) Die Geschichten von vier in China geborenen Frauen und ihren in den USA geborenen Töchtern, die in eine vielschichtige Erzählung von Immigration und Hoffnung in Chinatown verwoben sind. Die

Filmversion des Regisseurs Wayne Wang ist reizvoll, aber der Roman ist weitaus differenzierter.

**Der Malteser Falke** (Dashiell Hammett; 1930) In diesem klassischen Roman noir riskiert Privatdetektiv Sam Spade seinen Ruf bei einem Fall, in dem eine schwer durchschaubare Rothaarige, eine goldene Statuette, das Heilige Römische Reich und ein unheiliges Ensemble von Gangstern eine Rolle spielen. Humphrey Bogart machte als Sam Spade in der Filmversion Karriere.



## Sachbücher & Memoiren

Leute beobachten ist in San Francisco genauso beliebt wie Lesen, und das Ergebnis sind Sachbücher, die wilder sind als jeder Roman – so auch Tom Wolfes tripfreudige Geschichten und Joan Didions aufrüttelnde Beobachtungen. Wichtige Titel:

**Slouching Towards Bethlehem** (Joan Didion; 1968) Didions Essays schneiden durch den Hippie-Dunst wie die Sonne durch San Franciscos Sommernebel und zeigen Jugendliche, die mit glasigem Blick durch den Summer of Love treiben.

**Unterwegs** (Jack Kerouac; 1957) Das Buch, das Kerouac in nur wenigen schlaflosen Monaten in einem Dachzimmer in San Francisco auf einer einzigen langen Papierrolle niederschrieb, weckte Amerika aus dem Dornröschenschlaf.

**The Electric Kool-Aid Acid Test – Die legendäre Reise von Ken Kesey und den Merry Pranksters** (Tom Wolfe; 1968) Sein grooviger Slang mag heute aus der Zeit gefallen wirken, aber wie wunderbar, dass Wolfe die Geistesgegenwart besaß, den Spirit von San Francisco in den 1960er-Jahren mit Ken Kesey, den Merry Pranksters, Grateful Dead und den Hells Angels festzuhalten.

### Comics & Graphic Novels

- *Mission Art & Comics (Mission)*
- *Isotope (Hayes Valley)*
- *Kinokuniya Books & Stationery (Japantown)*
- *Cartoon Art Museum (Fisherman's Wharf)*
- *Bound Together Anarchist Book Collective (Haight-Ashbury)*

## Graphic Novels

Ambrose Bierce und Mark Twain setzten den Maßstab für Sarkasmus, aber in jüngerer Zeit haben Comicautoren der Bay Area wie Robert Crumb und Daniel Clowes der Tradition eine neue Variante hinzugefügt. Wichtige Titel:

**Meanwhile in San Francisco** (Wendy MacNaughton; 2014) Die Illustratorin greift Geschichten auf, wie sie sich an Straßenecken und öffentlichen Plätzen abspielen. Ihre Zeichnungen fangen die Ironie und die Poesie der Stadt ein.

**Ghost World** (Daniel Clowes; 1997) Der Comic-Künstler aus Oakland zeigt Enid und Rebecca, die gerade die Highschool abgeschlossen haben, wie sie Pläne schmieden, sich durchwursteln, erwachsen werden und sich auseinanderleben.

**American Born Chinese** (Gene Luen Yang & Lark Pien; 2008) Die Fabel vom Affenkönig, fein verwoben mit den Geschichten von Jugendlichen, die als Kinder chinesischer Einwanderer ihren Platz in der amerikanischen Gesellschaft erst finden müssen – zu Recht erhielt Yangs Graphic Novel den Eisner Award für die beste (neue) Graphic Novel sowie den Harvey Award für den aus San Francisco stammenden Illustrator Lark Pien.

### Zines

- *Needles & Pens (Mission)*
- *826 Valencia (Mission)*
- *Adobe Books (Mission)*
- *Bound Together Anarchist Book Collective (Haight-Ashbury)*
- *The Magazine (Tenderloin)*

## Zines

Die hiesige Zine-Szene ist seit den 1970er-Jahren eine Goldgrube für spannende Lektüre und brachte den Punk, den Do-it-yourself-Gedanken und V. Vales wegweisenden Verlag RE/Search nach San Francisco. Die Stadtbibliothek San Franciscos sammelt lokale Publikationen seit 1966 – lohnenswert sind historische Exemplare in der Little Maga/Zine Collection im 6. Stock der Hauptbibliothek (S. 88). Zines, die sich als interessante Lektüre auf dem Heimflug eignen, sind in der breiten Auswahl bei Needles & Pens (S. 171) zu finden.

Das erfolgreichste Zine ist *McSweeney's*, gegründet von Dave Eggers, der mit *Ein herzzerreißendes Werk von umwerfender Genialität: eine wahre Geschichte* (2000) zu Ruhm kam. Mit den Einnahmen aus diesem Bestseller rief Eggers das 826 Valencia (S. 153) ins Leben, ein gemeinnütziges Literaturprojekt für Jugendliche. Neben Zines, die von Kids geschrieben werden, hat *McSweeney's* auch einen hervorragenden literarischen Stadtplan von San Francisco im Programm.

## Spoken Word

Die literarische Tradition San Franciscos steht nicht nur im Bücherregal. Beat-Autoren wie Jack Kerouac und Bob Kauffman befreiten Generationen von Open-mike-Redekünstlern von der Tyrannei der Geschichten mit Moral und Interpunktion. An Allen Ginsbergs rauschhafte Lesungen aus *Das Geheul* wird im Beat Museum (S. 115) erinnert, sie inspirieren noch immer Slam-Poeten beim Litquake (S. 36) und bei Slams in Mission, North Beach und im Tenderloin.

# Bildende Kunst

**Kunst springt aus dem Rahmen und steigt vom Podest in San Francisco, wo Wandbilder, Straßenkunst und improvisierte Altäre direkt den Weg vom Bürgersteig in die Galerien nehmen. Absperrseile sind nichts für die allumfassenden Installationen und interaktive Medienkunst, die oft provokativ, manchmal überwältigend, aber niemals spröde ist.**

## Medien & Methoden

San Francisco hat ein paar beeindruckende Standortvorteile: Es ist eine fotogene Stadt mit einer schillernden Vergangenheit, das dokumentieren 150 Jahre Fotografie und Malerei. Weitere Traditionen wie die Beat-Collagen der 1950-Jahre, die psychedelische Kunst der 1960er-Jahre, der Punk der 1970er-Jahre, Graffiti der 1980er-Jahre, Skateboard-Design der 1990er-Jahre und die Medienkunst der 2000er-Jahre lassen die Kunstszene pulsieren.

### Fotografie

Der einflussreiche Fotografie-Pionier Pirkle Jones erkannte früh das besondere Potenzial für Landschaftsfotografie in Kalifornien, aber erst die Arbeiten des in San Francisco geborenen Ansel Adams, seine Aufnahmen von der Wildnis Nordkaliforniens und seine Bildbände über den Yosemite-Nationalpark in den 1940er-Jahren lockten Generationen von kamerabewehrten Besuchern in die Stadt. Zusammen mit der auf ihrem Gebiet nicht weniger bedeutsamen Straßenfotografin Imogen Cunningham und Edward Weston, dem Meister des Stilllebens, der ein Atelier in San Francisco besaß und häufig von seinem Wohnsitz im nahen Carmel herüberkam, gründete Adams die Group f/64.

Adams und Cunningham lehrten am San Francisco Art Institute, ebenso wie die führende Dokumentaristin der Weltwirtschaftskrise Dorothea Lange. Zu deren vielen ergreifenden Arbeiten gehören Porträts von landwirtschaftlichen Wanderarbeitern in Kalifornien und von japanischen Amerikanern, die während des Zweiten Weltkriegs in San Francisco in Internierungslager gesteckt wurden. Die Fotos aus den Internierungslagern standen im Widerspruch zur offiziellen Propaganda, wurden vom Militär beschlagnahmt und waren 50 Jahre lang nicht zu sehen.

Als Reaktion auf die Zensur gründete Lange zusammen mit Adams und anderen Fotografen die wegweisende Fotozeitschrift *Aperture*. Heute findet die in den darin veröffentlichten Bildern zum Ausdruck gebrachte Gesellschaftskritik ihre Fortsetzung in den dystopisch inszenierten Farbfotos von bürgerlichen Kaliforniern von Larry Sultan und Todd Hiddo. Das renommierte Magazin erscheint noch immer und auch die Galerie SF Camerawork setzt mit spannenden Fotoausstellungen und Publikationen eine große Tradition in San Francisco erfolgreich fort. Fans der Fotokunst sollten noch vor ihrer Reise Eintrittskarten für das SFMOMA buchen – mit ihren bahnbrechenden Ausstellungen setzt die erstklassige Sammlung historischer und zeitgenössischer Fotografie immer wieder neue Maßstäbe.

**Fotokunst**

*SFMOMA (Downtown)*

*SF Camerawork (Civic Center)*

*De Young Museum (Golden Gate Park)*

*Fraenkel Gallery at 49 Geary (Union Square)*

*Chinese Historical Society of America (Chinatown)*

*Casemore Kirkeby (Dogpatch)*

## Sozialkritik

Der sozialistische Realismus führte in den 1930er-Jahre den mexikanischen Maler Diego Rivera und seine Frau, die surrealistische Malerin Frida Kahlo, nach San Francisco. Rivera folgte einer Einladung, für den San Francisco Stock Exchange Lunch Club ein Fresko mit politischer Botschaft zu malen, Frida Kahlo realisierte hier ihre ersten Porträtaufträge. Über zehn Jahren verbrachten die beiden schillernden Stars der modernen Kunst in der Stadt. Mit ihrer Arbeit und als Gastgeber von Kunstsalons in ihren Ateliers in North Beach wurden sie zur Inspiration für kühne neue Ansätze in der öffentlichen Kunst. Seit den 1970er-Jahren werden ihre überlebensgroßen Figuren wie auch ihre linke Haltung von *muralistas* in Mission kopiert, zu sehen u. a. am Women's Building und in der Balmy Alley.

Die während der Weltwirtschaftskrise gegründete Arbeitsbeschaffungsbehörde Work Projects Administration (WPA) engagierte mehrere San Franciscoer Wandbildmaler, die mit ihren Werken das Rincon Annex Post Office, den Coit Tower, das Aquatic Park Bathhouse und das Beach Chalet schmücken sollten. Als sich zeigte, dass der Inhalt der Bilder am Rincon Post Office und am Coit Tower radikaler war, als das staatlich geförderte Kunstprojekt vorgesehen hatte, wurden Stimmen laut, die Änderungen an den Bildern verlangten. Aber die Kunstwerke überdauerten die Zensoren und werden heute als Wahrzeichen geschätzt.

Ein Gegenstück zur hoch gesinnten revolutionären Kunst ist in San Francisco die mutige und respektlose Satire. Tony Labatts Videos aus den 1970er-Jahren mit Discokugeln, die in seinem Intimbereich baumeln, entlarvten den Narzissmus der Disco-Ära, während sich Lynn Hershman Leesons Performances als ihr Alter Ego Roberta Breitmore sich mit dem Feminismus, Selbsthilfebewegungen und dem Diätwahn der 1970er-Jahre beschäftigten. Der Provokateur Enrique Chagoya erfindet heute archäologische Artefakte aus einem Paralleluniversum, in dem die USA eine Kolonie Mexikos sind – diese alternative Realität guckte er sich von Philip K. Dicks Roman *Das Orakel vom Berge* ab und verwandelte sie in einen faszinierenden Maya-Kodex.

### Provokative Kunst

- *Catharine Clark Gallery (Potrero Hill)*
- *Luggage Store Gallery (Civic Center)*
- *Yerba Buena Center for the Arts (SoMa)*
- *Anglim Gilbert Gallery (Financial District & Dogpatch)*
- *Haight Street Art Center (Haight-Ashbury)*

## Abstraktion

Die Kunsthochschulen der Stadt zogen in der Nachkriegszeit wichtige Vertreter des abstrakten Expressionismus an – Clyfford Still, David Park und Elmer Bischoff lehrten am San Francisco Art Institute. Still und Park wurden die Gründer einer Bewegung, die später den irreführenden Namen Bay Area Figurative Art Movement bekam und mit der heute vor allem die geometrischen, farbigen Landschaften des San Franciscoer Malers Richard Diebenkorn assoziiert werden. Diebenkorns Werke beeinflussten den San Franciscoer Pop-Künstler Wayne Thiebaud, der Straßennetze des Sunset District zu abstrakten Stadtlandschaften verzerrte.

### Inspirierte Abstraktion

- *Haines Gallery at 49 Geary (Union Square)*
- *Hosfelt Gallery (Potrero)*
- *Gregory Lind Gallery at 49 Geary (Union Square)*
- *Eleanor Harwood Gallery (Dogpatch)*
- *Ratio 3 (Mission)*

## Große Ideen, große Kunst

Die Begeisterung für Kunst und persönliche Vision kann in San Francisco zur Besessenheit werden, so wie bei *The Rose,* dem legendären Gemälde der Beat-Künstlerin Jay DeFeo, an dem sie seit den 1950er-Jahren acht Jahre lang arbeitete und auf das sie 900 kg Farbe auftrug – bis ein Loch in die Wand ihrer Wohnung geschlagen werden musste, um es mit dem Gabelstapler rauszuholen. Die Bildhauerin Ruth Asawa webte in den 1950er-Jahren nicht mit Wolle, sondern mit Metall, nachdem sie ihre Kindheit hinter dem Stacheldraht der Internierungslager für japanische Amerikaner verbracht hatte. Sie schuf die Skulpturen im Young

Museum, die wie Quallen in Zwiebeltürmchen in Pilzen aussehen, und den geliebten San Francisco Fountain am Union Sq, an dem über 200 San Franciscoer Bürger dargestellt sind. Der aktuelle obsessive Künstler ist der in San Francisco aufgewachsene Medienkünstler Matthew Barney. Seinen Einstand im SFMOMA gab er mit dem Filmzyklus *Cremaster Cycle*, in dem viel Vaseline zum Einsatz kommt.

## Poster & Street-(sm)Art

Poster sind eine wichtige Kunstform in San Francisco, von den psychedelischen Konzertankündigungen von Stanley Mouse, die in den 1960er-Jahren Fillmore schmückten, bis zu politischen Protestplakaten, die auch heute noch in der ganzen Stadt an Wände gekleistert werden. In Ladenfronten in Mission entdeckt man vielleicht Siebdruckposter der verstorbenen Künstlerin Susan O'Malley, die für ihre Plakatserie *Advice from My 80-year-old Self* (Rat von meinem 80-jährigen Selbst) Passanten auf der Straße um Ratschläge bat. Im Haight Street Art Center kann man Posterausstellungen besuchen und Siebdruckkünstlern im Atelier über die Schulter schauen.

Mit den Wandbildern in der Balmy Alley und rebellischer Posterkunst als Inspiration wurden in den 1990er-Jahren in der Clarion Alley Garagentore und Skateboards mit plakativen, merkwürdig berührenden Motiven verziert. Die in Graffiti-Manier erstellten Bilder mit großer erzählerischer Kraft wurden bald als „Mission School" bezeichnet und die „Professorin" der Mission School war die inzwischen bereits verstorbene Margaret Kilgallen, in deren genau beobachteten Charakterstudien handgemalte Straßenschilder, Comic-Pathos und die Detailgenauigkeit eines Miniaturmalers zusammenkamen.

Clare Rojas entwickelte diese Stilformen weiter. Ihre Wandbilder urbaner Volkskunst zeigen bedrohliche, trampelige Grizzlybären und

### Wandbilder

*Diego Rivera Gallery im SF Art Institute (Russian Hill)*

*Coit Tower (North Beach)*

*WPA-Wandbilder am Rincon Annex (SoMa)*

*Balmy Alley (Mission)*

*Women's Building (Mission)*

*Clarion Alley (Mission)*



### SKULPTUREN IM ÖFFENTLICHEN RAUM

San Francisco verdankt seinen Ruf auf dem Gebiet der Bildhauerei einem Nacktmodell: „Big Alma" Spreckels. Sugar-Daddy Adolph Spreckels hinterließ ihr ein Vermögen aus seinen Zuckerplantagen, das sie großzügig für den Bau des Museums Legion of Honor und dessen Rodin-Skulpturenhof spendete. Der nächste Wohltäter war die WPA; zu den von ihr finanzierten Projekten gehören der Seehund von Beniamino Bufano im Aquatic Park Bathhouse und ein nautisches Fries aus grünem Schiefer des bahnbrechenden afroamerikanischen Künstlers Sargent Johnson.

Der Bildhauer, der, misst man es an der schieren Größe seiner Werke, die Stadtlandschaft von San Francisco am meisten prägt, ist Richard Serra, zu dessen Werken das Skulpturenlabyrinth in der Lobby des SFMOMA und der Campus der University of California San Francisco in Mission Bay gehören. Serras gewaltige, minimalistische Formen aus rostigem Metall wurden wohlwollend mit Schiffsbugen verglichen – weniger wohlwollend mit Ausschussware aus Sowjetfabriken.

Öffentliche Skulpturen sind ein beliebtes Diskussionsthema in San Francisco, seit 1894 selbsternannte Kunstkritiker im Washington Square Park die Statue des Zahnarztes Henry D. Cogswell über einem öffentlichen Trinkbrunnen, den er gespendet hatte, niederrissen. *Cupid's Span* (2002) von Claes Oldenburg und Coosje van Bruggen – Pfeil und Bogen von gigantischer Größe im Embarcadero – sollte den Ruf San Franciscos als Stadt der Liebe repräsentieren. Doch die Stadt ist keineswegs betört: Eine Umfrage ergab, dass die Skulptur zu den verhasstesten öffentlichen Kunstwerken vor Ort gezählt wird. Tony Bennetts musikalische Hymne *I Left My Heart in San Francisco* inspirierte die Spendenaktion „Hearts in San Francisco" des SF General Hospital, aber auch die Herzen kommen nicht bei allen gut an. Sie werden regelmäßig mit Graffiti besprüht und von vierbeinigen Kritikern mit erhobenem Bein markiert.

winzige, kampfbereite Mädchen in Hoodies. Der Street-Art-Star Barry McGee bemalt große Mengen gefundener Flaschen mit sommersprossigen, nichtsnutzigen Figuren und stellt immer noch in der Luggage Store Gallery aus. Manche Kunst der Mission School wird als scheinnaives Werk bekiffter Kunsthochschulabsolventen kritisiert – aber wenn sie ernst gemeint ist, trifft sie den Punkt.

**Medienkunst**

*Di Rosa (Napa Valley)*

*SFMOMA (SoMa)*

*Catharine Clark Gallery (SoMa)*

*Southern Exposure (Mission)*

*De Young Museum (Golden Gate Park)*

## Neue Medien

Seit 40 Jahren ist die Bay Area das globale Zentrum für technologische Innovation – und die Künstler fingen an, die neuen Technologien auf kreative Weise für eine neue Medienkunst zu nutzen. Seit den 1980er-Jahren manipuliert der Künstler Jim Campbell aus Silicon Valley Motherboards so, dass sie abstürzen. Seine Installation **Day for Night** (Salesforce Tower; Karte S. 322; 415 Mission St; ⏲Sonnenunter- bis Sonnenaufgang) projiziert mithilfe von 11 000 LED-Leuchten Szenen von Tänzern und Passanten, die 52 Stockwerke tiefer auf den Straßen der Stadt miteinander interagieren, auf neun Etagen an der Spitze des Salesforce Tower. Die Installation Bay Lights (S. 80) des Künstlers Leo Villereal ist allerdings noch größer: Jede Nacht illuminieren 25 000 LEDs den gesamten westlichen Zug der Bay Bridge in faszinierenden, sich ständig verändernden Mustern.

# Musik

**In San Francisco spielen viele verschiedene Musikrichtungen eine Rolle. Klassische Musik, Bluegrass, lateinamerikanische Rhythmen, Electronica sowie chinesische und italienische Oper haben die Menschen durch Erdbeben und Feuer hindurch, in Boom- und Krisenzeiten bei Laune gehalten. Musiktrends, die rund um die Bay entstanden, sind nie wirklich verschwunden: Free Jazz und Folk der 1950er-Jahre, psychedelischer Rock der 1960er-Jahre, Disco-Hymnen der 1970er-Jahre oder West Coast Rap und Pop-Punk aus Berkeley der 1990er-Jahre und elektronische Tanzmusik der 2000er. Heute werden all diese Genres am DJ-Pult gemixt.**

## Klassische Musik & Oper

Veränderungen in der Aufstellung der SF Giants wären weniger überraschend als der Coup der San Francisco Symphony, als man 2018 den finnischen Innovator Esa-Pekka Salonen von der Disney Symphony Hall in LA und seinen eigenen Kompositionen weglockte, um Michael Tilson Thomas als Musikdirektor zu ersetzen. Seit 1995 hat die San Francisco Symphony mehr Grammys eingeheimst als die Beatles – bislang 18. Und der Grund ist klar: allabendliche Vorführungen begeistern das Publikum mit einem unvorhersehbarem Mix aus Klassik pur, Kollaborationen mit Bands wie Metallica oder dem Kronos Quartet und wirklich merkwürdiger experimenteller Musik.

Die San Francisco Opera ist nach der New Yorker Metropolitan Opera das zweitgrößte Opernensemble der USA – in Sachen Risikobereitschaft ist sie unübertroffen. Angesichts avantgardistischer Originalinszenierungen wie *Harvey Milk* und *The (R)evolution of Steve Jobs* oder dem chinesischen Kurtisanenepos *Dream of the Red Chamber* ist kaum zu glauben, dass die Wurzeln der Oper in San Francisco im 19. Jh. liegen.

### Klassische Musik & Oper

*San Francisco Symphony (Civic Center)*

*San Francisco Opera (Civic Center)*

*Stern Grove Festival (Golden Gate Park)*

*Zellerbach Hall (Berkeley)*

*SoundBox (Hayes Valley)*

## Rock

In jüngster Zeit trägt San Franciscos bevorzugter Rock bei Musikfestivals wie Outside Lands, Noise Pop und Bottle Rock (www.bottlerocknapavalley.com) in Napa die Vorsilbe *alt* (für alternativ oder Indie). Heimische Acts wie Rogue Wave, Peggy Honeywell und Joanna Newsom mischen noch Akustik-Folk-Stilelemente hinzu, auch wenn sie nicht im folkigen Freight & Salvage Coffeehouse in Berkeley oder auf dem Hardly Strictly Bluegrass Festival im Golden Gate Park auftreten. Alte Sounds aus San Francisco werden wieder neu, wenn lokale Bands an jedem beliebigen Abend im Public Works, Brick & Mortar, Bottom of the Hill, Independent oder Hotel Utah spielen.

Aber Rock aus San Francisco ist nicht nur Gitarrezupfen im kalifornischen Sonnenschein. Metallfans muss man Metallica nicht vorstellen, erfolgreiche Überlebende eines Genres, das in den '80ern beinahe am eigenen Haar erstickt wäre. Black Rebel Motorcycle Club und Deerhoof mischen eine Portion raues Mission in ihren massiven Sound.

Aus der Ferne drängt sich vielleicht der Eindruck auf, San Franciscos Rockszene sei längst einer Überdosis zum Opfer gefallen. Verständ-

Klassische Musik ist in San Francisco bezahlbar, oft sogar gratis. Diese Tradition begann mit Gratisauftritten von Operndiven, die nach dem Erdbeben von 1906 die Stimmung heben wollten. Termine von kostenlosen Konzerten in der ganzen Stadt stehen auf www.sfcv.org.

Im Fillmore Auditorium (S. 146)

lich. Die Stadt ist berüchtigt als Welthauptstadt der Drogentoten unter Rockstars. Beim Bummel durch Haight-Ashbury passiert man Plätze, an denen Janis Joplin auf der Suche nach dem Rausch ihr Leben riskierte, in der 32 Delmar St stürzte sich Sid Vicious in Heroinexzesse, die letztlich zur Auflösung der Sex Pistols führten, und im Grateful Dead House wurde die Band bei einer Drogenrazzia hochgenommen – und hielt eine Pressekonferenz ab, bei der sie die Legalisierung von Marihuana forderten. Gitarrist Jerry Garcia entkam und lebte noch einige Jahrzehnte bis zu seinem Tod in der Entziehungsklinik 1995.

Die Generation der Babyboomer schuf den Sound der 1960er-Jahre, der der Zeit und der Nüchternheit bis heute standhält. Nach der turbulenten Affäre von Joan Baez und Bob Dylan wandelte sich Folk zum Folk-Rock, und Jimi Hendrix verzerrte die amerikanische Nationalhymne passend zu einem LSD-Trip. Als Janis Joplin mit der Big Brother & the Holding Company *Me and Bobby McGee* auf ihre raue Weise vortrug, war es, als hätten die manchmal schwerfälligen, hölzernen Verse traditioneller Folksongs einen nötigen Sandpapierschliff erhalten. Jefferson Airplane hielten im Fillmore Hof und machten aus Lewis Carrolls opiumbeflügelten Kinderbuchklassiker mit dem eindringlichen Gesang von Grace Slick die psychedelische Hymne *White Rabbit*.

Die 1960er-Jahre waren ein ziemlicher Trip, aber die 1970er-Jahre rockten rund um die Bay. Crosby, Stills, Nash & Young lösten sich auf, aber Neil Young macht bis heute von seiner Ranch südlich von San Francisco aus mit seinem ernsthaften, bluesigen Gejammer weiter. Der Kalifornier Tom Waits, der seit langem in Sonoma wohnt, singt seit den 1970er-Jahren mit seiner nachtverrauchten Kneipenstimme Poesie. Die Steve Miller Band aus San Francisco veröffentlichte Kifferhits wie *The Joker*. Van Morrison, der im Marin County lebte, trat regelmäßig in den Clubs von San Francisco auf. Aber San Franciscos Kultrocker der

### Rock & Punk

- *Fillmore Auditorium (Japantown)*
- *Warfield (Union Square)*
- *Bottom of the Hill (Potrero Hill)*
- *Great American Music Hall (Tenderloin)*
- *Slim's (SoMa)*
- *Hardly Strictly Bluegrass (Oktober; Golden Gate Park)*

1970er-Jahre schlechthin ist der in Mission geborene Carlos Santana, der in *Black Magic Woman*, *Evil Ways* und *Oye Como Va* klagende Bluesgitarre und lateinamerikanische Rhythmen verband. Mit *Supernatural*, für das er 1999 einen Grammy erhielt, und *All That I Am*, 2005 zusammen mit Kirk Hammett von Metallica aufgenommen, legte Santana ein großartiges Crossover-Comeback hin.

Die ultimative Rockhymne San Franciscos ist eine Powerballade aus den 1980er-Jahren von der San Franciscoer Superband Journey: *Lights*. Giants-Fans bringen sich vor Spielen durch Abrocken mit Luftgitarre zu Journeys *Don't Stop Believing* in Stimmung, dem inoffiziellen Song zu World-Series-Meisterschaften der Giants.

**Funk & Hip-Hop**

Mezzanine (SoMa)

Outside Lands (August; Golden Gate Park)

Independent (Haight/NoPa)

Boom Boom Room (Japantown)

Warfield (Union Square)



## Funk & Hip-Hop

Wenn San Francisco irgendetwas mehr liebt als eine Hymne, dann ist es eine Hymne mit funkigem Groove. Den verkörperte in den 1960er-Jahren die schwarz-weiße Superband Sly and the Family Stone, deren Nummer-eins-Hits Funk-Manifeste sind: *Everyday People*, *Stand* und *Thank You (Falettinme Be Mice Elf Agin)*. Die Disco-Hymne *You Make Me Feel (Mighty Real)* von Sylvester steht sinnbildlich für die sexuelle Revolution der 1970er-Jahre. Wie Hibiscus, die Drag-Diva der Cockettes, die 1982 an Aids starb, treibt sie das Publikum in San Francisco nach wie vor auf die Tanzfläche.

Der Funk der 1970er-Jahre in San Francisco fand ein Echo in Oakland jenseits der Bucht, wo Tower of Power den Groove mit straffen Hornarrangements untermalte. Derweil nahm in Marin ein erstaunlich talentierter junger Musiker sein erstes Album auf: Die Platte hieß *Controversy* und der Musiker Prince. Dieser ganze abgefahrene Funk bildete die Grundlage der Hip-Hop-Szene der Bay Area und brachte den jazzigen Charlie Hunter, die genreübergreifenden Broun Fellinis und den ansteckenden „Wocka-Wocka"-Sound des Rappers Lyrics Born hervor. MC Hammer, Crossover-Hip-Hop-Hitmacher der 1980er-Jahre aus Oakland, ist dafür bekannt, die Pluderhose zum Modetrend gemacht zu haben. Sein Einfluss ist im lebhaften, überdrehten Sound von E-40 noch immer zu hören.

Politische Kritik und Pop-Refrains wurden typisch für die Hip-Hop-Szene der East Bay, repräsentiert von Michael Franti, Spearhead, Blackalicious und die Coup. Aus der Bay Area stammte auch der talentierteste und verrufenste Rapper der Welt: Tupac Shakur, der 1996 als Folge eines Rivalitätskampfes unter Gangsta-Rappern zwischen East und West Coast getötet wurde. In letzter Zeit sind die Rapper San Franciscos weniger kampflustig und mehr technologie-affin, wie in *San Francisco Anthem* von SF MC San Quinn zu hören ist.

*Search & Destroy* war die schlampig fotokopierte und total spannende Chronik der Punkszene in San Francisco von 1977 bis 1979. Die erste Ausgabe wurde mit 100 $ von Allen Ginsberg und Lawrence Ferlinghetti finanziert, in den 1980er-Jahren wurde daraus V. Vales einflussreiches Magazin *RE/Search*.

## Punk

London mag politischer und Los Angeles härter gewesen sein, aber der Punk aus San Franciscos war weitaus schräger. Der Leadsänger der Dead Kennedys Jello Biafra kandidierte 1979 für das Amt des Bürgermeisters. Sein Wahlprogramm hatte er auf eine Papierserviette geschrieben: Autos verbieten, offizielle Tarife für Bestechung festlegen und Geschäftsleute zwingen, sich als Clowns zu kleiden. Er erhielt 6000 Stimmen; seine politische Unterstützung wird noch immer hoch geschätzt. In Sachen Kuriosität kann jedoch selbst Jello den Residents nicht das Wasser reichen, deren Identität nach 60 Aufnahmen und 30 Jahren auf der Bühne, wo sie ihre Köpfe in riesigen Augäpfeln verbergen, noch immer nicht bekannt ist.

Punk ist nicht tot in der Bay Area. Die Avengers spielten in San Francisco in jener Nacht mit den Sex Pistols, als die sich auflösten, und dem

Vernehmen nach stellte Leadsängerin Penelope Houston in Sachen Bühnen-Intensität Johnny Rotten in den Schatten. Anders als die Pistols sind die Avengers noch immer voll dabei. In den 1990er-Jahren brachten die von Ska beeinflusste Band Rancid und die Pop-Punker Green Day den Punk raus aus dem 924 Gilman in Berkeley rein ins Rampenlicht der Massenmedien. Hardcore-Punks lästerten über die Hits von Green Day, aber die Gruppe erhielt 2004 viel Anerkennung (und Grammys) für die finstere Sozialkritik von *American Idiot* – jedenfalls bis das Album zum Broadway-Musical wurde.

Wichtige Clubs wie Bottom of the Hill und Slim's sorgen dafür, dass Punk in San Francisco weiterlebt und fetzt. DNOFX aus San Francisco nahm nach einem ersten Erfolg mit *Punk in Drublic* ein beeindruckend abgefahrenes Konzert im Slim's mit dem Titel *I Hear They've Gotten Worse Live!* auf. Mit der Queercore-Band Pansy Division, dem Glam-Punk-Songwriter Ezra Furman und den ungestümen Blechbläsereinsätzen der Latino-Ska-Punk-Band La Plebe wird der Punk in San Francisco fortgeschrieben.

**Jazz**

*SFJAZZ (Hayes Valley)*

*Black Cat (Tenderloin)*

*Revolution Cafe (Mission)*

*Yerba Buena Center for the Arts (SoMa)*

*The Chapel (Mission)*

## Jazz

Seit Hausbands Ragtime-Hits in die Tasten hauten, um das Publikum an der Barbary Coast von Kneipenschlägereien abzulenken, erschallt in San Francisco der Jazz. Das SFJAZZ Center ist das größte Jazzzentrum der Nation und ein Magnet für Talente aus aller Welt, die sich hier die Klinke in die Hand geben. Aber Jazz ist in der ganzen Stadt zu finden, vom alteingessenen Revolution Cafe in Mission und dem Black Cat im Tenderloin bis zur Sheba Piano Lounge in Fillmore und dem swingenden Club Deluxe in Haight-Ashbury.

In den 1950er-Jahren machte San Francisco auf cool, als der Jazz der West Coast vom legendären Dave Brubeck Quartet, dessen *Time Out* zu den bestverkauften Jazzalben aller Zeiten gehört, aufgefrischt wurde. Die Beatniks standen auf Bebop, eine Szene, über die eindrücklich in Jack Kerouacs *Unterwegs* berichtet wird. Billie Holiday und Miles Davis kamen für Aufnahmen ins Black Cat, und John Coltrane wird heute in der African Orthodox Church of St. John Coltrane als Heiliger verehrt.

### SAN FRANCISCO PLAYLIST

- *Take Five* vom Dave Brubeck Quartet (1959)
- *I Left My Heart in San Francisco* von Tony Bennet (1962)
- *Everyday People* von Sly and the Family Stone (1968)
- *Evil Ways* von Santana (1969)
- *Ripple* von Grateful Dead (1970)
- *Me and Bobby McGee* von Janis Joplin (1971)
- *Lights* von Journey (1978)
- *The American in Me* von den Avengers (1979)
- *Welcome to Paradise* von Green Day (1992)
- *Make You Feel That Way* von Blackalicious (2002)
- *California* von Rogue Wave (2005)
- *Stay Human (All the Freaky People)* von Michael Franti & Spearhead (2007)
- *San Francisco Anthem* von San Quinn (2008)
- *Sing Sang Saing* von Peggy Honeywell (2009)
- *Grace Cathedral Hill* von The Decemberists (2014)
- *Restless Year* von Ezra Furman (2015)

In den 1960er-Jahren explodierte die Jazzszene San Franciscos in ein Kaleidoskop verschiedenster Stilformen. Der Trompeter Don Cherry begeisterte mit Ornette Colemans avantgardistischem Ensemble, während die Dixieland-Band Turk Murphy den klassischen Jazz aufrecht hielt.

Heute nimmt der Jazz in San Francisco viele unerwartete Wege und taucht dort auf, wo man ihn am wenigsten erwartet. Auf den neueren Bühnen wie im SFJAZZ und dem Chapel wechseln die Tempi von Latino-Jazz zu Klezmer, von Acid-Jazz zu Afrofunk. Und wo sind die Jazz-Traditionalisten? Sie treten beim Hardly Strictly Bluegrass Festival auf und teilen die Bühne der Symphony Hall. Zu Weihnachten ist Jazz aus San Francisco nicht zu überhören: Vince Guaraldi schrieb die Filmmusik zu *A Charlie Brown Christmas,* das beliebte Kontrastprogramm zu den üblichen Weihnachtsliedern.

# Architektur

**Superman würde in San Francisco nicht viel Eindruck schinden können. Die meisten Gebäude sind niedrig genug, dass selbst ein mittelmäßiger Superheld sie mit einem Satz überspringen könnte. Transamerica Pyramid, Salesforce Tower und der Uhrenturm des Ferry Building sind für Neulinge hilfreiche Orientierungspunkte und der Coit Tower ist ein Ausrufezeichen in der Skyline. Die Highlights sind jedoch andere Bauformen: die Lehmbauten in Mission, viktorianische Häuser in Haight-Ashbury und wildblumenbedeckte Dächer im Golden Gate Park. San Franciscos Straßen säumen Westernfassaden mit Giebeln, die so charakteristisch sind wie ein Cowboyhut.**

## Die Mission & die ersten Gebäude an der Bucht

Von der ursprünglichen Bebauung San Franciscos durch die Ohlone ist nicht mehr viel erhalten, abgesehen von der Gedenkstätte auf dem Friedhof der Mission Dolores und der Presidio-Mauer – beide von zwangsverpflichteten Einheimischen aus Lehmziegeln gebaut. Als der Goldrausch begann, wurden viele Häuser aus vorgefertigten Holzelementen zusammengeschustert – frühe Vorgänger der Fertigbauweise.

**Frühe Architektur**

*Mission Dolores (Mission)*

*Presidio*

*Cottage Row (Japantown)*

*Jackson Square (Downtown)*

*Waverly Place (Chinatown)*

*Octagon House (Cow Hollow)*

Die City Hall war zu Zeiten der Barbary Coast ziemlich unbeeindruckend, zumindest von außen: Das Rathaus war im Jenny Lind Theater untergebracht, einer Burlesque-Bühne am Portsmouth Sq. Die Uferbebauung der stürmischen Wildwestzeit San Franciscos wurde durch Brandstiftung fast vollständig zerstört, wie auch die heute längst vergessenen Stadtviertel Sydneytown, Manilatown und Chiletown, so benannt nach der Heimat der ersten Goldsucher, die hier eintrafen. Schließlich kamen die Bauherren am Jackson Sq zur Vernunft und bauten mit Ziegeln.

Aber selbst Mauerwerk war dem Erdbeben und Feuer von 1906 nicht gewachsen. Die Uferregion wurde nahezu dem Erdboden gleichgemacht, mit der mysteriösen Ausnahme des AP Hotaling's Warehouse von 1866, in dem damals der größte Whiskeybestand San Franciscos lagerte. Auf einer Bronzeplakette am Gebäude ist der schlagfertige Kommentar des Dichters Charles Field verewigt: „Wenn, wie es heißt, Gott die Stadt verdrosch/Weil sie zu übermütig war/Warum brannte er seine Kirchen nieder/Aber verschonte Hotalings Whiskey?"

Hügelaufwärts Richtung North Beach sind ein paar weitere original erhaltene Backsteinfassaden im Italianate-Stil zu sehen, die in den 1860er- bis 1880er-Jahren klugerweise mit Fundament gebaut wurden. Die hohen Scheinfassaden sind mit vorspringenden Gesimsen und eleganten Bogen gestaltet.

## Viktorianische Stilelemente

Um all die Zuzügler unterzubringen, die angesichts des Gold- und Silberrauschs, des Booms im Eisenbahnbau, in der Holzwirtschaft und in der Schifffahrt in die Stadt kamen, brauchte San Francisco viel neuen

Wohnraum. Reihenhäuser mit Grundkonstruktionen aus Holz entstanden praktisch über Nacht, alle basierten auf einem ähnlichen Grundriss, unterschieden sich aber in ihren auffälligen Farben und Verzierungen. Einige dieser „Painted Ladies" stellten sich als überraschend standhaft heraus: In Pacific Heights, Haight-Ashbury und Mission sind diverse viktorianische Reihenhäuser erhalten.

Die viktorianische Ära war eine Zeit kolonialer Eroberungen und der Höhepunkt des europäischen Zeitalters der Entdeckungen, und die Viktorianer sahen sich gern selbst als die wahren Nachfolger früherer Hochkulturen. Die San Franciscoer integrierten Elemente aus dem alten Rom, Ägypten und der italienischen Renaissance in die Villen um den Alamo Sq und verliehen dem aus dem Boden gestampften neuen San Francisco den Touch einer zusammengewürfelten Instant-Kultur. Wer genau hinsieht, entdeckt an einigen der Villen Theatermasken als Fassadenschmuck. Angeblich sollen sie früher als Zeichen gedient haben, dass sich in dem jeweiligen Haus ein Bordell befand.

**Viktorianische Architektur**

*Alamo Square (Haight-Ashbury)*

*Haas-Lilienthal House (Pacific Heights)*

*Conservatory of Flowers (Golden Gate Park)*

*Palace Hotel (Downtown)*

*Mission*

## Pazifischer Architektur-Mix

Bei einem Spaziergang durch die Stadt oder auch nur die Straße runter stößt man unweigerlich auf das spanische und mexikanische Erbe, asiatische Ursprünge und die Verbindung San Franciscos mit der kalifornischen Arts-and-Crafts-Bewegung. Bordellbarock im Italianate-Stil war die bevorzugte Optik für die Tanzlokale der Stadt, wie bei der Great American Music Hall von 1907. Die Kaufleute in Chinatown dagegen bauten ihre eigenen Versionen von Art déco mit Pagode obenauf, um Touristen in die Grant St zu locken.

Die Kinos und Theater in San Francisco verzichteten zugunsten purer Fantasie auf jede geografische Logik, das begann mit den maurischen Bogen am orientalisierenden Alcazar Theatre (650 Geary St) von Thomas Patterson Ross aus dem Jahr 1913. Timothy Pfluegers Kinopaläste in der Bay Area zieren Chinoiserie- und Maya-inspirierte Elemente.

### Mission & mesoamerikanische Einflüsse

Auch wenn Mexiko und Spanien gegeneinander um Kalifornien kämpften und Missionare und Maya offenkundige religiöse und kulturelle Differenzen hatten: San Franciscos architektonische Fantastereien nivellierten diese Unterschiede mit Zement, Kacheln und Gipsputz. Mesoamerikanische Einflüsse sind in den steinernen aztekischen Motiven an den Bankgebäuden in der Sansome St erkennbar, nicht zu vergessen die vergoldeten Maya-Reliefs im Art-déco-Stil, die dem Gebäude 450 Sutter St von Architekt Timothy Pflueger von 1929 umwerfende Pracht verleihen – ohne Frage die mythenbeladenste Zahnarztpraxis der Welt.

Unter dem Einfluss der Panama-Pacific International Exposition, die 1915 in San Francisco stattfand, würdigte die Architekturbewegung Mission Revival von 1915 bis 1935 das hispanische Erbe Kaliforniens. Der Trend zum spanischen Barock begann mit dem Bau einer neuen Basilika für die Mission Dolores im Stil des Churriguerismus (mexikanische Version des spanischen Barock).

Der Stil erwies sich als auch für Profanbauten geeignet, zu sehen an Pfluegers mexikanisch-barocker Fassade des Castro Theatre. Pflueger war es auch, der 1931 den großen mexikanischen Maler Diego Rivera nach San Francisco einlud, um das Fresko *Allegory of California* für den Stock Exchange Lunch Club zu malen, das in der Stadt eine Begeisterung für Wandmalerei in Gang setzte, die sich bis heute in den Straßen von Mission fortsetzt.

### Chinatown-Art-déco

Chinatown wurde ursprünglich in aller Eile von nichtchinesischen Grundbesitzern aus billigen, nicht gehärteten Ziegeln erbaut, die dem Erdbeben von 1906 nicht standhielten. Feuer fegte durch das Viertel und verformte die Ziegel zu scheinbar unbrauchbaren Klinkersteinen. Aber angesichts der Pläne der Stadtverwaltung, sie zwangsweise umzusiedeln, nutzten die Bewohner Chinatowns diese Klinkersteine auf geradezu geniale Weise, um ihr Viertel wiederaufzubauen. Mauerwerk aus Klinker wurde bald auch das Merkmal der kalifornischen Arts-and-Crafts-Architektur, in San Francisco vertreten durch die Architektin Julia Morgan, die das Chinatown YWCA entwarf. Sie war die erste Frau, die in Kalifornien Architektur studieren durfte. Ab 1922 war sie mit dem Bau des pompösen Hearst Castle beauftragt. Der mit einer Pagode gekrönte Klinkerbau des Chinatown YWCA und die elegante Emanu-El Sisterhood Residence im Italianate-Stil zeigen ihr großes Geschick sowie Zurückhaltung und Finesse beim Kombinieren kultureller Traditionen.

Um dem Geschäftsleben in dem zerstörten Viertel wieder auf die Beine zu helfen, setzte Chinatown ein Wiederaufbauprogramm in Gang. Eine Gruppe von Händlern unter Führung von Look Tin Eli beriet in den 1920er- und 1930er-Jahren mit Architekten und Interessenvertretern, um einen Chinatown-spezifischen Art-déco-Stil zu kreiieren.

**Architektonische Wahrzeichen**

*California Academy of Sciences (Golden Gate Park)*

*De Young Museum (Golden Gate Park)*

*Swedenborgian Church (Pacific Heights)*

*Chinese Historical Society of America (Chinatown)*

*Frank Lloyd Wright Building – VC Morris Store (Union Square)*

### Kalifornischer Arts-and-Crafts-Stil

Der kalifornische Arts-and-Crafts-Stil verbindet Mission-Einflüsse und den englischen Arts-and-Crafts-Architekturstil, zu sehen an den Bay Area Craftsman Bungalows und an so „geerdeten" Kirchenbauten wie der Swedenborgian Church. Der Architekt Bernard Maybeck aus Berkeley gab mit dem bescheidenen kalifornischen Bungalow – einem kleinen, einfachen und einstöckigen Haus in Anlehnung an die Sommerhäuser britischer Offiziere in Indien – der Arts-and-Crafts-Bewegung aus England ein neues Gesicht. Sein griechisch-römischer Palace of Fine Arts von 1915 dagegen war zwar als temporäres Bauwerk gedacht, doch die bröckelnde künstliche Ruine war so beliebt, dass sie in den 1960er-Jahren in Beton neu gebaut wurde – und bis heute die Lieblingskulisse der San Franciscoer für Hochzeitsfotos ist.

## Moderne Skyline

Nachdem sich Stahlkonstruktionen bewährt hatten, wurden die Bauprojekte in San Francisco ehrgeiziger. Die Stadt strebte danach, die Hauptstädte Europas auszustechen und beauftragte den Architekten Daniel Burnham mit einer prachtvollen City Hall im Pariser Beaux-Arts-Stil. Doch das Rathaus wurde im Erdbeben 1906 zum bloßen Gerippe reduziert. Erst 1924 baute Pflueger San Franciscos ersten echten Wolkenkratzer: das 26-stöckige Pacific Telephone Building in der 140 New Montgomery St in einer Stilmischung aus Gothic Revival und Art déco.

### Flatirons

In Chicago und New York wuchsen Wolkenkratzer in neue Höhen und San Francisco borgte sich das Flatiron- bzw. Bügeleisen-Modell für Eckhochhäuser, um Filetgrundstücke entlang der Market St maximal zu nutzen. Zwischen den Headshops und Pornoschuppen um 1020 Market St, Höhe Taylor St steht jenes filigrane Flatiron-Gebäude, in dem sich das Apartment eines trübsinnigen Brad Pitt in *Interview mit einem Vampir* befand. An einem weniger anrüchigen Straßenzug oberhalb des Wendepunkts des Cable Car in der Powell St befindet sich

Im Inneren des Sutter Building (S. 84)

das altehrwürdige James Flood Building, ein knallharter Charakter, der schon alles erlebt hat: Feuer, Erdbeben und den Versuch von Gap, in seinem Flagship-Store im Erdgeschoss die Schlaghose wieder einzuführen. Der opulente Vetter des Flood ist das Phelan Building von 1908 an der 760 Market St. Das reizende schmale Gebäude an der 540 Market St ist das Flatiron Building von 1913.

## Streamline-Moderne

In den 1930er-Jahren, als der Ozeandampfer-Look (die Streamline-Moderne) des Aquatic Park Bathhouse von 1939 und das Art-déco-Wahrzeichen, die Golden Gate Bridge, entstanden, war San Francisco eine zukunftsorientierte Hafenstadt. Aber mit Ausnahme des unübersehbaren Coit Tower waren die neuen Gebäude eher niedrig und schlicht elegant. Bis in die 1960er-Jahre wurde San Francisco wegen der ausgedehnten Siedlungen aus niedrigen, weiß verputzten Häusern als „weiße Stadt" bezeichnet.

Für Befürworter ist die Bebauung der Mission Bay in SoMa ein zukunftsorientiertes grünes Projekt mit Mischnutzung und hoher Bebauungsdichte. Kritiker halten dagegen, dass derart teure Grundstücke nur Tech-Millionäre und Luxusgeschäfte anziehen.

## Wolkenkratzer

Die Skyline San Franciscos veränderte sich nur wenig, bis Anfang der 1960er-Jahre Neuerungen beim erdbebensicheren Bauen den Hochhausbau auch auf diesem unsicheren Gelände ermöglichten. Das Crown Zellerbach Building von 1959 an der 1 Bush St wurde zum Prototyp für die Innenstadtbebauung: Ein minimalistischer Glaskasten mit Großraumbüros hinter getöntem Glas. Der Financial District wandelte sich zu einem Manhattan-ähnlichen Wald aus Glaskästen, mit einer Ausnahme: die Transamerica Pyramid. Derzeit entstehen in SoMa um den 61-stöckigen Salesforce Tower neue Hochhäuser. Darin sind Flächen für Geschäfte, Eigentumswohnungen, Restaurants und Cafés vorgesehen.

## Fertigbau

Zwischen den viktorianischen Reihenhäusern sind auch einige neuere Exemplare zu sehen, die ähnlich wie die alten direkt von der Stange zu kommen scheinen. Rund um Patricia's Green in Hayes Valley wurden Schiffscontainer zu Geschäften, Cafés und einem Biergarten umgebaut. Das San Franciscoer Magazin *Dwell* setzte sich für von Architekten entworfene ökologische Fertighäuser ein, die in der Bay Area gebaut wurden. Einige der ersten Exemplare sind in Diamond Heights und Bernal Heights zu sehen.

## Umnutzung

Einige viktorianische Villen sind heute B&Bs, in denen die Gäste auf ganz großem Fuß leben können. Zu finden in Haight-Ashbury, Pacific Heights, Mission und in Castro.

Statt von Grund auf neu zu planen, bauen avantgardistische Architekten die eklektische Architektur San Franciscos für die Bedürfnisse einer modernen Stadt um. Für das 2008 eröffnete Contemporary Jewish Museum gestaltete Daniel Libeskind ein altes Elektrizitätswerk mit einem Pavillon aus blauem Stahl als Akzentuierung in das hebräische Wort für Leben um.

Als die Embarcadero-Autobahn bei dem Erdbeben 1989 zusammenbrach, schien endlich die Sonne auf den Embarcadero – und das Potenzial der Uferregion und der Umgebung des Ferry Building kam zum Vorschein. Die vernachlässigten und teilweise verrotteten Hallen von Pier 15 und 17 wurden saniert und über die Fujiko Nakayas Fog Bridge miteinander verbunden. Sie bilden nun das großartige, solarbetriebene neue Heim des Exploratorium. Der neue Erweiterungsbau des SFMOMA umgibt den originalen, von Mario Botta entworfenen Backsteinkasten mit einer Fassade, die welligen, weißen Segeln gleicht, die zum Ablegen bereit zu sein scheinen.

Die Messlatte für Umnutzung hat jedoch das LEED-zertifizierte Ökogebäude der California Academy of Sciences von 2008 gelegt. Der mit dem Pritzker-Preis ausgezeichnete Architekt Renzo Piano behielt die klassizistische Kolonnadenfassade des Vorgängerbaus bei, entkernte das Gebäude, um Platz für ein Aquarium im Keller und einen Regenwald über vier Stockwerke zu schaffen, und krönte es mit einem überkuppelten „lebenden Dach", bepflanzt mit kalifornischen Wildblumen.

SB FREELANCER/SHUTTERSTOCK ©

# Praktische Informationen



Oben: Golden Gate Bridge (S. 58)

# Verkehrsmittel & -wege

## ANREISE

In der Bay Area gibt es drei internationale Flughäfen: in San Francisco (SFO), Oakland (OAK) und San Jose (SJC). Direktflüge gibt es aus den meisten amerikanischen und internationalen Großstädten. Ein Flug von Los Angeles dauert 60 Minuten, von New York sechs Stunden. Der Flug von Frankfurt oder München dauert knapp zwölf Stunden. Hinzu kommen noch Zeit (und Kosten), um San Francisco von Oakland oder San Jose zu erreichen. Die Ersparnis beim Flugpreis gleicht sich unter Umständen durch Transportkosten zu Land wieder aus. Zu berücksichtigen ist auch, dass SFO mehr wetterabhängige Verspätungen hat als OAK, falls die Zeitplanung eine Rolle spielt.

Flüge, Mietwagen und Touren können online über lonelyplanet.com/bookings gebucht werden.

## San Francisco International Airport

Der **San Francisco International Airport** (www.flysfo.com; S McDonnell Rd) ist einer der verkehrsreichsten der USA. Er liegt 14 Meilen (22 km) südlich von Downtown am Hwy 101 und ist mit der Schnellbahn BART zu erreichen.

### Auto

Die Fahrt zwischen Flughafen und Stadt dauert bei wenig Verkehr oft nur 25 Minuten, aber im Berufsverkehr morgens und abends muss mit einer Stunde gerechnet werden. Wer über den Hwy 101 zum Flughafen fährt, nimmt die Ausfahrt „San Francisco International Airport“, nicht die Ausfahrt „Airport Rd“, die zu den Parkplätzen und Lagerhallen führt.

### BART

Direkte Anbindung an Downtown (30 Min.). Der BART-Bahnhof SFO ist mit dem International Terminal verbunden; Fahrkarten gibt es an Automaten in den Bahnhöfen.

### Bus

**SamTrans** (☎800-660-4287; www.samtrans.com) Der Expressbus 398 fährt zum Transbay Transit Center in SoMa (30–45 Min.).

**Airport Express** (☎800-327-2024; www.airportexpressinc.com) Der Flughafenbus pendelt stündlich von 5.30 bis 0.30 Uhr zwischen dem Flughafen und den Countys Sonoma (38 $) und Marin (30 $).

### Flughafenbus

Flughafenbusse (einfach 19–25 $ plus Trinkgeld) fahren von der oberen Ebene (Hauptschalter), nicht von der unteren Ebene (Gepäckausgabe) ab; die Fahrt dauert etwa 45 Minuten zu den meisten Haltestellen in San Francisco. Für Fahrten zum Flughafen muss die Abholung von jedem gewünschten Standort in San Francisco mindestens vier Stunden vor der Abfahrt telefonisch vereinbart werden. Flughafenbusse werden von **SuperShuttle** (☎800-258-3826; www.supershuttle.com), **Quake City** (☎415-255-4899; www.quakecityshuttle.com; 19–25 $) und **American Airporter Shuttle** (☎415-202-0733; www.americanairporter.com) betrieben.

### Mitfahrdienste

Mitfahrdienste wie Lyft und Uber sind in San Francisco aktiv. Fahrten direkt zum Fahrtziel in San Francisco kosten je nach Verkehrslage und Ziel außerhalb der Stoßzeiten 35 bis 60 $. Die Fahrzeuge warten oben auf der Abflugebene.

### Taxi

Taxis ins Zentrum von San Francisco kosten 50 bis 65 $ plus Trinkgeld; sie fahren an der unteren Ebene (Gepäckausgabe) des SFO ab.

## Oakland International Airport

Bei Ankunft am **Oakland International Airport** (OAK; ☎510-563-3300; www.

oaklandairport.com; 1 Airport Dr; 🛜; 🅱Oakland International Airport), 15 Meilen (24 km) östlich von Downtown dauert die Fahrt nach San Francisco länger, aber der OAK hat weniger wetterbedingte Flugverspätungen als der SFO.

### BART

Das billigste Transportmittel vom Oakland Airport nach San Francisco. BART-Shuttlebusse fahren alle 10 bis 20 Minuten vom Terminal 1 zur Station Coliseum, wo man in einen BART-Zug nach Downtown (10,95 $, 35 Min.) umsteigen kann. Die BART-Bahnen verkehren montags bis freitags von 5 bis 24 Uhr, samstags von 6 bis 24 Uhr und sonntags von 8 bis 24 Uhr.

### Mitfahrdienste

Mitfahrdienste wie Lyft und Uber bieten auch Fahrten vom/zum OAK. Fahrten direkt zum Fahrtziel in San Francisco kosten je nach Verkehrslage und Ziel außerhalb der Stoßzeiten 40 bis 80 $.

### Shuttlebus

**Airport Express** (☎800-327-2024; www.airportexpressinc.com) Die Busse fahren regelmäßig alle zwei Stunden (5.30–21.30 Uhr) zwischen Oakland Airport und den Countys Sonoma (38 $) und Marin (30 $).

**SuperShuttle** (☎800-258-3826; www.supershuttle.com) Bietet Gemeinschaftsfahrten im Van für 75 $ für bis zu drei Personen vom OAK nach Downtown San Francisco (Reservierung erforderlich).

### Taxi

Taxis fahren draußen vor dem OAK ab und kosten durchschnittlich 35 bis 55 $ nach Oakland und 70 bis 90 $ nach San Francisco.

## Norman y Mineta San Jose International Airport

Der **Mineta San Jose International Airport** (☎408-392-3600; www.flysanjose.com; 1701 Airport Blvd) 50 Meilen (80 km) südlich von Downtown, liegt für Reisende, die nach San Francisco wollen am ungünstigsten, aber mit dem Auto kommt man über den Hwy 101 direkt in die Stadt; mit starkem Verkehr zu Stoßzeiten ist allerdings zu rechnen. Der kostenlose Airport Flyer (Bus 10; 5–23.30 Uhr) der **VTA** (Valley Transit Authority; ☎408-321-2300; www.vta.org) verkehrt ununterbrochen alle 15 bis 30 Minuten zwischen dem Caltrain-Bahnhof Santa Clara (Railroad Ave Ecke Franklin St) und den Flughafenterminals. Vom Bahnhof Santa Clara fahren die Caltrain-Züge (einfach 10,50 $, 1½ Std.) werktags von 5 bis 22.30 Uhr, samstags von 7 bis 22.30 Uhr und sonntags von 8 bis 21 Uhr nordwärts zum Endbahnhof San Francisco in der 4th Ecke King St.

## Auto & Motorrad

Autofahren in San Francisco ist ein Albtraum, außer mitten in der Nacht. Wer mit Auto oder Motorrad anreist, sollte sein Fahrzeug bis zur Abreise parken und öffentliche Verkehrsmittel, Mitfahrdienste, Fahrräder oder Taxis nutzen.

## Bus

Am **Transbay Transit Center** (Karte S. 322; Ecke Howard & Main St; 🚌5, 38, 41, 71) fahren folgende Busse ab:

**AC Transit** (☎510-891-4777; www.actransit.org; einfache Fahrt zur East Bay/auf die andere Seite der Bucht 2,35/5,50 $) Busse zur East Bay.

**Greyhound** (☎800-231-2222; www.greyhound.com) Die Busse fahren täglich nach Los Angeles (21–33 $, 8–12 Std.), Truckee (32–40 $, 5½ Std.) beim Lake Tahoe und zu anderen größeren Zielorten.

**Megabus** (☎877-462-6342; https://us.megabus.com) Billigbuslinie zwischen San Francisco, Los Angeles, Sacramento und Anaheim.

**SamTrans** (☎800-660-4287; www.samtrans.com) Busse Richtung Süden nach Palo Alto und zur Pazifikküste.



### KLIMAWANDEL & REISEN

Jede Art der motorisierten Fortbewegung erzeugt $CO_2$, den Hauptverursacher der globalen Erwärmung. Reisen ist in unserer Zeit nur noch schwer ohne Flugzeuge denkbar. Sie verbrauchen zwar weniger Treibstoff pro Kilometer und Person als die meisten Autos, legen aber viel größere Entfernungen zurück. Außerdem setzen sie Treibhausgase in hohen Schichten der Atmosphäre frei, was den Treibhauseffekt verstärkt. Viele Websites bieten sogenannte $CO_2$-Rechner, mit denen jeder selbst errechnen kann, wie viel Treibhausgase seine Reise produziert. Häufig wird gleichzeitig angeboten, die errechneten Emissionen durch finanzielle Unterstützung von klimafreundlichen Initiativen und Projekten in der ganzen Welt auszugleichen. Alle Reisen von Mitarbeitern und Autoren von Lonely Planet werden auf diese Weise kompensiert.

## Zug

Züge bieten schöne Aussichten und haben wenig $CO_2$-Ausstoß. Sie sind daher ein gutes Verkehrsmittel, um die Bay Area und andere Gebiete zu besuchen.

**Caltrain** (www.caltrain.com; Ecke 4th & King St) Verbindet San Francisco mit dem Silicon Valley und San Jose.

**Amtrak** (☎800-872-7245; www.amtrak.com) Die Züge nach San Francisco halten auch in Oakland und Emeryville (in der Nähe von Oakland) mit kostenlosen Busverbindungen zum Ferry Building und zum Caltrain-Bahnhof in San Francisco sowie zum Jack London Sq in Oakland. Amtrak bietet Bahnpässe an, die für Fahrten in Kalifornien für 15 Tage innerhalb eines Zeitraums von 330 Tagen gültig sind (ab 459 $).

Die meisten Amtrak-Züge ab Oakland fahren die kurze Strecke nach Sacramento, aber es gehen täglich auch mehrere Fernzüge mit Touristenklasse, Schlafwagen und Privatabteilen. Der **Coast Starlight** (www.amtrak.com) fährt die spektakuläre, 35-stündige Strecke von Los Angeles nach Seattle via Emeryville/Oakland.

Der **California Zephyr** (www.amtrak.com) fährt ab Chicago durch die Rocky Mountains und die schneebedeckte Sierra Nevada nach Oakland (51 Std.); er ist fast immer verspätet, aber was für eine Fahrt! Die Fahrkarte von Chicago nach Oakland kostet ab 174 $.

# UNTERWEGS VOR ORT

## Auto & Motorrad

Wenn möglich, sollte man in San Francisco nicht selbst fahren: Es herrscht immer starker Verkehr, Parkplätze sind schwerer zu finden als wahre Liebe und die Parkuhrkontrolleure sind gnadenlos.

### Verkehr

Die Straßen von San Francisco folgen überwiegend einem Raster, durch das die Market St diagonal verläuft. Schilder weisen in Touristengegenden wie North Beach, Fisherman's Wharf und Chinatown. Der Berufsverkehr ist möglichst zu vermeiden: montags bis freitags 7.30 bis 9.30 Uhr und 15.30 bis 18.30 Uhr. Vor der Fahrt zu jeder Brücke, zum Flughafen oder anderen staugefährdeten Zielen, sollte über Tel. 511 die aktuelle Verkehrslage erfragt werden.

### Parken

Aktuelle Infos zur Parkplatzsituation in der Stadt und auch über die Bezahlung der Parkuhr über Telefon oder Smartphone (damit man nicht zum Auto zurücklaufen muss, wenn die Parkuhr abgelaufen ist) gibt es bei SF Park (http://sfpark.org). Parken ist schwierig und oft teuer, besonders in Downtown – Hotels haben oft Gästeparkplätze und es gibt Restaurants und Veranstaltungsorte, die eine Parkkostenerstattung anbieten. Danach muss man sich erkundigen.

#### PARKHÄUSER

Die Parkhäuser in Downtown verlangen 5 bis 8 $ pro Stunde und 30 bis 55 $ pro Tag, je nachdem wie lange das Auto dort abgestellt wird und ob man eine Tagespauschale zur beliebigen Ein- und Ausfahrt wünscht. In Downtown am günstigsten gelegen sind die Parkhäuser im Embarcadero Center, an der Ecke 5th und Mission St, unter dem Union Sq und an der Ecke Sutter und Stockton St. Weitere öffentliche Parkhäuser sind auf www.sfmta.com aufgelistet; einen Stadtplan mit Parkhäusern und Preisen gibt es auf http://sfpark.org.

#### PARKBESCHRÄNKUNGEN

Parkbeschränkungen sind durch die folgenden Bordsteinfarben ausgewiesen:

**Blau** Nur Behindertenparkplätze; Plakette ist erforderlich.

**Gelb** Ladezone während der angegebenen Zeiten.

**Grün** Zehn Minuten parken von 9 bis 18 Uhr.

**Rot** Absolutes Park- und Halteverbot.

**Weiß** Nur zum Ein- und Ausstieg von Mitfahrern; auf die angegebenen Zeiten achten.

#### ABSCHLEPPEN VON FALSCHPARKERN

Verzweifelte Autofahrer parken oft in zweiter Reihe, in roten Zonen oder auf dem Bürgersteig, aber die Verkehrspolizei lässt ganz schnell abschleppen. Falls das passiert, muss das Auto bei **Autoreturn** (☎415-865-8200; www.autoreturn.com; 450 7th St, ⏲24 Std.; 🚌27, 42) abgeholt werden. Neben mindestens 200,75 $ fürs Falschparken ist noch eine Abschlepp- und Lagergebühr fällig (229 $ für die ersten vier Stunden, 50,75 $ für den Rest des ersten Tags, 60,75 $ für jeden weiteren Tag sowie eine Transportgebühr von 32,50 $, wenn das Auto zu einem Langzeitparkplatz verbracht wurde). Die Autos werden in der Regel an der 470 7th Ecke Harrison St abgestellt.

### Mietwagen

Ein kleiner Mietwagen kostet in der Regel 55 bis 75 $ pro Tag oder 175 bis 300 $ pro Woche, plus 8,75 % Mehrwertsteuer sowie diverse Lizenzgebühren und Touristensteuern, die noch weitere 10 bis 30 $ ausmachen. Falls Kreditkarte, Reiseversicherung oder die eigene Autoversicherung die Mietwagenversicherung nicht abdecken, sind nochmals 10 bis 20 $ pro Tag für Vollkasko fällig. Die meisten Mietpreise beinhalten eine unbegrenzte Meilenzahl; bei niedrigeren Angeboten wird oft eine Gebühr pro Meile über eine festgelegte Meilenzahl hinaus verlangt.

Am günstigsten wird es bei vorheriger Buchung. Die Angebote an den Flughafenschaltern sind niedriger als in der Stadt, aber es kommt eine deftige Servicegebühr von etwa 20 $ pro Tag hinzu. Hybridautos und abgasarme Fahrzeuge werden am Flughafen San Francisco (SFO) im Rahmen der stadtweiten Umweltinitiative zu ermäßigten Preisen vermietet.

**GoCar** (www.gocartours.com; pro Std. 56 $) verleiht Kleinwagen mit GPS-Audioanweisungen in mehreren Sprachen zu wichtigen Sehenswürdigkeiten.

Eine Auswahl großer Mietwagenfirmen:

**Alamo Rent-a-Car** (☎888-826-6893, 415-693-0191; www.alamo.com; 750 Bush St; ⏱7–16 Uhr; 🚋Powell-Mason, Powell-Hyde, 🚌 2, 3, 30, 45)

**Avis** (☎800-352-7900, 415-929-2555; www.avis.com; 675 Post St; ⏱Mo–Fr 6–18, Sa & So bis 18.30 Uhr; 🚌2, 3, 27, 38)

**Budget** (☎415-674-1917, 800-527-7000; www.budget.com; 675 Post St; ⏱Mo–Fr 6–18, Sa & So bis 18.30 Uhr; 🚌2, 3, 27, 38)

**Dollar** (☎866-434-2226; www.dollar.com; 364 O'Farrell St; ⏱7–18 Uhr; 🚌38, Ⓑ Powell)

**Hertz** (☎800-654-3131, 415-771-2200; www.hertz.com; 325 Mason St; ⏱6–18 Uhr; 🚌38, Ⓑ Powell)

**Thrifty** (☎800-367-2277, 415-788-8111; www.thrifty.com; 350 O'Farrell St; ⏱7–18 Uhr; 🚌38, Ⓑ Powell)

## Car-Sharing

Car-Sharing ist eine praktische Alternative zum Mietwagen und erspart einem das Abholen und Zurückbringen des Autos und die Parkplatzsuche: Ein Auto wird online für ein oder zwei Stunden oder den ganzen Tag gemietet und kann meist unweit der Unterkunft abgeholt bzw. abgegeben werden.

**Zipcar** (☎866-494-7227; www.zipcar.com) Vermietet stundenweise verschiedene Autotypen zum Pauschalpreis ab 11 $ pro Stunde, einschließlich Benzin und Versicherung, oder pro Tag für 79 $; die Anmeldegebühr beträgt 25 $, 50 $ Vorauszahlung sind erforderlich. Die Vollkaskoversicherung ohne Selbstbehalt wird dringlich empfohlen. Fahrer ohne einen USA-Führerschein sollten den Anweisungen auf der Website folgen. Nach der Bestätigung können Autos online oder telefonisch mit der Mitgliedskarte reserviert werden. Stationen zum Abholen und Abgeben stehen auf der Website. Andere Personen, die eine gültige Zipcard besitzen, dürfen das Auto ebenfalls fahren; ist geplant, sich beim Fahren des Autos abzuwechseln, müssen sich beide Personen registrieren.

## Mitfahrdienste

Die Mitfahragenturen Lyft und Uber wurden in San Francisco gegründet und werden stark genutzt – das bedeutet, dass man zu Stoßzeiten, z. B. abends am Wochenende oder direkt nach Konferenzen oder Veranstaltungen, eventuell warten oder einen höheren Preis berappen muss. Die Fahrtkosten innerhalb von San Francisco liegen außerhalb der Stoßzeiten je nach Verkehrslage und Ziel bei 7 bis 20 $ für eine direkte Fahrt zum Ziel ohne Zwischenstopp.

## Pannenhilfe

Mitglieder der **American Automobile Association** (AAA; ☎800-222-4357, 415-773-1900; https://calstate.aaa.com; 160 Sutter St; ⏱Mo–Fr 9–18 Uhr; Ⓑ Montgomery, Ⓜ Montgomery) können bei Pannen oder zum Abschleppen jederzeit die Nummer 800 anrufen. Die AAA bietet auch Reiseversicherungen und kostenlose Straßenkarten der Region an. Eine umweltfreundliche Alternative: **Better World Auto Club** (www.betterworldclub.com).

# BART

Das schnellste Verkehrsmittel zwischen Downtown und dem Mission District hat auch Linien zum Flughafen San Francisco (SFO; 9,65 $), nach Oakland (4 $) und nach Berkeley (4,60 $). Vier der fünf Linien fahren durch San Francisco bis nach Dale City oder zum SFO. Im Stadtgebiet von San Francisco kosten einfache Fahrkarten ab 2,50 $.

## Fahrkarten

Fahrkarten gibt es an den BART-Stationen: Die Fahrkarte wird zum Betreten und beim Verlassen der Bahnsteige durch Drehkreuze eingelesen. Enthält das Ticket beim Verlassen noch einen Restbetrag, wird es wieder ausgegeben, damit das Guthaben später noch genutzt werden kann. Reicht das Guthaben auf der Fahrkarte nicht aus, um den Bahnhof zu verlassen, kann der entsprechende Betrag am Addfare-Automaten erworben werden. Die wiederaufladbare Clipper Card (S. 292) bietet ermäßigte Fahrpreise für die BART-Züge.

## Umsteigen

In den BART-Stationen werden 0,50 $ Ermäßigung für Fahrkarten der Stadtbusse und Straßenbahnen gewährt und zwar an den „Transfer"-Automaten vor dem Durchgang durch die Drehkreuze.

## Bus, Straßenbahn & Cable Car

### Fahrpläne

Streckenplaner und Fahrpläne stehen auf http://transit.511.org, Echtzeitfahrzeiten auf www.nextmuni.com. Ankunftszeiten werden via GPS-Daten aus den Bussen und Straßenbahnen errechnet. Das System ist auch mit den digitalen Schautafeln an den Bushaltestellen verbunden. Die Zeiten sind für die meisten Linien exakt, aber nicht unbedingt für die historischen Straßenbahnen der F-Linie und die Cable Cars. Nachts und am Wochenende sind die Fahrpläne eingeschränkt. Owl-Busse (Nachtlinien; halbstündlich von 1 bis 5 Uhr) verkehren nur auf einigen wenigen Hauptstrecken; Fahrpläne siehe http://allnighter.511.org.

### Streckenpläne

Eine detaillierte *Muni Street & Transit Map* ist gratis auf www.sfmta.com erhältlich.

### Fahrkarten

Der normale Einzelfahrschein für Busse und Straßenbahnen kostet 3 $; die Fahrkarten sind jeweils 120 Minuten lang für Fahrten mit Bussen und Straßenbahnen der Muni gültig. Die Tickets sind beim Fahrer erhältlich (das Geld muss abgezählt sein) oder in den Muni-U-Bahnhöfen (wo Automaten Wechselgeld geben). Mit der wiederaufladbaren Clipper-Karte kostet die einfache Fahrt 2,50 $. Eine Fahrt mit dem Cable Car kostet 8 $; die Tickets können an den Kiosken an den Wendepunkten oder in der Bahn beim Schaffner gekauft werden. Die Fahrkarte sollte gut aufbewahrt werden: Wer von den Kontrolleuren ohne Fahrschein angetroffen wird, muss 100 $ Bußgeld zahlen (Wiederholungstäter bis zu 500 $).

### Umsteigen

Bei Fahrtantritt auf einem Muni-Verkehrsmittel gibt es kostenlose Umsteigescheine für zusätzliche Muni-Fahrten innerhalb von 90 Minuten (nicht jedoch für Cable Cars und BART-Züge). Nach 20.30 Uhr geben Busse Umsteigefahrscheine (Late Night Transfer) aus, die für Fahrten bis 5.30 Uhr am folgenden Morgen gültig sind.

### Ermäßigungen & Pässe

#### MUNI-PÄSSE

Ein **Muni Passport** (1/3/7 Tage 23/34/45 $) ermöglicht unbegrenzte Fahrten auf allen Muni-Verkehrsmitteln, einschließlich Cable Cars. Er ist am Muni-Kiosk am Wendepunkt des Powell-St-Cable Car in der Market St, im Visitor Information Center, am Kiosk von TIX Bay Area am Union Sq und in Geschäften in der ganzen Stadt erhältlich – genaue Standorte siehe www.sfmta.com. Tageskarten (aber nicht Mehrtageskarten) gibt es bei den Schaffnern der Cable Cars.

#### CLIPPER CARD

In den Muni/BART-Stationen in Downtown gibt es Automaten, die die **Clipper Card** (www.clippercard.com) ausgeben, eine aufladbare Fahrkarte. Sie kostet 3 $, wird mit einem Mindestwert von 2 $ aufgeladen und ist für Muni, BART, AC Transit, Caltrain, SamTrans und Golden Gate Transit gültig (aber nicht für die Cable Cars). Der Fahrpreis wird bei Fahrtantritt automatisch vom Guthaben abgezogen. Beim Umsteigen innerhalb von 90 Minuten werden keine Kosten abgebucht. Mit der Clipper Card spart man pro Muni-Fahrt 0,50 $ – die Investition lohnt sich also,

### BUSSE IN DER BAY AREA

Drei öffentliche Busgesellschaften verbinden San Francisco mit dem Rest der Bay Area. Die meisten fahren deutlich gekennzeichnete Bushaltestellen an; Streckennetze und Fahrpläne stehen auf den entsprechenden Websites.

**AC Transit** (☎510-891-4777; www.actransit.org; einfache Fahrt zur East Bay/auf die andere Seite der Bucht 2,35/5,50 $) Busverbindungen zur East Bay ab dem Transbay Transit Center. Wer mit dem BART-Zug an die East Bay und dort mit dem Bus weiterfahren will, kann sich vor dem Verlassen der BART-Station ein Umsteigeticket für AC Transit besorgen. Es ist 0,50 $ billiger als eine normale Busfahrkarte und gilt auch für die Rückfahrt zur BART-Station.

**Golden Gate Transit** (☎511, außerhalb der Bay Area 415-455-2000; http://goldengatetransit.org) Verbindet San Francisco mit den Countys Marin (6,50–8,50 $) und Sonoma (12,75–13 $); Abfahrtszeiten sollten online gecheckt werden, da sie ziemlich unzuverlässig sind.

**SamTrans** (☎800-660-4287; www.samtrans.com) Verbindet San Francisco mit der South Bay, einschließlich Linienbussen vom/zum Flughafen San Francisco (SFO). Die Busse halten im Transbay Transit Center und an anderen gekennzeichneten Haltestellen in der Stadt.

### FAHRRADFAHREN IN DER BAY AREA

**In San Francisco** An den meisten Muni-Bussen gibt es vorne Ständer, allerdings nur für zwei Fahrräder.

**Marin County** Fahrradfahren auf der Golden Gate Bridge ist erlaubt, es ist also kein Problem, nordwärts ins Marin County zu radeln. Fahrräder können auch in den Bussen von Golden Gate Transit mitgenommen werden, die meist kostenlose Ständer haben (nur für drei Fahrräder; keine Reservierung möglich). Auch Fähren erlauben die Mitnahme von Fahrrädern.

**Wine Country** Ins Wine Country lässt sich das Fahrrad mit Golden Gate Transit oder der Vallejo Ferry mitnehmen. Im Sonoma Valley fährt man besser auf dem Arnold Dr statt auf dem verkehrsreichen Hwy 12, durch das Napa Valley empfiehlt sich der Silverado Trail statt des viel befahrenen Hwy 29. Die spektakulärste Fahrradroute im Wine Country führt über die sonnengetupfte, von Bäumen gesäumte West Dry Creek Rd im Dry Creek Valley von Sonoma.

**East Bay** Auf der Bay Bridge sind Fahrräder nicht erlaubt, aber sie können in der BART-Bahn mitgenommen werden. Die Mitnahme von Fahrrädern ist grundsätzlich erlaubt, wenn die Wagen verhältnismäßig leer sind, aber während der Rushhour gibt es Einschränkungen: Zwischen 6.30 und 9 Uhr und von 16 bis 18.30 Uhr dürfen in den ersten drei Wagen keine Fahrräder mitgeführt werden (eingeklappte Fahrräder sind in allen Wagen und zu jeder Zeit gestattet). Während des Berufsverkehrs kann das Fahrrad auch mit dem **Caltrans Bay Bridge Bicycle Commuter Shuttle** (Karte S. 322; ☎510-286-6945; www.dot.ca.gov/dist4/shuttle.htm; Ecke Main & Bryant St; Tickets 1 $; ⏲Mo–Fr 6.40–8.10 & 15.50–18.15 Uhr) über die Bucht transportiert werden. Der Kleinbus mit Anhänger fährt an der Nordwestecke von Main und Bryant St in San Francisco und vom BART-Bahnhof MacArthur in Oakland ab (an der 40th St, zwischen Market St und BART-Eingang). Der Bus ist schnell voll, frühe Ankunft also ratsam.

wenn man plant, mehr als sechs Fahrten mit der Muni zu unternehmen.

#### MUNI MONTHLY PASS

Der **Muni Monthly Pass** (Erw./Kind 81/39 $) ermöglicht unbegrenzte Fahrten innerhalb eines Kalendermonats, auch mit den Cable Cars. Er ist am Kiosk am Wendepunkt des Powell-St-Cable Car und in vielen Geschäften in der Stadt erhältlich; genaue Standorte siehe www.sfmta.com.

## Bus

An den Muni-Bussen sind vorne und an den Seiten die Streckennummer und die Endhaltestelle angegeben. Folgen nach der Nummer die Buchstaben A, B, X oder R, handelt es sich um einen Expressbus, der nicht an allen Haltestellen hält.

#### WICHTIGE STRECKEN

**22 Fillmore** Von Dogpatch (Potrero Hill) durch Mission auf der 16th St, die Fillmore St entlang an Japantown vorbei nach Pacific Heights und Marina.

**33 Stanyan** Vom San Francisco General Hospital durch Mission, Castro und Haight-Ashbury, am Golden Gate Park vorbei zur Clement St.

**38 Geary** Vom Transbay Transit Center die Market St entlang zum Geary Blvd, nördlich des Golden Gate Park durch den Stadtteil Richmond nach Ocean Beach.

**7 Haight** Vom Transbay Transit Center über Market und Haight St, die Südostseite des Gate Park entlang und durch den Sunset District bis zum Great Hwy am Strand.

## Straßenbahn

Die Muni-Metro-Straßenbahnen verkehren werktags von 5 bis 24 Uhr, am Wochenende weniger häufig. Die Linien K, L, M, N und T fahren rund um die Uhr, aber zwischen 0.30 und 5.30 Uhr werden die oberirdischen Straßenbahnen durch Owl-Busse ersetzt. Auf der Linie F-Market verkehren historische Straßenbahnen über die Market St bis zum Embarcadero, wo sie nordwärts nach Fisherman's Wharf abdrehen; auch die Linie E-Embarcadero am Ufer entlang wird von den historischen Wagen befahren. Die Linie T fährt südwärts über den Embarcadero durch SoMa und Mission Bay, dann die 3rd St runter. Andere Straßenbahnen verkehren unterirdisch unter der Market St nach Downtown.

#### WICHTIGE STRECKEN

**F** Von Fisherman's Wharf und Embarcadero nach Castro.

**J** Von Downtown nach Mission, Castro und Noe Valley.

**K, L, M** Von Downtown nach Castro und zu den westlichen Stadtteilen.

### MUNI-HALTESTELLEN ERKENNEN

Die Muni-Haltestellen sind durch ein Straßenschild und/oder einen gelben Streifen am nächsten Laternenmast gekennzeichnet; auf dem gelben Streifen steht die Liniennummer. Ist kein Straßenschild oder Laternenmast vorhanden, befindet sich ein gelber Balken mit der Liniennummer auf dem Gehweg. Gelbe Kreise und X-Zeichen auf dem Gehweg oder Balken ohne Liniennummer können ignoriert werden, sie zeigen dem Straßenbahnfahrer an, wo er abbremsen oder Fahrt aufnehmen soll, und kennzeichnen keine Haltestellen.

**N** Vom Caltrain und SBC Ballpark nach Haight-Ashbury, zum Golden Gate Park und nach Ocean Beach.

**T** Vom Embarcadero zum Caltrain und nach Bayview.

### Cable Cars

Im Zeitalter von Sicherheitsgurten und Airbags ist eine rüttelnde Fahrt im Cable Car ein anachronistischer Nervenkitzel. Es gibt nur 30 Sitzplätze, aber oft weitaus mehr Fahrgäste, die sich an knarzenden Lederschlingen festhalten.

#### STRECKEN

**California Street** Verläuft in Ost-West-Richtung über die California St von der Endhaltestelle in Downtown an der Ecke Market und Davis St durch Chinatown und Nob Hill zur Van Ness Ave. Es ist die am wenigsten genutzte Strecke mit den kürzesten Warteschlangen.

**Powell-Mason** Fährt vom Wendepunkt in der Powell St am Union Sq vorbei, weiter Richtung Westen über die Jackson St und dann nordwärts die Mason St, Columbus Ave und Taylor St hinab Richtung Fisherman's Wharf. Die Rückfahrt führt über die Washington St statt über die Jackson St.

**Powell-Hyde** Die malerischste Fahrt folgt der gleichen Strecke wie die Powell-Mason-Linie bis Jackson St, wo die Bahn die Hyde St hinab abzweigt und bis zum Aquatic Park fährt; die Rückfahrt führt über die Washington St.

## Fahrrad

Fahrradwegepläne, Infos und Auskunft zu Rechtsfragen für Radler gibt's bei **San Francisco Bicycle Coalition** (☎415-431-2453; www.sfbike.org). Fahrräder dürfen in BART-Zügen mitgenommen werden, aber nicht in überfüllten Wagen und niemals im ersten Wagen, während der Rushhour nicht in den ersten drei Wagen; zusammengeklappte Fahrräder sind in allen Wagen und zu jeder Zeit erlaubt. In Amtrak-Zügen können Fahrräder als Gepäck für 5 $ transportiert werden.

### Leihräder

**Ford GoBikes** (☎855-480-2453; www.fordgobike.com; Einzelfahrt/Tagespass 2/10 $) stehen in San Francisco für Einzelfahrten, für einen ganzen Tag oder auch monatsweise zur Verfügung. Die blauen Stationen findet man in Downtown und an größeren Kreuzungen – die Fahrräder werden allerdings ohne Helme verliehen. Fahrradfahren ohne Schutz kann in der Innenstadt ziemlich gefährlich sein. Helm selbst mitbringen und die Fahrt vor dem Losfahren planen!

## Schiff/Fähre

Seit der Umnutzung des Ferry Building (S. 79) als Gourmettempel nutzen Pendler und Touristen auch wieder die malerischen Fähren über die Bucht.

### Alcatraz

**Alcatraz Cruises** (Karte S. 314; ☎415-981-7625; www.alcatrazcruises.com; Pier 33; Ausflüge tagsüber Erw./Kind/Fam. 38,35/23,50/115,70 $, abends Erw./Kind 45,50/27,05 $; Ⓜ E, F) betreibt Fähren, die von 8.45 bis 15.50 Uhr alle halbe Stunde sowie um 17.55 und um 18.30 Uhr für Abendtouren am Pier 33 nach Alcatraz ablegen. Reservierung sehr ratsam.

### East Bay

**San Francisco Bay Ferry** (☎415-705-8291; http://sanfranciscobayferry.com) legt am Pier 41 und am Ferry Building nach Oakland und Alameda ab. In der Baseball-Saison verkehrt eine Giants-Fähre direkt vom Eingang des AT&T Park an der Seals Plaza nach Oakland und Alameda. Die Fahrt kostet 7 $.

### Marin County

**Golden Gate Transit Ferries** (Karte S. 325; ☎415-455-2000; www.goldengateferry.org; ⏲Mo–Fr 6–21.30, Sa & So 10–18 Uhr) betreibt eine regelmäßige Fährverbindung vom Ferry Building nach Larkspur (einfach 12 $) und Sausalito (einfach 12,50 $). Es gibt Kombi-Tickets, mit denen man auch die Muni-Busse benutzen kann, die Mitnahme von Fahrrädern ist gestattet.

Die **Blue & Gold Fleet** (Karte S. 313; ☎415-705-8200; www.blueandgoldfleet.com; Pier 41; Erw./Kind 60-min. Fährtour 33/22 $, 30-min. Schnellbootfahrt 30/21 $; ⏲9–18.30 Uhr, saisonal unterschiedlich; 👪; 🚌47, Ⓜ E, F) fährt ab Pier 41 nach Tiburon und Sausalito (einfach 12,50 $).

### Napa Valley

Ein Besuch ohne Auto (nur werktags) im Napa Valley ist mit der **Vallejo Ferry** (Karte S. 325; ☎707-643-3779, 877-643-3779; http://sanfranciscobayferry.com; einfach 14,60 $) möglich, die werktags von 6.30 bis 19 Uhr etwa jede Stunde und am Wochenende von 10 bis 21 Uhr ungefähr alle 90 Minuten vom Ferry Building ablegt; die Mitnahme von Fahrrädern ist erlaubt. Der Anschlussbus vom Vallejo Ferry Terminal – der Napa Valley Vine Bus 29 in die Stadt Napa, nach Yountville, St. Helena oder Calistoga – verkehrt nur an Werktagen. Der Fahrpreis beträgt 14,60 $.

## Taxi

Der Grundpreis für ein Taxi beträgt 3,50 $ und dann etwa 3 $ pro Meile. 15 % Trinkgeld (1 $ Minimum) kommen noch hinzu. Am schnellsten geht es mit der Flywheel App für Smartphones, die ein Taxi in nächster Nähe losschickt.

Lyft und Uber gibt es auch in San Francisco, aber zugelassene Taxis haben mehr Rechte, z. B. dürfen sie auf ausgewiesenen Bus- und Taxispuren in der Innenstadt fahren, speziell in der Market St. Außerdem verlangen Taxis zu den Hauptverkehrszeiten keine höheren Preise.

**Green Cab** (☎415-626-4733; www.greencabsf.com) Benzinsparende Hybrid-Autos; ein Kollektiv im Besitz der Mitarbeiter.

**Homobiles** (☎415-574-5023; www.homobiles.org; Spenden willkommen) Eine sichere Heimfahrt garantiert der zuverlässige, mit Spenden finanzierte Taxidienst für die LGBTIQ-Community: Der Fahrdienst steht rund um die Uhr zur Verfügung – am schnellsten geht es per SMS-Anfrage.

**Luxor** (☎415-282-4141; www.luxorcab.com)

**Yellow Cab** (☎415-333-3333; www.yellowcabsf.com)

## Zug

Vom Betriebsbahnhof an der Ecke 4th und King St in San Francisco fahren die Züge von **Caltrain** (www.caltrain.com; Ecke 4th & King St) südwärts nach Millbrae (mit Anschluss an die BART-Bahnen und den Flughafen San Francisco; 30 Min.), Palo Alto (1 Std.) und San Jose (1½ Std.). Es ist vornehmlich eine Berufspendlerstrecke mit häufigen Abfahrten während der Rushhour an Werktagen und weniger häufigen Zügen tagsüber und an Wochenenden.

# Allgemeine Informationen

## Barrierefrei reisen

Alle Verkehrsgesellschaften in der Bay Area gewährleisten ein hohes Maß an Barrierefreiheit und bieten ermäßigte Fahrkarten für Reisende mit Behinderung an. Die großen Mietwagenfirmen können in der Regel handgesteuerte Fahrzeuge beschaffen, wenn das ein oder zwei Tage zuvor angefragt wird. Für Menschen mit Sehbehinderung ist an großen Kreuzungen ein Piepton zu hören, wenn eine Straßenüberquerung sicher ist. Informationsstellen:

**San Francisco Bay Area Regional Transit Guide** (https://511.org/transit/accessibility/overview) Informationen über barrierefreie Transportmöglichkeiten für Menschen mit Behinderung.

**Muni's Street & Transit** (www.sfmta.com/accessibility) Listet rollstuhlgerechte Bus- und Straßenbahnhaltestellen und –strecken auf.

**Independent Living Resource Center of San Francisco** (☎415-543-6222, TTY 415-543-6698; www.ilrcsf.org; ⌚Mo–Do 9–16.30, Fr bis 16 Uhr) Weitere Informationen zur Barrierefreiheit bei den öffentlichen Verkehrsmitteln in der Bay Area sowie in Hotels und anderen Einrichtungen.

**Environmental Traveling Companions** (Karte S. 316; ☎415-474-7662; www.etctrips.org) Bietet exzellente Freizeittouren in Kalifornien für Kinder mit Behinderung an, z. B. Wildwasser-Rafting, Kajaktouren und Skilanglauf.

## COVID 19

San Franciscos Corona-Politik galt in den gesamten USA als vorbildlich. Maskentragen in geschlossenen Räumen und öffentlichen Verkehrsmitteln sowie Impfnachweise für Restaurants und Geschäfte waren bislang Vorschrift. Doch natürlich ist alles im Fluss.

Über aktuelle Maßnahmen zur Bekämpfung von Covid 19 in Stadt und Umgebung sollte man sich vor der Reise informieren, ebenso wie über die Vorkehrungen, die Hotels, Restaurants, Sehenswürdigkeiten und andere Einrichtungen getroffen haben. Wo möglich, sollte man kontaktlos bezahlen. Gegenüber Angestellten in Hotels, Restaurants und anderen Einrichtungen sind Respekt und Geduld angebracht.

### Websites

City and County of San Francisco (www.sf.gov/topics/coronavirus-covid-19)

San Francisco Department of Public Health Division (https://www.sfcdcp.org/infectious-diseases-a-to-z/coronavirus-2019-novel-coronavirus/)

## Ermäßigungen

Einige ökologisch orientierte Einrichtungen, wie das de Young Museum, die California Academy of Sciences und die Legion of Honor, bieten Ermäßigungen für Muni-Nutzer mit entsprechender Fahrkarte an.

**City Pass** (www.citypass.com; Erw/Kind 94/74 $) Gültig für Cable Cars, Muni-Busse und -Straßenbahnen und Zutritt zu vier Attraktionen: die California Academy of Sciences, das Aquarium of the Bay und entweder das Exploratorium oder das SFMOMA sowie die Blue & Gold Fleet Bay Cruise.

**Go Card** (www.smartdestinations.com; Erw./Kind 1 Tag 74/54 $, 2 Tage 109/89 $, 3 Tage 139/124 $) Gewährt Eintritt zu den wichtigsten Attraktionen der Stadt, darunter die California Academy of Sciences, das de Young Museum, das Aquarium of the Bay, das SFMOMA, die USS Pampanito, das Beat Museum und das Exploratorium sowie Ermäßigungen für Pauschaltouren und in Restaurants und Cafés.

# Feiertage

Die meisten Geschäfte sind an Feiertagen geöffnet (außer am Unabhängigkeitstag, an Thanksgiving, Weihnachten und Neujahr), aber Banken, Schulen und Behörden sind in der Regel geschlossen. Feiertage, an denen sich Öffnungszeiten und Fahrpläne ändern können:

**Neujahr** 1. Januar

**Martin Luther King Day** 3. Montag im Januar

**Presidents' Day** 3. Montag im Februar

**Ostern** Sonntag (und Karfreitag und Ostermontag) im März oder April

**Memorial Day** Letzter Montag im Mai

**Unabhängigkeitstag** 4. Juli

**Labor Day** 1. Montag im September

**Columbus Day** 2. Montag im Oktober

**Veterans Day** 11. November

**Thanksgiving** 4. Donnerstag im November

**Weihnachten** 25. Dezember

# Frauen & nicht binäre Personen unterwegs

San Francisco ist für alleinreisende Frauen und nicht binäre Personen wunderbar: Sie können allein essen, übernachten und ausgehen, ohne dass irgendwer irgendwelche Vermutungen über ihre Interessen, sexuelle Orientierung oder Verfügbarkeit anstellt. Abgesehen davon sollten Frauen und nicht binäre Reisende wie in jeder anderen Stadt in den USA vorsichtig und vernünftig handeln. Die Verbrechensraten in den USA sind höher als im globalen Durchschnitt und Frauen und nicht binäre Personen werden überdurchschnittlich oft Opfer von Verbrechen, selbst im emanzipierten San Francisco.

Im Women's Building (S. 152) findet man eine Informationstelle zu den Themen Gesundheitsfürsorge, häusliche Gewalt, Belästigung, Kinderversorgung, Arbeitssuche und Wohnraum sowie zu Rechtsfragen.

# Freiwilligenarbeit

Gemeinnützige Einrichtungen in der Bay Area haben jede Menge Bedarf an Freiwilligenarbeit, je nach Fertigkeiten, Zeitrahmen und Flexibilität.

**VolunteerMatch** (www.volunteermatch.org) Vermittelt Freiwillige entsprechend ihrer Interessen, Begabungen und Verfügbarkeit an lokale gemeinnützige Projekte, für die sie sich einsetzen können und sei es nur für ein paar Stunden.

**Craigslist** (http://sfbay.craigslist.org/vol) Hat eine Liste mit Tätigkeiten, mit denen Freiwillige die Gemeinde der Bay Area unterstützen können, sei es bei einer Spendensammelaktion für eine gemeinnützige Modenschau oder als Sprachlehrer für Immigranten.

# Geld

Geldautomaten sind überall vorhanden, Kreditkarten werden in den meisten Hotels, Geschäften und Restaurants akzeptiert. Viele Stände und Imbisswagen auf den Bauernmärkten sowie einige Bars nehmen nur Bargeld. Für Cafés, Bars und das Servicepersonal in Hotels, wo man sich über Trinkgeld freut, kleine Scheine dabeihaben!

## Geldautomaten

Die meisten Banken haben einen rund um die Uhr zugänglichen Geldautomaten, außer in Gegenden, wo Straßenkriminalität ein Problem ist (z. B. nahe der BART-Station an der Ecke 16th und Mission St). Mit Kreditkarten lässt sich auch Bargeld vom Automaten abheben; mit der eigenen Bank sollte aber zuvor geklärt werden, wie hoch die Gebühren im Ausland sind.

## Geldwechsel

In den Flughäfen befinden sich zwar Wechselstuben, aber bessere Kurse gibt es in der Stadt. Geld wechseln die **Currency Exchange International** (☎415-974-6600; www.sanfranciscocurrencyexchange.com; 865 Market St, Westfield Centre, Ebene 1; ⏲Mo–Sa 10–20.30, So 11–19 Uhr; Ⓜ Powell, Ⓑ Powell) und die **Bank of America** (☎415-837-1394; www.bankamerica.com; 1 Powell St, UG; ⏲Mo–Fr 9–17, Sa 10–14 Uhr; Ⓜ Powell, Ⓑ Powell).

## Reiseschecks

In den USA sind Reiseschecks in US-Dollar praktisch; man muss sie nicht unbedingt bei einer Bank einlösen, da viele Unternehmen – besonders Hotels – sie wie Bargeld akzeptieren. Allerdings bevorzugen immer mehr Einrichtungen in San Francisco Apple Pay statt Reiseschecks.

## Trinkgeld

Trinkgeld ist absolut notwendig, da die meisten Angestellten im Dienstleistungsbereich nur den Mindestlohn erhalten und fast gänzlich auf Trinkgeld angewiesen sind. Wenn der Service inakzeptabel ist, gibt man weniger als 15 % – andernfalls gelten die folgenden Standardbeträge:

**Barkeeper** 1 bis 2 $ pro Drink oder 15 % der Rechnung. Übrigens: Wer gutes Trinkgeld gibt, erhält stärkere Drinks.

**Hotelpagen, Gepäckträger im Flughafen** 2 $ pro Gepäckstück, plus 5 bis 10 $ zusätzlich für besonderen Service.

**Hotelportiers** Nichts für einfache Informationen (wie Wegbeschreibungen); 2 bis 20 $ für eine Restaurantreservierung oder die Beschaffung von Konzertkarten oder auch für herausragenden Service.

**Parkdienst fürs Auto** 2 $; extra für besondere Dienste.

**Restaurantbedienung** 15 bis 20 % des Rechnungsbetrags ohne Mehrwertsteuer.

**Taxifahrer und Fahrdienste** 10 bis 15 % des angezeigten Fahrpreises.

**Zimmerservice** 2–5 $ täglich, hinterlegt auf dem Kissen, mehr bei viel Unordnung

## Internetzugang

San Francisco wartet in der ganzen Stadt mit kostenlosen WLAN-Hotspots auf, u. a. in Parks und an öffentlichen Plätzen. Auch in den meisten Cafés und Hotellobbys gibt's kostenloses WLAN. WLAN-Hotspots sind auf **Free Wifi Near Me** (https://wifispc.com/articles/free-wi-fi-near-me.html) und **San Francisco WiFi** (http://sfgov.org/sfc/sanfranciscowifi) verzeichnet.

## LGBTIQ+ unterwegs

Infos für LGBTIQ-Reisende stehen auf Seite 38.

## Medizinische Versorgung

Vor der Reise sollte die eigene Krankenversicherung gefragt werden, was sie in den USA abdeckt, wenn sie es überhaupt tut. Empfehlenswert ist eine Reiseversicherung für Krankheitsfälle in den USA auf jeden Fall, da die nicht notfallbedingte medizinische Versorgung für unversicherte Patienten sehr teuer werden kann.

Für reguläre Krankenhausbesuche ist ein Versicherungsnachweis, eine Kreditkarte oder Bargeld nötig. Selbst mit einer Versicherung muss der Patient mit großer Wahrscheinlichkeit vorab selbst bezahlen und sich danach um die Erstattung durch die Krankenversicherung bemühen. San Francisco hat hervorragende medizinische Einrichtungen, zudem alternative Praxen und Kräuterapotheken.

**University of California San Francisco Medical Center** (☎415-476-1000; www.ucsfhealth.org; 505 Parnassus Ave; ⏲24 Std.; 🚌6, 7, 43, Ⓜ N) Notaufnahme der führenden Universitätsklinik.

**San Francisco General Hospital** (Zuckerberg San Francisco General Hospital and Trauma Center; ☎Notaufnahme 415-206-8111, Krankenhaus 415-206-8000; https://zuckerbergsanfranciscogeneral.org; 1001 Potrero Ave; ⏲24 Std.; 🚌9, 10, 33, 48) Beste Notaufnahme bei ernsten Verletzungen.

### Krankenversicherung

Eine Auslandsreisekrankenversicherung sollte unbedingt abgeschlossen werden, zumindest für Notfälle.

### Empfohlene Impfungen

Für Reisen in den USA sind keine besonderen Impfungen erforderlich, aber die Routineimpfungen sollten auf dem aktuellen Stand sein.

### MEDIEN

In San Francisco gibt es reichlich Printmedien:

**San Francisco Chronicle** (www.sfgate.com) Größte Tageszeitung der Stadt.

**SF Weekly** (www.sfweekly.com) Kostenlose Wochenzeitung mit lokalem Klatsch und Unterhaltung.

**San Francisco Examiner** (www.sfexaminer.com) Kostenlose Tageszeitung mit Nachrichten, Veranstaltungen, Meinung und Kultur.

Lokalen Hörfunk in San Francisco und online über Podcasts und/oder Audio-Streaming bieten folgende Sender:

**KQED** (8,5 FM; www.kqed.org) Lokalsender des National Public Radio (NPR) und Public Broadcasting (PBS), der Podcasts und Audio-Streaming anbietet.

**KALW** (91,7 FM; www.kalw.org) Lokalsender des NPR mit Nachrichten, Gesprächen, Musik und eigener Programmgestaltung.

**KPOO** (89,5 FM; www.kpoo.com) Gemeinnütziges Kommunalradio mit Jazz, R&B, Blues und Reggae.

**KPFA** (94,1 FM; www.kpfa.org) Alternative Nachrichten und Musik.

## Nachhaltig reisen

Man tut etwas für den nachhaltigen Tourismus in San Francisco, wenn man Gegenden mit zu vielen Touristen meidet, die örtlichen Geschäfte unterstützt und seinen ökologischen Fußbadruck minimiert.

### Overtourism

In der Nebensaison (im Winter) reisen. Die Reise nach San Francisco mit Erkundungen unbekannterer Gegenden in Kalifornien kombinieren. Weniger touristische Stadtviertel erkunden.

### Lokale Einrichtungen unterstützen & etwas zurückgeben

Durch steigende Mieten sind alteingesessene Mieter verdrängt worden und viele kleine Geschäfte mussten schließen, besonders in Mission. Indem man bei den verbliebenen inhabergeführten Geschäften einkauft, kann man diese unterstützen.

Freiwilligenarbeit leisten: VolunteerMatch (www.volunteermatch.org) findet je nach Interesse, Fähigkeiten und Zeitrahmen eine gemeinnützige Einrichtung, wo man seine Zeit spenden kann, und seien es nur zwei Stunden.

Eine weitere Quelle ist Craigslist (http://sfbay.craigslist.org/vol) mit Gelegenheiten zur Unterstützung der Bewohner der Bay Area, vom gemeinnützigen Fundraising in Form von Modeschauen bis zu Englischunterricht für Neuankömmlinge.

### Den eigenen Fußabdruck minimieren

Das Trinkwasser stammt in San Francisco vom Hetch Hetchy Reservoir und kann bedenkenlos getrunken werden. Überall in der Stadt kann man seine Trinkflasche an Trinkwasserbrunnen mit frischem Wasser auffüllen.

Alle Geschäfte in San Francisco erheben für Plastiktüten eine Gebühr von 0,10 $. Wer einen eigenen Einkaufsbeutel dabeihat, muss nichts zahlen und ist außerdem umweltfreundlicher unterwegs.

Nach Möglichkeit die städtischen und regionalen öffentlichen Verkehrsmittel nutzen!

## Notfall

| | |
|---|---|
| **Notfall** | ✆911 |
| **Infotelefon** | ✆311 |
| **Vorwahl San Francisco** | ✆415 |
| **Ländervorwahl USA** | ✆1 |

## Öffnungszeiten

Üblicherweise gelten folgende Öffnungszeiten:

**Banken** Mo–Fr 9–16.30 Uhr (manchmal auch Sa 9–12 Uhr)

**Behörden** Mo–Fr 8.30–17.30 Uhr

**Geschäfte** Mo–Sa 10–18 oder 19 Uhr, aber auch oft Sa 11–20 und So 11–18 Uhr

**Restaurants** Frühstück 8–10 Uhr, mittags 11.30–14.30 Uhr, abends ab 17.30 Uhr, letzte Bedienung werktags 21 bis 21.30 Uhr, am Wochenende um 22 Uhr, Brunch am Samstag und Sonntag 10–14.30 Uhr

## Post

Der US Postal ist nach wie vor zuverlässig, wenn auch die Öffnungszeiten der Postämter besonders am Wochenende begrenzt sind. Aktuelle Infos zu Preisen und Standorten von Filialen stehen auf der Website des US Postal Service (www.usps.com).

## Rauchen

Rauchen ist fast überall verboten. Einige Hotels haben Raucherzimmer, aber die meisten sind komplette Nichtraucherhotels. Bars mit Außenterrassen erlauben das Rauchen in diesem Bereich, ansonsten müssen sich Raucher auf den Gehweg, aber abseits von Türen geöffneter Geschäfte bequemen. Für Erwachsene ab 18 Jahren ist das Rauchen von Marihuana legal, doch nur in ausgewiesenen Raucherbereichen – auf Rauchmelder achten!

## Rechtsfragen

Die Polizei von San Francisco hat meist Wichtigeres zu tun, als für das Pflücken von geschütztem Kalifornischen Goldmohn auf öffentlichem Grund (bis zu 500 $), Vermüllung (ab 250 $), Herumlungern auf Gehwegen (Sit/Lie-Verordnung, 50–500 $), verkehrswidriges Überqueren einer Straße (z. B. außerhalb eines Zebrastreifens, 75–250 $) oder wegen Nichtaufsammelns von Hundekot (bis 320 $ plus böse Blicke von anderen Hundebesitzern) Bußgelder zu verhängen.

Das Trinken alkoholischer Getränke auf der Straße ist offiziell nicht erlaubt, aber Bier und Wein werden auf Straßenfesten und anderen Freiluftevents oft geduldet. Der Kauf von Marihuana ist Erwachsenen ab 18 Jahren (Ausweis erforderlich) für den Privatgebrauch erlaubt – die Betonung liegt hier auf „privat", denn viele San Franciscoer mögen es nicht, wenn ihnen Rauch ins Gesicht geblasen wird, egal ob von Zigaretten oder anderen Sachen. In jüngster Zeit ging die Polizei verstärkt gegen Leute, die in Parks nächtigen, und gegen illegales Campen vor.

Wer aus irgendeinem Grund verhaftet wird, hat das Recht, zu schweigen, sollte sich aber niemals von einem Polizisten entfernen, bevor der die Erlaubnis gibt; andernfalls gilt das als Widerstand gegen die Festnahme. Jeder, der verhaftet wird, hat das Recht auf einen Telefonanruf. Wer sein Konsulat anrufen will, erhält auf Anfrage die Nummer bei der Polizei. Gemäß den Sanctuary City Laws von San Francisco teilt die Polizei Informationen über den Visumsstatus einer Person nicht mit den Einwanderungsbehörden des Bundes.

## Sicher reisen

Ein waches Auge und gesunder Menschenverstand sind wichtig, besonders nachts im Tenderloin, in SoMa, Upper Haight und Mission. Wer in diesen Gegenden abends oder nachts allein unterwegs ist, nimmt vielleicht besser ein Taxi bzw. einen Mitfahrdienst statt auf den Bus zu warten.

- Das Smartphone sollte auf offener Straße nicht unnötig benutzt werden – Handyraub kommt immer noch vor.
- Das Stadtviertel Bayview-Hunters Point (südlich von Potrero Hill, am Wasser) ist von Polizeieinsätzen und Kriminalität geprägt und kein Ort für Touristen.
- Nach Einbruch der Dunkelheit werden der Dolores Park, der Buena Vista Park und der Eingang zum Golden Gate Park an der Ecke Haight und Stanyan St für Drogenhandel und schnellen Sex genutzt. Wer dort abends oder nachts unterwegs ist, wird eventuell entsprechend angesprochen.

## Steuern & Erstattungen

Die Umsatzsteuer in San Francisco von 8,75 % wird praktisch überall aufgeschlagen, auch bei Mahlzeiten, Einkäufen und Mietwagen; die Steuer für Hotelzimmer beträgt 14 %, plus 1 bis 1,5 % *tourism district assessment*. Lebensmittel sind so ziemlich die einzige Konsumware, die nicht besteuert wird. Anders als die europäische Mehrwertsteuer wird die Umsatzsteuer bei der Ausreise nicht erstattet.

Manche Restaurants geben die Kosten für Gesundheitsleistungen für Restaurantangestellte, die die städtische Gesetzgebung vorschreibt, an die Gäste weiter, indem sie zusätzliche 3 bis 4 % „Healthy SF" auf die Rechnung aufschlagen – es ist meist im Kleingedruckten der Speisekarte erwähnt.

## Strom

Die Stromspannung in den USA beträgt 110 bis 115 V, und 60 Hz. Steckdosen sind für flache zwei- oder dreipolige Stecker geeignet. Es empfiehlt sich, einen Transformater und/oder Adapter mitzubringen oder in den USA bei Walgreens o. Ä. zu beschaffen.

**Typ A**
**120 V / 60 Hz**

**Typ B**
**120 V / 60 Hz**

## Telefon

Die Landesvorwahl der USA ist die 1. Die Ortsvorwahl vom Großraum San Francisco lautet 415. In San Francisco muss auch bei Ortsgesprächen die Ortsvorwahl gewählt werden; alle Teilnehmernummern in der Stadt beginnen daher mit 1-415.

Wer aus San Francisco ein Auslandsgespräch führen will, wählt 011 + Landesvorwahl + Ortsvorwahl (ohne 0) + Teilnehmernummer. Für Anrufe nach Kanada ist die internationale Vorwahl (011) nicht nötig. Bei Anrufen innerhalb der USA vom Festnetz muss vor jeder Ortsvorwahl die Landesvorwahl 1, bei R-Gesprächen und Vermittlung die 0 (beides teuer) gewählt werden. Vom Handy werden nur die Ortsvorwahl und die Teilnehmernummer gewählt.

### Vorwahlen in der Bay Area

**East Bay** ☎510
**Marin County** ☎415
**Peninsula** ☎650
**San Francisco** ☎415
**San Jose** ☎408
**Santa Cruz** ☎831
**Wine Country** ☎707

Gebührenfreie Nummern beginnen mit 800, 855, 866, 877 oder 888; Telefonnummern, die mit 900 beginnen, bringen hohe Gebühren mit sich.

### Handys

Die meisten US-Handys nutzen CDMA oder GSM 850/1900 und nicht den europäischen Standard GSM 900/1800 – die Kompatibilität des eigenen Handys sollte beim Mobilfunkanbieter erfragt werden. Eine amerikanische SIM-Karte für San Francisco und die Bay Area empfiehlt sich in jedem Fall, wenn man Roaming-

und Datennutzungsgebühren vermeiden möchte.

### Telefonauskunft

**Auslandsvermittlung** ☎00

**Landesauskunft** ☎1 + Ortsvorwahl + 555-1212

**Ortsauskunft** ☎411

**Vermittlung** ☎0

**Gebührenfreie Auskunft** ☎800-555-1212

## Toiletten

Viele öffentliche Toiletten in San Francisco sind für die Benutzung durch Menschen aller Geschlechter gedacht und mit einem Dreieck gekennzeichnet. Diese Toiletten verfügen meist über Kabinen statt offene Urinale.

**Stadtweit** Selbstreinigende Münztoiletten kosten 25 ¢ oder man benötigt eine kostenlose Wertmünze. Es gibt 28 in der Stadt, zumeist in North Beach, an der Fisherman's Wharf, im Financial District und im Tenderloin. Toilettenpapier steht nicht immer zur Verfügung und es gibt eine Zeitbegrenzung von 20 Minuten. Auch in öffentlichen Bibliotheken und einigen Stadtparks gibt's Toiletten.

**Downtown** Die meisten Hotellobbys sind mit Toiletten ausgestattet. Saubere Toiletten und Wickelräume findet man im Westfield San Francisco Centre und bei Macy's.

**Civic Center** Die San Francisco Main Library hat Toiletten.

**Haight-Ashbury & Mission** Hier herrscht ein eklatanter Mangel an öffentlichen Toiletten; eventuell muss man einen Kaffee, ein Bier und etwas zu essen kaufen, um Zugang zu verschlossenen Kundentoiletten zu erhalten.

## Touristeninformation

**SF Visitor Information Center** (www.sanfrancisco.travel/visitor-information-center) Muni-Pässe, Aktivitätsangebote, Kultur- und Veranstaltungsprogramme.

## Visa

### Visa-Waiver-Programm

Das US-amerikanische Visa-Waiver-Programm (VWP) erlaubt es Bürgern aus 38 Ländern, u. a. aus Deutschland, Österreich und der Schweiz, ohne Visum in die USA einzureisen, vorausgesetzt, sie besitzen einen biometrischen Reisepass mit Chip. Die aktuelle Liste der Länder in diesem Programm und derzeitige Erfordernisse sind auf der Website der Behörde **US Customs & Border Protection** (https://www.cbp.gov/travel/international-visitors einzusehen.

Bürger der VWP-Länder müssen sich drei Tage vor ihrem Besuch beim **US Department of Homeland Security** (https://esta.cbp.dhs.gov/esta) registrieren. Für den Registrierungsantrag sind 14 $ zu zahlen.

### Visapflicht

Ein Visum von einer US-Botschaft oder US-Konsulat im Heimatland ist unter folgenden Voraussetzungen erforderlich:

- Wenn man keinen biometrischen Reisepass besitzt.
- Wenn man länger als 90 Tage in den USA bleiben möchte.
- Wenn man vorhat, in den USA zu arbeiten oder zu studieren.

### Arbeitsvisa

Ausländische Besucher dürfen generell nicht ohne entsprechendes Arbeitsvisum in den USA arbeiten. Das üblichste ist das H-Visum, das aber nicht einfach zu bekommen ist. Es erfordert meist eine Bürgschaft, z. B. von der Firma, für die man in den USA arbeiten wird. Die Firma muss nachweisen, warum der ausländische Angestellte besser qualifiziert für den Job ist als ein US-Bürger.

Die Art des Arbeitsvisums hängt von der jeweiligen Arbeit ab:

**H-Visum** Für befristete Arbeit.

**L-Visum** Für Angestellte, die innerhalb eines Unternehmens in die USA versetzt werden.

**O-Visum** Für Arbeitnehmer mit außerordentlichen Fähigkeiten.

**P-Visum** Für Sportler und Unterhaltungskünstler.

**Q-Visum** Für Besucher im Rahmen des internationalen Kulturaustauschs.

## Zeit

Für San Francisco gilt die Pacific Standard Time (PST) der Westküste. Sie liegt drei Stunden hinter der Eastern Standard Time (EST) an der Ostküste und neun Stunden hinter der Mitteleuropäischen Zeit (MEZ). Von März bis Oktober ist in den USA Sommerzeit.

## Zoll

Jede Person über 21 Jahren darf 1 l Spirituosen und 200 Zigaretten zollfrei in die USA einführen. Ausländische Besucher dürfen zollfreie Geschenke im Wert von 100 $ mitbringen. Wer Bargeld, Reiseschecks oder Zahlungsanweisungen von mehr als 10 000 $ in US- und ausländischer Währung mitführt, muss den Überschussbetrag beim Zoll angeben – unverzollte Summen über 10 000 $ werden gegebenenfalls beschlagnahmt.

# Hinter den Kulissen

## WIR FREUEN UNS ÜBER EIN FEEDBACK

Post von Travellern zu bekommen ist für uns ungemein hilfreich – Kritik und Anregungen halten uns auf dem Laufenden und helfen, unsere Bücher zu verbessern. Unser reiseerfahrenes Team liest alle Zuschriften genau durch, um zu erfahren, was an unseren Reiseführern gut und was schlecht ist. Wir können solche Post zwar nicht individuell beantworten, aber jedes Feedback wird garantiert schnurstracks an die jeweiligen Autoren weitergeleitet, rechtzeitig vor der nächsten Auflage.

Wer Ideen, Erfahrungen und Korrekturhinweise zum Reiseführer mitteilen möchte, hat die Möglichkeit dazu auf www.lonelyplanet.com/contact/guidebook_feedback/new. Anmerkungen speziell zur deutschen Ausgabe erreichen uns über www.lonelyplanet.de/kontakt.

Hinweis: Da wir Beiträge möglicherweise in Lonely Planet Produkten (Reiseführer, Websites, digitale Medien) veröffentlichen, ggf. auch in gekürzter Form, bitten wir um Mitteilung, falls ein Kommentar nicht veröffentlicht oder ein Name nicht genannt werden soll. Wer Näheres über unsere Datenschutzpolitik wissen will, erfährt das unter www.lonelyplanet.com/privacy.

## DANK DER AUTORIN

### Ashley Harrell

Danke an meine Redakteurin Sarah Stocking und an meine Koautorin Alison Bing für all ihren zuverlässigen Rat und die Begeisterung für das Projekt. Dank an Andy Wright, David Roth, Amy Benziger, Kara Levy, Lauren Smiley, Laurie Prill, Paul Stockamore, Osa Peligrosa, Freda Moon, Lois Beckett, Margie Benziger und Peter Benziger für ihre Freundschaft, geteilte Mahlzeiten und Ideen.

## QUELLENNACHWEIS

Titelfoto: Mission Dolores Park in der Morgendämmerung, Chris LaBasco/iStock photo

Illustration S. 56–57 Michael Weldon

## ÜBER DIESES BUCH

Dies ist die 2. deutsche Auflage von *San Francisco*, basierend auf der 13. englischen Ausgabe von Ashley Harrell, die auch die Koordination übernahm, Alison Bing, Greg Benchwick, Celeste Brash und Adam Karlin. Die vorige Auflage schrieben Ashley, Sara Benson, Alison und John A. Vlahides. Dieser Reiseführer wurde produziert von:

**Titelredaktion** Sarah Stocking
**Redaktion** Angela Tinson
**Leitung Produktredaktion** Martine Power, Victoria Smith
**Kartografie** Julie Sheridan, Alison Lyall, Valentina Kremenchutskaya
**Produktredaktion** Gary Quinn, Kathryn Rowan, Ross Taylor
**Layout** Nicolas D'Hoedt, Fergal Condon, Gwen Cotter
**Redaktionsassistenz** Janice Bird, Kate Daly, Gabrielle Innes, Lou McGregor, Alison Morris, Rosie Nicholson, Lauren O'Connell, Monique Perrin, Tamara Sheward, Monica Woods
**Titelbildrecherche** Meri Blazevski
**Dank an** Ronan Abayawickrema, Sonia Kapoor, Hannah Cartmel

# Register

siehe auch gesonderte Register für:


**ESSEN S. 306**
**AUSGEHEN & NACHTLEBEN S. 307**
**UNTERHALTUNG S. 308**
**SHOPPEN S. 309**
**SPORT & AKTIVITÄTEN S. 309**
**SCHLAFEN S. 310**

Sehenswertes 000
Kartenverweise **000**
Fotoverweise **000**

## ESSEN



Sehenswertes 000
Kartenverweise **000**
Fotoverweise **000**

## AUSGEHEN & NACHTLEBEN

## ☆ UNTERHALTUNG

## SHOPPEN



## SPORT & AKTIVITÄTEN

## SCHLAFEN

# Cityatlas

## Sehenswertes
- Strand
- Vogelschutzgebiet
- buddhistisch
- Burg/Schloss/Palast
- christlich
- konfuzianisch
- hinduistisch
- islamisch
- jainistisch
- jüdisch
- Denkmal
- Museum/Galerie/histor. Gebäude
- Ruine
- Sento/Onsen
- shintoistisch
- Sikh
- taoistisch
- Weingut/Weinberg
- Zoo/Wildschutzgebiet
- sonstige Sehenswürdigkeit

## Aktivitäten, Kurse & Touren
- bodysurfen
- tauchen
- Kanu/Kajak fahren
- Kurs/Tour
- Ski fahren
- schnorcheln
- surfen
- Swimmingpool
- wandern
- windsurfen
- sonstige Aktivität

## Schlafen
- Hotel/Pension/Hostel
- Camping

## Essen
- Restaurant

## Ausgehen & Nachtleben
- Bar/Kneipe/Club
- Café

## Unterhaltung
- Unterhaltung

## Shoppen
- Shoppen

## Praktisches
- Bank
- Botschaft/Konsulat
- Krankenhaus/Arzt
- Internet
- Polizei
- Post
- Telefon
- Toilette
- Touristeninformation
- sonstige Informationen

## Geografie
- Strand
- Hütte/Unterstand
- Leuchtturm
- Aussichtspunkt
- Berg/Vulkan
- Oase
- Park
- Pass
- Rastplatz
- Wasserfall

## Städte
- Hauptstadt (Staat)
- Hauptstadt (Provinz)
- Großstadt
- Stadt/Ort

## Transport
- Flughafen
- Grenzübergang
- Bus
- Seilbahn/Standseilbahn
- Radweg
- Fähre
- Metrostation
- Schwebebahn
- Parkplatz
- Tankstelle
- S-Bahnstation
- Taxi
- T-bane/Tunnelbana-Station
- Bahnhof/Bahnlinie
- Straßenbahn
- Tube Station
- U-Bahnstation
- sonstiger Transport

*Hinweis: Nicht alle in der Legende aufgeführten Symbole sind Bestandteil der Karten dieses Buches*

## Verkehrswege
- Mautstraße
- Autobahn
- Hauptstraße
- Landstraße
- Verbindungsstraße
- sonstige Straße
- unbefestigte Straße
- Straße im Bau
- Platz, Promenade
- Treppe
- Tunnel
- Fußgängerbrücke
- Spaziergang
- Abstecher vom Spaziergang
- Weg/Pfad

## Grenzen
- Staatsgrenze
- Provinzgrenze
- umstrittene Grenze
- Regional-/Bezirksgrenze
- Meeresschutzgebiet
- Kliff
- Mauer

## Gewässer
- Fluss, Bach
- periodischer Fluss
- Kanal
- Gewässer
- Salzsee/trockener/periodischer See
- Riff

## Gebietsform
- Flughafen/Flugplatz
- Strand/Wüste
- christlicher Friedhof
- sonstiger Friedhof
- Gletscher
- Watt
- Park/Wald
- Sehenswertes (Gebäude)
- Sportplatz
- Sumpf/Mangroven

# KARTENINDEX

# FISHERMANS WHARF

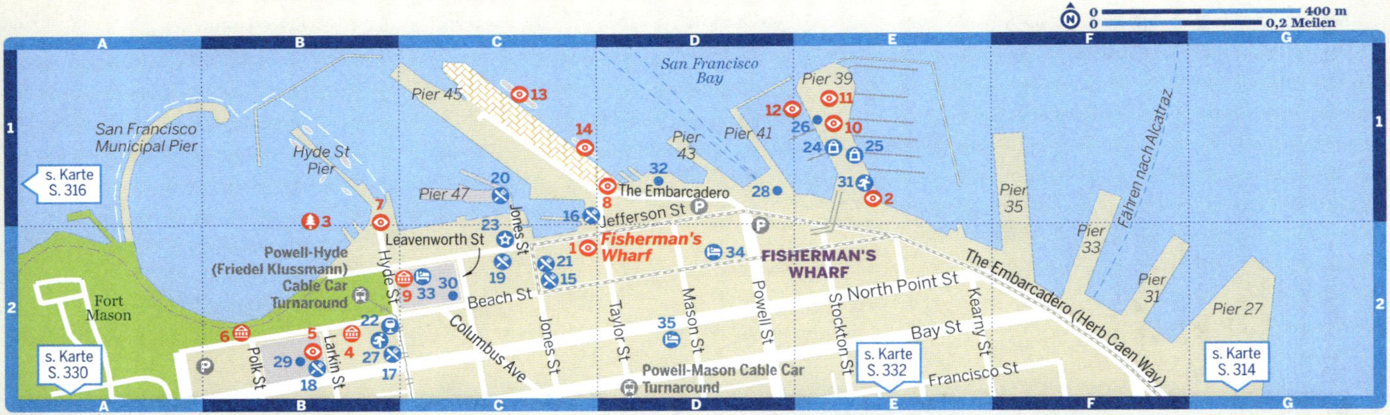


**Top-Erlebnisse** (S. 61)
1 Fisherman's Wharf .......... C2

**Sehenswertes** (S. 65)
2 Aquarium of the Bay ........ E1
3 Aquatic Park .................... B1
4 Cartoon Art Museum ...... B2
5 Ghirardelli Square ........... B2
6 Maritime Museum ........... B2
7 Maritime National Historical Park .............. B1
8 Musée Mécanique ........... D1
9 National Park Visitors Center .......................... C2
10 Pier 39 ............................ E1
11 San Francisco Carousel... E1
12 Sea Lions at Pier 39 ......... D1
13 SS Jeremiah O'Brien ....... C1
14 USS Pampanito .............. C1

**Essen** (S. 67)
15 Codmother Fish & Chips ............................ C2
16 Fisherman's Wharf Crab Stands .................. C1
17 Gary Danko ..................... B2
18 Ghirardelli Ice Cream ...... B2
19 In-N-Out Burger ............. C2
20 Scoma's ........................... C1
21 Tanguito .......................... C2

**Ausgehen & Nachtleben** (S. 70)
22 Buena Vista Cafe ............ B2

**Unterhaltung** (S. 72)
23 Lou's Fish Shack ............. C2

**Shoppen** (S.72)
elizabethW ................. (s. 5)
24 Houdini's Magic Shop ...... E1
25 SF Salt Co. ....................... E1

**Sport & Aktivitäten** (S. 74)
26 Adventure Cat .................. E1
27 Blazing Saddles ............... B2
28 Blue & Gold Fleet ............ D1
29 Cheese School of San Francisco ..................... B2
30 Fire Engine Tours ............ C2
31 Flyer ................................. E1
32 Red & White Fleet ........... D1

**Schlafen** (S. 246)
33 Argonaut Hotel ............... C2
34 Hotel Zephyr ................... D2
35 Hotel Zoe ........................ D2

**Top-Erlebnisse** **(S. 64)**
1 Exploratorium ........................ A5

**Sehenswertes** **(S. 65)**
Tactile Dome ........................ (s. 1)

**Unterhaltung** **(S. 72)**
2 Pier 23 ........................ A4

**Sport & Aktivitäten** **(S. 55)**
3 Alcatraz Cruises ........................ A2

**Top-Erlebnisse** (S. 58)
1 Golden Gate Bridge ........ B1

**Sehenswertes** (S. 65)
2 Baker Beach ........ A4
3 Crissy Field ........ D2
4 Fort Point ........ B1
5 Lyon Street Steps ........ E4
6 Palace of Fine Arts ........ E2
7 Presidio of San Francisco ........ C3
8 Presidio Officers' Club ........ D3
9 Swedenborgian Church ........ E4
10 Walt Disney Family Museum ........ D3

**Essen** (S. 67)
Arguello ........ (s. 8)
11 Warming Hut ........ B2

**Shoppen** (S. 72)
12 Sports Basement ........ D2

**Sport & Aktivitäten** (S. 74)
13 House of Air ........ C2
14 Planet Granite ........ C2
15 Presidio Golf Course ........ C4

**Schlafen** (S. 246)
16 Inn at the Presidio ........ D3
17 Lodge at the Presidio ........ D3

# MARINA

0 400 m
0 0,2 Meilen
A
B
C
D
1
2
3
4
5
6
7
San Francisco Bay
Yacht Rd
Jacht-hafen
Marina Green Dr
Marina Green
Marina Blvd
Jefferson St
Cervantes Blvd
Fillmore St
Beach St
Laguna St
North Point St
Scott St
Bay St
MARINA
Alhambra St
George R Moscone Recreation Center
s. Karte S. 315
Francisco St
Chestnut St
101
Lombard St
Pierce St
Greenwich St
Filbert St
Union St
COW HOLLOW
Broderick St
Divisadero St
Green St
Vallejo St
Scott St
Steiner St
Webster St
Buchanan St
Broadway
Baker St
Pacific Ave
Jackson St
Alta Plaza Park
Washington St
Clay St
s. Karte S. 334

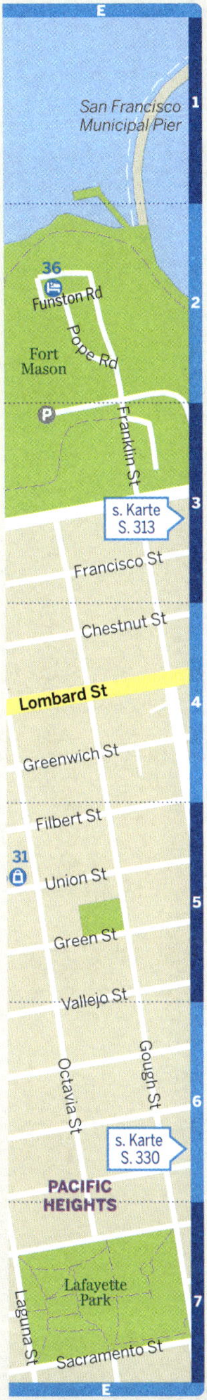


**Sehenswertes** (S.65)

1 Baker Street Steps ............ A6
2 Fort Mason Center ............ D2
3 Wave Organ ............ B1

**Essen** (S.69)

4 A16 ............ A4
5 Atelier Crenn ............ C5
6 Balboa Cafe ............ C5
7 Belga ............ D5
8 Blue Barn Gourmet ............ C4
9 Brazen Head ............ D5
10 Gio Gelati ............ D5
11 Greens ............ D2
Italian Homemade ............ (s. 26)
12 Izzy's Steaks & Chops ............ B4
Kaiyo ............ (s. 31)
13 Kara's Cupcakes ............ B4
14 Lucca Delicatessen ............ B4
Off the Grid ............ (s. 2)
15 Rooster & Rice ............ C5
16 Rose's Café ............ C5
17 Vegan Picnic ............ D5

**Ausgehen & Nachtleben** (S. 70)

18 California Wine Merchant ... B4
19 Interval Bar & Cafe ............ D2
Radhaus ............ (s. 19)
20 West Coast Wine & Cheese ............ C5

**Unterhaltung** (S. 72)

21 BATS Improv ............ D2
22 Magic Theatre ............ D2

**Shoppen** (S. 72)

23 Ambiance ............ D5
Anomie ............ (s. 20)
24 ATYS ............ C5
25 Books Inc ............ B4
26 Epicurean Trader ............ D5
27 Flax Art & Design ............ D2
28 Fog City Leather ............ D5
29 PlumpJack Wines ............ C5
30 Sui Generis Illa ............ C5
31 Topdrawer ............ E5
32 Y & I Boutique ............ B4

**Sport & Aktivitäten** (S. 74)

33 Environmental Traveling Companions ............ D2
34 Oceanic Society Expeditions ............ A2

**Schlafen** (S. 246)

35 Coventry Motor Inn ............ D4
36 HI San Francisco Fisherman's Wharf ............ E2
37 Hotel del Sol ............ C4
38 Hotel Drisco ............ A7
39 Marina Motel ............ A5

# UNION SQUARE

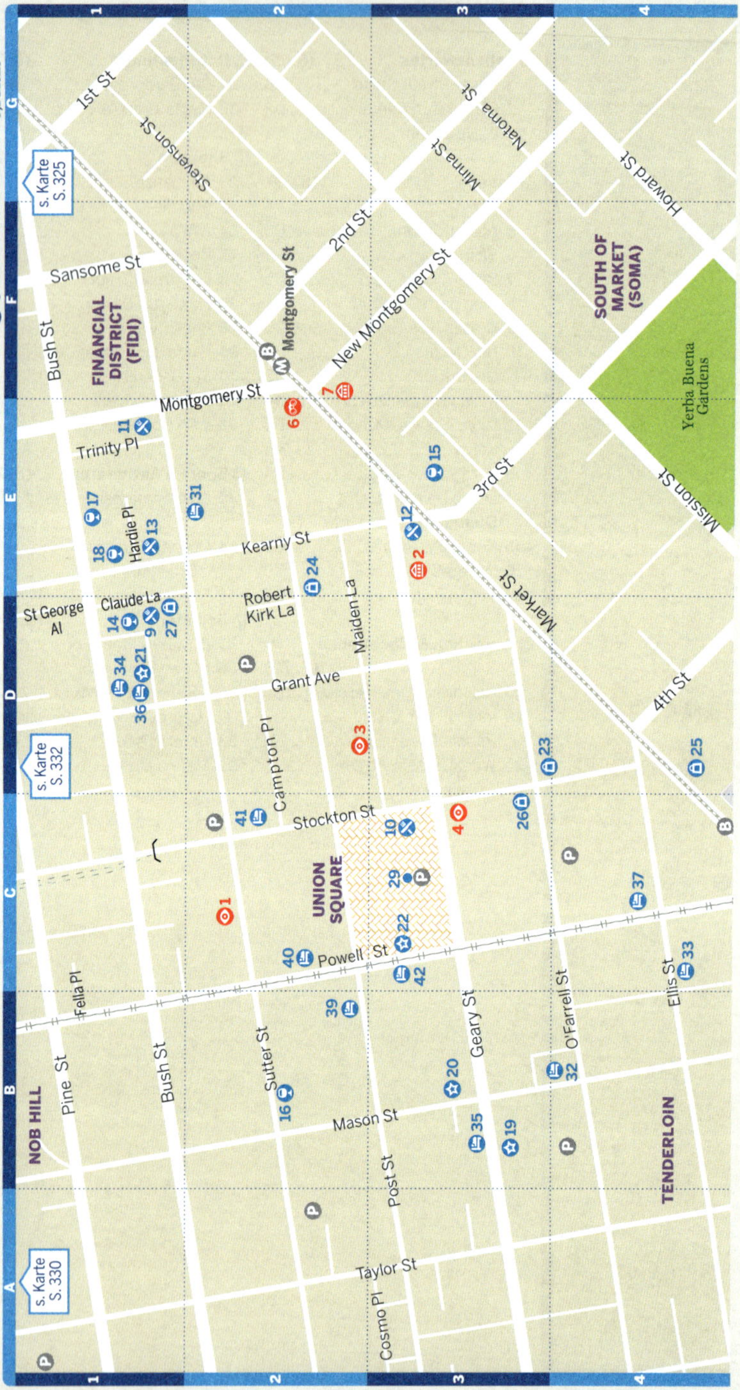

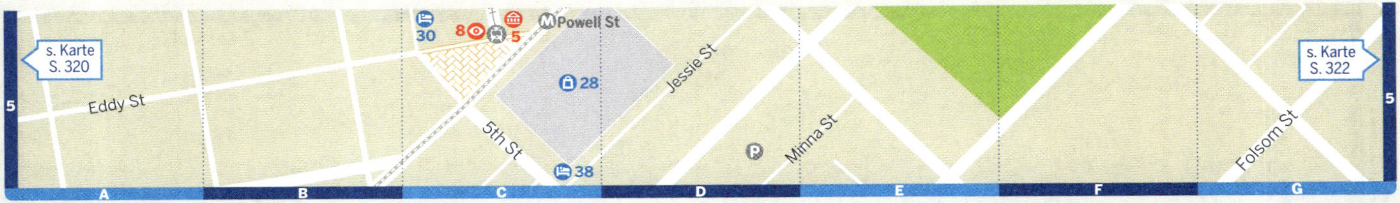


**Sehenswertes** (S. 83)

1 450 Sutter St ... C2
2 49 Geary ... E3
3 Frank Lloyd Wright Building ... D2
4 I Magnin Building ... C3
5 James Flood Building ... C5
6 One Montgomery Terrace ... E2
7 Palace Hotel ... F2
8 Powell St Cable Car Turnaround ... C5

**Essen** (S. 91)

9 Cafe Claude ... D1
10 Emporio Rulli ... C3
11 Golden West ... E1
12 Hakkasan ... E3
13 Sushirrito ... E1

**Ausgehen & Nachtleben** (S. 95)

Gaspar Brasserie & Cognac Room ... (s. 31)
14 Irish Bank ... D1
15 Local Edition ... E3
16 Pacific Cocktail Haven ... B2
17 Pagan Idol ... E1
18 Rickhouse ... E1

**Unterhaltung** (S. 100)

19 American Conservatory Theater ... B3
20 August Hall ... B3
21 Bar Fluxus ... D1
22 TIX Bay Area ... C3

**Shoppen** (S. 105)

23 Barneys ... D3
24 Britex Fabrics ... E2
Isaia ... (s. 3)
25 Levi's Flagship Store ... D4
26 Macy's ... C3
27 Margaret O'Leary ... D1
28 Westfield San Francisco Centre ... C5

**Sport & Aktivitäten** (S. 107)

29 Emperor Norton's Fantastic Time Machine ... C3

**Schlafen** (S. 247)

30 Axiom ... C5
31 Galleria Park ... E2
32 HI San Francisco Downtown ... B4
33 Hotel Abri ... C4
34 Hotel des Arts ... D1
35 Hotel Diva ... B3
36 Hotel Triton ... D1
37 Hotel Union Square ... C4
38 Hotel Zetta ... C5
39 Inn at Union Square ... B2
Palace Hotel ... (s. 7)
40 Sir Francis Drake Hotel ... C2
41 Taj Campton Place ... C2
42 Westin St Francis Hotel ... C3

# CIVIC CENTER & TENDERLOIN

# CIVIC CENTER & TENDERLOIN

Legende S. 324

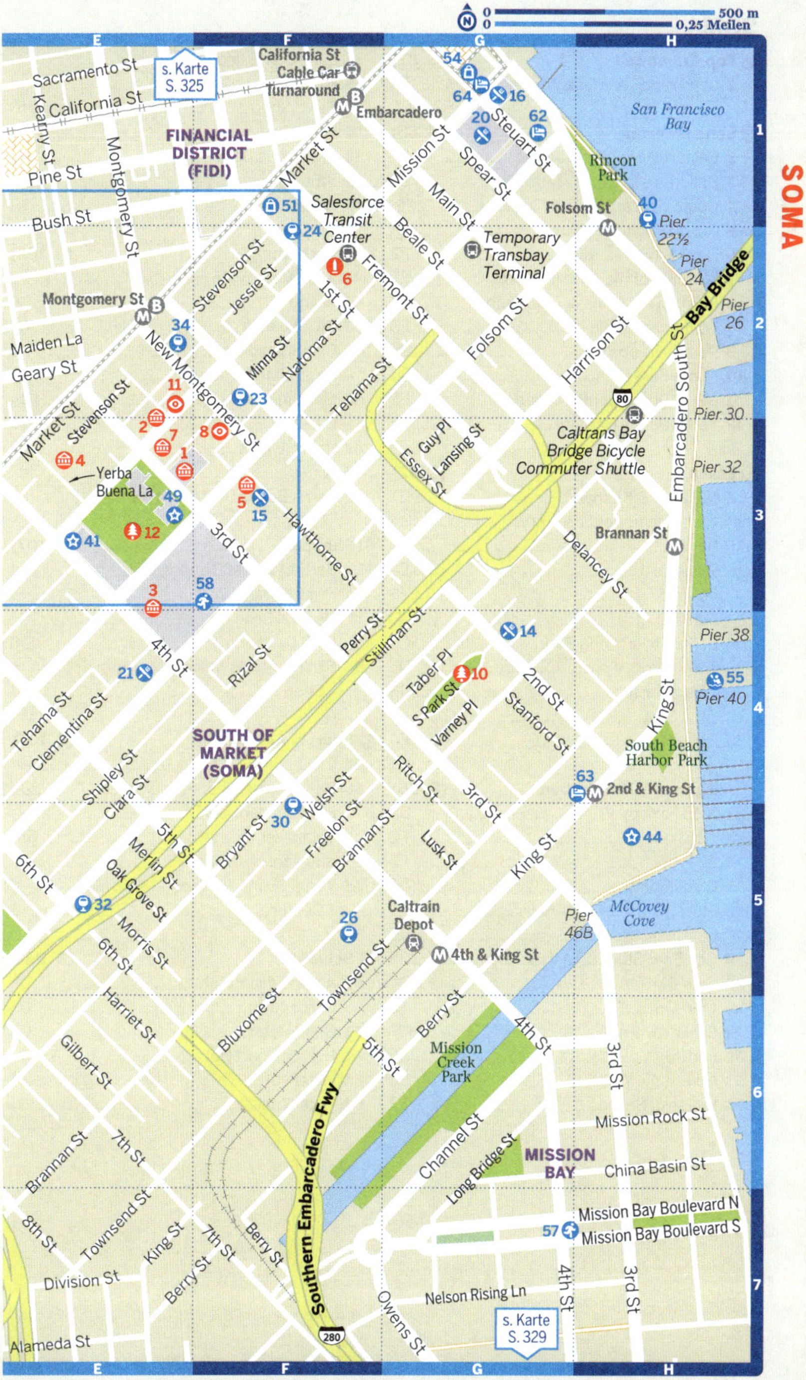
SOMA
0 500 m
0 0,25 Meilen
E
F
G
H
1
2
3
4
5
6
7
s. Karte S. 325
s. Karte S. 329
Sacramento St
California St
Kearny St
Pine St
Bush St
Montgomery St
FINANCIAL DISTRICT (FIDI)
California St Cable Car Turnaround
Embarcadero
Market St
Mission St
Steuart St
Spear St
Main St
Beale St
Salesforce Transit Center
Temporary Transbay Terminal
Fremont St
1st St
Stevenson St
Jessie St
Montgomery St
Maiden La
Geary St
New Montgomery St
Minna St
Natoma St
Tehama St
Folsom St
Harrison St
San Francisco Bay
Rincon Park
Folsom St
Pier 22½
Pier 24
Pier 26
Bay Bridge
Embarcadero South St
Pier 30
Pier 32
Caltrans Bay Bridge Bicycle Commuter Shuttle
Guy Pl
Lansing St
Essex St
Market St
Stevenson St
Yerba Buena La
3rd St
Hawthorne St
Brannan St
Delancey St
Pier 38
Pier 40
4th St
Rizal St
Perry St
Stillman St
Taber Pl
S Park St
Varney Pl
2nd St
Stanford St
King St
South Beach Harbor Park
2nd & King St
Tehama St
Clementina St
SOUTH OF MARKET (SOMA)
Shipley St
Clara St
5th St
Bryant St
Welsh St
Freelon St
Brannan St
Ritch St
3rd St
Lusk St
King St
6th St
Merlin St
Oak Grove St
Morris St
6th St
Caltrain Depot
4th & King St
Townsend St
Pier 46B
McCovey Cove
Harriet St
Gilbert St
Bluxome St
Berry St
Mission Creek Park
5th St
4th St
3rd St
Mission Rock St
Channel St
Long Bridge St
MISSION BAY
China Basin St
Brannan St
7th St
Southern Embarcadero Fwy
Mission Bay Boulevard N
Mission Bay Boulevard S
8th St
Townsend St
King St
7th St
Berry St
Division St
Berry St
Owens St
Nelson Rising Ln
4th St
3rd St
Alameda St
80
280
1
2
3
4
5
6
7
8
10
11
12
14
15
16
20
21
23
24
26
30
32
34
40
41
44
49
51
54
55
57
58
62
63
64

## SOMA *Karte S. 322*

**Top-Erlebnisse** **(S. 79)**
1 Ferry Building ............................ D2

**Sehenswertes** **(S. 83)**
2 Diego Riveras Fresko Allegory of California ............................ B4
3 Embarcadero Plaza ............................ C2
4 Jackson Square ............................ A1
5 Sun Terrace ............................ A3
6 Transamerica Pyramid & Redwood Park ............................ A2
7 Wells Fargo History Museum ............................ A3

**Essen** **(S. 89)**
8 Boulette's Larder & Boulibar ............................ D3
9 Cotogna ............................ A2
Cowgirl Creamery ............................ (s. 1)
10 El Porteño Empanadas ............................ D3
11 Ferry Plaza Farmers Market ............................ D3
Hog Island Oyster Company ............................ (s. 15)
12 Kokkari ............................ B2
13 Kusakabe ............................ A2
Mijita ............................ (s. 1)
14 Quince ............................ A2
15 Slanted Door ............................ D2

**Ausgehen & Nachtleben** **(S. 95)**
16 Bix ............................ A2
Ferry Plaza Wine Merchant ............................ (s. 1)
Imperial Tea Court ............................ (s. 1)

**Unterhaltung** **(S. 100)**
17 Embarcadero Center Cinema ............................ B3
18 Punch Line ............................ B2

**Shoppen** **(S. 104)**
Gallery Japonesque ............................ (s. 21)
19 Heath Ceramics ............................ D2
20 Recchiuti Confections ............................ D2
21 William Stout Architectural Books ............................ A2
22 Wingtip ............................ A3

**Schlafen** **(S. 250)**
23 Loews Regency ............................ B4

# MISSION

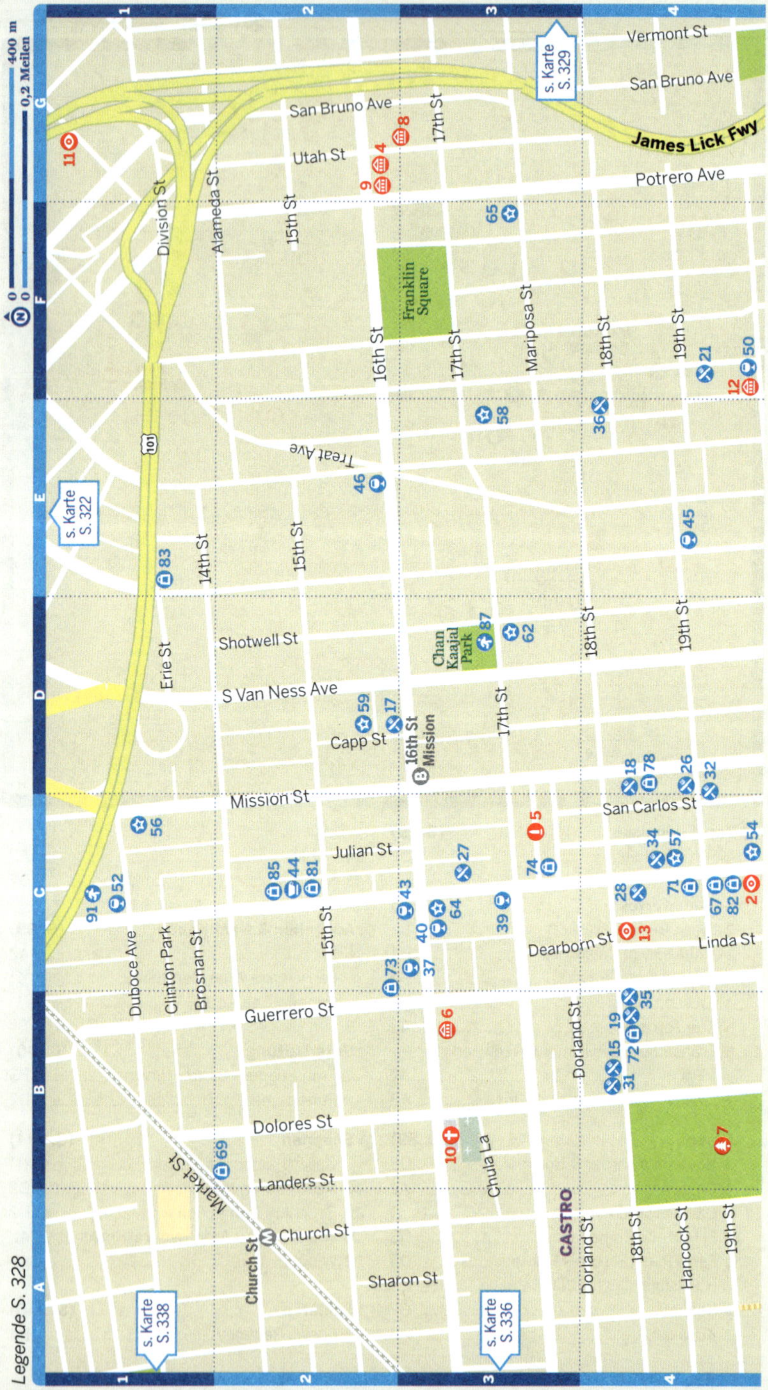


Legende S. 328

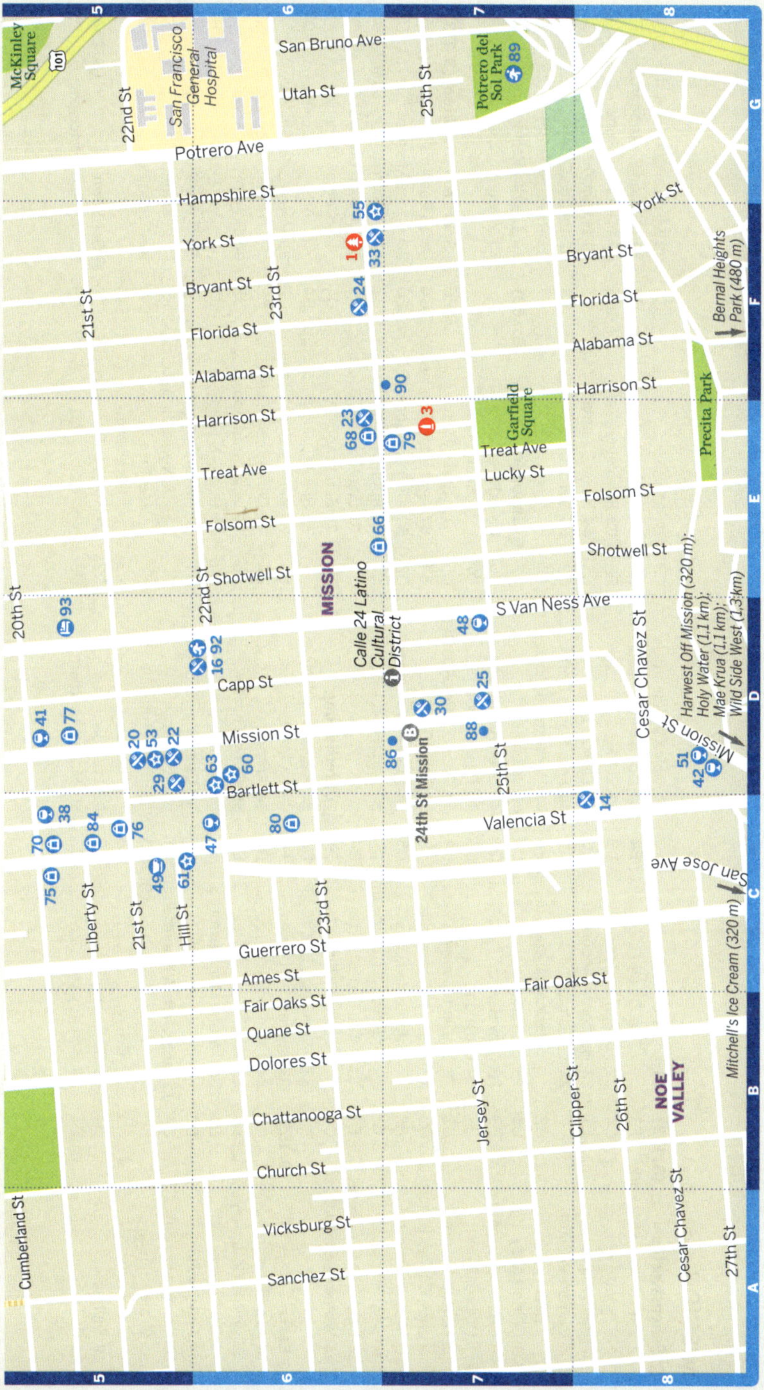
MISSION
McKinley Square
101
San Francisco General Hospital
San Bruno Ave
Utah St
Potrero Ave
Hampshire St
York St
Bryant St
Florida St
Alabama St
Harrison St
Treat Ave
Folsom St
Shotwell St
S Van Ness Ave
Capp St
Mission St
Bartlett St
Valencia St
San Jose Ave
Guerrero St
Ames St
Fair Oaks St
Quane St
Dolores St
Chattanooga St
Church St
Vicksburg St
Sanchez St
20th St
21st St
22nd St
23rd St
24th St Mission
25th St
26th St
27th St
Cesar Chavez St
Cumberland St
Liberty St
Hill St
Jersey St
Clipper St
Lucky St
Potrero del Sol Park
Garfield Square
Precita Park
Calle 24 Latino Cultural District
MISSION
NOE VALLEY
Bernal Heights Park (480 m)
Harwest Off Mission (320 m); Holy Water (1,1 km); Mae Krua (1,1 km); Wild Side West (1,3 km)
Mitchell's Ice Cream (320 m)
1
3
14
16
20
22
23
24
25
29
30
33
38
41
42
47
48
49
51
53
55
60
61
63
66
68
70
75
76
77
79
80
84
86
88
89
90
92
93
A
B
C
D
E
F
G
5
6
7
8

## MISSION *Karte S. 326*

**Sehenswertes (S. 153)**

1 24th & York Mini Park ..... F6
2 826 Valencia ..... C4
3 Balmy Alley ..... E7
4 Catharine Clark Gallery ..... G2
5 Clarion Alley ..... C3
6 Creativity Explored ..... B3
7 Dolores Park ..... B4
8 Hosfelt Gallery ..... G3
9 Jack Fischer Gallery ..... G2
10 Mission Dolores ..... B3
11 SOMArts ..... G1
12 Southern Exposure ..... F4
13 Women's Building ..... C4

**Essen (S. 155)**

14 Al's Place ..... C8
15 Bi-Rite Creamery ..... B4
16 Californios ..... D6
17 Chile Lindo ..... D2
18 Commonwealth ..... D4
Craftsman & Wolves ..... (s. 71)
19 Delfina ..... B4
20 El Techo ..... D5
21 Farmhouse Kitchen Thai Cuisine ..... F4
22 Foreign Cinema ..... D5
23 Humphry Slocombe ..... E6
24 La Palma Mexicatessen ..... F6
25 La Taqueria ..... D7
26 Lazy Bear ..... D4
27 Locanda ..... C3
28 Mission Cheese ..... C4
29 Mission Community Market ..... D5
30 Mr Pollo ..... D7
31 Namu Gaji ..... B4
Pizzeria Delfina ..... (s. 19)
32 Prairie ..... D4
33 St Francis Fountain ..... F6
34 Tacolicious ..... C4
35 Tartine ..... B4
36 Tartine Manufactory ..... E4

**Ausgehen & Nachtleben (S. 161)**

37 %ABV ..... C3
38 20 Spot ..... C5
39 Bon Voyage ..... C3
40 Dalva & Hideout ..... C3
41 Doc's Clock ..... D5
42 El Rio ..... D8
43 Elixir ..... C3
44 Four Barrel Coffee ..... C2
45 Homestead ..... E4
46 Jolene's ..... E2
47 Latin American Club ..... C6
48 Phone Booth ..... D7
49 Ritual Coffee Roasters ..... C5
50 Trick Dog ..... F4
51 Virgil's Sea Room ..... D8
52 Zeitgeist ..... C1

**Unterhaltung (S. 167)**

53 Alamo Drafthouse Cinema ..... D5
54 Amnesia ..... C4
55 Brava Theater ..... F6
56 Brick & Mortar ..... C1
57 Chapel ..... C4
58 Joe Goode rformance Group ..... E3
59 Lost Church ..... D2
60 Make-Out Room ..... D6
61 Marsh ..... C5
62 ODC Theater ..... D3
63 Revolution Cafe ..... D6
64 Roxie Cinema ..... C3
65 Verdi Club ..... F3

**Shoppen (S. 169)**

66 Adobe Books & Backroom Gallery ..... E6
67 Aggregate Supply ..... C4
68 Alley Cat Books ..... E6
69 Apothecarium ..... B2
70 Baggu ..... C5
71 Betabrand ..... C4
72 Bi-Rite ..... B4
73 Black & Blue Tattoo ..... C2
74 Community Thrift ..... C3
75 Dog Eared Books ..... C5
76 Gravel & Gold ..... C5
Heath Ceramics & Newsstand ..... (s. 36)
Mel Rice Ceramica ..... (s. 54)
77 Mission Cannabis Club ..... D5
78 Mission Comics & Art ..... D4
79 Mission Skateboards ..... E7
80 Needles & Pens ..... C6
81 Nooworks ..... C2
82 Paxton Gate ..... C4
83 Rainbow Grocery ..... E1
84 Tigerlily Perfumery ..... C5
85 Voyager ..... C2

**Sport & Aktivitäten (S. 173)**

18 Reasons ..... (s. 15)
86 Dance Mission ..... D7
87 Mission Bowling Club ..... D3
88 Mission Cultural Center for Latino Arts ..... D7
89 Potrero del Sol/La Raza Skatepark ..... G7
90 Precita Eyes Mission Mural Tours ..... F7
91 SoMa West Skatepark ..... C1
92 Urban Putt ..... D6

**Schlafen (S. 254)**

93 Inn San Francisco ..... D5

# POTRERO HILL & DOGPATCH

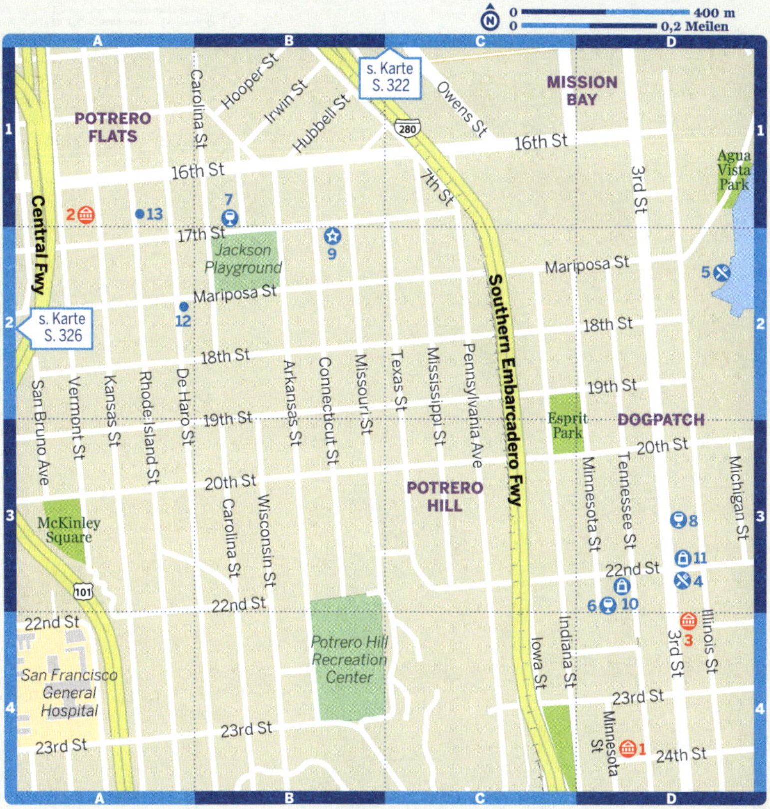


## Sehenswertes (S. 153)

1 Anglim Gilbert Gallery ........ D4
2 California College of the Arts ........ A1
Casemore Kirkeby ........ (s. 1)
Eleanor Harwood Gallery ........ (s. 1)
3 Museum of Craft & Design ........ D4

## Essen (S. 155)

4 Mr & Mrs Miscellaneous ........ D3
5 Ramp ........ D2

## Ausgehen & Nachtleben (S. 161)

6 Dig ........ D3
7 Thee Parkside ........ B1
8 Ungrafted ........ D3

## Unterhaltung (S. 164)

9 Bottom of the Hill ........ B2

## Shoppen (S. 169)

10 Recchiuti at theLab ........ D3
11 Triple Aught Design ........ D3

## Sport & Aktivitäten (S. 173)

12 Anchor Brewing Company ........ A2
13 San Francisco Center for the Book ........ A1

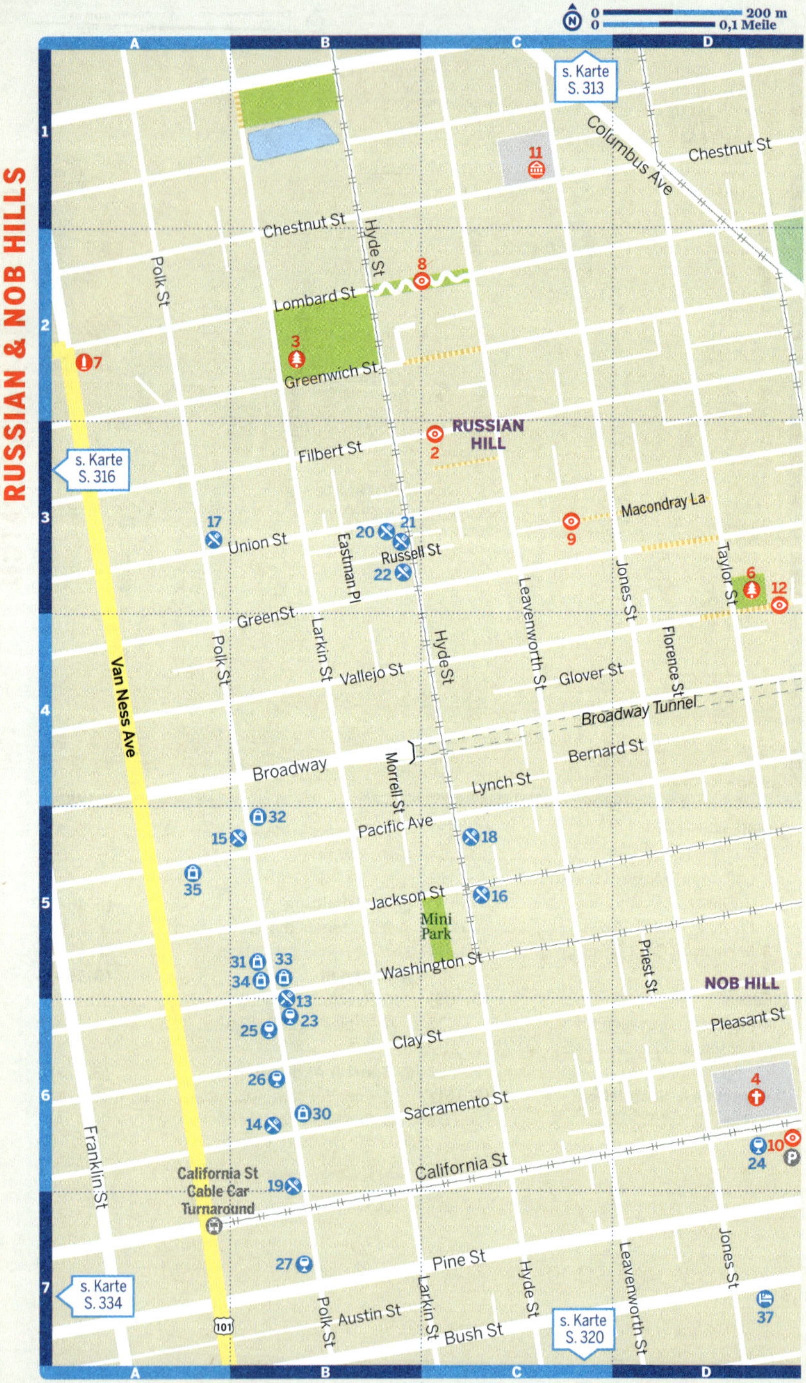
RUSSIAN & NOB HILLS
0 200 m
0 0,1 Meile
A
B
C
D
1
2
3
4
5
6
7
s. Karte S. 313
s. Karte S. 316
s. Karte S. 334
s. Karte S. 320
Chestnut St
Columbus Ave
Hyde St
Lombard St
Polk St
Greenwich St
RUSSIAN HILL
Filbert St
Macondray La
Union St
Russell St
Eastman Pl
Green St
Larkin St
Leavenworth St
Jones St
Taylor St
Florence St
Vallejo St
Glover St
Van Ness Ave
Broadway Tunnel
Broadway
Bernard St
Morrell St
Lynch St
Pacific Ave
Jackson St
Mini Park
Washington St
Priest St
NOB HILL
Pleasant St
Clay St
Sacramento St
Franklin St
California St
California St Cable Car Turnaround
Pine St
Austin St
Bush St
101
1 2 3 4 6 7 8 9 10 11 12
13 14 15 16 17 18 19 20 21 22 23 24 25 26 27
30 31 32 33 34 35 37

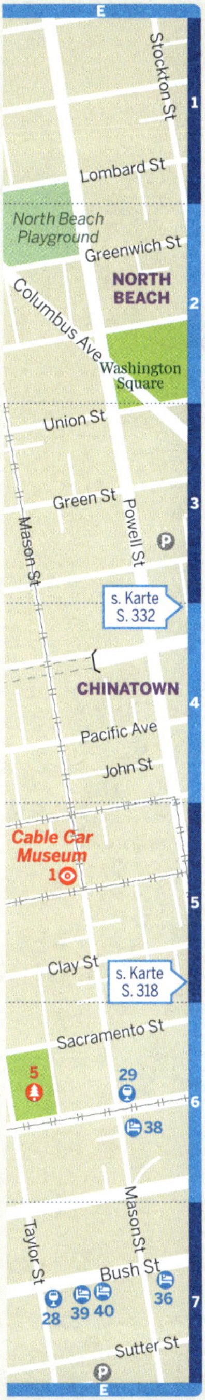


**Top-Erlebnisse** (S. 131)
1 Cable Car Museum .......... E5

**Sehenswertes** (S. 133)
Diego Rivera Gallery ....... (s. 11)
2 Filbert Street Hill .......... C3
3 George Sterling Park .......... B2
4 Grace Cathedral .......... D6
5 Huntington Park .......... E6
6 Ina Coolbrith Park .......... D3
7 Lombard Financial Center Mosaics .......... A2
8 Lombard Street .......... C2
9 Macondray Lane .......... C3
10 Masonic Auditorium & Temple .......... D6
11 San Francisco Art Institute .......... C1
12 Vallejo Street Steps .......... D3

**Essen** (S. 135)
13 1760 .......... B6
14 Acquerello .......... B6
15 Cheese Plus .......... B5
16 Hot Sauce and Panko .......... C5
17 Leopold's .......... A3
18 Seven Hills .......... C5
19 Swan Oyster Depot .......... B6
20 Swensen's .......... B3
21 Union Larder .......... B3
22 Za .......... B3

**Ausgehen & Nachtleben** (S. 136)
23 Amélie .......... B6
24 Big 4 .......... D6
25 Cinch .......... B6
26 Harper & Rye .......... B6
27 Hi-Lo Club .......... B7
28 Stookey's Club Moderne .......... E7
29 Tonga Room .......... E6
Top of the Mark .......... (s. 38)

**Shoppen** (S. 138)
30 Good Vibrations .......... B6
31 Johnson Leathers .......... B5
32 Molte Cose .......... B5
33 Picnic .......... B5
34 Relove .......... B5
35 Studio .......... A5

**Schlafen** (S. 252)
Fairmont San Francisco .......... (s. 29)
36 Golden Gate Hotel .......... E7
37 Hotel Mayflower .......... D7
38 Mark Hopkins Intercontinental .......... E6
39 Petite Auberge .......... E7
40 White Swan Inn .......... E7

0 200 m
0 0,1 Meile
A
B
C
D
1
2
3
4
5
6
7
Basically Free Bike Rentals (130 m)
Powell-Mason Cable Car Turnaround
s. Karte S. 313
s. Karte S. 330
s. Karte S. 320
s. Karte S. 318
Francisco St
Water St
Pfeiffer St
Chestnut St
Lombard St
Greenwich St
Filbert St
Valparaiso St
Union St
Green St
Vallejo St
Broadway
Broadway Tunnel
Bernard St
Pacific Ave
Jackson St
Washington St
Clay St
Sacramento St
California St
Pine St
Bush St
Mason St
Powell St
Stockton St
Grant Ave
Kearny St
Montgomery St
Jansen St
Taylor St
Columbus Ave
Jasper Pl
Varennes St
Genoa Pl
Sonoma St
Telegraph Hill Blvd
Jones St
Priest St
Joice St
Quincy St
Pioneer Park/ Telegraph Hill
Coit Tower
North Beach Playground
NORTH BEACH
RUSSIAN HILL
Ina Coolbrith Park
CHINATOWN
NOB HILL
Huntington Park
St Mary's Square
1
2
3
4
5
6
7
8
9
10
11
12
13
14
15
16
17
18
19
20
21
22
24
25
26
27
28
29
30
31
32
33
34
35
36
37
38
39
40
41
42
43
44
45
46
47
48
49
50
51
52
53
54
55
56
57
58
59
60
61
62
63
64
65
66
67
68

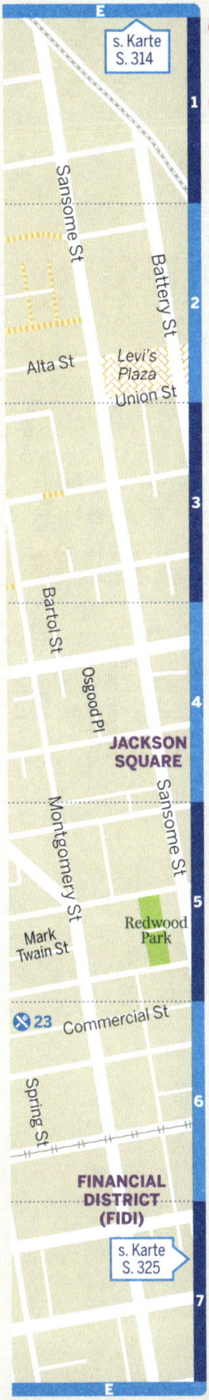


**Top-Erlebnisse (S. 114)**

1 Coit Tower ............................ D2

**Sehenswertes (S. 115)**

2 Beat Museum ........................ D4
3 Bob Kaufman Alley............. C2
4 Gassen von Chinatown ....... C5
5 Chinese Culture Center ...... D5
6 Chinese Historical Society of America.......................... C6
7 Chinese Telephone Exchange ......................... D5
8 City Lights Books ............... D4
9 Columbus Tower ................ D5
10 Dragon's Gate..................... D7
11 Filbert Street Steps............ D2
12 Francisco Street Steps ........ C1
13 Jack Kerouac Alley ............. D4
14 Old St Mary's Cathedral & Square.............................. D6
15 Portsmouth Square ............ D5
16 Ross Alley.......................... C5
17 Spofford Alley..................... C5
18 Tin How Temple ................. D6
19 Washington Square ........... C3
20 Waverly Place ..................... D5

**Essen (S. 120)**

21 Cafe Jacqueline .................. C3
22 China Live .......................... C4
23 City View ...............................E6
24 Golden Boy ......................... C3
25 Good Mong Kok.................. C5
26 House of Nanking................ D5
27 Lai Hong Lounge ................ C4
28 Liguria Bakery .................... C2
29 Mama's................................ C2
30 Mara's Italian Pastry .......... C3
31 Mario's Bohemian Cigar Store Cafe ......................... C3
32 Mister Jiu's.......................... D6
33 Molinari ............................. C4
34 Park Tavern ........................ C3
35 Ristorante Ideale ................ C4
36 Tony's Coal-Fired Pizza & Slice House ........................ C3
37 Tosca Cafe........................... D4
38 Trestle ................................ D5
39 Z & Y ................................. D5

**Ausgehen & Nachtleben (S. 124)**

40 15 Romolo ........................... D4
41 Buddha Lounge ................... D5
Cafe Zoetrope.................(s. 9)
42 Caffe Trieste ....................... C4
43 Comstock Saloon ................ D4
44 Devil's Acre ........................ D4
45 Li Po.................................... D5
46 PlenTea .............................. D7
47 Saloon ................................ D4
48 Specs................................... D4
49 Tony Nik's .......................... C3
50 Vesuvio............................... D4

**Unterhaltung (S. 127)**

51 Bimbo's 365 Club ................ A1
52 Cobb's Comedy Club .......... A2

**Shoppen (S. 127)**

53 101 Music ........................... C3
54 Al's Attire ........................... D3
55 Chinatown Kite Shop .......... D6
56 Eden & Eden ....................... D5
57 Golden Gate Fortune Cookies ............................. C5
58 Kim + Ono .......................... D6
59 Real Old Paper .................... A2
60 Red Blossom Tea Company.......................... D5
61 San Francisco Rock Posters & Collectibles ...................... B2

**Sport & Aktivitäten (S. 125)**

62 Chinatown Alleyway Tours ............................. D5
63 Chinatown Heritage Walking Tours.................. D5
Drag Me Along Tours .....(s. 15)

**Schlafen (S. 252)**

64 Hotel Bohème...................... C3
65 Orchard Garden Hotel ........ D7
66 Pacific Tradewinds Hostel.. D6
67 San Remo Hotel ................. A1
68 Washington Square Inn ...... C3

JAPANTOWN & PACIFIC HEIGHTS

**Sehenswertes** (S. 142)

1 Cottage Row D4
2 Haas-Lilienthal House F1
3 Japan Center E4
4 Peace Pagoda E4

**Essen** (S. 142)

5 b. patisserie A3
6 Benkyodo E4
7 Marufuku Ramen D4
8 Nijiya Supermarket D4
9 Noosh C3
10 Out the Door C3
11 Pizzeria Delfina C3
12 Sasa E4
13 State Bird Provisions D5
14 The Progress D5
15 Wise Sons Bagel & Bakery D5

**Ausgehen & Nachtleben** (S. 145)

16 Boba Guys D5
17 Scopo Divino A3
18 Social Study D5

**Unterhaltung** (S. 146)

19 AMC Kabuki 8 D4
20 Audium G3
21 Boom Boom Room D5
22 Fillmore Auditorium D5
23 New People Cinema D4
24 Sheba Piano Lounge D5

**Shoppen** (S. 147)

25 Crossroads Trading C3
26 Jonathan Adler C3
27 Katsura Garden D4
28 Kinokuniya Books D4
Kohshi (s. 8)
29 Margaret O'Leary C2
New People (s. 23)
30 Paper Tree E4
31 Sanko Kitchen Essentials E4
32 Soko Hardware E4

**Sport & Aktivitäten** (S. 149)

33 Japanische Küche & Kunsthandwerk: Workshops im JCCNC D4
34 Japantown Cultural & Historical Walking Tour E4
35 Kabuki Springs & Spa D5
36 Playland Japan D4

**Schlafen** (S. 253)

37 Hotel Kabuki E4
38 Queen Anne Hotel F3
39 The Kimpton Buchanan E4

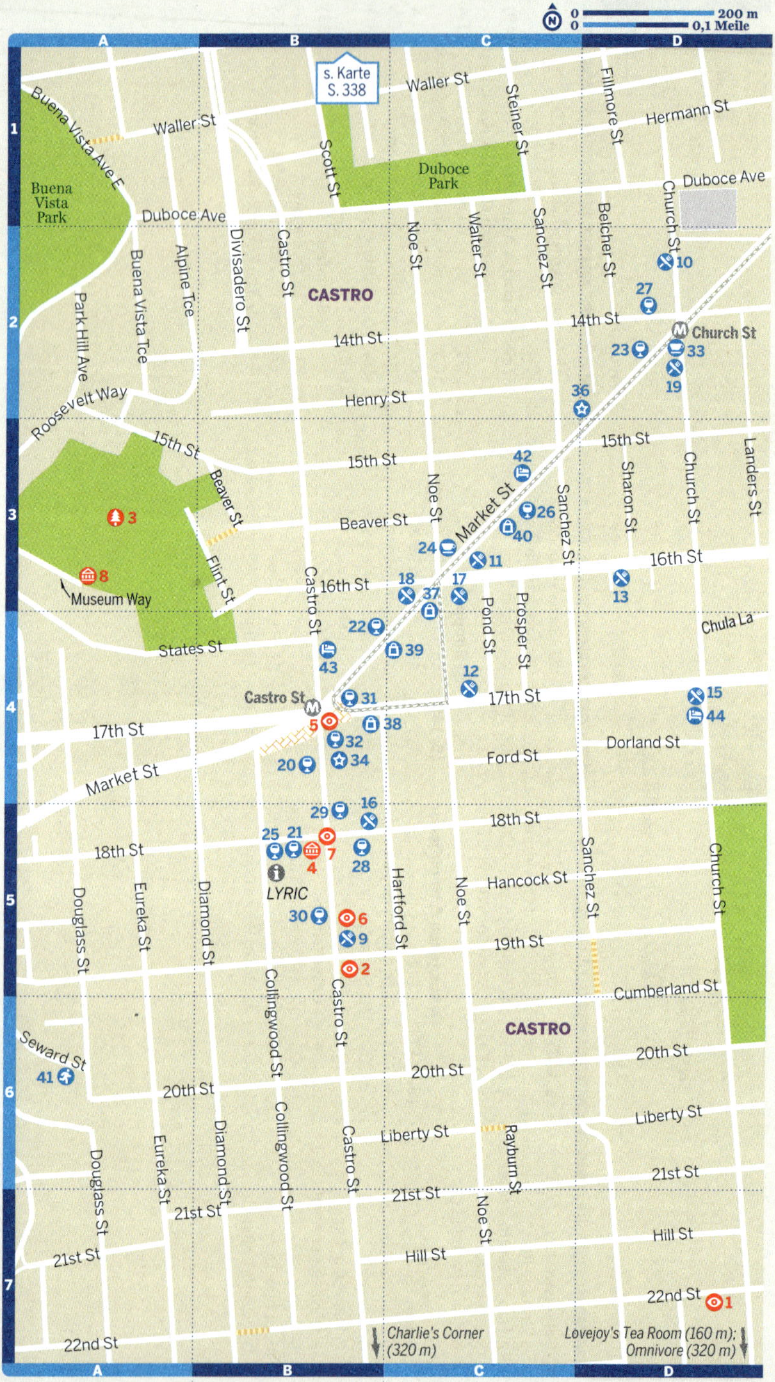
0 200 m
0 0,1 Meile
A
B
C
D
1
2
3
4
5
6
7
s. Karte S. 338
Buena Vista Park
Buena Vista Ave E
Waller St
Duboce Park
Duboce Ave
Hermann St
Steiner St
Fillmore St
Scott St
Divisadero St
Castro St
Noe St
Walter St
Sanchez St
Belcher St
Church St
Buena Vista Tce
Alpine Tce
Park Hill Ave
CASTRO
14th St
Church St
Henry St
Roosevelt Way
15th St
Beaver St
Flint St
Museum Way
Market St
Sharon St
Landers St
16th St
Pond St
Prosper St
Chula La
States St
Castro St
17th St
Dorland St
Ford St
Douglass St
Eureka St
Diamond St
Hartford St
18th St
Hancock St
LYRIC
19th St
Collingwood St
Cumberland St
Seward St
20th St
Liberty St
Rayburn St
21st St
Hill St
22nd St
Charlie's Corner (320 m)
Lovejoy's Tea Room (160 m); Omnivore (320 m)

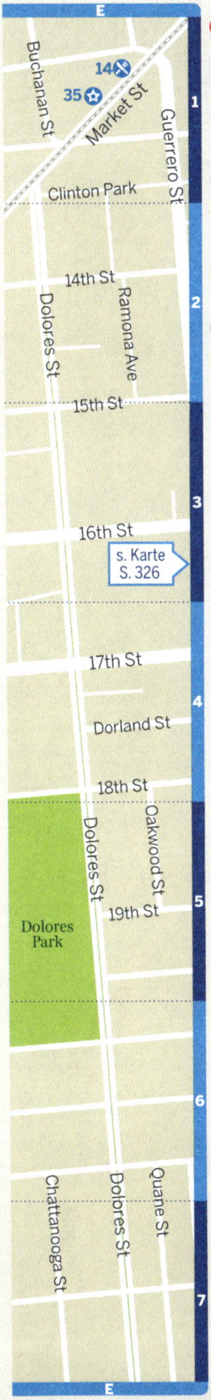




**Sehenswertes** (S. 176)

1 22nd St Hill ... D7
2 Barbie-Doll Window ... B5
3 Corona Heights Park ... A3
4 GLBT History Museum ... B5
5 Harvey Milk & Jane Warner Plazas ... B4
6 Harvey Milks Fotoladen ... B5
7 Rainbow Honor Walk ... B5
8 Randall Junior Museum ... A3

**Essen** (S. 177)

9 Anchor Oyster Bar ... B5
10 Beit Rima ... D2
11 Dinosaurs ... C3
12 Frances ... C4
13 Gai Chicken Rice ... D3
14 Kantine ... E1
15 Mauerpark ... D4
16 Poesia ... B5
17 Starbelly ... C3
18 Super Duper Burger ... C3
Thai House Express ... (s. 9)
19 Thoroughbread ... D2

**Ausgehen & Nachtleben** (S. 181)

20 440 Castro ... B4
21 Badlands ... B5
22 Beaux ... B4
23 Blackbird ... D2
24 Cafe Flore ... C3
25 Edge ... B5
26 HiTops ... C3
27 Last Rites ... D2
28 Midnight Sun ... B5
29 Mix ... B5
30 Swirl ... B5
31 The Cafe ... B4
32 Twin Peaks Tavern ... B4
33 Verve Coffee Roasters ... D2

**Unterhaltung** (S. 183)

34 Castro Theatre ... B4
35 Mint ... E1
36 Swedish American Hall & Cafe du Nord ... D2

**Shoppen** (S. 184)

Castro Farmers Market ... (s. 24)
Cliff's Variety ... (s. 29)
Dog Eared Books ... (s. 29)
Giddy ... (s. 17)
37 Kenneth Wingard ... C3
38 Local Take ... B4
39 Stag & Manor ... C4
40 Sui Generis ... C3

**Sport & Aktivitäten** (S. 183)

41 Seward Street Slides ... A6

**Schlafen** (S. 254)

42 Beck's Motor Lodge ... C3
43 Inn on Castro ... B4
44 Parker Guest House ... D4

# HAIGHT-ASHBURY

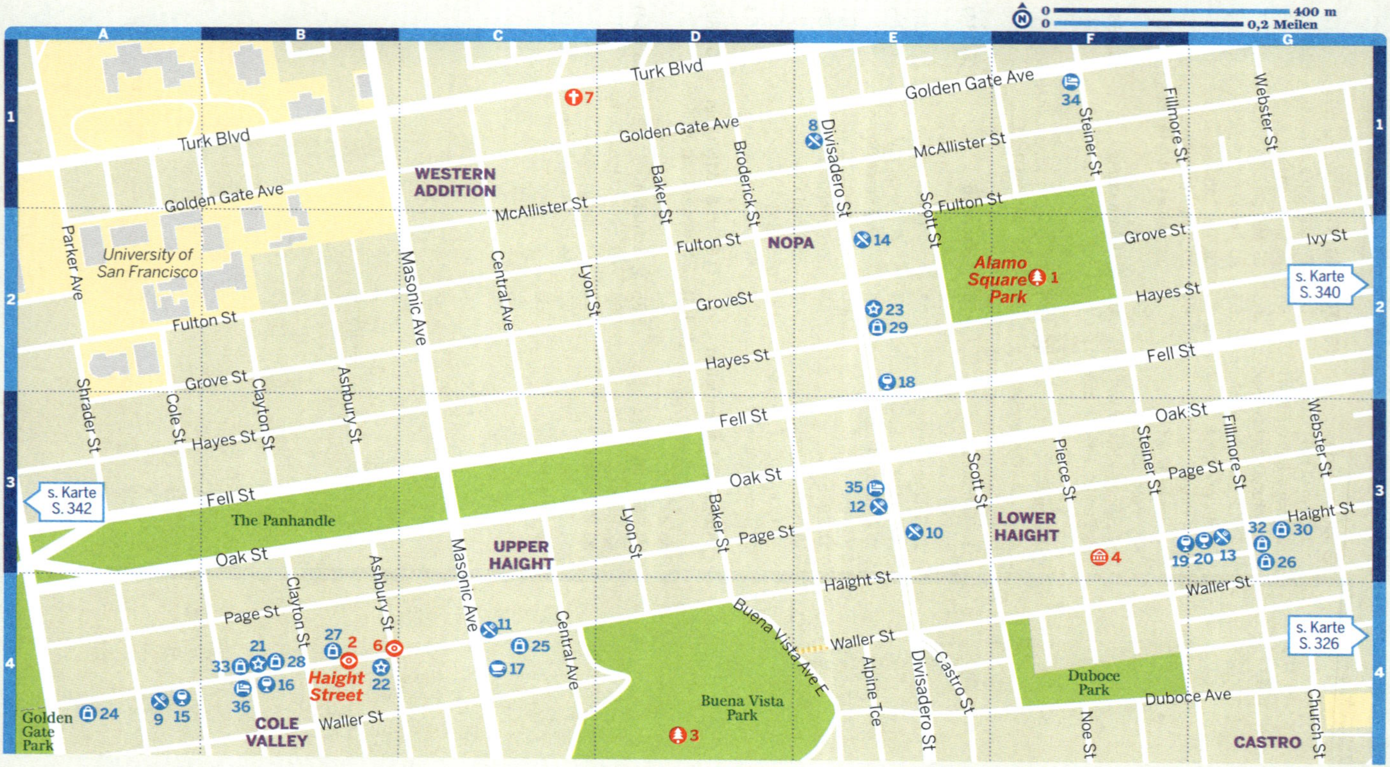

**Top-Erlebnisse** (S. 188)
- 1 Alamo Square Park ........ F2
- 2 Haight Street ........ B4

**Sehenswertes** (S. 190)
- 3 Buena Vista Park ........ D4
- 4 Family Affair ........ F3
- 5 Grateful Dead House ........ C5
- 6 Haight & Ashbury ........ B4
- 7 St John Coltrane Church ........ C1

**Essen** (S. 191)
- 8 Brenda's Meat & Three ........ E1
- 9 Escape from New York Pizza ........ A4
- 10 Little Chihuahua ........ E3
- 11 Magnolia Brewery ........ C4
- 12 Ragazza ........ E3
- 13 Rosamunde Sausage Grill ........ G3
- 14 The Mill ........ E2

**Ausgehen & Nachtleben** (S. 194)
- 15 Alembic ........ A4
- 16 Aub Zam Zam ........ B4
- 17 Coffee to the People ........ C4
  Emporium ........ (s. 23)
- 18 Madrone Art Bar ........ E2
- 19 Noc Noc ........ F3
- 20 Toronado ........ G3

**Unterhaltung** (S. 196)
- 21 Booksmith ........ B4
- 22 Club Deluxe ........ B4
- 23 Independent ........ E2

**Shoppen** (S. 197)
- 24 Amoeba Music ........ A4
- 25 Bound Together Anarchist Book Collective ........ C4
- 26 Cove ........ G3
- 27 Distractions ........ B4
- 28 FTC Skateboarding ........ B4
- 29 Rare Device ........ E2
- 30 Sparc ........ G3
- 31 Tantrum ........ B5
- 32 Upper Playground ........ G3
- 33 Wasteland ........ B4

**Schlafen** (S. 255)
- 34 Chateau Tivoli ........ F1
- 35 Metro Hotel ........ E3
- 36 Red Victorian ........ B4

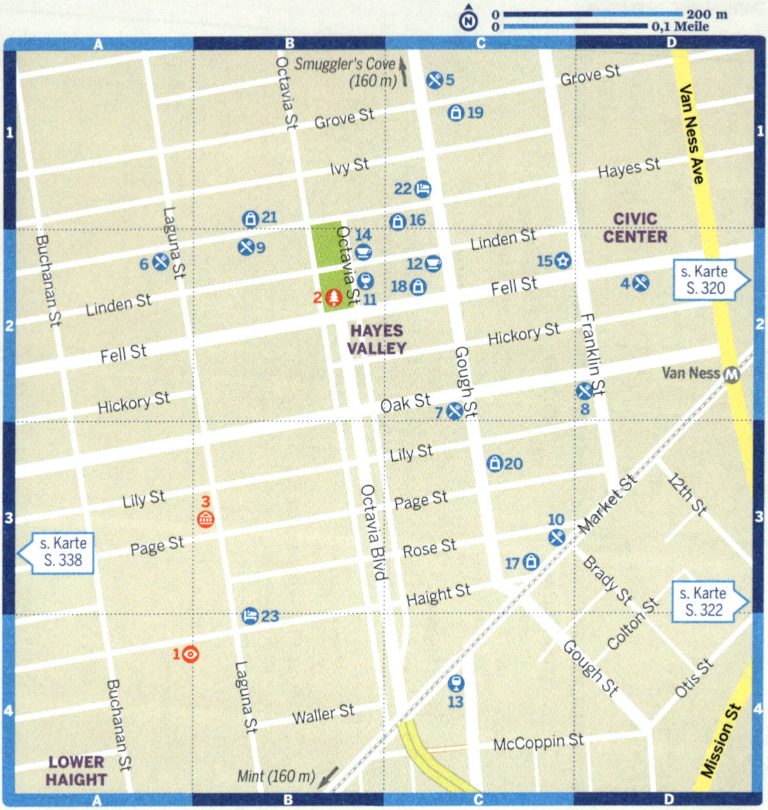


**Sehenswertes** (S. 190)

1 Haight Street Art Center ....... A4
2 Patricia's Green ....... B2
3 Zen Center ....... B3

**Essen** (S. 191)

4 Cala ....... D2
5 DragonEats ....... C1
6 Petit Crenn ....... A2
7 Rich Table ....... C2
8 RT Rotisserie ....... D2
9 Souvla ....... B2
10 Zuni Cafe ....... C3

**Ausgehen & Nachtleben** (S. 194)

11 Biergarten ....... B2
12 Blue Bottle Coffee Kiosk ....... C2
13 Martuni's ....... C4
14 Ritual Coffee ....... B2

**Unterhaltung** (S. 196)

15 SFJAZZ Center ....... C2

**Shoppen** (S. 197)

16 Amour Vert ....... C1
17 Green Arcade ....... C3
18 Isotope ....... C2
19 MAC ....... C1
20 Paloma ....... C3
21 Reliquary ....... B1

**Schlafen** (S. 255)

22 Hayes Valley Inn ....... C1
23 Parsonage ....... B4

## GOLDEN GATE PARK & DIE AVENUES *Karte S. 342*

Legende S. 341

GOLDEN GATE PARK & DIE AVENUES

0 1 km
0 0,5 Meilen
E
F
G
H
1
2
3
4
5
6
7
Presidio of San Francisco
s. Karte S. 315
Mountain Lake Park
Mountain Lake
Spruce (160 m)
Sacramento St
Lake St
California St
California St
Clement St
Park Presidio Blvd
Geary Blvd
RICHMOND
Loraine Ct
Rossi Playground
Anza St
Balboa St
7th Ave
6th Ave
5th Ave
4th Ave
3rd Ave
2nd Ave
Arguello Blvd
25th Ave
24th Ave
23rd Ave
22nd Ave
21st Ave
20th Ave
19th Ave
18th Ave
17th Ave
16th Ave
15th Ave
14th Ave
Funston Ave
12th Ave
11th Ave
10th Ave
9th Ave
8th Ave
s. Karte S. 338
Fulton St
Conservatory of Flowers
de Young Museum
California Academy of Sciences
John F Kennedy Dr
Lloyd Lake
Stow Lake
Japanese Tea Garden
Golden Gate Park
Strawberry Hill Island
Elk Glen Lake
San Francisco Botanical Garden
Kezar Dr
Martin Luther King Dr
Lincoln Way
Carl St
Irving St
Parnassus Ave
5th Ave
4th Ave
2nd Ave
26th Ave
25th Ave
24th Ave
23rd Ave
22nd Ave
21st Ave
20th Ave
19th Ave
18th Ave
17th Ave
16th Ave
15th Ave
14th Ave
Funston Ave
12th Ave
11th Ave
10th Ave
9th Ave
8th Ave
7th Ave
Kirkham St
Interior Park Belt
Grand View Park
Mt Sutro (280 m)
Laguna Honda
Midtown Terrace Recreation Center
Sunset Reservoir
1
2
3
4
5
6
7
10
11
12
16
18
19
22
24
25
26
27
28
29
30
32
33
36
37
38
39
41
44
46
47
48
51
52
54
56
60
61
62
65
66

# Die Lonely Planet Story

Ein ziemlich mitgenommenes, altes Auto, ein paar Dollar in der Tasche und Abenteuerlust – 1972 war das alles, was Tony und Maureen Wheeler für die Reise ihres Lebens brauchten, die sie durch Europa und Asien bis nach Australien führte. Die Tour dauerte einige Monate, und am Ende saßen die beiden – erschöpft, aber voller Inspiration – an ihrem Küchentisch und schrieben ihren ersten Reiseführer *Across Asia on the Cheap*. Innerhalb einer Woche hatten sie 1500 Exemplare verkauft. Lonely Planet war geboren. Heute unterhält der Verlag Büros in den USA, Irland und China, mit einem Netzwerk von über 2000 Mitarbeitern in sämtlichen Ecken des Globus. Sie alle teilen Tonys Überzeugung, dass ein guter Reiseführer drei Dinge tun sollte: informieren, bilden und unterhalten.

# Die Autorinnen

## Ashley Harrell

**Downtown, Civic Center & SoMa; Golden Gate Park & die Avenues; Marina, Fisherman's Wharf & die Piers; Mission, Dogpatch & Potrero Hill** Nach einer kurzen Karriere als Haustürverkäuferin von Day Spa-Gutscheinen in Südflorida entschied Ashley, dass sie lieber Autorin werden wollte. Sie ging zur Journalistenschule, überzeugte eine Zeitung sie anzuheuern und begann über Wildtiere, Verbrechen und Tourismus zu schreiben, manchmal alles in einer Story. Ihre Freude am Geschichtenerzählen und ihre Lust auf Unbekanntes wurden durch ausgedehnte Reisen und häufige Umzüge beflügelt – von einem winzigen Apartment in New York auf eine riesige Ranch in Kalifornien in eine Dschungelhütte in Costa Rica. Dort begann sie, für Lonely Planet zu schreiben.

## Alison Bing

**Japantown, Fillmore & Pacific Heights; Nob Hill & Russian Hill; North Beach & Chinatown; Castro; Haight-Ashbury & Hayes Valley** Nach mehr als 10 Reiseführern und 20 Jahren in San Francisco hat die Autorin Alison mehr Zeit auf Alcatraz verbracht als einige Insassen, ist süchtig nach *drag* und *burritos* geworden und hat absichtlich Muni-Warnschilder ignoriert, dass man aus Sicherheitsgründen unnötige Gespräche mit Busfahrern vermeiden solle.

**Mit Beiträgen von** Greg Benchwick (Napa Valley & Sonoma Valley), Celeste Brash (Marin County) und Adam Karlin (Berkeley & Oakland) für das Kapitel Ausflüge

**Lonely Planet Global Limited**
Digital Depot
The Digital Hub
Dublin D08 TCV4
Ireland



**Verlag der deutschen Ausgabe:**
MAIRDUMONT, Marco-Polo-Str. 1, 73760 Ostfildern,
www.lonelyplanet.de, www.mairdumont.com, lonelyplanet-online@mairdumont.com

Redaktion: Bintang Buchservice GmbH, www.bintang-berlin.de (Katharina Grimm, Anja Krapat, Julia Niehaus)
Übersetzung: Gunter Mühl

An der Übersetzung früherer Auflagen haben außerdem mitgewirkt: Petra Dubilski, Julia Rickers, Katja Weber

**San Francisco**
2. deutsche Auflage April 2023, übersetzt von *San Francisco, 13th edition*, August 2022, Lonely Planet Global Limited



Printed in Poland